中 国 科 学 院 年 鉴
（1998）

中国科学院办公厅　编

科 学 出 版 社
1 9 9 9

内 容 简 介

《中国科学院年鉴（1998）》集中反映了中国科学院1997年各方面的工作情况，包括学部和学部工作，基础研究，资源、生态、环境与社会协调发展，应用研究与发展工作，高新技术企业，人才培养，人事制度改革与队伍建设，国际交流与合作，计划财务，基本建设，科研装备与技术监督，出版与图书情报，思想政治工作与精神文明建设等。同时还登载了有关统计资料。对院属各科研单位也作了比较详尽的介绍。

本年鉴各种资料的截止时间为1997年12月31日。

中 国 科 学 院 年 鉴（1998）

中国科学院办公厅 编

科 学 出 版 社 出 版

北京东黄城根北街16号

邮政编码：100717

中国科学院印刷厂 印刷

科学出版社出版发行

*

1999年3月第 一 版　　开本：787×1092　1/16

1999年3月第一次印刷　　印张：22 1/2　插页 20

印数：1—2 600　　字数：570 000

ISBN 7-03-007090-9/Z・292

定 价：68.00元

（如有印装质量问题，我社负责调换〈科印〉）

面貌一新的中国科学院机关办公大楼。

中国科学院现任领导。

中国科学院院长、学部主席团执行主席路甬祥在1997年中国科学院增选院士评审暨选举工作全体大会上讲话。

地学部院士们在增选院士评审暨选举工作会议上认真听取对院士候选人的介绍。

数学物理学部院士投票选举新院士。

中国科学院学部主席团会议审议通过5个学部增选院士结果。

路甬祥院长在1997年两院增选院士选举结果新闻发布会上讲话并答记者问。

中国科学院和中国工程院部分院士应重庆市委邀请参加重庆市经济社会发展战略专家研讨会。

地学部院士在澜沧江–湄公河流域考察。

生物学部“南方草地资源合理开发利用”项目咨询组在云南草场考察。

生物学部项目和咨询组在讨论《中国农业持续发展中的肥料问题和对策》咨询报告。

由中国科学院院士、中国工程院院士和专家组成的“863”计划CIMS主题执行情况评估组在完成考察后讨论评估报告。

沪、宁、杭地区院士开展的咨询项目——长江三角洲经济与社会可持续发展咨询调研汇报会议在江苏省苏州市召开。

生物学部郝水院士在内蒙古自治区作《生物技术在我国农业增产中的作用》的科技报告。

1997 年 7 月 22 日，江泽民总书记视察北京天文台并题词：“探索宇宙奥秘，造福人类社会”。

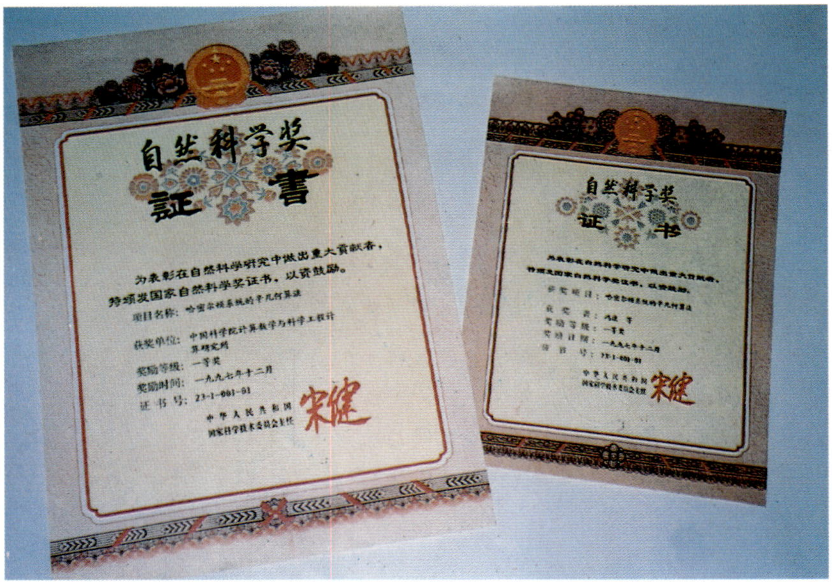

计算数学与科学工程计算所项目“哈密尔顿系统的辛几何算法”获 1997 年度国家自然科学奖一等奖。

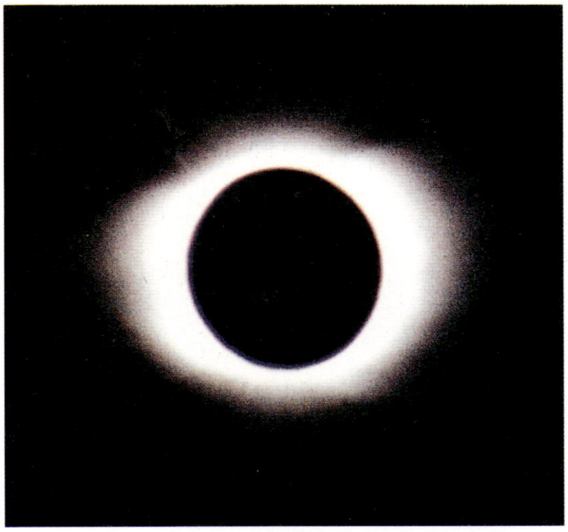

北京天文台 1997 年 3 月 9 日拍摄的日全食照片。

海尔-波普彗星照耀下的北京天文台兴隆观测站。

高能物理所西藏羊八井宇宙线观测站。

兰州重离子加速器放射性束流线(RIBLL)。

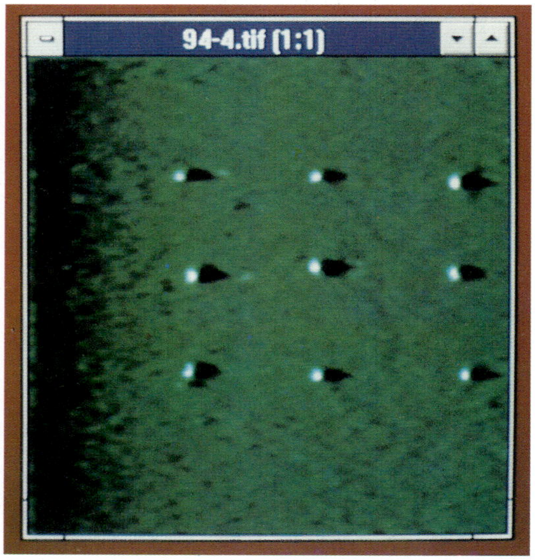

物理所开展的超高密度信息存储研究。图为在 NBMN/DAB 薄膜上写入的信息点阵。

物理所研制的全固态大功率绿光激光器。

物理所研制成功的中国第一台激光分子束外延设备。

低温技术实验中心研制的脉冲管微型制冷机。

上海植物生理所水稻蜡质基因的克隆、结构分析与表达调控规律研究组。

电工所历经十年研制成功的发电用鞍型超导磁体，表明我国在大型超导磁体的研究与制造方面达到世界先进水平。

工程热物理所承担的“75T/H 循环流化床锅炉完善化”项目通过鉴定验收，标志着拥有我国自主知识产权的 75T/H 以下容量的循环流化床锅炉实现完全商品化。

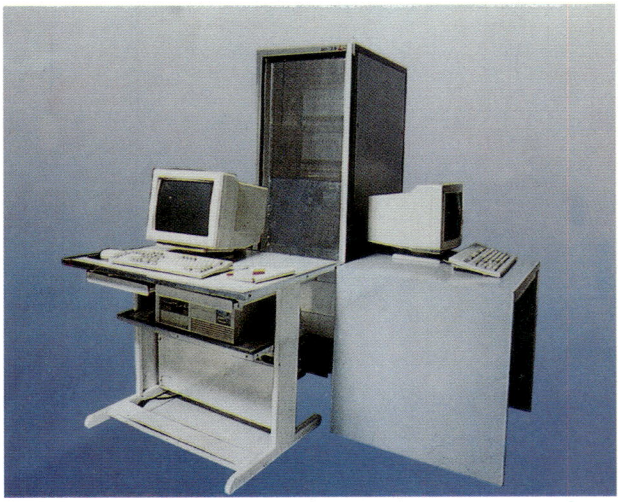

国家智能机中心研制成功的达到 90 年代前期国际先进水平的曙光 1000 高性能大规模并行计算机。

遥感卫星地面站接收处理的陆地卫星台湾全岛 TM 图像，波段组合 4,5,3(R.G.B)，由五景数据镶嵌而成。

力学所研制成功的燃气气脉冲除灰装置，可提高大型电厂的烟气/空气换热器效率，创造2000万元/年的效益。图为该装置首次应用于上海石洞口发电厂。

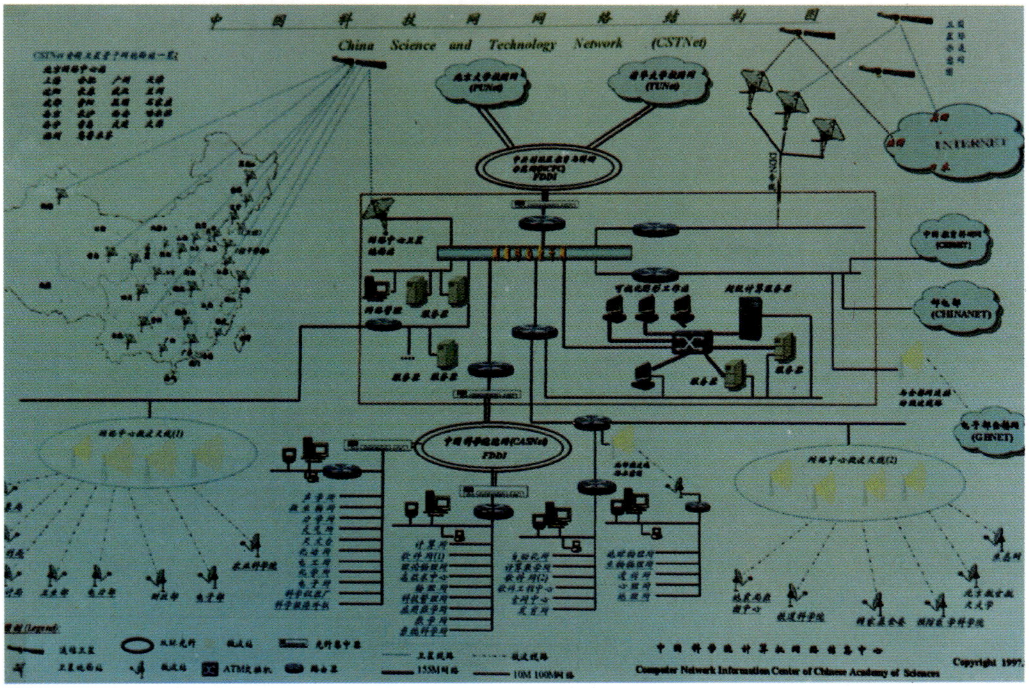

由我院负责组建的中国科技网，国际卫星信道升级到2Mb，国内卫星信道为256Kb，目前已有30多个城市的院内外200多个科研单位用户入网。

有机合成工程中心主要从事有机新材料和新型医药、农药及其中间体的研制开发，如抗爱滋病新药中间体、抗菌新药中间体等。图为该中心的一条中试生产线。

大连化物所将干法脱硫技术应用于陕京天然气输气首期工程。图为 40 万 m^3/d 陕京输气工程天然气脱硫装置。

中国科学院软件园区在保持一支精干队伍从事基础研究的同时，加强了软件产品和系统集成开发，推动软件产业化。1997 年园区的软件与工程开发收入达 1 亿元。

中国科学院固体润滑开放实验室在 1997 年国家评议中取得了“工程与材料”学科组第一名。图为实验室青年科技人员在电子能谱仪上做摩擦化学研究。

机器人技术国家工程研究中心肩负着我国机器人产业化的重任。图为该中心研制开发的用于汽车底板焊接的机器人。

上海技术物理所研制成功的“风云二号”气象卫星红外辐射计,使传送的卫星云图精度达到了国际同类卫星的先进水平。

自动化所模式识别国家重点实验室评估。

光电技术研究所研制成功的我国第一台实用型大数值孔径(NA=0.45)分步重复投影光刻机。

1997 年 5 月 20 日，周光召院长代表我院向中国人民解放军驻港部队赠送“香港综合地理信息系统”时题词。

地质所黄金课题组在黑龙江乌拉嘎地区使用浅层地震仪等对预测的成矿构造部位进行地球物理验证。

沈阳应用生态所研制的长效碳铵肥效长，利用率高，促早熟，增产量。

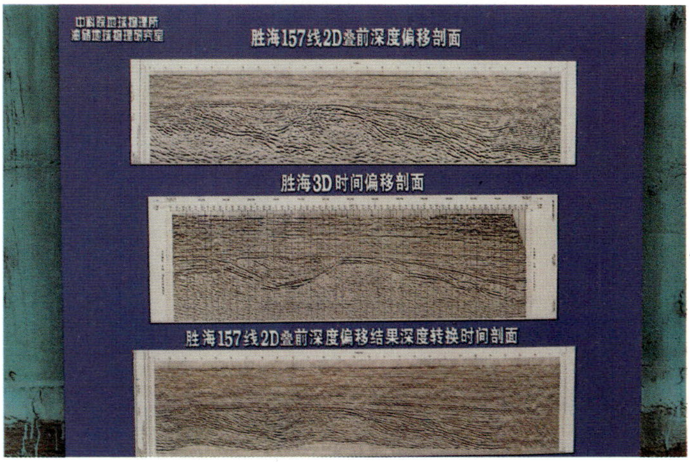

地球物理所和胜利油田合作开展复杂地质体（古潜山）内幕地震成像研究取得显著效果。

西安黄土室通过黄土–古土壤序列的系统研究，揭示东亚古季风演化的规律。图为记录东亚古季风演变规律的洛川剖面。

植物所完成的《中国种子植物特有属》是首次全面论述中国种子植物特有属的专著。

动物所科研人员在野外研究蝗虫群落的动态变化与植被退化的关系。

中国科学院国情分析小组组长周立三院士率领小组部分成员在无锡农村考察时与村干部、农民座谈。

在西藏日喀则江当沙漠化土地综合整治示范区种植的地膜加盖帽子棚西瓜。

竖立在达索普冰川海拔7000米处的冰芯钻塔(右侧山峰为希夏邦马峰)。

联想集团广东大亚湾工业园区。

大化所国家催化工程技术研究中心菊酸生产车间。

1997 年 4 月，国家经贸委、中国科学院与美国 CA 公司在人民大会堂举行“高级信息管理项目”谅解备忘录签字仪式。

1997 年 6 月，中国科学院参与庆祝香港回归科技展的组织工作。

1997 年 11 月，我院与香港蒋氏工业慈善基金会共同举办首期高级培训班。

路甬祥院长与1997年度留学回国人员亲切交谈。

1997年10月，中国科学院召开留学工作会议。

中国科技大学新校区教学楼。

1997年10月，中国科学院赴美留学工作组在美国与留学人员会面。

1997年10月，中国科学院赴加、日留学工作组与留学人员座谈。

旨在促进海内外中国青年学者学术交流的凝聚态物理学研讨会顺利举行。

中国科学院跨世纪年轻人才代表会议在京召开。

李鹏总理、李岚清副总理、宋健国务委员等国家领导人在中南海亲切会见我院跨世纪年轻人才会议代表。

院领导在跨世纪年轻人才会议上向受表彰的先进集体和个人颁奖。

中国科学院“百人计划”首批(1994年)入选者获院资助期满,进行终期评估。

院领导在“百人计划”1994年度入选者工作汇报会结束后与首批获院资助的优秀年轻人才合影。

中国科学院扩大“百人计划”招聘规模新闻发布会在京召开。

院领导与1997年度中国科学院青年科学家奖获奖者亲切座谈。

“西部之光”兰州地区课题负责人座谈会后，有关领导同志与获资助项目负责人合影。

中国科学院第五次分院党组书记研讨会在兰州召开，图为与会代表合影。

中国科学院第10期所级领导干部上岗培训班在管理干部学院举办，路甬祥院长会见全体教师、学员，并合影。

自 1997 年起，中国科学院建立了由院直接组织所级领导干部疗休养制度。图为首期疗休养员在青岛疗养院合影。

中国科学院第三届科技副职工作总结表彰会议在大连召开。

中、美两国科学院院长最高级会晤于 1997 年 1 月 12 日至 17 日在北京西苑饭店举行。

中法信息、自动化与应用数学联合实验室成立签字仪式。

中国科学院与荷兰科教部签署双边科技合作备忘录。

中日科技经济交流学术讨论会在京召开。

路甬祥院长向德国洪堡基金会主席鲁道夫教授颁发我院理论物理所名誉教授证书。

路甬祥院长获德国鲁道夫·狄塞尔金质奖章，返京时受到德国驻华公使的欢迎。

我院在京组织中、德洪堡学者第三次聚会活动。

建设周期仅为一年的北京天文台本部工程被评为市优工程。

兰州冰川冻土所建成的我国唯一的冰芯与寒区环境实验室。

兰州分院新建成的范家湾住宅小区一角。

京区北郊五区新建成的具有前瞻性的住宅设计户型——低层高密度住宅。

新建成的北郊北五区住宅小区。

科学出版社再次获得图书奖。

国际著名期刊美国《科学引文索引》(SCI)代表团应邀访问我院。

中国科学院文献情报中心第一位博士生毕业。

参加全国数据库产品展示会的我院文献数据库产品和展台。

《邓小平论科学技术》、《邓小平科技思想学习纲要》首发式暨学习座谈会在京召开。

庆祝香港回归科学家座谈会在京召开。

学习贯彻十五大精神报告会在京举行。

中国科学院国庆、院庆文艺演出。

为帮助社会上特困未成年人成长，中国科学院和共青团中央共同举办“中科院专家与爱心计划——受助未成年人座谈会”。

在精神文明创建活动中，中国科学院组织青年志愿者为早年归国老专家送上“青年志愿者服务卡”。

中国科学院第五届纪检干部培训班在长春举行。

中国科学院纪检监察工作会议在成都举行。

目　　录

综合情况

院属各单位情况

综 合 情 况

综　述

1997年是党和国家历史发展中的重要一年，也是中国科学院深化改革以崭新姿态迈入新世纪的关键一年。中国科学院顺利实现了院领导的新老交替，经国务院批准，路甬祥接替周光召任中国科学院院长。全院同志为贯彻党中央和国务院科教兴国和可持续发展战略，落实科技体制改革的各项方针政策，锐意进取，改革创新，在推进结构性调整，积极争取承担并努力完成“九五”重大科研任务，加速跨世纪队伍的建设，加强党的建设和精神文明建设等各项工作中都取得了显著的成绩。

一、结构调整和机制转变迈出新的步伐

以优化学科布局、队伍结构、组织模式和运行机制，加快科技发展步伐为目标，进一步推动中国科学院研究所定位工作，出台了《关于实施研究所定位管理的试点方案》及《对被认定为基地型研究所的保障条件和政策支持及实施方法》等重要文件，组织进行了26个研究所的定位认定试点工作。首批已审定通过了18个研究所为认定试点单位。昆明分院3个生物研究所在分类定位基础进行的结构调整取得良好效果。1997年中国科学院对开放实验室的管理模式进行了调整，开始实行“统一规划、分类择优、分局管理”的体制。各业务部门结合学科特点和科学发展的规律，积极引导开放实验室（台站）进一步明确自身定位和目标，促进了院内优势力量的集成，加强了重大科研项目的组织协调和评估与动态调整工作，在科学研究和机制改革两方面取得较好成效。

优化队伍结构取得新的进展。在组织“九五”国家和院重大科研项目中，注意选拔有创新意识、德才兼备的优秀科技人员担任项目负责人，所占比例与“八五”期间相比有所增加。为更加广泛吸纳海内外优秀年轻科技人才，进一步扩大了“百人计划”的招聘规模，本年度公布的招聘规模达106人。在报名应聘的500多人当中，半数以上来自院外或国外的科研单位，完成三分之二的招聘任务。为鼓励年轻优秀人才的脱颖而出，今年共批准了237名优秀年轻科技人员为研究员。进一步调整留学选派结构向优秀青年骨干倾斜。1997年1至10月共派出312人，其中30至45岁的占70.5%；具有博士和硕士学位的占79.5%。

人事制度综合配套改革不断引向深入。在新进人员中全面启动聘用合同制，部分研究所探索并启动了全员或年轻人的聘用合同制，促进了人才流动和队伍结构的优化。各单位结合分类定位和结构性调整工作稳步推进“按需设岗、按岗聘任”的改革，已有三分之二的研究所制定了实施细则，并在全部或部分岗位实施设岗聘任。分配制度的改革继续深入，在继续完善津贴制度的同时，重点抓好职工年度考核与工资分配挂钩的工作，部分分院和研究所参加了社会养老保险或进行了医疗改革试点。

加强高技术企业的改制与重组，推动现代企业制度的建立。据不完全统计，已经有

7个直属企业或所办公司完成了股份制改造工作。在中科信公司的协助下，长春热缩公司成功地上市发行股票。长春应化所对所内其它公司进行了股份制改造，实现了研究所、职工、社会资本的优化组合，开拓了新的市场和资金渠道。对直属集团由直接管理转变为董事会管理，以董事会管理替代关系协议管理。重新拟定中科集团的公司章程，规范中科集团及其骨干企业的管理关系。为增强竞争力，更好地实现跨国经营的目标，联想集团完成了香港与北京两部分的整合工作。从原科技促进经济基金会中分立出的中国科技促进经济投资公司，将按照国际惯例参与高技术风险投资，发挥高技术产业孵化器的作用。

继续保持开放、联合的态势，与部委、地方、行业、大中企业及大学的联合、合作研究与开发取得新的进展。依托在长春物理所由中国科学院与吉林省共建的北方液晶工程研究中心帮助吉林省在引进消化国外液晶生产线中发挥了重要作用，成为吉林省建立液晶产业的技术依托力量。中国科学院与国家统计局签定了全国农业土地资源遥感调查合作协议，国家统计局将出资委托中国科学院进行1:10万全国土地资源调查。软件所与中国石化总公司共同承担了“石化应用软件典型工程及产品开发”项目，软件所全面负责技术开发工作，将在我国特大型企业的管理运营信息系统的开发研制方面取得新的突破。云南省进一步扩大与中国科学院的合作，资助中国科学院主持的滇池污染生物工程治理项目，并将开展与成都分院、武汉分院合作的前期研究。与广东省合作建立了矿物物理与矿物材料研究与开发重点实验室，并出资将“卡林型金矿吸聚浮选新方法”列为高技术发展的重点项目。

二、中国科学院学部工作取得新成绩

根据《学部“九五”工作规划纲要》提出的总体目标，在推动中国科学院学部工作向高水平、深层次和新创意发展的工作取得了较好的成绩。

突出重点，认真组织，开展咨询评议工作，取得了较好的效果。接受国家计委、国家科委委托，分3批组织进行了国家重大科学工程9个备选项目的咨询评估，受到两委的肯定，为国家科技领导小组决策提供了依据。组织进行了“九五”“攀登计划”58个项目的选项咨询和“863”/CIMS主题的评估。此外，完成了“长江三角洲经济与社会可持续发展若干问题”和我国澜沧江—湄公河流域经济社会可持续发展战略”问题的咨询报告，得到有关省市的高度评价。各学部向国务院和有关部委提交了多项有关经济社会发展中重大科技问题的咨询报告，如“我国农业发展中的肥料问题与对策”、“我国南方草地资源的经营利用”、“中国水问题的出路”和“关于香港维多利亚湾填海工程计划的评估”等。数理学部的“国家应当加大数理科学的发展与人才培养的力度”的咨询建议受到中央领导的关注，国家科委和国家自然科学基金委正在研究有关改进措施。在内部刊物《院士建议》上，编发了12期院士建议，得到中央领导的批示和有关部门的重视。

精心组织，健全规章制度，1997年院士增选工作取得良好的结果。经全体院士严肃、认真地进行两轮评审，从418名有效候选人中选举产生了58名新院士，新院士继续保持年轻化的良好势头，平均年龄60.9岁，其中60岁以下(含60岁)的占46.6%，最小年龄为43岁（2人）。58名新院士分布在14个部门和14个省市的30个研究机构、18所高等院校和1个军队科研单位。进一步增加透明度，完善评审程序，改进对投诉信的处理工作，健全评审工作的规章制度，为搞好评审和选举工作提供了保证。院士们普遍反映，今年的评审会议是历届中开得较好的一次。

推动科普工作和学术交流向纵深发展，与中国科协等部门联合在全国近20个中心城市组织了历时一年的“百名院士百场科技系列报告”活动，累计举办200多场报告会，听众约10万人次，并编辑出版了三卷本的《共同走向科学——百名院士科技系列报告集》，受到中央领导同志的高度评价和社会各界的普遍欢迎。与中国工程院等联合，为解放军三总部和驻京军以上干部组织了8场重点科技报告会，由院士深入浅出地讲解各个学科领域的发展现状、趋势及在现代军事技术中的应用，受到部队领导干部的好评。除组织院士继续在中央党校举办科技必修课讲座外，还应新疆、内蒙古、福建、浙江等省区的邀请，组织院士们前往各地作科技报告。各学部组织了一系列学术报告会，对推动跨学部、大学科交叉的研究起到了很好的作用。许多院士在报刊发表文章，为提倡科学道德、树立良好学风、捍卫科学尊严、反对封建愚昧作出了贡献。

三、为科学技术和经济社会发展做出积极贡献

大力加强科研项目的启动和组织实施工作，在基础研究、促进经济与社会发展、高技术产业化等方面都取得了重要的成果。1997年，中国科学院共有36项科研成果获国家奖，其中获国家自然科学奖19项，已故冯康先生创立的“哈密尔顿系统的几何算法”获得1997年度唯一的一项国家自然科学一等奖；获国家科技进步奖17项，其中“曙光1000大规模并行计算机系统”获得一等奖。1997年我院两奖项目共评出174项，其中自然科学奖68项（特等奖1项，一等奖14项，二等奖32项，三等奖21项）；科技进步奖106项（特等奖4项，一等奖14项，二等奖38项，三等奖50项）。为调动科技人员发明创造的积极性，设立了中国科学院发明奖，并对申报的25项发明成果组织了初评。

在基础研究领域中取得一批重要研究成果。科学中心在组织创新性科研工作方面显示良好的发展势头。凝聚态物理中心于去年6月份成立以来，在大面积、定向纳米管的生长和Raman散射的研究方面达到了世界先进水平，研制成功我国第一台激光分子束外延系统、4.2K低温高真空扫描隧道显微镜和电子回旋共振微波等离子体化学气相沉积薄膜生长设备。在天文学方面，发现了红移为3.33的类星体，是我国天文学在高红移天体物理前沿研究方面取得的重大突破。一批大科学装置取得了具有国际先进水平的研究成果。今年7月建成的“兰州重离子放射性束装置”在最大磁钢度等指标上又达到国际先进水平。在磁约束热核聚变研究中，HT-7超导托卡马克成功进行了两轮4个月的连续运行，取得的一系列数据达到国际水平，引起国际聚变界的广泛注意。“我国干旱半干旱15万年环境演化的动态过程趋势”项目在陆相沉积高分辨率古气候记录、季风区冰期气候不稳定性、古气候特征分析方法等方面取得了突破性进展，引起国外科学家的极大兴趣。1997年经国际地质科学联合会执行局一致通过并批准浙江常山黄泥塘剖面为中奥陶统达瑞尔阶底界的全球层型剖面点（GSSP），成为我国在全球界线层型研究领域取得的第

一个“金钉子”，获得国际领先水平研究成果。在“Nature”、“Science”上发表了一系列有关早期鸟类的进化与分化的研究成果，使人们第一次对兽类祖先型的全貌及生态习性有所了解，证明了被子植物有可能源于东亚地区。在北京东方广场遗址发现了目前北京城区最古老的古人类文化遗址，为研究北京地区的古人类生活提供了科学依据。中国生态系统研究网络(CERN)建设已使所属各站具备了从事生态系统结构、功能和动态研究的重要基础条件，世界银行专家咨询委员给予了高度评价，将为开展国际生态系统研究发挥重要作用。

为促进农业和社会可持续发展做出积极贡献。在“八五”攻关基础上建成的我国重点产粮区主要农作物遥感长势动态监测与估产试验运行系统，对黄淮海地区小麦与吉林省玉米的播种面积、长势进行了监测和估产，对指导国家的粮食生产和调配计划具有重大意义，得到国务院领导同志的充分肯定。中国科学院1997年的“全国粮棉油产量预测”报告再次获得党和国家领导人重视。中国科学院研究建立的农业专家决策支持系统和农业专家系统正在逐渐完善，1997年已开始在蒙自、大安、禹城等县级地区安装应用。“重要农作物育种新技术研究及新品种选育”项目自1996年启动以来，棉花新品种“石远321”在黄河流域和新疆种植后的增产幅度均居当地首位，推广面积达430万亩。“高优503小麦”现已在河北柏乡、任县两县进行品种快繁，产量高、品质好，深受欢迎。由海洋天然产物提取并深加工而成的“农乐1号”农作物浸种剂，在山东地区大面积推广试验取得了良好的效果。

在解决空间、遥感、能源、化工、信息等领域的关键技术方面取得重要进展。上海技术物理所历经15年研制的多通道扫描辐射计成功地应用于“风云2号”气象卫星，为中国在世界高科技领域占有一席之地作出了重要贡献。大连化物所承担的“九五”国家科技攻关项目“高硫容固体催化剂转化脱硫工艺过程开发”在陕京天然气输气工程中得到成功地应用，填补了国内将脱硫新技术应用于天然气输气和综合利用的空白。中国科学院承担的国家重大项目“陆相薄互层油储地球物理理论与方法研究”，为石油储量计算、储层描述及强化采油提供了先进的手段和技术方法，为我国油田采收率的大幅度提高提供了重要的科学依据。通过金矿理论研究，在山东乳山市发现了平均品位为4.97克/吨的大型矿床，前景极为可观。计算所和国家智能机中心曙光信息产业公司开发的曙光1000大规模并行计算机，突破了巨型机以科学计算应用为主的局限，进入事务处理和信息服务等领域，获直接经济效益2800万元，在国内率先迈出了高性能计算机产业化的步子，获1997年中国科学院科技进步特等奖。

高技术研究工作促进了传统产业的技术改造，推动了产业的技术进步。工程热物理所研制的75T/H循环硫化床锅炉项目已在全国得到推广。沈阳自动化所工业机器人技术用于汽车、摩托车生产线的改造，1997年合同超过5000万元。长春应用化学所研制成功的高耐热型改性ABS系列专用树脂，已生产出三种商业化的产品，广泛应用于汽车、准高速车、体育用品、仪器仪表及家用电器等产业部门。在非金属矿物材料开发研究中，进一步深化了金刚石薄膜结构、物理性质及低压金刚石薄膜生长机制的理论研究，完善了金刚石薄膜的制备技术，并将该技术扩大到中试阶段。工程热物理所承担“叶轮机械新设计体系转化为生产力”项目的研究工作与我国汽轮机行业的技术进步紧密结合，开发的一系列新技术已直接用于哈尔滨汽轮机有限公司和北京重型电机厂，13台机组改造后的效益可达2亿元，达到世界先进水平。

大力推动技术创新，形成了一批拥有自主知识产权，具有世界先进水平的新技术、新产品。沈阳自动化所承担的高科技项目“CR-01型6000米水下机器人”获1997年中科院科技进步特等奖，使我国跻身世界深海机器人先进国家的行列。光电技术所研制成功了0.8μG线分步投影光刻机和0.7μI线曝光机，推进了我国亚微米微电子设备研制技术，居国内领先地位并缩小了与国外先进水平的差距。上海生物化学所承担的关于反义核酸药物、新型乙肝基因工程疫苗、α-内酰胺类抗生素酰化酶蛋白质工程改造及重要基因工程表达修饰系统研究课题，已在关键研究内容和关键技术方面取得突出进展。由沈阳金属所承担的“火炬计划”项目“纳米硅基陶瓷粉”已成功地在齐齐哈尔东北超微粉制造有限公司投产，年产纳米硅基陶瓷粉达1吨，使我国成为继美国、日本之后世界上第三个能生产纳米硅基陶瓷粉的国家。

中国科学院组建的中国科技网，开通了2M国际卫星信道和北京到合肥、北京到上海的两条256kb的国内卫星信道，联通了全国25个城市，迄今已有5万户入网。受国务院信息化领导小组委托，承担了中国互联网络中心（CNNIC）的任务。软件园区加大开发软件产业的力度，1997年开发收入超过了1亿元。中国科学院科研人员研制的“香港综合地理信息系统”，在软件设计思想、系统集成度、远距离目标动态跟踪等方面有新的突破，是一套优异实用的地理信息系统，达到国际先进水平。自然科学史所在国家有关部门和中国科学院的支持下，对印刷术起源问题进行了深入系统的研究，在联合国教科文组织的会议上成功地维护了我国四大发明之一——印刷术的发明权。

在实现高技术产业化与促进企业发展方面取得新的进展。1997年，中国科学院科技企业经营业绩较好的重点企业的营业收入总计为164.1亿元，利润总额为6.51亿元，上缴税金为2.54亿元，与1996年相比，3项指标分别增长了115.24%、31.52%和170.22%。直属企业中联想集团表现突出，利润成倍增长，联想品牌台式PC机在国内市场销售份额中继续排名第一，并首次进入亚太10强。整合后的联想集团已进入120家大型国有企业试点之列。所办公司中涌现了一批利润增长幅度较大的公司，如福建晶体技术开发公司、北京科化化学新技术公司、上海原子核日环仪器厂、北京中生生物高技术公司等。成都地奥制药公司、上海新康电子公司、上海尼赛拉电子有限公司、长春热缩材料股份有限公司等在继续保持较好业绩的同时，重视技术创新、管理规范等方面的工作，为进一步发展打下良好基础。一批高技术企业努力开拓市场，在促进高技术成果产业化方面取得较好的效益。大连化学物理所的农药中间体工厂开发了甲氰菊脂农药生产技术，使我国成为世界上第二个能生产这种高效农药的国家，已形成年产200吨农药中间体的规模，1997年实现产值4800万元。上海有机所有机合成技术工程中心的研究开发产值达4500多万元。北京三环新材料公司已将一批重大科技成果转移到国内近30家企业，使企业新增产值超过2亿元，促进了新兴的稀土永磁“朝阳产业”在中国的形成与发展。华建有限公司、沈阳腐蚀所主办的昌普公司等所办公司脱颖而出，成为高技术企业新的生长点，展示了良好的发展前景。

四、积极争取承担"九五"国家重大科研项目取得显著成绩

在全体科研和管理人员的精心组织之下，中国科学院争取“九五”重大科研任务取得重要进展，在项目经费和覆盖率上均超过“八五”水平。到目前为止，中国科学院承担“九五”国家“攀登计划”13个项目，“八五”“攀登计划”延续项目16个。主持“九五”国家自然科学基金重大项目6项，获批准资助“九五”国家自然科学基金重点项目51项。分别承担“九五”国家科技攻关计划和国家“863”计划近50个项目和204个课题。国家科技领导小组继去年批准第一批项目后，今年又批准了第二批国家重大科学工程项目，其中包括中国科学院推荐的“兰州重离子加速器冷却储存环”、“HT-7U超导托卡马克核聚变实验装置”及“东半球空间环境地面综合检测子午链”三个项目，同时确定“上海同步辐射装置工程”作为预研项目安排 。此外，中国科学院在国防科工委、产学研工程、国家重大科研成果产业化及国家重点实验室、工程中心建设等方面也承担了一批重要的科研项目。

五、开展战略研究和科普工作，充分发挥中国科学院的社会影响

为增强我国的综合实力，提高国际竞争力，在国家层面组织实施战略性科技产业工程，以解决国民经济和社会发展中的基础性、关键性、全局性的重大问题，组织开展了跨世纪科技战略制高点的研究，将向国家提交战略性科技产业工程建议。为进一步加强科技战略和政策研究工作，组织召开了《21世纪中国科技发展战略学术研讨会》，讨论在实现我国第三步战略目标进程中的科技发展战略和体制问题；在充分调研基础上，于12月9日向党中央、国务院报送了《迎接知识经济时代，建设国家创新体系》的研究报告。初步形成了《21世纪中国科技发展战略思路》和《科学发展报告》，将对国家宏观决策发挥重要的咨询作用。香山科学会议已成为国内学术界享有声誉的常设性、高层次的学术会议组织。一年来，组织召开学术讨论会22次，对繁荣我国的科学事业，对有关部委制定科技政策和决策等均已产生重要影响，并引起国际学术界的兴趣与合作的愿望。推动科普和学术交流活动的深入开展。在国家科委支持下确定的五个试点科普基地正在启动，已引起社会各界的极大关注。今年3月中国科学院与中国科协等单位联合组织的海尔-波普彗星与日全食观测活动中，有3000多位中外专家和天文爱好者以及8万漠河居民观测了这一天文壮景，使科学观测活动成为一次大规模的公众科普活动，在国内外产生了强烈的反响。中国科学院12个植物园积极举办各类科普活动，参观游览人数已超过300万人次。老科学家科普委员会组织的科普讲座，在中学教师和学生中引起热烈反响。组织知名科学家编写了《21世纪科学发展趋势》和《现代科学技术大众百科》等学术专著和科普读物，产生了广泛的社会影响。对外宣传和信息工作在加强宣传改革与发展的成果和先进人物的同时，注重采取各种方式向全社会宣传科学精神和科学观点，充分发挥了科学对社会与经济发展的重要影响和促进作用。

六、跨世纪队伍的建设和人才培养工作取得新进展

进一步加强领导班子建设，使领导干部队伍建设走上更加规范的轨道。1997 年完成了院属单位 32 个行政领导班子和 43 个党委领导班子的换届工作，对 35 个单位的领导进行了任期中考核和个别调查。进一步搞好领导班子的作风建设，采取多种形式加强对所级领导干部的培训工作。按照建立现代企业制度的要求和《公司法》的规定，对企业领导班子的管理办法做出明确规定，逐步探索符合企业特点的领导干部考核评价体系。

科技人才队伍建设迈出新步伐。在今年召开的我院跨世纪人才代表会议上，总结交流了培养选拔优秀人才的经验，进一步明确了建设跨世纪人才队伍的指导思想、目标和规划。组织了对首批“百人计划”入选者的终期考核评估。“西部之光”人才培养计划顺利推行，得到了中央组织部和地方政府的大力支持。1997 年有 41 位优秀青年科技人员获中国科学院青年科学家奖。

继续贯彻“适度发展规模，全面提高培养质量，优化学科结构，改善办学条件”的方针，研究生工作得到进一步的加强。1997 年招收博士生 1677 人，硕士生 2029 人。设立并组织了首届院教学成果奖的评审工作，评出一等奖 8 项，二等奖 20 项，为推动教学改革，提高教学水平和教育质量起到积极作用。经过院、所共同努力，新建和改造了一批研究生宿舍，使研究生的居住条件得到进一步改善。博士后稳步发展，1997 年新进站博士后 350 人左右，全院在站博士后已达 670 人左右，为科研工作增加了活力。

留学工作注重选派青年骨干人才，支持重大项目，为中国科学院的总体发展目标服务。据今年对全院 2100 名留学回国人员所做的调查显示，获得国家和省部级科学技术奖、获国家专利及成果奖较大经济效益的和在国外一级学术杂志上发表论文或出专著的占 79.9%，94%的人担任院、所、室级领导职务和课题组长。另据对 90 个研究所的统计，1990 年以来以回国留学人员为主开辟的新学科有 184 个，有 530 人成为某一学科的学术骨干或带头人；现有博士生导师中回国留学人员占 79%。在 1997 年召开的全国留学回国工作会议上，我院留学工作受到国家教委和兄弟部门的好评，院教育局和大连化学物理所被评为“全国留学工作先进单位”。

中国科技大学已列入首批国家“211 工程”计划，获得国家财政和院财政的支持，并已正式开始全面建设实施。通过深化改革，在学科结构调整和人才培养、科学研究和队伍建设等方面迈出了较大步伐，今年一次增补了 5 位中国科学院院士。中国科大和合肥各所联合组建的中国科大合肥高等研究院的工作已正式启动。

七、发挥优势，扩大开放，与国内外和地区间的合作交流取得新成绩

加大与省市合作的力度，积极为地方经济和社会发展做贡献。继续巩固与中国科学院签约的 10 个省市的科技合作关系，不断提高合作质量。在去年与江苏省签定的 14 个合作项目逐步启动的基础上，今年又开展了与张家港、宜兴市技术合作，签定意向合作

协议131项。先后组织研究所参加天津、山东、江西、北京等省市和地区举行的新技术博览会或经济技术合作洽谈会，签定了一批项目合作协议。沈阳、长春、广州等分院积极发挥作用，省院合作工作又取得了新的进展。为进一步促进与地方、企业的合作，首次建立地方合作基金，今年共安排25个项目，为推动研究所的结构调整和院的改革和发展发挥了积极作用。已完成5个产学研工程项目的可行性研究、合作企业的落实和项目建议报告。国家经贸委和中国科学院联合批准成立的“产学研激光毛化技术开发推广中心”，在机制和项目管理上将按企业方式运行。“高级医疗仪器”项目将采取在科技攻关的同时实现产研合作的方式，探索企业提前介入、共担风险、共享利益的新机制。

国际合作交流继续保持良好势头。全年交流量为7150人次，其中请进2050人次，派出5100人次。1997年来访的重要代表团是近年来次数最多、层次最高的，其中包括美国新任科学院院长、美国全国科学理事会主席、德国洪堡基金会主席、马普学会主席、英国皇家学会主席以及杨振宁、李政道和3位美国高级顾问等重要外宾。国际合作注重向重大项目倾斜，向青年科学家倾斜。1997年300个院级项目中已执行的重大项目有59项，约占总数的20%。超导托卡马克装置、兰州重离子加速器、上海同步辐射光源等一批院重大科学工程得到了国际的合作与支持，有了较快的发展。采取多种方式培养青年人，与德国马普学会商讨，利用对方资金共同培养青年科学家；与德国大众汽车基金会合作，联合培养了博士生。加强了与国外企业界的合作。今年与日本NTT数据通讯公司、日立制作所、美国杜邦公司、孟山都公司、罗氏（ROCHE）公司、AT&T公司开展了广泛的合作。与香港地区的科技合作有了迅速发展，赴港人员全年已超过800人次。合作形式由一般短期互访发展到研究机构间稳定的合作和共建研究机构。分别与香港几个大学共建了微电子联合实验室、地球信息科学联合实验室和建筑火灾研究中心等。与香港工业署、生产力促进局开展了应用研究和推动科技成果商品化的工作，将为促进香港地区的科技发展和产业结构调整发挥积极作用。

我院与台湾科技产业界的合作交流也有了进一步发展。台湾科技界来我院交流合作的有400多人次；我院有180人次赴台湾地区考察访问，已安排近20位专家赴台进行中长期的合作研究。

八、努力做好各项工作，为实现我院发展目标提供支撑条件

1997年，基本建设工作注重调动各类人员积极性，狠抓工程质量，较好完成了各项任务。经院、所共同努力，自1995年起连续三年以较大强度的资金投入住宅建设，累计竣工面积达62万平方米。1997年我院基本建设投资强度又比1996年提高了34.9%，1997年的20万平方米在建面积将于1998年竣工，住房紧张状况将会逐步缓解。进一步抓好中关村基地、北郊基地公共基础设施的建设，提高住宅建设的质量，确保了一批项目的竣工。院机关办公楼抗震加固、加层和维修改造工程顺利竣工，为机关办公创造了良好条件。建设项目的规划管理取得明显进展。中关村总体规划、京区一批项目的方案和调整规划、京外地区的园区改造方案已分别得到批准和落实。进一步加强了工程管理，

对历年积压的8项工程进行了验收。继续推行建设工程监理制度，强化检查和监督机制。严格审核并跟踪管理房地产开发项目，初步完成了全院土地、房屋底数的调查，为进一步加强房地产管理打下基础。重点完成了西双版纳热带植物园的抗震加固和京区人防工事平战结合的工作，取得较好效益。

完善和加强编制、成果、专利、统计等综合管理工作，获得较好成效。加强仪器升级改造和自主研制项目的强度，推动仪器协作共享。文献情报、出版工作努力开拓创新，科研管理和服务工作取得了新的成绩。大力加强信息基础建设，推动院网和机关网的应用工作，组织制定院管理信息系统（MIS）总体规划，为尽快实现我院的现代化管理打下良好基础。

审计工作按照为院的改革和结构性调整服务的要求，制定了审计作业规范，进一步明确审计责任，确保审计工作的质量。完成了对声学所等13个单位的离任审计。进一步强化了安全保卫和保密工作，较好地维护了内部稳定，保障了科研生产的安全，营造了良好的治安环境，有效地保障了我院改革和科研工作的发展。今年我院召开的第二次全院后勤工作会议，根据我院跨世纪的战略定位和发展目标，按照当代科研工作的特点和需要以及市场经济的客观环境，进一步明确了后勤改革的指导原则和目标，提出了加强后勤改革的措施，对深化我院科研后勤改革，更好地为科研提供综合保障和支撑能力将产生重要的推动作用。由于院领导及各单位领导的高度重视，经过档案人员和广大科技干部的共同努力，在已完成档案目标管理考评工作的130个单位中，有26个单位达到国家级标准。长春应化所和长春光机所达到国家一级标准，取得了我院档案管理工作的突破性进展，全面提高了我院档案管理工作的整体水平。认真做好离退休干部工作。在院领导和有关部门的支持下，今年完成了我院离退休干部两费拖欠的清理任务，受到中组部通报表扬。

九、一九九八年工作要点

1998年全院工作的总体要求是：高举邓小平理论的伟大旗帜，认真贯彻党的十五大精神，进一步解放思想，抓住机遇，明确建设具有国际水平的科技国家队的目标，全面推进我院的体制改革，加大结构调整和机制转变的力度，加强“九五”重大科技任务的组织实施，加快跨世纪人才队伍的建设，在科学前沿和解决经济社会发展中重大科技问题方面取得一批重大成果，以实际行动迎接建国五十周年和建院五十周年，为中国科学院世纪之交新的发展奠定坚实的基础。

1. 大力加强科技工作，抓好“九五”重大项目的管理和实施

1998年是“九五”计划的第三年，在继续争取国家重大科研任务立项的同时，要抓紧做好国家和院“九五”重大科研任务的项目管理和组织实施工作，确保项目的顺利完成，为科技进步和经济社会发展作出新的贡献。院属各单位及机关各职能部门要精心组织，密切配合，围绕院的总体目标切实做好以下工作：

(1) 密切结合我国经济建设和社会可持续发展的迫切要求，在大中型国有企业改造、

农业科技进步、经济结构调整和社会可持续发展等方面进一步组织力量，充分发挥我院优势，形成一批重大项目，解决国家重大问题。

(2) 要继续努力,大力协同,做好大科学工程和其他国家重大项目的争取立项和组织实施工作。

(3) 抓住机遇,全力以赴组织好国家重点基础研究发展规划项目的调研、论证、申报、立项工作。

(4) 积极争取承担国家知识创新工程的试点任务。

(5) 继续组织好我国科技发展战略和战略性科技产业工程的研究、论证和向国家建议的工作，在我国科技发展战略和长远部署方面作出重大的贡献。

(6) 抓好“九五”国家和院重大项目的动态管理，明确考核目标，抓紧对项目进行年度检查和中期评估，开展对重大项目进行后评估的试点工作。进一步完善和制定国家和院重大项目的管理和验收制度。

(7) 要积极促进我国高技术创新和产业化,加强我院的自主创新能力,重点支持一批能形成重要知识产权的高技术研究与发展工作，推动院、所的高技术企业提高技术层次，扩大规模效益。

(8) 加强对国内外科技发展、国家和社会需求的分析和预测，做好“十五”规划和争取国家重大科研任务的预研工作。

2. 认真做好学部工作

根据《学部“九五”工作规划纲要》提出的总体目标和院领导的要求，进一步体现学部作为国家最高科技决策咨询机构的职能和作为科学院两大组成部分之一的重要地位与作用，重点做好咨询评议等学术性工作，加强学部工作与院研究实体及院机关有关部门的联系，推动我国科技事业的发展和科教兴国战略的实施。

(1) 认真准备，集中主题，开好第九次院士大会。

(2) 认真组织开展若干重大咨询评议项目，提出具有战略性、前瞻性、科学性和可操作性的咨询报告：

1) 继续完成国家大科学工程的选项咨询评估工作。

2) 继续开展“十五”学科发展战略的前期咨询研究。

3) 完成我院提交的《科学发展报告》等咨询任务。

4) 各学部继续组织若干项重点咨询项目，如《发展我国高科技产业的若干问题》、《绿色化学与技术》等。

(3) 拓宽层面,加大力度,开展多种形式的学术活动和科学普及工作。创办高水平的、探讨科学前沿、学科交叉以及科学技术和经济社会发展有关问题的科学论坛，探索学部学术活动的新路子。

(4) 发挥学部在倡导科学道德学风方面的作用。推出加强科学道德方面的新举措。组织院士在报刊发表文章，加强科学道德学风方面对全社会的影响。

3. 加强科教兴国和可持续发展的战略研究

(1) 站在国家的高度，组织院内从事科技战略和政策研究的力量，就我国经济建设和社会可持续发展，特别是科技发展的重大关键问题开展战略研究，努力完成如下任务：

1) 向党、政府和立法等部门提供可产生重要影响的科技战略和政策报告，完成《科学发展报告》、《21世纪中国科技发展战略》、《中国可持续发展战略》等报告。

2) 为实现我院发展目标，向院领导提供宏观决策所需要的、高质量的政策咨询。

(2) 为适应社会公众和决策层日益增长的了解和更新科学知识的迫切要求，拟举办国际学术讨论会、中国科技战略研讨会，出版高水平的学术交流著作和初、中、高科普书籍，广泛动员有条件的所组织丰富多采的科普活动。

(3) 加强战略研究任务的组织保证。充实和调整院内从事战略和政策研究的力量，逐步形成柔性联合的宏观战略与科技政策的研究网络体系。进一步强化院机关科技发展战略与应用政策研究的职能。

4. 加快以分类定位为核心的结构调整工作

进一步加大改革力度，推进以分类定位为核心的结构性调整。

(1) 加快推进以研究所为单元进行的着重于学科结构、队伍结构、组织结构与科技工作布局的结构调整。三类科研基地型研究所的定位工作在1998年应大部分完成。

(2) 积极稳妥地推进按领域、分学科片的结构调整。要选择具有战略意义的学科，对科技发展有牵引作用、有利于树立科学院改革与发展形象的领域先行示范，强化支持。三个业务系统将根据院的部署进行具体规划，统一组织实施。

(3) 按照“统一规划，分类择优，分局管理”的体制，进一步加强开放实验室（台站）的管理工作，力争在科学研究和机制改革方面有新的突破。

(4) 1998年拟选择3～5个研究所，启动技术开发型研究所的改革试点工作。

(5) 高技术企业要按照“产权明晰、权责明确、政企分开、管理科学”的要求，加快建立现代企业制度，调整和完善所有制结构；按照“放开放活，市场择优，重点扶持，规范一般”的工作方针，加大体制创新和机制创新工作的力度。

5. 加快资源增长，优化资源配置

大胆开拓，广辟资源，调整资源配置原则，努力提高资源利用效率。

(1) 全方位争取各项经费：

1) 积极争取国家对我院科学事业费、基建费有较大比例的增长；争取仪器设备更新、住宅等各类专项经费的投入；

2) 积极争取承担更多的国家、部委和地方的重大科技任务，获得更多的经费支持；

3) 从地方和企业科技投入中争取更多的经费支持；

4) 通过国际合作渠道得到更多的经费资助。

(2) 将“统筹兼顾、综合平衡”的资源配置原则调整为“广拓资源，鼓励竞争，宏观调控，择优支持，保证重点”的原则。

1）对重大项目、重点基地建设、优秀人才给予重点保证；确保实力强、班子强、锐意改革、业绩突出的重点研究所和优秀青年人才得到更多的资源支持。

2）要打破平衡，鼓励竞争，允许一部分研究所和研究室、研究组先改善，先发展，从而带动整体发展。

3）在院的总量资源分配上，积极稳妥地实行增量调节带动存量优化，使资源发挥最大的效益。完善预算制度和资源分配办法，健全绩效考评制度，首先对院专项资金按新的资源配置机制进行调整。

6. 大力加强队伍建设，加速实现代际转移

(1) 加强研究所领导班子建设，1998 年换届的班子必须配备 1～2 名年轻人。至 1998 年底，所级班子中 45 岁以下的人员应占到班子总人数的 25%～30%。

(2)“百人计划”仍按 1997 年的招聘规模，在国内外招聘 100 位能在研究员岗位上承担职责的优秀年轻人才；一部分人员开辟新的学科领域，一部分人员充实加强重点学科和重大项目。

(3) 我院将和中央组织部共同推进“西部之光”的实施，要进一步结合地方经济和社会发展的需要，选拔培养能立足西部，带领一个团队拼搏的优秀人才。

(4) 启动高级访问学者计划，根据各单位的需求和可能，1998 年遴选 100 位左右的高级访问学者来院作短期工作。

(5) 进一步改进和加强研究生工作，努力提高生源质量，博士生规模实现稳步增长，硕士生规模基本稳定。继续加强教材、教师队伍和教学基地的建设，采取切实措施全面提高培养质量。

(6) 加强管理队伍特别是高中级管理人才、青年管理骨干和企业经营管理干部的培训工作。坚持领导干部上岗培训制度。加强基础素质培训工作。推进在职进修研究生课程和攻读学位工作。广拓渠道，积极利用境内外资源共同培养优秀青年科学家和高级管理人才。

(7) 进一步调整留学人员选派结构，精选精派，提高效益。强化对重点领域和学科方向上的中、青年科技骨干和学术带头人的衔接培养。加强与海外留学人员的沟通、联络，争取人员和智力回流。进一步加强留学工作的规范化、科学化管理。

(8) 支持中国科技大学按照规划搞好“211”工程建设，加强素质教育，全面提高教学质量，加强重点学科建设，提高科研水平，努力把科大办成具有国内一流水平的教育科研型大学。

7. 深化人事和分配机制的改革

(1) 继续推进并完善对新进人员的聘用合同制，启动对 35 岁以下的人员实行聘用合同制，推进上海地区各所及有条件的单位实施全员聘用合同制。

(2) 进一步推行“按需设岗，按岗聘任”，对新设岗位、新晋升人员必须按照设岗聘任的原则进行。推进大多数单位对新设研究员岗位实施公开招聘，竞争上岗。

(3) 完善职员制度，在全院建立规范、统一的职员职级考试考核晋升制度。

(4) 进一步改革和完善分配制度，抓好试点，逐步推进绩效津贴制度的实施。

(5) 继续推进社会保障制度的改革，支持院属单位按属地化原则参加社会保险（养老、医疗、待业）。

8. 大胆创新，加大机关改革力度

院机关改革是今年的一项重要任务。院将参照国家机关改革的总体精神，由院领导亲自组织对调整、改善院机关的管理方式和运行机制，改革用人制度和分配机制等重大问题进行研究，自上而下地组织实施。在机关改革的进程中将充分听取院属各单位的意见，确保院机关改革顺利实施并取得实效。

9. 进一步扩大开放，加强与国内外和地区间的交流合作

(1) 进一步加强引进外资工作。充分发挥院及所属各单位的积极性，抓住机遇，拓展渠道，在科技项目合作、基础设施与园区改造、重大设备更新、网络平台（台站）建设、企业合资合作等方面提高利用外资的水平和效益。继续加强与世界银行、亚洲银行、联合国开发计划署等机构的联系和合作，争取更多的外资外贷项目。

(2) 推动和促进与部委、省市、行业、大中型企业和大学的共建和合作关系。充分利用社会各种资源，促进科技与经济的结合。用好地方合作基金，积极探索与地方合作的新途径。

(3) 继续支持院重大项目的国际合作。将一般性的交流过渡到以对口研究所之间开展项目合作为主要合作内容。院级重大项目将有407人出访，164人来华，要做好项目规划，明确合作研究的内容与目标，提高合作的层次和效果。

(4) 发展与境外跨国大企业，尤其是与高科技大企业之间的合作和联系。扩大渠道，争取更多外资。在合作中坚持平等互利的原则，发展壮大自己。

(5) 利用中国科学院的学术地位和非政府部门的特点，开展广泛的、方式灵活的国际合作。合作形式要更加多样化，如建立新的合作研究小组、联合实验室、开发中心等。

(6) 做好1998年第三世界科学院领导人的换届工作和接待该组织高级代表团访华工作。为我院参加该组织今年的活动做好准备工作。

(7) 组织开好“第十八届世界遗传学大会”（8月）、“中美前沿科学研讨会”（8月）和“中美能源政策讨论会”（1月）等大型国际学术会议。支持在我国召开区域性、小型专业讨论会。

(8) 积极发展与香港特别行政区、澳门以及台湾地区高水平研究力量的交流与合作。

10. 加强党的建设和精神文明建设

(1) 全面贯彻十五大精神，认真组织党员领导干部学习邓小平理论特别是邓小平同志的科技思想，切实加强领导班子的思想政治建设，为完成院工作会议提出的各项工作任务打下牢固的思想政治基础。

(2) 按照新时期的要求并结合院的改革，探索科研事业单位、科技企业单位党建的组织形式和活动方式。

(3) 围绕院、所改革与发展的大局，特别是研究所的结构调整和院机关的改革，及时分析、掌握职工的思想动态，有针对性地做好思想政治工作。

(4) 加大精神文明建设的工作力度，确立“九五”期间全院精神文明建设的总体目标、任务及主要措施，并切实做好组织实施工作。

(5) 加强对工会、青年团、妇委会、侨联和职工代表大会的政治领导，充分发挥群众组织的桥梁纽带作用。

(6) 继续扎实抓好中纪委第八次全会部署的各项工作，进一步加大反腐败工作力度，强化党风监督机制，加强案件查办工作，深入开展党风廉政教育，推进我院党风建设和反腐败斗争的深入开展。

(7) 加强对外宣传和信息工作，充分利用现代信息技术特别是因特网的优势，树立科学院迈入新世纪的良好形象。

11. 改进内部管理，加强支撑条件建设

科研支撑系统的工作要全面贯彻院深化改革的各项方针政策，向管理要质量，向服务要效益，努力创造新的成绩。

基本建设工作要配合学科发展和结构调整工作，做好大科学工程及重大项目的规划设计、资金调配、工程建设工作。进一步加强科研基地和园区建设的规划工作。发挥国家、集体和个人三个积极性，大力推进住宅建设。进一步发挥院、所两个积极性，加强基础设施系统的改造，改善生活设施和居住环境。

要采取切实措施，加强中关村园区的管理和建设，努力改善工作和生活环境。

安全保卫工作要为院中心工作提供有力的保障。维护稳定大局，抓好安全生产。要进一步加强保密工作，做好技术秘密和出版物、计算机网络的保密管理工作。

做好京区11个单位所长、经理的离任审计工作；各分院组织力量做好所在地区院属单位的换届审计工作。按照审计署统一部署完成对科研单位的审计工作。加强审计工作软课题研究，进一步提高我院审计工作水平。

进一步强化科研后勤改革。要根据科学院的实际情况，解放思想，转变观念，建立各种管理模式的科研后勤新体制，创造条件，逐步走向服务社会化。要不断完善调整好服务结构，为一流水平的科研和管理工作提供高水平的服务，增强后勤支持能力。

要进一步做好文献情报、出版、成果、专利管理、统计、信息、档案、离退休干部等各项工作，努力为院中心工作服务。

中国科学院主要领导

院　　长	路甬祥
副 院 长	严义埙　许智宏　陈宜瑜　白春礼
秘 书 长	竺　玄
副秘书长	王玉民　王景川　钱文藻　马彤军
党组书记	路甬祥
党组副书记	郭传杰
党组成员	路甬祥　许智宏　陈宜瑜　白春礼　郭传杰 王德顺

中国科学院院部机关机构

办　公　厅

主　任　马彤军

副主任　蒋崇德　戴明华

下设处室：秘书处、文书机要处、信息处、公关协调处、档案处、财务处、办公室、图书情报出版委员会办公室、党组办公室。

学部联合办公室

主　任　钱文藻（兼）

副主任　何仁甫　韩存志

下设处室：综合处、学术活动与调研处、数理学部办公室、化学学部办公室、生物学部办公室、地学学部办公室、技术科学部办公室。

基础研究局

局　长　金　铎

副局长　王贵海

下设处室：办公室、综合处、学科规划处、数学力学天文学处、物理学处、化学处、生物学处、技术科学处。

资源环境科学与技术局

局　长　秦大河

副局长　佟凤勤

下设处室：办公室、综合处、国土与环境处、地球科学处、宏观生物学处、农业项目办公室、遥感与地理信息处。

高技术研究与发展局

局　长　桂文庄

副局长　郁小民　丁晓良　马　诚

下设处室：办公室、综合计划处、工程技术处、信息技术处、化工材料处、能源处、应用生物学与生物技术处、空间遥感技术处、军工办公室。

高技术促进与企业局

副局长 赵 勤 刘晓群

下设处室：综合业务处、企业管理一处、企业管理二处、企业管理三处、技术经济发展处。

计划财务局

局 长 顾文琪

副局长 阎成德 李志刚

下设处室：办公室、预算与综合处、财会制度管理处（与院财务大检查办公室合署办公）、国有资产管理处（与院清产核资办公室合署办公）、固定资产投资处、装备处（与院机电设备进口协调办公室合署办公）、机构编制处、统计处、成果处、专利处、技术监督处、规划处、开放实验处。

科技政策局

局 长 曹效业

副局长 李 士

下设处室：综合政策处、科技战略处、社会与发展处、体制改革处、香山科学会议办公室。

国际合作局

局 长 张 侃

副局长 葛明义 安建基

下设处室：办公室、一处（亚非拉、日本）、二处（欧亚）、三处（美大）、四处（国际组织）、五处（西欧）、综合计划处、财务处、研究室、外资外贷办公室。

人 事 局

局 长 张永庆

副局长 黄伯明 黄海霞

下设处室：办公室、调配处、领导干部处、科技干部处、机关人事处、工资福利劳保处。

基本建设局

局　长　薛钟灵

副局长　戚　强　王志刚

下设处室：办公室（与人防抗震办公室合署办公）、综合计划处、规划设计处、房地产处。

教　育　局

局　长　李云玲

副局长　石庭俊

下设处室：综合处、留学人员处、研究生处、继续教育与培训处。

科技安全局

局　长　何远光

副局长　吴立光

下设处室：综合处、安全处、技安处、治安处、保密处。

京区党委

书　记　王玉民（兼）

常务副书记　蔡春雷

副书记　郭曰方　杨建国

下设处室：办公室、组织部、宣传部、统战部、机关工作部、团委办公室、工作办公室。

离退休干部局

局　长　周凭栏

下设处室：办公室、调研处、老专家处、机关离休干部处、机关退休干部处、教育活动处。

纪检监察组

由中央纪律检查委员会驻院纪检组、监察局与京区纪委合署办公。

下设处室：综合办公室、纪检监察一室、纪检监察二室、纪检监察三室、审理教育室。

中央纪律检查委员会驻院纪检组

组　长　王德顺

副组长　李京顺　郑高本

监　察　局

局　长　李京顺

副局长　高凤春

京区纪委

书　记　郑高本

副书记　过生如

审计署驻院审计局

局　长　王　青

副局长　李晏婴　刘冬红

下设处室：办公室、京区处、综合处。

学部与学部工作

根据《中国科学院学部“九五”工作规划纲要》提出的“突出一个重点，加强两项建设，做出三方面贡献”的总体目标，1997 年学部进一步改进了院士增选办法，较好地完成了增选工作；有重点地组织了咨询评议工作，取得了较好的效果；在圆满结束百名院士百场科技系列报告活动的基础上，把学部科普工作又推向纵深发展；成立了科学道德建设委员会，加强了院士队伍自身的科学道德建设。学部工作在向高水平、深层次和新创意发展的新阶段中又迈出了一步。

一、1997 年中国科学院院士增选工作

1997 年 7 月和 11 月，经中国科学院 460 多位院士两轮会议进行严肃、认真的讨论、评审，从 418 名候选人中选举产生了 58 名中国科学院新院士，其中：数学物理学部 9 名，化学部 10 名，生物学部 12 名，地学部 10 名，技术科学部 17 名。增选结果表明：新院士继续保持年轻化的良好势头。由于今年增选工作做了较大改进，进一步确保了选举结果的公正性。上述选举结果于 10 月 24 日经学部主席团审议通过并由中国科学院报国务院备案。

12 月 4 日，中国科学院、中国工程院联合举行新闻发布会，向社会各界公布 1997 年中国科学院、中国工程院院士增选结果。中国科学院院长、学部主席团执行主席路甬祥同志在会上代表中国科学院学部主席团和中国科学院向新当选的 58 名中国科学院院士以及新院士所在单位、部门和省市表示热烈的祝贺，并介绍了新当选院士和本次增选工作的基本情况：

(1) 领域分布广泛。新当选的院士分布于 14 个部门和 14 个省市的 30 个科研机构、18 所高等院校和 1 个军队科研单位，涵盖了重要基础性研究领域，一些同国民经济发展联系紧密的专业和交叉学科，7 个从未有过中国科学院院士的单位，这次有了当选者。

(2) 年轻化的良好势头。在增选评审会议之前，学部主席团召开会议，重点研究了如何重视遴选更多的符合院士标准的优秀中青年科技专家等问题，强调指出，这不仅是发展我国科技事业和搞好学部工作的客观需要，也是全体院士和广大科技工作者的共同愿望，并就此作出具体规定，要求在各学部正式候选人中 60 岁以下（含 60 岁）的应不少于三分之一。

在评审、选举中，与会院士们从我国科技事业长远利益出发，站在爱护和促进年轻人才成长的高度，在严格坚持院士标准的前提下，非常重视选举优秀中青年科技专家到院士队伍中来。增选结果表明，新院士在年轻化的方向上继续保持良好的势头。58 名新院士的平均年龄为 60.9 岁，其中 60 岁以下（含 60 岁）的有 27 名，占 46.6%；而 51～55 岁的就有 11 人，占总数的 19%；最年轻的 2 名新院士只有 43 岁。经过这次增选，中

国科学院院士总数达 610 人，其平均年龄由增选前的 70.9 岁，降低到 69.9 岁。这些都充分说明，增选更多符合标准的中青年新院士，是符合我国科技队伍发展的实际情况的。

(3) 确保了选举的公正性。在总结 1991 年、1993 年和 1995 年三届增选工作经验的基础上，根据广大院士和有关部委、省市的意见，今年中国科学院院士增选工作做了较大的改进。1) 在第一轮评审会议之前，将全部有效候选人推荐书中的有关材料（“主要科技成就、贡献和道德学风”栏的内容）按组织系统由候选人所在基层单位予以公布，以进一步听取意见。这样做的好处是增加了透明度，可以提高候选人推荐材料的真实可靠性，为学部评审提供良好的基础。这一做法反应热烈，受到了社会各方面的普遍欢迎和好评。2) 在学部评审阶段，对候选人的评审工作做得更加深入细致，初步形成了会前“预审”——一轮“初审”——会外“复审”——二轮“终审”这样一个比较完善的程序。3) 改进了对投诉信的处理工作，制订了《投诉信处理暂行办法》，加大了处理投诉信的力度。除依靠被投诉候选人所属主管部门进行调查核实外，各学部还组织 59 位院士对被投诉的 23 名初步候选人进行了专门调查，并且由负责推荐的院士就投诉的问题提出书面材料予以说明。这样就可以从多方面调查了解被投诉候选人的有关问题，便于院士们作出正确的判断。

路甬祥院长在新闻发布会上勉励新院士在得到崇高荣誉的同时，要更加严格要求自己，承担更多的社会责任。路院长说，中国科学院院士是国家在科学技术方面设立的最高学术称号，具有崇高的荣誉和学术上的权威性。近几年来，这种荣誉越来越受到各级政府、社会各方面和科技界的重视，绝大多数省市和有关政府部门在生活待遇、工作条件上都给予院士们一些特殊照顾，许多方面邀请院士们去考察、咨询、讲学和作科技报告。新院士一定要认识到，你们在获得院士荣誉的同时，国家、人民和科技界同仁会对你们寄予更高的期望，你们将要承担更多的社会责任。我们新老院士不仅要在科学技术上继续做出新的成绩，而且要积极参加学部咨询评议活动，为国家的宏观科技决策和经济社会发展中的重大科技问题奉献真知灼见，要在道德学风方面严格自律，身体力行，倡导优良学风，要大力培养和提携跨世界的科技英才，努力做好科学普及工作，只有这样，才能使我们这个群体——由全体院士组成的中国科学院学部真正成为全国科技界的榜样，成为青少年学习的榜样。在这方面，我们应当向老一辈院士们学习，学习他们作为一代科学巨匠，披荆斩棘，报效祖国，开创我国现代科技领域的丰功伟绩；学习他们作为一代教育宗师，为人师表，授业解惑，倡导我国学术界良好风尚的卓越建树。路院长说，我们中青年一代的院士们一定会继承和发扬这一传统，承担起这个历史责任，继往开来，把中国科技事业和中国科学院学部工作推向前进，推向 21 世纪。

二、咨询评议工作

1. 主动咨询——学部和院士的建议

(1) 1997 年 7 月 1 日，数理学部的 100 多位院士从加速科教兴国的愿望出发，经过多次讨论和征求意见，向国家科技领导小组提出了《关于建议加大数理科学发展与人才培养力度》的咨询报告。

报告阐述了数理科学的重要性，分析了我国数理科学的现状和趋势中令人担忧的问题，认为数理科学除研究经费投入严重不足外，还突出反映在：缺少较年轻的、优秀的数理科学研究和教育工作者；对数理科学的现状和加强学科建设的必要性的认识上还存在着许多问题；基础研究、应用研究、应用开发、生产经营活动等不同类型的工作之间没有形成良性循环;数理科学的研究和教育工作的相互结合和相互促进的问题没有解决。报告呼吁必须重视学科建设,建议国家在制订科学发展规划和对全国科技工作进行组织、协调时，要制订学科建设的规划，作为对国家目标、重点项目、重大科学工程和当前热点课题等的规划的重要补充，学科建设规划应该与其它规划有所不同，重点要放在学科本身的建设和发展上，特别要重视那些作为学科发展的基础的部分和那些相对说来与实际应用、当前热点项目有距离的部分。

报告建议要下决心建设一批基础科学基地，选择一批条件较好的“点”，加大资金的投入，稳定地支持这些点的发展，逐步形成一些高水平的基地；要切实逐步解决队伍问题，即基础研究和教育的骨干队伍所面临的严重的人才断代问题，要稳住一支精干的较年轻的队伍，使他们有安心工作的生活条件以及相对较好的工作条件，有在中国国土上，决心在基础科学研究中长期坚持下去的荣誉感和责任心；要从战略高度逐步推进教育与科学研究的相互结合。当代数理科学的发展对研究人员提出越来越高的具有更加综合的和更全面的基础的要求，而且，由于数理科学与应用技术之间的关系越来越直接和密切，经济和社会发展都要求有受过数理科学比较深入和全面训练的人才直接从事应用开发工作，希望科技领导部门在当前深化科技体制改革中，逐步摸索出一条在我国实际情况下，解决基础科学研究与教育相互结合问题的出路。

国家科技领导小组副组长温家宝同志、国家科技领导小组成员兼办公室主任朱丽兰同志和国家自然科学基金委员会主任张存浩院士对数理学部的咨询报告作了批示。根据批示的精神和要求，国家自然科学基金委员会和国家科委基础研究高技术司研究了落实“加大力度”的具体措施，决定在国家自然科学基金委员会数理科学的基金支持方面提高五分之一，从 1998 年度起明确安排在国家自然科学基金支持的计划预算之中。

(2) 1997 年 4 月 14 日我院向国务院呈送了生物学部“关于建立‘常绿草地带’加速开发南方草地资源的建议”的咨询报告。

1996 年生物学部第八届常委会第一次会议讨论决定，成立了以张新时、李博两位院士牵头的“南方草地资源开发利用”咨询组。该咨询组在农业部及湖北、湖南和云南省政府的大力协助下，于 1996 年 11 月 18 日至 12 月 2 日对我国南方草地资源及其开发利用的现状进行了考察，形成了“关于建立‘常绿草地带’加速开发南方草地资源的建议”的咨询报告。

报告认为，我国食物安全与后备食物资源的开发已成为关系到我国 21 世纪可持续发展的重要问题。我国南方草地草坡蕴藏着发展草食家畜的很大潜力，有可能建设成为我国重要的草食家畜生产基地，成为解决我国食物问题的重要途径之一。报告分析了南方草地的优势，对加快南方草地资源开发提出建议：1) 南方草地应列为加大力度开发的一项后备农业资源，由国家计委牵头，会同农业部及南方有关省区制订我国南方草地资源开发总体规划与优先发展南方草地畜牧业的产业政策；2) 建议国家科委农村科技司与农业部畜牧兽医司，组织有关科研部门开展“我国南方草地开发评估与生态经济区划”；3）建议国家计委设立南方草地畜牧业开发示范基地建设的专项基金，财政上开一个户头，由南方草地资源开发所需资金给予50%的支持，另50%由各省区予以配套，建立相应的专项基金；4. 制订与完善草山草坡的权属划定，落实承包责任制，为农牧民创造宽松的政策环境；5. 完善国家和地方各级人民政府对畜产品加工规模与产品结构的短期和中、长期计划与规划。

(3) 1997年5月5日我院向国务院呈送了生物学部关于“我国化肥面临的突出问题及建议”的咨询报告。

1996年生物学部第八届常委会第一次会议讨论决定，成立了以李庆逵、朱兆良、于天仁3位院士牵头的“我国农业持续发展中的肥料问题和对策”咨询组。咨询组组织了中国科学院、农业部、中国农业科学院、上海农业科学院和化工部等单位的13位专家，针对我国化肥数量不足，氮、磷、钾比例和品种结构不合理，化肥利用率低等问题，进行了深入系统的调查研究，并广泛地征求了全国有关科研单位及大学从事土壤肥料研究的专家的意见，在此基础上形成了“我国化肥面临的突出问题及建议”的咨询报告。

报告认为：化肥在农业生产中占有重要地位，是农民生产投资中最大的物质投资，约占其全部生产性支出的50%。如何充分发挥化肥的作用，是我国农业持续发展中最突出的问题之一。针对当前我国化肥面临的问题，报告建议：1）增加化肥供应量。目前每亩每季施肥量低于10公斤的耕地约占一半，经济作物的施肥量有所增加，林、牧、渔业也开始施用化肥。到2000年和2010年，化肥的年供应量分别达到4200万吨左右和5000万吨以上。这样，按20亿亩耕地和160%的复种指数计，每季作物的施肥水平可分别达到每亩13.1公斤和15.6公斤，在世界上仍属中等水平。2）调整养分比例和品种结构。建议2000年我国化肥的总需求量中氮磷钾的比例为1：（0.40～0.45）：0.25。3）改进化肥分配和供应，逐步提高中低产地区的施肥水平。4）推广科学施肥技术。5）加强肥料科研和肥效监控。为使肥料的生产、进出口、供销使用和服务环节纳入法制轨道，国家应尽快制订“中国肥料法”。

(4) 1997年6月5日我院向国务院呈送了地学部“对我国澜沧江-湄公河流域经济可持续发展问题的咨询建议”。

1996年7月，地学部的院士们对21世纪我国矿产资源接替基地问题进行了研究，认为目前我国铜、金等矿产资源严重短缺，而西南三江地区是我国已知的最重要的有色、贵金属成矿区之一，可望发展成为世界级有色、贵金属基地，具有很大的开发潜力和资源远景。同时由于这一地区是多民族聚居地，对这一地区的开发将对繁荣少数民族地区经济具有一定的政治意义。

同年10月，地学部院士们的上述意见得到国家计委陈耀邦副主任的支持，建议将院士咨询考察内容扩展至澜沧江-湄公河流域可持续发展问题，除矿产资源问题外，增加农业、生态、环境、能源、水电、交通和城乡规划布局等。云南、四川两省领导积极响应，两省政府邀请中科院院士和专家实地考察咨询。1997年元月，中科院学部组织了由两院院士和有关专家参加的考察组（其中中科院院士9人，工程院院士3人，专家6人）对云南、四川两省8个地州、19个县市、20多个坝址、电站、矿山工厂和乡镇企业调研考察后，形成了“关于加快四川攀西地区发展的若干建议”和“关于澜沧江地区综合开发及大湄公河次区域国际合作的建议”两个咨询报告。

“关于加快四川攀西地区发展的若干建议”提出：1）发挥资源优势，将攀西建设成我国重要的金属材料与能源基地；2）加快攀西地区资源开发、产业发展和生态建设。建立攀西资源开发试验区，给予优惠政策；组织科技攻关，尽早解决钒钛综合利用难题；加强有色金属和稀土的勘探工作，形成新的矿（山）电（业）结合的优势产业；加快安宁河谷立体农业的商品化、产业化进程；维护攀西的环境质量，走可持续发展的道路。

“关于澜沧江地区综合开发及大湄公河次区域国际合作的建议”提出：1）澜沧江开发具有重大战略意义，应引起中央高度重视。澜沧江流域内水电、矿产、生物、农业、旅游资源极其丰富，是亟待进一步开发的地区。我国要积极参加大湄公河次区域国际合作计划，充分利用东南亚3000多万华侨、华人优势，开拓国际市场，共享世界资源，发展互补经济，使澜沧江-湄公河成为我国大西南沟通东南亚的战略走廊。澜沧江流域是少数民族聚居的边疆山区，加快开发民族地区经济，对缩小东西部差距，保持边疆安定具有重要意义。2）有关加快澜沧江开发的建议，以漫湾电站为基础，实现流域水电滚动开发，全面规划流域水资源开发方案，抓紧做好矿产资源开发的前期工作，并将澜沧江防护林建设列为国家项目。报告还对支持加快澜沧江流域经济发展提出了若干政策建议。

（5）1997年11月6日我院向国务院呈送了地学部“中国水问题的出路”的咨询报告。

1996年底，宋健同志根据钱学森、钱伟长先生对我国水资源问题的来信，指示水利部、中国科学院进行调研，并在水利部提交的报告中批示：“请冠华组织地学部有关同志研究提出意见”。据此，地学部在国家科委副主任、地学部主任徐冠华院士的主持下，邀请了中国科学院、中国工程院院士，水利部、国家教委系统和中国科学院有关专家30余人于1997年先后组织召开了关于“与我国水资源有关的天气气候变化问题”、“中国节水问题与对策”和“中国水问题”等3个研讨会。在研讨的基础上又由有关院士、专家进行综合分析、调研，向地学部常委会提交了“中国水问题的出路”咨询建议，并经地学部常委会审议修改后原则通过。

“中国水问题的出路”咨询报告提出：水问题将成为21世纪我国经济发展最突出的重大问题。我国的水问题主要有三个方面：一是水资源供需矛盾日益尖锐；二是水污染严重，水环境恶化加剧；三是洪涝水患频发，经济损失巨大。水的问题已成为当前影响我国经济社会发展的制约因素。从目前水问题的发展趋势来看，如不及时采取有效措施，持续下去，在下个世纪初期，国家将面临更为严峻的局面。如何针对这个长期困扰我国经济社会发展的关键问题，找出一条合理的、可行的、又可以产生积极效果的出路，已成为当前的重要课题。基于上述问题及其产生原因，报告指出，我国水问题的根本出路在于“以节水为本，强化统一管理”。

应当把建立一个节水型社会作为奋斗目标。为了保障实现这一目标，建议采取以下措施：1）把节水作为一项国策，大力宣传节水的意义，加强全民节水的意识，把节水意识与社会经济可持续发展效益结合起来。2）水资源市场化，是推动节水的重要措施。3）大力提倡污水资源化，提倡清洁生产，减少用水。4. 加大农业、工业等方面生产过程中节水科技投入，积极推广已经行之有效的节水措施、方法和生产经验。

我国水问题存在的共性问题是管理上的无序状态。要解决好我国水问题的一项重大措施就是强化统一管理，使管理工作纳入科学的、以国家利益为前提的统一管理轨道。为此建议：1）中央成立协调全国水资源管理的权力机构，制定统一政策，实行全国统一管理。通过立法，制定和颁布国家有关水管理的法律、法令和条例规定等。改变国家多部门分管的分散状况。组织进行全国性水资源数量、质量调查评价，编制全国性水资源供需规划，作为制定各地经济建设发展规划的依据。2）根据我国近期水资源形势、开发利用现状及存在的问题，进一步修订已有的水资源法。3）组织新一轮全国性水资源开发利用情况普查工作。为实现节水和流域治理，建议加大科技投入，组织各有关部门的科技力量，按关键问题设置科技攻关项目，列入国家重大科学研究计划。对黄河、淮河、海河三大河流出现的问题进行综合考察研究。

国务委员、国家科委主任宋健同志于 1997 年 12 月 4 日批示，将该报告“报俊生并春云阅示”；姜春云副总理批示：“报告很好，请水利部研究处理。”

（6）在内部刊物《中国科学院院士建议》上，编发了 14 期院士建议，其中有：《高压研究——物理科学的新导向》（外籍院士毛河光）、《关于我国自然科学基础性研究之管见》（路甬祥）、《我国基础研究面临的问题及一些建议》（邹承鲁）、《关于建设上海国际航运中心的意见》（任美锷）和《关于大力加强我国脑科学研究的建议》（翟中和等）。这些建议受到中央领导和有关部门的重视，在学术界产生较好的影响。

2. 委托咨询——接受政府委托，开展咨询和评议

（1）1997 年 4 月 14～16 日，中国科学院学部接受国家科委委托，对“九五”攀登计划 A 和攀登计划 B 共 58 个候选项目进行评审。各学部正、副主任、常委出席了会议。5 个学部分别对有关项目进行了认真的讨论与评议。在 58 个项目中，建议优先立项的 48 项、暂缓立项的 8 项、不宜立项的 2 项。评议结果已报国家科委。

（2）1997 年 5～6 月，接受国家计委、国家科委委托，中国科学院学部和中国工程院共同组织院士和专家分 3 批对国家重大科学工程的 9 个候选项目（农业类、地学类、海洋考察船类各 3 项）进行了评审。评审意见已报两委。据了解，1997 年共有 5 项重大科学工程项目经两院院士评审后，由两委报请国家科技领导小组审议并获批准立项。

（3）1997 年 4 月 26～29 日，中共重庆市委邀请中国科学院、中国工程院两院院士及部分专家在重庆市举办了“重庆经济社会发展战略研讨会”。参加研讨会的有中国科学院院士陈宜瑜、徐冠华、张新时、陶诗言、陆婉珍、闵恩泽、嵇汝运、章申、孙曼霁、吴传钧、闻邦椿和中国工程院院士朱高峰、钱易、梁应辰、郭孔辉、李泽椿及中科院副院长严义埙等专家。

今年 3 月 14 日，八届全国人大五次会议通过了批准设立重庆直辖市的决定。直辖后的重庆，肩负着增强中心城市的综合实力，完善城市功能，充分发挥长江上游经济中心的作用；实现城乡共发展、共繁荣；搞好开发性移民，发展库区经济这三大历史性任务。为此，重庆市委组织力量提出了《重庆市国民经济和社会发展战略的基本思路》，请两院院士及专家进行咨询。与会的专家们根据自己的专长，对重庆经济社会发展战略进行了分析和研究，提出了意见和建议：

1) 要高度重视处理好城市发展与环境保护的关系，力求实现经济社会可持续发展。重庆是一个老工业城市，由于历史的原因，环境污染已经成为经济发展中的突出问题，三峡水库建成以后，环境保护问题更应当引起高度重视。要在全面推广清洁生产的前提下，建立“生态工业圈”；对“三废”污染物必须实行无害化、源头化处理；大力推广生态农业，重点发展资源利用合理、污染少、清洁生产的乡镇企业；建设治理污染的基础设施，保护好未来库区400亿立方米的淡水资源。

2) 重庆市未来发展目标应是建成一个经济繁荣、社会文明的“具有多功能的中心”。要进一步巩固和加强交通枢纽、商贸中心的地位，重视重建重庆区域性金融中心、文化中心的地位。

3) 关于重庆市产业结构的战略性调整，要遵循经济社会发展规律，以市场为导向进行产业结构的调整；要发挥区域优势和资源优势，提出重点产业发展规划；要切实强化农业的基础地位，促进一、二、三产业的协调发展；要重点支持优势行业、优势企业和优势产品。

4) 对重庆城市建设规划提出要按照第一增长极、第二增长极、第三增长极的相互传递，进行城市规划和建设，建成由中心城市到几个大城市，再到县城和中小城镇组成的层次分明的城市体系。

5)“人才资源是重庆第一资源”，要形成良好的用人机制，把科技人员的创造力引导到市场中去，推动科技与经济的有机结合。

6) 充分认识加速发展中观念转变和体制创新的重要性，走出计划经济的框框，用市场经济的方法和手段来发展经济和管理社会。

重庆市市委书记张德邻同志代表市委、市政府、市人大、市政协表示，会后将认真消化和吸取专家们的意见和建议，进一步修改好重庆经济社会发展战略规划。

(4) 1997年8～11月，接受国家科委委托，中国科学院学部与中国工程院联合组织院士、专家对国家“863”计划CIMS主题执行情况进行了评估。评估工作由两院院士、中国科学院学部主席团咨询评议工作委员会主任、中国工程院副院长师昌绪主持，共有9位院士参加，并聘请有关专家10余人共同组成评议委员会专家组。专家组考察了沈阳、上海、杭州、武汉、广州、榆次、西安、成都、北京等地的有关项目，并在不同范围召开了汇报、研讨会议。评估报告《863/CIMS主题实施情况考察报告》已于1997年12月提交给国家科委。

(5) 1997年10月，受国家经贸委委托，中国科学院学部和中国工程院联合组织两院院士王大珩、毋国光、王占国、简水生、徐晓白、黄志镗、徐滨士、吴佑寿等8位教授，对国家技术创新3个试点城市之一的青岛市进行了考察，并就青岛市技术创新和发展思路等给予了指导。院士们认为青岛市的发展应在科技上寻求更高、更新、更尖端的技术，以提高企业的市场竞争能力。

三、学术活动与科学普及

(1) 1997年5月26日，中国科学院外籍院士毛河光教授在北京为地学部、数理学部部分院士作了题为《高压研究——物理科学的新导向》的学术报告，与会院士进行了学术讨论。

(2) 10 月 25 日，地学部、数理学部和国家自然科学基金委员会在北京联合举办了“地球的非对称性和地球多圈层差速旋转的物理力学问题”学术报告及研讨会。会议由徐冠华、方守贤两位学部主任主持，叶叔华、许厚泽、马宗晋等 3 位院士和旅美青年学者宋晓冬博士、中科院地球物理研究所朱日祥博士、地矿部吴珍汉博士做了学术报告，近 70 名院士和专家参加会议并进行了讨论。在此之前，地学部、数理学部于 9 月 27 日举办跨学部、大学科交叉的学术茶会对这一专题进行了研讨。

(3) 两院院士为驻京部队领导干部做现代科技系列报告。为贯彻落实中共中央总书记、中央军委主席江泽民同志关于“在全军各个部队、各级机关和广大指战员中，必须迅速掀起并形成一个广泛、深入、持久地学习现代科技特别是高科技知识的热潮”的指示，经中央军委批准，由中国科学院、中国工程院、中国科协和解放军总政治部共同组织两院院士为解放军三总部和驻京部队军级领导干部作现代科技系列报告。从 1997 年 3 月 25 日开始至 6 月 18 日共举办了 8 场报告，报告题目为：现代科学技术的发展趋势和它对社会的影响（周光召）、新能源技术（潘家铮）、新材料的现状和展望（师昌绪）、地球信息科学及其应用（陈述彭）、信息技术（汪成为）、生物技术（李载平）、空间技术的发展及其对军事的影响（闵桂荣）、当代工程技术发展趋势（朱光亚）。院士们运用大量数据和翔实的资料，深入浅出地讲解了各个学科领域的发展现状、趋势以及在现代军事中的应用。报告受到与会部队领导干部的热烈欢迎和一致好评，并由中央电视台在七频道陆续播出，取得了良好的社会效果。

(4) 院士们为中央党校学员讲课。学部联合办公室 1997 年 9 月、10 月继续组织院士为中央党校讲科技课。每讲有近 300 人参加。学员们反映热烈，认为内容新颖，前瞻性与针对性结合，学术性与政策性兼顾，受到中央党校负责教学的领导同志的好评。目前已列为中央党校科技必修课。

(5) 院士们赴有关省区为党政领导干部和科技人员作科技报告。为了扩大院士科普报告的影响，更加广泛地传播现代科技知识，使更多的干部受益，学部联合办公室积极与有关省区联系，组织院士为地方作报告。

1) 受新疆维吾尔自治区政府的邀请，学部联合办公室组织中国科学院院士报告团于 1997 年 5 月赴新疆为当地党政领导干部和科技人员作科技报告。自治区党委、政府、人大、政协的领导，厅局级干部，部分高校和科研单位的科技人员听了报告。院士们同自治区农科院及高校的部分领导、科研人员和教师进行了座谈，针对自治区的特点提出了科技兴边疆、合理利用水资源和农业害虫的综合防治方法等建议。

2) 受福建省政府的邀请，1997 年 11 月学部联合办公室组织院士赴福州和厦门为当地党政领导和科技人员作科普报告。

(6) 院士走向军营科技系列报告。由中国科学院上海分院、学部联合办公室上海联络处和解放军空军政治学院联合举办的“院士面向部队，走向军营科技系列报告活动”，5 月 20 日在沪拉开序幕。何祚庥院士作了题为“21 世纪科学技术展望”的首场报告。叶叔华、母国光、匡定波、杨雄里等 10 位院士分别就航空航天、生命科学、信息科学、材料科学、天文学、生态环境等方面做了学术报告。

(7) 院士参加“ ’97 北京科技周”活动。5 月 22 日，中国科学院王大珩等 10 位院士参加了“ ’97 北京科技周”活动，到燕京啤酒集团参观考察。5 月 26 日，师昌绪院士在首都钢铁公司作了题为《当前材料科学中的若干热点问题》的学术报告。

四、科学道德与学风建设

(1) 学部主席团为加强对学部精神文明建设的领导，决定成立了学部科学道德建设委员会。1997 年 2 月，该委员会召开首次会议，结合院士增选工作制订了《中国科学院增选工作中院士行为规范》，为搞好今年的增选工作起到了保证作用。

(2) 许多院士在报刊发表文章，提倡科学道德，捍卫科学尊严，揭露剽窃作假，反对封建愚昧，在社会上起到了带头作用。

(3) 由 510 位院士亲自撰稿，学部联合办公室负责编辑，共计 170 万字的《中国科学院院士自述》一书及其“青少年版”受到社会各界的欢迎和好评，共发行 5 万多册，1997 年被评为国家“五个一工程”获奖图书和上海市优秀图书。

五、其　　他

(1) 1997 年 2 月 24 日，中国科学院召开院士深切缅怀邓小平同志座谈会。会议由常务副院长路甬祥院士主持，汪德昭、杨乐、肖伦、徐光宪、高小霞、刘东生、孙鸿烈、王越、王大珩、陈芳允、严陆光等院士出席了座谈会。院士们怀着无比崇敬的心情，用自己的亲身经历追忆小平同志对我国科技事业的无比重视，深切缅怀邓小平同志的丰功伟绩，表示要用做好科技工作的实际行动悼念邓小平同志。

(2) 接受陈嘉庚基金会的委托，经各学部组织严格评审，产生了第七届（1997 年度）陈嘉庚奖 8 位获奖科学家，并经陈嘉庚基金会理事会审议通过。8 位获奖科学家是杨乐（数理科学奖）、黄维垣（化学科学奖）、沈善炯（生命科学奖）、娄成后（农业科学奖）、陆道培（医药科学奖）、王之卓（地球科学奖）、李志坚（信息科学奖）、钱令希（技术科学奖）。

中国科学院学部领导机构

中国科学院学部主席团名誉主席

卢嘉锡　　武　衡　　钱学森

第三届中国科学院学部主席团（一）

（1996 年 6 月 7 日至 1997 年 10 月 24 日）

执行主席　　周光召

成　员　（以姓氏笔画为序）

王　元　　王　越　　方守贤　　冯　端　　师昌绪　　李德生　　张存浩
邹承鲁　　沈善炯　　陈宜瑜　　陈能宽　　周光召　　郑哲敏　　娄成后
徐冠华　　倪嘉缵　　涂光炽　　梁晓天　　路甬祥

第三届中国科学院学部主席团（二）

（1997 年 10 月 24 日学部主席团会议通过）

执行主席　　路甬祥

成　员　（以姓氏笔画为序）

王　元　　王　越　　方守贤　　冯　端　　师昌绪　　李德生　　张存浩
邹承鲁　　沈善炯　　陈宜瑜　　陈能宽　　郑哲敏　　娄成后　　徐冠华
倪嘉缵　　涂光炽　　梁晓天　　路甬祥

第三届中国科学院学部主席团执行委员会（一）

（1996 年 6 月 7 日至 1997 年 10 月 24 日）

（以姓氏笔画为序）

方守贤　　邹承鲁　　张存浩　　陈宜瑜　　周光召　　郑哲敏　　徐冠华

执行委员会秘书长　郭传杰

第三届中国科学院学部主席团执行委员会（二）

（1997 年 10 月 24 日学部主席团会议通过）

（以姓氏笔画为序）

方守贤　　邹承鲁　　张存浩　　陈宜瑜　　郑哲敏　　徐冠华　　路甬祥

执行委员会秘书长　钱文藻

第三届中国科学院学部主席团顾问（一）

（1996 年 6 月 7 日至 1997 年 10 月 24 日）

朱光亚　　胡　绳　　王春正　　朱丽兰　　韦　钰　　怀国模　　刘积斌　　张存浩
张玉台

第三届中国科学院学部主席团顾问（二）

(1997 年 10 月 24 日学部主席团会议通过)

朱光亚　胡　绳　周光召　王春正　朱丽兰　韦　钰　王统业　刘积斌
张存浩　张玉台

中国科学院数学物理学部第八届常务委员会

主　任　方守贤

副主任　白以龙　曲钦岳　杨　乐　赵忠贤

委　员　(以姓氏笔画为序)

王　元　方守贤　甘子钊　白以龙　曲钦岳　杨　乐　杨福家
闵乃本　苏肇冰　张恭庆　陈佳洱　陈建生　林　群　周　恒
赵忠贤　胡仁宇　郝柏林

中国科学院化学部第八届常务委员会

主　任　张存浩

副主任　王　夔　闵恩泽　周同惠　黄志镗

委　员　(以姓氏笔画为序)

王　夔　邓景发　闵恩泽　沈家骢　张存浩　周同惠　赵玉芬
胡　英　郭景坤　袁　权　徐晓白　黄志镗　梁敬魁　蒋锡夔
楼南泉

中国科学院生物学部第八届常务委员会

主　任　邹承鲁

副主任　卢永根　许根俊　吴　旻　张新时

委　员　(以姓氏笔画为序)

卢永根　朱兆良　许根俊　吴　旻　吴建屏　吴祖泽　吴常信
邹承鲁　沈允钢　张树政　张春霆　张新时　陈宜瑜　郝　水
唐崇惕　韩济生　强伯勤

中国科学院地学部第八届常务委员会

主　任　徐冠华

副主任　孙　枢　孙鸿烈　苏纪兰　张宗祜

委　员　(以姓氏笔画为序)

马宗晋　孙　枢　孙鸿烈　苏纪兰　李德仁　肖序常　汪品先
张宗祜　张弥曼　陈运泰　欧阳自远　周秀骥　赵其国　赵鹏大
徐冠华　黄荣辉　常印佛　章　申　戴金星

中国科学院技术科学部第八届常务委员会

主　任　郑哲敏

副主任　母国光　陈能宽　周干峙　顾诵芬　戴汝为

委　员　(以姓氏笔画为序)

王　越	王大中	王淀佐	毋国光	匡定波	严陆光	李依依
李衍达	杨芙清	陈俊亮	陈能宽	闵桂荣	吴德馨	周干峙
周兴铭	郑哲敏	钟万勰	顾诵芬	徐性初	蒋民华	潘家铮
蔡睿贤	戴汝为					

中国科学院学部咨询评议工作委员会

主　任　师昌绪

副主任　孙鸿烈

成　员　何祚庥　闵恩泽　李振声　马宗晋　郑哲敏

中国科学院学部科学道德建设委员会

主　任　陈宜瑜

副主任　王　越

成　员　张恭庆　黄志镗　许根俊　张宗祜　郭可信

1997年中国科学院院士名单

（共621人，其中带*号者为1997年新当选院士）

数学物理学部（120人）

丁伟岳*	丁大钊	丁夏畦	于　敏	万哲先	马大猷	马志明
王　元	王乃彦	王业宁（女）		王淦昌	王淦昌	王绶琯
方　成	方守贤	甘子钊	艾国祥	石钟慈	叶叔华（女）	
卢鹤绂	白以龙	冯　端	曲钦岳	吕　敏	朱光亚	庄逢甘
刘应明	汤定元	孙义燧*	严志达	苏步青	苏定强	苏肇冰
李　林（女）		李大潜	李方华（女）		李正武	李荫远
李家明	李惕碚*	李德平	杨　乐	杨立铭	杨应昌*	杨福家
吴文俊	吴式枢	吴杭生	何泽慧（女）		何祚庥	余瑞璜
谷超豪	应崇福	闵乃本	汪德昭	沈　元	沈学础	张仁和
张恭庆	张淑仪（女）		张涵信	张焕乔*	陆启铿	陈　彪
陈希孺*	陈佳洱	陈难先*	陈建生	范海福	林　群	
欧阳钟灿*		周　恒	周光召	周毓麟	冼鼎昌	郑厚植
经福谦	赵忠尧	赵忠贤	郝柏林	胡　宁	胡仁宇	胡世华
胡和生（女）		胡济民	柯　召	段学复	姜伯驹	洪朝生
贺贤土	夏道行	钱伟长	钱学森	钱临照	徐至展	徐叙瑢
郭尚平	席泽宗	唐孝威	谈镐生	黄　昆	黄胜年	黄祖洽
章　综	彭桓武	葛庭燧	童秉纲*	程开甲	程民德	
谢希德（女）		谢家麟	蒲富恪	管惟炎	廖山涛	熊大闰
潘承洞	霍裕平	戴元本	魏宝文	魏荣爵		

化学部（109人）

万惠霖*	王　夔	王方定	王佛松	支志明	方肇伦*	邓从豪
邓景发	申泮文	田昭武	卢佩章	卢嘉锡	冯新德	白春礼*
邢其毅	朱亚杰	朱起鹤	朱清时	朱道本*	刘元方	刘有成

江元生	孙家钟	严东生	苏　锵	肖　伦	吴征铠	吴浩青
时　钧	何国钟	何鸣元	何炳林	余国琮	闵恩泽	汪　猷
汪尔康	汪家鼎	汪德熙	沈之荃（女）		沈天慧（女）	
沈家骢	沙国河*	张　滂	张礼和	张存浩	张青莲	张乾二
陆婉珍（女）		陆熙炎	陈庆云	陈荣悌	陈茹玉（女）	
陈俊武	陈冠荣	陈家镛	陈敏恒	陈耀祖	林励吾	林尚安
卓仁禧*	周同惠	周维善	赵玉芬（女）		胡　英	胡宏纹
查全性	侯祥麟	侯虞钧*	俞汝勤	袁　权	袁承业*	钱人元
钱逸泰*	倪嘉缵	徐　僖	徐光宪	徐如人	徐晓白（女）	
殷之文	高　鸿	高小霞（女）		高世扬*	高济宇	郭景坤
郭慕孙	郭燮贤	唐有祺	唐敖庆	黄　量（女）		黄本立
黄志镗	黄维垣	黄葆同	黄耀曾	梁树权	梁晓天	梁敬魁
彭少逸	蒋丽金（女）		蒋锡夔	嵇汝运	程镕时	游效曾
谢毓元	楼南泉	蔡启瑞	黎乐民	戴立信	戴安邦	

生物学部（105 人）

于天仁	王文采	王世真	王志均	王志新*	王应睐	王德宝
贝时璋	毛江森	尹文英（女）		石元春	田　波	卢永根
印象初	匡廷云（女）		朱兆良	朱作言*	朱既明	庄巧生
刘建康	刘瑞玉*	刘新垣	汤佩松	许根俊	许智宏*	孙曼霁
孙儒泳	阳含熙	李　博	李庆逵	李季伦	李振声	李竞雄
杨弘远	杨雄里	杨福愉	吴　旻	吴阶平	吴英恺	吴征镒
吴建屏	吴孟超	吴祖泽	吴常信	邱式邦	邹　冈	邹承鲁
沈允钢	沈自尹*	沈善炯	沈韫芬（女）		张广学	张春霆
张树政（女）		张香桐	张新时	陆士新*	陆宝麟	陈　竺
陈子元	陈中伟	陈可冀	陈华癸	陈宜张	陈宜瑜	陈慰峰
金善宝	郑作新	郑国锠	庞雄飞*	赵善欢	郝　水	钦俊德
施教耐	施蕴渝（女）*		施履吉	娄成后	洪孟民	洪国藩*
洪德元	姚　鑫	姚开泰	徐国钧	徐冠仁	唐守正	
唐崇惕（女）		谈家桢	龚岳亭	阎隆飞	曹文宣*	梁栋材
梁植权	韩启德*	韩济生	曾　毅	曾呈奎	谢联辉	强伯勤
蒲蛰龙	裘法祖	裘维蕃	翟中和	薛社普	鞠　躬	魏江春*

地学部（112 人）

丁国瑜　马　瑾（女）*　马在田　马杏垣　马宗晋　王　水
王　仁　王之卓　王恒升　王鸿祯　王德滋*　文圣常　方　俊
丑纪范　业治铮　叶大年　叶连俊　叶笃正　卢衍豪　田在艺*
冯士筰*　朱显谟　任纪舜*　任美锷　戎嘉余*　刘东生　刘光鼎
刘昌明　刘宝珺　刘振兴　关士聪　安芷生　许志琴（女）
许厚泽　孙　枢　孙大中　孙鸿烈　孙殿卿　苏纪兰　李吉均
李廷栋　李星学　李德仁　李德生　杨　起　杨遵仪　肖序常
吴传钧　吴汝康　吴国雄*　汪品先　汪集旸　沈其韩　宋叔和
张宗祜　张弥曼（女）　张炳熹　张彭熹*　陈　颙　陈永龄
陈庆宣　陈运泰　陈述彭　陈国达　陈俊勇　陈梦熊
林学钰（女）*　武　衡　欧阳自远　周立三　周志炎　周秀骥
於崇文　赵其国　赵柏林　赵鹏大　郝诒纯（女）　侯仁之
施雅风　秦蕴珊　秦馨菱　袁道先　贾兰坡　贾福海　顾知微
徐克勤　徐冠华　殷鸿福　高由禧　郭文魁　郭令智　郭承基
席承藩　涂光炽　陶诗言　黄秉维　黄荣辉　盛金章　常印佛
章　申　巢纪平　董申保　程纯枢　程国栋　程裕淇　傅承义
傅家谟　童庆禧*　曾庆存　曾融生　谢学锦　戴金星

技术科学部（175 人）

丁舜年　干福熹　王　圩*　王　选　王　越　王大中　王大珩
王之江　王之玺　王占国　王立鼎　王守武　王守觉　王阳元
王希季　王启明　王补宣　王育竹*　王崇愚　王淀佐　邓锡铭
石青云（女）　叶恒强　叶培大　史绍熙　卢　强　卢肇钧
冯纯伯　母国光　匡定波　师昌绪　吕保维　朱　静（女）
朱物华　朱森元　任新民　伍小平（女）*　过增元*　刘广均
刘永坦　刘盛纲　齐　康　许学彦　孙　钧　孙钟秀　孙家栋
严　恺　严陆光　李　未*　李文采　李志坚　李启虎*　李国豪
李依依（女）　李衍达　李济生*　李敏华（女）　杨　槱
杨芙清（女）　杨叔子　杨嘉墀　肖纪美　吴自良　吴全德

吴良镛　吴承康　吴德馨（女）　邱大洪　邹世昌　闵桂荣
汪　耕　汪闻韶　沈　鸿　沈志云　沈珠江　沈绪榜*　宋　健
宋玉泉*　宋振骐　宋家树　张　钹　张　维　张　煦　张光斗
张兴钤　张作梅　张沛霖　张景中　张效祥　张嗣瀛*　陆元九
陈芳允　陈学俊　陈俊亮　陈能宽　陈翰馥　邵象华　苗永瑞
林　皋*　林为干　林兰英（女）　林秉南　欧阳予　罗沛霖
周干峙　周本濂*　周尧和　周兴铭　周孝信　周国治　周炳琨
周巢尘　周惠久　周锡元*　郑哲敏　赵仁恺　胡文瑞　胡聿贤
胡海昌　柯　俊　钟万勰　钟香崇　保　铮　侯　洵　侯朝焕
俞鸿儒　闻邦椿　姚建铨*　姚　熹　夏培肃（女）　顾诵芬
党鸿辛*　钱令希　钱钟韩　徐芝纶　徐采栋　徐性初　徐建中
徐祖耀　高庆狮　高镇同　郭可信　唐九华　唐稚松　陶亨咸
黄文熙　黄克智　黄宏嘉　黄纬禄　曹建猷　曹春晓*　曹楚南
梁守槃　梁思礼　屠守锷　彭一刚　董韫美　蒋民华　程庆国
程耿东　谢光选　雷天觉　雷啸霖*　路甬祥　阙端麟　窦国仁
简水生　蔡其巩　蔡睿贤　熊有伦　颜鸣皋　潘际銮　潘家铮
戴汝为　魏寿昆

1997 年中国科学院外籍院士名单

（共 23 人，以姓氏英文字母为序）

巴　顿	(Derek Harold Richard Barton)	(英国)
罗伯特·康	(Robert W. Cahn)	(英国)
张立纲	(Leroy L. Chang)	(美国)
陈省身	(Shiing-Shen Chern)	(美国)
卓以和	(A. Y. Cho)	(美国)
克里斯琴森	(W. N. Christiansen)	(澳大利亚)
朱经武	(C. W. Chu)	(美国)
冯元祯	(Yuan-Cheng B. Feng)	(美国)
简悦威	(Y. W. Kan)	(美国)
高　锟	(Charles K. Kao)	(美国)
李政道	(Tsung-Dao Lee)	(美国)
林家翘	(Chia-Chiao Lin)	(美国)
林同炎	(T. Y. Lin)	(美国)
毛河光	(H. K. Mao)	(美国)
雷　文	(Peter H. Raven)	(美国)
沈元壤	(Y. R. Shen)	(美国)
司马贺	(Herbert A. Simon)	(美国)
田长霖	(Chang-Lin Tien)	(美国)
丁肇中	(Samuel C. C. Ting)	(美国)
吴健雄	(Chien-Shiung Wu)	(美国)
威　利	(P. J. Wyllie)	(美国)
杨振宁	(Chen Ning Yang)	(美国)
丘成桐	(Shing-Tung Yau)	(美国)

基础研究

本着继续深化科技改革，贯彻“唯实、求真、协力、创新”的办院方针和1997年院工作会议精神，我院在研究所结构性调整、加强基地建设、积极组织争取国家任务和落实院重大、重点项目等著项工作中取得了显著的成绩。

一、基础科研取得可喜成果与进展

1997年国家自然科学奖唯一一项一等奖授予了由我院计算数学所冯康院士主持研究的“哈密尔顿系统的辛几何算法”。哈密尔顿系统是描述各种守恒的物理和力学过程的三种基本形式之一。冯康及其研究小组系统地提出了哈密尔顿系统的辛几何算法，解决了一系列理论和数值计算问题，获得了远优于现有方法的计算效果。其主要成果包括：提出了辛几何算法；发展了生成函数理论；在此基础上构造了种类繁多的任意阶段精度的辛格式，研究了它的对称性和守恒律；把辛算法思路推广到更一般的动力系统，构造了切触格式，保体积格式，酉格式等，发展了一套利用组合格式达到高精度的保结构算法。冯康在辛算法方面的研究工作以其特有的创新性、系统性、广泛性、理论完整性和成果丰富多采性受到了国际知名学者的高度评价。十余年来，冯康院士的工作已带动了国际上一系列相关研究，并已在天体力学、分子动力学、刚体和多刚体运动等领域的研究中得到了成功的应用；1997年国家自然科学二等奖获奖项目共8项，我院获4项，另有一项与香港中文大学合作完成。上海生理所研究的“视觉复杂图像信息的传递和图像特征整合”确定了在视觉系统各级神经元的感受野外面，都存在着一个面积比传感受野大数十倍的感受野外区，揭示了视觉神经元能根据图像局部的空间和时间特征，自动地调节其感受野的时-空滤波参数；首次报道了视皮层简单细胞的非线性特性。遗传所胡含研究员经过20多年对“小麦花粉无性系变异机制与配子类型的重组与表达规律”研究，首次提出、证实了花粉无性系变异机制及规律，证明花药培养不存在配子选择，配子基因型能够充分表达，并将异源染色体引入小麦，创制了一批易位系、代换系和附加系等小麦新种质，该研究开辟了单倍体育种研究的新领域，并为进一步分离和克隆这些基因奠定了基础。青海盐湖所经过近20年的研究，在同位素质谱测定方法及其应用方面取得了一系列重要成果。成都计算机应用研究所与系统科学所合作，创立了定理机器证明的数值并行方法的原理与算法，并对几何定理机器证明的吴法有所发展。香港中文大学黄乃正教授与我院上海有机所侯雪龙合作在金属有机化学领域创造性地对一些高强力分子的合成化学进行了研究，也获得1997年度国家自然科学奖二等奖。数学所从事有限域上的典型群理论研究的万哲先院士在典型群、酉群、正交群和伪辛群的作用下有限域上向量空间的子空间所组成的轨道分类等重要问题上，大大深化了几位国际数学大家的工作，并应用于其他领域中，所得的结果系统而深刻，在国内外产生了重要影响。经过十年的开拓创新，我院微重力科学不断取得国际领先的研究成果，力学所微重力国家重点实验室胡文瑞院士等进行了半浮区液桥热毛细对流研究，他们以地基小尺度模拟试验为基础，结合直接数据模拟和稳定性分析，经过短时微重力实验（落井试验），取得突破性进展，为即将进行的空间实验作了准备。以物理所王文魁为首的项目组，利用短时微重力条件、卫星搭载空间微重力条件并结合助熔剂技术对Pd系合金的凝固过程进行了深入研究。在空间材料实验方法、揭示新的凝固现象和理论分析上有许多独到之处。BATC巡天是瞄准国际天体物理发展的主流和前沿，通过以我为主，对等国际合作，基本立足于国内天文观测设备，以大视场、多色测光为特点，进行系统性研究，发现了红外为3.33的类星体，这是我国天文学在高红移天体物理前沿研究方面的重大突破。同时还发现了70多个H-H天体和许多有重要天体物理意义的形态，包括喷流、双极流等，发现的极近地小行星1997BR已引起全世界十几个国家几十个天文台的密切跟踪观测。上海天文台的白天卫星激光测距系统作了大量的技术更新，成功地从白天的强烈背景噪声中检测出单光子的卫星回波信号，最远距离达到8000多公里。使我国激光卫星测距技术上了一个新的台阶。上海植生所对水稻蜡质基因的分子结构，特别是控制蜡质基因表达的调控元件，以及该基因表达不同时影响稻米中直链淀粉含量的分子机理进行了深入系统的研究，其结果对改良稻米的食用品质与加工品质等也有重要意义。兰州重离子放射性束装置(RIBLL)在1997年7月建成，该装置可产生500多种中能重离子放射性束流还可以作为高精度实验谱仪使用。该装置在动量接收度、立体角接收度、磁刚度分辨率和产生的放射性束最短寿命等指标达到国际先进水平。HT-7超导托卡马克磁约束热核聚变研究，1997年成功地进行了两轮四个月的连续运行，取得了超导磁场可稳定维持在2.5万高斯、等离子体电流220千安、电子温度达到1000万度，最长放电时间达2.97秒以及利用低杂波最长驱动等离子体电流时间可达1.4秒等一系列国内先进或达到国际水平的好成果，引起国际聚变界的广泛注意。被公认为世界上所有同类实验装置领先的中日合作的高能所西藏羊八井宇宙线广延大气簇射阵列1997年3～7月成功地观测到来自AGN MARK501的10万亿电子伏特γ线爆发辐射并在国际上唯一给出发射强度随时间变化的不间断数据。

二、结构性改革抓实效、抓拓展

1. 改革试点

为了建设适应社会经济和科技发展、探索建设富有生机和活力的我国基础性研究所的途径，1994年国家科委会同我院、教委组织了五所二校基础研究所改革试点。根据国家科委的要求和我院五个试点所的学科特点和条件，通过对重点学科、队伍、组织结构等方面的调整和运行机制的改革，促进了研究所的发展，也为基础性研究所改革积累了宝贵的经验。为了配合国家科委进行五所试点工作阶段总结，基础研究局于年中提出了“国家科委、中科院基础性研究所改革试点阶段总结工作安排”的报告送国家科委有关司及院有关领导，并召开了五所所长及联络员工作会议。各所认真进行了阶段总结，提交了综合报告和专题报告等书面总结材料。通过阶段总结，组织专家评估和检查改革的总体目标和阶段目标落实、执行情况，将更进一步推动改革试点工作的深入和发展，把基础性研究所建设成为国家一流的基础研究、人才培养、高技术创新的基地。

2. 研究所定位试点

根据院关于实施研究所定位管理试点工作的统一部署向有关所下达了“1997年基础性研究所定位管理试点工作的实施意见”，召开了试点所所长工作会议和经验交流会，具体部署了有关试点工作实施方案、步骤，与试点所领导就试点方案进行反复对话。在此基础上于9月底至11月中分别组织有权威性、代表性的专家对上海有机化学所、上海生物化学所、理论物理所、力学所、武汉物理数学所、系统科学所、兰州近代物理所、合肥等离子体所等8个试点所进行了严格、认真的评议，肯定了各研究所的学科优势、改革的成绩，提出了方向并指出了不足。评审专家对各试点所充分发挥交叉学科优势，开展基础理论创新和超前研究，努力提高国际学术地位，同时以高技术跟踪应用研究和推广为宗旨，直接为国民经济建设服务，取得的可喜成果给予好评。作为学科整体定位试点，天文口还成立了改革工作组，他们通过广泛的调查和反复讨论，初步提出了结构性调整建议方案，交天文委员会、天文学科专家组进一步研究。整个定位试点工作由于强调了通过研究所自身提出定位方案，提高研究所对本所及国家的科学事业发展的紧迫感、责任感的理解和认识，通过实施结构性调整对研究所乃至整个学科和重点领域发展起到了较好的推动作用。

3. 开放实验室

1997年院实验室处调整至计财局，基础研究局积极配合院计财局，重点做好国家重点实验室和院开放试验室的分类定位和评估管理工作。

按照“统一规划、分类择优、分局管理”的原则，经协商，除地学和宏观生物学以外，其他各学科以及交叉学科中以基础研究为主的63个实验室（共涉及43个单位）和两个开放所由基础研究局管理。

积极组织我院有关研究所认真准备并参与由国家自然科学基金委员会组织的对信息学科、工程与材料学科的国家重点和部分院开放实验室进行评估，取得了较好的结果。上海技物所红外物理、兰州化物所固体润滑、沈阳金属所快速凝固非平衡合金等三个实验室被评为优秀实验室。评估专家组对这些实验室不断提高科研工作水平，加强实验室管理和注意人才培养等方面取得的成绩给予充分肯定。根据两类实验室的特点、发展规律，通过分类和评估引导实验室在科学前沿的探索与促进国民经济建设和社会发展的战略方向的结合上，确定好自身的位置和目标，发挥优势，争取更快地发展和提高。评审专家们对有的实验室研究领域偏窄，在与促进国民经济发展的结合上不够等提出了建设性的意见。总之，强化竞争机制，开展实验室评估，在经费支持上拉开档次，将会推动开放实验室办成具有严谨学风、宽松学术气氛、“开放、流动、联合、竞争”的科学研究中心和人才培养基地。

4. 科学中心的建设

建立科学研究中心是我院深化科技体制改革、探索新的结构模式的一个重要决策。1997年重点在上海生命科学中心、凝聚态物理中心和晨兴高等数学中心建立新的运行机制，组织创新性科研工作。上海生命科学中心先后成立了神经生物学、发育生物学、分子生物学等生命科学前沿领域8个研究组，其中两个组分别由美国和英国回国的优秀青年学术带头人主持。中心的成立显示出了它的生机和活力，1997年该中心在国外重要杂志上发表科学论文7篇，中心内一人入选国家百千万人才工程，两人获国家杰出青年基金。加强国际间联合，建立了中韩生物科学和生物技术合作，并确定了双方合作研究领域。由中心牵头，联合上海地区生物研究所共同申报国家攀登预研项目“基因组后研究中的生物医学问题”获得批准，并已启动。同时通过组织前沿、交叉重大项目，也促进了上海地区生物学各所间不同学科的结合。

凝聚态物理中心于1996年6月份成立。在中心学术委员会认真论证的基础上，进一步加强组织管理，精选课题和人员，在吸引、培养科技人才和组织重大项目上取得进展。一年来已获得了一些重要成果。如纳米材料的制备、结构和性质的研究取得出色成果，在大面积、定向纳米管的生长和Raman散射的研究方面达到了世界先进水平；在液态结构和性质的研究、十次准晶单畴准晶体的输运研究、纳米电子学超 高密度信息存储的研究等方面获得突破性进展。同时他们还研制成功我国第一台激光分子束外延系统、我国第一台4.2K低温高真空扫描隧道显微镜和电子回旋共振微波等离子体化学气相沉积薄膜生长设备。为了进一步提高科研工作水平，中心将在原基础上适当调整研究方向及其学科，不仅要增设一些新的前沿课题，还要加强对新材料的制备和性质、液态物理、光物理、高压物理等课题的研究。

1997年晨兴数学中心大楼正在紧张施工，同时在该中心学术委员会的精心组织下成功地组织了算术代数几何、几何分析、双曲型微分方程、动力系统、控制理论以及多度规现象的数学理论与计算方法等六个前沿研究项目。这些项目主要由国内优秀的青年学者主持和研究，给予年轻的科技人员施展才华的机会和用武之地。该中心重视创造浓郁的学术气氛，聘请国内外的杰出学者做系列演讲，开展学术交流，经过科研人员的不懈努力，取得了优秀的成果，赢得国内外学者高度评价。

三、积极争取承担国家计划任务取得实质性进展

1. 争取“九五”国家攀登计划预选项目工作成绩显著

在基础研究局和院资源环境科学与技术局共同努力下，经过两年多的艰苦工作，我院争取“九五”国家攀登预选项目工作已顺利结束。经国家科委批准，原国家“八五”攀登项目（A类）延续至“九五”的25项中我院负责组织实施11项，新增选 的19项和7个专项中由我院组织建议的13项，负责组织实施9项。各项目任务书于1997年12月报国家科委，并收到拨款4150万元，各项目均已启动。

根据国家科委的要求，基础研究局于1997年12月先后组织了由我院牵头实施的5

个攀登计划项目（B类）的中期评估。在中评估会议上，各项目首席科学家、课题负责人就项目计划完成情况、研究成果、人才培养、学术交流、国际合作、经费使用和项目组织管理等向评估专家组做了汇报。经过评审组认真地讨论评估，5个项目中的62个课题被评为A类43个、B类15个、C类4个。5个项目综合评价均为优秀，显示了高质量、国家队的水平。这次评估结果给予我院承担攀登任务的科技人员极大的鼓励和支持，为今后深入开展研究，取得更大的成果起到积极促进作用。

2. 大科学工程立项工作扎扎实实稳步推进

在院党组的统一领导下，基础研究局继续将大科学工程立项工作作为重点来抓，积极、主动地与计财局、基建局密切合作，上下沟通，拓展工作。年初组织制定了我院大科学工程的管理条例。明确了院大科学工程的组织、管理系统和各有关局的职责分工。各项目由一位副院长分管，成立管理委员会、工程项目指挥部和项目科学技术委员会，针对不同项目的具体情况扎扎实实稳步推进。严格按照国家计委要求的项目建议书、可行性研究报告和开工报告四个步骤执行。LAMOST与合肥同步辐射二期工程已通过可行性研究报告论证。根据工程进度要求，有的项目的扩初设计和概算已通过了国家计委的评估，有的通过了建设项目放射防护评估报告书及环境影响评价报告书的评估。至1997年底，第一批经费各2000万元已下达。由上海天文台等5个单位参加的地壳观测网工程项目也取得了很好进展。我院积极参加了执委会和专家组的活动，目前可行性研究论证已完成。我院约争取1400万元投资任务，年底已下达500万元。

第二批重大科学工程4个项目已经过国务院科技领导小组第三次会议讨论确定。我院建议的“兰州重离子加速器冷却储存环（HIRFL-CSR）”、“HT-7U超导托卡马克核聚变实验装置”及“东半球空间环境地面综合检测子午链”等3项中选。同时确定“上海同步辐射装置工程”作为预研项目安排。HT-7U和HIRFL-CSR两个项目受计委委托由我院组织建议书评估，受到与会专家的充分肯定。根据专家意见，编写了评估报告，并报送计委待批。等离子体所和近物所已在进行可行性研究工作。上海同步辐射项目我院已与上海市政府、国家计委反复就组织方案进行研讨，积极作好各项准备工作。“东半球空间环境地面综合监测子午链”也已经国家计委批准，其科学工程总体方案管理模式与法人等问题已经过属于5个部委的11个单位组成的总体组反复讨论取得共识，进一步完善了项目建议书，准备向计委汇报后进入立项程序，同时筹备明年在中国召开“子午工程国际会议”。

神光Ⅱ项目取得重要阶段性成果，开始局部试验（X激光部分）。神光Ⅱ装置研制由中国科学院、中国工程物理研究院、国家高技术863项目共同投资3993万元，由中国科学院、中国工程物理研究院高功率激光物理联合实验室承担研制。该装置建在我院上海光机所。目前为我国规模最大、输出功率最高的固体钕玻璃激光装置，可以进行国际前沿领域的物理实验研究。该装置1997年10月完成总调，进入试运行和试打靶。1998年将完成最终目标。当前正在认真总结，分析前阶段工作中出现的问题，修订下步工作计划，并与精密化研究及神光Ⅲ计划相协调。

3. 争取“九五”国家自然科学基金重大、重点项目有所进展

“九五”国家自然科学基金重大项目从1996年4月开始公布第一批项目指南，1997年上半年完成13个项目立项。通过激烈的竞争和严格的立项程序，结果由我院主持其中6项，有24个单位承担了二级课题任务。第二批28个重大项目指南上半年正式公布，已全部完成函评并进入正式论证阶段，将于1998年一季度基本完成立项。“九五”自然科学基金第一批重点项目批准资助148项，其中我院获准51项，资助金额为4518万，占总资助金额35.6%。在组织项目过程中，始终考虑如何发挥我院的多学科优势，组织多所合作、多学科交叉渗透，不同研究所优势互补，强-强结合。在解决重大的、关键性科技问题上提出切实可行的研究目标和实施方案，在前沿问题上碰撞出创新思路。在组织有应用前景的项目中，紧紧抓住对解决国民经济和社会发展中具有重要指导意义和深远影响的基础性研究工作，争取立项成功后要尽快实施，并争取尽快取得成果。

四、基本完成“九五”院基础性研究计划部署

1. “九五”院基础性研究重大、重点项目的评审与遴选工作已基本完成

根据我院的研究基础和经费分配指标，瞄准国际前沿的重大科学问题，围绕国家重点研究领域，着眼于将来能解决国民经济发展的问题。注意严格按照院管理办法和立项程序操作，重大项目邀请同行专家评议、论证，重点项目的筛选由各学科学术委员会评审、打分排队。经过反复论证、评选，先后经院领导审批共40个重大和61个重点项目。一批跨学科、跨领域项目的组织，如“利用并行处理加速自然灾害预报”、“高技术晶体的研究与开发”、“海底油气输送管线的关键技术及其灾害环境问题研究”等项目均为两局合作项目。同时也注重多所优秀青年学术带头人的联合，如“细胞信号传导通路之间的相互作用”主要是由上海细胞生物所、上海生物化学所和上海生命科学中心等4位优秀年轻学术带头人主持的。“纳米半导体光催化光电化学的研究”主要由感光化学所、大连化学物理所、兰州化学物理所等三个所、五位年轻学术带头人联合申请的项目。为培养跨世纪科技青年人才，为鼓励青年学者在学科前沿和交叉领域开展开拓性、创新性研究，基础局“八五”、“九五”均设立了青年基金，重点支持青年科学家小组、优秀青年带头人。“九五”共批准48项，按院重点项目方式管理。至1998年一季度“九五”院基础性研究重大、重点项目已基本完成部署，全面进入实施阶段。

2. 院特别支持费项目开始启动

基础局积极配合计财局对院特别支持费项目做了大量的、细致的组织工作。1997年下半年全院启动11项，其中“水稻基因组研究”、“空间太阳望远镜B相研究”和“大科学装置上若干科学技术前沿问题研究”等3项列入第一批支持范围。11月份又批准10项，其中“蛋白质功能的三维结构基础”、“分子电子学-分子材料和器件的基础研究”和“人基因及基因组后研究开发”等3项基础性研究项目获准。现在这些项目都已完成了任务书的签订，经费已先后到位并开始启动。

五、积极配合有关部门做好院两奖初评、“百人工程”评估、出国留学人员评审等工作

根据院计财局的要求，基础研究局组织了1997年度的数理、天文和化学2个学科组的院两奖初评工作。经院评审委员会评审，取得了一等奖10项，二等奖14项，三等奖15项的好成绩。

六、基础研究工作1998年工作要点

1. 认真完成国家科委五所试点阶段总结工作

通过试点，探索对现有研究所进行改造。在新形势下稳定基础研究队伍，增强研究所整体实力，为建设适应社会、经济和科技自身发展规律，富有生机和活力的我国基础研究所体制提供典型经验。总结各试点所坚持深化科技体制改革的总体目标和阶段目标等方面所采取的措施和取得的成功经验。进一步推动改革试点工作的深入和发展。

2. 在1997年研究所定位试点的基础上，加快定位试点步伐

按照院结构性调整改革的总体部署，在1997年研究所定位试点工作基础上，将在重点学科和有工作基础的地区集中精力，加强宏观规划和整体性调整力度，加快研究所定位试点步伐。制定出天文口结构性调整的方案，明确重点支持的方向和领域，积极推动与大学建立联合研究组方案的落实。进行上海生命科学基地七个所定位试点工作，推动前沿学科的调整，促进学科交叉，统筹基地资源配置和支撑条件建设，把基地建成国际一流的生命科学研究、生物技术创新、促进产业化基地和高技术人才的培养基地。调整数学和化学有关研究所的整体布局，具体方案及可行性还有待进一步研究。对物理学科要加强凝聚态中心的建设和辐射作用，加强中心的调控能力。部署北京、合肥和上海极端条件物理研究基地的构想，并做好上海原子核所、高能所的进一步发展工作，基础研究局将依据制定出的结构调整规划统筹安排并逐步展开。

3. 加强项目科研管理是1998年主要任务之一

积极、主动地与科委沟通，全力以赴做好国家基础研究重点发展规划项目的申报、立项等组织工作。在安排、启动攀登预研项目同时，认真组织好队伍、实施，同时将够条件的攀登项目争取进入国家基础研究重点发展规划。进一步加强和改进院重大、重点项目管理，突出重点，在出成果、出人才上下功夫。对三年以内完成的项目，做好评估的部署安排。配合计财局认真做好院特别支持项目的组织论证与实施，加强管理力度。

4. 与计财局、基建局配合，积极、稳妥地推动大科学工程项目研究

精心作好有关组织、论证和实施的各项工作。对已批准立项的LAMOST、合肥同步辐射二期工程项目解决实施中有关问题，尽快启动。要积极做好托卡马克HT-7U、兰州

重离子储存环和地震预报网等项目的立项和论证准备工作。同时进一步沟通、协调有关部门，推动上海同步辐射光源、子午链及新项目的调研、组织和立项。

5. 认真研究、总结基础性研究的管理问题

认真研究、总结基础性研究管理的有关问题，如开放实验室、大科学工程项目、研究所的组织评价和运行及机制等，进一步改革调动科技人员积极性措施和资源的合理配置，加强优秀青年人才培养。认真做好局内建设，加强职工素质的培养和提高。按照院党组要求协助成立“生命科学与生物技术部”并开展工作。

资源环境研究与发展工作

一、加强科研管理，取得丰硕成果

1. 科研工作取得的重要进展

1997年是“九五”项目实施的关键一年，不少项目已取得初步成果，并显示出很好的应用前景。如我院科研人员研制出的“香港综合地理信息系统”，在1997年香港回归中，为部队首长了解掌握香港情况、正确制定战略部署，保障部队圆满完成“我军进驻香港情报保障”任务作出了积极的贡献。广州军区司令部二部和驻香港部队司令部认为：该系统技术先进、数据丰富、使用方便，并表示愿意与中科院建立长期的合作关系，以加强部队国防现代化建设。该项目已通过专家鉴定。鉴定委员会认为：该系统是一套优异实用的军事地理信息系统，属国内首创，达到国际先进水平。

在农业方面，将我院建成的“我国重点产粮区主要农作物遥感长势动态监测与估产试验运行系统”，对黄淮海地区小麦与吉林省玉米的播种面积、长势进行监测和估产，对指导国家的粮食生产、计划和调配产生了积极作用，得到了国家领导人的充分肯定。1997年9月13日，姜春云副总理对路甬祥同志的信的批示：“多年来中科院开展的遥感估产工作，很有成效，准确度很高。赞成路甬祥同志关于今后工作的主攻重点和构想，希望抓好落实，为中央正确指导农业和整个经济发展提供更多的科学数据。感谢中科院的同志们对农业的关心和支持”。东北地区的农业综合试验示范项目进展较快，洼地水稻开发、盐碱地改造及丘陵山区的生态农业建设已赢得地方的赞扬。

院重大项目A“重要农作物育种新技术研究及新品种选育”，取得了明显进展。培育出棉花新品种“石远321”，在国家黄河流域品种区试中，居参试品种的首位，在新疆农三师引进的国内外品种中，增产幅度居第一位，目前已通过国家级品种审定。1997年，在新疆、河北、河南、山西、山东等省区推广种植面积近400万亩。此外，我院科研人员研究培育的“高优503小麦”，现已在河北柏乡县、任县两县进行品种快繁，与目前河北的主栽品种“冀麦38”等对照品种相比，产量高、品质好，深受当地干部和群众欢迎。

我院提交的“1997年全国粮棉油产量预测报告”获得党和国家领导人再次赞扬。

我院研究建立的农业专家决策支持系统和农业专家系统1997年已开始在蒙自、大安、禹城等县级地区安装并投入应用。

由海洋生物深加工制成的“农乐一号”农作物浸种剂，已进行了小麦、玉米的实验室浸种栽培试验，效果显著。通过1995、1996和1997年在山东地区大面积的推广试验，取得了良好的效果。浸种后小麦产量提高9%～15%，蛋白质含量提高3.5%，面筋含量提高20%；玉米产量提高11%～16%，并有明显抗倒伏作用。新疆棉花优质高产可持续发展生产性试验示范项目已全面启动，我院及院外10余项新技术、新材料正在项目中发挥作用。

在固体地球科学研究领域，由我院为主承担的“陆相薄互层油储地球物理理论与方法研究”国家重大基金项目取得了实质性的重大成果，为石油储量计算、储层描述及强化采油提供了先进的手段和技术方法，大幅度提高了我国的油田采收率，为建立我国油储地球物理理论体系和主体方法技术做出了贡献。

国家攻关“305”项目专题“昆仑阿尔金岩浆活动与成矿作用”，通过野外工作，调查了30多个花岗岩体，发现与火山岩有关的铜矿成矿远景区1处，超基性岩带1条及与此带有关的铬铁矿矿化点1处。

通过金矿理论研究，在山东乳山县发现了一种新类型金矿——层间滑动角砾岩，预测储量达200吨以上，在1号矿体设计了27个验证钻孔，施工了7个钻孔，6个孔见矿，平均品位为4.97克/吨，1号矿体将成为大型矿床。1997年在外围又扩大了找矿范围，前景极为可观。

在非金属矿物材料开发研究领域，进一步深化了金刚石薄膜结构、物理性质及低压金刚石薄膜生长机制的理论研究，完善了金刚石薄膜的制备技术，并将该技术扩大到中试阶段；完成了叶蜡石高温物相、物化性能及其作为人造金刚石传压介质的实验研究，目前该技术正在申请专利。

“奥陶系、统、阶界线层型及全球对比”研究取得突破性进展。1997年经国际地质科学联合会执行局一致通过并批准浙江常山黄泥塘剖面为中奥陶统达瑞尔阶底界的全球层型剖面点（GSSP），成为我国在全球界线层型研究领域取得的第一个“金钉子”是国际领先水平的研究成果。

对北京东方广场的研究又有新进展。根据地貌和石制品的特点，初步确定东方广场是一处旧石器时代晚期遗址。在与北京市文物考古研究所合作开展发掘中，共发现文化遗物2000余件和一些重要哺乳动物化石。在该遗址还发现了目前北京城区最古老的古人类文化遗存。首都中心地区发现旧石器在全世界尚属首次。它的发现为研究北京地区古人类的平原生活状况提供了科学依据，具有重要意义。

在气候与全球变化研究领域，我院承担的国家重大基金项目“我国干旱、半干旱15万年环境演化的动态过程趋势”在陆相沉积高分辨率古气候记录、季风区冰期气候不稳定性、古气候特征分析方法等方面均取得了突破性进展。

我院研制出的“全球海洋-大气-陆面系统耦合模式（GOALS/LASG）”，成功地积分了200年，较好地模拟出全球大气和海洋的平均状态和季节变化、年际和年代际气候变率，引起国内外科学家的极大兴趣。美国科学家已邀请我院科学家参加国际耦合模式比较计划（CMIP）。

在古生物研究方面，澄江生物群研究获1997年香港求是科技基金会颁发的“杰出科技成果集体奖”，并在野外考察和化石采集方面取得了新进展。此外，热河生物群的研究对理解中生代晚期陆相生物群落及其环境演变具有重大的科学意义。我院科研人员发现、采集了一批珍贵标本，并在国内外一流刊物如“Nature”、“Science”上发表了一系列有影响的研究论文，对早期鸟类的进化与分化提出了新的见解，使人们第一次对兽类祖先型的全貌及生态习性有所了解，并证明被子植物有可能源于东亚地区。

在鱼类病害研究方面，对石斑鱼、尖吻鲈、鲷鱼等名贵海水养殖鱼类的寄生虫病进行了深入研究，发现了多种致病菌和寄生虫病原，筛选出有效的防治药物，并进行了弧菌病的免疫学诊断和防治研究，研究出部分鱼的菌病疫苗，防治效果良好。

2. 积极落实“九五”国家项目和院重大、重点项目

安排落实好“九五”项目，花大力气加强项目管理，使项目管理走向科学化、规范化的轨道，将为保证科研项目的顺利实施，出高水平成果和高水平人才打下坚实基础。

据不完全统计，我院资源环境领域已落实80多项“九五”国家项目，其中30多项科技攻关项目，14项“九五”“攀登计划”预选项目（包括“八五”延续项目、“九五”新增专项），4项正在执行的“攀登计划”B项目，14项国家重大基金项目，20项国家重点基金项目。与“八五”相比，“九五”科研经费显著增加，其中国家“攀登计划”项目经费增加了3.5倍，国家科技攻关项目经费是“八五”的1.9倍。

院重大项目是我院在资源分配上“盘活存量　优化增量”，促成集团军形成，发挥综合优势，出高水平成果，培养解决国家经济建设中重大资源、生态环境、农业等问题能力的重要措施，在全局的统一规划下自上而下组织实施。A类重大项目的遴选原则是：鼓励跨所联合，能获得国家重大科技成果奖。目前，17项A类重大项目已全部启动，其中8项（包括2项跨局项目）已得到院重大项目特别支持费的强化支持。B类项目的遴选原则是：通过综合集成研究，对提高我院显示度有重大作用，具有超前性、前瞻性，有助于争取“十五”国家项目。且原则上由一个研究所管理。目前已启动43项。

局管重点项目实施的原则是：面向全院，体现公平竞争、择优支持，强调向有新思想的年轻人才倾斜。局管重点项目按重点项目管理办法操作，各所申报的项目均经同行专家评审。目前，70项局管重点项目已全部启动。

二、推进结构改革，加强基地建设

1. 狠抓研究所定位试点，推进结构改革

实行研究所的分类定位管理，是使我院在学科布局，队伍结构，组织模式，运行机制等方面深化改革，面向21世纪发展的挑战，实现江泽民主席提出的把我院建成三大基地的目标所采取的重要措施。根据院的统一部署，1997年我院资环领域在研究所定位认定试点工作方面，取得了很大进展。

资源生态环境领域的研究所定位认定试点工作，从宏观上围绕院的总体发展目标，着重解决学科布局、区域布局、基础和力量储备问题。对研究所而言，着重解决发展方向、队伍建设、基础条件、运行机制问题。

为此，资环局成立了资环领域研究所定位认定试点办公室，确定了参加首批评议的研究所名单，组织研究所编写“研究所定位认定试点方案”，制定“研究所定位认定试点评分标准”，并组织专家组对资环口的9个研究所进行了评议。专家组重点评议了研究所的发展方向、优势领域和结构模式，在充分肯定研究所改革已取得的成绩，实事求是地分析研究所的发展前景和措施的基础上，以无记名方式对9个研究所进行评分，根据评分结果向主管院领导和院改革指导小组办公室提交了“研究所定位认定试点评议工作的报告”。经院改革指导小组的审议，批准了进入首批定位认定试点的研究所为：大气物理所、昆明植物所、生态环境中心、地理所、海洋所、动物所，加上1996年经科委批准进入国家科技改革试点并已于近期通过原国家科委组织的试点验收的地球物理所，目前已有7个所进入试点。

2. 加强开放实验室与野外开放站的建设与发展

我院资源环境领域的开放实验室和野外观测试验站在国家有着明显的优势和特色，是我院基地建设的重要组成部分。按照“开放、流动、联合、竞争”的方针，根据院确定的分类管理的原则，在1997年，我局抓紧了开放实验室和野外开放观测试验站的工作，使我院资环领域的特色与优势更加突出。

1997年初，我院组织召开了中国科学院资源环境领域第二次开放实验室（站）工作会议，此后，资环领域的许多实验室都召开了工作会议和学术委员会会议，积极落实第二次开放实验室（站）工作会议所布置的任务和要求，为以更好的成绩迎接下一个评估，向国家做出更大的贡献，扎扎实实作好工作。

为了落实我院在“九五”期间实验室要增加至150个的规划，资源环境领域一直努力推进新增实验室的准备工作。并根据国家与院对实验室的要求和管理办法，制定了新增实验室原则：1）新增开放实验室应符合我院的长远发展方向，有明显的学科特色和有较强的竞争力；2）已是所级开放实验室或有较好的实验室工作基础；对已有开放实验室搞不好的研究所，暂不考虑上新的实验室。3）坚持高标准、严要求，用国家实验室的评价标准作为评价新增实验室的标准。1997年，我们根据以上原则并经过充分酝酿，初步筛选出若干实验室作为新增开放实验室的候选单位，我们还将会同各有关部门进一步研究，并通过严格论证，从中择优选出向院推荐的新增实验室。

今年我院资环领域完成了野外开放站的检查评议（1996年已完成7个开放站的现场评议）工作。由院组织的评议专家听取了各站站长的工作报告和学术报告，实地考察了开放站的观测实验场地、实验室和仪器设备，与所、站领导、站学术委员会、固定人员、客座人员以及地方领导等进行了座谈，对各站的研究内容和成果的创新性与水平、培养高水平人才的措施与业绩、开放度与学风、科研管理水平等进行了认真的讨论和评价，并写出了书面评审意见。从评议结果来看，11个开放试验站研究方向明确，科研工作取得了丰硕的成果，野外观测试验手段和工作、生活条件都得到了很大改善，基础数据积累工作开始规范化，为解决生产实践问题和促进地方经济发展作出了较大的贡献。各站年轻科研人才正在成长，其中许多人担任了站的领导职务。根据评议结果，有三个站被评为A类站，他们是：南京土壤所的封丘农业生态试验站、地理所的禹城综合试验站、兰州冰川冻土所的天山冰川观测研究站。评议以后，进行了开放站领导班子和学术委员会的换届工作，以及经费的分配调整。

1997年，根据院野外开放试验站的发展规划和学科定位布局，经院领导批准，我院还组织论证并开放了4个已具备条件的野外站。它们是：新疆生土所的阜康荒漠生态系统观测试验站、沈阳应用生态所的沈阳生态试验站、华南植物所的鹤山丘陵综合试验站和水生生物研究所的东湖湖泊生态系统试验站，使我院的野外开放试验站由原来的11个增加到现在的15个。

3. 搞好基础设施的建设和基础数据的积累

1997年，在财政部的大力支持下，我院资环领域更新了一批野外用车。野外用车是野外工作必不可少的硬件设施，自80年代初以后，整个资环领域的野外用车几乎未得到任何改善。由于长年野外工作，车况日益恶化，相当一部分已经报废或即将报废，加之“九五”期间科研任务重，需更新的车辆总数达144辆。为此，财政部支持我院一笔野外工作用车专项经费。为了用好这笔款项，制定了更新野外用车的详细计划，经院领导批准，已落实了第一批更新的野外用车，第二批野外工作用车更新计划正在拟议过程中。并已要求各所采取切实可行的措施，严格管理，专款专用，一定要保证添置的车辆真正用到野外工作中。

由世行贷款援助的项目“中国生态系统研究网络（CERN）建设”和“八五”国家大中型工程项目“中国生态网络工程”，使CERN所属各站具备了从事生态系统结构、功能和动态研究的基础设施。CERN多年来坚持对站周围环境的水、土、气、生等要素进行监测，积累了大量数据，近年来，又特别加强了对已积累数据的整编工作，已按统一标准规范整编了三千余个数据集，每个数据集都建立了标准的数据文档，初步实现了数据共享。目前CERN正在讨论开展监测、研究工作的实施方案，并已通过了世行专家咨询委员的评议，表明中国的生态网络已初步建成，它将对国内外生态学研究起重要作用。

由财政部专项支持的中科院植物园、生物标本馆建设，大大地推动了该领域的科研活动。1997年科学院植物所标本馆的标本交换量和入库量已达到近5万号，动物所标本馆的标本交换量和入库量达到10万号以上，成都生物所标本馆作为我国最大的两栖类动物研究基地，购置和更新了标本柜，解决了多年标本无处放置的难题。我院其他一些标本馆的标本保存和研究条件，也都得到了不同程度的改善，标本管理和研究队伍得到了稳定发展。此外，我们还通过生物标本馆特别支持费，初步建成并投入使用了科学院生物标本馆标本信息系统、物种数据库、采集人数据库、分布数据库等。具有国际先进水平的动物、植物和菌物标本信息录入软件的开发成功和投入使用，引起了国外研究机构的兴趣，使生物标本馆的科普教育和科普宣传方面的工作得到了加强。

在国家计委、财政部的支持下，我院植物园的植物数量大幅度增加，园林外貌发生了较大变化，自然景观有所改善，对于生物多样性迁地保护和科普教育起到了很好的作用。

三、促进人才培养，加强国际合作与院地合作，重视社会效益

1. 加快跨世纪人才的培养

为加速青年人才的成长，我院资环领域在组织重大、重点项目时，注意选拔有创新意识、德才兼备的青年人担任项目负责人。据不完全统计，已有45名45岁以下的年轻人担任院重大B和院管重点项目负责人，约占负责人总数的45%，较“八五”有了明显改善。

1997年全国评选出的10名优秀博士后奖中，地学领域的1名为我院获得(地学的该奖已连续两年为我院获得)。

人事部和中科院联合表彰的30个先进集体中，资环领域有13个，他们是：大气物理所大气科学和地球流体力学数值模拟国家重点实验室；地球物理所的油储地球物理研究室；地理所禹城综合试验站；遥感卫星地面站密云接收站；遥感所航空遥感中心；沈阳应用生态所长效碳酸氢铵研究开发组；长春地理所大安试验示范区；南京土壤所封丘农业生态试验站；南海海洋所海洋船队；昆明植物所植物分类和植物地理室；水土保持所安塞水土保持综合试验站；黄土与第四纪地质国家重点实验室；兰州沙漠所塔干防沙队。

今年我院共授予了5个先进标兵荣誉称号并予以奖励，其中资环领域1个小组和1个个人获此殊荣。他们是：兰州沙漠所以刘志民为组长，由张甲珅、陈怀顺、魏兴琥、孙忠、谢忠奎、庄保仁、高全有等8名年轻同志组成的西藏日喀则江当治沙课题组，被院授予“青藏高原模范治沙队”称号，以表彰他们在高原沙漠化土地综合整治工程中作出的突出贡献。地球物理所青年研究员杨长春被院授予“面向国民经济主战场的拼搏者”称号，以表彰他运用新的理论和方法，为我国胜利油田成功地预测了油井的地质构造和油层位置所作出的贡献。

院评选出的第二届中国科学院十大杰出青年中，资源环境领域4人，他们是：大气物理所张人禾、兰州高原大气所郄秀书、华南植物所周国逸、西双版纳植物园陈进。

院评选出的1997年10名青年科学家一等奖中，资源环境领域4名，他们是：动物所康乐、兰州沙漠所何兴东、地球物理所杨长春和地质所丁仲礼。

获院先进工作者的20人中，资环领域7人，他们是：水生生物所的丘昌强、测量与地球物理所的吕纯操、大气物理所的任丽新、自然资源综合考察委员会的张谊光、新疆生物土壤沙漠所的张鹤年、海洋所的韩有松和地质所的蔡新平。

2. 国际合作成绩喜人，前景广阔

1997年，我院资环领域国际合作取得了较大的进展，已经落实的国际合作项目主要有：

中欧合作项目“热带和亚热带区域水质改善、回用与水生态系重建的生物工艺学对策研究”，获65万欧洲货币单位。该项目将提出全新的受损淡水生态系统的稳定和恢复以及对污染水体进行净化、脱毒和回用的长期对策。今年项目已取得明显的进展，调查了湿生、水生植物和东湖水质状况，筛选了一批优良的净水植物；设计、建造了12套小试系统，对其运行状况作了检测，取得了大量的试验数据，且进行了中试系统的设计、建造。

水生生物所与德国环境与健康研究所合作，获得80万马克；与欧洲几个国家联合申请欧共体项目获得17万欧洲货币单位。昆明植物所与德国拜尔公司的合作项目继续执行。成都生物所与日本东利公司天然药物合作项目签了合作协议。

中欧合作研究项目“中国北部的水土保持规划”获20万欧洲货币单位(合100万人民币)已于1997年正式启动。该项目将欧洲土壤侵蚀模型与我国北部黄土科研工作相结合，以形成适合我国西北黄土高原土壤侵蚀模型，为西部持续发展作出贡献。

中澳合作项目“持续农业发展中的区域水土资源评价”获100万澳元。

中澳合作项目“为保持农业持续生产和环境质量改善的水分与氮素管理”获80万澳元，将于1998年1月1日启动。

一批国际合作项目已经取得了良好的进展，如：

中加合作项目“西双版纳生物圈保护区生物多样性保护与持续发展研究”顺利结束，受到国际上的一致好评。

中日合作项目“中国内陆高原地区雷电综合观测研究”取得重大进展，通过综合观测，首次取得了亚微秒时间分辨率的雷电流和电场变化同步观测资料，发现并证实了中国内陆高原雷暴的云内放电发生于云内的负电荷区和正电荷区之间，并起始于云内的负电荷区，深化了中国内陆高原正极雷电机理的认识。

中日技术合作项目“中国矿产资源探查研究中心”取得显著成绩，有效地执行了各项工作计划，实验室建设初具规模，已经拥有11台大型仪器设备和7个配套附属实验室，绝大部分设备和实验室已调试安装完毕，并投入使用，研究队伍和技术队伍基本形成。

全球超导重力仪用于地球动力学研究计划（GGP计划）、全球重力变化监测网计划（G-gramophone）、亚太地区空间地球动力学计划（APSG）、国际岩石圈计划（ILPII-4）等十多项国际合作项目顺利进行。

与德国、比利时合作，在海南岛湖光岩成功进行了湖泊钻探，效果很好。德、日、美、英、比等国家已表示将在资金、设备等方面给予大力支持。

与美国俄亥俄大学的有关农业技术、农业经济和农业专家决策支持系统的部分合作项目已获得国外经费资助并开展工作。

1997年，经由中国人与生物圈委员会（MAB）推荐并申请，中国的丰林自然保护区、九寨沟自然保护区被联合国教科文组织人与生物圈计划国际协调理事会执行局批准加入世界生物圈保护区网络。至此，我国已有14个保护区加入这一网络。

3. 院地共建有广阔的发展前景

与地方联合开展科技合作是我院资源环境领域工作的重要方面。随着市场经济的发展，科研工作日益为地方政府所重视。在新的形势下，如何加强与地方和其他各部门的合作，是我们要研究的新问题。1997年在这方面取得的主要进展有：

中科院和江苏省联合成立的“设施农业工程技术研究中心”，已于1997年9月在江苏省常熟市通过了论证。设施农业是具有现代化农业典型特征和优点的新兴产业，是农业结构性调整的一个重要组成部分。该中心将通过建立科研-生产联合体这一形式，为中国设施农业的产业化作出贡献。该中心已获江苏省政府100万元资助。

云南滇池在我国大型湖泊中污染的严重程度已名列第二位。为了解决滇池的治理问题，我院与云南省签定了《滇池水生生物凤眼莲、蓝藻异常增殖的控制与资源和退化湖泊生态系统恢复重建技术和应用》立项协议书，提出了云南省重点工业试验项目《滇池蓝藻、凤眼莲资源化和水生生物净化技术工业性试验》，邹家华副总理就此明确批示，要求走综合治理的道路，并争取早日能得到结果。该项目已获得云南省政府200万资助。

我院与广东省合作建立了又一个省级重点实验室——广东省矿物物理与矿物材料研究与开发重点实验室，资金已全部到位，1997年广东省共支持我院两个省级重点实验室仪器设备费400万元。

专利技术“卡林型金矿吸聚浮选新方法”1997年获广东省专利“十佳”奖和北京中国专利技术博览会奖。广东省科委将此项专利作为广东省高新技术发展资金的重点资助项目，资助经费350万元。

今年6月20日路甬祥院长与国家统计局贺铿副局长签署了全国农业土地资源遥感调查合作协议。国家统计局出资250万元，委托我院进行1：10万全国土地资源调查。目前我院正在认真进行此项工作，可望在明年5月完成任务。

在南皮的棉花、蒙自的石榴等病虫害的防治上，我院将病毒综合防治、农药及其他技术与合作单位的生产技术和成果进行集成，取得了较好的效果，也为明年新疆棉花的优质、高效、高产生产性试验示范工程项目的启动奠定了基础。

在淮河流域砂礓黑土地区，利用淮河流域委员会的资金和行政优势开展的水稻旱种技术，在贫瘠的砂礓黑土上，采取水稻不育秧而直播，使每亩用水从1000立方米下降到240立方米，水稻亩产达600公斤，小麦亩产350～400公斤，实现了吨粮田。

在石油部门的支持下正在努力争取以我院有关油储研究的单位为基地，作为为国家提供“战略科技产业工程”关键技术的部门，开放性地开展复杂地质体的综合勘探方法技术研究，继续摸索科技成果向产业部门转化的有效机制。

与香港理工大学合作完成《香港古生物与地层》专著（上册）。在香港联合采集了近3000件化石，资料之丰富远远超过英国人百余年的工作，是对香港各时代古生物、地层及地质演化的首次系统性研究，引起香港各界的特殊关注。

在国家自然科学基金资助下，与台湾省中央研究院地球科学研究所合作，在高温高压下氧逸度就位控制方面取得了突破性进展，其研究成果在国际高压学术讨论会议上宣读之后，引起了有关科学家的关注。

与香港中文大学联合成立了“地球信息科学联合实验室”，路甬祥院长出席了成立仪式。

4. 大力开展科普工作，取得显著社会效益

在院专项费支持和财政部特支费支持下，我院对12个植物园的科学研究（包括生物多样性、引种驯化、种质保存等）和科普教育等方面都有较大发展。在科普教育方面，多数园成立了领导小组和专业班子，制订了科普计划，开辟了陈列厅、活动室，举办科普活动日，以及夏（冬）令营等。南京中山植物园建立了国内第一个盲人植物园，西双版纳热带植物园新建起了热带雨林民族文化厅。目前，北京、南京、华南、武汉、昆明、庐山和西双版纳植物园已先后被所在省（市）命名为科普教育或者爱国主义教育基地，取得显著社会效益。据不完全统计，进入12个植物园参观游览的人数已超过了300万人次。

院科普工作领导小组成立以后，各项科普工作都已逐步展开。原国家科委1996年底确定的五个科普试点基地：植物所、古脊椎所、网络中心、化学所和物理所，在国家科委的支持下，1997年开始起动，引起了社会各界的广泛关注。新的试点基地工作正在积

极筹备，可望得到国家有关部门的进一步支持。

成立了中国科学院老科学家科普委员会，面向中学生和中学教师的讲座引起强烈反响。

与团中央合作，组织著名青年科学家科技巡讲团，面向大、中学生及社会青年，举办讲座和报告会。年底之前已启动。

院科普工作“九五”规划、“九五”计划及1997～1998年实施方案草案已经产生，正在征求意见，将尽快实施。我院的科普工作已经有了良好的开端。

野外工作是资源、生态、环境工作的重要组织部分。自1983年院第一次野外工作会议以来，中国科学院全体科技工作者和广大干部职工出色地完成了各项任务，取得了优异成绩，为科学发展和国民经济建设作出了重要贡献。为了进一步弘扬广大科技工作者献身祖国的科学事业和社会主义建设的精神，经院领导批准，于1997年12月在北京隆重召开了第二次中国科学院野外工作会议。全院评选出兰州沙漠研究所沙坡头沙漠试验研究站等8个“中国科学院野外工作先进集体”和董枝明等58名“中国科学院野外工作先进个人”，并在第二次院野外工作会议上予以表彰奖励。

中共中央政治局委员、国务院原副总理姜春云同志在中南海与会议全体代表座谈并发表了重要讲话。姜春云同志说：“希望你们从国家和社会的需要出发，真正担当起科技国家队的重担，为祖国为人民赢得更大的荣誉”。人大常委会副委员长卢嘉锡同志及有关部委领导到会并讲了话；路甬祥院长在开幕式上做了野外工作报告；陈宜瑜副院长在闭幕式上做了总结报告；野外工作先进集体、先进个人代表在会上做了典型发言，介绍了他们的先进事迹；代表们还交流了野外工作经验，对如何进一步加强我院的野外工作进行了深入地研讨；会议并向全院科技工作者发了倡议书。

第二次院野外工作会议的成功召开，对于加强我院的野外工作，明确方向，寻求发展，开创野外工作新局面，具有十分重要的意义，达到了进一步认识我院资源环境领域工作在国家的优势和特色，继承和发扬优良传统，更高地举起精神文明的旗帜来推动资源环境工作的预期目的。会议后将出版纪念专集，并组织先进个人和先进集体巡回讲演，弘扬野外科技工作者无私奉献的艰苦创业精神，开创野外科研工作的新局面。

高技术研究与发展

一

高技术研究与发展工作是中国科学院的重要任务之一。1997年，是切实抓好“九五”国家各项重大任务的落实，组织我院“九五”重大及特别支持等项目立项与实施的关键一年。

截止1997年底，我院承担了高技术类国家“九五”科技攻关项目18项，专题111个，所获经费比“八五”增长了53.2%；“863”高技术计划课题204个，比“八五”增长了48.2%；其它国家重点科技项目经费比“八五”期间也有较大幅度的增长。

1997年我们经过认真遴选和可行性论证，确定了12项院“九五”重大项目，已启动10项。另外有6项院重大项目完成了前期可行性调研工作。1997年在被列入院“九五”特别支持项目中，第一批涉及院高技术领域共4项（工业机器人产业化，小卫星及应用，城市固体废弃物焚烧和综合利用，激光毛化技术产业化）；另有与资环局共同组织的项目1项（小麦等农作物细胞工程关键技术和品种改良），均通过了论证。第二批“九五”特别支持项目有4项：天然气、炼厂气转化利用新技术研究与开发，高精密管材生产基地，燃料电池，生物工程药物的研制和开发。

各项重大任务通过精心部署现已全面落实，并取得了初步的成果，对解决国家战略性、综合性的重大科技问题，促进我国产业的技术进步发挥了重要作用。1997年我院高技术领域获得国家科技进步一等奖1项、二等奖3项、三等奖5项；获得国家自然科学二等奖2项，三、四等奖各1项。

1. 信息与自动化领域

由我院负责组建的中国科技网，国际卫星信道升级到2Mb，开通了北京到合肥，北京到上海的两条256kb的国内卫星信道，目前已经有30个城市的院内外200多个科研单位用户入网。网络资源有了较大的发展，科学数据库已建成19类90个专业库，总数据量约80亿字节。建成了11个二次文献库，70余种院所建的文摘、书目、引文、科技成果、科技文献库等。还建成了包括20多个省市信息的“中国之窗”、中国导航、农业资源信息等科技网上的信息源。其成果参加了“十五大”期间的“五年辉煌成果”展览。

依托于计算所的国家智能机中心承担的国家“863”重大项目“曙光系列大规模并行计算机”，获1996年中国科学院科技进步特等奖和1997年国家科技进步一等奖。1997年，中心又开发出曙光1000A型巨型机系列，突破了以科学计算应用为主的局限，进入事务处理和信息服务等领域。这一成果通过曙光信息产业公司在国家信息化建设、石油、气象、银行、证券等行业开拓市场，直接经济效益2800万元。在北京、合肥、成都和武汉建立的国家高性能计算机中心为100多个科研院所、企事业单位和大专院校完成科学计算，取得一批较高水平的成果，在国内率先迈出了高性能计算机产业化的步子。

由沈阳自动化所牵头研制的"6000米无缆自治水下机器人"，于1997年5月21日至6月27日，历时39天，圆满完成了太平洋底的各项调查任务，获得了大量的数据和资料。证明了我们研制的6000米无缆自治水下机器人性能好，可靠性高，它使得我国成为世界上少数几个能够研制这种深海水下机器人的国家之一，为我国下一世纪进军海洋、开发海洋资源提供了技术手段和工具。

软件园区在调整改革后，提出了"小研究，大产业"的改革思路，在保持一支精干队伍从事基础研究的同时，加强了软件产品和系统集成的开发，组建工程化的开发队伍，推动软件产业化。1997年园区的软件及工程的开发收入约达1亿元。

在有关专项科研任务方面也取得很好成绩。成都计算所开发的新型"计算机选票管理系统"圆满完成党的"十五大"选举任务，得到中共中央办公厅的好评。

2. 能源领域

高技术带动了传统产业的技术改造，推动了产业的技术进步。国家经贸委支持，由工程热物理所承担的"75T/H循环流化床锅炉完善化"项目，于5月中在浙江嵊县通过了鉴定验收。标志着我国自主知识产权的75T/H以下容量的循环流化床锅炉完全商品化。目前，该技术开发的75T/H以下容量循环流化床锅炉已占全国市场的75%以上。

由我院力学所研制的"燃烧气脉冲除灰装置"，已在我国主力电站锅炉上安装了15台套。其中，在上海外高桥电厂（新厂）的四台国产30万千瓦机组上运行正常，为该厂1997年创下国产机组最低煤耗349.4g/(kW·h)做出了贡献。

3. 化工与新材料领域

为了尽早满足北京广大市民使用到天然气的愿望，大连化物所把"九五"国家科技攻关项目"高硫容固体催化剂转化脱硫工艺过程开发"（简称干法脱硫）技术应用于陕京天然气输气首期工程中。经过努力，净化过的天然气完全符合国家输气标准，于1997年8月18日正式运行，9月10日在北京一次点火成功。这一我国首创的新的干法脱硫技术为天然气的输气和综合利用做出了重大贡献。

上海有机所承担的"有机精细化学品中试开发"专题，在"八五"国家科技攻关的基础上，利用计算机辅助设计进行药物中间体中试技术开发。现已完成药物四氟与三氟苯甲酸的中试开发工作，其中四氟与三氟苯甲酸、溴代硝基甲烷，多氟卤代苯和氯代戊烷及衍生物已经上市，产品出口日本，当年创汇30万美元。

4. 生物技术领域

上海生化所承担的"863"反义核酸药物、新型乙肝基因工程疫苗、β-内酰胺类抗生素酰化酶蛋白质工程改造及重要基因工程表达修饰系统研究课题，合同签定的一年间，已在关键研究内容和关键技术方面取得突出的创新性进展。5个课题已申请或正在申请的专利数达12个，为创造自主知识产权，将目标产品推向实用化奠定了良好的基础。

等离子体物理所承担的"九五"国家重点科技攻关"离子束应用技术研究"项目，经过一年多的潜心攻关，3个农作物新品种通过审定，“八五”育成的品种种植面积达1100万亩；较大幅度提高了5个微生物菌种的效价，有的菌种已经通过了中试或生产性试验；选育了6个高光效转基因玉米新品系；高能注入机改造准备工作也已经完成。

5. 空间与光学机械领域

我院上海技物所承担的“风云二号”气象卫星红外辐射计等关键遥感设备研制取得了成功，卫星发射试运行以来，传送的卫星云图精度达到了国际同类卫星的先进水平。宋健同志在卫星移交仪式上称赞说中国科学院在“风云二号”气象卫星的研制中发挥了重大的关键作用。

光电所研制成功的亚微米（i线和g线）投影光刻物镜是微电子专用设备的关键核心部分，可用于0.7～1.0微米的VLSI精细图形的生产，缩小了与国外先进技术的差距。该项目获1997年中科院科技进步一等奖。

武汉物理所承担用于卫星的“高稳频标”项目，在铷钟小型化、谐振腔模式、延长铷灯寿命、温控技术、铷泡结构、电路设计等关键技术上取得突破性进展。1997年上半年通过了稳定性等各方面全面检验，为下一步上星打下坚实基础。

二

1997年，高技术局在结构调整与科研管理上突出抓了三个方面的工作，即我院高技术工作的战略定位和研究所的定位试点，实验室的分类管理，以及重大项目的科学管理。从宏观上保证我院高技术研究与发展整体优势的发挥，并沿着正确的轨道向前发展。

1. 明确了我院高技术研究与发展工作的战略定位，进行了研究所的定位试点工作

在对学科发展的国际趋势、国家战略需求和我院现状充分调查研究的基础上，明确了我院高技术研究与发展工作的战略定位是：从事关系到我国经济建设、社会发展与国家安全的前瞻性、战略性高新技术研究；承担国家重大高新技术研究开发项目，解决国家急需的重大科技问题；提高我国高技术自主创新能力，不断促进高技术产业化。

为此，我们将分光机、化学化工、材料、信息、能源和生物技术等几个领域组织相关所的领导及部分专家进行学科发展战略定位的研讨，进一步明确我院高技术研究与发展工作相关学科领域的战略方向、整体布局及发展重点。同时，大力促进相关研究所的自身战略定位，面向21世纪调整学科布局，改革运行机制，增强面向国家需求和市场需求的意识，增强各所的竞争实力。

根据院的总体安排，经认真研究，我们选择了8个研究所进行定位试点。他们是（按评议先后次序）：大连化学物理研究所、沈阳自动化研究所、沈阳金属研究所、软件研究所、上海技术物理研究所、微生物研究所、长春应用化学研究所、光电技术研究所。

总的来看，研究所定位试点评议工作是成功的，达到了预期的效果。通过试点评议的研究所，基本理清了自己的发展思路，对研究所的改革与发展是很有意义的。同时我们也得到一些有益的启示：

(1) 我院较强的高技术研究为主的所，在自己的发展战略中一般都特别重视从基础研究到应用开发工作的纵深部署。他们既强调了高水平的基础研究工作，把基础研究工作作为不断进行高技术创新的源泉和培养高水平人才的重要途径。同时，又特别重视承接国家的重大科研任务，注重为国家的经济建设和国防建设服务，把这些工作作为体现自身社会价值的重要标志。

(2) 这些研究所的基本结构一般是以研究室（实验室）为基本组织单元，从事应用基础研究、高技术探索性研究；以工程研究部或工程研究中心为基本的组织单元，承担技术创新和工程性的研究开发任务，进行技术转移、培训和服务，促进技术成果的产业化。研究所以自己的成熟技术，与社会生产要素相结合，进入企业或创办新的高技术企业。

(3) 高技术研究与发展工作必须考虑到与企业的接口和实现产业化的问题。我们许多好成果，由于找不到合适的出路。究其原因主要是选题没有真正面向需求。企业界的专家对此反应强烈，认为研究所与工业界的联系少了，这是一个值得重视的问题。

(4) 所领导班子建设是最重要的关键。从定位试点研究所的经验来看，工作出色的研究所都有一个坚强团结的领导班子，研究所的目标明确、管理有力，能够在所班子的领导组织下争取到国家的重大项目。

2. 与国民经济中长期发展的战略需要相符合，加强实验室的分类管理

1997 年 7 月院党组决定将全院 21 个高技术创新或应用基础研究为主的实验室归我院局分管，这是开放实验室结构性调整的战略步骤。

我院开放实验室在我国应用基础领域占有重要的地位，21 个应用基础实验室中就有 11 个是国家重点实验室，10 个开放院实验室。这些实验室涉及信息与自动化、生物技术、材料、能源、化工等高技术领域，他们的应用基础研究工作是我院高技术创新的源泉，为我院在高技术领域作出有显示度的工作提供了有力的支持。

在 1997 年国家对信息和材料两组实验室的评估中，我局 5 个国家重点实验室有 3 个参加了评估，均以较好的成绩通过了评估考核。其中，固体润滑开放实验室获材料组评估第一名，该实验室在以固体润滑为主的摩擦学研究方向取得了国际领先的成果，并在西北地区培养了一支以年轻人为主的有较强研究实力的队伍。应用光学和集成光电子学两个国家重点实验室分列信息组 B 类一、二位；金属腐蚀与防护国家重点实验室列材料组 B 类第三名。他们都是以国家的战略需求为己任，围绕学科方向组织任务，以任务推动学科的发展，在各自的领域内取得优秀成绩的。

3. 加强对重大项目的管理，探索新的科研管理模式，不断提高管理水平

1997 年，是我院高技术领域重大项目立项任务很重的一年。为此，我们制订了院重大项目立项审批程序和评审要求。主要包括：

(1) 加强立项前的需求分析与调研。根据“需求牵引和技术推动相结合”的原则，确定主攻目标，认真组织立项的可行性研究，对于一些复杂的重大项目，先进行必要的预研，弄清关键问题所在和解决的可能性后再决定立项。

(2) 项目论证专家组一般由技术专家、行业专家、用户和管理专家组成，着重论证项目的需求和发展前景、科技创新点和意义、技术路线、已有基础和骨干队伍情况等。

(3) 对项目进行动态管理。在总目标明确的前提下，设定不同阶段，将项目每一阶段的完成情况作为下一阶段项目启动的依据。

我局在总结几个五年国家科技攻关项目管理实践的基础上，建立了“九五”国家科技攻关项目管理信息系统。该系统受到国家计委和科委有关领导的好评。

三

我院高技术工作不断深化科研体制改革，加强工程中心的建设，促进高技术产业化；同时，做好“百人计划”工作，培养与选拔高素质的人才，为我院的长远发展提供人才与技术储备。

1. 加强工程中心的建设，促进高技术产业化

截止 1997 年，我院已建立国家级工程中心 19 个，院级工程中心 3 个，与地方、行业共建工程中心 2 个，以及一批所级工程中心。这些中心争取到院外资金 3.3 亿元。1997 年工程中心收入总额超过了 3 亿元。

1997 年，工程中心在努力开拓市场，促进科研成果的产业化方面取得了新的进展。依托于大连化物所的国家催化工程技术研究中心，以自主开发的甲氰菊脂农药中间体为主导产品建立了开发基地，已形成年产 200 吨的生产规模，1997 年产值达 6000 万元。依托于上海有机所的中科院有机合成工程中心紧紧抓住市场机遇，迅速开发出高质量的产品，在不到两年的时间内将一个濒临倒闭的企业，发展成初具规模的高技术企业。1997 年产值达 4500 多万元。光电子国家工程中心继续扩大开发与生产的规模，1997 年产值超过了 1000 万元，连续三年以 100%的速度发展。

依托于沈阳自动化所的机器人技术国家工程中心，1994 年机器人产业化起步至今，已累计完成项目额 1 亿元以上。1997 年新签机器人生产线合同额达 6000 万元，并在中国机器人领域的技术进步中发挥着重要作用。在摩托车行业，该中心承担机器人项目市场占有率达 80%以上。

工程热物理所成立了“循环流化床燃烧技术工程中心”，推进所与企业的伙伴关系，为此，他们与上海锅炉厂签定了长期合作协议，并转让了一批循环流化床锅炉炉型，为中心的发展打下了基础。

依托于长春物理所的我院与吉林省共建的北方液晶工程中心开发了以院“八五”重大项目为基础的液晶显示新技术，促进了吉林省液晶产业的建立。目前，建立液晶产业已作为吉林省调整产业结构的重大措施，北方液晶工程中心作为其技术支撑，负责引进生产线的消化、吸收与技术创新，并研制新一代薄膜有源矩阵液晶显示技术。

实践证明，通过工程中心这样一种全新的运行机制、管理模式，使研究所的接力能力得到提高，接力手段得到增强，使得研究所进一步与市场接轨，真正实现了科技与生产的有效结合。

2. 重视人才培养与选拔，做好“百人计划”工作

根据院的统一部署，我局配合人事局进行百人计划招聘指南的新设学科和重点学科的遴选和确定工作。

对于新设学科即A类学科，我们在遴选中采取院所结合，从院角度考虑为主，1997年选择了5个符合院所发展方向的新兴学科，共招聘5人。

对于重点学科即B类学科，我们在遴选工作中主要掌握两条：

1）确实是所的重点学科，符合研究所的发展方向；2）研究所的匹配经费和实验室以及住房条件确有保证。全院1997年重点学科共确定91个，高技术领域30项，共招聘22人。

在我院1994年首批“百人计划”14名入选者终期评估中，我局归口的长春光机所曹健林、上海硅酸盐所施剑林、山西煤化所孙予罕三位青年科学家及其所领导的科研团组三年来在各自确定的前沿领域的研究工作中作出了有创造性、有特色的研究成果。他们共发表论文70余篇，有的研究成果获国家科技进步二等奖，三人均获得院青年科学家奖和国家杰出青年基金，并从多方面获得较充足的科研经费。

四

我院高技术工作1998年的工作要点是：

(1) 继续抓好国家重大科技项目的立项工作。

(2) 组织好“九五”国家重大科技项目和院重大项目的中期评估工作，完善有关项目评估管理的制度。

(3) 进一步加强对有关科研项目的组织管理，加强预研工作，抓好重大科研项目的协调和跟踪，推动和帮助有关研究所质保体系的建设。

(4) 加强对开放实验室的分类管理，完善管理评价体系；做好1998年度院开放实验室及世行贷款国家重点实验室的评估和新增开放实验室的评选工作；召开开放实验室工作会议，研究高技术研究类的实验室的管理问题。

(5) 加强对工程中心的机制转变的指导，推进对工程中心的评估工作，抓好典型，加强工程中心的建设，促进高技术成果的产业化。

(6) 以信息、化工与材料、能源、空间与光机分学科（领域）片进行研究所的“定位”，完成20个左右研究所的定位工作。

(7) 在院统一组织下，继续做好战略性科技产业工程的研究工作。

(8) 重视和抓好院“百人工程”计划的工作。

(9) 加强我院高技术工作队伍的自身建设，提高科技管理素质。

高技术开发与企业

一、科技企业业绩良好，院地合作发展迅速

1. 1997 年院属企业业绩概况

全院目前有各类企业 832 个，分属于制造业（262 个）、综合技术服务业（225 个）、社会服务业（154 个）、贸易餐饮业（109 个）、建筑业（29 个）以及其他行业 53 个等。

1997 年全院各类企业销售额 107.16 亿元；其中直属企业 78.78 亿元，所办企业 28.37 亿元；利润总额 5.82 亿元；其中直属企业 2.29 亿元，所办企业 3.53 亿元；上缴税金 3.37 亿元；其中直属企业 1.44 亿元，所办企业 1.94 亿元；所有者权益 39.76 亿元，其中直属企业 13.43 亿元，所办企业 26.33 亿元。

全院各类企业目前共有职工 29361 人（直属企业 5951 人，所办企业 23410 人），其中院编制职工 11775 人（直属企业 915 人，所办企业 10860 人），提供非院编制 17586 人就业机会。

（1）直属企业集团业绩突出。院直属企业的经营规模和经济效益与上年度比有了较大的提高，直属企业营业收入总额 78.78 亿元，利润总额 2.29 亿元，上缴税金 1.44 亿元，所有者权益 13.43 亿元，分别比上年度增长 28.60%，104.46%，5.86 倍，1.13%；分别占全院企业的 73.52%，39.35%，42.73%，33.78%；从业人员 5951 人，其中院属编制职工 915 人，为社会提供就业 5036 人。

联想集团、中国大恒公司、北京希望电脑公司、科海集团进入全国电子百强企业。

联想集团成功完成了北京联想公司和香港联想公司的整合，业务突飞猛进，管理获得重大突破。在 1995、1996 两年逐步整合的基础上，1997 年圆满、顺利完成国内和香港两地的整合。整合使联想集团实现了海内外统一决策和统一管理；完成了内部资源的优化组合，从而使集团整体优势得以充分发挥；树立了联想作为国际性大公司的形象；开辟了股市融资的渠道，已被列入 120 家大型国有企业试点之列。1997 年联想集团在业务上有很大发展，年销售额 125 亿元，比上年同期比增长 62%；联想电脑的市场占有率为 10.7%，电脑板卡的市场占有率为 12%，在国内市场销售份额中继续排名第一，联想集团首次进入亚太 10 强，公司整体竞争力和抗风险能力进一步增强。1997 年，联想正式使“建班子、定战略、带队伍的管理三要素”成为公司的管理核心理念。并总结出发展高新技术产业的“贸、工、技三级跳发展之路”，即从市场需求出发，针对信息产业的特点，首先通过贸易活动熟悉市场环境、产品特性，建立销售、服务网络和队伍。在此基础上，逐步建立自己的产品生产基地和队伍，掌握已经成熟的配套技术和工艺，形成工业化生产能力。继而，针对市场对产品的需求，吸收国际适用的先进技术，开展技术开发工作，提高产品的技术创新含量和竞争力，满足市场的需求。联想发展之路的实质是自觉地以市场需求作为高技术产业及相关高新技术研究开发工作的出发点和归宿，它适应了在中

国现实环境中发展高新技术产业的客观规律。联想发展之路之所以成功因为它正确处理了贸易与生产、贸易、产业基础与高新技术开发之间的重要关系。没有针对最新产品规模化的贸易，生产就是盲目的没有出路的，因此，要首先明确和控制了出路，再安排生产。没有最新产品的贸易，就难以了解市场对高新技术的需求，难于掌握科技开发的方向和具备重要的实力，没有工业化生产能力，就没有高技术开发赖以成功的技术和工艺基础，因此要先通过贸易和服务明确技术开发的方向，奠定技术和工艺基础，再安排开发。目前在某些行业，我们的产品技术不落后他人，不一定非得代销他人产品以熟悉、掌握市场和技术方向，但是，必须以市场需求作为高新技术产业及其相关高新技术研究开发的出发点、调节力量和归宿，则是成功的高新技术企业的共同发展之路。

中科集团 1997 年技工贸总收入近 16 亿元，比 1996 年增长 20%，实现利润 8000 多万元，出口创汇 1 亿多美元，实现经营业绩较大幅度提高。集团在成员企业、分公司中全面推行目标管理责任制，使分公司的经营状况都有了明显的好转；对成员企业实行董事制，通过集团总部管理人员担任成员企业董事，参与企业管理，加强了管理部门与成员企业的联系。1997 年底，中科集团改制为中科实业集团（控股）公司，经院批准成立了集团（控股）公司和骨干企业的董事会，为进一步规范管理打下了基础。

东方科工贸集团 1997 年进出口总额达 11 868 万美元，比 1996 年增长 20%，是公司成立以来完成进出口额最多的一年；实业方面完成销售额 13 576 万元，比 1996 年增长 22%，是公司成立以来完成销售额最高的一年；利润总额比上年同期增长 46%。集团顺利实现了集团、下属贸易、实业以及境外公司领导班子的换届工作。集团完成了东方科学仪器进出口公司上海分公司的公司制改造，为集团建立现代企业制度，进一步规范管理作了有益的探索。

深圳科健集团 1997 年全年销售额 30536 万元，比上一年增长了 170%，利润总额 2326 万元，实现了扭亏为盈。其核心企业中国科健公司通过股权转让，资产重组，实现扭转公司连续两年亏损的局面，赢利 2037 万元，为 1998 年对公司产品结构的调整争取了时间，创造了一定的条件。

中国科技国际信托有限责任公司员工上下一心，克服种种困难，积极开拓证券等新的业务品种，灵活调度筹措资金，坚决清理逾期贷款，努力盘活资产存量，调整资产负债结构，同时还注意强化监管，不断完善规章制度，加强财务管理和审计稽核工作，完成了董事会提出的各项计划，取得了较好的经济效益和社会效益。目前，公司资产总额已达 100.3 亿元，比去年增加 12.2 亿元，增幅为 13.8%；公司实现利润 6625 万元，比 1996 年增加 525 万元，增长 8.6%，全年累计上缴税金为 6222 万元，与 1996 年相比出现较大幅度增长。1997 年公司第一次担任了长春热缩公司股票发行工作的主承销商和上市推荐人。公司全年参与 A 股主承销 1 家、副主承销 2 家、分销 48 家，配股主承销 2 家、副主承销 2 家、分销 6 家、B 股分销 1 家，由于成功担当了长春热缩公司和乐凯胶片的主承销及上市推荐人业务，扩大了中科信证券在同行中的知名度，不仅培养了公司的发行队伍，还取得了预期的经济效益。

(2) 所办高新技术企业发展势头良好。所办高新技术企业的经营业绩比 1996 年有了较大的增长。所办企业年销售额 28.37 亿元，利润总额 3.53 亿元，上缴税金 1.94 亿元，所有者权宜26.33亿元，分别比1996年增长16.99%，14.32%，90.20%，39.39%。在利润前30名企业排行榜中，有21家是所办企业，他们汇总营业收入额、利润总额和上缴税额分别占按利润排列前30名企业汇总额的13.00%，59.79%，46.09%，59.73%。这些企业高度重视技术开发和成果转化工作，使一批科研成果成功转化进入市场，有些产品不仅在市场站住了脚，而且还不断扩大市场份额。如福建晶体技术开发公司、北京科化化学新技术公司、上海原子核日环仪器厂、北京中生生物高技术公司等。

成都地奥制药公司、上海新康电子公司、上海尼赛拉电子有限公司、长春热缩材料股份有限公司等在继续保持较好业绩的同时，重视技术创新、管理规范等方面的工作，为进一步发展打下了良好基础。1997年10月，以生产、经营凝结长春应化所四代科研人员心血的科研成果——热缩材料为主的长春热缩材料股份有限责任公司股票成功发行上市。

1997年，全院职工队伍结构有了新的变化，我院有更多的科技人员进入所办企业工作，同时也为社会提供了就业机会。

2. 加大与地方、香港地区科技合作力度，增强产学研工程的效果

促进科技与经济紧密结合，推动一部分研究所成为在国民经济建设服务中的有生力量，积极为区域经济和社会发展做贡献，是院的一项重要工作。

在1996年与江苏省签订的14个合作项目逐步启动的基础上，1997年院又组织部分研究所与张家港、宜兴市、常熟市、东台市技术合作，签订意向合作协议131项，并与宜兴市、东台市签订了科技合作协议；与云南省的8项合作项目已全面实施，滇池污染生物工程治理通过半工业化试验论证，开始迈入产业化阶段，利用云南丰富的魔芋资源开发生产多糖项目已开始扩大试验。由于双方的合作有着良好的前景，云南省决定将再投入100万元，用于合作项目的前期投入。与青海省共同确定了15个重点合作项目。在抓好重点的同时，注意拓展与其他省市的合作，院还不失时机的先后组织若干研究所参加了天津市、山东省泰安市、淄博市，江西省九江市、北京市朝阳区等省市和地区举行的新技术博览会和经济技术合作洽谈会，签订了一批项目合作协议，进一步扩大了院的社会影响。

为进一步促进院与地方、企业的合作，1997年设立了地方合作基金，发布了《中国科学院地方合作基金申请和使用办法》，首批安排了25个项目。该基金的设立和实施，将更有力地推动院属各单位积极争取社会资源，为地方经济建设服务。

1997年，香港回到祖国的怀抱，院与香港地区的科技合作有了迅速的发展。院参与庆祝香港回归科技展的组织工作，组织28个研究所共64个项目赴港参加“中国高新技术成就暨香港工业展览会”，与香港航天科技国际集团签订了合作协议，航科将出资200万元港币建立合作基金，与协进会共同举办了研讨会，与香港工商界进行了更加广泛的交流，形成一批新的合作项目。

院与三峡工程的合作取得重要进展，力学所承担的“三峡工程三期围堰爆破拆除前期预研项目”已与三峡总公司签订合同，成为我院争取到的第一个三峡工程性项目。

院向国家产学研工程推荐了5个项目，已完成项目可行性研究、合作企业的落实和项目建议书。产学研激光毛化中心成立了管委会，正式投入运行。

3. 大力扶植新生长点

促进科技与经济的结合，促进高新技术的产业化，大力扶植有利于新技术新产品的产业化和规模化、有利于全院科技企业的整体发展、有利于促进社会发展的新生长点，是院工作的一个重要方面。在扶植新生长点的工作思路和原则上，力求以项目为切入点，以资产关系为固化的基础，以市场为生存发展的环境，以股份制为实现形式。

一批高技术企业以市场为导向，在促进高技术成果产业化方面取得可喜成绩的同时，这些高新技术企业也脱颖而出成为新的生长点。大连化物所国家催化工程技术研究中心成功地开发了甲氰菊脂农药生产技术，使我国成为世界第二个能生产这种高效农药的国家，目前已形成年产200万吨农药中间体的规模，1997年实现产值4500万元，出口创汇30万美元。上海有机所有机合成技术工程研究中心实现产值达4500多万元。沈阳腐蚀所国家腐蚀控制工程技术研究中心控投的昌普公司，1997年年产值3800万元，销售额3500万元，利润总额660万元，上缴税金300万元，占国内市场份额60%。

北京三环新材料公司将一大批重大科技成果转移到国内近30家企业，使企业新增产值超过2亿元，促进了新兴的稀土永磁材料产业在中国的形成与发展。

华建电子有限责任公司，是院、计算所和员工共同出资，按照“公司法”规范要求而创立，其中院占股30%，计算所占股25%，员工占股45%，该公司在股份组成上直接吸收主要技术人员和骨干员工股份，为高新技术企业发展探索一条思路。

二、积极探索，深化改革

1. 积极推进院内企业进行公司制改造

1997年，院在以往工作的基础上，从实际和发展需要出发，继续积极推进院内企业进行公司制改造。操作中注意研究制度创新、增量与存量资产的关系调整、与社会生产力要素的结合等问题和相关政策。在试点工作中，采取普遍推动与试点相结合的办法，即对不同地区、不同条件的企业分别以试点、一般参与、政策引导等形式，着重在政策导向和规范操作上给予积极指导和帮助。据不完全统计，有7个企业完成了股份制改造工作。东方集团公司上海分公司充分利用上海市的有利政策，结合本企业的实际情况，积极摸索，完成了有限责任公司的改造。长春应化所根据国家法律、法规和地方政策，在各部门共同努力下，改造了所内各类公司，初步形成了研究所、职工、社会经济力量的优化组合，筹集了发展资金，建立了新的运行机制，开拓了新的市场渠道，凝结了新的骨干力量。

总结试点单位的经验，他们有着一些共同点：1）改革主体能以邓小平同志“三个有利于”的标准判断事物，能够解放思想、抓住机遇，充分利用现有政策；2）变原来单一全民所有制结构为混合所有制，在所有者、经营者和经营、管理、技术、销售骨干建立了新的利益关系，职工具备了劳动者和企业所有者的双重身份；3）由资本的优化组合带来了市场、管理、技术、生产等各方面生产要素的优化组合；4）注意在实践的过程中，不断摸索、总结经验，如职工持股、职工人身股、职工个人股、集体股的建立，为在面上推广和实践提供了有益的经验。

院对直属企业的管理进行了改革，对中科实业集团（控股）公司及其中国大恒公司、北京希望电脑公司、北京三环新材料公司三个骨干企业，由以关系协议为基础的直接管理转入为通过董事会实施的间接管理，标志着我院经过积极探索和实践，不断总结、积累经验，对企业的管理上了一个新的台阶。

2. 努力探索产学研工程的运行机制

在积极推荐成熟项目立项的基础上，院还注意引导和推动在运行机制上的创新和改革。由国家经贸委和我院联合批准成立"激光毛化技术开发推广中心"，在运行机制和项目管理上将引入企业运行机制。"高级医疗仪器"项目为尽快实现产业化目标，将采取在科技攻关的同时实现产研合作的方式，探索企业提前介入、风险共担、利益共享的新机制。

三、进一步引导、规范管理各类企业

1. 加强政策研究，引导、促进企业发展

在改革的新形势下，对管理者不仅要求观念认识上有所更新，还要求在实际运作等方面要有所创新的体现，院在工作中注意加强政策的研究与导向。在认真学习和领会江泽民同志"5.29讲话"和党的十五大精神的基础上，院与国家国有资产管理局共同对联想集团、三环公司和上海分院所属企业等8家科技企业的国有资产管理与运作开展了调研，目的在于探索公有制的多种实现形式，从而推出激励科技企业公司制的试点方案。

为满足科技企业的发展和科技开发活动的需要，在收集国家、院有关的法律法规的基础上，院出版《科技企业法规文件汇编》；为进一步规范劳服企业的管理，重新修订并发布了《中国科学院劳服企业管理条例》；为使企业在激烈市场竞争中生存、发展并参予国际竞争，继续引导企业建立ISO9000质量体系。由于注意了工作的有效性，有的放矢，这些工作都发挥了实际效用，得到企业和有关方面的欢迎和好评。

纪检监察工作是企业正常有序发展的一个重要保证。院在注重政策导向、总结企业内部规律、经验的同时，采取走访中纪委、联合调研，召开座谈会、报告会等多种形式，研究新形势下，从政策界限、执行尺度上如何正确把握有关纪律规定、要求，从而使纪律约束、监督机制更为有效。

2. 做好直属企业的管理和服务工作

1997年，院进一步明确，根据国家建立现代企业制度的指导思想和"公司法"的规定，要进一步加强院属企业（集团公司）领导班子建设，规范对公司领导人的管理，并做出具体规定，即党组审批院（独资）直属公司集团公司的董事会组成方案以及董事长、副董事长、总裁、党委书记人选；对参股公司向股东会推荐院方人选，并由党组审批代表院方股东出任参股公司的董事长、副董事长、总裁、党委书记，同时对其进行管理。

院协助联想集团做了大量有关整合工作；与中科集团公司重新拟定公司章程，在完成院全资企业中科集团的董事会的建立后，规范中科集团及其骨干企业的管理关系；协助深圳科健集团公司开展整顿，进行核心企业中国科健股份有限公司的资产重组。

为确保院直属企业国有资产的保值增值，院继续推动集团公司加强年度内部审计，引导其利用社会咨询力量改善内部管理水平，在做好直属企业领导层的考核、换届工作时，严格执行领导换届或离任审计。加大对集团公司资产运行状况和资产质量状况的监督，定期对企业财务进行分析，同时对企业的主营重点业务进行不定期的检查。

调整、加强科海集团公司的领导经营班子，理顺与海淀区方的关系。

3. 抓好队伍建设，重视培训工作

"带好队伍"已经成为企业成功三要素中不可忽视的一个重要方面，而多种形式、多种渠道的继续教育是实现此目标重要途径之一。在过去的一年里，院在做好企业不同层次、不同需求的培训工作中注意摸索、改进培训思路和方式，不仅注意对直属企业和科技企业的管理人员、销售人员、研发人员素质提高有要求和措施，还注意以点带面，协助南京、昆明、兰州、长春等分院做好面上各类企业的培训工作，尽可能地为分院更好地开展培训工作提供便利条件，并在工作中注意求实求质。

通过开辟国际合作渠道，院和国家经贸委与美国最大软件公司之一的CA公司签署了"高级信息管理项目谅解备忘录"，从1997年开始的三年内，该公司为我国提供在美国分期、分批培训100名人员的机会和经费，具体工作由院和国家经贸委共同实施。已经按要求派出12位学员，涉及国内12所科研院校和国有企业。

院与香港蒋氏工业慈善基金会合作，在港成功地举办了首期高级培训班；与香港生产力促进局再度合作，为我院科技产品销售网络的骨干人员在港进行了培训；与企业合作，在京区举办了"HP高级管理专题系列讲座"，为我院企业管理人员学习、借鉴先进管理经验做了有益的尝试。

随着企业的不断发展和院对企业管理规范化的要求，我院企业档案工作在规范化管理上有了新的成绩，一些企业通过自身成功的经验，逐步认识档案工作在企业发展中的地位，对企业档案规范化管理工作予以不同程度的重视，如联想集团、中科信公司等。院在前几年工作基础上，不断总结经验，并注意辅以现场观摩、讲课等易接受的培训形式，做好不同层次企业档案人员的培训，以使企业档案工作在建立现代企业制度的工作中，发挥应有的作用。

四、1998年度工作重点

1. 结构性调整工作

（1）联想参与计算所改革、重组工作。联想参与计算所改革是对信息科学、技术和产业方面创新系统的体制、机制的综合改革，院将推动联想参与计算所进一步深化改革，进行结构性调整。重组整合后，联想的研究、开发力量将有所加强，从而提高其技术创新能力；同时，也产生一个人员精干、瞄准学科前沿、真正与国际接轨的国家级研究所。

（2）三环公司的增资扩股和上市前的准备。院将协助、促进三环公司整合内部产权关系，规范管理，进一步加强开发、生产和销售能力，走与社会资源优化组合的道路。

(3) 筹建科学出版集团。院将完成科学出版集团的筹建，其目的是通过发展科学出版集团和科学报业集团促进我国的科学文化产业的迅速发展，有助于提高大众科学文化素质。

(4) 技术开发型研究所的改革试点。院将开始以竞争择优的原则进行技术开发型研究所的改革试点工作。基本思路是，在充分征求有关业务局、分院和研究所意见的基础上，选择具备条件的研究所进行定位试点。通过试点，主要探索三个问题：1) 技术开发型研究所的社会功能、存在形式和可能的发展模式；2) 技术开发型研究所的评价标准；3) 院对技术开发型研究所的改革应给予的支持。

2. 院与地方合作工作

(1) 继续做好与地方合作工作。着重抓好与辽宁、江苏、浙江、云南、北京、广东、上海等几个重点省市的合作，并以自下而上、由点到面的工作方针开拓与山东省的合作(重点淄博、青岛两市)。通过合作项目，推动有关所以多种方式积极与社会生产要素结合，并促进自身的改革与结构性调整。注意充分发挥各分院的主动作用，进一步明晰事权，使分院成为推动院与地方合作的主要力量。

(2) 以市场为导向，安排好 1998 年度地方合作基金项目。尝试改变 1997 年度被动受理申请的作法，动员各分院根据本地区经济社会发展需求，主动出击，利用全院科技力量，积极组织影响大的项目，强化基金的“催化剂”、“引导剂”作用，提高基金的显示度。改变以“批处理”为主的作法，重大项目随时受理申请、及时予以支持。考虑到各分院所在地区的差异性，在保证重点的基础上，适当安排面上项目。

(3) 继续开展与港澳台的技术经济合作。香港方面，与航科集团的合作争取有所突破，落实并用好航科基金，促成 1～2 个合作项目。澳、台方面，稳步发展合作伙伴，对已有合作意向的项目，进一步跟踪、落实。

3. 继续推动企业公司制改造工作

继续按“产权清晰，权责明确，政企分开，管理科学”的要求促进企业建立现代企业制度，按十五大精神，进一步解放思想，抓住发展机遇，加大改革力度，继续指导、协助院属各类企业进行公司制或股份合作制改造，加快和加大与社会资源的结合，实现优势互补，加快建立适应市场经济规律的经营管理机制、激励机制、监督约束机制、人员聘用机制和社会保障机制。

4. 扶植、支持新生长点工作

推动并支持新生长点与社会资源结合，尽快转制为有限责任公司或股份有限公司，建立现代企业制度，以新机制进一步加强研究开发工作，实践产品经营与资本运营相结合，形成更大规模。

5. 做好国家产学研工程工作

配合国家经贸委组织召开全国技术创新暨产学研联合工作会议；继续组织推荐国家

产学研项目，已经成熟的项目争取完成立项；推动产学研激光毛化中心转制为有限责任公司；支持有条件的研究所和工程研究中心与国有大中型企业共建技术中心，探索与大中型企业协建、合建技术中心的途径和形式。

6. 培训工作

培训是队伍建设的一个重要工作方面，在新形势下，更加注意以需求为导向，注重培训的实际效果，在培训思路上力求有所创新，多角度、多方位、多途径、多形式地实现工作目标。

人 才 培 养

1997年我院围绕科技工作的中心任务和建立“高级科技人才培养基地”的发展目标，以提高研究生培养质量，强化高、中级管理干部的培训和提高留学工作效益，吸引更多海外优秀人才为重点，全面推进人才培养的各项工作，取得了明显的成效。

一、研究生教育持续稳定发展

1997年完成院学位委员会换届工作，成立了第五届院学位委员会并召开了首次会议。会议审议通过了报国务院学位办审批的我院新增博士和硕士点的报告；评审了1997年度院长奖学金；听取并审议我院学位和研究生工作的情况汇报以及教育局关于加强院学位委员会工作的意见。我院的研究生教育工作继续贯彻“适度发展规模，全面提高质量，优化学科结构，改善办学条件”的工作方针，开拓创新，加强管理，完善措施，保证研究生教育的“规模、结构、质量、效益”协调发展。

1. 继续调整研究生招生规模和博士生与硕士生的比例，稳步发展研究生教育

1997年全院共招收研究生3637人，其中博士生占44.2%。同年，授予博士学位849人、硕士学位1667人，分别比上年增加23.2%和11.9%。目前，全院在学研究生共计10640人，其中博士生为4677人、硕士生为5963人，博士生与硕士生的比例为1∶1.28。我院从“八五”后期起，对研究生招生规模和博士生与硕士生比例进行了调整。经过几年的努力，招生规模和博士生比重都有较大幅度增长，呈现出良好的发展势头，使我院的研究生教育进入了稳步发展时期，为本世纪末我院研究生教育的更大发展打下了扎实的基础。

2. 强化管理，完善措施，全面提高研究生培养质量

认真贯彻院党组《关于加强研究生德育教育和思想政治工作的几点意见》，加大研究生党建工作以及德育教育和思想政治工作的力度，改进方式方法，力求实效。党建工作重点是增强研究生党支部的凝聚力，做好组织发展工作，充分发挥党员的先锋模范作用；在德育教育和思想政治工作中坚持以邓小平理论为指导，开展爱国主义、集体主义和社会主义教育，通过时事政治和院士报告会及社会实践活动，引导研究生培养优良学风和科学精神，树立正确的世界观、人生观和价值观。

加强教学研究。召开院首次研究生教学工作会议，讨论修改教学大纲和优化课程设置的方案，推动教学改革，提高教学水平和质量。1997年院首次教学成果奖评出一等奖8项、二等奖20项，其中有4项荣获国家级教学成果二等奖。

加强研究生导师队伍建设。实施兼职教师制度，充实师资力量。印发了《关于加强中国科技大学研究生院兼职教师队伍建设的意见》，推动兼职教师工作的实施。

组织首批重点博士生培养基地现场观摩会。通过典型示范，交流经验，以点带面，推动全局。

按照国务院学位委员会颁发的新的学科（专业）目录，结合我院学科发展需要，调整学位授予学科（专业）点，做到布局合理。1997 年我院参加全国学位授予质量评估的学位点均取得合格的好成绩。

积极推动中国科技大学与合肥分院各研究所共同建设好高等研究院博士生重点培养基地；大力提倡研究所与企业开展合作培养博士生；总结推广硕博连读试点工作经验。推动我院研究生教育的各项改革试点工作，不断提高培养质量。

3. 抓好条件建设，改善办学条件

在继续做好院长奖学金、亿利达奖学金和地奥奖学金管理工作的同时，努力开拓资源，多方筹措资金，增强对研究生教育的投入。1997 年新增宝钢优秀教师奖基金和华为奖学金。

推进“九五”期间研究生公寓建设。1997 年竣工研究生宿舍 7002 平方米。

二、博士后工作取得长足发展

博士后制度在培养高级科技人才，促进人才流动以及吸引海外优秀留学人员回国服务等方面发挥了重要作用。建立博士后制度是发现和选拔高级科技人才，加强科技队伍建设的重要途径。

我院的博士后工作经过十几年的努力，取得了长足发展。全院共有 73 个单位设立了 80 个博士后科研流动站，分布在数学、物理学、力学、天文学、化学、生物学、地质学、地理学、地球物理学、大气科学、计算机科学与技术、自动控制、动力工程与工程热物理、化学工程与工业化学、材料科学与工程、海洋科学、电子学与通讯和心理学等 18 个学科领域。截止 1997 年底，共接收博士后研究人员 1861 人。其中，1997 年接收 341 人。目前，在站博士后研究人员 650 人。

1997 年增设王宽诚博士后工作奖励基金，用以吸引和支持优秀博士后来我院工作。该基金将在 1998 年开始实施。

三、继续实施“百人计划”和“西部之光”计划

为进一步推进全院关键岗位科技人员的代际转移，加大年轻人才培养的力度，1997 年扩大了“百人计划”的招聘规模，招聘学科领域达 106 个，其中新设学科 9 个，重点学科 97 个，共招聘 85 人，超过了以往历年的总和。对历年来“百人计划”入选者进行动态跟踪管理。主要是：对 1996 年入选者进行年度考核，对 1995 年入选者进行中期评估，对 1994 年即首批入选者进行总结性验收。结果表明，“百人计划”的入选者大都取得了相当好的成绩，不少人在本学科领域表现出很强的发展势头，带出了一批高水平的

科研群体。

1997年，中国科学院将成都分院纳入了“西部之光”人才培养计划的支持范围，使该计划覆盖了中国科学院三分之一分院的所在地区。经评审，1997年“西部之光”计划支持了在西部及边远地区研究所工作的优秀年轻科技人才所从事的23个项目，以及西部及边远地区研究所的5名优秀在读博士研究生。这一工作得到了中央组织部的关注和支持，西部地区各省、自治区也表示欢迎。

四、继续教育与在职培训工作迈上新台阶

为更新、拓宽知识，增强创新能力，提高队伍整体水平，以适应21世纪我院发展的需要，针对人员特点和岗位需求，分层次、多形式组织实施培训工作。1997年全院举办各类培训班1349期，40 469人次参加培训。同时，面向社会培训2674人。培训工作取得了明显效果，迈上了新台阶。

1. 加强管理人员尤其是高、中级管理骨干的培训

组织处以上管理干部脱产培训，进行管理理论知识、管理技能以及计算机应用和外语的训练；组织境外培训，考察、学习先进的管理经验和方法；举办高级管理知识讲座或研讨，开拓高级管理干部的思路，提高政策水平；鼓励和支持管理人员在职进修管理研究生课程，提高管理队伍的素质；加大对院机关工作人员的培训力度，强化计算机应用和网络知识的训练以及对新进机关人员的上岗培训，全面提高机关工作人员的素质。

2. 大力推进科技人员的继续教育工作

支持举办旨在更新知识，拓宽思路，开阔视野，优化知识结构，增强创新能力，提高队伍素质的各类专题研讨和培训班，促进和培育新兴学科及交叉学科的生长，发展我院前沿领域的研究；推动边远地区研究所的科技骨干开展国内地区间的访问进修，促进学术交流和合作研究，增强基础较薄弱研究所的科研实力；鼓励和支持在职人员进修研究生课程；加强实验技术人员实验基础理论和技能的培训。

3. 抓好继续教育和培训基地建设

规范培训科目，加强教材建设，完善教学设施，提高培训质量。中国科技大学成人教育学院被评为全国成人高等教育优秀学校，院管理干部学院获得计算机和财会两个特色专业证书。

五、留学和人才引进工作开创新局面

1997年留学和人才引进工作根据学科和人才队伍建设的需要，加大工作力度，完善措施，强化效益，开创新局面。

1. 调整派遣结构，提高选派质量

1997 年进一步减少一般普访项目，增加骨干的短期进修、留学基金以及王宽诚基金的国际会议项目；增加为优先发展的学科领域和大科学工程培养骨干人才群体的成组配套项目。1997 年度院公费选派计划录取 212 人，其中现任课题组长、项目负责人以上的占 67％；具有博士学位的占 40.2％；具有高级职称的占 72.6％。人员的层次和质量明显提高。

2. 加强对海外优秀人才的跟踪管理，充分发挥他们的作用

利用王宽诚科研奖金和择优支持等项目，支持海外优秀人才到我院做短期合作研究；加强与海外留学人员科技协会或专业组织的联络，举办青年学者学术讨论会，增进学术交流，开展合作研究，发现优秀人才。1997 年通过各种渠道吸引海外优秀留学人员到我院短期工作、访问、讲学 876 人次，比上年增加 18.5％。积极争取院外资源，改善留学回国人员的工作条件。1997 年有 138 人从国家教委获得 347.5 万元的支持，比上年增加 32.3％。

3. 召开全院留学工作会议，总结经验

召开全院留学工作会议，总结了 10 年来留学工作在促进我院整体队伍的知识更新、结构优化，以及在学科建设与新的生长点形成等方面的经验，肯定了促进国际合作与交流，吸引海外优秀人才到我院工作，充实骨干队伍等方面取得的成绩，并对今后我院的留学工作提出了新的要求和目标。会上还讨论修改了《中国科学院关于加强和做好留学工作的意见》以及《中国科学院关于留学工作若干问题的补充规定》，进一步加强和完善了管理。

4. 组织中国科学院与王宽诚教育基金会合作 10 周年的纪念活动，进一步加强了与王宽诚教育基金会的合作

争取到 100 万美元建立王宽诚博士后工作奖励基金和 100 万港元建立行星科学人才培养基金。1997 年共获王宽诚基金会资助 136 项，总经费达 407 万元人民币。

5. 聘请外国文教专家工作稳中有升

1997 年通过国家外国专家局聘请外国文教专家 172 人。中国科技大学获得国家外国专家局外国专家经费 218 万元；科大研究生院（北京）首次获得外专局聘请文教专家的专项支持 42 万元；生态中心和沈阳金属所获得聘请外国专家的资格。

六、中国科技大学第三次创业取得阶段性成果

1997 年是中国科技大学面向 21 世纪，进行第三次创业的关键一年。这一年，中国科技大学作为全国首批进行“211 工程”计划建设的 15 所高校之一，开始了全面建设。

结合“211工程”建设，中国科技大学继续认真贯彻国家关于稳步发展高等教育的方针，抓住机遇，深化改革，促进发展，教育质量和办学水平有了全面提高。按照“精简和改造传统专业，发展和拓宽新专业，优化结构，合理配置资源”的原则，本科专业由“八五”期间的46个精简为38个，同时新增专业5个。为凝聚力量，促进学科交叉，先后成立了高技术学院、理学院、商学院、化学与材料科学学院和生命科学学院。不断完善校院系三级管理运行机制，按学科群组织教学，以适应现代高等教育的规律，适应现代科技发展和国家现代化建设的需要。与此同时，学校主动加强与院内各研究所的联系，依托科学院的整体优势，进一步拓宽所系结合、联合办学的路子，增强办学实力。作为实施这一战略的举措之一，与合肥分院联合成立的高等研究院正式启动运行。此外，还与联想集团共建计算机学院；与深圳华为公司共建研究所并设立科教基金。

1997年中国科技大学高层次学术队伍建设喜获丰收，在全国58名新当选院士中占了5位，当选人数居全国各大学和科研单位之首。目前，学校共有“两院”院士11人。

1997年中国科技大学本科招生工作实现全面并轨，录取新生1248人；1998年招生计划核定为1410人（含招港澳台学生50人）。

人事制度改革与队伍建设

1997年，中国科学院继续深化人事制度综合配套改革，加强院属单位领导班子、科技人才队伍、管理人员和企业家队伍建设，迈出了新的步伐，取得了较好的成效。

一、加速培养选拔优秀年轻干部，进一步加强院属单位领导班子建设

1. 院属单位领导班子的换届与考核工作

(1) 中国科学院党组下发了《关于贯彻〈党政领导干部选拔任用工作暂行条例〉实施办法》、《关于院机关局级领导班子建设的若干规定》，使中国科学院多年来领导干部队伍建设的经验得以总结提高，更加规范和完善，整个工作上了一个新台阶。

(2) 完成了28个院属单位领导班子的换届工作，同时还对63个单位的领导班子进行了任期中考核和个别调整。

在换届、考核工作中，一是抓分析和预测。对即将到届的领导班子逐个进行分析和预测，做到心中有数；二是抓重点、难点。以分院、大所、问题较多的单位为重点，由院领导亲自带队，进行考核；三是建立了一套系统、规范的工作程序，包括：离任审计—领导班子述职报告—民主测评和民主推荐—广泛征求意见—考核组提出建议—院党组讨论审定，从而把民主与集中、党管干部与群众路线有机地结合起来，做到了公开、民主、择优，有利于提高广大群众对领导班子的信任度和增强领导班子的凝聚力。

2. 努力培养、大胆启用优秀年轻干部

中国科学院组织所属各单位补充或重新建立了所级后备干部名单，并制定了相应的培养计划。目前，全院已落实所级后备干部近700人，50岁以下的占80%以上，其中所级党政一把手后备人选占三分之一左右。同时把选拔、培养、使用紧密结合起来，通过日常动态管理和专门联系制度，做到思想教育深、组织生活严、日常管理勤。

在领导班子换届和调整过程中，打破“论资排辈”的传统观念束缚，大胆启用优秀年轻干部。特别强调每个班子必须配备45岁左右的年轻干部。对个别确实有困难，暂时没有合适人选的，要空出职数；对有些领导职数已满、班子年龄较大又需要留任一段时间的单位，采取了“先进后出”的办法，先补充年轻干部，进行新老交替过渡。一些优秀年轻干部进入所级领导班子，新提拔的所级领导干部中，45岁以下的占59%。45岁以下的所级领导干部在领导班子成员总数中所占的比例，由1996年的15.3%上升到21.3%。全院80%的单位领导班子中配备了45岁左右的年轻干部。

3. 加强领导班子思想作风建设

认真贯彻落实江泽民同志关于“领导干部一定要讲政治”的指示，采取多种方式，加强所级领导干部的培训，有计划地安排部分领导干部入各级党校学习。圆满完成了第十期所级领导干部上岗培训班的培训任务，首期中青年管理干部进修班顺利开办。在培训班上，院党组领导同志亲自授课，给学员以极大教益。召开了首届年轻领导干部座谈会，陈宜瑜副院长、余志华副书记等同志与30多位年轻干部就思想观念、领导艺术、工作作风等，进行沟通与交流，使大家深受启发和教育。通过任期中考核，发现问题，及时解决，把组织监督与班子调整结合起来，推动思想作风建设。

4. 大力抓好企业领导班子建设

按照建立现代企业制度的要求和《公司法》的规定，区分院属企业的不同情况，对企业领导班子的管理办法做出了明确规定；同时，注意探索符合企业特点的领导干部考核评价体系，注意对企业领导干部严格要求，并加强企业与研究所领导干部的交流。

二、继续深化人事制度综合配套改革

1997年，中国科学院组织所属各单位认真贯彻落实1996年全院人事制度综合配套改革工作会议精神，按照国家人事部的要求，从实际出发，以制度建设为核心，以综合配套为措施，以服从、服务于全院的整体改革、促进研究所改革和发展为原则，以多出成果、多出人才，为我国经济建设和科技发展多作贡献为目的，紧紧围绕三支队伍（专业技术人员队伍、管理人员队伍、工人队伍）的建设，在扩大试点（试点单位由8个增加到13个）的基础上，以“双聘”为核心，把人事制度综合配套改革引向深入。

1. 全面启动聘用合同制

院属各单位与新进人员在平等自愿、协商一致的基础上，签订聘用合同，明确双方的责任、义务和权利；根据任务及岗位的不同情况和职工素质，合同期限分为短期、中长期或无固定期限；合同期满后，用人单位与职工再次进行双向选择。这一制度克服了“一次就业定终身”、“铁饭碗端到底”的弊端，有利于调动积极因素，促进人才流动，优化队伍结构。院机关采用聘用合同制首次公开招聘了22名管理人员，其中80%具有硕士以上学位，提高了进人素质，给院机关管理增添了活力。目前，根据不同地区、不同单位和不同类型人员的实际情况，中国科学院的聘用合同制工作在三个层面上逐步推开，不搞“一刀切”：一是大连化物所、上海生化所等作为试点，试行全员聘用合同制；二是其他试点单位，在35岁以下人员中试行聘用合同制；三是全院已有近百个单位，在新进人员中试行聘用合同制。由于社会保障制度尚不完善，制定了与聘用合同制配套的有关劳动报酬和保险福利待遇的暂行规定，对受聘人员所承担的风险给予补偿。下发了中国科学院《人事争议调解试行办法》，为建立更加适应市场经济的管理体制打下了基础。

2. 按需设岗、按岗聘任实现职称工作的重点转移

1997 年，中国科学院职称改革工作的重点从“评审”转移到了“聘任”上来，在规范职称评审的同时，全面推开按需设岗、按岗聘任的改革。各单位结合结构性调整和分类定位工作，按照宏观布局岗位、微观设置岗位标准、公开招聘遴选、签约聘任上岗、加强任期考核等五个基本步骤稳步推进，到目前为止，已有三分之二的研究所制订了按需设岗、按岗聘任的实施细则并逐步付诸实施。

按需设岗、按岗聘任的改革，给研究所在调整学科方向和争取科研经费方面提供了新的调控手段，在把科技力量吸引和凝聚到重点学科、重大重点项目（课题）上，保证这些项目和学科对高、中级专业技术岗位的要求，对减少重复、避免分散起到了积极作用，也有利于引导广大科技人员把注意力从职称评审转向了积极争任务、争项目、争取科研经费，实现了职务聘任与对研究所多作贡献的紧密结合，从而使按需设岗、按岗聘任成为研究所进行结构性调整的有力手段，也使职称改革走出了一条新的路子。

在推进按需设岗，按岗聘任工作的同时，适应当前研究所职称工作的需要，继续沿用以往历年特批晋升高级专业技术职务的做法，院直接特批研究员 224 名。

3. 进一步完善职员制度

1997 年，中国科学院下达了对职员制度修订补充的若干规定，使之更加配套和完善。在工作中，重点抓好对职员级别晋升特别是高级职员晋升的管理与指导，逐步实现了正常化与规范化。

4. 分配制度的改革继续深入

1997 年，在处理好分配中重点与一般、骨干与群众关系的基础上，稳步推进分配制度改革。继续完善津贴制度，重点抓了职工年度考核以及考核结果与工资分配挂钩。通过总结三年来年度考核与津贴分配的经验，中国科学院指导所属单位认真贯彻执行《关于印发〈中国科学院工作人员考核暂行规定〉的通知》和《关于贯彻执行〈中国科学院工作人员考核暂行规定〉的几个具体问题的处理意见》，依据考核结果等次，使职工工资晋升与之挂钩，对于奖优罚劣，防止新的“大锅饭”，起了积极作用，使考核工作进一步规范化、制度化。首次履行了院对各单位党政一把手的考核等次审定程序，进一步增强了年度考核的激励作用。中国科学院还直接给予工作绩效突出的 51 位所长、党委书记奖励晋升一级工资。反应很好。

5. 社会保险制度改革进一步扩大

继续抓紧了建立养老储备金的工作，为参加国家统一的社会保险制度改革做准备。目前，在尚未建立社会保险的地区，全院所有单位均建立了养老储备金。据不完全统计，已达 4700 多万元。京区企业已做好了加入社会养老保险的准备工作。

成都分院、合肥分院的医疗保险制度改革工作成效显著，初步探索出了基地型分院建立医疗统筹基金与个人医疗账户相结合的改革办法，院召开经验交流会进行了宣传

推广。

6. 工人队伍管理初步实现正常化

1997年，中国科学院的工人队伍管理，主要是在两个方面下功夫：一是理顺关系。根据人事部关于工人技术等级考核的有关规定，将我院工人考核标准与上级有关部门考核标准并轨，实现尺度统一；同时，加强与京外有关省、自治区、直辖市劳动部门的联系，使中国科学院的工人考核工作得到地方政府主管部门的认可和支持。二是保证考工质量。为此，扎扎实实地组织技术培训，严格掌握考核标准，宁精勿滥。在京区首批建立了两个职业技能鉴定站，在京外，选点进行了工人技师设岗聘任的试点。变以往的临时突击式的考工定级为经常性，制度化的工人职业技能鉴定，理顺了关系，保证了科研工作的需要。

三、科技人才队伍建设迈出新的步伐

为实现中国科学院"九五"期间年轻科技队伍建设的"321"总体目标，1997年重点抓了以下几项措施：

1. 召开全院跨世纪年轻人才代表会议

3月29日至4月2日，召开了中国科学院跨世纪年轻人才代表会议，总结交流了培养选拔优秀年轻人才的经验，提出了跨世纪人才队伍建设的指导思想、目标和规划，向兰州沙漠所西藏日喀则江当治沙课题组和物理所沈保根、地球物理所杨长春、大连化物所梁鑫淼、长春光机所曹健林等4人授予了荣誉称号。与会代表受到了李鹏总理等党和国家领导人的接见。这次会议对推进中国科学院科技队伍的代际转移，将起到重要作用。

2. 推荐两院院士候选人

根据中国科学院、中国工程院的要求和全国统一部署，组织了中国科学院系统内两院院士候选人的推荐工作。经评选，共推荐60位科学家作为中国科学院院士候选人，入选30位；81位工程技术专家作为中国工程院院士候选人，入选10位。

3. 修订《中国科学院青年科学家奖条例》

修订了《中国科学院青年科学家奖条例》，按照基础性研究与高新技术开发分类设奖。完成了1997年的评选工作，共有41位青年科学家获此荣誉，其中基础性研究奖31人(一等奖8人，二等奖23人)，高新技术开发奖10人（一等奖3人，二等奖7人)。

4. 组织1997年度政府特殊津贴评定工作

组织了1997年度政府特殊津贴评定工作，共向人事部推荐180位专家享受该津贴。在指标分配上不搞平均主义，引入竞争机制，优先考虑做出突出绩效、正在承担重大重点项目的科技骨干，并对优秀年轻人才实行适当倾斜。

除此以外，向地方派遣科技副职的工作持续、稳定地进行，为推动地方经济的发展，改变贫困地区落后面貌，加强中国科学院与地方的联系，促进科技成果转化为现实生产力，发挥了重要作用。目前，院直接派出的在任科技副职70余人，分布在十多个省、自治区、直辖市。

国际合作与交流

一、1997 年的工作概况

1997 年国际合作继续保持良好势头，在做好常规工作的同时，重点支持了重大项目的合作和青年科学家参加合作交流，完成接待一系列重要代表团的来访，其中包括美国科学院院长阿尔伯茨博士（兼美国全国科学理事会主席）、德国洪堡基金会主席吕斯特教授、德国马普学会主席马可乐教授、英国皇家学会主席克鲁格爵士以及世界著名大学的校长、诺贝尔奖获得者等重要外宾。配合院重点工作，完成了任务，取得了一定成效。我院多位科学家获得国际重要奖励或荣誉，路甬祥院长获得了德国发明协会授予的德国鲁道夫·狄塞尔金质奖。在今年 TWAS 第六次院士大会上，我院又有 3 位科学家获得学科奖，其中物理所范海福院士获得物理科学奖；上海硅酸盐所郭景坤院士获得技术科学奖，上海国家基因研究中心洪国藩院士获勋章奖。

据不完全统计，全年交流量为 7965 人次，其中请进 2904 人次，比上年约增加了 30%；派出 5061 人次，比上年约减少了 17%，总量达到我院国际合作交流量的最高峰。详见下表：

	院级		所级		总计	
	项目数	人次	项目数	人次	项目数	人次
请进	240	525	1119	2379	1359	2904
派出	608	1111	2741	3950	3349	5061
合计	848	1636	3860	6329	4708	7965

1997 年重点做了如下几个方面的工作：

1. 国际合作向重大项目倾斜，向青年科学家倾斜

拉莫斯天文望远镜、上海同步辐射光源、超导托卡马克装置、兰州重离子加速器等一批国家和院大科学工程项目，通过国际合作，有了较快的发展；对 1998 年院级项目进行政策性引导，已确定的 432 项中，为重大项目服务的占 80%，参与重大项目 45 岁以下的人员占 75%。

在重点支持青年科学家方面，今年派出参加国际组织活动人员中有 70%为青年科学家。启动了中美两国青年科学家参加的“前沿科学研讨会”，白春礼副院长率先遣小组赴美完成了准备工作。5 月份，我院向 UNDP 送交可参与援外技术项目服务人员的专家库，包括了院属 62 个单位的 624 位中青年科技人员。今年对 5 名列入“百人计划”的青年科学家出国参加会议予以支持。

培养青年人的方式上有了新的发展。10 月份，与德国马普学会商讨，利用对方资金，共同培养青年科学家，使他们不仅可以在国内的联合实验室工作，也可以到对方实验室当领导人。

上海由胡庚熙、裴刚领导的两个马普青年科学家小组在中德双方支持下，工作优异，年内经中德美三国专家评审小组评审，给予了肯定。

我院与德国大众汽车基金会合作，联合培养博士生。今年进行第7次招生，有5名被录取。到目前为止，已为我国培养了44位博士生，其中有5名已学成回国。

2. 建立和发展了新的合作关系

今年与日本NTTD数据通讯公司、日立制作所、大阪煤气公司新签订了院级合作协议书；与捷克科学院在原合作协议的基础上，签订了到2000年的合作执行计划；与荷兰皇家科学院续签了两院合作协议。

今年是我院与美国科学院自建立合作关系以来交流最为活跃的一年。1月份，美国科学院新任院长任职后第一次率高级代表团访华，与我院进行了双边高级会晤。双方就培养下一世纪科技领导人才，启动前沿课题研讨和开展中美能源政策对比研究等交换了意见，并重点讨论了可持续发展问题。双方一致认为应加强已建立的合作伙伴关系，作出双方应有的贡献。前院长周光召和白春礼副院长相继访问了美科学院，周光召出席了该院第134届年会，在会上作了介绍我国我院改革发展情况的报告。

俄罗斯科学院西伯利亚分院虽地处俄边远地区，但科研实力雄厚，约有100多位俄科院院士，占俄院士总数的10%，经费也较宽裕。继1996年沈阳分院组团访问后，今年长春分院又组团访问西伯利亚分院，就合作的可能性和具体项目进行了交流，签订了包括建立联合企业、办小型展览、召开双边会议和合作研究的协议。此行为长春分院发挥地区优势并带动东北地区高技术的发展起到推动作用。

今年与日本科技、经济、企业界合作，成立了“中日科技交流中心”。并由中心主办，召开了“中日科技经济交流学术讨论会”，双方科技、教育和企业界的人士就进一步发展合作进行了研讨。会议取得了成功。

我院国际学术交流中心和美国伊利诺大学合作为我院举办了所长培训班，26位所长赴美参加了为期30天的关于管理知识的学习和训练，扩大了知识面，提高了管理水平和层次。

3. 加强了在农业、生态环境、生物领域的合作

乌兹别克共和国的棉花产量居世界第4位，被誉为“白银王国”，具有多方面优势。我院新疆生土所等单位组成棉花考察代表团访问该国，学习了对方的栽培、防治病虫害、品种改良等技术，建立了合作关系，并决定邀请两位遗传育种专家来华工作。

由国际山地中心支持16万美元的“小流域人和资源动态关系研究”项目今年启动。该项目为小流域的环境持续利用和保护提供技术措施，具有较强的社会效益。

今年经与俄罗斯科学院等单位合作，我院从该国引进赛加羚羊20头，并聘请了羚羊专家进行饲养指导。原生长在我国西北地区的此种羚羊现在我国境内已绝种。引进后，经驯化和繁殖将对解决我国羚羊角药材问题和改善羚羊生存环境、建立我国羚羊种群起到重要作用，具有重大经济和科学意义。

经过近两年的努力，石家庄农业现代化所、西北水土保持所与澳大利亚联邦科工组织合作发起的“区域农业持续发展的水土资源评价管理”项目得到澳大利亚国际农业研究中心（ACIAR）的批准和资助。此项目从1997年7月开始执行，为期4年，澳方提供100万澳元的资金及设备的支持。

美国杜邦公司、孟山都公司的负责人年内访问了我院的研究所，就水稻基因组研究及抗病基因等方面进行了交流。与美国罗氏（ROCHE）公司在建立新药研究数据库和新药研制方面展开了合作，推动了我院在新药研制和开发方面的工作。

4. 增加与国际组织间合作的力度

参与国际组织、国际机构的活动程度是衡量国际合作质量的很好参数，也是提高本国科技质量的杠杆。我院一直致力于加强与国际科技组织的合作。1月份召开了专门会议，介绍如何申请“通过海外侨民回国传授技术”（TOKTEN）项目和“高级技术顾问招聘”项目（STAR），取得明显效果，TOKTEN项目今年已批准39人来华。南南基金项目今年资助第三世界科学家449人次参加国际会议。密切了与第三世界科学院（TWAS）、国际理论物理中心的联系，100多位科学家获其资助参加了国际合作交流活动。我院为第三世界国家举办培训班、讲习班3个。通过TWAS系统，有15位科学家应邀访华，到我院研究所进行合作交流。

5. 从各项国际合作渠道引资注入我院的科技工作

我院组织的一些具有较好经济效益的项目，获得了国外经费支持，也使国际合作具有了活力。一年来我院获得国外资助包括设备折款约8900万元人民币。仅从日本官方和民间渠道就获得了4000多万元的资助。其中通过TOKTEN、STAR、TWAS、ICTP项目和组织共获得资助约人民币1120万元。欧盟、国际山地中心等组织均提供了资助。

6. 开展与国外企业界的合作

在科技与经济的结合日益紧密的情况下，国外企业界十分重视与科技界的合作，而且注意在国际上寻找知识来源。这种形势为我院与国外企业的合作提供了很好的机会。

AT&T公司与声学所就英汉互译语言识别合作项目签署了合作协议意向书。

美国纽约市立学院CTC公司在美为我院举办了两期专利管理人员高级培训班，效果很好。AT公司也对我国20多名专利人员进行了培训。

“日中科技产业交流机构”的建立将为推动中日间科技、产业方面的合作作出实质性的努力。

日本真空技术公司向我院物理所赠送了价值2900万日元的电子显微镜。

大阪煤气公司与山西煤化所合作，成立合资公司，由日方提供设备、技术、部分资金，生产短束纤维，产品全部返销日本。

7. 继续抓好原有的合作项目

中日合作建立羊八井宇宙线观测站的项目步入了世界先进行列，逐渐成为国际宇宙线合作研究中心。兰州高原大气所与日本筑波大学等单位合作的中日青藏高原地气相互作用实验研究项目，系“攀登计划”项目，年内在西藏那曲地区的工作取得了一批重要成果。中日合办的“东方日语学校”又获得了日方资助，充满了活力。在中意政府科技合作项目ICARES中，高能所和西欧核子中心合作，我方利用人力充足和技术优势，承担了其中探测器模块的制作任务，在经费和技术培训方面得到了益处。中美温室效应合作研究召开了第9次科学会议，对这一进行了十几年的工作进行全面总结，明确了下一步的合作方向。中美高能物理合作第18次会议的召开，为中美两国间业已开展近20年的高能物理合作注入了新的活力。李政道教授今年两次访华。在华期间李政道教授和几位中方聘请的高级顾问受到中央领导的会见，对建立陶-灿工厂提出了很好的意见和建议。“引智”工作中，与乌克兰、白俄罗斯加强了接触，在材料科学、水下机器人等项目上继续发展。“世行”贷款的“重点学科发展项目”接待了“世行”官员，完成了项目终期检查，结果较好；召开了项目总结会，对实验室的建设、人才培养、技术引进提出了良好的建议。

另外，为迎接香港的回归，我院积极开展了与其学术、教育和企业界的交流，数量和规模已有了一定发展。香港回归祖国后，与香港地区的科技合作迅速发展。赴港人员全年超过800人次。合作形式由一般性的短期互访发展到研究机构间长期稳定的合作和共建研究机构。微电子中心、物理所、科技大学分别与香港科技大学、香港大学、香港理工大学合建了微电子联合实验室、新材料合成联合实验室、建筑火灾研究中心等。我院与香港工业署、香港生产力促进局等政府职能机构、民间团体建立了合作关系，推动研究成果商品化和开展应用研究等工作。香港中华科学与社会协进会主席率团访问我院，进行了学术交流，探讨了技术转移项目。

二、1998年工作设想

(1) 突出重点国家和重点项目，将一般性的交流过渡到以对口研究所之间开展项目合作为主要合作内容。继续支持院重大项目的国际合作。对大科学项目要做好前瞻性的工作，找到用户。为重大项目的合作交流做好服务工作。

(2) 继续向青年科学家倾斜，在项目和经费上给予支持。鼓励他们参与国际科技组织的活动，获取经验，展示才干。

(3) 做好引进海外学者工作，建立人才库，拓宽渠道，采取灵活机制，多种措施吸引更多学有所成的海外人员以多种形式为国服务。

(4) 发展与境外跨国大企业，尤其是与高科技大企业之间的合作和联系。扩大渠道，争取更多外资。在合作中坚持平等互利的原则，发展壮大自己。

(5) 合作形式要更加多样化，如建立新的学科小组、联合实验室、开发中心等。利用科学院非政府部门的优势，开展广泛的、方式灵活的国际合作。

(6) 做好1998年第三世界科学院领导人的换届改选和参加该组织今年会议的准备工作。组织开好“第18届世界遗传学大会”、“中美前沿科学研讨会”和完成好“中美两院能源政策研究课题”。支持在我国召开区域性、小型双边或多边专业学术研讨会。

计划财务工作

计划与财务工作是院各项事业和改革举措得以顺利开展的重要保障，1997年，计划与财务工作，在院党组的领导下，认真贯彻年初确定的加强科技发展战略研究与规划，优化存量，提高增量，积极有效多渠道争取资源，优化资源配置，搞好人财物综合平衡的指导方针，各项工作取得了显著的进展。

一、加强战略研究与规划工作，为院领导的宏观决策起到参谋作用

战略研究与规划工作是综合职能部门重要的基本职能，涉及到我院在国家科技体系中的定位，对实现我院跨世纪的发展具有重要意义。为此，计划财务局将此作为一项重要的大事来抓，取得了初步成效。

1. 向中共中央和国务院呈报了《迎接知识经济时代，建设国家创新体系》的报告

1997年9月，为准备向新一届政府汇报我院在世纪之交的改革设想，由院领导亲自挂帅，组织了我院上报中共中央和国务院的“汇报提纲”调研和文件起草工作。其中第一部分《迎接知识经济时代，建设国家创新体系》于年底前上报中共中央和国务院，得到了江泽民总书记、李鹏总理等党和国家领导人的重视。第二部分，即关于我院的改革发展设想部分也完成了初稿，为1998年的正式汇报工作打下了良好的基础。

2. 完成了一批战略性科技产业工程的调研报告

为了推动我国经济和社会可持续发展，促进国民经济增长方式的根本转变，充分发挥我院作为全国自然科学和高技术综合研究与发展中心的优势，向国家科教兴国战略和可持续发展战略献计献策，在院党组领导下，从国家整体利益出发，于1997年5月部署启动了一批战略性科技产业工程预研项目。先后组织了90多位科学家，从28个候选项目中筛选出11项。这些项目的共性是：在国民经济和社会发展中能够发挥基础性、关键性、带动性战略作用，具有明确产业目标和核心科技内涵并可望形成主导产业的国家级科技工程；工程实施前期将由政府推动组织，然后吸引企业大规模参与，最终形成社会产业。经过广泛调研和精心筛选，最后选择了8个战略性科技产业工程项目。项目建议报告将征求中央有关部门的意见后报有关部门决策参考。

3. 参与全国基础研究工作会议筹备工作

参加全国基础研究工作会议筹备工作，参与起草了《关于加强我国重点基础研究及发展高技术产业的汇报提纲》。该《汇报提纲》在国家科技领导小组第三次会议上原则通

过，中央决定从1998年起的5年中将支持国家重点基础研究25亿元，将对我国基础研究的发展产生深远影响。

二、多渠道争取资源，加强预算，优化配置，确保重点

1. 多渠道争取经费投入，不断改善我院的经济状况

1997年，围绕我院的“三个基地”建设和结构调整的目标，全院充分发挥了院所两级财政的积极性和主动性，通过承担国家和社会发展中的各项科研任务，多渠道争取经费投入，使得全院的财政总收入不断增长。

根据1997年财务决算，全院总收入为408 797万元，较上年增加83 838万元，增幅达25.8%。其中财政补助收入165 745万元，包括年初国家下达预算数148 769万元和年度执行过程中获得的追加经费16 976万元；国家拨入专款8525万元；事业收入190 441万元；经营收入17 966万元；其他收入26 120万元。

财政部仪器设备更新专款至1997年已执行完毕，通过全局的努力，又争取到1998～2002年共5亿元的仪器设备更新专款，此项经费将为进一步改善我院的科研设备条件，促进科学事业的发展起到重要作用。

2. 合理编制预算，加强财务管理

根据新的事业单位财务规则，1997年院属各单位按照“大收大支”的要求编制了年度预算，院根据年度预算安排执行情况，正式批复了各单位的预算。

1997年院的科学事业费预算的制定原则是“围绕实现院“九五”奋斗目标；加强“三个基地”建设；支持重大科技项目和“321”人才工程的组织实施；保证院结构性调整和学科优化布局逐步实现。在适当增加全院基本事业费的基础上，对基础和社会公益性单位的人员经费进行倾斜。除继续保证院重大、重点项目及院特别支持项目经费外，新增了生命科学、地方合作基金等专项经费。院财政继续从收回的利息、占用费中安排3 500万元纳入预算，用于社会保障制度改革等专项支持费。

在预算执行过程中，加强了对专项经费的管理。如对基础设施维修改造项目，加强了预算的审核，避免了不合理和不必要的支出；对财政部下达的植物园、标本馆改造专款，从项目筛选上严格把关，力求作出有显示度的工作。

3. 发挥宏观调控的功能，提高有限资金的使用效益

按照院关于加强内部资金管理的规定，充分挖掘资金潜力，争取给研究所和企业以更大的支持。

1997年院基本事业费拨款工作继续坚持在国家按月拨款的情况下，对各单位按季度提前拨款，把尽可能大的资金周转余地留给研究所。除继续做好周转金管理工作，支持研究所成果转化，使一些较成熟的科研成果能够尽快转化为生产力之外，同时也为部分科研项目、基建项目垫支了经费，使其能够及时启动。

在“合法、安全、有效”的原则下，在原院计划财务局结算中心、院计划财务局三

里河结算中心的基础上，筹建了院计划财务局中关村结算中心，使资金合理生息，为各参加单位带来了一定的收益。

三、加强重大科研项目、大科学工程、实验室工作的综合管理

1. 正式启动院重大特别支持项目

为在实施科教兴国和可持续发展两大战略中发挥我院不可替代作用，并不断提高我院在国际国内科学界的地位和影响，力争在“九五”期间取得一批代表我国科技水平的重大成果，向国庆院庆50周年献礼，院党组决定设立“九五”重大项目特别支持费。经过长时间的酝酿，院“九五”特别支持项目，以《院“九五”特别支持费管理暂行规定》出台为标志正式启动。计财局协助院领导承担了特别支持项目的综合协调和日常管理工作，同三个业务局一起，完成了第一批特别支持项目11项的补充论证工作及第二批特别支持项目10项的选项工作。这两批项目共安排经费约1.4亿元，用以重点强化支持可望在“九五”期间取得国家级重大成果的科研项目，以及支持预计能在下一个五年内能做出重大贡献的科研工作。

2. 组织与协调大科学工程项目

根据院目前的大科学工程管理体制，计划财务局参与了大科学工程立项前的协调工作，包括组织编制项目可行性报告、项目建议书评估、制订工作进度等，并负责上报国家计委。在国家“九五”首批3个和第二批4个大科学工程以及预研项目中，我院可望取得计划经费中的较大份额，其中LAMOST和合肥同步辐射二期工程的初步设计已经完成；兰州冷却环和合肥托卡马克工程项目正在抓紧落实之中。

3. 加强实验室分类管理，进一步做好实验室的评估和建设工作

我院现有117个开放实验室，其中有国家重点实验室50个。1997年在做好建设、评估工作外，重点抓了实验室的管理工作。根据院党组关于加强实验室分类管理的决定，计划财务局提出了加强我院实验室分局管理的意见和分局管理名单，明确了院归口管理部门与各部门之间的关系和分工，从而为实施“统一规划，分类择优，分局管理”的实验室管理新体制打下了基础。

实验室评估工作，是关系到实验室研究水平、基地建设以及队伍建设的关键环节，对于进一步获得国家重点支持，促进我院基地建设和学科结构优化调整具有重要意义。1997年我院有16个实验室参加了国家组织的工程与材料、信息等2个学科的评估，其中3个实验室被评为优秀，12个被评为良好。至此，全国1995～1997年的评估工作全部结束。我院参加评估的实验室为64个，占全国参评室总数46.4%，其中被评为优秀和良好的实验室达96.3%。其中被评为优秀的共12个，占全国优秀实验室57.1%。

1997年我院实验室的建设工作也取得了明显的成效。9个国家重点实验室的仪器设备更新改造通过验收；6个实验室获得更新改造费4 050万元，平均每个实验室675万元；

有41个实验室完成了主任和学术委员会换届工作，相当一批优秀的年轻学术带头人进入了实验室领导班子。

四、加强财务制度建设

1997年是我国科学事业单位财会制度重大改革的一年，财政部和国家科委发布实施了新的《科学事业单位财务制度》和《科学事业单位会计制度》。院有关财务制度管理人员作为主要人员参与了历时三年的该制度的起草工作，并配合这两个制度，编写出版了关于新制度的培训教材。参与了为中央部委和地方600余名财务人员的授课，为国家出台新的财务制度作出了贡献。与此同时，对院属事业单位600余位主管财务的所长、处长进行了新制度的宣讲，对3 000名财务人员进行了培训，并制定了相应的规定，为我院贯彻执行新的财务制度提供了保证。

五、加强国有资产管理，认真做好企事业单位资产管理工作

国有资产管理是摸清资产总量及结构、防止资产流失、使资产保值增值的关键。1997年，国有资产管理主要完成了以下三方面的工作：

1. 1997年国有资产年报工作

通过对全院168个事业单位、912家企业和186个建设项目的国有资产统计汇总，得出我院资产总量及结构如下表所示：

	总额合计	事业单位	企业单位	建设项目
占有总资产	323	133	169	21
国有资产	155	102	35	18

（截止1996年底，单位：亿元）

2. 院事业单位及企业单位的资产年检工作

1997年，除对院事业单位进行了资产年检外，还根据《企业国有资产产权登记管理办法》的要求和国有资产管理局的部署，对全院888家企业进行了资产年检。首次向院企业单位颁发了产权证书，依法确认了企业占有、使用国有资产的权利，并负有保值增值的责任。

3. 其他工作

完成了17个单位资产报废、转让和15个单位的非经营性资产转经营性资产申报审批工作，以及16个单位的资产评估工作和36个单位的国有资产产权登记管理工作，从而使我院国有资产管理工作逐渐纳入规范化管理的轨道。

科研装备与技术监督

一、科研装备工作

1997 年是我院装备工作承前启后、开拓新局面的一年。通过认真贯彻落实院领导关于科研装备的“保证重点、绩效挂钩、合理布局、避免重复、加强管理、提高效益”的指示精神，在优化存量和提高增量两方面均取得了良好的成效。

1. 加强协调，择优支持，重点保障了一系列院结构调整和学科布局改革措施的顺利推进

(1) 为促进我院人才的代际转移和青年人才的成长，配合院“百人计划”，提供了急需设备，支持全院 24 位“百人计划”入选者，为引进优秀学术带头人提供了必要的设备条件和研究启动经费。

(2) 支持科大“211 工程”选键化学、火灾实验室和物理等重点学科的建设。

(3) 全院信息网络建设。在北京 NCFC 的基础上，分期分批建成上海、南京、武汉、沈阳、成都、兰州、合肥、科大、院机关等局域网，为我院争取中国科技网项目打下了良好的基础。1997 年重点建设了长春、西安、昆明和新疆等四个分院网，同时为全院 5 个文献网进行了升级改造。为满足广大用户对国际信道增强速率的要求，将我院网络中心连接美国的 INTERNET 国际信道速率从 64kbps 升级到 2Mbps，保证了科研急需，同时改建了上海、合肥等地到北京的城域间信道，为下一步改造全院城域间的卫星通讯方式奠定了基础。

(4) 加强了各学科装备更新。通过结合院学科结构的调整来确定装备计划，直接用于各学科的装备更新费得到加强，保证了重大项目的顺利进行。

(5) 重点改造与自主研制相结合，努力做到盘活存量，物尽其用。根据老仪器升级改造和研制项目立项的原则，1997 年共批准了 65 项改造升级项目，拟重点改造 X 射线衍射仪等设备，投资 570 万元改造原值1 212万美元的设备。同时批准了 23 项研制项目，总金额为 320 万元。

2. 争取到第二期设备更新专项，为我院下一步的改革发展提供了重要的保障

1997 年是财政部下达我院设备更新费的最后一年，能否争取到延续专项经费，事关我院科研工作水平的提高。为此，根据院领导指示，计财局成立了申请延续设备更新专项报告起草小组。在院领导直接领导和计财局有关处的共同努力下，1997 年 12 月，财政部正式批准我院申请报告，给予我院 1998 年起 5 年的装备经费支持，为我院改革发展和科技创新思想的实现提供的有力保障。

3. 参与全国科研条件工作会议筹备工作

计财局有关同志代表院参加了全国科研条件工作会议筹备工作，作为组织部门参与“科学仪器和实验条件”“九五”科技攻关项目的组织工作。

二、技术监督工作

1997 年，技术监督围绕大型仪器设备协作与功能开发、计量、标准化、质量认证等主要做了以下三方面的工作：

1. 促进大型仪器设备的协作，实现资源共享

为贯彻落实国务院《关于“九五”期间深化科学技术体制改革的决定》中“需要有力措施，促进共建、共用大型仪器设备，实现资料、信息等充分共享”的精神，充分挖掘现有仪器资源潜力，积极推进仪器协作共用网的形成，实现资源共享，我院与国家科委等共同发起，通过把北京地区已形成的大型科学仪器装备的优势进行重新组合，组建了新的“北京科学仪器装备协作服务中心”。我院作为中心管委会组长单位，参与了协作网各项规章制度的制定和中心运行的管理工作。

2. 实施计量工作计划，增强计量器具自检能力

1997 年是实施计量工作“三年计划”的最后一年，经过该计划的执行，截止 1997 年共有 100 多位同志获得计量人员上岗证，提高了我院科技人员对计量工作的认识，进一步规范了我院计量管理工作。通过有计划与地方政府计量部门的沟通，继长春、沈阳等计量站后，1997 年又建立了“中国科学院京区计量测试站”，为在授权范围内自主开展计量器具的鉴定提供了技术支撑。

3. 标准化与质量认证工作

1997 年，承担了 12 项国家标准制定任务；指导院属企业开展标准化工作，受理产品标准的备案；组织协调并加强了院属单位承担 ISO/IEC 专业技术委员会和全国标准化技术委员会秘书处的管理工作；促成表面分析技术委员会的成立；积极引导，促进长春光机所、联想集团微机事业部、科化公司等通过了 ISO9000 的质量认证，从而实现了我院质量认证工作零的突破。

基 本 建 设

1997年基建工作在认真贯彻院制定的“加强科研基地建设、加强住宅建设、加强基础设施系统改造”建设方针的同时，充分调动各级技术人员和管理人员的积极性，狠抓规划设计和工程质量，在有关单位和各方人士密切配合下，圆满地完成了各项建设任务。

一、加强科研园区建设项目的规划，做好项目前期的协调工作

规划是基建工作的龙头环节，它直接影响着建设立项的准确性、合理性。

(1) 经过两年多的调研、论证、综合多所大学提出的方案形成的中关村改造建设总体规划已于1997年3月经首都规划委员会正式批复，核定中关村科学城更新改造总用地范围近350公顷，规划总建筑面积达到340万平方米，直接用于我院科研工作的规划用地达210公顷，规划建筑面积240万平方米。建设规划的总思路是使中关村成为展示中国具有国际先进水平的科学研究、培养高级科技人才和促进高技术产业发展的窗口。同时，通过更新改造改善广大职工的工作环境和居住条件。

中关村更新改造工程本着“统一规划、分步实施、招标竞争、多方集资”及院所两级开发的方针，近期已落实一批启动项目的规划方案。开始组织实施的项目主要有：中心区4号地院图书馆、体育中心、中关村北区集中供热系统、清华南路实施方案以及中关村青年住宅小区、灰楼区、红楼区住宅改造等。

京区科大研究生院和高能物理所园区的调整规划已获北京市规划局的批准，解决了两个单位用地的勘察和界定。

京外地区规划工作主要是配合园区改造启动所区（大院）改造方案，把园区改造和基础设施改造结合起来统筹实施。上海生命科学研究基地（岳阳路）的总体规划已通过上海市规划局的审定，完成了沈阳金属所、沈阳生态所两所的基础设施改造项目的集中供热系统。西双版纳热带植物园总体规划正在制定中。

(2) 在项目前期管理工作上坚持按基建程序，对项目可行性研究、初步设计及概算进行认真审核。全年共审批院属各单位住宅工程可行性研究报告14项，合计建筑面积72 035平方米，审定投资规模1.4亿元；审批住宅初步设计及概算17项，合计建筑面积79 987平方米，审定投资1.67亿元；审批基础设施改造项目初步设计13项，合计建筑面积17 342平方米，审定投资规模0.92亿元；审批科研工程项目初步设计19项，合计建筑面积51 782平方米，审定投资规模1.86亿元；审批京区零星基建18项，合计建筑面积7 562平方米。同时，与建设部等单位互相配合，密切合作，协调落实了大天区面积多目标光纤光谱天文望远镜（简称LAMOST）和国家同步辐射实验室二期工程两个大科学工程项目初步设计工作，为项目的启动创造了条件。

二、提高管理水平，注重工程质量，较好地完成基本建设年度投资计划

(1) 今年国家计委下达我院固定资产投资计划65 935万元，经过跟踪建设工程进度，合理调配资金完成计划内的投资40 590万元(其中计划内投资19 000万元，计委专项和大科学项目投资21 590万元)；完成自筹资金25 345万元，两项合计共完成建设投资65 935万元，与1996年相比投资总额增长了37%。在资金注入中提高幅度较大的是专项投资，是1996年的两倍；自筹资金比1996年增长了58.5%。在完成的总投资中用于住宅建设的投资为30 180万元，其中用于固定职工住宅建设投资为23 668万元，用于流动人员住宅建设投资为6 512万元；用于基础设施改造投资9 243万元，用于科研项目的建设7 822万元，重点科研工程18 690万元。

(2) 1997年我院在施工程总面积686 774平方米，其中住宅工程546 579平方米(固定职工住宅469 551平方米，流动人员住宅77 028平方米)；基础设施改造工程总面积为26 980平方米；科研项目工程总面积113 215平方米。全院竣工面积171 780平方米，其中住宅竣工面积11 824平方米，占68.8%。按住宅竣工面积计算，一年内增加了住房2149标准套。

(3) 协同有关部门，组织各方面专业人员对属大中型建设项目的上海化学新材料中试基地进行了全面考核和检查，并通过了国家的验收。同时，还组织院和分院专业力量对小型科研项目、基础设施项目及住宅工程进行了竣工验收。其中10项工程通过了验收：1) 遥感应用所迁建工程；2) 地球物理所研究生宿舍工程；3) 北郊基地北区集中供热锅炉房工程；4) 中关村文献情报中心信息楼；5) 广州地球化学所(原地新所)迁建工程；6) 上海脑研究所实验楼；7) 上海天文台1.56M望远镜观测室；8) 上海国家基因研究中心实验楼；9) 上海生物化学所研究生宿舍；10) 西北高原生物所综合楼。这些工程的投入使用增强了科研手段，改善了科研工作环境和生活条件。

(4) 加强对大科学工程项目的管理。大科学工程是国家科研重点工程，具有投资强度大、技术要求高、建设周期长、施工复杂多变等特点。根据国家计委(1997)1903号下达的专项投资，我院启动了两个大科学建设项目，即大天区面积多目标光纤光谱天文望远镜(简称LAMOST)和合肥国家同步辐射实验室二期工程，经有关部门的共同努力，工程进展顺利。

(5) 推行工程建设监理制度是我国基本建设行业改革的重要举措之一。它对保证工程质量，提高建设速度，使工程造价趋于合理等方面起着重要作用。我院已成立工程建设监理机构8家，从事监理工作人员229人，其中有193人已经过国家指定院校的培训并取得结业证书；36人取得全国监理工程师资格证书。1997年共监理工程18项，面积192 202平方米，投资33 672万元。

(6) 抓好北郊基地的公共设施、基础设施建设。北郊北生活区共完成配套工程2个商业楼，建筑面积4000平方米，集贸市场1000平方米，社区服务工程项目3400平方米，公共设施小区供电500千伏安2台，给水、雨、污水管线600延长米，新建道路3000平

方米，总投资2600万元，初步解决了科研和职工生活需要。

三、加强房地产管理，积极盘活资产，为院的发展目标服务

开发利用房地产资源，积极盘活资产使之增值、增效，为科研发展改善工作环境和生活条件服务。全年共审批房地产合作项目协议书10项，协议用地151 458平方米，协议取得资金37 036万元，协议得房11 658平方米。审批意向性建议6项，意向性用地11 637平方米。1997年共上交院房地产收益863万元，几年来累计上交已达1700万元。

(1) 长春应用化学所、光学精密机械所利用房地产开发盘活资产，加速危旧房改造取得成效。长春应用化学所住宅区系日伪时期建设的二、三层为主的住宅小区，建筑面积24 662平方米，目前已成为危房区，存在很大隐患，且平面布局与现代生活要求相去甚远。如果依靠院基建拨款和所里自筹进行更新改造，困难很多。长春应用化学所采取合理、平等、有偿、互利原则进行引资合作开发后，按投资方与我方各得50%新建面积达成协议，我方可得住宅56 875平方米，公共建筑8767平方米，通过回迁解决了626户职工危房问题，并解决公建用房7315平方米，同时，按规定上交收益416万元。长春光学精密机械所也成功地采取了合作引资开发改造北区和四区两个住宅区，拆除危旧房29 246平方米，引资改造后共得新建住宅42 331平方米，使658户职工改善了住房条件，还纯得2851平方米住宅和433平方米公建用房。除向院上交71.5万元收益外，还向分院地区上交配套用房433平方米，住宅285平方米。

(2) 初步完成全院土地和地上建筑物的普查，为今后房地产资产管理和开发工作奠定基础。全院土地数量为55 244 464平方米(合82949.6亩)，其中北京地区为9 682 611平方米(合14538.4亩)，各类房屋总面积计8 955 809平方米，其中北京地区3 300 793平方米。全院土地宗数为1211宗，其中已取得当地政府土地证的346宗，面积23 303 853平方米，占42.02%；正在办理土地证的593宗，面积23 745 122平方米，占42.98%；有纠纷的土地160宗，面积为3 139 450平方米，占5.68%；其他情况的为112宗，面积506 039平方米，占9.15%。

四、抗震减灾和京区人防工事管理

今年抗震加固工作的重点是西双版纳地区，院热带植物园共加固5幢住宅和科研、行政用房20 105平方米。根据国家规定，院拨款抗震补助经费80万元，热植园自筹26万元。这项工程完成后，对职工生活和科研安全生产起到了重要的保障作用，解除了该园的后顾之忧。

京区人防工程工作重点是搞好人防工事平战结合的使用和维护。目前，我院在京区共存有人防工事93处，面积36 619平方米，已开发利用55处，23 032平方米，占63%，开发人防工事的使用率在中央国家机关居上游。年收益约150万元，上交院的使用费96 123元，其中上交中央国家机关人防办41 661元。

出版与文献情报

1997 年，全院出版与文献情报工作继续贯彻结构调整的精神，努力开拓，得到了较大发展。

一

全院的出版工作在市场机制的转轨过程中通过不断的调整，1997 年已初步进入了良性发展的轨道。在 1996 年多方位发展的基础上进一步向规模化经营方向发展，全年新版图书 610 种；重版图书 540 种；期刊 294 种；电子出版物突破 100 种。电子出版物作为我院出版业新的增长点，全年的总出版量占全国的 0.8%，制作能力已名列全国的前列。科学出版社、中国科技大学出版社、北京希望电脑公司、中科多媒体和中国大恒公司等在图书、电子出版物和音像制品等领域已形成了各具特色的生产规模，一支高素质的出版队伍正在形成。出版队伍的不断扩大，给我院科技成果的转化和传播创造了良好的条件。名词审定工作也取得较大进展，审定、公布并出版 9 个学科名词。在对台名词统一工作中采取了积极、慎重和务实的方针，以编订两岸名词对照本为主，同时也进行新、老名词的统一工作。

科学出版社在 1997 年坚持“三严”和“三高”的方针政策，全年获部以上图书奖 22 种（次），其中《工程控制论》和《值分布论及其新研究》分别获国家科技进步奖二等奖和三等奖；《风湿病学》（上、下册）和《变结构控制的理论及设计方法》获第三届国家图书奖提名奖；《变结构控制的理论及设计方法》、《计算机智能在电力系统中的应用》（英文版）分别获第八届全国优秀科技图书奖一等奖和特别奖。科学出版社在继续取得较好社会效益的同时，取得了建社以来最好的经济效益。当年销售码洋突破亿元大关，达到 1.21 亿元，比 1996 年增加 48.7%，经济实力跻身于我国科技出版行业 15 强。为了促进出版工作进一步发展，科学出版社对沿袭了几十年的内部管理体制进行了大胆的改革，以市场为先导，不断调整选题结构，将图书经营环节全面纳入计划管理，不断加强职工的市场意识，有计划地开发发行网点，市场开发步入有序发展阶段。

为了促进我院期刊走向世界，使我院的期刊水平尽快赶上国际优秀期刊的发展水平，院出版委和国家自然科学基金委杂志部联合邀请美国科学信息所（ISI）两次访问了我院。SCI 是美国科学信息所主办的著名检索刊物，位居国际著名六大检索系统之首。目前，我院共有 8 种期刊进入 SCI 检索的 CD 版（SCI 共收录了 3300 种），比去年增加了 3 种（《中国科学》C、D、E 辑）。这 8 种期刊是《中国科学》A、B、C、D、E 辑（英文版）、《中国药理学报》、《理论物理通讯》和《中国物理快报》，有 30 余种进入了检索的 CDE 版（SCI 共收录了 5500 种）。SCI 的负责人在访华期间与我院近千名期刊工作者进行了交流和座谈。通过交往，不仅使更多的中国科技期刊工作者增进了对国际期刊水平的了解，同时也使SCI对我院的期刊有了进一步的了解，为我院能有更多的期刊进入SCI创造了契机。

面对知识和经济的全球化，需要不断培养高素质的编辑人才，为此，出版委在组织落实“九五”计划中努力加强继续教育工作，在出版委的推动下第一届出版专业在职研究生课程进修班在管理干部学院正式开课，共有院内外二十余名编辑参加了学习。

1997年我院颁布了《中国科学院自然科学期刊编排格式规范》，进一步提高我院期刊编排水平。

二

1997年中国科学院网上文献信息共享系统建设加快，网上文献信息系统建设的管理体制更加完善，文献资源建设稳步发展，数据库产品的生产与营销工作逐步走上正轨，文献情报人员的培训工作得到进一步加强。

为加强全院文献信息网络与资源建设的领导与统一协调发展，加强宏观决策和统筹规划，协调和理顺文献信息共享网络与文献数据库建设的相互关系，促进全院文献信息网络与文献资源的进一步发展，1997年初成立了“中国科学院文献信息网络与资源建设领导小组”，并召开了第一次会议。会议规划了我院文献信息共享系统与资源建设的发展方向，在推进全院网络与资源建设工作的整体发展方面统一了认识，明确了任务，加强了全院文献信息共享系统项目的管理和协调。

在文献数据库建设中，院文献情报中心采取集中加工的方式完成馆藏中文科技图书的书目回溯加工工作，使书目数据库数据突破了20万条。院中心和四个地区中心都实现了新书从采访产生数据到实时编目的数据生产过程，书目数据的生产走上了良性发展的轨道。另外八个分院节点和各研究所也开始使用院中心提供的编目软件生产书目数据。全院11个学科文摘库当年共加工文摘数据近10万条，引文库加工来源数据约6万余条，同时又增加了“腐蚀库”数据近1万7千条。去年全院共增加数据量约18万条。在各有关系统研制和数据加工单位的共同努力下，目前全文库的加工生产已基本走上正轨，包括38种核心期刊3千余篇文献的第一批全文数据已送到网上提供试服务。该全文库与国内的同类产品相比，具有使用简便、界面友好、响应速度快、全文数据显示清晰美观等特点。中国科技文献库（英文）新增数据6千余条；中科院实用科技成果库数据量累积至1万条，学位论文库完成了数据结构设计和系统设计方案，加工数据，其他特色资源数据库的数据生产也开始进行。加强数据库的管理和市场服务，一方面将所建的文献数据库送到网上提供服务，另一方面组织生产了多种数据库光盘产品，努力开拓数据库产品的市场销售。中国科学文献数据库、中国科学引文库、西文期刊联合目录库、中国生物学文献，中国化学文献库等数据库光盘产品用户达200多家。这些光盘产品受到用户的重视和好评，在扩大我院的影响和宣传我院科研成果的同时，也创造了一定的经济效益。

在全院文献信息自动化管理和共享网络建设方面，院文献情报中心集中力量改造了采访和期刊子系统，使之符合科学院图书馆的工作流程和工作规程，大大提高了工作质量和速度，全面开通了图书馆自动化管理的五个子系统，提高了图书馆自动化管理水平，四个地区文献情报中心全面开通了编目、检索和流通子系统，同时开始培训试运行采访和期刊子系统。院文献情报中心重新规划设计了web站点，十五大期间成功地进行了展示，社会反响较大。1997年通过各种方式访问院文献情报中心约为10万人次。各地区文献情报中心也加强了网络站点的建设。1997年分别为五个分节点配置NT服务器，安装SQLServer数据库管理系统，支持生物物理所、青岛海洋所等开展建设Internet网上专业资源导引服务。院文献情报中心和四个地区文献情报中心订购了曙光机和sun服务器。组织开始了新一代图书馆自动化系统的调研设计；设计完成了联机联合编目系统，制订了联机联合编目的具体实现方案；开发设计了新颖、界面美观大方的导读系统，大大方便了读者。院文献情报中心开通了网上文献代查、代借、代复制传递服务，同时又开通了国外文献的网上文献传递服务。初步开发设计了中国科学引文库的网上检索系统。为配合联机联合编目和书目数据的生产，保证网上数据的质量，组织有关专家修订了《文献机读目录数据处理手册》。

加强全院文献情报人员的继续教育和培训工作，1997年组织了《科图法》、电子信息咨询服务、Internet网络知识情报研究、西文连续出版物机读编目文献信息网络等培训班，培训500多人次。

加强文献信息系统项目建设的管理。下半年组织专家对“中科院、北大、清华APT书目信息系统”项目和历时6年的中国科学引文数据库项目进行了院级鉴定；对中科院西、日、俄文连续出版物联合目录数据库进行了检查和验收。

1997年9月，开展了全院情报研究基金的第一次评审工作，初步评出兰州文献情报中心“可持续发展中资源环境科技新问题与中国科学院研究的现状分析”、上海文献情报中心“中国科学院文献情报系统综合实力的评估”和成都光电所的“适应21世纪现代微电子刻划技术设备的发展对策研究”等三个课题作为院情报研究基金首批资助课题。

思想政治工作与精神文明建设

根据中央、地方党委和院党组的部署，1997年全院各级党组织认真贯彻党的十四届六中全会和十五大精神，紧紧围绕院的中心工作，自觉服务于改革与发展的大局，重视和加强党的建设，大力开展精神文明创建活动，为促进院、所各项工作任务的完成发挥了积极作用，作出了应有的贡献。

一、重视抓好理论学习，党员领导干部的思想政治建设进一步加强

（1）认真学习贯彻党的十五大精神，以科学理论武装人的工作深入发展。党的十五大闭幕后，院党组对学习贯彻十五大精神及时作出部署，研究拟定了《中共中国科学院组关于贯彻落实党的十五大精神的若干意见》；为落实十五大的要求，推动邓小平理论的学习，院党组成立了“邓小平科技思想研究课题组”，组织力量编写了《邓小平论科学技术》、《邓小平科技思想学习纲要》和《邓小平科技思想学习纲要辅导》三本书，现已出版发行，其中，《纲要》一书由江泽民同志作序，温家宝同志撰写前言，中宣部和国家科委联合发出通知，要求各级党政领导在贯彻落实十五大精神过程中，把《纲要》作为辅助材料，纳入邓小平理论的学习计划，掀起学习邓小平科技思想的热潮，推动“两个转变的实现；各单位按照上级要求，结合实际对学习贯彻十五大精神作出具体安排。在抓好面上宣传教育的同时，各单位把党员领导干部的理论学习摆在突出位置，认真坚持学习中心组制度，确保了学习计划的落实；要求处以上干部在完整把握邓小平理论的科学体系的基础上，重点学习邓小平科技思想，做到融汇贯通，提高理论政策水平和解决实际问题的能力，牢固树立高举邓小平理论伟大旗帜不动摇的信念，增强以邓小平理论指导工作实践的自觉性。

（2）以讲学习、讲政治、讲正气为主要内容，运用多种手段，全面提高党员领导干部的政治业务素质。通过组织培训、理论研讨、工作交流、举办“领导干部活动日”和外出考察等形式，帮助党员领导干部开阔视野，拓展思路，转变观念，有效地提高了驾驭全局、做好党的工作的能力。充分发挥党校教育的作用，调整课程设置，努力培养适应跨世纪需要的“复合型”人才。

二、紧紧围绕我院的中心工作，自觉为改革与发展的大局服务

（1）把改革中的全局性问题作为自身工作的切入点。全院各级党组织在结构调整中积极参与，发挥政治优势，提供了有力的思想和组织保证，促进了改革的顺利进行。京

区党委在 1997 年会同政策局开展了“研究所改革进程调研”，内容涉及领导班子建设、发展方向、科技组织结构调整、队伍结构、运行机制与制度建设、管理与支撑系统改革和竞争力等 7 个方面，被调查者涉及全院绝大多数单位，先后召开各类座谈会 130 余次，参加人数达 2000 余人，是近年来涉面最广、规模最大的一次。通过历时两个多月的调研，共写出研究所改革进程分析评价材料 43 份、专题报告 7 份、总报告 1 份；掌握了研究所改革的进展情况，对改革中的经验和问题作出了全面、客观的分析和总结，为我院研究制订未来的改革及发展战略提供了重要依据。

(2) 加强新形势下的思想政治工作研究，努力做好政研会工作。1997 年，院政研会本着为大局服务的宗旨，围绕“抓课题研究，抓队伍建设和抓会刊质量”这条主线开展工作，自身建设和工作水平有了新的提高。研究工作进展顺利，取得了一批有重要价值和指导意义的研究成果。队伍建设进一步加强，院政研会 18 个分会中已有半数实现了新老交替。会刊改版后质量不断提高，影响日益扩大。召开了院政研会第五次年会，总结了前一时期的工作，提出了今后的任务，交流了研究成果和工作经验，表彰奖励了先进个人和优秀成果。一年来，院政研会“想党组所想，急党组所急”的方针得到较好的体现，研究工作的方向和思路更加清晰，在院的全局工作中发挥出了积极作用。

三、加强党的基层组织建设，党组织的战斗力进一步提高

(1) 认真做好党政领导班子换届、考核工作、1997 年，各分院党组和京区党委配合人事局共完成 28 个局、所级行政领导班子换届考核和 56 个领导班子的任期中考核及个别调整工作。

(2) 组织发展工作迈上新台阶。各级党组织把组织发展工作作为全年工作的重点之一，普遍加大了组织发展工作的力度，特别加强了在青年和一线科技人员中发展党员工作。通过上党课、组织培训等形式，不断扩大入党积极分子队伍。京区党委与教育局联合召开“组织发展与研究生德育教育工作经验交流会”，为培养跨世纪人才，进一步做好在研究生中发展党员的工作奠定了基础。各级团组织广泛开展了推荐优秀青年入党工作。在各级党组织的努力下，一年来又有一大批骨干加入到党组织中来，仅京区统计，全年共发展新党员 371 人，其中 35 岁以下的 229 人；与去年相比，入党人数增加 36.4%，是近年来增幅较高的。

四、进一步推进党风廉政建设和反腐败斗争

(1) 抓好领导干部廉洁自律工作。院党组制定并下发了《中国科学院关于党风廉政建设责任制的规定》。院属各单位也相继建立了加强党风廉政建设的规定、制度，把党风廉政建设工作列入年度工作计划，并检查执行情况，不断完善监督制约机制。认真贯彻落实《中共中央、国务院关于党政机关厉行节约制止奢侈浪费行为的若干规定》，结合我院实际，制定了实施意见。对召开会议、举办庆典活动、清理通讯工具和食宿接待标准等

都制定了具体规定，据不完全统计，全院已清理移动电话163部，有的作价过户给个人，有的建立了管理制度。1997年全院压缩会议23个，减少会议人数940人，节约经费30.3万元。执行四项制度逐步制度化。大多数领导干部做到了按时如实申报收入。1996年以来，全院有73名局（所）级领导干部按规定登记上交了礼品和礼金，折合人民币约8.7万元。业务招待费报告制度在院属企业（公司）中执行较好。对购买、乘坐超标汽车和领导干部住房问题进一步进行了清理。抓了领导干部民主生活会的质量。全院有146个单位和部门召开了廉洁自律专题民主生活会，占83%。

(2) 做好信访举报和案件查办工作。1997年院各级纪检监察部门共受理群众来信、来访、电话举报727件次。其中涉及局（所）级干部167件次，处级干部231件次，分别占22.9%和31.7%。共立案10起，结案8起。有18人受到党纪处分，24人受到政纪处分。各级纪检监察部门加大了办案力度，提高了办案效率。如由院监察局立案的中国科技大学研究生院招生办原主任王忠汉在招收在职研究生工作中徇私舞弊、受贿一案，在中央纪委、监察部、安徽省纪委和校纪检监察部门共同配合下，经过1个多月调查取证及时结案。王受到开除党籍、开除公职处分。

(3) 积极开展执法监察工作。1997年继续对全院建设工程项目开展执法监察，在重点检查的基础上进行了整改验收工作。还对“八五”院重大项目专项科研经费的管理使用情况进行了执法监察试点工作。参与了院统计工作的执法监察工作。制定下发了《中国科学院执法监察暂行规定》。首次召开了全院执法监察工作经验交流会，12个单位就课题经费管理，保证招生质量和依法治所等方面开展执法监察工作的经验和体会进行了交流。

(4) 继续开展了党风廉政教育工作。各级纪检监察部门协助党组（委）采取多种形式如组织报告会、开展纪律条规知识竞赛、看展览、看录像等，积极开展党风廉政教育。学习了《中国共产党党员领导干部廉洁从政若干准则（试行）》和《中国共产党纪律处分条例（试行）》，使广大党员、干部纪律意识得到进一步加强。院纪检监察部门举办了第五期纪检监察干部培训班，有30个单位的40名专兼职纪检监察干部参加了培训。

五、深入开展“双文明”创建活动，精神文明建设取得新进展

(1) 以香港回归为契机，大力组织开展爱国主义教育活动。各单位广泛开展了以“雪洗百年国耻，喜迎香港回归”为主题的报告会、座谈会及文艺演出等庆祝活动，举办“香港基本法讲座”、知识竞赛，极大地振奋了干部职工的民族精神，激发了他们的爱国热情，进一步增强了凝聚力和使命感。

(2) 以“创建”活动为载体，推动精神文明建设深入发展。以提高职工素质和单位文明程度为目标，组织全院开展了争创“双文明建设先进集体”和“双文明建设标兵”活动；经院“双文明建设领导小组”评选，全院共有10个单位和10名个人被分别授予1997年度“双文明建设先进集体”和“双文明建设标兵”称号，并在1998年工作会议上进行了表彰。

团体文化建设迈出新步伐。院机关在团体文化建设中走在各单位的前列。成立了“机关团体文化建设领导小组”建立了专项基金，制订了《规划》；利用办公楼抗震加固的时机，进行了办公环境的优化、美化建设，努力营造科学文化气氛；通过组织文艺会演、升国旗仪式等活动，激发机关工作人员爱国、爱院、爱岗的精神，弘扬“唯实、求真、协力、创新”的院风，促进了各项工作任务的完成。

各级工、青、妇组织在“创建”活动中发挥了重要作用。工会组织积极开展适合科技人员特点的文化娱乐活动，大力推动“全面健身计划纲要”的实施，丰富和活跃了职工的文化生活，陶冶了情操；元旦、春节期间，以扶危解困为宗旨，开展“送温暖”活动，密切了党群、干群关系。各级团组织从自身特点出发，根据团中央的部署，积极推进“跨世纪文明工程”的实施和“青年自愿者”行动，在窗口行业普遍开展了创建“青年文明号”活动，组织引导广大青年投身精神文明建设。院妇女组织围绕家庭道德建设，积极开展创建“五好文明家庭”活动，一些家庭受到地方和全国妇联的表彰。

六、党的统一战线工作进一步加强

(1) 切实加强与民主党派的联系与合作。定期召开各民主党派、侨联主要负责人参加的“情况通报会”，为他们知情出力创造条件，京区党委认真协助民主党派做好换届工作，对党外代表人士作出了妥善的政治安排，为今后贯彻实行“多党合作、政治协商”的方针奠定了良好基础；与人事局、办公厅和行管局等部门密切配合，妥善解决了部分归国老专家的生活困难问题，增进了与党外人士的友情，进一步调动了他们的积极性。

(2) 认真做好新形势下的对台工作。召开“院对台工作会议”，传达了中央有关指示精神、对今后一个时期的对台工作进行了部署。排除干扰，积极促进两岸科技、产业界人士交流往来，全年共有400多位台湾各界人士来我院访问，我院亦派出180余位学者赴台考察交流。

1998年是落实十五大精神的第一年，我院党的工作的总体要求是：高举邓小平理论的伟大旗帜，深入学习贯彻党的十五大精神，紧紧围绕院的中心工作，统揽全局，精心部署，开拓创新，奋发进取，大力加强党的思想、组织和作风建设，推动精神文明建设向纵深发展，为实现十五大确定的宏伟目标和完成1998年院工作会议提出的各项工作任务提供强有力的思想、政治和组织保证。

中国科学院 1997 年统计公报

1997 年是党和国家历史发展中的重要一年，也是我院深化改革以崭新姿态迈入新世纪的关键一年。全院同志努力贯彻实施科教兴国战略，深化科技体制改革，推进结构性调整，广开科技经费筹集渠道，积极争取承担并努力完成“九五”重大科研任务，加速跨世纪队伍的建设，各项工作都取得了显著的成绩。

一、全院概况

1. 机构

截止 1997 年末，院属独立事业单位 157 个，其中科学研究机构 123 个，文献情报中心 5 个，高等院校 3 个，科学仪器研制中心 5 个，院与分院管理机构 14 个，其他机构 7 个。院属独立企业单位 10 个。

2. 职工

我院在进一步结构性调整中精干队伍，职工总数继续呈减少趋势。1997 年末，我院全民所有制单位全部职工总数 7.42 万人（包括临时工和计划外用工），比上年减少 0.38 万人。其中正式职工 6.83 万人，比上年净减 0.35 万人，净减率为 5.1%。事业单位正式职工 6.55 万人，企业单位正式职工 0.28 万人。

全院女职工 2.31 万人，占正式职工的 33.8%。

全院干部 5.27 万人，其中专业技术人员 4.51 万人，占正式职工 66%；行政管理人员 0.76 万人，占正式职工 11.1%。专业技术人员中具有高级技术职称的 1.66 万人（其中正研级 0.46 万人），具有中级技术职称的 1.84 万人，分别占专业技术人员的 36.8%（10.2%）和 40.8%。高级、中级、初级（含未定职）比例为 1∶1.1∶0.6。

全院工人 1.56 万人，占正式职工的 22.8%，比上年减少 4%。

截至 1997 年底累计离、退休人员 2.87 万人。比上年增加 0.30 万人，增长率为 11.7%。职工素质逐年提高。1997 年全院正式职工中，具有高学位、高学历的比例呈上升趋势，具有大专以下学历的比例呈下降趋势。

		人数（万人）	1997 年 占正式职工（%）	附：1996 年占 正式职工（%）
学位	博士	0.30	4.4	3.3
	硕士	0.67	9.8	8.9
	学士	0.81	11.9	12.1

续表

		人数（万人）	1997 年 占正式职工（%）	附：1996 年占 正式职工（%）
学历	研究生	1.09	16.0	14.5
	大学	2.09	30.6	31.6
	大专	1.04	15.2	14.9
	中专	0.51	7.5	7.8
	其他	2.10	30.7	30.9

全院正式职工平均年龄为 42.2 岁，专业技术人员平均年龄为 41.6 岁。与上年相比，30 岁以下年龄组人数占正式职工的比例下降 0.9 个百分点，30～34 岁年龄组人数占正式职工的比例下降 0.1 个百分点，40～44 岁年龄组人数占正式职工的比例增长 0.4 个百分点。

年龄组	人数（万人）	1997 年 占正式职工（%）	附：1996 年占 正式职工（%）
30 岁以下	0.99	14.5	15.4
30～34 岁	1.23	18.0	18.1
35～39 岁	0.82	12.0	11.0
40～44 岁	1.09	16.0	15.6
45～49 岁	0.84	12.3	11.4
50～54 岁	0.76	11.1	12.1
55～59 岁	0.97	14.3	14.9
60 岁及以上	0.12	1.8	1.5

3. 职工增减变动情况

(1) 本年新增和调入正式职工 2113 人。其中统一分配研究生及大学本、专科毕业生 1496 人，比上年增加 12.0%。从农村、城镇招收 63 人，统一分配的复员、转业军人 57 人，由院外单位调入 363 人。

(2) 本年减少和调出正式职工 5584 人。其中离、退休人员 3396 人，退职 19 人，死亡 96 人，调至院外 750 人。

(3) 1997 年正式职工院内流动 177 人；院内外进出流动 1113 人，调至院外人员为由院外调入人员的 2.1 倍。本年流动人员的 82%为专业技术人员。

(4) 本年由院外单位调入人员 35 岁以下占 60%；调至院外单位人员 35 岁以下占 68%；院内流动人员 35 岁以下占 47%。

4. 工资

职工工资水平继续提高。1997 年我院全民所有制单位全部职工工资总额 7.54 亿元，人年平均工资为1.00万元，比上年增长16.3%（未扣除物价因素）。

正式职工工资总额7.25亿元，人年平均工资为1.04万元，比上年增长18.2%（未扣除物价因素）。其中事业单位正式职工工资总额6.99亿元，人年平均工资为1.03万元；企业单位正式职工工资总额0.27亿元，人年平均工资为1.54万元。

5. 科学事业总经费收入、支出情况

1997年科学事业总经费（不包括基本建设费，下同）收入40.88亿元，比上年增长25.8%。科学事业总经费支出36.47亿元，比上年增长10.3%。另因支出统计口径变化，增加课题结余支出1.10亿元，合计总支出37.57亿元。

	经费（亿元）	占总收、总支（%）
经费总收入	40.88	100
财政补助收入	16.58	40.5
拨入专款	0.85	2.1
事业收入	19.04	46.6
科研收入	15.91	38.9
经营收入	1.80	4.4
其他收入	2.61	6.4
经费总支出	36.47	100
人员支出	8.97	24.6
公用支出	26.67	73.1
业务费	15.85	43.5
设备购置费	5.47	15.0
专款支出	0.83	2.3

注：科研收入含经国家批准免还60%世界银行贷款1.27亿元。

6. 基本建设

1997年基本建设投资实际完成6.59亿元，比上年增加1.78亿元，增幅为37%。其中预算内投资4.06亿元；自筹2.53亿元。本年施工面积68.7万平方米，其中住宅54.7万平方米（比上年增加15.8万平方米），科研用房11.3万平方米。本年竣工面积24.8万平方米，其中住宅17.8万平方米（比上年增加3.1万平方米），科研用房5.5万平方米。

7. 科技活动课题情况

1997年全院在研课题10 835个，比上年增加672个。其中当年开题3887个，当年完成3241个。课题经费内部支出15.00亿元，课题组人员折合全时人数2.57万人年，比上年增加0.18万人年。其中科学家工程师2.39万人年，比上年增加0.15万人年。其他科技人员0.18万人年。

	课题数（个）	课题经费内部支出（千元）	课题投入人员（人年）
合计	10 835	1 500 175	25 713
科研机构（123 个）	10 011	1 475 554	24 437
其他单位（5 个）	824	24 621	1276

注：课题经费内部支出指课题组为进行课题研究而实际支出的费用，不包括与外单位合作进行课题研究而转给对方使用的经费。

8. 科技论文、专利、成果

据国际三大检索工具在 1997 年对 1996 年度科技论文的检索，我院科技人员在国际上发表论文 4219 篇，比 1995 年减少 7.2%，其中 SCI 收录论文 2224 篇，比上年减少 2.3%。被引论文 2943 篇，比 1995 年增长 12.5%，被引次数达 5727 次，（1991 年—1995 年论文在 1996 年被引用情况）。比 1995 年增长 13.8%。

我院科技人员在 1227 种被选定的国内自然科学科技期刊上共发表论文 7813 篇，比上年增长 5.2%。

专利申请受理逐年增加。1997 年专利申请受理 945 件（含国外 4 件），比上年申请量增长 19.5%。其中：发明 589 件，实用新型 333 件，外观设计 23 件。专利授权 257 件。比上年授权量增长 33.9%。其中：发明 93 件，实用新型 160 件，外观设计 4 件。

1997 年上报院登记成果 853 项。其中：基础性研究成果 242 项，占成果登记总数的 28.4%；应用研究成果 501 项，占 58.7%；试验发展研究成果 67 项，占 7.9%；其他研究成果 43 项，占 5.0%。

获国家级科技成果奖 41 项。

	合　计	一等奖	二等奖	三等奖	四等奖
合　　计	41	2	15	22	2
自然科学奖	20	1	5	12	2
科技进步奖	21	1	10	10	

获院级科技成果奖 174 项。

	合　计	特等奖	一等奖	二等奖	三等奖
合　　计	174	5	28	70	71
院自然科学奖	68	1	14	32	21
院科技进步奖	106	4	14	38	50

9. 人才培养

全院现有 125 个单位招收研究生。其中 123 个单位可授予硕士学位，99 个单位可授予博士学位。有博士学位学科专业点222个，硕士学位学科专业点443个。有73个单位建立了80个博士后科研流动站。

1997年录取研究生3637人，与上年基本持平。其中硕士生2029人，博士生1608人。毕业研究生2550人。其中硕士1563人，博士987人。在学研究生10640人。其中硕士生5963人，博士生4677人。授予硕士学位1667人，博士学位849人。

1997年选派361名科技人员出国留学。其中访问学者331人，研究生30人。当年回国331人。

博士后进站341人，其中有获国外博士学位的13人，出站242人。

1997年为我院“百人计划”扩大招聘规模的第一年，本年共招聘85人。

在职各类人员继续教育与培训40469人次。

10. 国际合作交流

1997年邀请来华2904人次，比上年增加31.0%。其中：合作研究1038人次，考察访问763人次，培训34人次，国际会议807人次，商务活动85人次，其他177人次。1997年我院派出5061人次，比上年减少17.0%。其中：合作研究1298人次，考察访问1301人次，培训96人次，国际会议1884人次，商务活动200人次，其他282人次。

二、科学研究机构情况

1. 全院科学研究机构123个。正式职工5.32万人，比上年减少0.30万人。从事科技活动3.81万人，占正式职工71.6%。其中：科技管理人员0.56万人，占正式职工10.5%；课题活动人员（指编制在课题组人员）2.67万人，占正式职工50.2%；科技服务人员0.58万人，占正式职工10.9%。从事生产经营活动人员0.83万人，占正式职工15.6%。

2. 经常费收入36.84亿元，比上年增加6.20亿元，其中政府拨款增加3.59亿元。经常费支出34.15亿元，比上年增加4.21亿元，其中科研业务费增加3.55亿元。

	金额（亿元）	占总收、总支（%）	比上年增长（%）
经常费收入合计	36.84	100	20.2
政府拨款	20.07	54.5	21.8
横向技术性收入	8.82	23.9	35.9
生产经营收入	2.00	5.4	—24.5
借贷款	2.34	6.4	18.8
其他收入	3.60	9.8	18.0

续表

	金额（亿元）	占总收、总支（%）	比上年增长（%）
经常费支出合计	34.15	100	14.1
劳务费	8.07	23.6	10.2
固定资产购建支出	4.53	13.2	−13.0
科研业务费	13.42	39.2	36.0
管理费	2.52	7.4	11.0
生产性支出	0.75	2.2	−23.5
其他支出	2.87	8.4	−33.1

3. 1997 年为“九五”计划期间第二年，国家任务与科研经费基本到位。在研课题 10011 个，比上年增加 652 个。其中当年开题 3617 个，当年完成 2987 个。

课题经费内部支出 14.76 亿元，占科研机构经常费总支出 43.2%。课题投入 2.44 万人年，比上年增加 0.17 万人年。其中科学家工程师 2.29 万人年。平均每个课题经费内部支出为 14.74 万元，比上年增加 2.51 万元。平均每个课题投入 2.4 人年，与上年持平。

科研机构在研课题按课题类型分

1997 年基础研究与应用研究的课题数有所增加；其中基础研究课题数、课题经费内部支出及课题投入人年分别比上年增加 5.0%、36.1%及 9.1%。

	课题数		课题经费内部支出		课题投入人员	
	个	%	千元	%	人年	%
合计	10 011	100	1 475 554	100	24 437	100
基础研究	3778	37.7	394 791	26.8	8201	33.6
应用研究	4894	48.9	746 107	50.6	12 177	49.8
试验发展	721	7.2	162 837	11.0	2233	9.2
研究与试验发展成果应用	237	2.4	58 716	4.0	685	2.8
科技服务	339	3.4	79 984	5.4	872	3.6
生产性活动	42	0.4	33 119	2.2	249	1.0

科研机构在研课题按任务来源分

1997 年国家任务与院计划的课题数有所增加，增长率分别为 3.0%和 48.5%。国际合作课题经费内部支出与投入人员分别比上年增长 81.3%和 40.5%。

	课题数		课题经费内部支出		课题投入人员	
	个	%	千元	%	人年	%
合　计	10 011	100	1 475 554	100	24 437	100
国家任务	4384	43.8	743 067	50.4	11 623	47.5
院计划	2082	20.8	274 679	18.6	4936	20.2
地方任务	1115	11.1	95 575	6.5	2156	8.8
企业委托	687	6.9	127 344	8.6	1630	6.7
自选课题	1067	10.7	107 550	7.3	2558	10.5
国际合作	372	3.7	76 859	5.2	917	3.8
其　他	304	3.0	50 480	3.4	617	2.5

全部课题中，属技术领域的课题6248个，占课题总数的62.4%，其中信息技术1162个，生物技术1282个，分别比上年增加252个和294个，新材料839个，能源技术456个，激光技术255个，自动化技术389个，航天技术269个，海洋技术62个，其他技术领域1354个。

4.1997年末，科研机构固定资产原值总额达66.21亿元，比上年增长6.5%。其中房屋和建筑物18.22亿元；专用设备43.35亿元，其中：科研仪器设备41.85亿元；图书资料1.86亿元；其他固定资产2.79亿元。

5. 签定技术合同4201项。技术合同当年实收金额5.33亿元，比上年增长27.2%。其中与政府部门签定611项，比上年增长107.8%；与科研机构和院校签定1328项，比上年增长96.7%；与企业签定1621项，其中与大中型工业企业签定921项；与国外签定165项。

6. 出版科技专著296种，9541万字。其中：译成外文19种，621万字；大专院校教科书5种，179万字；科普著作36种，990万字。

三、开放实验室（所、站）情况

全院现有国家重点实验室和开放实验室117个（其中：国家重点实验室50个）、开放研究所2个、开放野外试验站15个（以下统计数字中未含97年开放的4个野外台站）。

1997年现有固定人员3129人，比上年增加53人。其中高级职称2052人。客座人员8137人月。其中：外籍人员475人月，国内高级职称4067人月。在读博士生，硕士生和在站博士后3675人。

研究课题4523个，课题经费投入2.43亿元（含客座人员课题）。其中：国家基金课题1099个，经费0.55亿元；国家攻关课题240个，经费0.32亿元；“863”课题176个，经费0.23亿元；“攀登计划”课题171个，经费0.09亿元；学委会审批课题1290个，经费0.17亿元。部委课题879个，经费0.60亿元；国际合作课题252个，经费0.23亿元。

国内核心刊物发表论文3557篇。国际刊物发表论文2435篇。

中文专著 99 种，外文专著 20 种。

四、院属企业经营概况

1. 截止 1997 年末，对 832 家企业进行了统计（不包含境外企业部分），职工总数达到 2.94 万人，其中属院编制职工 1.18 万人。营业收入达 107.16 亿元，比上年增长 25.8%。其中产品销售收入 58.52 亿元；利润总额 5.82 亿元，比上年增长 11.1%；上缴税金 3.37 亿元，比上年增长 174.0%；资产总额为 93.42 亿元，比上年增长 21.5%；所有者权益 39.47 亿元，比上年增长 22.7%。

2. 832 家企业分布在 11 个行业。其中制造业 262 家，占 31.5%；综合技术服务业 225 家，占 27%；社会服务业 154 家，占 18.5%；批发零售及餐饮业为 114 家，占 13.7%；分布在另外 7 个行业的企业有 77 家，占 9.3%。

3. 利润总额超过 1000 万元的企业有 9 家，其利润总额合计为 4.77 亿元，占全部利润总额的 82.0%；利润总额小于 1000 万元大于 500 万元的企业 7 家，利润总额合计为 0.46 亿元，占全部利润总额的 7.9%；利润总额小于 500 万元大于 100 万元的企业有 31 家，利润总额合计为 0.68 亿元，占全部企业利润总额的 11.7%。

营业收入超过 1 亿元的企业有 7 家，其营业收入为 79.72 亿元，占全部营业收入的 74.4%；营业收入小于 1 亿元大于 5000 万元的企业 5 家，其营业收入合计为 3.47 亿元，占全部营业收入的 3.2%；营业收入小于 5000 万元大于 1000 万元的企业有 45 家，其营业收入合计为 9.79 亿元，占全部营业收入的 9.1%。

亏损企业 271 家，其亏损额为 0.7 亿元。

4. 企业上交院、所利润与费用为 1.39 亿元。其中上交利润为 0.26 亿元，上交费用为 1.13 亿元。

5. 院直属企业（集团）职工总数为 0.5 万人，营业收入为 83.47 亿元，占全院企业营业收入总额 77.9%。利润总额为 2.39 亿元，占全院企业利润总额的 41.1%。

中国科学院1997年度获国家自然科学奖、国家级科学技术进步奖及国家技术发明奖情况

一、国家自然科学奖

获奖成果名称	主要完成单位	获奖等级
哈密尔顿系统的辛几何算法	计算数学与科学工程计算研究所	1
一些高张力分子的合成化学	香港中文大学 上海有机化学研究所	2
元素同位素质谱测定新方法及其应用研究	青海盐湖研究所	2
视觉复杂图象信息的传递和图象特征整合	上海生理研究所	2
小麦花粉无性系变异机制与配子类型的重组与表达规律	遗传研究所	2
几何定理机器证明理论与算法的新进展	成都计算机应用研究所 系统科学研究所	2
二维准晶强烈各向异性输运性质的发现和研究	物理研究所	3
太阳活动22周观测和研究	南京大学 紫金山天文台	3
多变量非协调元优化设计的力学原理	中国科学技术大学	3
稀土金属有机配合物的合成、结构和反应性能的研究	上海有机化学研究所	3
东亚与热带大气低频变化及其气候异常机理研究	大气物理研究所 北京大学	3
国际横穿南极考察冰川学研究	兰州冰川冻土研究所	3
中国盐渍土	南京土壤研究所	3
DNA和DNA-蛋白质复合物结构的扫描探针显微学研究	上海原子核研究所 上海细胞生物研究所 上海生化研究所	3
雄激素对大鼠PS-BP基因转录的调控研究	上海生物化学研究所	3
中国若干特有珍稀动物类群的细胞与分子进化研究	昆明动物研究所	3
中国华南早期维管植物的起源和演化	植物研究所	3
鱼类基因转移育种应用基础研究	水生生物研究所	3
纳米金属材料的形成、微观结构及性能研究	金属研究所	3
自适应估计与控制的基础理论	系统科学研究所	3

获奖成果名称	主要完成单位	获奖等级
钼（钨）-铜（银）-硫三元簇合物系的合成与结构化学	福建物质结构研究所	4
西藏昆虫区系及其演化和西藏夜蛾研究	西藏自治区农业科学研究所 动物研究所 西藏林芝地区农技推广站 西藏自治区农业局	4
疲劳裂纹扩展门槛与断口定量研究	金属研究所	4
关于ARMA模型辨识与谐波恢复的研究	清华大学 航空工业总公司第304研究所 中国科学技术大学	4

二、国家级科学技术进步奖

获奖成果名称	主要完成单位	获奖等级
曙光1000大规模并行计算机系统	计算技术研究所	1
大中型天然气田形成条件、分布规律和勘探技术研究	中国石油天然气总公司石油勘探开发科学研究院地质矿产部石油地质研究所 中国海洋石油总公司南海西部公司 兰州地质研究所 广州地球化学研究所 四川石油管理局 地矿部西南石油地质局 长庆石油勘探局 地矿部上海海洋地质调查局	1
0.8微米CMOS集成电路芯片制造技术	微电子中心	2
长波长分布反馈激光器	半导体研究所	2
复印机用显影剂磁粉-墨粉的研制和国产化	化工冶金研究所	2
卫星精密定轨研究及其在大地测量、地球物理和地球动力学中的应用	上海天文台	2
重点产粮区主要农作物遥感估产	中国科学院、国家计委自然资源综合考察委员会 中国科学院、国家计委地球研究所 中国科学院南京地理与湖泊研究所 北京大学遥感所 长春地理研究所 遥感应用研究所 江苏省农科院现代化研究所	2

获奖成果名称	主要完成单位	获奖等级
猪、鸡营养参数及配方新技术研究	中国农业科学院畜牧研究所 广东省农业科学院畜牧研究所 重庆市畜牧兽医研究所 长沙农业现代化研究所 四川农业大学 浙江省农业科学院畜牧兽医研究所 东北农业大学	2
渤海渔业增养殖技术研究	中国水产科学研究院黄海水产研究所 辽宁省海洋水产研究所 海洋研究所 山东省海水养殖研究所 黄渤海区渔政渔港监督管理局 河北省水产研究所 山东省海洋水产研究所	2
小型草型湖泊渔业综合高产技术研究	水生生物研究所 湖北省水产科学研究所 华中农业大学	2
基因工程人白细胞介素-2的研制、中试生产及临床应用	军事医学科学院生物工程研究所 上海生物化学研究所 中国预防医学科学院病毒学研究所 卫生部长春生物制品研究所	2
多氯联苯(PCBs)工业性焚烧技术研究	沈阳环境科学研究所 生态环境研究中心	2
我国台风、暴雨灾害性天气监测、预报业务系统	国家气象中心 中国气象科学研究院 大气物理研究所 北京大学 广东省气象局 湖北省气象局 上海市气象局	2
黄土高原地区综合治理开发战略及总体方案研究	中科院、国家计委自然资源综合考察委员会 中科院、国家计委地理研究所 中科院、水利部西北水土保持研究所 中国人民大学 北京师范大学 植物研究所 兰州沙漠研究所	2

获奖成果名称	主要完成单位	获奖等级
《工程控制论》(修订版)	科学出版社	2
多功能激光淀积设备暨激光法制备YBCO高温超导薄膜	物理研究所 沈阳科学仪器研制中心	3
锑化镓、砷化镓和磷化铟基高质量MBE半导体微结构材料	上海冶金研究所	3
软X射线瞬时摄谱仪	西安光学精密机械研究所	3
高分辨率小型激光轴角编码器的研究	长春光学精密机械研究所	3
耐高温酿酒活性干酵母应用技术研究的开发和推广	宜昌食用酵母基地 武汉病毒所	3
中华人民共和国国家经济地图集编制研究	国家计委地理研究所 国家经济信息中心 国家统计局统计科学研究所	3
《中国雪山地图》	兰州冰川冻土研究所 西安地图出版社	3
星载SAR应用研究	遥感应用研究所 中国林科院资源信息所 国家海洋局第二海洋研究所 水利部遥感中心 地矿部航空物探遥感中心	3
金属加工液攻丝扭矩模拟评定试验装置的研究	济南试验机厂 上海石油商品应用研究所 中石化石油化工科学研究院 机械工业部机械院机械标准化研究所 自动化标准化研究所	3
甲氰菊酯农药生产技术	大连化学物理研究所	3
优质烤烟生长的土壤环境和营养条件及其调控	南京土壤研究所 中国烟叶生产购销公司	3
西南林区等火灾监测评价	中国林业科学研究院资源信息研究所 成都山地灾害研究所 南京林业大学森林资源与环境学院 林业部调查规划院 北京师范大学	3
沿海防护林体系气候、土壤及护堤效应	江苏省林业科学研究所 沈阳应用生态研究所 南京林业大学 江苏省气候应用所 如东县林果指导站	3

获奖成果名称	主要完成单位	获奖等级
中国设市预测与规划	中国行政区划研究会 中国地理研究所	3
《值分布论及其新研究》	科学出版社	3

三、国家技术发明奖

获奖成果名称	主要完成单位	获奖等级
催化裂化干气与苯烃化制乙苯成套技术	抚顺石油化工公司石油二厂 大连化学物理研究所 中国石化洛阳石油化工工程公司 抚顺石油化工公司石油三厂	2
马铃薯抗菌肽基因工程技术体系的建立及抗青枯病新株系的获得	中国农业科学院生物技术研究中心 上海生物工程研究中心 中国农业科学院蔬菜花卉研究所 上海植物生理研究所	3

中国科学院 1997 年 自然科学奖授奖项目

特等奖 1 项

获奖成果名称	完成单位
澄江生物群和寒武纪大爆发	南京地质古生物研究所

一等奖 14 项

获奖成果名称	完成单位
有限域上典型群的几何学及其应用	系统科学研究所
原子尺度的亚稳态金刚石膜生长，形核和异质外延的机理	物理研究所
北京谱仪 Ds 物理的研究	高能物理研究所
流体运动的扩散抛物化理论、方程和数值方法	力学研究所 计算数学和科学工程计算所
双共振电离法研究激发态分子光谱和态分辨碰撞传能	大连化学物理研究所
复杂氮陶瓷的相平衡及组份设计	上海硅酸盐研究所
以炔烃衍生物为原料的合成方法学研究	上海有机化学研究所
高亚洲浅冰芯与气候环境变化研究	兰州冰川冻土研究所
中国种子植物的特有属	植物研究所
水稻蜡质基因的克隆、结构分析与表达调控规律的研究	上海植物生理研究所
排卵机理的研究	动物研究所 昆明动物研究所
草原蝗虫生态学研究	动物研究所
薄膜中的分形晶化研究	中国科学技术大学
东亚古季风	西安分院

二等奖 32 项

获奖成果名称	完成单位
素数分布和哥德巴赫问题	数学研究所
半导体超晶格量子阱的光学非线性理论和实验研究	物理研究所
弦理论若干特性的研究	理论物理研究所 中国科学技术大学研究生院 北京大学
核自旋体系的非平衡过程及局域行为的磁共振研究	武汉物理研究所

获奖成果名称	完成单位
重离子核反应的集体效应、奇异核产生及其性质研究	上海原子核研究所
重质量新核素 Am-235，Pa-239 和 Er-175 的合成和研究	近代物理研究所
星系相互作用与其活动性关系的研究	北京天文台
	天津师范大学
	中国科学技术大学研究生院
	紫金山天文台
岩体动态施工力学和复杂围岩稳定性	武汉岩土力学研究所
扫描探针显微学在材料表面纳米级结构中的应用研究	化学研究所
新型均混配稀土金属有机化合物的合成及其结构	长春应用化学研究所
油菜甾醇内酯类化合物的合成研究	上海有机化学研究所
激光束离子束改性表面摩擦学研究	兰州化学物理研究所
	兰州大学
	西南交通大学
移动床气固两相流理论及应用	化工冶金研究所
实验遥感模型、地面基础以及数据精集	地理研究所
大别山-苏北-胶南超高压变质带及其大地构造意义	地质研究所
	中国科学技术大学
	国家地震局地质研究所
中国地质时期植物群	南京地质古生物研究所
中国南部棘皮动物	海洋研究所
我国和东亚地区酸性物质的大气输送研究	大气物理研究所
中国蕨类植物的孢子形态	植物研究所
中国苔藓植物泥炭藓目至丛藓目 6 目的分类系统学研究	沈阳应用生态研究所
	昆明植物研究所
	华南植物研究所
	中山大学
长江流域土壤与生态环境建设	南京土壤研究所
tpA 和 PAI-1 在调节黄体萎缩和精子发生成熟过程功能研究	动物研究所
	昆明动物研究所
中国动物志　硬骨鱼纲：鲽形目	动物研究所
植物病毒卫星核糖核酸（sRNA）及其生物防治植物病害的机理	微生物研究所
	农业部植物检疫试验所
	武汉大学
	植物研究所
基于蛋白质和核酸三维结构知识的药物设计	上海药物研究所
两栖类胚胎表皮细胞的兴奋性及兴奋性的传播	上海细胞生物学研究所
15N 绿肥稻草氮碳磷钾在土壤-作物-家畜系统的转化循	长沙农业现代化研究所
过渡金属和稀土金属硅化物研究	半导体研究所
轻原子成象法及一系列金属氧化亚稳态的发现	金属研究所
视觉系统方位和方向选择性的神经机制	中国科学技术大学
磁场重联的数值研究	中国科学技术大学

获奖成果名称	完成单位
中国历史植物地理和历史动物地理	地理研究所 文献情报中心

三等奖 21 项

获奖成果名称	完成单位
量子阱的隧穿时间特性和杂质效应研究	物理研究所
高温超导材料磁通钉扎机制的研究	固体物理研究所
HT-6M 装置上 H 模的物理研究	等离子体物理研究所
贫金属星的元素丰度分析	北京天文台
电极表面的修饰、表征与功能	长春应用化学研究所
卫星测量理论、技术与应用研究	测量与地球物理研究所
大气边界层相似理论和湍流通量观测方法研究	兰州高原大气物理研究所
中国农林复合经营	自然资源综合考察委员会 北京林业大学
光(温)敏核雄性不育水稻的光温反应特性及其发育遗传	上海植物生理研究所
中国土壤中有机质的转化与保持	南京土壤研究所
芳香植物及其化学成分专著	华南植物研究所
《中国多孔菌》	微生物研究所
3 抗肿瘤药物筛选模型的研究	上海药物研究所 中国医学科学院药物研究所 上海医药工业研究院
鸡慢肌纤维去神经后肥大的发现及其机理研究	上海生理研究所
天花粉蛋白对滋养层细胞专一损伤的细胞和分子机制	上海细胞生物学研究所 上海生物化学研究所
八倍体小偃麦普通小麦杂交育种及其遗传规律的研究	石家庄农业现代化研究所 陕西省、中国科学院西北植物研究所
Ⅲ-Ⅴ族化合物半导体超晶格的拉曼散射研究	半导体研究所
二次离子质谱分析的应用基础研究	半导体研究所 清华大学
金属腐蚀磨损机理研究	金属研究所
提高光刻分辨率的相移掩模研究	光电技术研究所
油罐扬沸火灾机理及预测的研究	中国科学技术大学

中国科学院1997年科技进步奖授奖项目

特等奖4项

获奖成果名称	完成单位
我国金矿成矿模式找矿方向及找矿选矿技术方法研究	地质研究所
	贵阳地球化学研究所
	广州地球化学研究所
	遥感应用研究所
	长沙大地构造研究所
	长春地理研究所
	地球物理研究所
	新疆地理研究所
	中国科学技术大学
	测量与地球物理研究所
	遥感卫星地面站
CR-016000米自治水下机器人	沈阳自动化研究所
	中船总702所
	声学研究所
	中船总哈尔滨工程大学
	上海交通大学
（略）	光电技术研究所
新型肥料——长效碳酸氢铵的研制与应用	沈阳应用生态研究所
	生态环境研究中心
	化工部经济技术委员会
	国家科委中国科技市场协会
	农业部全国农业技术推广服务中心

一等奖14项

获奖成果名称	完成单位
13.7米毫米波望远镜	紫金山天文台
	南京天文仪器中心
辐射交联热缩材料系列制品的研制与应用推广	长春应用化学研究所
高耐热型改性ABS系列专用树脂的开发	长春应用化学研究所
氧/蒸汽鼓风灰熔聚流化床粉煤气化制合成气工艺	山西煤炭化学研究所
	冶金部钢铁研究总院

获奖成果名称	完成单位
重大自然灾害遥感监测评价	地理研究所
	遥感应用研究所
	中国林科院资源信息所
	兰州冰川冻土研究所
	遥感卫星地面站
	国家地震局分析预测中心
	兰州沙漠研究所
复杂介质地震波场成像理论及在胜海探区的应用	地球物理研究所
	胜利石油管理局物探公司
南沙群岛及其邻近海区综合科学调查研究	南海海洋研究所
	国家海洋局海洋发展战略研究所
	海洋研究所
	地矿部广州海洋地质调查局研究所
	农业部中国水产科学研究院南海水产所
	青岛海洋大学
	地理研究所
	中国海洋石油总公司勘探开发研究中心
	武汉岩土力学研究所
	中山大学
	厦门大学
	国家海洋局南海环境监测中心
	国家海洋局国家海洋信息中心
	国家测绘局中国测绘工程规划设计中心
	农业部南海海区渔政渔港监督管理局
中国国情分析	自然资源综合考察委员会
	南京地理与湖泊研究所
	生态环境研究中心
	系统科学研究所
CNC高技术研究与高档数控机床控制系统	沈阳计算技术研究所
	电工研究所
	自动化研究所
科学数据库及其信息系统	计算机网络信息中心
	化工冶金研究所
	上海有机化学研究所
	长春应用化学研究所
	自然资源综合考察委员会
	金属腐蚀与防护研究所
	软件研究所
	微生物研究所
	北京天文台
	长春光学精密机械研究所
	生态环境研究中心
	植物研究所
	国家计委能源研究所
	人事局

获奖成果名称	**完成单位**
(略)	半导体研究所
	金属研究所
(略)	有色金属总公司九零二厂
	中国航空工业总公司六二一所
亚微米（i线和g线）投影光刻物镜	光电技术研究所
2.16米天文望远镜	南京天文仪器研制中心
	北京天文台
	自动化研究所

二等奖38项

获奖成果名称	**完成单位**
α-碘酸锂晶体的空间生长	物理研究所
SANCS-TP自适应干扰抵消系统	声学研究所
	上海市公安局
新型组合移能开关和氧化锌压敏电阻用于灭磁过压保护	等离子体物理研究所
	沈阳市铁西区永兴电器研究所
	华东电管局新安江水力发电厂
	华东电管局富春江水力发电厂
高功率密度离子回旋加热系统及物理实验	等离子体物理研究所
(略)	力学研究所
	工程热物理研究所
农业生态系统中的生物化感作用与合理开发利用	生态环境研究中心
(略)	大连化学物理研究所
	中国兵器工业第二一一研究所
高碳醇羰基合成催化剂及放大工艺过程	兰州化学物理研究所
黄河流域灾害环境演变趋势及治理对策	地理研究所
	自然资源综合考察委员会
	成都山地灾害与环境研究所
	地质研究所
科尔沁农牧交错带生态环境综合整治途径、模式和技术	兰州沙漠研究所
	内蒙哲盟林科所
	内蒙哲盟农科所
	长春地理研究所
	沈阳应用生态研究所
我国灾害性气候预测方法及其应用研究	大气物理研究所
	兰州高原大气物理研究所
	海洋研究所
	南海海洋研究所
	兰州冰川冻土研究所
	地理研究所

获奖成果名称	完成单位
微生物净化回收电镀污泥及废液中的铬和其他重金属的示范	成都生物研究所 四川省劳动卫生职业病防治研究所
大熊猫人工繁殖“双控”技术的应用研究	动物研究所 成都大熊猫繁育研究基地 成都动物园 四川联合大学
淡水养殖鱼类爆发性传染病病原生物学及控制对策	水生生物研究所
高产抗病优质大豆新品种“科丰34号”的选育及应用	遗传研究所
科学计算可视化的方法及应用研究	计算技术研究所
保险业务综合管理信息系统	软件研究所 中保财产保险有限公司广州市分公司 中保人寿保险有限公司广州市分公司
国务院办公厅主计算机网络安全保密系统	软件研究所 国务院办公厅秘书局
（略）	上海冶金研究所 半导体研究所 微电子中心
2～3微米专用集成电路开发技术研究	上海冶金研究所
（略）	微电子中心
非广播用高清晰度彩色闭路电视系统	电子学研究所
（略）	沈阳自动化研究所
大型铝厂分散型控制系统及计算机集成系统的研究与应用	沈阳自动化研究所
JZJ-400型激光照排机	长春光学精密机械研究所
500瓦、1000瓦快速轴流CO_2激光器研制	长春光学精密机械研究所
消失模铸造技术开发及工业化应用	长春光学精密机械研究所
资源一号卫星多光谱扫描仪铍扫描镜研制	长春光学精密机械研究所
机载成象光谱遥感实用系统	上海技术物理研究所 遥感应用研究所 华东师范大学
（略）	上海技术物理研究所
（略）	安徽光学精密机械研究所
多波长钛宝石飞秒激光技术	西安光学精密机械研究所
微米级电子束曝光机实用化	电工研究所
西藏双湖25千瓦光伏电站	电工研究所
ZHG-1机载海洋雷达高度计	空间科学与应用研究中心 长春地理研究所
中国科学技术大学校园计算机网络	中国科学技术大学
管理现代化的研究与实践	应用研究与发展局
希望中文平台UCDOS系列产品	北京希望电脑公司

三等奖 50 项

获奖成果名称	完成单位
对流型稀释制冷机	低温技术实验中心
LP/AP MOCVD 设备	长春物理研究所
3W1 永磁扭摆磁铁	高能物理研究所
RGH-1 型原油含气、含水率自动测量仪	近代物理研究所 大庆石油管理局采油五厂
喷淋式高压静电沥青烟气净化装置	近代物理研究所 冶金工业部兰州炭素厂
超新星巡天系统	北京天文台 南京天文仪器研制中心
超软 X 射线探测器（模样与初样）(921 工程)	紫金山天文台
三相交流工频等离子体冶炼铌铁新工艺	力学研究所
飞行器一体化设计数值研究	力学研究所
PS-1 涤纶荧光增白剂	感光化学研究所
饮水中有机物在大骨节病中的作用	生态环境研究中心 北京医科大学 白求恩医科大学
中国有色金属矿山环境与复垦研究	生态环境研究中心 中国有色金属工业总公司北京矿山冶金研究院 山西省铝厂孝义铝矿 山西省科技交流中心 山西省孝义科委 山西省孝义土地局
FCIC 提金新工艺的研究和连续提金装置的应用	长春应用化学研究所
化学改性汽车备件用 PP 合金学系列产品的研究开发	长春应用化学研究所
新型抗水镁水泥复合材料的研究与开发	上海硅酸盐研究所
大规模动物细胞培养及新型反应器的研制	化工冶金研究所 中国医药研究开发中心 卫生部北京生物制品研究所
JH939 型大幅面台式图象扫描仪	化工冶金研究所
DS-948 重整预加氢催化剂的研制及工业应用	山西煤炭化学研究所 中石化天津石油化工公司化工厂 中石化长岭炼油化工总厂催化剂厂
高效催化剂和高效反应器的研究	山西煤炭化学研究所
中国农业统计地理信息系统和中国农业状况电子图集	遥感应用研究所
贡嘎山高山生态环境研究	成都山地灾害与环境研究所

获奖成果名称	完成单位
三峡工程对沿江湿地和河口盐渍化土地的影响及防治对策	测量与地球物理研究所
	南京土壤研究所
	南京地理与湖泊研究所
阿尔泰南缘大型变形构造与成矿作用关系研究	长沙大地构造研究所
激光质谱研究微区矿物 40Ar/39Ar 年龄及其宏观地质意义	广州地球化学研究所
	广州师范学院
	中国地质大学
塔里木盆地油气形成的地球化学条件	兰州地质研究所
	广州地球化学所
虎皮礁邻近海域地质构造分析	海洋研究所
	国家海洋局第一海洋研究所
近海平台阴极保护监测系统	南海海洋研究所
	福建物质结构研究所
N_2O 自动采样分析系统	大气物理研究所
高效强化换热管加工技术及设备	石家庄农业现代化研究所
农区高效节粮型畜牧业生产模式研究	长沙农业现代化研究所
	山东省禹城市畜牧局
	河南省延津县畜牧局
辐谷 4 号新品种选育	西北水土保持研究所
KSJ-2300 超级小型计算机系统	沈阳计算技术研究所
1.48 微米掺铒光纤放大器泵浦	半导体研究所
新型传感器及智能控制系统	电子学研究所
（略）	电子学研究所
CA 系列图象采集卡	自动化研究所
RTGS 大屏幕工业实时监控系统	自动化研究所
ZCJ 型智能产前监护仪	合肥智能机械研究所
	合肥妇幼保健医院
WTNC50-70 无磁钻铤的研制	金属研究所
	辽河油田钻采院矿机所
	抚顺特殊钢有限公司
（略）	长春光学精密机械研究所
产品化 20 瓦铜蒸气激光器	上海光学精密机械研究所
（略）	安徽光学精密机械研究所
（略）	光电技术研究所
（略）	光电技术研究所
光纤传感测温仪（FOS 系列）	西安光学精密机械研究所
（略）	西安光学精密机械研究所
多卫星遥感数据地面接收系统	遥感卫星地面站
	清华大学
中国博士后事业发展研究	科技政策与管理科学研究所
应用干涉云纹测量工艺应力分布	中国科学技术大学
中国药物研究与发展	学部办公室

1997年中国科学院大事记

一　月

1.5　贵州省委书记刘方仁、代省长吴亦侠、副省长龚贤永等领导及省科委、计委、财政厅的主要负责人一行10多人到地化所看望科研人员。

1.6　国家科委、中科院在上海共同举办中科院国家基因研究中心在世界上首次构建成功水稻基因组物理全图新闻发布会。

1.7　中科院武汉物理所与武汉数理所合并，组建中科院武汉物理与数学所，并举行挂牌仪式。

1.7　院批准成立京区医疗保健中心领导小组。陈宜瑜副院长任领导小组组长。

1.8　我院与广西壮族自治区合作的年产10万吨卷曲霉素项目在南宁中科药业公司正式投产。许智宏副院长、广西壮族自治区副主席李振潜等领导出席了投产仪式。

1.9～10　我国第17颗返回式科学实验卫星成功回收后，参加“空间生物效应”研究的我院8个研究所立即对搭载的各种生物样品进行研究。1月9日至10日“空间生物效应”卫星搭载实验工作总结会在武汉召开。

1.10　我院学部与中国工程院在中国科技会堂联合召开了两院1997年院士增选工作情况通报会。

1.13～2.1　由我院学部组织，以孙鸿烈、张宗祜、赵鹏大院士为组长的中国科学院、中国工程院两院院士、专家一行20余人，根据国家计委要求，应云南、四川省政府的邀请赴滇、川地区进行考察。

1.15　院部机关大楼抗震加固工程胜利竣工，机关人员迁回大楼办公。

1.15　北京天文台兴隆观测站在河外星系NGC3160发现了1997年第一颗超新星。

1.16　温家宝同志视察中国遥感卫星地面站。

1.18　我院在京召开了新春军民联欢会。周光召、路甬祥、严义埙等院领导，计委甘子玉副主任、科委朱丽兰副主任、科协胡启恒副主席、中国人民解放军熊光楷副总长，总后周友良副部长，国防科工委陈达植副主任，以及总参各军种的领导同志与我院的部分科学家参加了联欢会。

1.20　北京天文台发现了一颗近地小行星。这是我国天文学家发现并得到确认的第一颗小行星。这颗编号为1997BR的小行星为Apollo型近地小行星，已被小行星中心列为对地球潜在危险性最大的96颗近地小行星之一。

1.20 中国科学院、国家环保局地质环境系统研究中心成立大会在地质所举行。

1.21 吉林省委书记张德江等一行 5 人赴长春应化所、长春光机所看望院士及家属。

1.23～1.25 中科院 1996 年度工程研究中心总结研讨会在京召开，严义埙副院长出席并讲了话。

1.25 中科院在京召开了深化改革协调发展经验交流会暨迎春团拜会，路甬祥、严义埙、陈宜瑜、白春礼、王德顺、竺玄、王玉民、郭传杰等领导同志与来自京区各单位的党政负责同志 100 多人听取了改革发展典型经验介绍。

1.27 自动化所和法国国立信息与自动化研究院联合筹建的中法信息、自动化与应用数学联合实验室成立签字仪式在西苑饭店举行。

1.27～29 院党组在京召开务虚会。

1.28 著名美籍科学家、中国科学外籍院士杨振宁教授、香港中文大学校长李国章教授一行 5 人到遥感所参观访问。

1.28 国家“863”计划能源领域课题磁流体发电用鞍型超导体研制通过超导状态下通电试验，全部技术指标及性能均达到设计要求。

1.31 中科院机关全体同志召开表彰暨新春团拜会，会上表彰了 1996 年度机关考核中被评为优秀的 142 名同志。

二　月

2.1 中科院北方微电子基地“新型半导体材料实验室”通过建设专项论证。

2.8 中国科学院院士、国家气象局研究员程纯枢先生因病在北京逝世，享年 82 岁。

2.8 中共中央政治局候补委员、中央书记处书记温家宝等领导同志在陈宜瑜副院长、中国科协党组书记、副主席张玉台陪同下赴中科院北京天文台怀柔太阳观测站，亲切慰问节日值班的科技人员。

2.9 中央政治局委员、国家体改委主任李铁映和国务委员、国家科委主任宋健一行，在云南省和志强省长和赵淑敏副省长的陪同下视察了西双版纳热带植物园并题词。

2.11～27 由我院和国家自然科学基金委联合举办的“1997 年中国青年学者物理学（电子显微学专题）讨论会”在海口召开。

2.13 中国科学院院士、中国科学院地球化学研究所研究员郭承基先生因病在贵阳逝世，享年 81 岁。

2.13 中国科学院院士、复旦大学卢鹤绂教授因病在上海逝世，享年 83 岁。

2.13 中国科学院学部主席团咨委会召开 1997 年度第一次（扩大）会议。

2.14 中国科学院学部科学道德建设委员会首次会议在京召开。会议制订了《中国科学院院士增选工作中院士行为规范》等。

2.17　中国科学院外籍院士、美国哥伦比亚大学教授吴健雄先生在纽约逝世,享年85岁。

2.18～27　竺玄秘书长访问瑞士和法国。

2.18～3.24　我院新疆生物土壤沙漠所和日本早稻田大学联合，成功进行了对塔克拉玛干沙漠东半部的徒步科学探险。

2.19　上海交大、中科院上海分院生命科学技术学院成立。

2.21～22　由中科院人才交流开发中心等10个部委人才交流机构主办的“97部委专业技术人才交流大会”在北京展览馆举行，陈宜瑜副院长等领导出席了开幕式。

2.21　院党组召开扩大会，学习邓小平理论，缅怀邓小平同志丰功伟绩，提出进行“邓小平科技思想研究”。

2.22　中央政治局委员、国务院副总理兼外长钱其琛，在西双版纳出席(97)全国旅游工作会议期间，在云南省委书记高严、省长和志强陪同下视察了西双版纳热带植物园。

2.24　中科院院士深切缅怀邓小平同志座谈会在院部机关大楼举行，路甬祥常务副院长主持了会议。

2.26～28　1997年度院纪检监察工作会议在成都分院召开。

2.28～3.4　由物理所、低温中心、超导国家重点实验室和国家超导中心共同承办的“第五届超导材料和机理及高温超导”国际会议在北京举行。

三　月

3月初　北京天文台在宇宙深处发现了一颗红移Z=3.33的类星体，这是我国科学家利用自己的设备,首次突破红移Z=3的记录,它标志着我国天体物理研究又登上了新台阶。

3.4　日本驻华公使阿南先生会见我院路甬祥副院长等，就我院与日方科技交流事宜交换了意见。

3.5　科技安全局在京召开了京区单位安全保卫工作会议。党组副书记余志华同志出席并讲话。

3.6～15　路甬祥副院长等一行4人访问日本，与日通产省、科技厅、文部省等有关官员商谈中关村改造合作事宜。

3.10　院党组进行了96年度任期届满的所级领导班子评优工作，长春分院等6个单位领导集体获得优秀奖，高能所等8个单位领导集体获得进步奖。

3.11～15　1997年度院审计工作会议在武汉召开，院属各单位审计机构负责人70余人参加了会议，党组成员王德顺同志到会讲话。

3.12　吉林省副省长魏敏学及省科委、经贸委、教委、财政厅、工商行等主要负责同志先后考察了长春应化所和长春光机所，并到长春分院召开了座谈会。

3.13　中国科学院院士、石油大学教授朱亚杰先生因病在京逝世，享年82岁。

3.13～14　1997年度院京区纪检监察工作会议在京召开，院属各单位95人参加了会议。

3.14　贵州省委副书记、常务副省长王广宪等领导同志视察地化所。

3.14　由我院电工所、高能所和航天部中国运载火箭研究院联合研制的阿尔法谱仪（AMS）大型永磁体研制成功，并于20日空运到瑞士苏黎世联邦理工学院高能所进行探测器总装。

3.15～4.3　我院地学部向国务院提交了《中国水问题的出路》咨询报告，姜春云同志批示水利部加以认真研究。

3.16～25　应捷克科学院和俄罗斯科学院的邀请，以许智宏副院长为团长的我院代表团一行4人访问捷、俄两国。

3.17～19　科委副主任徐冠华、严义埙副院长参观联想大亚湾生产基地。

3.17　院对外宣传领导小组召开扩大会议，周光召院长出席会议并对我院宣传工作提出了要求。

3.17～29　应台湾工业技术研究院的邀请，严义埙副院长率团赴台湾访问。访台途中在深圳视察了深圳科技工业园及联想板卡生产基地。

3.18　我院学部与中国科协联合发起，会同中国工程院等举办了“百名院士百场系列报告”活动，历时一年，在中国科技会堂举行最后一场报告。

3.18　《共同走向科学——百名院士科技系列报告集》（上、中、下册）首发式在中国科技会堂举行，卢嘉锡、朱光亚、周光召等领导出席。

3.19　中国科学院、中国科协和中国工程院联合召开“院士科技系列报告活动”总结表彰会。

3.23～4.1　应德国马普学会邀请，许智宏副院长赴德国访问，并与德国生物界的科学家交流有关学术问题。

3.23～27　泰国科学学会代表团一行访问了中科院化学所和动物所。周光召院长26日会见了代表团。

3.24～30　日本东丽公司大濑正树先生来华访问我院三个农业现代化所。

3.25　两院院士为驻京部队领导干部举办现代科技系列报告。周光召院长作了题为《当代科学技术的发展态势及对国防高科技的影响》的首场报告。

3.28　我院1996年度“百人计划”入选者工作交流汇报及座谈会在北京召开。周光召院长、路甬祥、陈宜瑜、白春礼副院长等领导出席了会议。

3.30～4.2　院跨世纪年轻人才代表大会在中国科技会堂举行。

3.31　李鹏总理在中南海亲切会见了出席中国科学院跨世纪年轻人才代表会议的全体代表。

3.31～4.1　自动化所模式识别国家重点实验室、长春光机所光学国家重点实验室通过了国家评估。

3月　由中国科学院自然科学史研究所承担的“夏商周断代工程”项目之一“古天文数据中心”完成第一期工程并进入工作状态。

四 月

4.1　全国人大常委会副委员长卢嘉锡一行先后视察了上海生物化学所和上海植物生理所。

4.4　中国科学院举行了首次升旗仪式。中国科学院决定从今年4月起定期举行升旗仪式。

4.4　北京天文台在超新星巡天基础上继续取得新进展,在4月4日晚发现了两颗超新星。这两颗超新星的发现已由国际天文学会电报中心向全世界通报并且分别命名为SN1997bn和SN1997bo。

4.5~9　1997年度中国科学院工作会议在京召开。会议期间表彰了国家人事部、中国科学院共同授予称号的30个先进集体的20名先进工作者。

4.8　国家计委王春正副主任一行视察了北京天文台怀柔观测站。

4.8~22　国际山地中心山区农业系统处项目官员S.H.MALIK博士访问我院,就双方开展的山地农业推广合作项目进行会谈。其间国际山地中心与成都山地所在成都共同举办了"喜马拉雅-兴都库什农户集水工程区域研讨会"。

4.9　为加强全院文献信息网络与资源建设的领导与统一协调发展,院文献信息网络与资源建设领导小组成立并召开了第一次会议。余志华同志出席会议并讲话。

4.9~11　团中央邀请两院院士参加"迎香港回归"千米长卷绘画题词活动。周光召院长、陈宜瑜副院长和严东生、王大珩、师昌绪、葛庭燧等50多位两院院士欣然签名题词。

4.11~22　以IAM WIETT博士为首的澳大利亚国际农业研究中心(ZCIAR)访华小组一行3人访问南京土壤所、水保所和石家庄农业现代化所。陈宜瑜副院长会见了外宾。

4.14~16　受国家科委的委托,中国科学院学部召开了五个学部常委扩大会议,对国家"九五""攀登计划"候选项目进行咨询评议。

4.14　中国科学院生物学部向国务院呈送了《关于建立"常绿草地带"加速开发南方草地资源的建议》咨询报告。

4.15　台湾花卉发展协会董事长朱耀源先生一行5人到我院植物所、遗传所访问。许智宏副院长会见了代表团一行。

4.17~28　由科大国家同步辐射实验室承担的我院"八五"重大科研项目"6万高斯超导扭摆磁铁的研制",经与俄罗斯库尔恰托夫核物理所国家科学中心长期合作后取得成功。

4.18~25　日本筑波大学、长冈科技大学、日本宇宙开发事业团的科研人员访问我院。

4.19～29 应美国科学院和求是基金会的邀请，周光召院长赴美参加该基金会的年度评奖，出席美科学院第134届年会，并与美国国家科学基金会和美国科学院商讨了双边合作事宜。

4.20 台湾中油公司副总经理叶金龙先生访问我院，严义埙副院长会见了客人。

4.21 云南省委、省计委和昆明分院领导访问考察成都分院、武汉分院各研究所。重点考察了生物、农药、优良品种等技术，并就合作进行洽谈。

4.22 院、国家经贸委与美国CA公司举行“高级信息管理项目谅解备忘录”签字仪式。

4.24 国务院三峡办公室副主任李世中等一行在湖北省三峡办公室主任陈水文等的陪同下到武汉植物所、水生所视察工作。

4.24 空间中心建立的最高计量标准“数字多用表检测装置”通过了专家考核。

4.24 院工会在中关村礼堂召开了纪念院工会（京区）成立40周年大会，并表彰了一批先进单位。许智宏、余志华、王德顺、王玉民等院领导出席了会议。

4.25 中国科学院常务副院长路甬祥主持召开了“学习邓小平科技思想”座谈会。

4.26 联想、大恒、希望、科海被评为全国电子百强企业。

4.26～29 重庆市委、市政府特邀中国科学院、中国工程院两院院士及专家在重庆举办了重庆经济社会发展战略研讨会。国家科委徐冠华副主任、严义埙、陈宜瑜副院长等领导及近20位两院院士参加了研讨会。

4.28～30 日本日立制作所所长渡边笃美率6人代表团访华，就信息通讯领域的有关合作问题与我院进行交流，并访问半导体所、软件所和信息中心。

4.28～5.2 英国伦敦大学校长SIR DEREK ROBERTS、副校长TIM BISCOE及理学院院长一行3人访问我院。

4.29 日本丰田汽车公司驻京总代表岛原等人访问我院，商谈在能源、材料、环境等领域的合作事宜。

4.29 由水生生物所淡水生态与生物技术国家重点实验室和香港城市大学生物与化学系共同发起的生态毒理与水质管理国际学术讨论会在武汉举行。

4.30～5.4 自然与社会协调发展局主办的“中国科学院生物分类区系学科发展专家委员会暨学科发展研讨会”在沈阳召开，来自13个研究所的40位专家代表参加了会议。许智宏副院长与会并致开幕词。

4月 国家计委批准国家同步辐射实验室二期工程重大科学工程项目建议书和大天区面积及目标光纤光谱天文望远镜国家重大科学工程项目建议书。

五　月

5.1 中国科学院院士、中国科学院广州地球化学所研究员孙大中先生因病在广州逝世，享年65岁。

5.4～11 由中科院、国际土壤学会、中国土壤学会和南京土壤所共同组织的“土壤-人类-环境相互影响国际学术研讨会”在南京土壤所召开。

5.5 中国科学院生物学部向国务院呈送了《我国化肥面临的突出问题及建议》咨询报告。

5.6 中国科学院院士、中国科学院上海有机化学研究所名誉所长、著名有机化学家汪猷教授因病在上海逝世，享年87岁。

5.6～8 沈阳应用生态所受国际教科文组织(UNESCO)委托筹备并主持召开了鸭绿江流域水污染控制与资源可持续利用国际研讨会。

5.6 庐山植物园隆重举行实行江西省政府和中国科学院双重领导的揭牌仪式。陈宜瑜副院长、江西省副省长黄懋衡等参加了揭牌仪式并发表讲话。

5.6～9 院保密委员会在庐山召开了全院保密工作会议，院保密委员会主任陈宜瑜副院长出席会议并讲话。

5.8～13 应新疆自治区党委及政府的邀请，由学部联合办公室组织的中科院院士报告团赴乌鲁木齐为自治区党政领导干部作科技报告。

5.12～17 国家计委余健明副主任、王春正副主任等领导同志分别到等离子体所视察工作，对该所的核聚变研究和生物工程研究给予了高度评价。

5.13～24 应台湾中研院、台湾大学的邀请，许智宏副院长率团出席在台北市召开的“海峡两岸森林生物技术与环境变迁对森林生态系统影响”学术研讨会。

5.15 以色列副总理拉尔夫依坦库率以色列政府考察团在陕西省副省长范肖梅等的陪同下参观了黄土高原土壤侵蚀和旱地农业国家重点实验室，观看了该实验室的人工降雨大厅。

5.15 中国科学院中日科技中心正式成立。日本富士通株式会社的代表在成立大会上宣布：该公司将出资300亿日元，在北京中关村科学城设立研究开发中心。该工程计划1998年正式动工。

5.15 中编委批准原应用研究与发展局、自然与社会协调发展局、高技术企业局分别更名为高技术研究与发展局、资源环境科学与技术局、高技术促进与企业局。

5.16～17 工程热物理所为主开发的“75吨/时循环流化床锅炉完善化”(工程)验收暨新闻发布会在浙江省嵊州召开，国家经贸委主持会议，严义埙副院长出席并讲了话。目前以我院技术开发的75吨/时及以下容量的循环流化床锅炉占国内市场的75%。

5.16 国家计委王春正副主任等一行在安徽省副省长黄岳忠和有关部门负责人陪同下到中国科大检查指导国家同步辐射实验室建设及二期工程有关工作，并参观考察了火灾科学国家重点实验室。

5.16 国家科委批准上海药物研究所筹建第一个国家新药筛选中心，筹建期为1997～2000年。

5.17 中国科学院党组邀请科技界、理论界的领导、专家，就学习邓小平科技思想进行了座谈。

5.17～18 中国岩土工程研究中心第二届成员大会在武汉岩土力学所召开。

5.18～31　严义埙副院长率队赴美视察MQ国际公司。

5.19　由我院和国家经贸委出资重组中国科技促进经济投资公司工作顺利完成。

5.19　中国科学院院士、吉林大学余瑞璜教授因病在长春逝世，享年91岁。

5.19～6.3　受国家计委、国家科委委托，中国科学院学部、中国工程院共同组织院士和专家分三批对国家重大科学工程9个候选项目进行了评审。

5.20　中国科学院向驻港部队赠送《香港综合地理信息系统》。周光召院长代表中国科学院出席了赠送仪式。

5.20～23　我院第十三届科研管理学术讨论会在广州召开。

5.20　由解放军空军政治学院与上海分院联合举办的“院士面向部队走向军营科技系列报告活动”拉开序幕。

5.22～29　应我院邀请，以捷克科学院院长、著名化学家R. ZAHRADNIK为首的捷克科学院代表团一行4人访问我院。周光召院长会见并宴请了外宾。

5.20～24　人事局在广州召开了分院人事处长和人事制度改革试点工作会议。王玉民副秘书长到会并讲话。

5.21　6000米无缆自治水下机器人历时39天，在太平洋圆满完成了各项太平洋洋底调查任务，获得了大量数据和资料。

5.22　湖北省委书记贾志杰、副书记杨永良、副省长王生铁及省委、省政府有关部门负责同志考察了水生生物所并专门就如何推进湖北省的农业产业化问题与专家们进行了座谈。

5.23　经中央国家机关党的代表会议投票选举，正式产生了中央国家机关出席中国共产党第十五次全国代表大会的代表229名。我院周光召、路甬祥、白春礼、陈宜瑜、朱敏慧、曾庆存、吴德馨当选。

5.23　中国华夏英才基金资助两院院士出版学术著作仪式在中央统战部举行，我院张新时等7位院士获首批资助。

5.23　我院与国家科委、国家教委、国家基金委和北京市共同发起，由13个部门28个单位参加，旨在促进科学仪器设备协作共用的“北京科学仪器装备协作服务中心”成立。

5.24　应我院香山会议邀请，美国加州大学伯克力分校校长田长霖夫妇访华。陈宜瑜副院长会见并宴请了外宾。

5.25～30　我院分别在南京、北京举行了“杨振宁星”与“李政道星”的命名典礼。

5.29　中科院外籍院士、美国科学院院士、美国卡奈基研究所毛河光博士访问我院并作学术报告。国家科委徐冠华副主任主持了学术报告会，陈宜瑜副院长会见并宴请了毛河光博士。

5.30　德国发明家协会在德国的格拉特贝克市举行颁奖仪式，授予路甬祥教授德国鲁道夫·狄塞尔金质奖章，以表彰他在机械工程领域，特别是在流体传动与机械电子控制自动化方面作出的突出贡献，这是第一位亚洲科学家，也是第一位中国人荣获此奖。

5月　我国第一台超导 Wiggle 磁铁在中国科技大学国家同步辐射实验室通过离线测试验收，各项指标均达到设计要求。

5月　1996年度中国科学院方树泉奖金评审结果揭晓。

六　月

6.1　李鹏总理为中国科技大学“大空间建筑物火灾安全技术研究中心”题词：“开展火灾科学研究，造福人民造福社会”。

6.3～4　北京天文台施密特CCD小行星计划发现了一个移动天体，经加拿大天文学家大卫·巴三于6月8日的跟踪观测表明，该天体是颗彗星。该彗星的国际编号为C/1997L1。

6.3～10　空间中心研制的“SDJD-1型闪电监测定位系统”参加了我国第二颗气象卫星——“风云二号”卫星发射地面雷电监测定位的“保驾”工作，圆满完成了卫星发射气象保障任务。

6.3　财政部主管文教科技的副部长谢旭人等领导在竺玄秘书长等陪同下参观了高能物理所正负电子对撞机。

6.5　中国科学院地学部向国务院呈送了《对我国澜沧江-湄公河流域经济可持续发展问题的咨询建议》的报告。

6.6　中国科学院院士、北京大学廖山涛教授因病在北京逝世，享年77岁。

6.10～16　台湾长兴化学股份有限公司副总经理黄梧桐等一行6人到上海有机所、长春应化所、大连化物所、化冶所参观访问。严义埙副院长会见了台湾客人。

6.11～14　日本日立综合研究所、三菱商事、日本设计公司、藤田公司、清水公司等7大公司代表访问我院，商谈中关村改造合作事宜，并签订了具体合作备忘录。竺玄秘书长参加了会谈。路甬祥副院长会见了外宾。

6.12～17　以香港科技大学理学院院长、中国科学院外籍院士张立纲教授为首的该校代表团访问北京和长春，与我院协商合建“微结构材料技术中心”，进一步加强双方的合作。

6.13　中国科学院主席团在京召开全体会议，执行主席周光召院长主持会议。会议审议通过了1997年中国科学院院士候选人名单共419人，决定各学部第一轮评审后，将进入第二轮评审。

6.13　大连化物所催化基础国家重点实验室最新取得的紫外拉曼光谱仪研制和在催化研究中应用研究的成果通过了专家鉴定。

6.15　京区党委、办公厅和学部联合办公室联合举办“迎回归科学家座谈会”。路甬祥副院长出席了座谈会，中科院和香港的科学家一起展望科技合作的美好前景。香港科技大学理学院院长、中国科学院外籍院士张立纲教授等6位香港科技大学的科学家应邀参加座谈会。

6.17～18	由我院、国家科委、国家基金委等单位组成的检查评议组对兰州沙漠所沙坡头站二期开放工作进行了检查评议。
中旬	等离子体所核聚变试验装置HT-7超导托卡马克今年第一轮物理实验结束。本轮实验历时74天，取得了重大进展，有关参数分别达到或超过了预定目标。
6.17	院管理信息系统（MIS）总体规划研究项目总体组召开了第一次会议，竺玄秘书长与会并讲话。
6.18	院工会在中关村举行了庆回归北京—香港象征性长跑终点仪式。路甬祥常务副院长、党组副书记余志华出席了仪式。
6.19	中国科学院京区医疗保健中心在京成立。中国科学院副院长陈宜瑜兼任该中心领导小组组长。
6.19	国务院副总理姜春云视察了水保所和西北植物所。
6.19	京区副部级以上离退休老同志“迎七一庆回归”座谈会举行，余志华同志出席会议与老同志共话百年沧桑。
6.20～7.4	陈宜瑜副院长赴日本出席世界古代湖会议，并访问冈山大学、香川大学。
6.21	中国科技大学举行与香港理工大学联合兴建的大空间建筑物火灾实验厅落成仪式，安徽省委书记卢荣景及国家科委、国家外专局、国家自然科学基金委等有关部门领导，香港理工大学常务副校长周威彦等出席了仪式。
6.23～29	日本日立研究所能源部部长小豆田一行4人访问我院山西煤化所、广州能源所和工程热物理所，商谈能源和节能技术合作问题。
6.23～30	应德国巴符州政府和马普学会主席的邀请，周光召院长赴德国访问，同时参加第四届德国-远东科技论坛会会议。
6.24—7.1	中亚持续发展中心理事会理事FRANK CROON访问我院，就我院与该组织明年5月在新疆共同举行第二届中亚持续发展会议事宜进行商谈。
6.25—28	国际科技数据委员会（CODATA）委员访问我院，就我院与该组织进一步合作事宜举行会谈，CODATA执委孙鸿烈院士会见了外宾。
6.26	中国科学院院士、中国农业科学院名誉院长金善宝研究员因病在北京逝世，享年102岁。
6.26～27	“中国科学院研究生教学工作会议”在京召开。路甬祥常务副院长和白春礼副院长出席会议并作了重要讲话。
6.27	俄罗斯联邦科技部部长、俄科学院副院长V.E弗尔托夫院士访问我院。路甬祥常务副院长会见并宴请了外宾，双方就进一步开展科技合作交换了意见。
6.28	中国科学院院士、中国农业科学院作物育种栽培研究所李竞雄研究员因病在北京逝世，享年84岁。
6.29～7.4	院28个研究所、64个项目参加在香港举办的庆回归“中国高技术成就暨香港工业展览会”。

6月　国家科委批准了依托金属腐蚀与防护所组建“国家腐蚀控制工程技术研究中心”项目计划任务书。

七　月

7.1　由中国长城工业总公司对外总承包，我院空间中心和南京大桥机器厂共同研制的ZN-A探空火箭跟踪定位系统成功实现对印尼两枚探空火箭的跟踪定位。

7.1　中国科学院数理学部的100多位院士向国家科技领导小组提出了《关于建议加大数理科学发展与人才培养力度的报告》。

7.4～6　中科院专利工作会议在京召开。

7.5～13　周光召院长赴加拿大参加第7届美洲华人生物科学大会（SCBA)，并在大会上发表介绍我国科技成就、科技兴国战略、国际合作前景的讲演。会后周院长访问了加拿大国家研究理事会(NRC)、国家自然科学及工程研究理事会和大学等单位。

7.5～7　美国国家科学委员会主席、物理化学专家理查德·杰尔（Richard N. Zare）在国家自然科学基金委主任张存浩教授等的陪同下到大连化学物理所进行学术访问。

7.8　外经贸部部长吴仪在安徽省省长回良玉、合肥市市长马元飞等省市领导的陪同下视察了中国科大国家同步辐射实验室并题词。

7.9～23和11.18～12.3　我院计划财务局、国际合作局与美国纽约市立大学中美技术公司合作，在纽约就专利和知识产权有关法律和许可证问题分两期举办培训班，我院从事专利工作的40人参加。(第一期于7月9日至23日举办，第二期于11月18日至12月3日举办。)

7.10～13　由教育局组织的院博士生重点培养基地经验交流与研讨会在沈阳与长春召开，白春礼副院长出席会议并讲话。

7.10～12　第三届科技副职工作总结表彰会在大连召开，刘安国等23位同志被评为科技副职先进个人。陈宜瑜副院长出席会议并做重要讲话。

7.11　美国商业部部长助理GRAHAM MITCHELL一行访问我院，作了美国有关科技政策问题的报告并进行座谈。

7.13　兰州放射性束流线（RIBLL）首次调束取得成功，调试出放射性束，标志着RIBLL已经胜利建成。

7.14　我院正式批复组建中国科学院计算机语言信息工程研究中心，中心的依托单位为华建电子有限公司。

7.15～18　院党组在京召开务虚会。

7.16　长春物理所“中国科学院长春分院分析测试中心物理所测试部”和“中国科学院阴极射线发光材料质量检测中心”进行了国家计量认证复检工作。

中旬	日中科技交流协会已故会长桥口隆吉的夫人向我院桥口隆吉基金会进行第二次捐款900万日元以支持基金会进行活动。
7.16	中组部副部长武连元同志在中国科学院京区局以上干部大会上宣读了中央和国务院决定：路甬祥同志任中国科学院院长兼党组书记。周光召同志不再担任中国科学院院长和党组书记职务。
7.17	路甬祥院长会见了台湾成功大学原理学院院长李克让先生。
7.17	湖南省副省长庞道沐在省农业厅厅长谭载阳、副厅长刘丁山等陪同下视察了长沙农业现代化所。
7.18	由长春物理所控股的以液晶显示为重点建设项目的吉林省电子股份有限公司发起人协议书签字仪式在长春举行，吉林省省长王云坤、副省长刘淑莹参加了签字仪式。
7.19～23	陈宜瑜副院长参加在西宁召开的院与青海省合作领导小组第二次会议，商定15个合作项目。
7.19	乍得爱国拯救运动主席、议会第一副议长马尔东·巴达·阿巴斯一行7人，在中联部副部长宦国英、甘肃省委副书记杨振杰、兰州市委书记陆浩等陪同下参观访问了兰州沙漠所。
7.21～29	院青年学者“凝聚态物理和低维材料”研讨会在庐山举行。严义埙副院长到会讲话并与青年学者进行了座谈。
7.22	江泽民总书记一行赴北京天文台兴隆观测站视察并为天文台题词“探索宇宙奥秘，造福人类社会。”
7.22～24	科技安全局在成都召开技术安全工作会议，检查、总结全院贯彻国务院召开安全生产的安全电视电话会议精神的情况。
7.23～24	长春应用化学所、长春光学精密机械所档案目标管理通过国家一级考评。这是我院率先产生的2个档案工作国家一级单位。
7.25	中国科学院京区计量测试站成立。
7.25～8.6	中国科学院生物学部、地学部、技术科学部和数理学部先后召开1997年中国科学院院士增选第一轮评审会议，从419名有效候选人中评审产生了137名初步候选人，将进入第二轮评审。
7.27	周光召、郭传杰同志会见了台湾工业技术研究院原院长、瑞典皇家工程学院外籍院士、香港科技大学副校长林垂宙博士。
7.30	路甬祥院长、竺玄秘书长会见了台湾中国航运股份有限公司董事长彭荫刚先生一行，就双方今后开展科技合作的可行性及有关具体项目的合作交换了看法。

八　月

8.1	计财局中关村结算中心正式成立。
8.1～10	我院第四期青年科学家学术交流会在昆明分院举行。

8.7　我院和共青团中央共同主办了中科院专家与“爱心计划——受助未成年人”座谈会。郭传杰副秘书长参加了座谈。

8.11　长春光学精密机械研究所通过ISO9001－GBT19001（民品）质量体系论证，开创了院属研究所整体论证的先河。

8.11　路甬祥院长向新闻界公布，中国科学院培养优秀青年学术带头人的“百人计划”,1997年度开始扩大招聘规模,每年招聘人数由20人增加到100人。

8.11　许智宏副院长会见台湾中研院植物所黄丽春教授，就海峡两岸学者之间的交流进行会谈。

8.11～14　我院第五届分院党组书记工作研讨会在兰州分院召开。

8.20～26　我院第五次分院院长、书记联席会议在乌鲁木齐召开。

8.20　中央政治局委员、国务院副总理邹家华在吉林省委书记张德江、常务副省长王国发、长春市委书记米凤君等陪同下到长春光机所视察工作。

8.21　国务委员、国家科委主任宋健及相关部门负责人员在甘肃省委书记闫海旺等陪同下视察了近代物理所，并参观了兰州重离子加速器和刚建成出束的放射性束流线。

8.21　由全国人大常委会副委员长雷洁琼带队的全国人大常委会《科技进步法》执法检查组，在山东省人大常委会副主任苗枫林同志陪同下到海洋所与科研人员座谈。

8.22　由中国科学院、中国科学技术协会、中国核工业总公司、国家自然科学基金委员会、中国原子能科学研究院、清华大学、南京大学、上海交通大学、东南大学、中国物理学会和江西省高安市等单位共同在北京中国科技会堂举行吴有训百年诞辰纪念报告会。刘华清副主席代表党中央、国务院讲话，周光召同志作了报告。

8.25～28　由中国科学院与国家自然科学基金委联合举办的“ '97中国青年学者固体地球科学讨论会——深部工程与大陆动力学”在地球物理所召开。

8.25～30　由中国科学院与国家基金委联合举办的“ '97中国青年学者物理讨论会——凝聚态物理”在北京物理所召开。

8.28　北京天文台天文学家在作超新星巡天时，在天鹅座发现了一颗正在爆发的矮新星。发现时R星等为13.3等,R星等在星表中原星等为19.9等。该星光变幅度达6.6等，属于罕见。

8.31　中国科大1997年招生工作顺利结束。共招收新生1983人，其中博士生147人，硕士生388人，本科生1248人，专科生200人。另外，招收代培研究生285人，成人教育学院招收新生2005人。

8月　中国科学院博士生重点培养基地经验交流与研讨会在沈阳、长春两城市召开。

九　月

9.1　团中央第一书记李克强、团中央国际联络部部长曹卫洲在甘肃省委副书记杨振杰等陪同下到近代物理所视察。

9.1　电力部邀请中国科学院、中国工程院院士召开座谈会，电力部史大桢部长、陆延昌副部长向院士们介绍了我国电力工业改革与发展的思路。严义埙副院长出席了座谈会。

9.2　北京市委书记、市长贾庆林一行60余人到我院怀柔绿化基地视察绿化工作，中科院党组成员、中纪委驻院纪检组组长、中纪委委员王德顺同志陪同视察。

9.3　院长办公会议审议批准，聘任39个国家重点实验室、院开放实验室新一届主任和学术委员会主任。

9.3　陕西省委书记李建国在副省长范肖梅及国家杨凌农业高新技术产业示范区党工委书记、副主任张光强等的陪同下视察了水保所黄土高原土壤侵蚀与旱地农业国家重点实验室。

9.3　水土保持所承担的国家"八五"农业科技攻关项目"安塞丘陵沟壑区提高水土保持型生态农业系统总体功能研究"通过了验收。

9.3　云南省省长和志强对昆明分院围绕院省合作做的工作给予了充分肯定和高度评价，并针对昆明分院目前工作困难作了批示。

9.4～6　我院在兰州召开了中国科学院材料配套工作交流会。

9.5　由中国科学院中日科技交流中心主办、日本日中科技产业交流机构协办的"中日科技经济交流学术讨论会"在北京人民大会堂举行。

9.6～11　在巴西举行的第三届世界科学院第六次院士大会上，我院3位科学家获奖，他们是物理所范海福院士获物理科学奖、上海硅酸盐所郭景坤院士获技术科学奖、上海国家基因研究中心洪国藩教授获勋章奖。他们3位分别在大会上作了获奖报告。许智宏副院长出席了此次会议。

9.8　应来华访问的罗马尼亚总统康斯坦丁内斯库的邀请，地学部涂光炽院士访问了罗马尼亚驻华大使馆并受到总统热情友好的接见。

9.9～18　应我院出版委与国家基金委杂志部的邀请，美国信息情报所（ISI）的高级主管 James Testa 和主编 Rodney Chonka 访问了我院。

9.10　英国皇家学会主席、1982年诺贝尔化学奖获得者克鲁格爵士率4人代表团访问我院，就双方今后进一步加强合作进行了商谈。访问期间，路甬祥院长会见了外宾。

9.12　中科院第十期所级领导干部上岗培训班在怀柔开班。

9.16　由水保所和美国农业部国家土壤侵蚀研究室联合主办的国际土壤侵蚀与旱地农业学术研讨会在西安召开。

9.16　电子部张今强副部长及相关司领导等一行13人参观了联想集团，并与联想集团柳传志总裁等进行了座谈。

9.17～20　由中国科学院与国家自然科学基金委联合举办的"'97中国学者技术科学学术讨论会——计算机软件新技术"在软件所召开。

9.18　中国科学院学位委员会第五届成员组成，白春礼副院长任主任。

9.18～21　我院第四届机构编制工作会议在桂林召开。

9.19	中国科学院院士、西南交通大学教授曹建猷教授因病在成都逝世，享年80岁。
9.22～10.22	中科院组织26名所级领导干部赴美国培训。
9.22	中国科大与联想集团签订共建中国科大联想计算机学院的协议。这是科大与企业界联建的第一个学院。
9.23～25	中国科学院第三届科技成果管理工作会议在京召开，路甬祥院长与会并讲话。
9.24	台湾资讯工业策进会副董事长兼执行长果芸先生率台湾资讯工业骨干厂商代表20余人来我院访问。路甬祥院长、郭传杰副秘书长等会见了台湾客人。
9.24～25	中科院院士长江三角洲经济与社会可持续发展咨询组在南京召开咨询综合报告讨论会。
9.25～27	严义埙副院长带领高企局和院直属企业领导干部参观联想在深圳、惠阳的生产基地。
9.26	由中央国家机关团工委、中央国家机关青年联合会主办，我院京区党委承办的学习贯彻十五大精神的报告会在京举行。会议由中央国家机关团工委书记林渊泉主持。路甬祥院长作了题为《高举邓小平理论的伟大旗帜，迎接科技教育事业新的辉煌时期》的报告。中央国家机关党工委副书记周敬东同志参加了会议。
9.26	由中国科大、合肥分院联合成立的中国科技大学合肥高等研究院在合肥分院举行了正式启动庆祝活动。白春礼副院长到会祝贺并讲话。
9.29～10.1	孙鸿烈院士赴罗马出席“联合国防治沙漠化”第一次缔约方会议，并顺利竞选成功，当选为该公约所设的科技委员会第一届委员会副主席。
9.29	中共中央批准郭传杰同志任中国科学院党组副书记，免去余志华同志的中国科学院党组副书记职务。
9.30	原国家主席杨尚昆同志在大连市委常委、副市长陈政高等陪同下到大连化物所视察。
9.30	我院正式批复组建中国科学院有机合成工程研究中心，中心的依托单位为上海有机所。
9月	国家经贸委装备司和我院高企局发文，同意成立“产学研激光毛化技术开发推广中心”及管理委员会。中心依托于力学所。
9月	我院上报国家计委的大型科学工程重大项目“国家同步辐射实验室二期工程”(合肥)和“大天区面积多目标光纤光谱天文望远镜”(北京)可行性研究报告，日前得到正式批准。这标志着我院申请的国家大型科学工程重大项目已正式启动。
9月	成都计算所为党的十五大研制的新型计算机选举系统，在党的十五大各次选举中使用获得圆满成功。

十 月

10.2～11 应我院邀请，德国马普学会主席马可尔教授访问我院。双方就今后合作问题进行了富有成效的会谈。路甬祥院长会见了外宾。

10.4 经中国科学院1997年度青年科学家奖评选委员会评审，院领导批准王恩哥等31位同志获得中国科学院青年科学家基础性研究奖，何兴东等10位同志获得高新技术开发奖。

10.6～10 由中国化学会和国家自然科学基金委主办，成都有机化学所承办的第一届全国有机化学学术会议在成都召开。白春礼副院长代表中国化学会在开幕式上致辞并在大会上作了学术报告。

10.7 中科院高技术企业长春热缩股份有限公司的股票——“长春热缩”在上海证券交易所成功上市。

10.7 以王大衍为首的8名两院院士赴国家技术创新试点城市青岛进行技术创新咨询。

10.8 中国科学院决定，钱文藻同志任中国科学院副秘书长，免去郭传杰同志副秘书长职务。

10.9 院第四次归侨、侨眷代表大会在动物所召开。

10.9 台湾朝阳科技大学校长曾腾光博士率团来我院访问，洽谈学术交流合作事宜。

10.10 中央候补委员、山东省委副书记陈建国在青岛市副市长邹立健的陪同下到海洋所就建设山东、发展海洋科学事业等问题进行了座谈并参观了海洋所标本室、水族馆及实验海洋生物学开放研究实验室。

10.10～12 中纪委驻院纪检组、院监察局在武汉分院召开了院执法监察工作经验交流会暨院纪检监察工作研讨会第一届年会。

10.11～12 由教育局组织的1998年院研究生招生咨询活动在科大研究生院中关村分部举办。

10.12～15 台湾高分子学术代表团一行13人应邀来大陆参加“海峡两岸高分子学术会议”，王佛松、郭传杰、钱文藻会见代表团并出席了有关会议。

10.13 兰州沙漠所实施中科院、林业部双重领导挂牌仪式在兰州举行。

10.14 由院党组组织编写的《邓小平论科学技术》和《邓小平科技思想学习纲要》两本书首发式暨学习座谈会在京西宾馆举行。朱光亚、周光召、路甬祥、朱丽兰、白克明等领导和首都科技界、新闻界的领导和专家出席了首发式。郭传杰同志主持座谈会，中宣部、国家科委联合发出通知，要求各部门组织广大党员、干部认真学习邓小平理论。

10.15 院留学工作会议在兰州西北宾馆开幕。白春礼副院长出席会议并讲话。

10.15 应我院邀请，澳大利亚墨尔本大学校长Frank Larking博士访问我院。严义埙副院长会见并宴请了外宾。

10.16～21　许智宏副院长率我院12人代表团访问香港，参加我院与香港科大合办的生命科学联合实验室学术委员会会议和学术研讨会，并访问香港生物技术研究院和香港大学。许副院长在港大作了学术讲演。

10.16　院党组召开京区各单位领导干部会议，传达中央、中组部和院党组关于领导干部选拔任用、领导班子建设和组织人事工作行为规范等五个重要文件。陈宜瑜副院长和党组副书记郭传杰同志出席会议并讲话。

10.17～19　白春礼副院长与中组部干教局副局长一行7人，就“西部之光”人才培养计划与地方结合问题拜会了甘肃省和青海省省长、省委书记及组织部领导，并与1996年“西部之光”入选者进行了座谈。

10.17　以遥感所为依托单位的国家遥感应用工程技术研究中心组建大会在遥感所举行。陈宜瑜副院长出席大会并讲话。

10.20　我院在沈阳召开了中国科学院科技管理工作会议。严义埙副院长出席并讲话。

10.20～24　1997年中国科学院院士增选第二轮评审暨选举会议在京西宾馆召开，陈宜瑜同志主持，五个学部460多名院士出席，学部主席团执行主席路甬祥院长在开幕式上作了《全面理解和把握院士标准，认真做好增选工作》的重要讲话。经过严肃、认真的评审，采用无记名投票和40%差额选举的办法，共选举出58名新院士。

10.20～22　党组成员王德顺同志等一行代表院工会、党委到山东禹城综合试验站慰问，赠送了一台水净化设备和VCD音响设备，并与该站干部职工座谈。

10.24～27　由中国科学院与国家自然科学基金委联合举办的“’97中国学者生命科学讨论会——生物技术”在化工冶金所召开。

10.25　中科院第五届院学位委员会第一次会议在京西宾馆召开。会议由本届主任委员白春礼副院长主持。

10.25　国务委员、国家扶贫办主任陈俊生在云南省副省长戴光禄等省、州、县领导的陪同下，视察了西双版纳热带植物园。

10.25　为推进跨学部大学科间的交叉，地学部、数学物理学部和国家自然科学基金委员会联合举办“地球内核的差速旋转的物理力学问题”学术研讨会。

10.27　中国共产党第十一届中央政治局委员、书记处书记，第十二届中央政治局委员，国务院原副总理，中国人民政治协商会议第七届全国委员会副主席，中国科学院第二任院长方毅同志的遗体在八宝山革命公墓火化。方毅同志因病医治无效在北京逝世，享年81岁。

10.27　日本东方株式会社社长新井裕、东方综合研究所社长道传猛访问我院，捐资支持我院软件所东方日语学校。日方将在今后3年内向东方日语学校捐助1500万日元。

10.28　京区纪委召开会议，传达贯彻中央纪委、监察部“10.15”电视电话会议精神和交流查办案件工作经验。

10.28～30　由上海药物所创制的蒿甲醚和该所协作研制的蒿酯钠、双氢青蒿素在世界卫生组织药品质量监控组主持的《国际药典》第五册修订咨询会议上被列入《国际药典》。

10.29　由京区党委、办公厅、人事局、政策局、中国科学报社、院团委联合主办的第二届院杰出（优秀）青年评选落下帷幕，共评选出10名杰出青年和30名优秀青年。

10.30　电子束辐射工程技术研究中心在中科院近代物理研究所成立。

10.30　三峡总公司批准力学所“三峡工程三期围堰爆破前期预研项目”立项，并正式签订合同。

10.31　美国ROCHE公司副总裁RICHARD ENGELEND先生访问我院，就该公司与我院开展新药数据库方面的合作问题进行洽谈。许智宏副院长会见了外宾。

10.31～11.2　中国科学院后勤工作会议在京召开。

10月　1991年诺贝尔化学奖金得主、瑞士苏黎世联邦高等工业学院物理化学实验室R.R.Ernst教授近日应邀对武汉物理与数学所波谱与原子分子物理国家重点实验室进行了为期3天的学术访问。

十一月

11.1　我院主持了中关村地区教育与科研示范网络主干网（NCFC）的鉴定。

11.2～7　由武汉岩土力学所主办的第九届岩土力学计算机方法与进展国际会议在武汉召开。

11.3　应空间中心邀请，欧洲空间局科学部主任R.Bonnet教授率领的ESA科学代表团一行六人在北京进行为期三天的访问。

11.3～7　由高能物理研究所主办的97国际加速器和大型实验物理控制系统会议在北京召开。

11.3～17　美国哥伦比亚大学李政道教授访问我院，主持高科技中心的工作，并就中美高能合作方面的有关问题同中国科学家交换了意见。

11.4　由中国植物生理学会、国际植物生理学会、上海生命科学研究中心、国家植物分子遗传重点实验室和上海植物生理研究所联合举办的第三届亚太地区植物生理大会在上海学术活动中心开幕。本次大会的主题是“21世纪的植物生理学与环境和农业”。

11.4～7　中国科学院思想政治工作研究会第五次年会在大连召开，院党组副书记郭传杰、党组成员王德顺和政研会会长余志华等同志到会并讲话。

11.4～11　白春礼副院长率团访问美国，参加“前沿科学研讨会”。

11.6　青海省省长白恩培、副省长白玛赴西北高原生物所视察工作。

11.7～29　院与香港蒋氏慈善基金会首次合作。在港举办以院属企业和所办企业有关负责人为主的培训班。

11.8～28 中国科学院组团举办香港蒋氏基金会资助的“中国机械工业高级管理培训班”，共有37人赴香港参加培训。

11.10～14 院党组在京召开务虚会。

11.11 中国科学技术大学举行了“211工程”项目建设计划任务书签字仪式，科大“211工程”正式开始全面建设实施。

11.13～15 应我院路甬祥院长的邀请，香港中华科学与社会协进会吕志和主席、蔡冠深副主席率21人代表团访问我院。

11.14 中国科学技术大学脑科学研究中心正式挂牌成立。该中心将致力于认识脑、保护脑和开发脑的研究工作。

11.14 中共湖北省委副书记杨永良到武汉分院进行调研，考察了武汉病毒所、武汉岩土力学所、武汉物理与数学所的实验室和高技术企业。

11.17～18 中国科学院组织鉴定委员会在等离子体物理研究所召开了“HT-7超导托卡马克装置”鉴定会。

11.18～19 中国科学院国家重点实验室(世行重点学科)项目工作会议在南京召开。

11.19 中国科学院在安徽光学精密机械所召开了“高分辨高灵敏度大气分子吸收光谱大型实验系统”鉴定会。

11.19～26 应我院邀请，德国洪堡基金会主席、著名物理学家吕斯特教授率6人代表团访问我院京区和沪区研究所，在北京举行了洪堡学者聚会活动，并拜访了有关部委。吕斯特主席向路甬祥院长颁发了洪堡奖章，以表彰他在科研领域和促进国际科技合作方面所做的突出贡献。

11.22～12.6 第18次中美高能物理合作会议在美国斯坦福举行，周光召院士、钱文藻副秘书长率我院高能物理代表团参加了会议。

11.23～29 日本国际协力事业团(JICA)中国白鳍豚考察团川岛真佐子、佐野和生一行2人及日本驻华使馆科技参赞河原昌一郎访问我院武汉水生生物所，对白鳍豚保护问题进行考察。JICA决定向我提供4700万日元用于购置白鳍豚馆杀菌系统、卫星跟踪系统及声纳分析系统。

11.24～27 应国际数据库委员会(CODATA)秘书的邀请，我国CODATA执委副主席孙鸿烈院士出席在韩国大田召开的第八次任务组会议。

11.24 资源环境科学与技术局组织实施的UNEP“中国生物多样性数据管理与信息网络能力建设”项目中“中国生物多样性数据管理指南”和“中国生物多样性信息资源编目”两个专题通过了国家环保局组织的专家验收。

11.24 国家科委、中国科学院、广东省科委、广东省高教厅、广州市科委共同支持，由28个科研院所和高校组成的广州地区科学仪器协作共用网成立。

11.26～29 中国科学院人事调配工作暨1998年毕业生供需洽谈会在青岛召开。

11.26～29 国际山地中心山区资源环境处在昆明和成都召开了兴都库什－喜马拉雅地区滑坡、泥石流管理国际研讨会。

11.27　“九五”重大科技专项“南沙群岛及其邻近海区综合科学考察”首航顺利完成考察任务返回广州。

11.27～12.23　经院批准由高企局、审计局、东方公司组成联合审计组对东方科工贸集团境外资产进行审计。

11.28～29　中国科学院 1994 年度“百人计划”入选者工作汇报会在北京召开。路甬祥、陈宜瑜、白春礼、竺玄等院领导及有关业务部门的负责人出席了会议。

11.30～12.5　严义埙副院长率有关局、所及中科集团领导共 10 人访问香港，与香港中华科学与社会协进会和航天科技集团进行科技经济合作研讨，并协商具体项目的合作及今后双方合作的设想。

11 月　中国科技大学科技产业园举行奠基仪式。国务委员、国家科委主任宋健题写了园名。

十二月

12.1　风云二号气象卫星交付仪式在中国气象局隆重举行。仪式由国防科工委政委李继耐主持，国务委员、国家科委主任宋健代表国务院出席仪式，路甬祥院长参加了交付仪式。风云二号是我国第一颗地球同步轨道气象卫星，其主要探测仪器（多通道扫描辐射计）由上海技术物理所研制。

12.3　中国科学院在北京人民大会堂隆重举行王宽诚先生诞辰 90 周年暨与王宽诚教育基金会合作 10 周年纪念活动。

12.4　中国科学院与中国工程院联合在北京举行新闻发布会，公布了增选的 58 名中国科学院院士和 116 名中国工程院院士名单。中国科学院院长路甬祥、中国工程院院长朱光亚在发布会上分别就两院院士的增选工作作了说明。

12.4　陕西省副省长范肖梅视察了水土保持所节水农业项目，并参观了喷灌微灌中心，对水土保持所的科技开发工作寄予了厚望。

12.4～5　京区党委、教育局联合召开了组织发展工作和研究生德育工作经验交流会。院党组副书记郭传杰同志到会并作了重要讲话。

12.6～9　受中国科学院委托，由西安分院、中科院黄土与第四纪地质室、水土保持所土壤侵蚀与旱地农业国家重点实验室联合举办的“黄土高原生态环境和农业可持续发展战略研讨会”在西安召开。陈宜瑜副院长、孙鸿烈院士等参加了会议。陕西省委书记李建国、省长程安东等省领导也出席会议并讲了话。

12.9　我院向中共中央、国务院呈报“迎接知识经济时代，建设国家创新体系”的研究报告，提出了建设国家创新体系和组织实施“知识创新工程”的建议。

12.11～12 中国科学院1997年度大型精密仪器研制、升级改造部分项目的评审工作会议在大连化学物理所举行，专家们对46个申请项目进行了评审。

12.9～12 中国科学院第二次野外工作会议在北京召开。国务院副总理姜春云在中南海接见出席会议的全体代表。

12.12～15 我院光机领域深化改革研讨会在京召开，路甬祥、严义埙、郭传杰等领导出席并讲了话。

12.15 中国科学院决定，王景川同志任中国科学院副秘书长。

12.16 师昌绪院士主持中国科学院学部主席团咨委会1997年度第二次会议。

12.17 著名科学家、我国人造卫星事业的主要倡仪者和科技方案主持人赵九章先生的铜像揭幕仪式暨赵先生诞辰90周年纪念会在北京举行。院党组副书记郭传杰同志主持会议，全国政协副主席钱伟长先生为铜像揭幕。

12.17 国务委员、国家科委主任宋健视察武汉物理与数学研究所，对两所的合并和取得的成绩给予充分肯定。

12.18 中法信息、自动化与应用数学联合实验室一周年及开放日活动在自动化所举行。

12.18 中国科学院党组对1997年度任期届满的领导班子集体进行评优，大气物理所等3个单位获得优秀奖，上海天文台等4个单位获得进步奖。

12.18～19 中国科学院院士长江三角洲经济与社会可持续发展咨询调研汇报会在苏州举行。陈宜瑜副院长、钱文藻副秘书长出席了会议。

12.20 中国科学院院士、中国科学院上海光学精密机械研究所邓锡铭研究员因病在上海逝世，享年67岁。

12.22 中国科学院决定，马彤军同志任中国科学院副秘书长。

12.22～26 由中国科学院与国家自然科学基金委联合举办的“’97中国学者生命科学学术讨论会——生物膜研究的前沿”在生物物理所召开。

12.26 中国科学院院士、北京大学教授、中国科学院理论物理研究所研究员胡宁先生因病在北京逝世，享年81岁。

12.27 中国科学院院士、山东大学校长潘承洞教授因病在济南逝世，享年64岁。

12.30 严义埙副院长代表院到中科集团宣布集团董事会组成，标志着院对中科集团以较规范的董事会管理代替关系协议管理。

12.31 中国科学院院士、中山大学原副校长蒲蛰龙教授因病在广州逝世，享年85岁。

12月 经陕西省科学技术委员会批准，以水土保持所为依托的“陕西省节水农业研究中心”成立。

院属各单位情况

北京地区单位

数学研究所

代理所长：李炳仁

地　　址：北京市海淀区中关村南4街甲1号

邮政编码：100080

电　　话：010-62553376，010-62551620

图文传真：010-62568356

E-mail：math@math11.math.ac.cn

数学研究所筹建于1950年6月，1952年7月1日正式建所。历任所长有著名数学家华罗庚院士（1952—1984）、王元院士（1984—1987）、杨乐院士（1988—1995）、龙瑞麟研究员（1995—1996）。1980年数学所中一部分人分出组建了系统科学所，另有一部分人分入应用数学所。1985年，数学所成为中国科学院首批两个开放研究所之一。

全所现有职工131人，其中研究人员83人。有中国科学院院士4人，博士导师28人，研究员50人，副研究员25人。40岁以下的科研人员占科研人员总数的40%，其中除两人外全部具有高级职称。在学研究生60人，其中博士生44人、硕士生16人。另有博士后12人。

数学所是一个覆盖了基础数学主要研究方向，并包括应用数学、计算数学和计算机科学的综合性数学研究机构。1996年被国务院学位委员会批准为具有数学一级学科博士学位授予权单位，并有计算机软件的博士学位授予权。数学所是首批设立博士后流动站的单位之一，建站学科为数学。1997年数学所在学科方向上进行了重大的结构调整，结合当前和未来的国际数学主流和发展趋势，重新组建了研究室。现设基础数学、非线性分析、计算机科学三个研究室和一个几何分析青年研究中心。大力扶持几何分析、算术代数几何、代数群与量子群、算子代数、非线性泛函分析、现代数学物理、复与实动力系统、非线性发展方程、分支与混沌理论、超导模型、知识工程与智能环境等新的学科生长点，取得了许多突出的研究成果，培养了一批学术带头人。新成立的中国科学院晨兴数学中心主要挂靠在数学所。1997年在若干前沿学科领域开展了很好的工作。数学所拥有全国最为丰富的数学专业图书馆，订有大量国外期刊，藏书逾17万册，还拥有与Internet联网的先进计算机系统。

1997年全所承担国家自然科学基金和中国科学院及其他部委研究项目50项，其中重点课题9项（共16人），中科院“百人计划”和“国家杰出青年基金”项目各一项。

数学所素以学术空气浓厚、学风严谨著称于国内外。建所以来为我国数学事业作出了举世瞩目的贡献。先后获得国家自然科学奖8项（其中一等奖3项、二等奖3项），国家科技进步奖二等奖2项；中国科学院重大科技成果奖29项，中国科学院重大科技进步奖12项（其中一等奖3项）；中国科学院自然科学奖11项（其中一等奖1项）；中国科学院科技进步奖2项；中国科学院青年科学家奖5项（其中一等奖2项）。陈嘉庚奖1项，何梁何利奖2项，求是杰出青年学者奖1项，陈省身数学奖2项，华罗庚数学奖3项，印度Hardy-Ramanujan学会杰出奖1项。另外获国家图书奖等奖十余项。1997年杨乐院士获华罗庚数学奖；贾朝华研究员获得中国科学院自然科学奖二等奖，并获得国家杰出青年基金；王跃飞研究员获中国科学院青年科学家奖一等奖。

数学所与国内外学术机构有广泛的联系，经常参与举办一些国际性的学术会议。1997年8月与北京大学联合举办了“第五届有限维和无限维复分析国际会议”。

中国数学会挂靠在数学所。数学所主办的刊物有《数学学报》（中、英文版），《代数集刊》（英文版），《当代数学》（英文版）及《数学译林》等。

应用数学研究所

所　　长：章祥荪
地　　址：北京市海淀区中关村南4街甲1号
邮政编码：100080
电　　话：010-62562939
图文传真：010-62541689
E-mail：iam@amath2. amt. ac. cn

应用数学研究所成立于1979年10月，由1977年成立的中科院应用数学推广办公室和中科院数学所运筹室、概率室部分人员组成，第一任所长是著名数学家华罗庚院士。全所现有职工114人，其中科技人员91人，有中国科学院院士2人，研究员41人，副研究员18人，中级科技人员19人。现有在读硕士生15人，博士生29人，另有博士后8人。

应用数学所主要是以基础研究为主，从事具有实际背景的数学理论研究，发展和创造对国民经济和国防建设有普遍意义的应用数学方法。同时承担国家重大攻关项目的研究以及政府部门企事业单位的委托项目。主要研究领域有微分方程与计算物理、运筹学、概率统计、信息科学与决策科学等。应用数学所在上述领域有硕士、博士授予权，并设有博士后科研流动站。

应用数学所1997年基本上完成了结构性调整。为了突出已定的主要学科方向，将原有的6个研究室调整为4个研究室和1个中心。在深化改革的基础上，1997年开始实施“按需设岗、按岗聘任”的制度。应用数学所是国家科委基础研究改革试点所之一，近年来不断扩大开放，积极加强与国内外同行合作交流。其中亚太运筹中心等研究中心和实验室，都是该所开放的窗口。近年来，在计算机设备，研究环境等方面都在向国外同类研究所靠近。

应用数学所1997年在研项目39项，其中国家自然科学基金重点项目7项，面上项目14项，中科院重点项目5项。中科院青年创新基金项目2项，国防科工委基金项目1项，社科院基金项目1项，省、部级项目4项，其他项目5项。应用数学所1997年上报中科院科研成果6项，出版专著3部，在国内外发表学术论文160篇。余其煌等同志承担的“八五”攻关专题项目《新疆塔里木盆地北部多相流动试井分析研究》获1997年地矿部科技进步奖三等奖。

应用数学所1997年主办了第三届计算与组合国际会议和偏微分方程国际研讨班。1997年国内外访问学者30人次，出访37人次，所内举办41场学术交流报告会，半年以上学术讨论班10个。

中国运筹学学会、中国计算物理学会挂靠应用数学研究所。主办刊物有《应用数学学报》(中、英文版)。

系统科学研究所

名誉所长：吴文俊
所　　长：陈翰馥
地　　址：北京市海淀区中关村南4街甲1号
邮政编码：100080
电　　话：010-62553063
图文传真：010-62568364

系统科学研究所成立于1979年10月，主要从事系统科学和与系统科学有关的数学及交叉学科的基础研究和应用基础研究。现有人员135人，其中科技人员97人，有中国科学院院士4名、中国工程院院士1名、博士生导师30名、研究员42名、副研究员(包括高级工程师)37名，中级科技人员29名。

1997年，系统科学所培养了19名博士毕业生、8名硕士毕业生、5名博士后出站，目前在读博士生60名、硕士生33名，在站博士后10名。

为发挥其综合优势，使之发展成走在国际科学前沿，代表我国系统科学水平的研究基地，1996年以来，系统科学所对科研力量布局和研究室建制做了全面调整，不但促进了基础理论研究，还在系统科学领域内开展为国民经济发展提供支撑的高水平的研究创造了条件。1997 年系统科学所被认定为首批基地型研究所试点单位。

目前，系统科学所设有两个院级的开放实验室：“管理、决策与信息系统开放研究实验室”和“系统控制开放研究实验室”和三个拟争取进入院级开放实验室系列的所级开放实验室：“数学机械化研究中心”、“统计与计算科学开放研究实验室”和“离散数学研究中心”。另有两个研究室：“系统运筹与管理研究室”和“基础数学与应用数学研究室”。主要研究方向为：系统运筹与管理（经济、管理与决策理论）、系统控制、统计理论与方法研究及科学计算、数学机械化理论、离散数学及若干基础数学和应用数学的个别强项。系统科学所的博士学位授予点有：基础数学、应用数学、计算数学、概率论与数理统计、运筹学与控制论、系统理论、管理工程；硕士学位授予点有：基础数学、应用数学、计算数学、概率论与数理统计、运筹学与控制论、系统理论、管理工程、系统工程。

1997 年度全所共承担科研课题 73 项，其中基础研究 57 项，应用研究 13 项，开发课题 3 项。其中包括主持的两项“九五”国家攀登计划预选项目：“数学机械化研究及其应用”和“复杂系统控制基础理论研究”，1 项国家基金委重大交叉项目“金融数学、金融工程和金融管理的研究”，3 项“国家杰出青年基金”。此外，系统科学所还承担了若干横向课题，其中包括国防科工委重点预研项目“小子样系统可靠性综合方法研究”等。

1997 年度，系统科学所的科研工作取得了重要进展，获 4 项重要奖励。吴文俊院士因其在定理自动证明方面的杰出贡献，获 1997 年国际自动推理大会颁发的 Herbrand 自动推理成就奖；郭雷研究员和陈翰馥院士多年来，在控制理论的自适应方面做出了国际领先水平的工作，因而获 1997 年国家自然科学奖三等奖（“自适应估计与控制的基础理论”）；万哲先院士的“有限域上典型群的几何学及其应用”获 1997 年中科院自然科学奖一等奖；高小山研究员获 1997 年中科院青年科学家奖一等奖；作为合作者，与中科院成都分院计算所等单位的研究人员一道，获 1997 年国家自然科学奖二等奖（“几何定理机器证明理论与算法的新进展”）。

1997 年，全所共发表论文 194 篇，出版著作 8 部，在国际会议上作学术报告 30 次，在国内各类专业会议上作报告 36 次。

在人才培养方面，系统科学所坚持发展重点，择优支持的方针，招聘了 2 位“百人计划”项目主持人，分别开展和加强离散数学和数学机械化的研究。

中国系统工程学会、中国自动化学会控制理论专业委员会和多个数学专业委员会挂靠在系统科学所。主办刊物有《系统科学与数学》（中、英文版）、《系统工程理论与实践》（中、英文版）。

计算数学与科学工程计算研究所

所　　长：袁亚湘
地　　址：北京市海淀区中关村南 4 街 4 号
邮政编码：100080
电　　话：010-62554590
图文传真：010-62542285
E-mail：icmsec@office. cc. ac. cn

计算数学与科学工程计算研究所是于 1995 年 3 月根据“稳住一头，放开一片”和中科院结构性调整的总方针而成立的小而精、高水平的基础性研究所。其前身是中国科学院计算中心三部和“科学与工程计算”国家重点实验室。全所现有职工 93 人，其中科研人员 83 人，有中国科学院院士 1 人，中国工程院院士 1 人，研究员、正研级高工 24 人，副研究员、高工 15 人，中级科研人员 34 人。计算数学与科学工程计算所设有计算数学专业和应用数学专业博士后流动站，是这两个专业硕士、博士学位授予权单位。现有在学硕士生 21 人、博士生 16 人，另有博士后 5 人。

计算数学与科学工程计算所主要从事计算数学与科学工程计算的基础性研究，研究计算方法的构造、理论分析及其实现。研究方向有：数值代数、数值逼近、辛几何算法、有限元边界元方法、数理方程反演问题数值方法、流体计算、并行算法与区域分解算法、最优化、概率统计计算等。结合解决在科学与工程中有重大影响的计算难题，构造和发展新型的计算方法和算法过程，并解决算法实现中的关键问题，伴随计算技术的进步，研究和发展高性能算法。

计算数学与科学工程计算所以“科学与工程计算”国家重点实验室为核心，下分研究课题，不设置研究室，各课题直接由所领导。国家重点实验室是一支以博士生导师和40岁以下的年轻博士为主体的高水平的研究队伍。实验室有一台四个CPU的SGI Power Challenge小巨型机，十多台高性能工作站以及图形图像输入输出设备，由这些设备组成高速异步传输模式ATM子网与Etherner子网互联的局部网络系统，并与中科院CASNER及国际网Internet连通。这些设备在国内达到一流，国际上相当于先进国家高校同类实验室90年代初的水平。

1997年计算数学与科学工程计算所争取到两项国家重大及重点项目，一项是国家科委攀登计划“九五”预选项目“大规模科学与工程计算的方法和理论”，专家委员会召集人是该所学术委员会主任石钟慈院士。另一项是国家自然科学基金重点项目“优化的理论与方法”，负责人是该所所长、实验室主任袁亚湘研究员。1997年共承担科研课题54项，其中“863”项目5项，国家自然科学基金项目14项，国家杰出青年基金1项，中科院重点及数学特别支持费项目22项，其他基金、合同项目12项。

1997年计算数学与科学工程计算所研究成果“哈密尔顿系统的辛几何算法”荣获我国自1993年以来唯一的一个国家自然科学奖一等奖。我国计算数学学科的奠基人之一，已故冯康院士1984年首次提出了基于辛几何计算哈密尔顿体系的方法，开创了这一富有活力及发展前景的新领域。冯康院士及项目组全体同志经过十多年的努力，取得了一系列优秀成果，他们的研究工作以其特有的创新性、系统性、广泛性、理论完整性和成果丰富性受到国际知名学者的高度评价，带动了国际上一系列相关研究，并已在天体力学、分子动力学、大气物理学等领域的研究中得到了成功的应用。与力学所合作取得的成果“流体运动的扩散抛物化理论、方程和数值方法”获中科院自然科学奖一等奖。全所科研人员1997年完成科技报告89篇，发表学术论文129篇（其中79篇发表于国外学术刊物及国际学术会议论文集），出版专著1部。

1997年计算数学与科学工程计算所广泛开展学术交流和学术活动，先后派出科研人员参加国际会议和合作研究25人次；接待外国专家来访19人次；主办了“第七届全国数值最优化与数值代数”会议。组织了“科学计算”高级讲座，进行了每周一次的所级学术报告会，各课题普遍开展了专题讨论班，活跃了研究所的学术交流气氛，促进了科研工作。

计算数学与科学工程计算所是中国计算数学学会挂靠单位。主办的刊物有：《Journal of Computational Mathematics》、《计算数学》、《数值计算与计算机应用》、《Chinese Journal of Numerical Mathematics and Applications》。

理论物理研究所

名誉所长：彭桓武
所　　长：苏肇冰
地　　址：北京市海淀区中关村南4街甲1号
邮政编码：100080
电　　话：010-62554447（所办）
010-62555058（业务处）
图文传真：010-62562587

理论物理研究所成立于1978年6月，是在理论物理各主要方向上从事基础研究的专业研究所，1985年8月成为中国科学院向国内外首批开放的研究所，1993年被第三世界科学院选为首批参加协联计划的优秀中心。1997年经中科院组织专家评议，确定理论物理所为中科院基地型基础研究所。现已成为国内理论物理界进行人员和学术交流，开展各种形式的学术活动，有效地组织有关理论物理重大课题研究的重要基地。现有研究人员30人，其中7位中国科学院院士，3位第三世界科学院院士（其中2位同时是中科院院士）。除固定编制的科研人员外，经开放所学术委员会或常委会批准，每年接收90人·月左右的客座人员来所工作。开放所主要活动方式是在认真调研学科发展的前提下，每年设立若干个中心课题，邀请客座人员与所内研究人员进行联合研究。

理论物理所是国务院学位委员会批准的第一批博士学位授予单位，已授予博士、硕士学位100余人，目前每年招收硕士生、博士生20名左右，1984年起建立博士后流动站，现保持在站博士后15人，形成了一支相对稳定的后备人才队伍。现正积极招聘具有博士学位并从事过两年以上博士后研究工作的国内外优秀青年学者入所工作。

理论物理所设有两个研究室，第一研究室从事粒子物理和场论、引力和宇宙学以及数学物理等方面的研究工作。第二研究室从事非平衡统计物理、凝聚态理论、非线性科学、计算物理、理论生物物理、原子分子和量子干涉学理论以及原子核理论的研究。

1997年理论物理所共承担课题55项，其中攀登计划课题16项（攀登A中，90年代理论物理学重大前沿课题11项；机器证明及其应用2项；非线性科学3项）；国家自然科学基金项目19项（其中，国家自然科学基金理论物理专款项目2项；国家自然科学基金重点项目1项、杰出青年基金项目1项；优秀人才基金项目1项；面上项目7项；短期回国5项；其他2项）；中国科学院理论物理特别支持费项目10项；开放所开放课题10项（客座人员119人）。

1997年，理论物理所研究人员在国内外主要学术刊物上正式发表研究论文102篇，学术会议口头报告15篇，专著2本，完成英文研究论文预印本30篇，朱重远和黄朝商等人完成的“超弦理论的研究”获得中国科学院1997年自然科学奖二等奖。1997年中国科技信息研究所发布的1996年中国科技论文统计分析中，理论物理所居《SCI》收录论文数量最多的研究所排名第14位，国际论文被引用数居全国研究机构第8名。

在学术交流方面，开展了多种形式的活动，包括主办和协助主办国际会议；举办工作月（周）、系列学术讲座、专题讨论会等，1997年在理论物理所举办了由国家自然科学基金委员会支持的“理论物理学青年学者”研讨会，举办国内学术会议和学术讨论会7次，接待国外来访学者52人次，国内学者来所参加活动者达500人次。

理论物理所有一个相当规模的专业图书馆，现已逐步形成我国理论物理学工作者的资料中心。1994年，所内扩建了计算机设备，由SPARC和SUN工作站组成的局部网已与国际通讯网络连通。1997年我们又积极争取上级有关主管部门的经费支持使得计算机工作站设备条件得到了进一步的改进。编辑部设在该所的《理论物理》（英文）杂志继续为世界最著名的六大情报检索系统《SCI》、《SA》、《CA》所收录。在SCI所收录的所有中国期刊中，《理论物理》的文献引用率始终处于前列。

物理研究所

所　　长：杨国桢
地　　址：北京市海淀区中关村南3街8号
邮政编码：100080
电　　话：010-62560906（所办）
图文传真：010-62562605

物理研究所的前身是成立于1928年6月的中央研究院物理研究所和成立于1929年9月的北平研究院物理研究所。1950年在两所合并的基础上成立了应用物理研究所，1958年9月改名为物理研究所。

截止到1997年底，全所共有职工607人，其中科技人员474人，有中科院院士8人、研究员和正研级高工85人、副研究员和高级工程师203人、中级科技人员145人。现有在学研究生共220人，其中博士研究生128人、硕士研究生50人，另有博士后人员42人。

物理所是以物理学基础研究和应用基础研究为主的科研机构，主要研究领域为凝聚态物理、光学物理、原子分子物理、等离子体物理和理论物理等。重点研究具有新型功能凝聚态物质的结构和性质，发展一系列新型功能材料；探索极微细尺度物质的特殊运动规律和物理本质；研究在强激光、超低温、强磁场、超高压等极端条件下物质存在的状态、特性、转化过程与机制；开展物理学与生命科学、化学、电子信息学科的交叉领域研究。争取在本世纪末、下个世纪初，把物理所建成规模适中的，在国际凝聚态物理及相关物理领域有一定影响的综合性物理学研究中心之一。

物理所现有磁学、超导、表面物理3个国家重点实验室和光物理、电镜、真空物理3个中国科学院开放实验室以及28个研究组。1996年以6个实验室和部分研究组为基础成立了中国科学院凝聚态物理研究中心。凝聚态物理中心成立一年多来，在加强基础研究，稳住一头，结构性调整上迈出了重要的一步，科研工作取得可喜的进展。物理所还设有技术开发部负责新技术开发和科研成果的推广。

1997年全所承担国家和科学院重要研究项目114项。

1997年全所共发表学术论文和学术会议报告909篇，其中在国际学术刊物上发表344篇。根据中国科技信息研究所取自美国出版的《SCI》检索刊物的统计，1996年物理所在国外刊物上发表并被该刊收录的论文216篇，被引用的论文304篇，均居全国科研单位之首，这已是连续7年保持了这一学术论文榜首的地位。

1997年全所有7项科研成果获国家和中国科学院的奖励，其中国家自然科学奖三等奖1项，国家科技进步奖三等奖1项；中国科学院自然科学奖一等奖1项、二等奖1项、三等奖1项，中国科学院科技进步奖二等奖1项，中国科学院发明奖一等奖1项。1997年申请专利13项，被国家专利局授权专利18项。获第五届中国专利奖2项。

在科技开发方面，物理所充分利用其科研成果和优势，积极开拓国际市场，1997年出口已成为营业收入和利润的主要构成部分，与合作方共同开发锂离子电池项目，中试的技术工作进展顺利。

国际科技合作向着平等互利、互补合作的方向发展。1997年物理所接待来自美、英、法、德、日等22个国家和港、台地区的来访学者共244人，参加了院级和所级的国际合作项目137项。和东欧、香港地区的科研合作项目有较大幅度上升。

中国物理学会挂靠在物理所。中国物理学会主办的、由物理所承办的刊物有《物理学报》、《物理学报（海外版）》、《中国物理快报》（英文版）和《物理》。

高能物理研究所

所　　长：郑志鹏
地　　址：北京市石景山区玉泉路19号乙
邮政编码：100039
电　　话：010-68213344（总机）
图文传真：010-68213374
E-mail：ihep@sun.ihep.ac.cn

高能物理研究所的前身是创建于1950年的中国科学院近代物理研究所。1953年改称物理所，1958年改称原子能研究所，根据周恩来同志的指示，1973年2月在原子能所一部的基础上组建了高能物理研究所。

全所现有职工1467人，其中科技人员990人，有研究员（包括正研级高级工程师）87人；副研究员、高级工程师363人；中级科技人员313人。有中国科学院院士7人；中国工程院院士1人。现有在学博士生97人，硕士生66人，在站博士后23人。

高能物理所是以研究高能物理为主的多学科综合性研究所。在基础研究方面，主要开展高能加速器物理实验、粒子和核物理理论、宇宙线和高能天体物理、加速器科学技术等研究；在应用研究方面，主要开展同步辐射、自由电子激光、核科学技术的应用与研究；在科技开发方面，充分发挥多学科和多种高科技的优势进行新技术的开发和科研成果的推广。1997年确定的“一主两翼”将成为高能物理所的结构模式，即：以高能物理及其相关学科的基础研究为主体，以面向国民经济的应用研究和科技开发为两翼。“精干一主，壮大两翼”将是高能物理所今后两三年中深化改革、调整结构的重要目标。

全所设有15个研究室。主要的科研设施和

装置有北京正负电子对撞机（BEPC）、北京谱仪（BES）、北京同步辐射装置（BSRF）、北京自由电子激光装置(BFEL)、35MeV 质子直线加速器、西藏羊八井广延大气簇射阵列等。

北京正负电子对撞机和北京谱仪自 1990 年运行至今，已积累了（BES）900 万和 200 万（BESⅡ）J/ψ 粒子、370 万 ψ′粒子，5Pb^{-1}τ 粒子和 22.3Pb^{-1}Ds 粒子的数据，对这些数据的分析，已得到了一批在国际高能物理界有影响的成果，例如：完成了 τ 轻子质量的精确测量；进行了 Ds 粒子衰变常数的首次与模型无关的直接测量；进行了 J/ψ 粒子共振参数的精确测定；对 ψ′粒子的研究，不仅证实了被称之为“矢量赝标量疑难”的压低现象的存在，还发现了矢量张量的衰变中也存在压低现象，对现有理论提出了挑战；确认了 ξ（2230）的存在并发现了它的新衰变道，得到了胶子球存在的重要预示；对 f_J（1710）和 ι（1410）的分析得到一些新的物理结果；最近又在 R 值测量的预先研究方面取得了重要的进展。

北京同步辐射装置现已有两个插入件、9 条光束线和 11 个实验站，可以使用 X 射线衍射、小角散射、漫散射、能量色散 X 射线衍射、白光形貌（静态、动态）、单色光形貌、透射 XAFS、荧光 XAFS、微区荧光分析、全反射荧光、光电子能谱、VUV 圆二色谱等同步辐射实验方法，在凝聚态物理、材料科学、生物、医学、地矿、石化、环境科学等方面进行广泛的应用研究。BSRF 向全国开放，自 1990 年底正式投入运行以来，全国已有近百个用户利用同步辐射开展交叉学科的研究，取得了高水平的实验结果。

宇宙线与高能天体物理研究方面，在西藏羊八井宇宙线实验站，中日合作二期阵列运行的一年中，已记录了 40 多亿宇宙线簇射事例，首次在 10TeV 能区用地面阵列测出了数十个高能天体的 γ 限，观测到 MKn501 高能 γ 源，并测得了它的 10TeV 发射随时间的变化曲线；独家测出了宇宙线太阳阴影的偏移，并给出它与太阳活动有关联的明确证据；测出了与初级宇宙线化学成分假定基本无关的超高能宇宙线膝区能谱；找到了 10TeV 宇宙 γ 暴的某种显示。

高能物理所是国务院学位委员会批准的首批硕士、博士学位授予单位，现设有 5 个博士学位专业点（粒子物理、原子核物理、理论物理、加速器物理及应用、核电子学与核探测器）、6 个硕士学位专业点（除上述 5 个专业外，加上放射化学专业）。1984 年起已建立博士后流动站。

1997 年高能物理所争取和承担的主要科研任务和项目 52 项，其中预算内课题 27 项，国家自然科学基金课题 16 项，委托课题 9 项。“粲物理和 τ 轻子物理研究”和“西藏羊八井宇宙线实验”已经取得一些国际上有影响的物理结果；同步辐射在用 X 射线衍射和光谱学分析方法研究结构方面完成了许多高水平的实验；“核技术新方法探索及应用”取得了一些高水平的成果。

1997 年高能物理所在科研工作取得的主要成果有“J/ψ 粒子共振参数的精确测定”、“宇宙 γ 暴空间 X 射线探测器（初样）的研制”、“150MW 脉冲调制器的研制”等 9 项。“北京谱仪 Ds 物理的研究”和“3W1 永磁扭摆磁铁”分别获得中国科学院自然科学奖一等奖和科技进步奖三等奖。

高能物理所现有所办独资公司和经济实体 12 个；控股的有限责任公司 1 个。从事科技开发工作的职工 90 余人。主要的开发项目有：辐照加速器及传输系统、石油化工罐区计算机自动监控系统、高低密度聚乙烯防渗防腐垫衬工程、透皮控释贴片（可乐定降压贴和戒烟贴）等。高能所与广东威达集团股份有限公司合作研制的正电子断层照相机（PET），1997 年 8 月已通过国家医药管理总局组织的专家评审委员会的鉴定，现安装在北京复外医院开展临床诊断研究工作。另外，高能物理所 1997 年完成了美国斯坦福加速器中心（SLAC）B 介子工厂、日本高能加速器研究机构（KEK）B 介子工厂部分磁铁的加工制造任务。1997 年，高能物理所开发创收的总效益约 800 万元。

高能物理所 1997 年与国外同行进行了广泛的科技合作。其中主要有与美国在北京谱仪（BES）方面的合作；与西欧核子研究中心在 LEP 实验、LHC（CMS、CSC 探测器）、L3 宇宙线方面的合作；与德国在 DESY TESLA 直线对撞机、HERA-B 探测器方面的合作；与意大利在 INFN KLOE 探测器、ICARUS 宇宙线、BPRS/DAMA 寻找暗物质等方面的合作；与英国伦敦大学在北京谱仪胶球研究方面的合作；与日本在 KEK B

工厂磁铁加工、中日羊八井宇宙线研究等方面的合作。

高能物理所1997年主办和承办了"国际加速器和大型实验物理控制系统会议"、"第七届亚洲及太平洋地区物理会议"、"第一届快中子治癌学术会议"等国际会议。

中国物理学会高能物理分会、同步辐射专业委员会和引力与相对论专业委员会、粒子加速器学会、核电子学与核探测器学会、核化学学会挂靠在高能物理所。主办的刊物有:《高能物理与核物理》(月刊,中、英文版)和《现代物理知识》(双月刊)。

力学研究所

所　　长:薛明伦
地　　址:北京市海淀区中关村路15号
邮政编码:100080
电　　话:010-62560914(所办)
图文传真:010-62561284

力学研究所是以基础性研究为主的国家级力学研究基地。建立于1956年,钱学森、钱伟长任正、副所长。已故副所长郭永怀曾长期主持工作,继任所长郑哲敏,现任所长薛明伦。

力学所现有职工579人,其中专业技术人员474人,有中国科学院院士7人,中国工程院院士1人,研究员73人,副研究员、高级工程师203人,中级科技人员138人。力学所为硕士、博士研究生培养点,并设有国家博士后流动站。现有在学博士生83人,硕士生50人,博士后23人。

力学所的研究开发工作由基础与公益性研究,应用研究与技术发展,高新及实用技术产业三大部分组成。下设研究室、实验室、研究中心和开发公司。力学所从事研究发展的主要学科有:非线性力学、气动力学与气动物理、微重力流体力学、环境流体力学、应用流体力学、固体力学、材料力学性能、材料工艺力学、海洋工程力学、爆炸力学、激光流体物理、土力学、物理力学、生物力学、等离子体与磁流体力学。

力学所设有中科院非线性连续介质力学开放研究实验室和高温气体动力学开放研究实验室,是国家微重力实验室的建设承担单位,由国家经贸委和中科院共同支持的激光毛化技术开发推广中心已正式成立。中科院海洋工程科学技术研究中心办公室设在力学所。

力学所的计算机网络已和Internet网络联结,形成国际信息和计算网络。

1997年由力学所作为首席专家单位的"攀登计划"预选项目2项,参加攀登计划预选项目2项,主持和参加国家重大基金项目5项,国家高技术"863"项目近20项,国防科工委气动预研项目3项,主持中科院重大项目4项、重点项目5项。

半浮区液桥热毛细对流研究工作,通过地面实验、理论分析、数值模拟及800米落井试验,得到了不同参数条件下液桥热毛细对流的流动、热输运规律和临界振荡参数;研究提出的热毛细对流浮力不稳定性机理,热毛细对流的表面振荡和表面波,液桥体积比变化对液桥稳定性的影响,恒定热毛细对流向湍流转捩的混沌特性等。研究结果引起国外同行的关注和兴趣,意大利、法国、比利时、日本均已和该所进行了热毛细对流问题的合作研究。发表论文40余篇,被《SCI》,《ISTP》,《IE》收录,被《SCI》引用87次。

在材料变形与损伤的局部化理论研究,材料细微观变形,破坏模型和基本理论研究方面,初步建立了宏观连续介质力学、细微观实验现象、细观力学分析及分子动力学模拟的诸层次中定量的跨尺度联接,研究工作多次在国际会议上作特邀报告,受到与会者的好评。高超声速湍流分离流研究,在世界上首次获得了高超声速分离激波非稳定运动的实验结果。

涠11-4平台结构强度全尺度原位监测研究,对采油平台进行了长时间、大容量、特大风暴条件下的综合监测分析研究,提高了我国平台设计和可靠性评估水平。

1997年力学所应用与开发研究取得较大成绩。激光毛化技术与本溪钢铁公司、宝山钢铁公司等国有大型企业合作进展顺利,毛化技术深度开发被中科院列为"九五"重大攻关项目;微细铝粉技术与产品已进入国际市场;新型高效的气脉冲除灰技术已在上海4个电厂13台机组锅炉及江苏等省3个电厂机组上应用，取得了良好的效益，并与上海电力局合资成立了“上海科电节能技术开发有限责任公司”，以进一步推动成果的转化。

计算机应用与网络中心同北京市公安局签订了机动车检测与网络管理的合作协议；原油集输除油系统技术在华北、胜利、辽河等油田开始应用。

1997年力学所获奖项目有4项：“流体运动的扩散抛物化理论、方程和数值方法”获中科院自然科学奖一等奖；“高温涡轮气冷叶片传热及瞬态实验技术研究”获中科院科技进步奖二等奖；“三相交流工频等离子体冶炼铌铁新工艺”和“飞行器一体化设计数值研究”获中科院科技进步奖三等奖。另外“高重频调制多脉冲YAG激光刻花系统及加工方法”获中华人民共和国和世界知识产权组织颁发的中国专利发明创造金奖。

力学所有所办及联营公司12个，26个系列产品和技术，其中“爆炸法处理水下软基技术”、“直埋保温防腐管道”、“聚氨酯组合料系列产品”、“微机控制双悬臂皮带秤配料系统”、“金属检测装置系列产品”、“Carbonado球状聚晶金刚石微粉”、“真空熔炼高压气体雾化制粉技术及装备”、智能输液泵、数字高压电表等项目受到用户好评。

现从事科技开发工作的人员有113人，1997年经营总收入4594万元，利润总额432万元。

1997年力学所坚持开放办所，加强国际交流与合作，全年共有81人次出访到16个国家和地区进行讲学、技术访问、商务考察和参加重要国际学术会议；同时有11个国家和地区的35名学者来力学所进行学术交流及商谈合作事宜。

1997年力学所与中国力学学会还成功地举办了第十三届国际等离子体化学会议。该会议是低温等离子体领域最有影响的国际系列会议（国外代表211人，国内代表84人，随同来访外宾62人）。

中国力学学会挂靠在力学所。主要刊物有：《力学学报》（中、英文版）、《力学进展》、《力学与实践》、《中国力学文摘》。内部出版物有：各类内部学术报告，力学所年度学术论文摘要。

声学研究所

名誉所长：汪德昭
所　　长：李启虎
地　　址：北京市海淀区中关村路17号
邮政编码：100080
电　　话：010-62644116
图文传真：010-62553898

声学研究所成立于1964年7月，现有职工697人，其中科技人员549人，有中国科学院院士6人，研究员57人，副研究员、高级工程师等168人，中级科技人员204人。另有在学博士研究生43人，硕士研究生84人，在站博士后10人。

声学所具有声学专业博士、硕士学位和信号与信息处理专业硕士学位的授予权，并设有博士后流动站。声学所建所初期设有水声学、空气声学、超声学三个学科方向。以后逐步发展为有近20个分支学科的门类齐全互相呼应又有重点的学科网。1997年声学所根据改革和发展的需要，结合所情确定了在国内外具有优势的研究方向：水声物理与水声工程、超声电子学与超声工程、空气声学与噪声控制、言语声学与数字语音信息技术、数字音频和数字视频技术以及宽带多媒体通信技术、大规模集成电路设计与数字系统集成技术。设有12个研究室、一个数字信号处理工程研究中心、一个声场声信息国家重点实验室和东海（上海）、北海（青岛）、南海（海口）三个研究站以及新安江、榆林试验场。重要的科研设施有音频声学实验室、水声测量实验室、高声强实验室、“863”计划投资建立的数字系统集成实验室、中科院重点投资建立的非线性声学实验室和声表面波实验室、中科院“百人计划”投资建立的交互信息实验室。还有两艘水声实验船。

1997年，声学所完成了跨世纪的领导班子换届工作，领导班子的年龄从上届平均56岁降至平均48岁。在中科院整体定位的要求下，声学所的领导集体根据自身优势和社会需求，继续坚持声场声信息和数字信号处理两个研究方向，把自己的发展目标确定为：在声场声信息和数字信号处理研究领域建设以基础性研究为先导，以高技术研究和发展为主体的国家队。既研究和解决国民经济、国防建设和社会发展中提出的具有基础性、前瞻性、战略性和综合性的声学和数字信号处理理论与工程问题，又在国际学术领域占有一席之地。

过去的一年，声学所争取和承担了国家攻关项目2项；中科院重点项目4项；军工项目21项；“863”高技术项目8项；国家自然科学基金项目22项；国防预研基金项目13项。其中，军工“208”项目获海试成功，性能达到国际水平。

声学所1997年上报申请科技成果11项。其中基础、应用基础研究成果3项；应用研究7项；应用开发研究1项。获得中科院科技进步奖2项，分别是“SANCS-TP自适应干扰抵消系统”和“CR-01 6000M无缆水下机器人”(声学所负责声纳系统)。“声表面波信道滤波器组件”获中科院发明奖。此外，还获得中国船舶工业总公司科技进步奖3项。

1997年全国VCD市场中，声学所DSP工程中心提供技术支持的占1/3份额。此外，还推出数字电视机顶盒、DVD影碟机、Cable-Modem及网络交换器、高性能路由器等产品。面向市场，声学所在技术开发、技术咨询、技术转让、技术服务活动中又取得新进展，声学所开发的“声吹灰”专利技术被国家科委列入“九五”重点推广计划。

1997年新任所长李启虎院士提出加紧培养跨世纪年轻科技人才和依法治所的主张，合并处室，压缩了职能机构。研究室等处级领导班子进一步年轻化。增设了资产处，加强了对全所资源的监管和规划，在利用市场规则调整资源配置上向前迈进了一步。

1997年声学所科研事业总经费收入3933.3万元。其中科学事业费726.6万元。科技专项费、科学基金及横向技术性收入(包括所属企业)、生产经营收入等总和为中科院拨科学事业费的4.4倍。

在1996年中美联合远黄海考察的基础上，1997年4月声学所作为东道主，又和美方成功地举办了第一届“国际浅海声学会议”。国际上该领域内的著名科学家几乎都到会，促进了我国与国际间的合作交流，同时也再次显示了声学所在浅海声场研究方面的国际前沿地位。之后，李启虎所长又率团赴美参加了进一步开拓浅海声学合作的研讨会。计划在1999年举行中美及东亚多个国家的联合海上试验。此外，在语言声学和数字信号处理技术方面，声学所与美国一些大公司开展了交流与合作；与俄罗斯的海洋声学的合作研究及设备引进工作进展顺利。

中国声学学会、全国声学标准化技术委员会挂靠在声学所。主办刊物有《声学学报》、《中国声学》(英文版)、《声学技术》和《应用声学》。此外还编辑出版《微计算机应用》杂志。

工程热物理研究所

所　　长：陈静宜
地　　址：北京市海淀区中关村路乙12号
邮政编码：100080
电　　话：010-62554126(所办)
010-62573330(总机)
图文传真：010-62575913
E-mail：etp@etpserver.etp.ac.cn

工程热物理研究所是1980年成立的，前身是国际著名科学家吴仲华教授于1956年创立的动力研究室，1960年曾与力学所合并建制。现有职工219人，其中专业技术人员185人，有中国科学院院士2人，研究员(包括正研级高级工程师)24人，副研究员、高级工程师等53人，中级科技人员75人。具有硕士、博士学位授予权，并设有国家博士后流动站。目前有硕士研究生26人，博士研究生17人，博士后6人。

工程热物理研究所主要从事能源高效转换与利用研究，其中包括工程热力学、内流气动热力学、燃烧学、传热传质学和热物理测量技术等分支学科。它的科技发展战略是面向跨世纪科技进步的挑战，发展工程热物理前沿、新兴与交叉学科，在国家能源、动力、环境领域的重大项目中发挥重要与关键作用，努力为国家经济建设和人类社会可持续发展作贡献。它以高技术研究与发展型研究所定位，是一个应用基础、应用与开发研究有机结合的综合型研究所。

工程热物理所的主要研究方向是先进联合循环与新型能源转换的总能系统、叶轮机械和热机气动热力学、高效低污染燃烧、微重力燃烧、多相传热与传质、高效强化传热等。近年来基于对循环流化床锅炉燃烧技术的深入研究，已成功地开发出一系列不同容量与用途的循环流化床锅炉，获得了广泛的应用；总能系统的研究成果在国家能源发展战略研究与规划制定中发挥了重要作用；叶轮机三维粘性复杂流场计算方法、应用软件、流型研究的许多成果在航空、舰船与工业燃气与蒸汽轮机的设计中已得到实际应用；热管技术、强化传热、多相流传热与传质研究在已有成果基础上正在向超急速、微小型化和复杂形状的新领域发展；压缩系统流动失稳机理与控制、微重力燃烧、低污染燃烧、风机与泵的节能降耗与降噪、汽车代用燃料应用等项目也都取得了重要成绩。

工程热物理所已建成动、静态叶轮机械和叶栅实验台，冷、热态燃烧实验装置，以及传热研究与技术开发的各种实验设备，并不断地更新先进的测试仪器。1996 年 1.5MW 循环流化床热态实验装置正式投入运行，1997 年建成湿化技术与多相流实验装置，改建了所跨音速压气机实验台，发展了所跨音速风洞实验台试验件，建成 TS 系列新型太阳能集热管实验设备，并初步形成了超急速传热实验室。微重力落塔实验装置还对扩展落塔功能进行了成功的探索。计算机室的 SGI Power Challenge L 主机与工作站系统在科研与各种国际活动中发挥了良好作用。为把研究成果推向市场，还开办了 4 个所办公司和 2 个与外单位合作的公司。工程热物理所与世界许多国家和地区的研究机构和企业建立了合作关系，现与美国、德国、意大利、比利时、日本、希腊、捷克、波兰、韩国以及香港等国家和地区正在进行多项合作研究。

为实现其科技发展战略，工程热物理所在学科方向、项目安排、运行模式、年轻人才培养、社会保障体系、研究所基础设施发展等方面正在深化结构改革。1997 年进一步从项目意义、人员结构与经费强度三方面强化了对大项目的组建与发展。在应用与开发研究方面，除继续加强面向能源领域的“循环流化床燃烧技术与循环流化床锅炉研究开发”和“我国火电站老汽轮发电机组改造”两大项目外，还新组建了面向环境事业的“城市固体废弃物焚烧与综合处理”和面向我国动力机械发展的“小型燃气轮机组研制”项目；在应用基础研究方面，除“能源利用中的气动热力学前沿问题和新设计体系研究”国家基础性研究攀登 B 项目和“微重力燃烧”项目外，还新组建了“超急速传热传质”基础研究项目。同时，为探讨高新技术的发展与运行模式，1996 年组建了“工程热物理研究所循环流化床燃烧工程研究发展中心”，进一步发展了该所与国内外循环流化床锅炉制造企业的合作关系；与科研、产业和金融部门共同组建的，以我国老电厂汽轮发电机组技术改造为主要目的的“北京全三维动力工程有限公司”取得了重要进展；在国家攀登 B 项目的运行中引入了新的竞争激励机制，使该项目在 1997 年的中期评估中被评为优秀；与北京海淀区合作的 100 吨/日循环流化床垃圾焚烧系统已完成焚烧炉建设一期工程，1997 年 6 月点火运行成功，并同时开始了与社会生产要素结合的产业化进程新机制。另外，1996 和 1997 年该所在“能源与环境工程热物理”和“循环流化床燃烧能源利用技术”学科方向分别招聘了一名我国留学海外的年轻学者进入中国科学院的“百人计划”，同时该所还有 3 名 40 岁以下的年轻博士已被提升为正研究员，其中黄伟光研究员 1997 年获中科院青年科学家奖二等奖。

1997 年新型 75 吨/时循环流化床锅炉完善化示范工程项目通过了国家经贸委组织的项目验收与产品鉴定，并召开了新闻发布会。以工程热物理所的技术支持为主、由全三维公司主持的 200MW 老电厂汽轮机组改造工程通过了黑龙江省电力局组织的机组改造成果鉴定。

中国工程热物理学会挂靠在工程热物理所。主办刊物有《工程热物理学报》(双月刊)、英文刊物《热科学学报》(英文版季刊)。主办或协办“能量系统热力学分析和改进国际会议”、“内流气动热力学实验与计算国际会议”、“国际流体机械与流体工程学术会议”、“多相流国际会议”、

“国际热管会议”、“亚太地区燃烧与能源利用国际会议”等。

低温技术实验中心

名誉主任:洪朝生
主　　任:周　远
地　　址:北京市海淀区中关村北1条2号
邮政编码:100080
电　　话:010-62554153
图文传真:010-62564049

低温技术实验中心创建于1980年,其前身为中国科学院物理研究所低温研究室与中国科学院气体厂。截止到1997年,总人数为245人,其中专业技术人员132人。有中国科学院院士1人,研究员16人,副研究员、高级工程师等36人,中级职称人员43人。现有在学博士生7人、硕士生13人,另有博士后5人。

低温中心的学科方向为低温物理、低温技术。低温物理方面,主要从事液氦温区到mK温度范围的物理研究。包括超导(低温超导、有机超导和各种特殊超导电性)、超流、量子固、液体、低温磁性、低维系统问题(例如介观系统的量子输运性质、纳米物质的物性)、及低温物性研究。低温技术方面:以新型极低温制冷机的原理、流程和方法及其应用与工程化、以及与之相关技术的研究与开发为主,重点包括:小型、微型制冷技术的研究与应用;低温传热研究与应用;液化技术与低温系统的研究与开发;承接国家、地方各类低温工程,并向社会提供低温技术服务。把低温生物学、低温电子学、低温材料学作为新的学科生长点加以扶持,拓展低温技术领域。

低温中心具有低温物理、低温技术的硕士学位授与权,是低温技术学科的博士点(与华中理工大学联合)。

低温中心的科技系统分为两大部分:(1)基础与高科技研究部:包括极低温物理开放实验室、微型制冷高新技术研究组和低温传热研究组;(2)低温技术开发部:包括开发部直属项目组8个、所办公司2个,以及液氦生产车间和试制加工组。

极低温物理开放实验室拥有国内最完善的低温、极低温条件下的物理和力学性能测量装备以及充裕的液氦供应,测量装备包括从室温到毫开(mK)级的物性测量装置、获得极低温的稀释制冷机和顺磁盐绝热去磁装置、低温强磁场实验系统、低温温度计量检测装置、材料低温力学性能测量装置。该实验室与国际上极低温物理研究的三个权威实验室(英国、芬兰、德国)建立了合作研究、合作培养博士等良好合作关系。

微型制冷高新技术研究组,建有目前国内最先进的“制冷机动态测量实验室”,对研究制冷机内部过程、提高研究水平有重要作用。

1997年低温中心从事科研项目25项(低温物理11项、低温技术14项),其中52%为国家自然科学基金项目,48%为“863”攻关项目、国家科委专题项目、军工任务和中科院重点项目等。

低温物理研究方面,1997年在低维强关连电子体系中近藤问题研究方面取得了很大成绩,提出了两个具有明确物理意义的可积近藤模型,并在第九届国际多体理论大会和第一届珀斯国际多体理论研讨会作了特邀报告,引起国内外同行的极大关注。两篇具有代表意义的论文发表在《Phys. Rev. Lett.》上。在低维体系的量子效应研究方面,通过对用激光熔融法生长的400Å厚的YBCO薄膜低温下的磁化率弛豫和输运性质的实验测量,首次从输运性质上观测到了量子隧穿现象,有关工作发表在《Physica. C.》上。关于低温和极低温下高温超导体的特殊行为研究,在以前发现的$(Em_{1-x}Y_x)_2CuO_{4+\delta}$样品反常磁性的基础上,又发现Nd,Sm,Gd,Tb,Ho,Tm等系列T″相增氧样品上的反常磁性,表明该反常磁性为T″相的共有行为。还对其产生机理进行了唯象解释。

低温技术方面,由中科院、国家超导中心、国家自然科学基金委、国防科工委共同资助的“脉冲管制冷机的深入研究和实用化”以及国家自然科学基金资助的“冰蓄冷空调”项目于1997年通过了科学院组织的技术成果鉴定。有关脉冲管研究的两篇论文获得国际低温工程与低温材料会议优秀学生论文奖,并获得国家发明专利1项。

承担的国家自然科学基金“混合工质节流制冷器”项目取得了突出进展，采用低温中心自己提出的混合工质及自行研制的新结构多孔板节流制器，成功地达到了67.5K的国际最低温度纪录，在80K有2W以上的制冷量，实验结果达到了国际先进水平。空调压缩机驱动的同轴脉冲管制冷机达到了38K最低温度，77K有6W制冷功率，功耗仅为500W左右，可应用于超导器件的冷却。1.66cc旋转压机驱动的微型同轴脉冲管制冷机达到66K，在80K有600mW制冷量，输入功率66W；0.79cc线性压缩机驱动的微型同轴多路旁通脉冲管制冷机达到82K，在85K有100mW制冷功率，功耗为29W。

1997年“对流型稀释制冷机”获中科院科技进步奖三等奖，“脉冲管制冷机的两种新结构和数值模拟”获国家教委科技进步奖一等奖（第二完成单位）。

低温中心与物理研究所共同承办了第五届国际高温超导大会，参会人员1100余人，来自40多个国家。其规模之大，在国内专业会议史上是少有的；作为中方组织单位，组织并参加了1997年在日本大阪召开的“第五届中日双边低温制冷机学术交流会议”(JSJS-5)。

低温中心下属单位有北京科阳气体液化技术联合公司、北京科迪低温设备公司和北京友利昂股份有限公司。中国制冷学会低温专业委员会（第一专业委员会）和中国物理学会低温物理专业委员会挂靠在低温中心。

北京天文台

名誉台长：王绶琯
台　　长：李启斌
地　　址：北京市朝阳区大屯路甲20号
邮政编码：100101
电　　话：010-64888710
图文传真：010-64888731

北京天文台成立于1958年2月22日。1997年底人员总数为306人。有中国科学院院士3人，研究员22人，副研究员、高级工程师67人，中级科技人员87人。现有博士生25人、硕士17人，另有博士后5人。

北京天文台是国家天体物理学和天文仪器与方法的博士、硕士学位授予点和天体物理学博士后流动站的设站研究机构。

北京天文台发展前沿优势领域，是把主要研究力量集中到观测手段较强，人力也比较雄厚的太阳、恒星、星系层次的天体剧烈活动和宇宙大尺度结构研究重点方向上。基本上反映在攀登计划、国家自然科学基金重大、重点和中科院重大、重点项目上。并且围绕大项目、大设备和优秀人才组织课题。设有光学天文、射电天文开放实验室观测基地。形成了几个大的系统性研究计划，太阳活动区磁场，BATC巡天，ROSAT源光学证认，MUSICOS联测，密云米波射电源证认。承建国家大科学工程——大天区面积多目标光谱望远镜(LAMOST)。空间太阳望远镜的预研——球载太阳望远镜正在积极进行。作出了一批比较显著的有影响的成果。

北京天文台现有6个职能部门、15个课题组、15个天文信息中心，4个观测站。设有中国天文数据库、国际空间环境预报中心北京预报中心（IESE)、世界数据中心中国中心天文学中心(WDC-D for Astronomy)，世界恒星数据中心北京分中心。

为充分发挥年轻人才的优势，北京天文台组建了青年天文研究中心为一批优秀留学回国人员提供良好的工作条件，使他们能够独立进行国际前沿课题的研究。

北京天文台的重要科研设备有2.16米光学望远镜，太阳多通道望远镜，米波综合孔径射电天文望远镜，1.2米红外望远镜，60/90厘米施米特望远镜和60厘米反光望远镜等大中型天文观测设备，配备有先进的摄谱仪和CCD探测器和计算机系统。

北京天文台的主要改革措施：① 实行人才分流，精干科研队伍；② 运用业绩分考核科研人员，并与待遇挂钩；③ 调整结构，集中力量到天文学前沿方向——天体物理学，围绕优秀人才，大设备，大项目组织课题；④ 认真贯彻两手抓，在职工考核中把精神文明建设与业绩考核放到同等地位;⑤ 将观测宇宙电波中形成的高技术力量转移到卫星通讯技术上，为国民经济服务，以三分之一左右的力量从事技术开发。

1997年，北京天文台争取和承担的主要科研任务和项目：①“九五”国家重大科学工程项目LAMOST，北京天文台为依托单位；②中科院“九五”特别支持项目球载太阳望远镜；③国家自然科学基金“九五”重大项目太阳磁场、速度场和空间太阳望远镜方案；④中科院“九五”重大项目BATC巡天；⑤中科院“九五”重大项目空间太阳望远镜B阶段研究；⑥积极争建国际大射电望远镜项目（LT)。

1997年北京天文台获奖成果5项，其中获中科院科技进步奖一等奖2项、三等奖1项，中科院自然科学奖二等奖1项、三等奖1项。

技术开发为北京天文台优化基础研究队伍、分流人员提供渠道，为天文台的稳定与发展做出了贡献，中科亚卫通、双星、新科宇及天发公司已正式进入中国科学院科技产品销售网络。台属公司及承包组共有人员77人，做到了自收自支，略有利润上交。

北京天文台1997年开展的重大国际合作项目:① 与阿根廷合作“南天星表与地球动力学”的研究项目；② 与德国合作研制空间太阳望远镜。

化学研究所

所　　长：朱道本
地　　址：北京市海淀区中关村北1街2号
邮政编码：100080
电　　话：010-62554626
图文传真：010-62569564
E-mail：huaxs@infoc3. icas. ac. cn

化学研究所始建于1956年，先后以化学所的某些学科方向为主组建了青海盐湖所（1958年)、感光化学所(1975年)和生态环境中心(1975年)；新组建的成都有机所吸纳了化学所的十几位业务骨干；化学所有机氟的工作于1963年并入了上海有机所。

到1997年底化学所实有人员641人，其中专业技术人员523人。有中国科学院院士6人、中国工程院院士1人、研究员（含正研级高工）88人、副研究员100人、高级工程师47人、中级科技人员172人。化学所是1981年首批被批准为物理化学、高分子化学与物理、有机化学和分析化学4个学科的硕士、博士学位授予权单位。1985年首批在物理化学、高分子化学与物理、有机化学三个学科设立博士后流动站。1993年增设高分子材料科学(工学)硕士学位授予权专业点。1993年被国家批准为全国17个自行增列博士导师的试点单位之一。1996年被国家批准为按一级学科(化学)授予博士学位的试点单位。1997年化学所被批准为院博士生重点培养基地。现有在学博士生110人、硕士生110人，另有博士后28人。化学所共有18个研究室，其中3个国家重点实验室：分子反应动力学国家重点实验室（与大连化物所合建)、分子动态与稳态结构国家重点实验室（与北京大学合建）和工程塑料国家重点实验室。有1个工程塑料国家工程研究中心。有3个院级开放及青年实验室：院高分子物理联合开放实验室(与长春应化所合建)、院有机固体开放实验室和院纳米科学与技术青年实验室。

在继续深化以结构调整为中心的科技改革中，化学所紧紧抓住“一个中心”(以基础研究为主的“分子科学中心”)、“两个基地”（以应用开发为主的“聚烯烃应用研究与发展基地”和“特种高分子材料应用研究与发展基地”）的发展模式。

目前化学所的基础研究主要集中于:① 气相分子及团簇的基元反应动力学的研究；② 液相分子瞬态结构及分子超快过程的研究；③ 有机固体分子中电子过程及分子器件的研究；④ 高分子的多层次结构、分子运动、转变过程、结构与性能关系以及高分子凝聚态基本物理问题的研究；⑤ 分子扫描成像与分子纳米加工的研究。此外，还有有机合成化学、高分子化学、生命科学中的分析化学及化学热力学与热化学等研究方向。

应用发展研究主要集中在六大重点项目：①细旦超细旦丙纶纤维系列；② 工程塑料系列产品；③ 电子、信息产业用特种材料；④ 烯烃聚合等高效催化剂；⑤ 杜仲胶系列化、功能化材料；⑥

航空航天特种高分子材料。

1997年化学所承担国家自然科学基金在研项目65项、中科院重大在研项目3项、中科院重点在研项目4项、“攀登计划”A3个项目、“攀登计划”B2个子项目。在应用发展研究方面，1997年化学所有7个国家级项目参与论证。目前在研的国家科技攻关项目8项，落实的“863”重大和重点项目3项、中科院重点项目3项，此外还有一批军工项目已落实。为推进军工项目的组织实施，所专门成立了军工领导小组，并着手建立质量保证体系。

1997年化学所“扫描隧道显微学及其在材料表面上的应用”获中科院自然科学奖二等奖，“激光检测原子力/摩擦力显微镜的研制与应用”获国家教委科技进步奖二等奖，“高速纺细旦、超细旦聚丙烯纤维制造技术”获“八五”国家技术创新成果奖，王梅祥获院青年科学家奖一等奖。根据国家科委信息所1997年底的统计，化学所的学术论文被《SCI》收录、被引用和国内发表论文数分别名列全国科技机构的第三、五、三名，已连续8年三项指标名列全国科研机构前10名。

1997年化学所专利申请量为43项，授权量为10项。1997年化学所包括技术转让和委托合作研究在内的横向收入创历史最好水平。在加强与企业的联合以及开发新项目的合作中，“茂与非茂金属催化聚合”项目、“细旦超细旦丙纶”项目、“有机光导体”项目、“杜仲胶”项目、“工程塑料”项目、“油田化学和化学品开发”以及“镍氢电池相关材料的产业化”等项目都取得了较快的进展和喜人的成绩。

1997年所参加境外国际会议、学术交流和科学考察共57项，61人次；接待来所参加学术交流及合作项目的外宾共67批，226人次；签订国际合作项目9项；组织举办的国际学术会议3个。1997年在国家科技事业单位档案目标管理综合考评中，化学所达到“国家二级”标准。

中国化学会挂靠在化学所，由其主办、化学所承办的刊物有《化学通报》、《高分子学报》、《高分子通报》、《高分子科学》(英文版)、《化学教育》及《化学通讯》等。

感光化学研究所

所　　长：**佟振合**
地　　址：**北京市朝阳区大屯路甲3号**
邮政编码：**100101**
电　　话：**010-64888059**
图文传真：**010-62029375**
E-mail：**jczhu@ipc.ac.cn**

感光化学研究所成立于1975年1月，前身是中科院化学研究所有机化学研究室和催化研究室。现有职工364人，其中专业技术人员302人，在专业技术人员中，具有高级专业技术职务的159人(正高级63人，副高级96人)，中级106人。现有中国科学院院士1人。该所是有机化学、物理化学博士和硕士学位及应用化学硕士学位的授予单位，并设有博士后流动站。全所有博士生导师32人，在学研究生121人，其中博士生59人，硕士生62人，在站博士后6人。

感光化学所是以物理化学和有机化学为学科基础的，以光化学、感光化学、胶体与界面化学为主要学科方向的，包括基础研究、高技术研究与开发的综合型化学研究所。该所学科方向明确，光化学、感光化学、胶体与界面化学三个学科都具有很强的生命力，学科间相互交叉形成明显的综合优势，并且集中了国内三个学科的主要研究力量，成为我国光化学、感光化学、胶体与界面化学研究的重要基地，许多研究工作在国际上有重要影响。该所设有光化学、感光化学、胶体与界面化学、高新技术开发等四个研究室，每一个研究室下设若干课题组，研究所对课题组实行严格的独立核算。现有国家进出口感光材料检测实验室、中科院光化学开放实验室、中国科学院和中国石油天然气总公司胶体与界面科学联合实验室等国家级和院部级重点或开放实验室，还分别与德国马普胶体与界面研究所、香港大学建立了界面结构与动态学国际联合实验室和材料联合实验室。

1997年感光化学所承担国家级科研课题71

项，其中国家攀登计划课题2项，国家“863”高技术课题3项，国家科技攻关课题2项，国家军工任务课题8项，国家各部委课题6项，国家自然科学基金课题50项(其中重大项目1项，杰出青年基金项目2项，重点项目2项)。此外，还承担重大横向任务4项，以及一批中科院重大重点和院长基金课题。在这些项目中，“复合驱强化采油技术中重大基础性研究”是该所牵头的国家攀登B计划项目，此项目于1997年通过了国家科委组织的中评估，任务完成情况被评为A类。该所承担的2项军工任务也通过了鉴定和验收。1997年获中科院自然科学奖二等奖1项，中科院科技进步奖三等奖1项。1997年在国内外核心学术刊物上发表科技论文252篇，其中在国外学术期刊上发表的论文为81篇。根据国家科委科技信息研究所1997年正式发布的统计数据，该所1996年被《SCI》收录和引用的论文数量分别列全国科研机构的第18名和第15名。1997年该所成功地组织召开了第四届中日双边暨第十届全国光化学学术会议、中国感光学会第五次全国会员代表大会暨感光、影像科学大会和第三届感光界青年学术交流会。继续与柯达公司等多家国外大企业、研究机构和院、校开展了科技合作。

感光化学所重视中青年学术带头人、科技骨干的培养和引进工作，1997年又从海内外吸引了3名优秀中青年人才，加上该所培养、造就中青年人才力度的加大，全所现有50岁以下的研究员13人，学术带头人逐步实现了向中青年一代的战略转移。赵进才博士入选国家杰出青年基金，王波杰、李峻柏博士进入院“百人计划”。1997年在全所范围内建立了各个系统的绩效评价实施办法，并在科研和开发系列全面起动，强化了竞争机制与激励机制，取得了很好的收效。

1997年全所申请专利11项，授权2项。IPC公司的X射线胶片高温快速冲洗套药获国家级新产品证书。全年新建、改建、扩建的中试车间、厂房总面积超过1500平方米，使全所开发实体的实力进一步加强。

中国感光学会、中国化学会光化学专业委员会、中国太阳能学会光化学专业委员会、中国化学会有序分子薄膜专业委员会挂靠在感光化学所。编辑出版的核心期刊有《感光科学与光化学》，该刊1997年获第二届全国优秀科技期刊二等奖。

化工冶金研究所

名誉所长：郭慕孙
所　　长：谢裕生
地　　址：北京市海淀区中关村北2条1号
邮政编码：100080
电　　话：010-62554241（所办）
010-62551358（科研处）
图文传真：010-62561822
E-mail：office@home.icm.ac.cn

化工冶金研究所在我国著名冶金学家叶渚沛先生的倡导下，于1958年10月1日经国务院批准正式成立，是一个集基础研究、应用研究、科技开发为一体的研究所。

化工冶金所建所初期的研究方向、任务是应用化学工程的原理和技术来强化现有冶金过程和发展新的冶炼方法，开发新型冶金设备。针对攀枝花、包头、金川等大矿及我国特殊丰产元素资源的综合利用做了大量开拓性的研究工作，在科学理论和实践中为国家做出了重大贡献。高炉过程中的三高理论、氧气转炉炼钢的应用和推广等是那个时期化冶所做出的享誉国内外的一批重大成果。

为了适应学科发展以及社会主义市场经济的新需求，1992年化工冶金所的学科方向由化工冶金调整为工程化学。最近几年，尤其是1997年在分类定位改革的进程中，研究所根据自身实力，从实际出发，审定发展方向，选择优势领域，调整学科布局，进一步明确了研究所的战略定位和一主一源的发展模式：以工程化学高新技术研究和发展为主，以应用基础研究为源泉。多相反应与分离技术及放大是化冶所的优势所在。主要研究多相反应与分离过程中的新理论、新技术、新方法，重点解决生化、材料、能源、资源、环保等领域中的共性，关键性问题，开发新材料、新工艺和新设备，使之工程化、工业化，为国民经济可持续发展作出贡献。1997 年路甬祥院长来所视察工作，对化冶所学科方向的调整和改革进程都给予了肯定和鼓励。

1997 年底化工冶金所在编职工 375 人，其中有中国科学院院士 2 人、研究员 41 人、副研究员 88 人，博士学位研究生指导教师 18 人、硕士学位研究生指导教师 40 人。现有在学博士生 77 人、硕士生 62 人，另有博士后 6 人。

化工冶金所设有生化工程国家重点实验室、多相反应开放实验室、计算机化学开放实验室、分离科学与工程青年实验室、国家生化工程技术研究中心（北京）以及五个研究部。设有化学工程和工业化学博士后流动站，无机化学（化工冶金）博士点和生物化工、无机化工硕士点。为了加速科技成果转化和后勤服务社会化，化冶所设有：北京中柯化工冶金新技术公司、北京伯美特生化材料工程研究开发中心、北京金辛合科贸有限公司和三诚科技服务中心。

在调整研究所学科方向的基础上，化工冶金所进行了一系列大刀阔斧的改革和结构调整，1997 年改革的力度和深度进一步加大：把 13 个研究室按学科调整为五个研究部后，根据资产重组，优化配置的原则，近几年进口了包括色质联用仪、傅里叶变换光谱仪等。共 240 多万美元的仪器和设备，装备了重点实验室，强化了生化工程国家重点实验室和两个院开放室及分离科学与工程青年室；课题组由 94 个缩减为 52 个，逐步克服了课题分散、人员分散的状况，并实行分类管理，全额核算，资金使用效益和研究所调控能力加强；完善支撑体系，成立了“三诚科技服务中心”，后勤服务社会化，并分流了近 70 人，减轻了所的压力；推出了若干有利于优秀人才脱颖而出的改革措施，着眼培养跨世纪人才，对年轻人实行政策倾斜，住房分配单列，其分配比例逐年加大，职称评聘比例单例并向年轻人倾斜；加强了对各类人员的业绩考核，调整了工资分配结构，按需设岗、择优聘任、加强激励、鼓励竞争。

这些深化改革的措施调动了各类人员的积极性，取得显著成效：

1997 年是化工冶金所获科研成果奖最多、级别最高的一年。共获科技成果奖 8 项：“复印机用显影剂磁粉-墨粉的研制和国产化”获 1997 年国家科技进步奖二等奖，此外获中科院科技进步奖一等奖 1 项，中科院自然科学奖二等奖 1 项，中科院科技进步奖三等奖 2 项，省部级科技进步奖二等奖 2 项、三等奖 1 项；1997 年申请专利 20 项，授权专利 14 项。获中科院《专利工作管理先进单位》称号。

1997 年是化工冶金所开拓攻关，竞争落实科研项目最多的一年，当年争取到和在研的项目有：在研“可完全降解塑料中试”等“863”项目 2 项、新获准海洋“863”项目 8 项，“海藻多糖微量元素络合物”等“九五”攻关项目 8 项，在研国家自然科学基金项目 29 项，新获准国家自然科学基金项目 9 项，“铬盐清洁生产工艺”等中科院重中之重或中科院重点项目 17 项。这些来之不易的成绩显示了化冶所的实力和应有的地位。

除承担国家和中科院攻关任务外，科技开发是化工冶金所重要一翼，所开发总收入连续两年翻番，1997 年通过签订“四技”合同，接受横向委托任务，争取到的经费约占科研活动收入经费总数的 28%。通过这些活动，化冶所的科技成果已广泛向社会辐射，进入市场经济，至 1997 年底已为地方建厂 50 多家。除此之外，自办实体，当年经营收入超过 1000 万元，主要产品有新型破乳剂、FJM-600 型气流粉碎机和复合粉末等。

化工冶金所还与十几个国家的学术界建立了交流与合作关系，并多次负责组织和参与组织在中国召开的较大规模的国际会议。由化冶所与兄弟单位承办的“ ’97 中国青年学者生物技术前沿学术讨论会”和“第四届亚太地区生化工程会议”，交流了学术，增进了友谊，起到了凝聚国内外同行专家的桥梁作用。

中国颗粒学会挂靠化冶所。主办的学术刊物有《化工冶金》、《计算机与应用化学》。

生物物理研究所

名誉所长：贝时璋

所　　长：王书荣

地　　址：北京市朝阳区大屯路 15 号

邮政编码：100101

电　　话：010-64870527
010-62022029
图文传真：010-64871293
010-62027837
E-mail：biophy@sun5. ibp. ac. cn

生物物理研究所是1958年创建的基础性研究所，是全国唯一的生物物理学综合专门研究机构。全所现有职工542名，其中科技人员399名，包括中国科学院院士5名、博士生导师27名、研究员42名、副研究员和高级工程师等131名。科研人员中被评为国家有突出贡献的中青年专家6名，享受政府特殊津贴76名。

生物物理所是国家首批批准的博士及硕士学位授予单位、博士后流动站建站单位，中国科学院首批博士生重点培养基地。该所设有分子生物学和生物物理学两个学科的研究生招生专业点，1997年在学研究生达到157名，其中博士生56名。该所培养的研究生获院长奖学金等各类奖学金的数量连年位居中国科学院生物科学研究机构之首，1997年顺利通过了国务院学位委员会学位质量的评估。该所博士后流动站以国家重点实验室和中国科学院开放研究实验室为依托，设分子生物学和生物物理学两个学科，建站以来共接收博士后22名，已出站16名。

生物物理所主要研究方向为分子生物学和生物物理学。近年来，该所作为国家科技部和中国科学院基础性研究所结构调整改革试点单位之一，从调整学科方向、完善组织体制和运行机制，以及培养青年人才和营造科研环境等方面积极推进了改革。为发挥研究所的综合优势，该所将研究领域集中在蛋白质和分子酶学、结构分子生物学、膜分子生物学、神经生物学、细胞生物物理学、蛋白质工程和生物物理技术等当代生物科学中最重要的前沿科学领域。建立了生物大分子国家重点实验室，中国科学院视觉信息加工开放研究实验室，分子神经发育生物学青年实验室。将原来的11个研究室调整精简为5个，即分子生物学研究室、蛋白质工程研究室、神经生物学研究室、细胞生物物理研究室和生物物理技术研究室。在中国科学院的领导和支持下，该所以生物大分子国家重点实验室优势领域的研究力量为基础，联合北京地区的相关研究力量，正在筹建“中国科学院结构生物学研究中心”。

生物物理所装备了600兆核磁共振波谱仪、面探测仪、毫微秒荧光谱仪、离子通道研究装置、离体脑片研究装置及多导微电极记录系统等先进的仪器设备。建立了有80个节点、与因特网互联的所内计算机局域网。以生物物理技术研究室为基础建立的分析测试中心，是国家批准的计量认证合格单位。

生物物理所已经落实的“九五”科研任务中，除承担国家重点实验室和中国科学院开放研究实验室的科研任务外，还主持或参加国家科委、国家自然科学基金委和中国科学院重大重点项目，以及“863”计划项目、国家载人航天工程项目等28项，国家自然科学基金委面上项目35项。其中，主持的重要科研项目有：国家攀登计划项目“新生肽链及蛋白质折叠研究”，国家自然科学基金重大项目“视觉信息加工的神经基础”、“发展近场技术，研究生物大分子体系特征”，中国科学院重大项目“蛋白质功能的三维结构基础”、“膜蛋白信号跨膜转导及其功能调控的研究”，国家攻关项目“高速离心机研制”，国家“863”计划项目“中国马氏钳蝎神经毒素的蛋白质工程”、“分子设计及构象工程设计新方法研究”、“改进蛋白质晶体质量的研究”、“重力改变条件下培养动物细胞的生长规律研究”，国家载人航天工程项目“蛋白质和其他生物大分子空间晶体生长”等。

1997年，生物物理所科研工作取得了良好成绩，王书荣所著《自然的启示》一书获国家科技进步奖三等奖，王志新参加完成的“氨基酰化酶的结构与功能的研究”获国家教委科技进步奖二等奖。邹承鲁与国内9位科学家获“求是杰出科技成就集体奖”，王志新获“求是杰出青年学者奖”。1997年共发表学术论文201篇，其中发表在国际期刊50篇。据中国科技信息研究所1997年底公布的《1996年中国科技论文统计与分析》，在全国科研机构中，该所发表的国际论文数排名第12位、国际论文被引用数排名第13位，国际论文数和被引用数均位居全国生物科学研究机构的首位。1997年该所基础研究的绩效和状态被中国科学院评为双A。

生物物理所拥有一支高水平的，研究与开发医疗仪器、生化制剂和生物制药等高技术产品的技术力量。创办有北京中生生物工程高技术公司、北京科龙生物医学技术公司、北京百奥药业有限责任公司和北京伽玛化工技术开发中心等4个高新技术企业。自主开发的高新技术产品进入了市场，已初具规模，创造了较好的经济效益和社会效益。1997年销售总额4536万元，利润总额721万元。高技术产品中，“临床诊断试剂系列产品”被北京新技术产业试验区评为“百项表彰拳头产品”；光热复合仪对常见妇科病宫颈糜烂有显著疗效，被卫生部列入“十年百项”成果推广计划；脑电检测分析仪被列入“国家级科技成果重点推广计划项目”、“国家级新产品”；蚓激酶胶囊已成为治疗脑血栓的重要药品，被列为“国家级科技成果重点推广计划”。1997年申请专利8项，授权4项，被中国科学院评为专利工作先进单位。

生物物理所重视国内外学术交流。1997年接待了13个国家和地区的165名科学家来访，其中包括德国马普学会主席等国际著名科学家。派出62人次到17个国家和地区进行学术交流。成功地组织了“海内外中国青年学者生物膜研究前沿学术讨论会”，支持挂靠该所的中国生物物理学会组织了“第二届东亚生物物理学术会议”。

中国生物物理学会和中国生物化学与分子生物学会挂靠在生物物理所。编辑出版的《生物化学与生物物理进展》、《生物物理学报》都已成为我国自然科学的核心期刊。

植物研究所

名誉所长：汤佩松
所　　长：张新时
地　　址：北京市海淀区香山南辛村20号
邮政编码：100093
电　　话：010-62590835（所办）
010-62591431（中继线）
图文传真：010-62590833
E-mail：suoban@ns.ibcas.ac.cn

植物研究所创建于1928年，原为北平研究院植物研究所及静生生物调查所植物部。中华人民共和国成立后为中国科学院植物分类研究所。由于学科的发展与增加，于1953年正式成立植物分类学、植物生态学与地植物学、植物形态学、植物细胞学研究室和植物园，而改名为植物研究所，逐步形成为一个分支学科齐全、科研力量雄厚的植物生物学综合性研究机构。

全所现有人员640余人，其中科技人员491人；有中国科学院院士5人、研究员84人、副研究员（包括高级工程师、高级实验师）124人、中级科技人员167人、初级科技人员116人。现有在学研究生141人，其中博士生89人、硕士生52人；另有博士后11人。

植物所是中国植物科学基础理论和应用基础理论的国家队，主要研究不同层次研究植物生命活动的规律，及其与环境可持续发展的关系，使其成为一个东亚的植物学研究中心。主要开展我国植物的生物多样性三个层次，即生态系统；物种；基因（分子-细胞）的研究。

植物所为博士、硕士学位授予单位和博士后科研流动站单位。

植物所已发展成为植物学方面多分支学科的综合性研究机构，现设有：植物分类与植物地理学研究室、古植物学研究室、植物生态中心、植物化学研究室、植物光合作用研究室、植物发育生物学研究室、植物生殖生物学研究室、植物细胞与基因工程研究室；有两个植物园，即北京植物园、四川华西亚高山植物园；有内蒙古草原生态系统研究定位站、北京森林生态系统研究定位站、内蒙古鄂尔多斯沙地草地生态实验站、湖北神农架生物多样性定位研究站；为适应学科发展需要，1987年建立了系统与进化植物学开放研究实验室、1989年建立了植被数量生态学开放研究实验室、1993年成立了植物起源演化和环境变迁青年实验室、1996年建立了光合作用基础研究开放实验室。

1983年建成一座面积一万多平方米的植物标本馆，收藏植物标本200余万号，居亚洲之首；1996年建成古植物标本馆，收藏植物古化石标本8万号；有植物种子标本室，收藏植物种子标本7万多号，居世界第三位；北京植物园收集植物种类达6000多种（包括品种）；图书资料室收藏有较全面的植物学方面图书，达15万多册。仪器设备拥有进口气相色谱仪、高压液相色谱仪、红外光谱仪、气-质联用仪、分光光度仪、荧光分光光度计、扫描电镜、原子吸收分光光度计、超速制备与分析离心机、高级基因转移系统、植物组织细胞发酵培养系统、叶绿素荧光测试系统、计算机工作站及视频记录仪等。

承担科研任务方面，1997年植物所争取并已落实的科研项目共有69项，加上我所已承担的在研科研任务总计250项，主要有国家自然科学基金重大项目、重点项目，国家科委攀登项目、攻关项目、“863”高技术研究课题，中科院重大项目、青年基金项目等。

1997年植物所共取得重大科技成果6项，作为第一完成单位获国家自然科学奖三等奖1项，中科院自然科学一、二等奖各1项；作为参加单位获国家科技进步奖二等奖1项，中科院科技进步奖一等奖1项，中科院自然科学二等奖1项，地质矿产部二等奖1项。其中徐仁、李承森、耿宝印等的科技成果“中国华南早期维管植物的起源和演化”于1994年和1997年分别获中科院、国家自然科学二、三等奖。应俊生、张玉龙、张志松、李良千等的科技成果“中国种子植物的特有属”获中科院自然科学一等奖。张玉龙、席以珍、张金谈、高桂珍、杜乃秋、孙湘君、孔昭宸等的科技成果“中国蕨类植物的孢子形态”，获中科院自然科学奖二等奖。

科技开发方面，植物所现有法人资格的经济开发实体8个。开发项目有：无公害农药、植物生长调节剂（达尔丰系列产品、增糖剂）、饮料(神姜王、万年珍珠饮料、红花茶等)、芸芝糖肽、迷迭香、甜高粱的推广以及鲜花租摆等。本年创收上交所50多万元。

植物所的国际合作项目有：与美国合作编写《中国植物志》；与英国合作对古植物气孔，古大气CO_2及古气候的研究；与波兰合作研究第三纪植物群落的演化和多样性之比较；与哈萨克、俄罗斯合作研究泥盆纪，白垩纪和第三纪植物群落的演化和多样性比较；与IGBP及GCTE(全球变化与陆地生态系统)合作研究中国东北森林-草原样带NECT；与美国亚利桑那州立大学合作研究草地景观的尺度转换特征；与美国生物圈2号合作研究高浓度CO_2浓度下植物生理生态学特征；与美国康奈尔大学合作研究植被与气候相互作用机制；与美国加州大学贝克利分校合作研究植被冠层通量测量技术；与日本广岛大学进行中日共有濒危植物的保护生物学研究；与美国华盛顿大学合作研究植物保护遗传学；与美国密执根州立大学合作研究芍药属分子进化和稻属系统与进化；与美国佛罗里达自然历史博物馆古植物研究所合作研究原始被子植物的结构分子和演化；与法国原子能署生物力能研究所合作研究光系统Ⅱ反应中心结构与功能；与美国加州大学戴维斯分校合作进行已克隆的开花相关基因染色体定位研究；与美国CIBA-GEIGY公司合作研究植物药物筛选；与美国Sugen公司进行植物药物筛选合作研究；与意大利乌地利大学合作研究食品品质改良；与国际热带木材组织进行竹藤的合作研究；与美国西佛杰尼亚高山研究所进行珠峰保护区的合作研究；中法地中海硬叶长绿阔叶林与青藏高原硬叶长绿阔叶林的对比研究；与比利时进行石蒜科和百合科植物种质资源的保护和可持续利用合作研究；与德国马普生物物理所进行光合膜的结构与功能的合作研究；与英国皇家植物园邱园进行植物分类学合作研究；与美国密苏里植物园进行中国植物区系的合作研究；与匈牙利自然历史博物馆进行裸子植物的合作研究；与德国基尔大学和葛廷根大学利用孢子花粉研究南海4万年以来植被和气候变化；与瑞典隆德大学进行6千年和1万8千年的植被群区图的合作研究。

通过国际间共同感兴趣的研究项目，植物所选派优秀的中青年科学家到国外进行长期的合作研究，共派出20人。另外，该所还承办了21世纪国际苔藓植物学会议和第一届国际甜高粱会议。

中国植物志编辑委员会、中国植物学会、北京植物生态学会、北京植物生理学会和中国植物学会植物园分会挂靠在植物所。主办刊物有《植物学报》、《植物分类学报》、《植物生态学报》、《植物学通报》、《植物杂志》、《生物多样性》、《中国植物园》、《植物引种驯化集刊》等。

动物研究所

所　　长：王祖望
地　　址：北京市海淀区中关村路 19 号
邮政编码：100080
电　　话：010-62552219
图文传真：010-62565689
WWW 地址：http：//WWW.panda.ioz.ac.cn

动物研究所的前身是 1950 年成立的昆虫研究所和动物标本保藏委员会。这两个研究机构分别于 1953 年和 1957 年先后发展成昆虫研究所和动物研究所，1962 年两所合并成为现在的动物研究所。

1997 年全所有职工 487 人，其中科技人员 418 人。有高级专业技术人员 184 人，中级专业技术人员 150 人。有中国科学院院士 3 人，研究员 57 人，副研究员、高级工程师 99 人。

动物所设有博士点和博士后流动站。动物学、昆虫学、生理学、细胞生物学、生态学专业可招收硕士和博士学位研究生。1997 年招收博士生 20 人、硕士生 11 人。现有在学研究生 91 人，其中博士生 62 人、硕士生 29 人，另有在站博士后 6 人。

动物所以动物系统学、动物生态学、生殖生物学和细胞膜生物学四个分支学科为发展重点，加强学科的交叉渗透，坚持微观与宏观相结合，充分发挥三个国家重点实验室的主导作用，通过研究生殖生物学和生育控制机理、细胞生物学与细胞膜工程以及有害动物成灾和控制机理的研究，加速科技创新、促进学科发展，为解决国民经济建设中的若干重大理论和实践问题提供重要科学依据。在动物进化与系统学、动物生态学、动物物种保护、动物资源持续利用和有害动物综合治理研究方面，发挥现有学科优势，形成具有我国特色并与国际前沿接轨的研究领域和体系。1997 年经中科院专家组评议论证，院务会议研究决定，动物研究所被首批认定为资源环境基地型研究所试点单位。

动物所拥有三个国家重点实验室，三个研究中心（其中一个在筹备中）和一个研究室；在支撑系统中有中心实验室和实验动物室。动物研究所拥有亚洲最大的动物标本馆，馆藏各类动物标本 388 万号，其中鸟类标本 6 万余号，兽类标本近 3 万号，鱼类和两栖爬行类标本 6 万余号，无脊椎动物标本 13 万号，昆虫标本 360 万号。拥有总藏书量 24.9 万余册及图书资料较为齐全的专业图书馆以及计算机网络中心，形成了科学研究与技术支持相结合的完整体系。

1997 年动物所主持和承担科研项目 153 项；结题 16 项；组织并落实各类研究课题 104 项。其中国家级各类项目 54 项，中科院重大、重点等项目 26 项，其他课题 24 项。1997 年获中科院自然科学奖一等奖 2 项、二等奖 2 项，中科院科技进步奖二等奖 1 项，登记科技成果 7 项，获授权专利 2 项。1997 年全所共发表科技论文 137 篇，其中在国际学术刊物上发表科技论文 21 篇，出版专著 8 部。

1997 年动物所签署“技术开发合同”、“技术转让合同”、“技术咨询和服务合同”11 项，成交额 41.32 万元。推广“棉铃虫性诱剂”约 351 万亩。“根保”技术也在山东、河北逐步推广，1997 年共推出 30 万吨。

1997 年动物所科技人员与国内外学者开展了广泛的学术交流和科研合作研究，先后与日本北海道大学、瑞典隆得大学、美国、德国、俄罗斯、英国、韩国、法国、澳大利亚等国家的科学院和大学签定了合作交流协议。与美国合作进行“佛坪保护区羚羊生境利用方式研究”和“润青草在大豆中残留动态研究”，与瑞典合作进行“棉铃虫种群遗传结构及迁移扩散研究”，与法国合作开展“杀虫药剂抗药性基因克隆的研究”，与德国图林根环境研究院合作进行“中国榛鸡属生态生物学研究”，与印度尼西亚合作开展“热带动物资源探索开发研究”等国际合作项目。举办或承办国际或双边学术讨论会议 2 次。接待来自美国、日本、英国等国家的专家、学者来所进行学术交流 18 批 32 人、顺访 28 批 43 人，同时选派专家、学者 54 批 58 人次到国外进行学习、讲学、合作研究、考察和访问。

中国昆虫学会、中国动物学会、中国生态学会、中国动物志编辑委员会和中华人民共和国濒危物种科学委员会挂靠在动物研究所。主办刊物有《动物学报》、《昆虫学报》、《动物分类学报》、《中国昆虫科学》(英文版)、《动物学杂志》、《昆虫知识》等六种。

微生物研究所

所　　长：孟广震
地　　址：北京市海淀区中关村北1条13号
邮政编码：100080
电　　话：010-62565880
图文传真：010-62560912
E-mail：office@sun. im. ac. cn

微生物研究所成立于1958年12月3日，其前身是中国科学院北京微生物研究室和中国科学院应用真菌研究所。经过40年的发展，现已成为以应用基础研究和高技术创新为主体，从基础性研究到应用开发作纵深配置的研究机构。1997年底全所职工总数454人，其中科技人员总数352人。有中国科学院院士3人、研究员37人、副研究员67人、高级工程师15人、中级科技人员127人。现有在学研究生97人，其中博士生48人、硕士生49人，另有博士后6人。

微生物所的科研机构设置为五个研究室和四个开放实验室，即菌种保藏中心、微生物生理及应用生态学研究室、微生物代谢与发酵工程研究室、酶学研究室、微生物分子遗传与育种研究室，以及微生物资源前期开发实验室（国家重点实验室)、真菌地衣系统学开放实验室、植物生物技术开放实验室(两者均系院级开放实验室)、分子病毒学与生物工程开放实验室（所级开放实验室)。该所根据学科发展战略、长远目标和科研基础，设定三大研究领域。即微生物资源，包括微生物收集、分类、保藏、多样性及微生物生态等；分子生物学，包括分子病毒学及微生物分子遗传学；生物高技术创新与开发，包括植物生物技术，酶工程、发酵工程、蛋白质工程、基因工程药物、环境生物技术及糖工程等。该所具有微生物学、生物化学和遗传学三个学位授权点，并于1997年通过了全国博士、硕士学位授权点的评估。

微生物所拥有重要的科研设施及装置，如中国最大也是亚洲最大的具有40万号菌株的菌物标本馆，国内最大的拥有12 000余株的菌种保藏库，还有一个国家投资兴建的有着良好的微生物发酵设备的发酵中试工厂，一个具有国内外领先水平的拥有先进仪器设备的新技术中心和一个藏书六万余册的专业性图书馆。

1997年微生物所在以往改革的基础上加大改革力度，并取得具有显示度的成绩。主要采取的改革措施和取得的效果是：为适应学科发展的需要，该所进行了学科调整，并在1997年该所被首批认定为高技术研究与发展基地型研究所试点单位。在争取试点工作过程中，研究所不断探求改革新思路，对科技开发、科技成果、课题申请、医疗、电话管理等都进行大幅度改革。与此同时，该所还进行研究室实验用房的调整。在人才建设方面，采取一项具有战略意义的措施，成立“跨世纪重大项目策划小组”，这些青年人发挥了举足轻重的作用，目前正在组织跨世纪重大项目。经过全所职工的共同努力，1997年该所认定试点成功，并在状态与绩效评价体系中被院评为AA。

1997年微生物所争取和承担的主要科研任务和项目有：国家攻关项目22项，国家自然科学基金项目48项，“863”项目8项，攀登计划2项，中国科学院重大项目6项，中国科学院重点项目9项，“921”项目3项，国际合作项目14项，以及其他部委项目1项，横向委托项目16项。该所申请专利9项，登记成果4项。全所获奖项目共5项，其中获国家教委科技进步二等奖1项；中国科学院自然科学二等奖、三等奖各1项；科技进步一等奖1项；海南省科技进步三等奖1项。该所陈远童研究员的科研项目“微生物发酵生产十五碳二元酸的新工艺新方法”获中科院发明一等奖；田波院士的研究课题“植物病毒卫星核糖核酸（SRNA)”获中科院自然科学二等奖。1997年全所共发表科技论文129篇，其中在国际学术刊物上发表28篇；出版专著5部。

微生物所重视国际合作与人才培养工作。1996年共派出学者48人次，接待来自美国、英国、日本、加拿大等国家的专家和学者47人次。并与日本理化所、国际微生物菌种数据网、美国先达公司、波兰免疫化学所、俄罗斯科学院微生物所、荷兰Delft大学、英国John Innes研究所、法国DRSAN公司、美国洛氏基金会、新加坡IMA、比利时科委等科研单位进行重大科技合作项目。1997年该所招收博士生21人，硕士生22人。毕业的博士生7人，硕士生18人。进站博士后4人，出站博士后2人。有14人次的研究生分别获中科院院长奖学金、地奥奖学金及亿利达奖学金。另外，该所谭华荣博士“链霉菌发育分化的分子生物学”项目首批列入“百人计划”已完成终期评估。阎锡蕴博士“抗体基因工程”项目列入1997年度院第二批“百人计划”。

中国微生物菌种保藏委员会、中国普通微生物菌种保藏委员会、中国普通微生物菌种保藏中心、中国孢子植物志编委会、中国微生物学会、中国菌物学会、中国微生物资源中心挂靠在微生物所。编辑出版刊物有《微生物学报》、《微生物学通报》、《真菌学报》及《生物工程学报》。

遗传研究所

所　　长：陈受宜
地　　址：北京市朝阳区大屯路3号
邮政编码：100101
电　　话：010-64914798（所办）
图文传真：010-64914896
E-mail：ykjc@igt.ac.cn

遗传研究所成立于1959年，主要从事生物的遗传与变异规律的基础和应用基础研究，重点学科发展方向是分子遗传学、细胞工程、有应用前景的基因工程和主要农作物生物技术育种。

全所现有职工433人，其中有高级科技人员81人、中级科技人员107人、初级科技人员105人。现有博士生导师13人、硕士生导师19人、博士后7人，在读博士生45人、硕士生37人。

遗传所设有8个研究室：分子遗传、动物遗传、体细胞遗传、植物雄性不育、生物技术与育种、植物遗传操作、植物细胞与染色体工程国家实验室和中国科学院植物生物技术开放实验室。遗传所是遗传学专业博士和硕士学位授予单位。“九五”期间着重开展主要粮食及经济作物的高产、优质、抗病虫害生物技术育种，作物细胞及染色体工程，植物抗性基因工程和基因表达调控，水稻等作物基因组和人类基因组多态性，动物分子遗传学、分子免疫学和微生物分子遗传学等方面的研究。目前已得到一批具有抗性基因（抗虫、抗病、耐盐）的转基因植物；水稻基因组的研究取得了新的进展；通过端粒相关序列的定位，确定了部分分子连锁图的物理端点，并定位了抗稻瘟病、半矮杆、易落粒性、育性恢复和雄性恢复等基因；建立了水稻、小麦等多种作物的工程转化系；通过了水稻和染色体工程途径获得抗病小麦特别是抗白粉病小麦易位系和品系，同时培育出高蛋白含量适于加工的小麦的小麦新品系；初步建立了以微芽为繁殖体制备人工种子的技术；首次报道了母体白血病细胞可通过胎盘进入胎儿，为至今尚不清楚的家族性肿瘤发病机制提供了新思路；在我国首次制成抗鸭红细胞使用单价血清，填补了我国空白；用EB病毒转化人B淋巴细胞，建立了我国第一批民族永生细胞株；在国内最早开展基因工程抗体的研究并首次报道构建和表达“人-鼠嵌合抗体”和“抗CD3改型单域抗体”。在遗传育种方面，运用细胞工程和常规育种相结合，选育了一批高产、抗逆、优质的新品种和特异种质，如：石远321、遗单6号、科多4号等。

遗传所近几年来根据“有所为有所不为”的原则，在保持现有优势学科分子遗传学、基因组学、植物基因工程、植物生物技术和遗传育种的前提下，加强了动物和微生物学的发展。

1997年遗传所承担国家自然科学基金资助项目30项，其中重大项目1项，杰出青年基金2项。中科院重大项目2项，重点项目3项。国家高技术项目课题19项。国家攻关项目18项，国家攀登计划项目2项。此外，遗传所与美国、德国等国家合作近10项研究项目。

1997年遗传所获国家级和院级奖成果各一项。“小麦花粉无性系变异机制与配子类型的重组与表达规律”获国家自然科学二等奖。该课题首先揭示了配子类型的重组和表达规律，为创制小麦新种质，研究性状遗传，特别是研究染色体及其片段和异源基因的表达，提供了理论依据。“高产抗病优质大豆新品种科丰34号的选育”获中国科学院科技进步奖二等奖。该品种是通过有性杂交结合物理诱变和高光效育种方法选育而成。亩产最高可达302公斤；抗大豆花叶病毒三个毒株及高抗灰斑病菌的8个生理小种和混合种；蛋白质和脂肪含量高达64%；累计经济效益2.55亿元。

遗传所研制的抗胃癌生物导向药IgY-RcinA和新生物制品“冻干表皮生长因子”已通过卫生部药检，其中“冻干表皮生长因子”于1997年2月获得“新药证书”，并已在转让厂家投入试生产，该产品对治疗烧伤、创伤、溃疡，加速伤口和溃疡面的愈合，减少皮肤畸形有独到的作用，具有较好的市场前景。苎麻脱胶酶制剂已通过北京市科委组织的中试鉴定，专家认为该技术较化学法具有不损伤纤维、无污染、减轻劳动强度等优点，可望在苎麻厂示范推广。该所科遗新技术开发公司与亚坤蜗牛开发有限公司合作，建立了蜗牛育种基地，1998年将达到年产50万只的规模，为其商品化和进一步开发打下基础。

遗传所近年来通过扩大博士生、硕士生的招生，“中科院百人计划”的招聘，“321”工程等方式引入一批优秀科技人才。

中国遗传学会挂靠在遗传所。编辑出版刊物有《遗传学报》(中、英文版)及《遗传》。

发育生物学研究所

所　　长：孙方臻
地　　址：北京市海淀区中关村南1条3号
邮政编码：100080
电　　话：010-62551951
图文传真：010-62551951

发育生物学研究所成立于1980年，是以发育生物学的基础研究和应用基础研究为主的研究单位。现有职工131人，其中科技人员79人，有研究员11人，副研究员、高级工程师20人，中级科技人员31人。是发育生物学博士、硕士学位的授予单位，现有在学博士生12人，硕士生15人，博士后3人。

发育生物学所的研究方向是：在分子和细胞水平研究生物发育的分子机理及遗传控制，并为解决农业、医学、生育控制、生物工程等重大现实问题提供新理论和新途径。正在研究的重大科学问题有：动物卵受精激活的分子机理；植物自交不亲和的分子机理；植物胚细胞发育命运的决定；动物细胞核发育全能性的分子基础等。这些研究领域是当代发育生物学研究的热点和国际前沿。发育所设有分子胚胎学、发育遗传学、植物遗传与生殖发育、植物发育分子生物学、基因调控与转基因学等10个研究组，有中国科学院分子发育生物学开放实验室及美国洛克菲勒基金会生殖调控避孕“研究与培训中心”等机构。

“九五”期间由于引进了新的学术带头人和加强了科研骨干队伍力量，发育生物学所在争取国家及院级重大科研任务方面表现出较强竞争力。1997年共承担课题32项，其中国家自然科学基金重点项目2项，面上项目11项，国家杰出青年基金1项，国家攀登计划课题1项，中科院重大项目1项(另外1项已通过专家评审)，重点项目5项，“863”项目4项，国际合作项目2项。1997年发育生物学所科研人员在国内外主要学术刊物上发表论文47篇，发表其他论文10篇，学术会议报告35人次。孙方臻研究员应邀参加了在美国举行的1997年度Gordon Research Conference(格登研究会议)，并做大会特邀学术报告，他的研究组在动物卵受精激活分子机理研究方面受到国际上高度重视；劳为德研究员等在动物乳腺生物反应器研究领域取得重要阶段性进展，与一家企业签定了开发转基因动物制药的合同。

学术交流方面，所里开展了多种形式的学术交流活动，包括举行系列学术讲座、专题讨论会、全所学术活动日等。1997年，发育生物学所科研人员参加国际学术会议14人次，应邀做大会特邀报告7人次，参加全国性学术会议7人次，组织所内外学术报告27人次，国内外学者来所参加学术活动者达500多人次，接待国外来访专家学术报告8人次，接待来访外宾75人次，其中包括诺贝尔奖获得者、英国皇家学会会长 Klug 教授等人。

发育生物学会和全国转基因动物学会（筹）挂靠在发育生物学所。主办刊物有《发育与生殖生物学学报》（英文版）。

生态环境研究中心

主　　任：单孝全
地　　址：北京市海淀区双清路 18 号
邮政编码：100085
电　　话：010-62923549
图文传真：010-62923563

生态环境研究中心始建于 1975 年，前身为中国科学院环境化学研究所。经国家科委和中国科学院批准，1986 年与中科院生态中心合并，改为现名。1996 年 5 月，经中国科学院和国家环境保护局协商决定，实行中国科学院和国家环境保护局双重领导，在沿用中国科学院生态环境研究中心原名的同时，启用中国科学院国家环境保护局生态环境研究中心。

1997 年，生态环境研究中心被中国科学院首次认定为 18 个科研基地型研究所之一。

生态环境中心现有职工 422 人，其中有中国科学院院士 1 人（徐晓白研究员），中国工程院院士 1 人（汤鸿霄研究员），博士生导师 17 人，研究员 44 人，副研究员 92 人，中级研究人员 133 人，初级研究人员 60 人；在读博士生 52 人，硕士生 47 人，12 名博士后在站工作。

生态环境中心的主要研究领域包括环境化学、环境工程学和系统生态学。研究内容涉及环境化学、环境工程、生态学、地学等学科的相互交叉和互相渗透。设有环境化学博士后流动站，有环境化学博士学位授予权和环境化学博士生指导教师自行审批权，有生态学、环境化学、大气化学、有机化学、分析化学 5 个学科专业的硕士学位授予权。现有环境化学博士生导师 14 名，生态学博士生导师 3 名。

生态环境中心现设有 6 个研究室和三个工程技术中心，其中环境水化学实验室为国家重点实验室，系统生态开放实验室为中国科学院开放实验室，环境分析化学和生态毒理学开放实验室为自费开放实验室。

环境水化学国家重点实验室的研究方向是发展环境水质的现代科学与高新技术，兼顾天然水体和水处理工艺两方面的水质问题。深入探索各种水质转化过程的基本规律，推进我国的环境水质科学，开发新型工业化的高效水处理单元和工艺，发展实用化的环境水质计算软件，在综合研究水质资源合理利用的科学对策。主要研究内容包括水质分析鉴定、水质转化过程、水质生态毒理、水质模拟计算、水质控制技术和水质资源利用。系统生态开放实验室是以生态学、系统科学及计算机科学为基础，以人口、资源、环境问题的耦合关系为对象，开展自然科学与社会科学交叉的跨学科综合研究。理论上探讨社会、经济、自然复合生态系统的动力学机制及控制论方法，发展具有中国特色的人类系统生态学。应用上以可持续发展为纲，探讨城市及人类密集地区的生态评价、生态恢复、生态规划、生态管理的系统方法、集成技术及实现城乡环境经济持续发展的对策与决策支持手段。环境分析化学与生态毒理学自费开发实验室立足环境分析化学的国际前沿，发展环境中化学物质在动态变化过程中的产物、中间产物的瞬态或新化学形态的分析方法，研究化学物质（包括微污染物质）在环境中的迁移变化过程及其生态毒性的及相关的分析化学问题，阐明重要的环境化学过程与生物过程的机理，争取在方法学上有所创新、有所突破。

生态环境中心拥有高分辨双晶 X 射线荧光光谱仪、电感耦合等离子体发射光谱仪和质谱仪、傅里叶变换红外光谱仪、液相色谱-质谱联用仪、气相色谱-质谱联用仪、X 射线衍射仪和计算机工作站等大型仪器设备。有一个同德国连接的计算机终端和一台同中科院内两个研究所共用的 VAX-787 计算机；组成了 47 台微机的局域网与中国科学院主网连通，实现了 E-mail www、FTP 及 GOPHER 等服务。

1997 年生态环境中心承担国家“九五”重点科技攻关专题项目 8 项、攀登计划专题 1 项，中科院重大项目（A）类和特别支持项目 1 项、重大项目(B)类2项、重点项目7项，国家自然科学基金重大项目二级课题4项、重点项目2项、杰出青年基金项目2项、面上基金项目52项。

1997年发表论文共283篇，出版专著9部，1996年在《SCI》刊物上被收录论文数居全国科研单位第20位，在国内1227种科技刊物上发表论文数居全国科研单位第15位。

1997年生态环境中心获奖成果9项。其中，由生态环境研究中心作为第二获奖单位(多氯联苯工业性焚烧技术研究，蒋可研究员)获国家科技进步奖二等奖；由生态环境研究中心作为第二获奖单位(新型肥料-长效碳酸氢铵的研制与应用，李继云研究员)获中国科学院科技进步奖特等奖，由生态环境研究中心作为第三获奖单位(中国国情分析，胡鞍钢和王毅研究员，康晓光副研究员)获中国科学院科技进步奖一等奖，由生态环境研究中心作为第二获奖单位(中国酸沉降及其对生态环境影响的研究，冯宗炜研究员)获国家环境局科技进步奖一等奖。由生态环境研究中心作为第一获奖单位，孙思恩研究员主持的"农业生态系统中的生物化感作用与合理开发利用"项目获中科院科技进步奖二等奖；由彭安研究员主持的"饮水中有机物在大骨节病中的作用"项目、由高林研究员主持的"中国有色金属矿山环境与复垦研究"项目获中科院科技进步奖三等奖。

1997年生态环境中心加强了科技开发工作，突出几个重点：超滤膜技术、纯净水装置、生物农药及其系列产品、柠檬酸菌种和后提取技术、超临界技术造纸黑夜资源化技术的推广和深度开发。把技术开发与应用基础研究和应用研究放在了同等重要的位置，以促进中心的科技成果的产业化和技术转让。1997年，中心申报国家专利14项。

1997年生态环境中心有5项国际合作项目正在进行，包括与意大利合作的欧盟项目"工业初级产品生产过程中的生态持续能力研究"；与荷兰合作的欧盟项目"黄土高原土地生态评价与持续利用研究"；与美国合作的项目"中美农田生态系统的氧化亚氮排放和碳动态研究"；与日本合作的项目"脱硫粉煤灰改良盐碱地"。9月由SCOPE中国秘书处和生态环境研究中心及长春地理所共同主持在长春举办了"亚洲汞污染学术研讨会"，与会的科学家76人，其中外宾10人，来自世界上7个国家和地区。与会者共提交了39篇论文。

国际科联环境问题委员会(SCOPE)中国委员会、中国生态学会、国际环境情报系统(INFOTERRA)中国联络点及中国-加拿大资源环境高技术中心挂靠在生态环境中心。中心负责编辑出版有《环境科学学报》、《Jouranal of Environmental Sciences》、《生态学报》、《环境科学》《环境化学》和《环境科学进展》6种学术刊物，联合国环境规划署出版物《产业与环境》和《臭氧行动》的中文版亦在中心定期翻译出版。

古脊椎动物与古人类研究所

所　　长：邱铸鼎
地　　址：北京市西直门外大街142号
邮政编码：100044
电　　话：010-68351363
图文传真：010-68337001

古脊椎动物与古人类研究所的前身是中央地质调查所新生代研究室，成立于1929年。1953年改为古脊椎动物研究室，隶属中国科学院，1957年改为古脊椎动物研究所，1960年更名为古脊椎动物与古人类研究所。全所现有职工186人，科技人员136人，其中，中国科学院院士3人，研究员25人，副研究员17人、高级工程师20人，中级科技人员46人，博士生导师9人，硕士生导师10人，现有在学博士生7人，硕士生7人，另有博士后2人。现承担国家科技攻关、攀登计划、国家自然科学基金项目和中国科学院重大、重点项目及各类课题52个。古脊椎动物与古人类所是我国古脊椎动物与古人类两门基础学科的专门研究机构，在国际上享有盛誉。全所设有三个研究室和一个研究中心，即(1)古低等脊椎动物研究室——研究鱼形类、两栖类、爬行类、鸟类化石及生物地层学；(2)古哺乳动物研究室——研究哺乳动物化石及生物地层学；该两研究室共同承担脊椎动物起源、演化和分类、建立和完善中国和全球年代地层系统，探讨生物与环境的关系；（3）古人类及旧石器研究室——研究人类化石和旧石器考古，探索人类的起源进化，研究早期人类演化迁徙和文化发展的历史；（4）周口店古人类及古环境研究中心——研究人类圈与其他各圈层之间的关系。拟于本世纪末以周口店研究中心为基础，筹建一个开放研究实验室。我国古人类化石材料相当丰富、名闻遐迩的周口店北京猿人遗址产出的人类化石和文化遗存，已经历了多半个世纪。在古人类学和古脊椎动物学研究领域，我们在世界上已取得了举足轻重的地位，根据“九五”发展纲要，拟以周口店北京猿人遗址为研究基地，以人类学及相关的环境科学为研究对象，实行开放、联合、流动的方针，建立开放研究实验室，将有助于国内不同部门和单位，以及国内外人类学工作者的交流与合作，有利于学科的交叉与渗透，对于提高我国古人类学的研究水平，稳定基础研究队伍和培养人才无疑都是有利的。周口店北京猿人遗址被联合国教科文组织列入世界文化遗产。

作为国家的古脊椎动物与古人类学的研究中心，标本的采集和收藏是极其重要的组成部分，也是古脊椎所赖以生存和发展的基础，从20年代到现在，标本馆馆藏标本已近20万件，其中正型标本1600件，国外交换、赠送的标本、模型500余件；另有现代脊椎动物骨骼标本2000余件，其中不少是20年代收集的南美、澳洲稀有兽类的骨骼。此外，所内还藏有现代人头骨对比标本600多件。

图书是开展科研工作不可缺少的支撑条件，到目前为止古脊椎所收藏的专业书刊达9600多种7万余册（包括杨钟健、裴文中、周明镇、D. Black 及 F. Weidenreich 等中、外老一代古生物学家的私人藏书）。所图书馆与世界35个国家和地区，273个单位和个人建立了交换关系，图书馆专业书刊的藏书量已跨入亚洲和世界同类研究单位的前列，现正着手设计一套科学和现代化的采编、编目、入库、建账和流通等的管理“软件”。

1997年古脊椎所取得包括“贵州盘县大洞旧石器遗址阶段性研究”；“中-东亚第三纪梳趾鼠科化石的研究”；“河南李官桥和山西垣曲盆地始新世中期小哺乳动物”和“中-日丝绸之路恐龙考察报告”等四项成果；“早期人类起源及环境背景综合研究”入选国家攀登项目，巫山县龙骨坡遗址旧石器的发现，使在我国境内寻找早期人类化石工作获得了突破性进展；“巫峡高地发现近200万年的石器”被评为1997年十大科技新闻之一。中国科学院“九五”重大项目“辽西热河生物群综合研究”有关成果已出专刊；1997年初，王府井东方广场发现的旧石器时代古人类遗址，引起了社会各界的广泛关注，古脊椎所已在中科院院长基金及国家基金委主任基金的资助下，顺利地开展了该项目的研究工作。

1997年期间，古脊椎所在国内外发表研究论文59篇，出版专著5部，《NATURE》发表了该所胡耀明等撰写的《对齿兽类在中国的发现及其在哺乳动物进化上的意义》一文，令世界古生物学家瞩目，《中国新生代鸟类》专著引起了世界鸟类学家的极大兴趣，该所两篇关于鸟类的论文被告知列入1998年《SCIENCE》发稿计划。

古脊椎所主编的《古脊椎动物学报》和《人类学学报》1997年在全国众多的地学期刊评比中分别排名第五和第九。1997年上报重要成果42项。

1997年，古脊椎所加强了与世界各国的学术交流，6人次出国参加国际学术会议，22人次出国访问讲学。美国、英国、法国、德国、芬兰等国的70余位专家、学者先后来所访问交流。该所对古鱼类、古爬行类、古鸟类、原始哺乳类及古人类学的研究已跻身于世界先进行列。

古脊椎动物学会挂靠在古脊椎所。主办刊物有《古生物志》、《古脊椎动物学报》、《人类学学报》、《化石》杂志。

地质研究所

所　　长：刘嘉麒
地　　址：北京市德胜门外祁家豁子
邮政编码：100029
电　　话：010-62027766（总机）

图文传真：010-64919140

地质研究所1950年9月6日建于南京，其成员来自原工商部中央地质调查所（建于1913年6月）和中央研究院地质研究所（建于1928年1月）等，是中科院历史最悠久的研究所之一，1954年迁至北京。先后分出部分人员扩展建立了兰州地质研究所（1955年）、贵阳地球化学研究所（1965年）和国家地震局地质研究所（1978年），以及上海硅酸盐研究所、青海盐湖研究所、南海海洋研究所的相关研究室。现有在职职工424人，其中中国科学院院士5人、中国工程院院士1人，博士生导师37人，研究员64人，副研究员及高级工程师112人，中级科技人员130人。

地质所以基础研究为主，兼顾应用基础研究，是国家地球科学研究和高层次人才培养的重要基地。主要研究领域包括大陆动力学与岩石圈构造演化，环境地质学与全球变化，构造控矿论与紧缺矿产及非常规能源，工程地质力学与重大工程的地质问题。在此基础上开展地球系统的资源与能源研究，探讨地球演变历史和环境演变规律，为防治地质灾害，协调人与自然的相互关系，实现可持续发展提供科学依据。

地质所建有两个开放实验室，即岩石圈构造演化开放研究实验室和工程地质力学开放研究实验室，以及两个中心，即地质环境系统研究中心和矿产资源研究中心，它们分别代表着地质所的四个发展重点。结构性调整后，保留了矿物学研究室、大地构造学研究室、地热学研究室、岩石学研究室、沉积学及地层学研究室、同位素地质学研究室、第四纪地质学研究室、极地地质学研究室8个研究室及岩石矿物分析测试实验室和出版图书情报室。

地质所在地球三极（青藏高原、南极、北极）的科学研究中，形成了一支高水平、富于经验的科研队伍，长期以来开展了青藏高原地质研究，并将青藏高原与南极、北极进行广泛对比。参加了南极长城站、中山站建站，多次派人赴南极进行科学考察。还积极参与策划了北极的科学考察。

地质所是国家首批博士学位授予单位和首批博士后建站单位，研究生培养成绩突出，1996年被认定为中国科学院博士生重点培养基地。目前，全所每一重点发展领域都有院士和知名度较高的中青年学术带头人和青年科研骨干（科技人员中，具有博士学位的占22%），现有在读博士生83人，硕士生24人，博士后12人。地质所全力为青年人才的成长创造条件，吸引优秀青年人才回国工作。

1997年地质所主持重大、重点项目多项，包括国家自然科学基金重大项目“大别山-苏鲁地区超高压变质作用过程及形成环境”、杰出青年基金项目“黄土事件地层学”；中科院重大项目10项：“大陆岩石圈板块在碰撞过程中的物理化学变化”、“大别山造山带周围盆地的形成演化及其造山作用的构造耦合关系和动力学机制”、“碰撞造山带的运动学研究”、“中国东部大陆岩石圈与软流圈的三维结构”、“亚洲古季风气候演变与全球变化”、“历史时期自然环境背景与人类活动效应”、“青藏高原西部隆生过程研究”、“极地岩石圈构造研究”、“金厂峪深部盲矿体预测和成矿勘探研究”、“云南墨江金矿地质结构模型与找矿方向”；中科院重点项目8项：“三个经典基础理论的研究”、“地下硐室软弱围岩变形特征与支护”、“关于工程地质力学变形体系及综合集成方法研究”、“沉积盆地系统及其动力学基础研究”、“太古宙洋壳和初生陆壳的地质记录及早期陆壳增生机制”、“金沙江能源开发工程地质环境综合评价和预测研究”、“河北赤成后沟金矿成矿规律及找矿预测研究”、“黑龙江团结沟金矿深部及外围找矿预测研究”；财政部专项支持项目“我国泥石流基础研究”；国务院黄金专项“小兴安岭地区金矿成矿规律研究”、“山东重要金矿成矿区成矿规律和找矿方向研究”；国家攻关项目4项：“中国主要含油气盆地地温场特征研究”、“渤海盆地热历史构造热演化与断裂活动与油气成藏的关系研究”、“试验区找矿地质背景研究”、“大中型气田能量场演化与天然气形成”；国家“305”项目3项：“优势非金属矿产资源”、“东昆仑-阿尔金大型金矿成矿地质条件与预测研究”、“昆仑-阿尔金大地警告蛇绿岩与成矿关系”；大型国际合作项目（中比合作）1项：“青藏高原隆起与火山作用”。1997年地质所还承担国家自然科学基金面上项目36项，横向课题32项。

1997年，地质所获得中科院自然科学奖二等奖1项、科技进步奖特等奖1项、优秀青年科学家奖1项,中国地质学会金锤奖1项、银锤奖3项以及何梁何利科技进步奖2项等。截止1997年,已出版专著180多部,取得科研成果近千项,经过结构性调整,地质研究所将以崭新的面貌继续攀登新的高峰,努力为我国地质科学事业做出新的贡献。

为发展我国环境地质科学,1997年建立了中国科学院·国家环境保护局地质环境系统研究中心(挂靠地质所),与香港大学共同建立了中国科学院·香港大学边坡岩土工程力学联合研究中心。

中国第四纪研究委员会、中国沉积学专业委员会、中国工程地质学专业委员会、中国科学院极地科学委员会、中国地球物理学会工程地球物理专业委员会挂靠在地质所。主办国家一级科技刊物有《地质科学》(中、英文版)、《第四纪研究》、《岩石学报》和《工程地质学报》。

自然资源综合考察委员会

主　　任:赵士洞
地　　址:北京市朝阳区大屯路3号
邮政编码:100101
电　　话:010-64917814
010-64889461
图文传真:010-64914230
E-mail:zkb@cisnar.ac.cn

自然资源综合考察委员会(CISNAR)成立于1956年,现有职工289人,其中科技人员220人,包括中国科学院院士2人,中国工程院院士2人,博士生导师12人;有研究员34人,副研究员和高级工程师69人,是生态学专业博士学位和自然地理学、人文地理学、生态学专业硕士学位授权单位,1997年在学研究生57人,其中,博士生27人,硕士生30人。在站博士后1人。

综考会是从事自然资源和区域经济发展的研究机构,同时也是中国科学院开展综合科学考察研究的组织协调机构。1997年在中国科学院研究所自我定位中,综考会的学科定位是资源科学,研究方向是:以资源为主要对象,研究资源的分类与分布、质量与数量、结构与功能,资源与人口、资源与环境、资源与经济及各类资源之间的相互关系和资源的优化配置和可持续利用。重点学科领域为:资源经济学、资源生态学、土地资源学、水资源学、宏观农业资源和遥感信息科学。研究任务是:在区域、国家和全球尺度上,围绕国家经济发展需要,强化对资源的综合研究,资源与区域发展综合研究;加强学科建设,发展资源科学;组织协调国家及我院的资源综合研究项目,为社会经济可持续发展提供科学依据。设有11个研究室,4个野外研究试验站;中国生态系统研究网络(CERN)的综合研究中心、世界数据中心中国分中心(WDC-D)的再生资源与环境学科中心、中国科学院区域可持续发展研究中心也设在综考会内。目前建有中国自然资源数据库(含17个子库,共170多个数据相关关系,数据量约500万个,数据覆盖全国范围)、中国国情数据库、全球国家基本情况数据库(包括全球200多个国家和地区)、中国生态系统动态变化数据库(数据量150M,3148个数据集)等综合性数据库和图库9个,黄淮海地区估产背景数据库等专题数据库和图库14个;资源信息室和CERN综合研究中心具有国内资源研究领域先进的计算机软硬件环境和图形(像)处理设备,完全具备国内外学者来综考会从事资源、环境和生态等领域研究工作的条件。同时,该会不断加强年轻人才培养力度,使人员结构趋于合理化,现有45岁以下研究员6人,一批卓有成就的年轻研究人员已成为"九五"科研工作的中坚力量。综考会的目标是:经过5年或更长一段时间的努力,成为在国内具有权威性,在国际上具有重要影响的一个资源科学综合研究中心和数据采集、交换、分析中心以及国家、区域资源管理和宏观决策咨询中心。

1997年,综考会承担了国家攻关课题(专题):"中国农业资源综合生产能力与人口承载能力研究","不同类型区农业资源高效利用的优化模式与技术体系的集成研究","高效利用农业资源的管理技术研究","雅鲁藏布江大拐弯段调电调水超前期研究(试图解决我国西部水资源紧缺和黄河断流问题)”等8项；承担国家攀登计划和中科院重大项目：“青藏高原环境变化与区域可持续发展研究”(攀登),“生态系统生产力与可持续性研究”等3项；承担中科院区域前期研究课题2项，中科院重点课题3项，中科院专项研究2项；承担重大横向与国际合作课题4项。

1997年综考会取得了丰硕的科研成果，共发表科技论文140篇，出版学术著作6种，上报院重要成果8项，获得国家和院(部)级奖7项。综考会主持的“重点产粮区主要农作物遥感估产研究”、“黄土高原地区综合治理开发战略及总体方案研究”获国家科技进步奖二等奖；“中国国情分析研究”、“科学数据库及其信息系统研究”获中国科学院科技进步奖一等奖；“黄河流域灾害环境演变趋势及治理对策研究”获中国科学院科技进步奖二等奖；“中国农林复合经营研究”获中国科学院自然科学奖三等奖；“中国东部沿海地区21世纪资源与环境战略研究”获国家环境保护局科学技术进步奖(部级)三等奖。其中，“重点产粮区主要农作物遥感估产研究”，利用遥感、地理信息系统及全球定位系统，解决了大面积小麦、玉米、水稻遥感估产中的关键技术，可在同一平台上对多品种作物的播种面积、长势和产量进行预测，实现了提前2～3个月精确提取小麦、玉米、水稻的种植面积和收获前1～2周预报估产区各作物的单产和总产，其估产精度小麦达95%～97%,玉米达90%～95%,水稻达85%～90%。该成果整体上达到国际先进水平，面积获取技术处于国际领先地位，已被国家和有关省、市所应用，取得了较大的社会效益和经济效益。“中国国情分析研究”，以“认清国情、分析危机、消除错觉、寻找对策”为旨议，从国情出发提出了在制定全国社会经济中长期发展战略时应认真对待的重大问题，为党中央和国务院若干战略决策提供了科学分析和理论依据，许多重要观点和政策建议已被决策部门所采纳和参考。同时该项研究对开展全民国情教育起到了积极的推动作用，对中国的改革和现代化建设具有理论上和实践上的指导意义。

长期以来，综考会先后与30个国家和地区的科研机构、大学建立了广泛的学术交流与合作关系。与日本京都大学、日本筑波大学和联合国大学以及澳大利亚阿得莱德大学等已在多方面开展合作研究，其中与日本京都大学合作开展的“中国南方森林的生态学和水文学研究”项目已进入第十一年。1997年综考会接待了来自不同国家和地区的学者共23批36人次，同时派出58人次进修、参加会议和开展合作研究等。孙鸿烈院士当选为世界荒漠化公约(WCCD)科学技术委员会副主席。

中国自然资源学会、中国青藏高原研究会挂靠在综考会。主办刊物有《自然资源》、《自然资源学报》、《AMBIO——人类环境杂志》。其中《自然资源》杂志经国家科委批准从1998年起改刊名为《资源科学》。

地理研究所

名誉所长：黄秉维
所　　长：陆大道
地　　址：北京市朝阳区大屯路3号
邮政编码：100101
电　　话：010-64914841
010-64889276
图文传真：010-64911844

地理研究所于1940年建于重庆，1947年迁至南京，1958年迁于北京，是地理学科的综合性研究所。全所现有职工451人，其中有中国科学院院士5人，高级科技人员189人，中级150人，初级47人。是国家确定的硕士、博士研究生培养博士后流动站单位。截止1997年8月，已培养博士生79人、硕士生225人，现有在读博士生118人、硕士生42人，进入博士后站37人。

几十年来，地理所承担了大量国家、中国科学院和地方的科研任务，取得了一批重要的科学技术成果，共发表论文4300篇、出版专著320部，图集40多册，图件400余幅，至今已有204项科技成果获国家级、院级和部委级奖励。

目前，地理所有3个部(资源环境研究与应用部、区域持续发展部、地理信息系统科学部),20个研究室、实验站、实验室(全球变化研究室、资源环境整治研究室、水资源水环境研究室、环境生命元素与医学地理研究室、区域环境质量与物质循环研究室、地貌研究室、生态研究网络水分分中心、大屯农业生态与环境技术试验站、禹城综合试验站、河流海岸模拟实验室、中心分析实验室、农业发展与土地利用研究室、产业布局与区域经济研究室、城市发展研究室、区域发展研究室、历史与文化地理研究室、世界地理研究组、区域持续发展模拟实验室、地图学与制图技术研究室、资源与环境信息系统国家重点实验室)，以及技术开发系统。

地理所的主导研究理论支撑体系是陆地地球系统科学，研究的主导内容是解决区域可持续发展。地理所主要研究方向为：地理环境的结构、形成和演化及其合理开发利用的途径。通过对地理环境中物质流、能量流与信息流及地理过程的分析，揭示地理环境中物质能量的迁移、积累、转化过程及人类活动对地理环境影响的规律。地理所的主导产出为地理信息产品和区域发展分析、咨询产品，为全球、国家和地区的可持续发展提供科学依据，寻找人类适应、利用、改造地理环境的途径。

1997年度从事的主要研究课题有：(1) 国家攀登计划项目：青藏高原形成演变环境变迁与生态系统的研究；(2) 国家攻关项目：重大自然灾害评估系统研究，可持续发展重大战略政策研究，柴达木盆地经济发展与水资源合理配置研究，柴达木盆地水土资源开发利用与农业可持续发展研究，污泥高效低耗堆积与复合肥制备成套技术，禹城试验区资源节约型高产高效农业综合发展研究，土地利用的变化与主要温室气体净排放研究，中国农业资源态势分析、优化配置与合理布局，晋陕蒙资源开发与环境整治综合研究，黄淮海平原可持续农业与农村发展研究中国区域发展问题研究等；(3) 国家自然科学基金重大和重点项目：沿海城镇密集地区经济人口集聚与扩散的机制和调控研究，中国自然灾害地域组合规律和沿海、华北区域灾害规律，华北平原节水农业应用基础研究，中国东部亚热带典型区坡地过程及其改良利用研究，地理表层动态机制与人地系统调控研究；(4) 国家自然科学基金面上项目40项；(5) 中科院重大和重点项目：黄淮海平原农业可持续发展，农业专家决策支持系统，高唐县水土资源高效利用研究；(6) 国际合作和外援项目：如博茨瓦纳土地规划与测量，中美、中日、中英、中澳、中加等合作项目；(7) 省、部委托项目，平均每年达十几项。1997年地理所共有6项科技成果获得国家、中科院的成果奖励，其中“中国经济地图集”、“中国设市预测与规划”获国家科技进步奖三等奖；“重大自然灾害遥感监测评价”获中科院科技进步奖一等奖；“黄河流域灾害环境演变趋势及治理对策”获中科院科技进步奖二等奖；“实验遥感模型、地面基础以及数据精集”、“中国历史植物地理和历史动物地理”获中科院自然科学奖二等奖。另外，还登记中国科学院科技成果5项。

中国地理学会、中国科学院水问题联合研究中心、中国科学院乡村发展联合中心挂靠在地理所。主办刊物有《地理学报》、《地理研究》、《中国地理》(英文版)、《地理科学进展》、《地理知识》等。

地球物理研究所

名誉所长：傅承义
所　　长：徐文耀
地　　址：北京市朝阳区大屯路甲11号
邮政编码：100101
电　　话：010-64871497
010-64889084
图文传真：010-64871995
E-mail：geop@mailc-geos. ac. cn

地球物理研究所于1950年成立于南京，前身是中央研究院气象研究所。1997年底职工总数319人，从事科技活动人员191人，有中国科学院院士2人，研究员29人，副研究员、高级工程师等58人，中级科技人员61人。现有在读博士生33人、硕士生8人。另有在站博士后20人。

地球物理所是以研究固体地球物理为主的基础和应用基础研究机构，其重要任务是它应用现代物理学原理和方法，采用先进的计算技术、观测技术和实验设备，研究地球及其空间环境的物质组成、物理结构、动力学过程及其演化规律，跟踪和开拓地球物理科学的新领域，为预测、勘探和开发能源和资源、减轻地球自然灾害和解决环境保护等重大问题提供科学依据。

地球物理所是国家确定的硕士、博士研究生培养单位和博士后流动站单位。同时也是中国科学院现代地球科学研究中心的依托单位。

地球物理所设有9个研究室，分别从事岩石层物理、地球动力学、理论地球物理、综合地球物理、地磁与空间电磁环境、新技术应用、科技信息、应用地球物理、油储地球物理等方面的研究；根据地球科学发展和国家经济建设需要，还建有地球动力学高温高压开放实验室、古地磁联合实验室、地磁观测台链。

地球物理所拥有科研仪器设备1916台套，价值2277万元。其中具有国际领先水平的有800T高温高压伺服三轴流变仪、3GPa固体三轴流变仪、大地电磁深装置、频谱激电仪、超导磁力仪、GPS定位定向仪、浅层地震仪、电阻率测试仪、重力仪、计算机网络系统等。

1997年地球物理所继续深化改革，加快结构性调整步伐，对学科结构，人员结构，研究、应用、开发、管理、服务几个方面的人力和资源配置作了较大的调整，下大力气抓科研队伍的建设，特别是跨世纪科技人才的培养，对科研工作、行政管理、激励与奖惩、后勤与福利保证等各方面的运行机制进行了配套的改革，严格“以法治所”，工作中不断探索改革的道路。中日合作的中国矿物资源探查研究中心项目工作也取得显著进展。

地球物理所1997年在研课题总计138个，其中包括分属国家科委攀登计划2项，科技攻关项目1项，国家自然科学基金重大项目1项、重点项目5项、杰出青年基金2项，国家“863”计划专题3项，中科院“百人计划”2项、“九五”重大项目3项、重点项目3项，国家自然科学基金面上项目的29个课题，各部位委托的横向、开发的45个课题等。

1997年度获得成果为9项，其中基础研究2项，应用基础5项，科技服务2项。

1997年获中科院科技进步奖2项，其中“我国金矿成矿模式找矿方向及找矿选矿技术方法研究”获特等奖，“复杂介质地震波场成像理论及在胜海探区的应用”获一等奖。刘光鼎院士荣获1997年度何梁何利科学与技术进步奖。

1997年有20多位科技人员主要从事地球物理科技服务工作，对外新签订技术合同30余项。还办有所办公司3个，科技服务中心1个，人员约60余人。

1997年地球物理所与美国、俄罗斯、韩国、捷克等国开展了地球物理方面的合作研究，并与美国、日本、英国等国科学家进行了学术交流。该所派出多名科学家参加重大的国际会议，并有数名科学家在国际组织中任职。承办1997年中国青年学者固体地球科学研讨会。会议研讨的主体是深部过程与大陆动力学。来自海内外的50余名青年学者围绕会议主体参加了研讨。会议编辑了论文摘要集，共收集论文摘要62篇。与中国岩石力学与工程学会联合主办西藏高原岩石工程与地球物理勘探国际学术讨论会。出席会议的中外代表40余人，11位代表在会上做了学术报告。会议还组织到拉萨进行现场工程考察。

地球物理研究所是中国地球物理学会、中国岩石力学与工程学会和世界数据中心中国中心（WDC-D）地球物理学科中心的挂靠单位，主办刊物有《地球物理学报》和《地球物理学进展》。

大气物理研究所

名誉所长：叶笃正
所　　长：王明星
地　　址：北京市德胜门外祁家豁子
邮政编码：100029
电　　话：010-62028606
图文传真：010-62028604
E-mail：rl@linux2.iap.ac.cn

大气物理研究所前身是1928年成立的原中央研究院气象研究所。现有职工530人，其中科技人员465人，有中国科学院院士5人，研究员64人，副研究员和高级工程师104人，中级科技人员201人。大气物理所是博士、硕士学位授予单位和博士后流动站建站单位。现有在学博士生83人，硕士生38人，博士后11人。

大气物理所主要从事大气科学中的基础性研究工作，承担国民经济建设和国防建设中具有战略性、综合性和全局性的重大科学问题，同时也致力于高技术开发和其他横向任务。其研究方向为：研究大气中各种运动的物理化学过程的基本规律及其与周围环境的相互作用，发展新的探测和试验手段，为天气、气候和环境的监测、预测和控制提供理论和方法。

大气物理所拥有SGI origin 2000工作站一台、一座用于研究城市大气污染和大气边界层物理的高达325米的气象铁塔及边界层遥感探测系统和用于中层大气探测的VHF晴空脉冲多普勒雷达及高空科学气球探测系统等设备，这些科研设备在观测、实验及理论研究中均发挥了重要的作用。

大气物理所“九五”期间承担国家攀登计划项目4项、攻关项目3项以及“863”和“921”项目，国家自然科学基金重大项目，中科院重大项目和军工项目等多方面的研究课题。目前均已完成，不少成果已通过鉴定验收。

1997年，大气物理所在分析了国际上大气科学未来发展趋势和国内经济发展需求后，确定了以气候环境动力学与气候预测理论为主攻方向，同时加强大气化学与大气环境、中层大气和中小尺度动力学等国际前沿学科的研究，并制定了“经过5年或稍长一段时间，将大气物理研究所建设成为国际性的、学科门类齐全、设备条件先进、高水平的大气科学研究中心”的总体目标。大气物理所的科研系统体制可简称为“三三四三”制，即三个开放实验室（其中两个为国家重点实验室)、三个研究中心(其中两个是国际中心)、四个研究部和三个科研支撑系统。调整后的科研结构突出了学科交叉和研究领域的相互渗透，同时又使科研力量相对集中，使之更具有团队作战和综合攻关能力。

“八五”期间，全所共获科研成果奖18项，其中“大气中准定常行星波的形成、传播与异常机制研究”获国家自然科学奖三等奖，获中国科学院一等奖的项目分别是“IAPAGCM及基本气候模拟”、“西南地区酸雨来源、影响和控制对策”、“中期数值天气预报”和“长江中上游暴雨中尺度系统研究”。1997年，大气物理所获国家自然科学奖三等奖1项，中科院科技进步奖二等奖1项、三等奖1项，中科院自然科学奖二等奖1项。

大气物理所现有各类科技开发公司或服务中心等6个实体。其主要开发项目有激光气象雷达、超声测风测温系统、各类异型充气制品、环境评价等，1997年度的科技开发工作收到了很好的社会效益和较好的经济效益。

大气物理所与美国、德国、日本、法国、意大利等国建立了广泛持久的合作关系，1997年承办了两次国际研讨会，全年出访和接待来访学者共计280人次。

中国科学探险协会挂靠在大气物理所。主办刊物有：《大气科学》(中、英文版)、《大气科学进展》(英文版）和《气候与环境研究》。

遥感应用研究所

名誉所长：陈述彭

所　　长：郭华东

地　　址：北京市朝阳区大屯路

邮政编码：100101

电　　话：010-64879268

010-64889570

图文传真：010-64915035

E-mail：admi@irsa. irsa. ac

遥感应用研究所成立于1979年，其前身系1978年成立的地理研究所二部。现有职工245人，其中科技人员200人，有中国科学院院士3人，研究员18人，副研究员、高级工程师等56人，中级科技人员91人。现有在学博士生37人、硕士生19人，博士后7人。

遥感应用所是地图学与遥感专业博士、硕士学位授权单位，设有博士后科研流动站。

遥感应用所的学术方向是：研究可见光、红外和微波遥感信息与地理表层目标相互作用机理，遥感信息处理方法及遥感应用模型，开展遥感应用的工程化、实用化关键技术研究，促进遥感信息科学的发展，服务于国家宏观资源管理与环境监测。

1997年，遥感应用所对科研系统结构实行调整，形成遥感信息科学开放研究实验室，资源环境遥感应用研究部分和国家遥感应用工程技术研究中心三个模块：

（1）遥感信息科学开放研究实验室。开放实验室是研究所的学科支柱，主要从事遥感基础理论和前沿高技术应用方法研究。现设地物辐射信息科学高光谱遥感科学、雷达遥感科学三个研究领域，其研究内容为：遥感信息形成的波谱、空间、时间及地学生物规律，高光谱分辨率遥感信息形成机理及地物识别机制，成像雷达遥感信息形成机理及对地观测原理，遥感信息在地球表层的传输与再现规律，先进对地观测信息处理分析方法与应用模型。

（2）资源环境遥感应用研究部分。该部分主要利用遥感技术进行资源调查与环境监测。由再生资源遥感研究室、固体地球与海洋遥感研究室和全球环境变化研究室组成，分别从事以国家、部门、地方可再生资源与区域生态环境遥感为主的研究；地质矿产资源、地质工程环境及海洋资源遥感研究；利用遥感技术研究大尺度环境及全球变化研究的遥感应用方法。

（3）国家遥感应用工程技术研究中心。工程中心立足于产业化、工程化。遥感应用所是该中心的依托单位，工程中心目标是实现遥感实用化、工程化。主要任务是发展先进、关键、共性、集成遥感技术，同时开展遥感信息开发与服务，开展新型遥感技术示范工程研究，进一步将成果通过符合市场运行规律的技术组合，推动遥感技术的广泛应用，逐步实现遥感技术及应用的商品化、产业化，为国民经济作贡献。

另外，遥感应用所设有科技支撑系统，下设航空遥感中心、计算机网络中心和科技信息室。其中航空遥感中心拥有两架高空遥感飞机，系中科院八大科研运行系统之一，负责全院的遥感飞行，本年度内较好地保证了中科院承担的国家攻关、高技术、院级项目及国际合作项目的完成。

1997年度，遥感所承担国家自然基金课题10项，国家科技攻关课题11项，国家攀登项目2项，“921”项目1项，“863”计划10项，中科院重大项目、重点项目、军工项目等10项，国际合作6项等，其中“地表遥感信息传输及成像机理研究”是国家自然科学基金支持的重大基金项目，重点研究遥感科学基础理论；“中国资源环境遥感信息系统及农情速报”是中科院重大特别支持项目，以加强中科院遥感网络基地建设，开发前沿遥感技术和地球信息科学重大问题研究。

1997年遥感应用所上报登记的成果有8项，其中有：“华北平原地区社会经济环境可持续发展决策支持系统”，为国家科委“八五”重点研究项目，已通过院级鉴定，该项目决策支持系统的设计和规模达到了国际先进水平，具有重要的价值；“三维信息获取与实时（准实时）处理技术系统原理样机研制”为“863”-“308”主题项目，已通过院级鉴定，并申请了专利；“地面目标二向性反射分布特征研究”为国家自然科学基金重点项目，现已通过国家自然科学基金委验收，此项成果在理论和技术研究方面均有自己的特色，是一项处于国际领先水平的工作；另外，还有1项面上基金、2项院长基金和2项横向课题的成果。

1997年遥感应用所“星载SAR应用研究”获国家科技进步奖三等奖，该项成果对推动我国雷达对地观测的发展起到了重要作用，应用前景十分广泛。另外，还有4项成果获部委级奖励，其中获中科院科技进步奖三等奖1项，中科院科技进步奖特等奖和一等奖各1项，北京市科技进步奖二等奖1项。

1997年全所发表论文110篇，出版专著2部。

在国际交流合作方面，一批科技合作项目继续推进。1997年8月，遥感应用所作为联合主办单位之一，参加主持了在北京举办的“地球信息科学国际学术会议”；由香港中文大学地理系和遥感所、地理所地理信息室联合组建的“地球信息科学联合实验室”于1997年7月正式成立；与缅甸林业部合作的“缅甸中部干旱综合发展计划”项目于1997年7月正式开始实施；与澳大利亚科技联委会合作的“土壤水份与干旱的遥感监测”项目于1997年9月结束。1997年度来所访问外宾71人次，选派出国留学及国际交流、合作、参加国际会议共68人次。

中国地理学会环境遥感分会挂靠在遥感应用所，主办刊物有《遥感学报》，并与中国图形图像学会等联合主办《中国图形图像学报》。

遥感卫星地面站

站　　长：潘习哲
地　　址：北京市北三环西路45号（北京2434信箱）
邮政编码：100086
电　　话：010-62559658
010-62554861（总机）
010-62587019
图文传真：010-62561215
010-62587872
E-mail：yhli@nts.ac.cn

遥感卫星地面站（即中国遥感卫星地面站）前身系中国科学院空间科学技术中心地面部，创建于1979年2月，是1979年邓小平同志访问美国签订的中美科技合作项目之一，1986年12月建成并正式运行。当时，国务院副总理方毅，全国人大常委会副委员长严济慈，中科院院长卢嘉锡，以及美国驻华大使温斯顿·洛德，美国国防部部长助理布里艾恩出席了落成仪式。1987年，中国遥感卫星地面站经国家科委批准独立建制，是直属中科院领导的所级科研事业单位。

遥感卫星地面站主要设有数据接收站、数据处理研究室、微波遥感数据处理研究室、照相技术研究室、遥感信息处理技术研究室、图像处理技术研究室和图像公司。全站现有职工近200人，其中科技人员150余人，有研究员11人，副研究员（高工）26人，中级职称人员62人，在学硕士研究生15人、博士生1人。地面站具有硕士学位授予权。

为了适应遥感技术发展和全国用户的实际需要，遥感卫星地面站在学科领域作了相应的调整和充实，使地面站从多光谱数据的接收处理、研究、开发，扩展到既包括多光谱又包括微波遥感数据的接收处理、研究、开发，从而使地面站逐步建成一个全天候、全天时、准实时、多种分辨率的卫星对地观测数据中心。

中国遥感卫星地面站是我国目前唯一的民用地球资源环境航天遥感数据源，拥有国内外先进水平的遥感数据接收系统、数据处理系统、光化学图片处理系统以及应用处理系统。截止1997年底，地面站TM数据存档约22万景，SAR数据4万余景。1997年全国遥感用户使用地面站提供的遥感数据、图片3700余件，广泛用于环境资源调查、灾害监测、国土整治、城市规划、地质勘探，以及农业、林业、石油、海洋、水文、地质、测绘等众多领域，产生了巨大的社会效益和经济效益。地面站的工作成效，受到了国家和新闻媒界的高度重视。中央电视台曾作过多次报道，为迎接“十五大”，国家科委和中央电视台联合拍摄反映我国科技新成就——《辉煌科技壮国威》21集系列节目，其中有一集专门介绍该站成果，题目为“观天测地千里眼”。

1997年遥感卫星地面站共承担科研项目20余项，其中“TM遥感数据的深加工”、“大数据量遥感信息的快速处理技术研究”等为国家“九五”攻关项目，“中国资源卫星北京数据接收系统”为国家专项。1997年度取得科研成果10余项，其中“多卫星遥感数据地面接收系统”项目获中科院科技进步奖三等奖。该站广泛开展国际合作与交流，1997年9月该站与加拿大MDA公司合作，顺利地完成了RADARSAT/SPOT两卫星接收处理系统升级改造，中科院副院长严义埙、加拿大大使贝祥等出席竣工仪式。遥感卫星地面站可接收处理包括多光谱和微波遥感在内的6颗地球资源卫星数据信息。该站还与美国Raytheon STX公司、美国SA公司就有关卫星的数据记录评价系统和数据接收系统签订合作合同。该站继续与法国空间署推进共同开发SPOT卫星数据的应用领域。1997年该站派出国外考察、进修、合作约60人次，邀请外国学者来站协作与参观交流约50人次。

空间科学与应用研究中心

名誉主任：王大珩

主　　任：张厚英
地　　址：北京市海淀区中关村南 2 条 1 号
邮政编码：100080
电　　话：010-62560947
010-62569944
图文传真：010-62576921

空间科学与应用研究中心成立于 1987 年，由空间物理所（即原应用地球物理所）和空间科学技术中心合并组建。1994 年 4 月中国科学院党组决定将院直属机构“空间科学与应用总体部”和空间中心合并。合并后为便于对院内外进行工作协调，对外仍用两个名称，即“空间科学与应用研究中心”和“空间科学与应用总体部”。这将有利于充分发挥中科院空间科学与应用的综合优势，有利于继续加强空间科学与应用领域的研究，有利于提高承担国家重大攻关和工程型号任务的能力。

空间中心现有职工 583 人，其中科技人员 516 人，中国科学院院士 1 人，研究员 32 人，副研究员、高级工程师 136 人，中级科技人员 185 人。现有在学研究生 43 人，其中博士生 10 人，硕士生 33 人。具有空间物理专业硕士、博士学位和空间飞行器设计、计算机应用专业的硕士学位授予权，并设有空间物理专业博士后流动站。

空间中心是中国科学院空间科学和应用方面的一个综合性研究实体，也是中国科学院在该领域的总体单位。其主要研究方向有：空间物理和空间环境，即日地体系及日地空间中相互联系和耦合的日球层、磁层及等离子体、电离层和中高层大气物理，空间环境的研究，监测和预报等。空间探测技术，包括空间飞行器（飞船、卫星等空间飞行器和探空火箭、高空气球等亚轨道飞行器）的总体技术和系统集成，探测方法和仪器，空间飞行器电子及信息系统，地面接收、测控、处理技术和应用，等离子体推进技术等。微波遥感技术，包括各类机载和空间微波遥感器，微波遥感信息技术等。由上述基础研究和高新技术研究基础上发展的通讯、数据收集传输、工业控制、高空探测、雷电监测防护，材料表面改性等技术开发工作。

空间中心的基本研究设施有：海南电离层综合数字观测站，广州宇宙线各向异性观测站，北京宇宙线游离室、北京超中子堆地面观测站，日球物理数值研究开放实验室和地球空间环境物理开放实验室，空间等离子体环境模拟实验室，世界数据中心中国空间科学学科中心，空间飞行器有效载荷数据接收站，空间飞行器在轨监控及数据处理中心，地物微波特性模拟、微波标准及标定实验室，空间环境模拟实验室，海南探空火箭发射场等。

1997 年空间中心在中科院提出的结构调整，深化改革方针指导下，认真抓好工程任务、基础科学研究、应用开发和基础设施建设等方面的工作，积极争取国家和各方面的重大任务，调整、加强了各级领导班子，积极推进行政后勤工作改革，开展对中心定位的深入研究，使空间中心的工作有了进一步发展。

在承担国家重大航天工程方面，1997 年以年轻科技人员为主力的“SJ-5”卫星有效载荷研制队伍，在时间短、任务重的情况下，组织得当，按计划完成了初样研制任务，正样也即将完成。“921”工程应用系统总体和空间中心承担的各项工程技术工作，在全体参研人员的共同努力下，按总体计划进度要求圆满完成了研制试验任务，为 1998 年转入正样研制奠定了基础。在基础研究方面，由中心作为主办单位承担“八五”重大项目“日地系统能量传输过程研究”已按计划完成。“行星际磁场南转北时磁层亚暴的触发机制”、“日冕等离子体尾场加速和太阳宇宙线高能电子能谱的形成和机制”、“开放相空间稳态回旋各向异性（SNG）理论”等多项研究工作被国家自然科学基金委征集为优秀成果。

在应用开发工作方面，通过积极推广技术成果，认真组织实施，在通信、工业控制、气象探测等方面的应用取得较好的效益。

1997 年共发表论文 81 篇，其中被《SCI》收录的国内外期刊上发表的 6 篇，在国内核心期刊上发表的 34 篇。全年申报专利 9 项，获授权专利 7 项。

1997 年，空间中心的成果“EHG-1 机载海洋雷达高度计”获中科院科技进步奖二等奖，并已被推荐申报国家科技进步奖二等奖；“雷电防护”和“雷电电磁脉冲及防护”获首届全国教育音像出版物二等奖。

空间中心积极开展国际学术交流，1997年接待来访20批40人次，出访28批58人次。

中国空间科学学会、国际空间研究委员会中国委员会（CNCOSPAP）秘书处、北京日地区域警报中心空间环境预报中心（IUWDS）挂靠在空间中心。主办刊物有《空间科学学报》。

半导体研究所

名誉所长：黄　昆
所　　长：郑厚植
地　　址：北京市海淀区清华东路肖庄
邮政编码：100083
电　　话：010-62339210（所办）
图文传真：010-62322388
E-mail：semi. ac. cn. semi

半导体研究所是集半导体物理、材料、器件及其应用研究于一体的国家半导体科学技术的综合性研究所。其前身是中国科学院物理研究所的半导体研究室，它筹建于1956年，正式成立于1960年；1967年曾由中科院划归国防科委第十四研究院；1975年重新回归中国科学院。

全所现有职工743人，其中科技人员445人，有中国科学院院士8人，中国工程院院士1人，研究员82人，高级研究人员231人，中级科技人员151人。该所是国务院学位委员会批准的首批理学博士和工学博士授予单位，并建有博士后流动站。现有博士41人，硕士34人，博士后13人。

半导体所的主要研究方向是：以半导体低维结构物理为主线的基础和应用基础研究；化合物半导体材料与超薄层生长技术；信息光电子器件及其集成技术的研究、开发直至中试规模的生产；半导体神经网络处理机研究；微电子技术研究等。该所在国家支持下，建有两个国家级研究中心—国家光电子工艺中心、光电子器件国家工程研究中心；三个国家开放实验室—半导体超晶格国家重点实验室、集成光电子国家联合实验室、表面物理国家重点实验室（半导体所区）；一个院级的半导体材料科学开放实验室。此外，所里还设有半导体材料研究发展中心、半导体微电子研究发展中心，以及从事高技术开发和其他经营性开发实体。研究所具有先进的物理测试分析、超薄层材料MBE、MOCVD生长和半导体器件工艺加工等大型仪器装备的技术条件。所区实验面积30 000平方米，并具有国内最齐全的半导体专业图书馆，专业藏书100 000册以上。

1997年是“九五”计划的第二个年头，半导体所在院“加大结构调整和改革力度，加强任务组织，加快跨世纪队伍的建设”的宏观组织和指导下，对研究所的“基元”——课题组进行清理调整后，从科研的开拓能力、人才的培养能力和运行管理机制等方面较科学地规范了课题组的评价体系。年度内对三分之一的课题组进行抽查评估，同时进行优化。初步找到一条使“基元”能够良性循环的途径。对承担国家重大任务的实体，课题组采取了“强化管理、动态跟踪，突出重点，阶段评议，鼓励创新，重奖典型”政策，“九五”任务进展顺利。“九五”期间，半导体所面临着科研骨干退休高峰的到来，1997年度研究所在落实“紧急行动起来，加速实施培养跨世纪科技人才工程”的计划上取得进展。通过课题调整，为优秀年轻科技人员施展才能提供了舞台；年轻高研单独评审；建立规范的合同聘任、合同津贴和考评制度，使所的高级专业技术人员年龄结构趋于合理。科技队伍的代际转移出现好的态势。开放、流动、竞争和绩效优先的所人事制度初步形成。“百人计划”坚持保证质量、择优选聘原则，将帅人才计划启动并实施。适应所深化改革的需要，建立“结构优化，职责明确，管理规范，讲求效率”的管理机制，在管理队伍中达成共识，一个决策、执行、服务，关系协调，界定清晰的管理系统正在酝酿和形成之中。

1997年全所承担的各类在研项目共112项，其中“863”高技术项目26项，攻关任务13项，国家自然科学基金项目35项，院级项目12项，所长基金项目8项，攀登计划项目2项。其中，半导体超晶格纸维量子结构物理、材料及器件探索（攀登任务）在半导体技术领域具有重大意义，它以半导体超晶格为典型代表的人工剪裁半导体低维量子结构为人们在低维度（二维、一维和零维）条件下研究凝聚态物质开启了崭新的途径。它不仅是凝聚态物理新分支学科——介观物理、纳米科学的先驱，而且是整个低维介观体系研究的物理基础。它代表着当代半导体科学技术发展的主流方向，已成为世界各国为争夺21世纪高科技优势的一个重要制高点。为了加快科研成果的转化，必须更加注重实用化的研究，在光电子与新型量子阱器件研制开发中，加强了这方面的力度，采用新型半导体AlGaInP材料和GaN材料制成红、绿、蓝（RGB）发光二极管，橙光AlGaInP LED以自有的知识产权申报专利，GaN蓝光LED立方相材料生长具有创新性，与国际水平同步，RGB研究成果可实现全色光显示。LED显示器市场极大，目前几乎全是进口，通过成果转化将有可能以国产件替代进口，满足国内数亿只超高亮LED的需求。

1997年全所共获成果5项，其中专用成果1项，应用研究成果1项，研究发展成果1项，理论研究成果2项。1997年共获中科院奖5项，国家奖1项。其中长波长分布反馈激光器获国家科技进步奖二等奖，大功率半导体激光器获中科院科技进步奖一等奖。半导体激光器是半导体所的重点研究方向，该项目的研制与开发，使我国研制的可供应用的半导体激光器的输出功率由十数毫瓦跃升到大于一瓦，填补了国内大功率半导体量子阱激光器的空白。这两项成果还同时获电子部十大科技成果奖。

研究所在科技开发方面，重视科研成果的工程化，努力开拓产业化的渠道。其中，化合物半导体材料、多品种半导体激光器、探测器等项目的工程化已开始走上产业化道路。DFB激光器、PIN-FIT器件、绿光激光器及半导体传感器、致冷等项目都具备工程化开发的条件。目前，所内从事科技开发的人员有200多人。

该所与国际上相当数量的国家、地区的国际学术界建立了广泛而有成效的国际合作交流关系，其中与法国、德国、香港就超晶格物理、半导体光谱及激光器的研究方面已进行了很好的科技合作。1997年选派出国留学及进行国际学术交流的科技人员81人次，邀请来华访问、讲学、合作139人次。参加国际学术会议29人。

中国电子学会半导体集成技术分会、中国物理学会半导体物理委员会挂靠在半导体所，主办的刊物《半导体学报》已成为我国1217种科技期刊中10种被世界四大检索系统收录的权威刊物之一。

计算技术研究所

所　　长：柳传志
常务副所长：李树贻
地　　址：北京市海淀区中关村科学院南路6号
邮政编码：100080
电　　话：010-62565533（总机）
　　　　　010-62552207（所办）
图文传真：010-62567724
E-mail：sb@ns.ict.ac.cn

计算技术研究所创建于1956年，是中国建立的第一个计算机科学技术研究所，现有职工937人，其中各类专业技术人员670人，有中国科学院院士1人，中国工程院院士2人，高级研究人员259人（正研级68人），中级研究人员267人。

计算所以计算机和信息科学为研究发展方向，有重点地开展基础性研究、高新技术研究和应用技术研究，当前的主要研究领域有：高性能并行计算机系统、大规模并行处理技术、计算机通讯技术、计算机网络、大规模集成电路测试、人工智能、多媒体技术、机器翻译技术、CAD技术、信息处理、系统集成等。

计算所具有博士、硕士学位授予权和自行审定博士生导师资格，在计算机科学与技术一级学科领域里共设有5个硕士专业，2个博士专业，并建有博士后流动站，下设3个专业，是中国科学院博士生重点培养基地，拥有15名博士生指导老师，现有在学博士研究生108人，硕士研究生121人，在站博士后12人。

计算所是一个计算机科学技术综合性研究所，按照科研、开发、市场三个层次开展工作。当前的主要任务是：面向市场和学科发展，开展基础性研究，促进计算机与信息技术的发展，为开发新产品提供技术储备；发展计算机高新技术，开发高水平的计算机技术产品，促进产业化，与此同时，面向国民经济信息化进程，完成有显示度的应用工程研究开发项目；通过科研开发工作实践，培养高层次计算机研究、开发、管理和经营人才，为我国国民经济建设事业和计算机事业的发展服务。

计算所的科研机构设置共包括4个研究开发中心，2个开放实验室，3个工程开发部和6个研究室，另有8家独资公司和7家合资公司。依托于计算所的国家智能计算机研究开发中心是国内一支研制大、中型计算机系统的主要队伍，近年来先后研制成功的曙光一号、曙光1000、BJ-1等并行计算机系统均达到国内领先水平，曙光机已逐步形成产业化和系列化，在国内多家单位推广使用。CAD开放实验室已成为我院从事CAD研究、开发工作的示范基地。国家并行计算机工程技术研究中心和中国科学院计算机与通信应用总体部也依托在计算所。

1997年，计算所共立项组织科研项目100项，有8项成果通过专家评议、验收或鉴定，在国外权威学术刊物或国际会议上发表论文45篇，在国内一级学术刊物上发表论文47篇，发表科技著作6篇。“曙光1000大规模并行计算机系统”获国家科技进步奖一等奖，曙光1000系列已生产销售6套，直接经济效益2800万元。“科学计算可视化的方法及其应用研究”获中国科学院科技进步奖二等奖，成果已用于医疗临床。“工厂管道设计CAD系统产品开发”在实用性方面领先国外同类软件，正形成产品。在网络开发、税收管理、信息处理等应用开发领域中的多项大型工程项目也都取得了丰硕的成果。

1997年计算所共主办或协办了3次国际学术会议，接待外国专家学者来所参观、访问与学术交流35人次，派遣出国进行学术交流、进修、培训人员85人次，并完成了与日立公司合作的“并行编译系统及可视化工具”项目一期工程。

中国计算机学会及其下属的计算机电源、计算机辅助设计与图形学、容错计算等3个专业委员会挂靠在计算所。编辑出版有《计算机研究与发展》、《计算机学报》、《计算机辅助设计与图形学学报》、《计算机科学与技术》(英文版)等4种国内一级学术刊物。

软件研究所

所　　长：冯玉琳

地　　址：北京市海淀区中关村南4街4号

邮政编码：100080

电　　话：010-62553967

图文传真：010-62562533

E-mail：iscas@ox1.ios.ac.cn

软件研究所创建于1985年，是一个以计算机科学理论和应用研究为基础，以计算机软件高新技术的研究开发和产业建设为主导的综合性研究所。现有职工575人，其中有中国科学院院士4人，研究员41人，副研究员及高级工程师101人，中级科技人员140人。现有博士生导师26人，硕士生导师53人，在读博士生58人，硕士生121人，另有博士后14人。软件研究所在计算机软件与理论专业有博士学位授予权，并建有计算机科学与技术博士后科研流动站。

软件所全体员工本着“团结、勤奋、开拓、进取”的精神，努力奋斗，使研究所发展成为一个设备环境优良，人才精英汇集的多学科研究开发单位，在国内外享有一定的盛誉。随着改革开放的不断深入，按照“小研究，大产业”的模式，调整结构，优化学科，转换机制，建设队伍，研究所在结构布局和队伍组织上逐步形成了三个层次：(1)以基础研究部和中科院计算机科学开放研究实验室为基地的基础研究与应用基础研究，其主要研究方向是：通讯并发系统和实时系统的理论和技术、面向对象软件开发方法和软件构造技术、计算机图形学、自动机理论和密码学、并行计算等，是当今计算机科学理论及软件高新技术的前沿和热点。(2)以四个工程部和中科院信息安全技术工程研究中心及并行软件研究开发中心、对象技术研究开发中心、开放系统和中文信息处理技术研究中心、工业管理和设计工程研究中心为基地的软件新技术研究，其主要研究方向是：网络信息安全技术，并行软件，软件复用和对象技术，开放系统和中文处理技术，多媒体ISDN通信，软件工程和系统集成，产品开发和企业管理研究和咨询等，是软件研究所面向下一世纪技术发展的若干支撑点。（3）以中科软信息系统有限公司和灵智科技发展有限公司等公司企业为基地的产业开发与市场营销，其主要方向是，以软件研究所多年的技术储备和人才优势为依托，以软件所产品开发为主线，促进计算机高新技术向生产力转化，为国民经济服务。在保险、金融、邮电、税务、烟草、石化等行业部门，占据了一定的市场份额，取得了较好的经济和社会效益。1997年产业开发总产值为6000万元，其中中科软信息系统有限公司产值达4000万元，在北京市新技术产业开发试验区3000多家小型企业的各项营业指标评比中进入前10名，被授予“十小创新企业”。

1997年软件所承担的主要课题有147项，其中国家自然科学基金项目27项（重点基金合作项目5项），国家“九五”重点科技攻关项目10项，国家高技术研究发展计划项目13项，攀登计划项目3项，中国科学院重大重点项目、院长基金项目和择优支持项目24项，承担其他部委及国际合作等项目70多项。

1997年获奖的科研成果有：“保险业务综合业务管理信息系统”和“国务院办公厅主计算机网络安全保密系统”均获中科院科技进步奖二等奖，“科学数据库及其信息系统”（合作项目）获中科院科技进步奖一等奖。另外，“ISDN网卡TE-300”获得国家重点新产品证书。1997年共发表论文165篇，专著5部。

软件所十分重视科技队伍的建设，为培养和促进青年人才的健康成长，采取了一些有效的激励措施，引入竞争机制，落实“百人计划”，使一批优秀青年科技人才走上关键岗位，成为主要学科领域的学术带头人。

1997年由软件所成功地主办了“第24届面向对象语言与系统技术国际会议”、“第一届国际信息和通信安全会议”和“中国青年学者计算机软件新技术学术研讨会”，并主办了一期“程序设计的形式模型及其应用国际暑期讲习班与研讨会”。共收到论文近300篇，来自世界各国的代表共计360多位（其中外宾130多位）参加了会议。在愉快融洽的气氛中沟通信息、开展学术交流，促进了合作，增进了相互间的友谊。

软件所十分重视国际间的交流与合作，与四十多个国家和地区有科技交流，与十几个国家和地区的科技组织签署了合作协议，与一些国际著名的计算机公司建立了长期、广泛、稳定的合作关系，其中，LOTUS中国产品开发中心、恩益禧——中科院软件研究所有限公司、微软高级技术培训中心、东方日语培训中心等，都取得了丰硕的合作成果。1997年软件所派出合作研究和参加国际会议的人员共65批，99人次。接待国外专家学者来访进行学术交流，洽谈技术合作共30批，68人次。

中国中文信息学会、中国UNIX用户协会、中国计算机用户协会IBM机分会挂靠在软件所。主办刊物有《软件学报》（中、英文版）和《计算机系统与应用》。其中《软件学报》获1997年第二届全国优秀科技期刊评比三等奖。

计算机网络信息中心

主　　任：阎保平
地　　址：北京市海淀区中关村南4街4号
邮政编码：100080
电　　话：010-62559377
图文传真：010-62560928
E-mail：cnic@mimi.cnc.ac.cn

计算机网络信息中心（CNIC）主要从事网络技术、数据库技术以及超级计算并行算法的研究开发及其应用服务，筹建于1989年，1995年3月正式成立，由原计算中心、计算技术研究所部分人员组成。现有职工77人，其中科技人员67人，有高级科技人员23人，中级科技人员26人，是国务院学位委员会批准的有硕士学位授予权的单位，目前在学硕士生6名，博士生6名。网络中心下设综合办公室、科技处、网络工程研究室、数据库工程研究室、系统运行室。1997年度的主要工作是“中国科技网”(CSTNet)的建设，以科学数据库为基础的科技信息资源的建设，超级计算环境的建设。

世行贷款国家重点项目“中国国家计算与网络设施(NCFC)”经过8年多的建设已告完成，并于1994年4月正式联入Internet，创建了我国的最高域名服务体系CN，成为国内最早正式与Internet连接的单位。在NCFC基础上发展起来的CSTNet通过卫星和微波连接了科学院100多家研究所(CASNet)及院外科研教育、国家部委机关共50多个单位，入网最终用户5万余户，成为全国四大互联网络之一。目前CSTNet有2Mbps的信道连到美国，64Kbps的信道连到法国，64Kbps的信道连到日本。

1997年6月3日国务院信息化工作领导小组正式委托网络中心运行和管理中国互联网络信息中心(CNNIC)，为全国网络用户提供Internet域名注册服务、IP地址分配、目录数据库服务、网络信息服务以及网络技术咨询服务，扩大了网络中心的服务功能。

在安装了中国科技界运行速度最高的大型超级计算机SGI Power Challenge XL (16CPU)，进入全球500台大型计算机的行列之后，1997年网络中心又引进了日立SR2201 (32CPU)超级计算机，安装了丰富的应用软件包。此外还拥有VAX 7620(2CPU)中型计算机、Power Challenge L (8CPU)中型计算机各1台，视算工作站4台，SGI、SUN、IBM、Digital中高档工作站40余台以及各种网络服务器、路由器、ATM交换机、FDDI集中器、卫星地面站等一批先进的网络设备。

网络中心承担的国家重点工程“科学数据库及其信息系统”于1997年8月通过了院级技术鉴定，并荣获1997年中科院科技进步奖一等奖，同时申报国家科技进步奖。已建成的47个数值数据库和11个文献数据库共9.4GB数据量及45万篇二次文献在网络上投入运行与服务。

网络中心的下一目标是充分发挥网上的超级计算资源，提供优质的服务和高水平的系统运作管理，争取建立国家级的“超级计算中心”。

网络中心坚持科研、工程和服务并举，同时大力发展中心下属的公司和培训中心，以市场机制运行，弥补科研经费的不足。科网公司和中迪培训中心取得了较好的经济效益，公司和中心的规模在不断扩大。

在国际合作与人才培养方面，网络中心加强了与美国SGI公司、日本NEC公司的合作，并定期组织科研人员到国外培训，参加有关的国际会议，以加强与国外的合作与交流。

计算机网络中心是CODATA中国委员会秘书处及科学数据库办公室的挂靠单位。

电子学研究所

所　　长：朱敏慧
地　　址：北京市海淀区中关村路17号
邮政编码：100080
电　　话：010-62554605
图文传真：010-62567363

电子学研究所成立于1956年，是我国第一个综合性电子科学技术研究所。现设有8个研究室和两个重点实验室，以及图书情报资料室、学报编辑室、附属加工车间、两个高技术公司和科技服务中心。全所职工730人，其中有高级科技人员212人，中级科技人员195人。电子所是博士和硕士学位授予单位，目前在读博士生29人，硕士生59人。

电子所主要从事通信与电子系统、信号与信息处理、电磁场与微波技术、物理电子学与光电子学等4个领域的研究。近年来积极培育和发挥在电子信息科学前沿性基础研究、信息获取与处理高技术创新和系统集成的综合优势，以支持国家经济振兴和社会进步的基础性研究为源泉，致力承担国家战略性科技创新和发展的重大任务，建设以电子信息科学高技术研究和发展为主体的国家重点研究机构。

1997年，微波成像雷达工程中心继独立自主地研制出我国第一部X波段机载合成孔径雷达后，又成功地研制出L波段机载合成孔径雷达样机。在星载合成孔径雷达模样机机载校飞试验中，获得我国第一批L波段陆地和海面合成孔径雷达图像，图像清晰、信息丰富，为国民经济主战场提供了示范应用，是一项突破性成果，国家科委和国防科工委领导给予了高度评价。

1997年，为国家重大项目承担的研制行波管放大器、监控管理系统等任务分别通过方案评审、环模试验或出所验收。在研制新一代高功率微波器件的同时，注重科技成果向市场转化，多注速调管等多种产品签订了超过千万元的供货合同，并有出口创汇。

1997年，继续加强基础研究和重点实验室建设。传感技术国家重点实验室（北方基地）经多年建设，已拥有完整的微电子和微机械加工工艺线及相应设备，形成以生物化学传感器、三维微结构传感器及微系统为重点的研究方向，并通过由国家计委组织的专家评估，获得了好评。为加强微波成像技术的基础性研究和应用研究，着眼于微波成像信息获取、信息处理与分析、微波成像新体制、新概念的长远发展目标，开始筹建国防科技微波成像重点实验室，并完成立项评审工作。

1997年，按“质量第一，技术先进，科学管理，争创一流”的质量方针，积极筹建ISO9000质量保证体系，将所工程项目纳入正规化管理轨道。根据《科学技术事业单位管理升级办法》，完成了中科院关于档案工作目标管理的评审，并达到国家二级标准。

1997年，完成科技成果登记3项，申请专利12项，在国内外学术刊物上发表论文150余篇。“非广播用高清晰度彩色闭路电视系统”项目获中科院科技进步奖二等奖，“合成孔径雷达多极化同时成像和定标”项目和“新型传感器及智能控制系统研制”项目获中科院科技进步奖三等奖。接待来访、讲学和短期工作的外国专家和代表团共29批100人次，派出21批52人次赴国外进行考察交流和技术合作。

电子所科技开发工作主要由两个高技术公司承担。北京科电高技术公司于1986年成立，现有职工219人，多年来连续被评为“北京市新技术开发试验区优秀新技术企业”，获“重合同守信誉单位”称号；主要研制开发的项目包括：霓虹灯设备及工程、IEAS系列微机、全自动交流稳压源系列、多媒体监视系统等，技工贸总收入约7000万元。北京科电微波电子公司于1993年成立，现有职工113人，主要开发：特种光源和灯光工程，激光、微波医疗设备以及各种电子材料等。

中国电子学会电路与系统分会挂靠在电子所，主办刊物有《电子科学学刊》、《Journal of Electronics》、《中国无线电电子学文摘》。

自动化研究所

所　　长：马颂德
地　　址：北京市海淀区中关村南3街南1条1号
邮政编码：100080
电　　话：010-62551575
图文传真：010-62545229
E-mail：ia_adm@sunserver.ia.ac.cn

自动化研究所成立于1956年10月，1967年划归航天部五院，1970年3月在原自动化所的两个研究室基础上重建。1997年底全所在职人员432人，其中专业技术干部330人，有中国科学院院士1人，研究员（包括正研级高级工程师等）32人，副研究员、高级工程师等100人，中级科技人员122人。自动化所的自控理论和模式识别专业具有博士、硕士学位授予权，工业自动化专业具有硕士学位授予权。现有在学研究生159人，其中博士生49人，硕士生110人。另有在站博士后人员8人。

自动化所原有学科方向为信息与自动化，1997年经过全所广泛的讨论研究，确定为智能信息处理和智能控制。全所从基础研究、应用开发到生产经营，共设有4个实验室、4个工程开发中心、3个开发部和1个公司集团，其中模式识别实验室为国家重点实验室，复杂系统实验室为院自费开放实验室，中法信息、自动化与应用数学联合实验室为院与法国国立自动化研究院合作成立的联合开放实验室，专用集成电路设计工程技术中心为国家技术工程中心。

1997年，自动化所在新的领导班子的领导下，采取了一系列的改革措施，取得了一定的效果：(1)对研究所与中自集团公司从组织体制、资产关系、人员队伍等方面进行分离，使其各按不同的运行机制开展工作；(2)组织全所人员对研究所的发展方向、目标及实现目标的措施进行讨论，制定了《中国科学院自动化研究所发展规划(草案)》；(3)根据研究所的发展规划，对研究、开发队伍进行调整整合；(4)在队伍建设方面，加大了从国外、院外引入科技人才的力度，其中“百人计划”入选者谭铁牛已到所工作，另有几名在国外工作过的研究人员已经或正在陆续到所工作。对一般人员进所，坚持公开答辩制度。专业技术职务聘任，坚持按需设岗、按岗聘任的原则，特批了3名45岁以下的研究员。

1997年，自动化所模式识别国家重点实验室在全国18个信息领域的开放实验室评审中名列第七，国家专用集成电路设计工程技术中心通过了国家科委组织的评估。博士点及博士后流动站也顺利地通过了全国学位管理委员会和博士后管理委员会组织的评审。

1997年，自动化所承担各类科研任务和项目83个，其中国家自然科学基金项目20个，“863”项目16个，“攀登计划”项目2个，军工项目2个，横向委托项目22个，产品项目10个，其他各项科研任务进展顺利，其中文字识别工程中心在语音识别产品化方面取得了突破性的进展。

1997年，自动化研究所有9项成果获奖，其中2项获中国科学院科技进步奖三等奖，1项获中国科学院科技发明奖三等奖，2项作为第三参加单位获中国科学院科技进步奖一等奖，1项作为第二参加单位获航天工业总公司科技进步奖一等奖，1项获机械工业部科技进步奖三等奖，1项获97第三届中国PC应用软件设计大奖赛优胜奖，大型过程工业自动化系统总体技术开发研究获国家“八五”科技攻关重大科技成果奖。全所申请专利10项，获授权4项。

自动化研究所与美、法等8个国家和香港地区建立有合作关系，在图像、文字、语音等信息处理方面开展了广泛的合作。中法信息、自动化与应用数学联合实验室于年初成立，资助了7个项目，取得了很好的成果，于12月中旬进行了年度总结、交流、还于12月18日举行了开放日活动，近百位中、法两国科研、教学和企业界的同行参加了活动，取得了很好的效果。

中自集团是自动化所的全资公司，1997年通过公司上下全体员工的努力，经营总额1.3亿人民币，并摆脱了连续几年亏损的局面，逐步走上了良性循环的轨道。

中国自动化学会挂靠在自动化所，主办刊物有《自动化学报》、《自动化博览》。

微电子中心

名誉主任：王守武
主　　任：仇玉林
地　　址：北京市朝阳区祁家豁子
邮政编码：100029
电　　话：010-62359009
图文传真：010-62021601
E-mail：zwxx@meccas.ue.ac.cn

微电子中心成立于1986年，由中国科学院半导体所微电子学部分和中国科学院一O九厂(1958年成立)合并组建而成。是我国从事微电子科学技术研究与开发的主要机构之一，并具备小批量生产能力。

微电子中心有一支实力雄厚的科研开发队伍。1997年底在职职工556名。科研技术人员共计314名；其中有中国科学院院士2名，高级科研人员99名，中级科技人员141名，在读博士研究生3人，在读硕士研究生28人，另有博士后2人。

微电子中心以微电子学、电力电子学为主要研究方向，并进行集成电路、功率器件以及电子产品的设计研制、开发、生产。微电子中心在“九五”期间的主要研究工作是：0.1～0.35微米集成电路技术；高性能、低电压、低功耗集成电路设计；新结构深亚微米器件及深紫外线、X射线、电子束光刻与感应耦合等离子干法刻蚀等深亚微米、纳米加工技术。

微电子中心拥有1.8万平方米的净化工作大楼，其中净化面积达5500平方米，装备有先进的实验仪器和设备。主要从事集成电路设计、掩膜制备、集成电路芯片制造、封装和测试等研究、开发与生产。

1997年承担的各类科研项目三十多项，其中“九五”科技攻关项目11项；中科院重大及重点科研项目5项；国防科工委及中科院军工项目5项；国家自然科学基金项目1项。

1997年获得多项科研成果，其中“0.8微米CMOS集成电路芯片制造技术”获国家科技进步奖二等奖；“万门高速门阵列及其专用电路”获中国科学院科技进步奖二等奖。

微电子中心下设前工艺线、后工艺线、电子厂、泰龙公司等单位，从事半导体与机电产品的生产与销售。1997年创收近2000万元。部分产品已经销往国外，目前正在进行ISO9002质量认证。

1997年度，微电子中心与香港科技大学共同创建的微电子联合实验室的合作进展顺利。围绕深亚微米CMOS器件与工艺研究项目，微电子中心已有3位科研人员在香港科技大学开展有关的研究工作。

微电子中心与美国有关半导体公司的合作正在深入进行，已建立起密切的加工合作关系。在集成电路设计方面，与美国Motorola公司开展了合作开发，取得了成效。微电子中心还与美国加州大学伯克莱分校、耶鲁大学等建立了合作研究关系。

微电子中心主办刊物有《集成电路技术与开发》。

电工研究所

所　　长：严陆光
地　　址：北京市海淀区中关村北2条6号
邮政编码：100080
电　　话：010-62541617
图文传真：010-62560904

电工研究所是在中国科学院长春机电研究所部分研究室的基础上，于1958年在北京筹建，1963年正式成立的。

截止到1997年12月底全所共有在职人员460人，其中科技人员347人；有中国科学院院士1人、中国工程院院士1人，研究员（包括研究员级高级工程师）32人，副研究员、高级工程师84人，中级科技人员137人。现有在学研究生52人，其中博士生10人，硕士生42人。

电工所的战略定位是成为国家高技术研究发展为主的科研基地型研究所。其学科方向是电工电能新技术创新研究、应用发展。发展目标是成为电工电能新技术研究发展的国家队。发展模式是以应用基础研究与技术创新为主，开发与工程化、产业化为辅，通过竞争从各种途径争取国家的支持投入，承担国家重大科研计划、重大科技攻关项目为主，同时还要面向市场。

电工所的重点研究领域为：新能源及新型发电技术、电机及机电控制技术，超导电工及永磁磁体技术，电子束微细加工技术及高档医疗设备。并在交通运输电工新技术、先进电气驱动技术、微机电系统、先进储能技术等新领域努力开拓。

经国务院学位委员会批准，该所设置电工理论与新技术专业博士点，电工理论与新技术、电机与电器、高电压与绝缘技术、电力电子与电力传动四个专业的硕士点。

全所共有6个研究室——磁流体发电研究室、特种电机研究室、超导技术研究室、永磁应用研究室、新能源研究室、微细加工研究室。1个研究组——高电压技术研究组，2个工程中心——机电控制工程中心和高档医疗设备工程中心和1个所办公司——北京中科电气高技术公司。并且正在积极筹建超导电工开放研究试验室。

电工所拥有我国唯一的磁流体发电实验室和我国最大的超导技术实验室。

1997年主要采取的改革措施有：(1)紧跟全院深化改革、结构调整、以崭新姿态迈向新世纪发展的总体步伐。在研究室各自分类、明确自身发展战略、目标与重点的基础上，完成了所的改革定位报告。(2)为克服科技队伍分散和萎缩倾向，根据“九五”任务落实情况及时进行了研究室内部的组织调整，明确了研究组的设立及其主要任务，重新任命了正副组长，在保证已落实任务完成的同时，促进青年学术技术带头人的成长，保持队伍的适当规模与合理结构。这次调整年轻的组长、副组长（45岁以下）有18人，占总数的44%。(3) 努力推进“工程中心”建设取得了较好进展。高档医疗设备工程中心按中科院的有关规定和要求，已逐步建立起了内部管理体制和企业化运行机制，并已按“小实体先运作，大实体在筹划”思路，结合所的结构性调整，有计划分步骤地推进所成为中科院和国家的高档医疗设备开发基地。(4) 继续重视跨世纪学术、技术带头人和青年科技队伍的培养和建设。在中科院的支持下，顺利进行了“百人计划”招聘工作，已获准招进2名在国外从事研究工作的博士后到所工作；晋升了2名45岁以下的研究员。

1997年所承担的科研任务共49项，其中国家“863”计划项目5项，国家“九五”重点科技攻关项目9项，中科院重大、重点和攻关项目6项，国家自然科学基金及国防科工委基金项目3项，中科院、电工所基金项目5项，国际合作项目2项，其他项目（包括军工项目、地方攻关项目、横向任务）19项。

1997年该所上报中科院重要成果3项，“大型磁流体发电用低温超导磁体系统”、“ZULS超声去脂减肥仪”、“高压放电基因枪的研制”。获奖成果3项：“西藏双湖25kW光伏电站”获中科院科技进步奖二等奖；“微米级电子束曝光机实用化”获中科院科技进步奖二等奖；“CNC高技术研究与高档数控机床控制系统的研究开发”获中科院科技进步奖一等奖（沈阳计算所牵头，电工所排第二）。

1997年新申请专利2项：“白内障超声乳化仪”、“医用计算放射成像装置”。新授权专利5项：“有检测和控制功能的线切割机床加工电源”、“平行螺管超导组合磁体磁流体推进器”、“陆地电火花震源深井震动装置”、“集散控制系统交流电动机多功能保护控制器”，“三极等离子触发开关”。迄今该所共申请专利54项，授权专利44项。

在科技开发方面，所办的北京中科电气高技术公司，在多变的市场竞争中稳步前进，保持了一定的规模和较好的效益。公司现有员工135人，年营业收入5000余万元，创利润300余万元，上交国家税金218万元。

国际合作方面，电工所参加由世界著名物理学家丁肇中先生领导的AMS重大国际合作科研计划，研制的反物质控制器用永磁磁体于1997年取得圆满成功。飞行磁体如期运抵瑞士，苏黎世高工（ETH）测量鉴定结论认为：“飞行磁体定位准确，场强和形态与预期相同，所有磁块安装正确，磁场精度10高斯（大部分达到1高斯），能满足反物质探测和其他科学实验的需要”。电工所的出色工作受到“AMS”各国科学家、NASA专家和丁肇中先生的高度称赞。

继AMS磁体研制之后，电工所又与加拿大签订了C形MRI永磁磁体研制合同，该项目1998年上半年完工。

1997年电工所还成功地举办了“第十五届国际磁体工艺会议”，大会收到论文489篇，有471人参加，其中外宾330人。这次会议的规模和水准使该所在国际磁体技术界作为我国主要代表地位得到进一步加强。

到目前为止，电工所和世界上45个国家和地区有外事往来，与美国、法国、德国、日本、韩国等国家的科研单位建立了合作关系。该所曾先后举办过“国际磁流体发电联络组会议”、“国际电机会议”、“国际电磁场讨论会”、“中国太阳能高级研讨会”等大型国际会议。

该所所长严陆光先生被聘为乌克兰科学院外籍院士。

电工所编辑出版刊物有《电工电能新技术》。

北京软件工程研制中心

主　　任：钟锡昌

地　　址：北京市海淀区中关村南4街4号
（北京2719信箱4分箱）

邮政编码：100080

电　　话：010-62649242
010-62649243

图文传真：010-62587492
010-62560341

北京软件工程研制中心成立于1986年9月，

前身为中国科学院北京软件实验室。它是由国家科委筹备，在国家计委支持下，以北京大学与美国联合培养的100名计算机软件工程专业研究生为基础成立的。1986年8月经公开投标，正式归属中国科学院，成为中国科学院所属科研事业单位。1991年10月，经国家人事部批准，更名为中国科学院北京软件工程研制中心。

软件中心现有职工189人，其中从事科技活动的人员占职工总数的95%。他们中有高级科技人员28人，中级科技人员78人。科技人员平均年龄不足30岁，大部分在国外接受过培训和工作。他们年富力强、思维敏捷、锐意进取，是中国科学院一支最为年轻的科技“国家队”。

软件中心主要从事软件工程学科和系统软件、应用软件技术的研究开发工作。其主要发展领域有处于国内领先地位的计算机辅助设计与制造（CAD/CAM）、计算机管理信息系统与办公自动化、商业自动化、软件工具、系统集成、信息服务、多媒体技术、通讯产品、新型电子产品等方面的研究与开发。中心现设有多个事业部及一个研究所，并按上述不同发展领域成立了多家专业有限责任公司。

1997年，软件中心在研项目15项，其中国家重点项目6项。主要包括：(1)“参数化CAD及产品数据管理集成系统的开发”，此专题是国家“九五”重点攻关项目，专题目标是开发参数化CAD系统及与之相关的CAPP和图纸管理系统，以及基于Internet/Intranet的产品数据管理系统，最终实现系统的集成。(2)“PDA操作系统开发平台的研究与开发”，此专题是国家“九五”重点攻关项目，专题的目标是开发一个基本功能齐备的PDA操作系统及一个基于这个操作系统的窗口系统。在这个操作系统和窗口系统的支撑下可开发各种的应用软件。(3)“INTERNET多媒体制作平台”，此专题是国家“九五”重点攻关项目，专题的目标是开发一个中文的多媒体制作平台。通过这个平台，Internet网页的创作人员可以交互地进行三维多媒体制作和编辑，并且WYSWYG（所见即所得）地看到最终创意结果。(4)“广电部电影卫星频道影视信息系统”，此项目是采用计算机和通信网络技术，实现制作中心影视工作的科学管理，推动制作中心信息资源和影视工作现代化管理的进程，科学合理地进行电影频道节目编排。

此外，中心不断推出高新技术产品，如PICAD系列产品，商健-模板化POS开发平台等，目前正在研制新一代PDA产品。其中，PICAD系列产品自1992年进入市场以来，每年更新一个版本，是国内拥有自主版权的同类软件中市场占有率最高的产品，正在与国外产品相抗衡。

软件中心与美国、日本、韩国、西班牙、澳大利亚、新加坡、香港等国家和地区建立了长期广泛的合作关系。例如：与日本富士通公司合作开发计算机软件产品，并成立了合资公司—北京思元软件有限公司。与美国惠普（HP）公司建立了长期合作关系，共同进行软件开发和产品测试，合作项目正不断扩大。国际合作的开展对于扩大中心的国际影响，造就计算机软件的高技术人才创造了良好条件。

至今为止，中心已获得国家级、院部级科技进步奖及重大成果奖等奖项共计17项，其中科技进步奖特等奖2项，一等奖3项，二等奖3项，三等奖2项。PICAD两次荣获国家科委组织的“具有自主版权的CAD支撑软件”评测第一名，1994至1996年连续三年被中国软件行业协会评为向全国推荐使用的优秀软件。

软件中心经过多年的发展，已总结出一套适合自身特点的工程化开发管理方法。在此基础上，1997年中心已开始引入ISO9000质量保证体系。

软件中心始终坚持以市场需求为导向，运用先进的软件开发技术进行软件的研究与开发。目前正在形成以软件中心（SEC）为技术后盾，凯思软件集团（CASS）为市场窗口，集软件开发、生产、销售、维护、培训、服务于一体，具有一定经济规模和产业化、国际化特征的综合性高科技集团。

北京科学仪器研制中心

主　　任：金鹤鸣

地　　址：北京市海淀区中关村北2条13号

邮政编码：100080
电　　话：010-62560908
图文传真：010-62564613
E-mail：kyky@image. blem. ac. cn
网　　址：http：//www. kyky. com. cn

北京科学仪器研制中心（原名为中国科学院科学仪器厂）成立于1958年。经过多年的改革与发展，北京科仪中心已发展为集科学仪器研制、开发、生产、经营为一体的综合性实体。北京科仪中心现有职工564人，其中科技人员310人，有高级科技人员58人，中级科技人员139人。中心下设9个职能部门、10个事业部、5个直属公司。这10个事业部主要从事扫描电子显微镜、质谱仪、真空获得设备及检测仪器的开发、生产，国外同类仪器的整机配件的代理维修工作。直属公司均是以技、工、贸为一体，主要研究、生产医疗仪器、图像分析系统等。

北京科仪中心在电子光学、离子光学与真空物理专业具有硕士学位授予权。

北京科仪中心的宗旨是：面向经济建设，发展我国科学仪器技术和建立高技术产业，充分发挥科学仪器研制与开发的力量，提高参与国际市场的竞争能力，实现规模化、产业化、集团化、国际化目标。中心根据科技体制改革的精神，初步建立起适应社会主义市场经济体制，内部实行企业化管理，并逐步建立现代企业制度。中心的主要任务和工作范围是：承担国家科研项目、攻关、军工等任务；以市场为导向，开发、制造并销售电子光学、离子光学及真空物理等专业领域及其相关技术的科学仪器、医疗仪器。

北京科仪中心的扫描电子显微镜、质谱仪器、真空获得设备等精密仪器的设计制造技术，居国内领先地位，产品在国内市场占有一定份额。该中心是国内生产扫描电镜的主要厂家，市场占有率为60%，涡轮分子泵已占领60%的国内市场并已出口创汇。

1997年北京科仪中心的主要科研课题有：电子显微镜和电子探针改造升级技术研究，主要内容为：场发射电子枪、全自动控制电子光学系统。该课题已列入“九五”国家重点科技攻关计划。其他开发项目23个，已完成的有全自动氦质谱检漏仪；单片机控制的氦质谱检漏仪；FB500风冷型分子泵等四项。生产的主要产品有：2800型扫描电子显微镜、氦质谱检漏仪、涡轮分子泵、离子泵、真空阀门、制样机、医疗电手术刀、图像分析系统、冷却循环水等。产品广泛应用于生物、医学、电子、农林、地质、高能物理、航空航天等领域的科研部门及工业企业。

1996年北京科仪中心开始组织贯彻GB/T19001-1994质量体系标准。1997年4月15日召开了 质量体系文件发布会，明确提出了北京科仪中心的质量方针和质量目标，同年9月质量体系正式运行。中心职工按自己的岗位建立质量职责，依据程序文件、作业文件对产品的设计、开发、生产、安装、服务全过程进行了控制。

多年来，北京科仪中心不仅注重开发国内市场，扩大产品的市场占有率，而且着眼于国际市场，在国外建立中心产品的代理销售机构，同时广泛开展技术交流与合作，代理销售扫描电子显微镜、X射线能谱仪、图像分析系统、医用电手术刀、低温泵等，与日本电子株式会社签定了委托加工协议。1997年是该中心自营进出口贸易的第一年，取得自营进出口总额72.4万美元，其中进口22.75万美元，出口49.65万美元。

中国电子显微镜学会、全国探针分析标准样品标准化技术委员会挂靠在北京科仪中心。主办刊物有《电子显微学报》。

心理研究所

代理所长：杨玉芳
地　　址：北京市朝阳区北沙滩大屯路甲10号
邮政编码：100012
电　　话：010-64919520
图文传真：010-62022070
E-mail：xlszw@psych. ac. cn

心理研究所建于1951年，是我国唯一的综合性心理学研究所。现有固定编制职工147人，其中专业技术人员125人，研究员（包括正研级高级工程师)33人，副研究员和高级工程师27名，有中级职称者39人，有初级职称者26人。

心理所是基础心理学、教育与发展心理学和应用心理学等专业的博士和硕士学位授予单位，现共有23位博士生导师，39位硕士生导师，并设有全国唯一的心理学博士后流动站。现有在读博士生和硕士生各39人，有5名博士后在站。

心理研究所主要研究领域有：(1)发展和教育心理学，研究方向为儿童认知发展和学习能力培养，研究课题有儿童认知和社会认知发展及跨文化比较，超常和弱智儿童心理发展与教育，数学学习和思维能力的发展与促进，自学能力的形成与培养，儿童的创造性行为，家庭环境与认知发展等；(2)知觉和认知心理学，研究方向为基本认知过程和语言认知，研究课题有视、听知觉，语言和言语认知，学习、记忆、思维过程，注意，概率判断模式，计算机支持的协同工作等；(3)生物和医学心理学，研究方向为行为与脑的关系及其神经生物学机制的研究，研究课题有神经心理免疫学，心理健康，认知功能和老龄化，神经心理康复，人格，学习与记忆的脑机制，认知与注意行为与事件相关电位等；(4)工业与经济心理学，研究方向为人力资源管理、社会与消费心理和人机工效学，研究课题有领导行为与决策，人力资源管理与开发，企业识别系统，管理模式的文化基础，人员的选拔和培训，社会心理学，心理学理论，工效学，人-机界面心理学等。

心理所以基础性研究为主。基础性研究的主要方向为认知行为与脑高级功能，在认知行为方面以汉语认知为重点，脑高级功能研究以记忆和语言为重点；应用性研究的主要方向为人力资源管理中的心理学(重点在选拔和培训)、企业诊断评价和组织发展研究(重点在企业标识系统)和发展心理学(突出提高儿童心理素质和能力的研究)。

经过结构性调整，心理所在保持发展与教育心理学、知觉与认知心理学、生理心理学与医学心理学、工业与经济心理学等四个研究室的同时，将原有的3个所级开放实验室调整组建为“脑-行为研究中心”和以青年人为主体的“脑高级功能研究实验室”。“脑-行为研究中心”设有电生理实验室、生化实验室、心理药物实验室和动物实验室，拥有ERP记录工作站系统、高效液相色谱仪、酶标仪、多导生理仪和荧光分光光度计等目前较先进的实验设备；1997年度，该中心承担了多项科学院和国家自然科学基金科研项目，并与中国人民解放军总医院、中国医学科学院等单位开展了协作研究；共计在国际杂志上发表论文4篇(其中《SCI》杂志2篇)，在国内学术刊物发表论文数十篇，并出版了《心理学报》“生理心理学”专题增刊；被《SCI》杂志引用3次，《SSCI》杂志引用2次；在国际学术会议上作重点发言1人次，参加国内学术会议9人次，学术论文在全国学术会议上获一等奖2次。“脑高级功能研究实验室”采用“多学科、跨专业”的研究模式，分设了“脑成像”、“脑电图”、“实验心理学”、“神经心理学”、“神经计算”和“技术支持”6个小组，拥有先进的多媒体计算机系统，1台Sun Sparc Ultra I、1台SGI Indigo II工作站和自行研制的fMRI专用刺激-反应系统，在图像处理方面具有国内第一流水平。该实验室与中国人民解放军总医院等单位合作，开展了一系列记忆、语言功能的研究，已在国内核心刊物发表论文11篇，参加国际会议3人次，国内学术会议特邀报告3人次，与5个国际著名实验室建立了稳定的联系。

经过调整，心理所职能部门从5个40余人精简为3个20人，支撑系统人员按不同情况分别实行所内包干，部分自收自支或责任承包制。

调整以后，心理所的科研队伍结构更加合理。在基础研究中，主要学科有2名35岁以下的优秀学科带头人(1名研究员，1名副研究员)，增强了竞争能力。

1997年度，心理所有24项国家自然科学基金资助项目，其中重点项目1项(汉语语言和文字认知过程的研究)，重大项目子课题1项(汉字知觉及其脑功能成像研究)，青年项目2项，面上项目20项；还有若干中国科学院、国防科工委、国家教委和企业委托的重要项目，以及国际基金组织资助的合作项目，其中中科院重点项目2项，国防科工委项目1项，国家教委“九五”重点项目4项。本年度心理所共获准国家自然科学基金项目9项，其中重点项目1项，青年基金2项，面上基金6项。

心理所的开发工作产生的主要是社会效益。心理所主办的开发单位主要有心理学书店和心理学函授大学。心理学书店主要销售心理学专业书籍和心理所研究人员编著的中小学教材，1997年营业额达500多万元。在科学院所属劳动服务类企业中，上缴利税始终名列前茅。更重要的是，这些教材对开发儿童智力，提高学生素质和自学能力产生了及其明显的效果，受到了广大教育界人士的认可和好评。心理学函授大学成立10年来，已培养了相当于大专水平的心理学工作者3万余人，1997年又招收了2千多名学员，这些工作对普及心理学专业知识，弥补中国心理学基础教育的不足，起到了重要的作用。

心理所与世界许多国家的心理学机构开展交流与合作，特别是与美国密西根大学心理系保持着长期的友好合作关系。1994年成立了“中科院心理所-密西根大学合作研究中心”；1997年度，心理所派出2名学者到密西根大学心理系进行访问和合作研究，密西根大学也按计划派出7名学生到心理所学习。1997年暑假，心理所邀请美国加州 Humboldt 州立大学等高等学府的4名华人心理学者到所举办“1997青年心理学工作者暑期高级研讨班”，心理所青年科研人员和来自全国各地的青年心理学工作者参加了研讨。

中国心理学会、中国人类工效学会挂靠在心理所。主办刊物有《心理学报》（中国心理学会与中科院心理所主办）和《心理学动态》（中国科学院心理研究所主办）。

自然科学史研究所

所　　长：刘　钝
地　　址：北京市东城区朝内大街137号
邮政编码：100010
电　　话：010-64019661（所长）
010-64043989（所办）
图文传真：010-64017637
E-mail：zrs@mimi.cnc.ac.cn

自然科学史研究所的前身，中国科学院自然科学史研究室成立于1957年，1975年改为所级建制。1997年全所在职职工为108人，其中中国科学院院士1人，研究员17人，副研究员、高级工程师26人，中级科技人员39人。

自然科学史所为“科学技术史”一级学科学位授予点，可授理、工、农、医学位，现有在读硕士和博士后研究生13人。

自然科学史所下设数学天文学史、物理学化学史、生物学地学史、技术科学史、中国科技通史和近现代科技史6个研究室以及2个重点项目办公室：中国科学院李约瑟著作翻译委员会办公室和中国科学技术史（大书）办公室。

1997年，自然科学史所抓紧进行两项跨“八五”院重点项目《中国科学技术史》（30卷本的大书）的编纂和李约瑟《中国科学技术史》翻译出版工作的完成。积极争取“九五”重大重点科研项目的立项，经过努力《中国近现代科学技术发展综合研究》和《中国传统技术综合研究》已分别由中国科学院列为院重大项目。同时承担国家攻关项目《夏商周断代工程研究》。

1997年，自然科学史所出版学术著作14种，发表学术论文80篇。其中有：《彩色插图中国科学技术史》、《中国近现代科学技术史》、《中国、韩国与欧洲早期印刷术的比较》、《中国海魂》、《回回天文学史研究》、《中国古星图》、《简明中国科学技术史话》、《中国古代科技成就》（修订版）、《中华科技五千年》、《中国科技潮》（丛书）、《中国科学技术典籍通汇》（共计10卷50册已出齐）等。

1997年自然科学史所积极开展国际合作与学术交流，先后与德国柏林技术大学，德国图宾根大学，英国李约瑟研究所，法国远东学院签订交流合作协议或年度计划。

1997年中国科学技术史学会与该所先后共同举办了“第二届农业考古国际会议”（1997.10.23～29）、“纪念晶体管发明50周年报告会”（1997.12.23）、“第十三届中华医史学术会议中国少数民族医史专题讨论会”（1997.12.10～15）、“第九届物理学史年会”（1997.5.12～16）、“全国天文学史讨论会”（1997.10.6～10）、“中国地方科技史志学术讨论会”。目前正在积极组织参加将于1998年8月在柏林召开的“第8届中国科学史国际会议暨第二届中国科技典籍国际讨论会”。

通过深化科技体制改革和配合全院的结构性调整，自然科学史所将充分发挥多学科、综合性科学史研究的整体优势，保持和发扬在中国古代科技史研究领域的国际领先地位，积极开展技术史与传统工艺、中国近现代科学技术发展历程及规律，西方科学技术史的研究。

自然科学史所将建设成：(1)中国科学院内少数兼具自然科学和人文科学双重功能的科研实体之一和国家科学思想库的一个重要组成部分；(2)国际科学史学科领域为数不多的国家级研究所之一；(3)世界上最具有权威的中国科学技术史研究中心。

中国科学技术史学会挂靠在自然科学史所。该所创办的《自然科学史研究》、《中国科技史料》两种学术期刊在国内外科技史界产生很大的影响，成为科技史学科的权威性刊物。所图书馆藏有专业图书12余万册，其中古代科技典籍特别是中算善本书，藏量为国内之首。

科技政策与管理科学研究所

所　　长：徐伟宣
地　　址：北京市海淀区中关村南4街甲1号
邮政编码：100080
电　　话：010-62542623
图文传真：010-62542619

科技政策与管理科学研究所成立于1985年6月，是自然科学与社会科学相结合、理论研究与应用研究相结合的软科学研究所，为管理科学硕士学位授予单位。全所现有职工99人，有专业技术人员83人，其中具有高级专业技术职务41人、中级专业技术职务42人。现有在学硕士研究生18人。

科技政策与管理科学所的主要任务是研究科学技术自身发展规律，研究科技进步与经济发展的相互关系，研究有关决策与管理的理论与方法，并围绕国家经济体制改革的需要，向有关部门和企业提供决策与管理的咨询服务。在10～15年内将该所建成为国际知名的政策与管理研究咨询机构。目前主要研究室有科技政策研究室、管理科学研究室、决策与信息系统研究室、社会发展研究室、环境与可持续发展研究室、科学社会史研究室、院情研究室。1997年，全所以政策科学、管理科学以及环境与社会发展为主要研究方向，在开展理论研究促进学科发展的同时，积极承担国家、中国科学院、政府各级部门及企业委托的相关任务。另外还承担了一些国际咨询项目。

1997年，科技政策与管理科学所围绕其方向开展的主要研究工作有：基础性研究的国家目标、当代中国科技发展若干重大事件的研究、基础研究工作专向调研、高技术产业统计体系研究、科技体制进一步改革的框架研究、中国科学院科技战略研究、两个战略下中国科学院的战略选择、中国金融领域的计算机化与日本NTTD数据通讯株式会社进人的可行性研究、国家工程研究中心转制研究、中国执任资格制度体系框架研究等等。

1997年，科技政策与管理科学所承担的“中国博士后事业发展研究”课题获1997年中国科学院科技进步奖三等奖。全所有7项成果进行了成果登记，发表论文58篇、研究报告23篇、译著1部、编著2部。接待10几批60多人次来访研究，派出访问及出国留学16人次。另外还成功地组织了几次规模较大的学术会议：“科技战略与政策国际研讨会”、“中日科技经济研讨会”、“’97国际科学政策研究理事会暨学术年会”和“国际管理科学与工业工程研讨会”，得到了国内外学术界的好评。与韩国科技政策研究所(STEPI)签定的合作协议开始执行，双方互派学者访问研究共5个人·月，研究成果已发表。1997年12月，该所与美国斯坦福研究院咨询公司、香港基石有限公司三方合资成立了北京盘拓咨询有限公司，公司将以其高质量的专业咨询队伍、雄厚的研究能力和丰富的咨询经验为各级政府和国内外企业提供广泛的咨询服务。

科技政策与管理科学研究所是中国科学学与科技政策研究会、中国优选法、统筹法与经济数学研究会、中国高技术产业发展促进会和中国科学院科技政策与管理研究会及《中国科学院院刊》编辑部的挂靠单位。主办刊物有《中国科学院院刊》（中、英文版）、《中国管理科学》、《科研管理》、《科学对社会的影响》等。

中国科学技术大学研究生院（北京）

院　　长：汤洪高（兼）
常务副院长：冯克勤
地　　址：北京市玉泉路19号（甲）
邮 政 编 码：100039
电　　话：010-68218623
010-68226030
图 文 传 真：010-68210501
E-mail：jaxu@cc5.gsbustc.ac.cn

中国科学院中国科学技术大学研究生院（北京）于1978年9月成立，是我国第一所研究生院。

研究生院现有职工502人，其中科技人员310人，两名中国科学院院士，教授63人（其中博士生导师33人），副教授73人，研究员4人，副研究员、高级工程师16人，中级科技人员114人，博士后5人。每年完成科学院近70个所千余名硕士生基础课和部分专业课的教学工作和中科院京区博士生的公共课教育。1997年在校研究生总数为1230人。

研究生院现设数学、物理、化学、计算机科学、无线电电子学、生物、地学、外国语言、人文社会科学、管理学10个教学部及体育教研室和计算中心。与科学院各研究所和各高校紧密合作，共开设研究生课程352门，其中学位课250门。此外，研究生院设有信息安全国家重点实验室，认知科学开放实验室及该室与北京医院合办的“脑认知成像中心”；以及中科院英语培训中心、理论物理研究所、管理决策与应用数学所、应用化学所等10个科研机构。研究生院拥有一座17000多平方米的新型教学楼、11000平方米的研究生公寓、体育馆、图书馆等教学设施。并拥有多功能通讯网测试系统、电磁辐射测试系统、脑电记录与分析系统、AC-80型核磁共振谱仪、动态场面记录系统等大型仪器26台。

研究生院在教学工作中重视调整课程结构、优化课程设置，以适应高水平科技人才的培养需求，适应改革和发展的需求，适应学科新发展的需求。课程设置目前是以一级学科为基准设置，加强基础课教学，不断充实教学内容，提高教学质量。

1997年，研究生院在完成教学任务的同时，大力促进科研工作的开展，争取和承担的主要科研项目和课题共计114项。其中国家自然科学基金项目19项，国家攀登课题4项，“863”课题2项，“921”课题1项，中国科学院课题8项，10万元以上委托研究项目5项。

信息安全国家重点实验室现有固定研究人员22人，客座研究人员40余名。装备有HP图形工作站，MC6650微巨机，PHILIPSs2500程控用户交换机等大型仪器设备。密码学和安全信息系统的构作与评估是实验室研究工作的两个重要方向，其中，密码学包括公开密钥密码理论和技术；分组密码理论和技术；序列密码研究；认证理论研究；密钥管理研究。认知科学开放研究实验室是我国第一个认知科学领域的研究实体。现有固定成员12名，客座研究人员20余名，装备有128导高分辨脑电设备与功能磁共振设备，并形成具有高时、空分辨率的脑认知成像系统。主要研究领域和方向：各个水平的，特别是知觉、注意、心理象、智力和认知功能的实验心理学研究；与上述各方面有关的认知和大脑功能关系的认知神经科学，特别是脑认知成像的研究；各种认知功能模块，特别是有关视知觉组织、选择性注意、心理象的计算机实验研究；认知和智力的理论计算机科学（数学）研究以及应用其他理论科学的认知和智力理论研究。

1997年，研究生院数学教学部陈希孺教授、物理教学部童秉纲教授增选为中国科学院院士，赵战生、戴英侠等七人在信息安全领域的研究成果获科技进步奖二等奖，章德海、邓祖淦获中科院自然科学奖二等奖。

1997年，研究生院加大了科技开发工作的力度，应用化学、生物工程、电子技术等领域具备较强的技术势力，并取得了一定的社会效益和经济效益。ZW半化学法草浆造纸废水处理技术在安徽省率先实现了工业化，于8月通过了由国内造纸和环保等单位的权威专家的评议。光合菌口服液生产技术在山西安泰集团得到应用，生产的具有抑制肿瘤、免疫调节、延缓衰老、调节血脂四大功能的新型保健饮品“安泰369口服液”6月份在北京、山西等地开始上市，得到好评，并通过了山西省科委组织的成果鉴定。商业信息安全保护技术的研究进入了实用化和商品化，已与北京王码公司共同创办北京商密信息安全技术有限公司。此外，办公自动化系统和电话遥视遥控技术的开发也已成熟。

研究生院重视开放办学，开展广泛的国际交流与合作，1997年接待国外学术组织和个人30人次；同时，派出45人次分赴13个国家和地区进行学术交流和访问。香港董氏慈善基金会及东方海外货柜航运有限公司与研究生院设立“董氏东方奖学金”和“董氏东方海外研究奖学金”，于1997年10月评出首届获奖者，其中50名研究生获得“董氏东方奖学金”、4名教师和2名研究生获得“董氏东方海外研究奖学金”。

中国现场统计研究会挂靠在研究生院。主办期刊有《中国科学院研究生院学报》、《自然辩证法通讯》。

中国科学院管理干部学院

院　　长：姜　丹
地　　址：北京市怀柔县雁栖湖北岸（北京市3353信箱）
邮政编码：101408
电　　话：010-69661361
图文传真：010-69661710

管理干部学院成立于1983年9月，是中国科学院创办的一所独立设置的正规化成人高等学校。1988年6月，经中国科学院批准，学院与中国科技大学联合在京组建了中国科技大学管理学院，并从科大引入了一支专业水平高、教学经验丰富的教师队伍，大大提高了学院办学的实力和水平。管理干部学院不仅是中科院管理干部培训、继续教育的基地及管理科学的研究基地，而且肩负着面向全国进行成人高等学历教育的重任，具备了多层次、多渠道、多功能的办学能力，形成了中专—大专—大专续本科—研究生课程进修班相辅相承、互相促进的比较完备的教学体系和办学格局。1991年在北京市成人高等院校评估中被评为A级成人高等学校。1997年经专家组评审，学院的“计算机应用”和“财务会计”两个主干专业被评为北京市特色专业。

学院位于北京京郊怀柔县境内，座落在叠峦起伏的燕山脚下，北望蜿蜒跌宕的古长城，南映碧波荡漾的雁栖湖，占地268公顷，依山傍水，风景秀丽、环境清新宜人，是理想的学习环境。在科研院所林立、高新技术企业集中的中关村设有分部。

1997年，学院在职教职员工234人、专职教师85人、其中教授8人、副教授23人，具有高级技术职务职称人员占教师队伍的46%。同时，还拥有一支以中科院科技队伍为依托、实力雄厚的兼职教师队伍。学院现设有三个系（经济管理系、行政管理系、计算机应用系）、两个部（培训部、基础部）、两个中心（计算中心、培训中心）。1997年学院设有的专业为：财务会计、电算会计、市场营销、金融、商业贸易实务、商业英语、计算机应用、计算机网络与通信、机电一体化等9个专业，现有在校学生2600多人。

1997年，是学院在院长姜丹教授等学院党政领导班子的带领下，在开拓中奋进，持续发展，取得较大成绩的一年。这一年，在中科院党组的领导下，学院党委经民主选举顺利换届，产生了新一届党委领导班子。学院党政领导班子默契配合，同心同德，使学院各方面工作都有新的起色，呈现出新的面貌。

1997年，学院的干部培训工作再上新台阶。全年共举办各级各类干部培训班9期，493人次参加培训，较好地完成了科学院下达的干部培训任务，得到了科学院有关领导和学员的好评。1997年学院干部培训工作有三个新特点：(1)培训层次高。有所级领导干部上岗培训班、高级管理培训班。(2)第一次与国外高等学校及国内大企业集团（联想集团）联合举办干部培训。学院聘请美国加州州立大学的6位教授为联想集团培训高层次管理骨干。(3)学院在干部培训工作中开始“唱主角”。学院有计划地组织部分中青年骨干教师走上讲台授课，独立承担干部培训的教学工作，改变了过去由学院单纯提供教学、生活条件及服务的状况，发挥了作为中科院干部培训基地应有的作用。

1997年，学院的学历教育在原有基础上又更进一步。招生规模继续扩大，在校生人数2600人，为历年最高水平。学院继续坚持学历教育要“以管理科学为龙头，以计算机为主要手段、外语为辅助工具，培养复合型管理人才”的办学指导思想，始终注重提高教学质量和强化教学管理，加强师资队伍建设，不断拓宽办学渠道，提高办学层次。1997年学院招收大专续本科学生102名，研究生课程进修班学员105名，有3名研究生在1997年被中国科技大学授予硕士学位。1997年，学院附属中专由职工科技大学附属中专更名为中国科技大学附属中专，中专工作已步入正轨，教学环境和教学设施有较大改观。

1997年，学院档案管理工作取得长足进步。通过了科学院档案目标管理的达标考评，以89.9分达到科学院档案管理的一级标准。学院的培训中心在北京市教委授予海淀区教委组织的达标评估中，经专家评审，以98.5的高分获得一致好评。1997年学院后勤工作也取得较大成绩。后勤接待处成立一年来，注意提高工作质量和服务水平，食宿行一条龙三位一体，服务一体化、规范化，被评为科学院后勤工作先进集体。另外，学院的三电办、绿化工作也被评为科学院的先进单位。

1997年，学院投资35万元，建立校内有线电视网，每个学生宿舍都安装电视机，这在北京市正规高校中也尚属少有，为今后学院更好地实施电化教学创造了有利条件。1997年在北京市举办的第四届成人高等院校运动会上，学院学生代表队取得了团体总分第八名，并获得了精神文明奖，充分展示了我校学生良好的精神风貌和顽强拼搏的精神。

1997年，学院的科研工作有1项获五部委优秀成果奖一等奖、2项获科学院教学成果奖二等奖、1项获兵器工业部科技进步奖三等奖。同时，还取得“九五”国家科技攻关项目1项、国家科委火炬办项目1项、中科院高技术研究与发展局项目1项、北京市科委项目1项。

科学出版社（副牌龙门书局）

社　　长：汪继祥
地　　址：北京市东黄城根北街16号
邮政编码：100717
电　　话：010-64019823（社办）
图文传真：010-64020094

科学出版社成立于1954年8月1日，由中国科学院编译局和设立于上海的龙门联合书局合并而成。现有职工397人，其中有编审26人，副编审78人，编辑等中级专业技术人员159人。科学出版社以中国科学院为依托，面向科技、教育界，出版数、理、化、天、地、生以及高新技术等自然科学、技术科学领域和相关的文化教育类的中文、外文版书刊及音像、多媒体电子出版物。1997年共出版图书747种（包含重印书），期刊136种、740期。

1997年科学出版社仍将选题的结构调整列为全社工作的重中之重。由社长牵头组成了12个选题攻关小组，对选题进行集中策划论证，取得了较好的成效。

科学出版社把图书分A、B、C三类进行管理，A类图书（高层次的学术专著、基础理论、国家基本资料和社会公益性图书）上精品、瞄准国际水平；B类图书（实用价值高、效益好的应用技术图书和工具书）上规模，重点形成特色；C类图书（高品位适应市场需要的科普、文教以及综合类图书）出效益，并形成了“保持制高点（A类）、主攻生长点（B类）、强化利润增长点（C类）”的“三点”战略和确定的目标。在1996年“爬坡”的基础上、1997年全社工作又“上台阶”，利润指标和生产规模都已超过年初的预期数。1997年科学出版社的生产规模、出书规模、在途码洋和成本控制等四项指标均创历史最好水平，销售码洋达1.2亿元，已进入全国科技类出版社前15名之列。

为了进一步适应社会主义市场经济的需要，科学出版社加快机制转换，打破了从50年代起按学科分编辑室的惯例，集中人力，将各竞争要素集成，并于1997年年底成立了科学出版中心，期刊中心，高新技术应用图书中心和以龙门书局为主体的出版文化教育类、科普类的综合出版中心，各中心实行内部二级独立核算。经过1995至1997年近三年的改革，科学出版社无论经营规模还是市场占有率都发生了较大的变化。

坚持“三高”（高水平、高层次、高质量）特色，抓住科学研究前沿领域成果。1997年科学出版社有6种图书分获第八届全国科技图书特别奖、一等奖、二等奖。两种书获第三届国家图书奖提名奖。两种图书分获国家科技进步奖二等奖、三等奖。

1996年和1997年正式启动期刊改革方案，这项工作得到社领导高度的重视。通过两年深化改革和具体完善改革方案，科学出版社彻底扭转了期刊出版长期亏损的局面，并继续保持该社出版的期刊在全国期刊评比名列前茅，据有关方面统计，该社出版的期刊占《SCI》等世界六大检索体系收录我国科技期刊总数的50%。期刊工作亦开始走上双效益道路。

“九五”期间该社期刊工作的重点是：确保期刊的品种、数量、质量；继续保持科学出版社所出版的期刊的“三高”特色；理顺、完善期刊管理体系，实现管理手段现代化；适应市场的需要，加强经营、提高服务水平。

1997年科学出版社分别组织有关人员参加了法兰克福、东京、美国ABA及香港等国际书展。

科学出版社下设副牌社龙门书局、科学出版社纽约分公司、香港科华出版公司、以及上海办事处、武汉办事处、深圳办事处，还有龙门旅行社等公司。

文献情报中心

主　　任：徐引篪

地　　址：北京市海淀区科学院南路8号

邮政编码：100080

电　　话：010-62553190（总机）

010-62566847（办公室）

图文传真：010-62566846

文献情报中心（又名中国科学院图书馆）成立于1950年4月，其前身为原中央研究院历史、语言研究所图书馆。1985年11月更改为现名。经过四十多年的发展，中心现已成为具有多种服务功能的全国综合性文献情报机构。现有职工335人，专业人员256人，其中有研究（馆）员17人，副研究（馆）员48人，中级科技文献情报人员107人。中心是图书馆学硕士、博士、科技情报学硕士、博士4个学位授予单位。1997年中心在读博士生10名，硕士生19名。

1997年，中心继续加强文献资源建设，积极拓展文献订购渠道，多种途径收集文献。其中与54个国家和地区的709家科研机构通过书刊交换关系，交换期刊1483种。至1997年底馆藏各类文献约570余万册（件）。文献服务工作坚持“服务为本，读者至上”的目标，努力为读者提供更多的优质服务。文献供应工作进一步扩展了馆际互借合作领域，开通了UMI网上原文提供系统，开设了网上代查、代借、代复印以及E-mail和全文传真服务项目，文献提供率由1996年的57%上升到62%。文献出纳组1997年荣获“青年文明号”称号。阅览室增加了周六开馆服务。

1997年，文献中心成立了专门的电子信息服务室，新建联机检索分终端3个，将全院国际联机检索网络分终端增至17个，并订购了光盘21种。1997年为1528个检索课题提供文献信息64 684条，完成委托研究课题2个。另外，还开通了国内专利联机检索终端，实现了专利文献检索自动化，为用户提供快速便捷文献检索服务，完成SCI和专利检索课题量比1996年翻一番。

1997年文献中心加快了文献数据库建设步伐，取得了较好成效。西、俄、日文期刊联合目录库年内通过验收，并出版了《中西文期刊联合目录数据库》光盘，填补了我国在此领域的空白。中心承担的“九五”攻关项目“全国西文文献联机联合编目系统”子课题——“北京地区西文期刊联合目录数据库”也开始实施。

中国科学引文数据库1997年11月通过鉴定，扩大了来源期刊的品种、数量、出版了《中国科学引文索引》第三，四期和第二版光盘，用户不断增加；中国科学文献库完成了新数据的质量检查和汇总工作，为第二版光盘的出版作好了准备。数学、物理文献库每年新增数据，积极为用户开展服务。中心书目数据库建设加快速度，完成了建馆以来中文科技图书的回溯建库工作。

文献中心情报服务出现新面貌，1997年承接和参与国家部委和科学院重大、重点课题18个，其中“中国科学发展报告”直接为国家最高权力机构和咨询机构提供了科技决策参考；“中国政策纲要研究”是由国家科委、自然科学基金委、国家教委、国家计委和中科院首次联合开展的国家级重大课题，中心承接了其中的《中国科学发展状况的基本分析》子课题，完成了《我国科学研究及其与国际先进水平的比较》研究报告，锻炼培养了一批情报研究人员。决策情报和学科情报调研工作、信息报道工作还努力适应市场经济发展形势，增加市场、技术及成果信息，扩大影响，取得很好的成效。

1997年网络建设在文献中心得到进一步加强，开通了中心局域网，接待公共书目查询和文献检索2.5万次，全面更新了中心主页；联机采购、编目系统经过两年的试验运行，1997年正式投入使用，提高了中心图书馆业务自动化程度；完成了北京地区及四个地区中心网上联机编目子系统的设计与安装工作。在全院文献情报系统建设方面，组织召开了科学院第十次图书馆学情报学科学讨论会，全院信息技术及产品展览等。

1997年，中心主持研制的《中国科学引文数据库》、《中关村地区文献信息共享系统》和《中国文献编目规则》3项优秀项目申报了科学院科技成果奖。中心与中科院地理所共同完成的《中国历史植物地理和历史动物地理》成果获科学院自然科学奖二等奖。

除正规学位教育外，中心为加强图书情报工作自身建设和研究，重点开展了职工继续教育和高级人才的培养工作，组织了各种不同层次的图书馆、情报学专业培训班、研讨班共11期，约400多人次接受了培训。

王府井馆舍搬迁工作顺利完成。全部150万册藏书（除中日文期刊库和汪家胡同库外），特别是46万册珍贵古籍全部安全转移北馆，无一损坏和丢失。

文献中心编辑出版的《图书情报工作》、《现代图书情报技术》、《中国物理文摘》、《中国数学文摘》、《中外科技信息》、《高科技和产业化》、《科技开发动态》、《化学进展》和《生物工程进展》等9种期刊继续公开出版发行，进一步扩大影响。

中国科学院印刷厂

厂　　长：周　勋
地　　址：北京市通州区北苑杨庄1号
邮政编码：101149
电　　话：010-60533798
图文传真：010-60533798

中国科学院印刷厂成立于1957年。建厂以来，中国科学院印刷厂一直是国家科技书刊的重点骨干印制基地，国家级书刊印刷定点企业。

1997年末职工总人数为950人，其中有管理人员108人，工程技术人员36人，技术人员702人。

1997年科印厂克服重重困难，全年共创产值2548万元，职工生活水平得到进一步提高，生产经济形势良好。8月8日新一届领导班子成立，老班子的工作得到了换届审核小组的充分肯定和好评，中洲会计师事务所结论：中科院印刷厂的国有资产得到了保值增值，维护了所有者权益。

1997年科印厂想尽一切办法筹集资金约600多万元进行了设备投入，用以进一步扩大生产；铅印向胶印的彻底转换已顺利完成，印刷主业顺畅发展；新拓展的包装印刷业务使工厂在经营大道上又增加了一辆快车。

科印厂几十年在印刷行业中享有盛誉的是一贯持有的产品质量优势。1997年科印厂再次荣获北京质协的最高奖励——质量管理十佳企业奖；《地球物理学报》、《解析数论基础》分别荣获市期刊和平装大奖，9种图书和期刊被评为市优产品。

科印厂在1997年荣获北京市通州区文明单位、中央国家机关文明单位称号。

北京建筑设计研究院

院　　长：徐茂禄
地　　址：北京市海淀区中关村北1街4号
邮政编码：100080
电　　话：010-62551244（生产室）
　　　　　010-62552059（院办）
图文传真：010-62552059（生产室）
　　　　　010-62561036

北京建筑设计研究院成立于1962年11月，前身为中国科学院新技术局设计室，1979年改为中国科学院北京建筑设计院，1983年7月更名为中国科学院北京建筑设计研究院。自1993年起在海南及广东东莞市设立两个分院。1997年全院在职职工153人，其中正研级高工14人，高级工程师44人，中级技术人员45人。随着建筑市场的需要，建筑师实行注册制，我院正式注册的一级建筑师13人，二级注册建筑师13人。

建筑设计院为中国科学院内唯一具有甲级设计资质的单位，除拥有国家民用建筑设计甲级资质证书外，尚具有工程总承包甲级，热力设计甲级及城市下水设计乙级（有临时甲级证）资质，有从事民用建筑科研建筑、热力工程（包括供热厂、电厂）、城市下水工程，环保工程的设计。科研建筑是该院的特长，具有几十年的丰富经验。

建筑设计院主要从事科研、民用、工业、热力等设计工作及工程咨询，可行性研究工程总承包等业务。

1997年建筑设计院完成各类工程项目几十项，设计收入1000多万元。设计院设计的“长沙第二污水处理厂工程”获1997年中国科学院优秀设计一等奖；北京和田宽食品有限公司厂房—办公楼—食堂工程、中科院植物所实验楼工程、西单电话局工程、中科院北郊南14号高层住宅工程、丰台区少年宫工程获中科院优秀设计二等奖。

中国科学报社

社　　长：郭传杰
总 编 辑：罗荣兴
地　　址：北京市三里河路52号
邮政编码：100864
电　　话：010-68597910（社办）
　　　　　010-68597906（总编室）
图文传真：010-68597902

《中国科学报》创刊于1959年。1997年为周三刊，对开4版（其中“经济周刊”为对开8版），面向国内外公开发行。此外，报社还出版《科技新闻》杂志，1997年为双月刊，大16开50页。1997年底，报社职工总数43人，其中编采人员23人，管理人员20人。

《中国科学报》是一份在我国科技界有影响的科技报纸。它及时准确地传播国内外的科技信息；介绍国内外科技发展的最新动态和科技成果；普及科学知识；报道科技、教育的热点问题和国民经济建设中的重大科技问题；反映知识分子的心声。

1997年创办的《中国科学报经济周刊》，扩大了对经济领域以及科技与经济结合方面的报道，在读者中获得普遍好评。

1997年，《中国科学报》组织了几项重大报道：(1) 邓小平同志逝世后，按照中宣部和中科院党组的要求，组织采访了一批科技界领导、院士、科学家追忆小平同志支持科技发展、关心科技人员的往事，并组织了几个专版，报道科技界缅怀小平的光辉业绩。(2) 对轰动世界的“克隆羊”事件进行追踪报道，采访中科院生物学部主任邹承鲁院士等一批科学家，从更深层次报道“克隆羊”在生物工程方面的重大突破和科学意义。“经济周刊”对新闻媒体起哄“克隆羊”现象作了评论。“科普周刊”连续刊登了十几篇科普文章。充分发挥了《中国科学报》在重大科技事件报道方面的科学性、权威性的作用。(3) 组织“学习邓小平科技思想”专题报道，发表了温家宝、郑必坚、周光召、路甬祥、龚育之和有关部委、省市主要领导及院士、科学家的文章，学习贯彻邓小平科技思想。(4) 为贯彻江泽民总书记对科技工作的重要批示，组织“基础研究大学谈”专题讨论，报道了一批高校校长、研究所所长、院士、科学家对加强我国基础研究工作的意见和建议，为国家有关部门制定中国科学政策提供了科学依据。(5) 举办“迎香港回归”征文活动，对这一“洗雪百年国耻、振奋民族精神”的重大事件进行专题报道。编辑部收到稿件300多篇，最后评出获奖作品11篇。(6) 开辟“展示新成就迎接十五大”专栏，充分报道科技界改革开放、特别是十四大以来取得的辉煌成就。十五大召开后，对科技界学习贯彻十五大精神进行连续报道。

1997年10月底，中科院党组对中国科学报社领导班子进行调整，任命了新的总编辑。路甬祥院长在中国科学报社领导班子调整会议上作了重要讲话。报社及时召开了各种座谈会和记者站工作会议，把路院长的讲话精神作为报社改革的指导性意见认真贯彻落实。对报社机构进行了调整，成立了编委会，任命了中层干部；对1998年《中国科学报》、《科技新闻》的改版工作和创办《网络报》工作进行了部署。全报社职工团结一致，在中科院党组的支持和新的领导班子带领下，努力把各方面的工作提高到一个新水平。

行政管理局

局　　长：高　逊
地　　址：北京市海淀区中关村南2街12号
邮政编码：100080
电　　话：010-62571850
图文传真：010-62560929
E-mail：eab@office. cashq. ac. cn

行政管理局成立于1955年12月，1991年12月由中科院机关职能部门划为中科院直属事业单位，承担中科院京区行政事务管理和后勤服务工作。

全局现有职工999人，其中职员160人，专业技术人员254人(高级职称28人，中级职称79人)。经调整机构后，行政管理局机关现设6个职能部门，2个局直属机构，组建了3个经济实体(物业管理中心、北京筑科房地产开发有限责任公司、北京科兴产业总公司)。

1997年行政管理局实行“小机关，大实体”的运行机制，减政放权，增强实体活力，全局以经济建设为中心，坚持“两服务”宗旨，不断提高服务质量，通过开发创收弥补服务经费，达到了年度工作目标，取得显著的经济效益和社会效益。在管理方面，较好地完成了对中科院京区50多个单位的房改，房地产、三电、绿化、卫生、计划生育、环保、医务职称评审等项管理工作，获国务院机关事务管理局和北京市多项集体奖励。在服务方面，进行了住宅小区封闭式物业管理和专业化服务的试点，促进了各项服务工作的顺利开展，其中供暖、绿化、环卫、交通安全工作获北京市先进奖励；一幼、三幼为中央国家机关特级幼儿园。在开发方面，调整了产业结构，完善企业管理体制，以第三产业为主，努力创收，实现了经济效益的增长。

科技物资中心

主　　任：李玉海
地　　址：北京市海淀区中关村南1条甲3号
邮政编码：100080
电　　话：010-62545879(综合处)
010-62648971(综合处)
图文传真：010-62545879

科技物资中心是属于以科技物资供应、经营及仓储业为主，为中科院科研、开发以及高新技术产业服务的支撑性机构，立足院内，同时面向社会。科技物资中心于1995年4月经中央编委批准成立。其前身是中科院技术条件局，中心为自收自支独立事业单位。1997年底在职职工98人，其中专业技术人员38人,高级职称3人,中级职称23人。

为中科院所属单位的科研、开发工作提供原材料供应服务,是科技物资中心的重要任务。由于科研工作需要的原材料具有品种规格多、批量少,要求急的特点,科技物资中心为此保持了较大的优钢、稀贵金属、有色金属为库存,规格品种比较齐全。1997年利用库存,直接为中科院属科研、技术开发人员提供服务,共接待约600人次。1997年,科技物资中心还牵头组织院属单位参加各类材料、产品定货会30余次,重点为中科院承担的国防军工任务及高科技项目提供所需要的原材料,特别是一些特殊的专用料。此外,还利用已有的业务关系,或向有关部门求援,或通过提供信息,为一些研究所及时解决了急需的专用料。在面向院内的同时,科技物资中心所属的北京中科物资装备总公司同时面向社会开展经营,1997年取得了宝山钢铁公司冷板的销售代理资格,完成了代理销售量,在向特色经营方面迈出了重要一步。

科技物资中心具备较好的仓储条件。仓储工作首先为该中心的优钢,有色金属库存服务,同时开展对外经营,为中关村地区院内外高科技企业提供仓储服务,坚持24小时全天候为客户服务,享有较好的服务信誉,也取得了较好的经济效益。

科技物资中心还承担了中科院科技产品销售网络管委会办公室的工作。中科院科技产品销售网络是由科技物资中心与院高企局共同筹建并于1995年底成立的,其宗旨是为中科院的中小企业产品开发及销售服务。目前网员单位有90个。1997年网络办公室通过传递信息、组织网员单位交流、开展营销业务培训、组团参展等形式,为网员服务,推进网络产品销售。1997年,中科院科技产品销售网络还在大连、沈阳、上海、北京建立了分部。

科技物资中心从成立之日起,就坚持服务的根本宗旨,努力为中科院及社会多做贡献。1997年科技物资中心与中科院北京建筑设计研究院一起,各出资15万元,支持江西兴国县革命老区的教育事业,改建一所希望小学,帮助老区特困优秀生完成一定学业,以表达对老区人民为中国革命事业作出巨大贡献的崇敬心情。

中心主要机构设置是机关五个处室(综合处、人事监察处、财务审计处、行政保卫处、网络办公室)、一个业务部(供应处)和两个经营实体(北京中科物资装备总公司、北京中科技贸中心)。

沈 阳 分 院

院　　长：张振武

地　　址：沈阳市和平区三好街 72-8 号

邮政编码：110003

电　　话：024-23892758　024-23892745

图文传真：024-23893632

E-mail：syb@ms.syb.ac.cn

中国科学院沈阳分院是中国科学院的派出机构，协助院管理中科院在辽宁地区的大连化学物理研究所、金属研究所、沈阳应用生态研究所、沈阳自动化研究所、沈阳计算技术研究所、金属腐蚀与防护研究所、沈阳科学仪器研制中心。

中科院沈阳分院从 1978 年建立后，先后由李薰、郭可信、骆继勋、张振武同志任院长。

沈阳分院系统现有在职职工 4526 人，其中科技人员 3338 人，占职工总人数 73.8%；高级科技人员 1156 人（含正研级 315 人），占科技人员总数 34.6%；中级科技人员 1577 人，初级科技人员 605 人；有中科院院士 14 人，中国工程院院士 2 人，有博士学位的 222 人，硕士学位的 628 人。

沈阳分院系统的研究领域以技术科学为主，基础研究、应用研究和开发工作兼有。现有 5 个国家重点实验室：国家分子反应动力学实验室、国家催化基础研究实验室、国家疲劳与断裂实验室、国家快速凝固非平衡合金实验室、国家腐蚀科学实验室。4 个中科院开放实验室：固体原子像实验室、机器人学实验室、现代制造的 CAD/CAM 技术实验室、陆地生态系统痕量物质生态过程研究实验室。3 个野外试验台（站）：长白山森林生态系统定位站、沈阳生态实验站、湖南会同森林生态实验站。5 个国家工程研究中心：高性能均质合金国家工程研究中心、高档数控国家工程研究中心、机器人技术国家工程研究中心、催化国家工程研究中心、国家腐蚀控制工程技术中心。

科技体制改革以来，沈阳分院坚持面向研究所、面向地方的方针，把组织协调分院系统研究所发挥整体优势，加强与企业的技术合作，为地方经济建设服务，作为自己的重要工作职责，进行了不懈的努力，取得了显著的成绩。与此同时，也积极争取地方对研究所事业发展的支持，增强研究所的竞争实力，促进研究所的改革与发展。

“八五”以来，据不完全统计，沈阳分院积极承担横向科研课题和技术合同 2910 项总成交额达 6.2 亿元；从横向获得委托科研经费总额达 7 亿元。在积极参与企业引进项目的消化、创新和国产化、重大的技术改造，向企业转移推广科技成果 ，与企业联合技术创新及高技术的联合开发中，与企业建立了良好的合作关系，发挥了积极的作用。

1997 年，沈阳分院积极组织各所申报省、市地方科委的科技立项 74 项，获得经费 1100 万元。

1997 年，沈阳分院积极组织各所参与地方的高技术产业化建设，争取地方支持已初步建成新型材料、工业机器人、生物制药、农药化工等四个产业化基地，实现科技产品年销售收入超亿元。

1997 年，沈阳分院积极开展与省、市地方共建工程中心、中试基地等，已建成北方新材料研究与发展中心、先进制造技术工程中心、表面工程中试基地、生物药中试基地、特殊钢工业化试验基地。

近年来，沈阳分院系统的对外科技交流活动日益活跃，已同世界 40 多个国家和地区建立了长期稳定的国际合作与学术交流关系。“八五”以来，共接待各国来访的科学家 2750 人次，派往国外的访问学者1386人次，各学科在国际同行界的影响与交往不断扩大，在学术交流、国际合作、培养人才诸多方面展示出喜人的前景。

沈阳分院机关遵循中央与科学院的改革方针，结合辽宁地区和自身的情况，在转变职能、精简机构、转换机制、探索模式等方面深化改革，进行了不懈地努力和探索，1997年取得了新的进展。

大连化学物理研究所

所　　长：杨柏龄
地　　址：大连市中山路457号
邮政编码：116023
电　　话：0411-4671991
图文传真：0411-4691570
E-mail：dicp@ms.dicp.ac.cn

中国科学院大连化学物理研究所创建于1949年3月19日，当时定名为大连大学科学研究所。1950年更名为东北科学研究所大连分所。1952年改为中国科学院工业化学研究所。1954年更名为中国科学院石油研究所。1962年启用现名。历任所长有：屈伯川、董晨、张大煜、顾以健、楼南泉、张存浩和袁权。

1997年有职工1242人，其中科技人员921人，有中国科学院院士8人，研究员和正研级高级工程师91人，副研究员和高级工程师170人，中级科技人员398人。现有在学研究生203人，其中博士生92人，硕士生111人；另有博士后17人。

大连化学物理所是以应用研究和基础研究并重、有较强开发能力的、以承担国家重大项目为主的、化学化工基地型研究所。现有10个研究室、3个工程中心，其中有国家级的研究单元8个。现设的所有学科都有权授予博士和硕士学位。1994年国务院学位委员会批准其为博士导师自选单位，现有博士生导师35人。

现设的研究室和工程中心有：分析化学研究室（国家进出口商品检验局理化测试认可实验室）、匀相络和催化研究室、化学反应工程研究室（燃料电池工程中心）、国家色谱研究分析中心、催化基础国家重点实验室、生物化学工程研究室、“863”短波长化学激光重点实验室、金属催化及新材料研究室、分子反应动力学国家重点实验室、酸碱催化研究室、膜工程研究发展中心（国家医药管理局膜技术研究推广中心）、国家催化工程技术研究中心。

1996年，原二室与原九室合并，成立新二室“匀相络和催化研究室”。1997年，对重点实验室进行结构性调整，在催化基础国家重点实验室和分子反应动力学国家重点实验室建立了新的运行机制，实行定期考核评估，把最有发展前景的基础和应用基础研究工作组织到重点实验室，形成流动的择优支持的管理模式。1997年，凯飞高技术发展中心进行了调整，组建了新的领导班子，制订了总公司年度创收计划指标和新的分配制度，正在向现代化企业制度迈进。

1997年，用人制度的重大改革举措——全员合同聘任制全面推行，从根本上触动了人事管理中一些长期存在且又难以解决的弊端，建立了能进能出、公开、平等、竞争、择优的用人机制。住房制度全面改革，85%的可售住房已销售给职工。参加了医疗保险，实现了医疗制度的社会化。

1997年，全所承担133项研究课题，其中国家和科学院的重大基础课题7项，重大应用课题32项，均按计划完成任务。

序号	项目类型	项目数
1	国家“九五”攻关项目	13
2	国家“863”高技术项目	10
3	国家攀登计划项目	2
4	国家自然科学基金重大、重点项目	5
5	国家自然科学基金面上项目	37
6	中科院重大、重点项目	9
7	国防军工项目	4
8	省、市、分院计划项目	18
9	部委委托项目	7
10	国际合作研究项目	7
	合计	133

共有20项科研成果通过技术鉴定和专家评议。有15项成果获得各种奖励，其中国家级3项，它们是：“催化裂化干气与苯烃化制乙苯成套技

术”获国家发明二等奖，“氧碘化学激光综合试验”获国家科技进步二等奖，“甲氰菊酯农药生产技术”获国家科技进步三等奖；部委级9项，“双共振电离法研究激发态分子光谱和态分辨碰撞传能”获科学院自然科学一等奖；市级3项。申请专利56件，连续7年排在科学院前列。发表论文521篇，在全国研究所发表文章排名顺序依然稳定在前10名之内。文章发表数量排在第五名，文章引用率排在第七名。

基础研究稳步发展，“态-态反应动力学和原子分子激发态”和“甲烷、低碳烷烃及合成气转化的催化基础”两个项目通过国家攀登计划预选项目的评审，列入全国59个攀登计划预选项目之中，两个项目的首席专家均由该所担任。“催化新材料和新反应的基础研究”已被院基础局列为重大基础研究项目。国家自然科学基金重大项目“煤炭、石油、天然气资源优化利用的催化基础”是该所主持的重大基金项目，经过五年工作，去年通过国家级验收，圆满完成任务，被评为特优级项目。“分子束和激光束反应动力学”通过了专家评审，被认为达到国际先进水平。

重大应用研究也取得突出的成绩。催化裂化干气中稀乙烯与苯烃化制乙苯成套技术捷报频传，大庆林源炼油厂建立的3万吨催化生产线已圆满开工一年；大连石化公司的10万吨生产线已开工建设；抚顺二厂3万吨装置已生产乙苯6万多吨，创利税6000万元。“九五”攻关项目“高硫容固体催化转化脱硫工艺过程开发”为陕京天然气首期工程提供了20吨脱硫剂，在长庆油田日产30万立方米天然气装置上使用成功，为北京天然气点火作出了贡献，向党的十五大献了礼，该项目已编成“内参”送中央领导。大连市重点治污工程项目“大连湾臭水套碱渣淤泥加速干固工程”已经顺利完成，可造地45万平方米，大连市市长薄熙来在1997年初的“政府工作报告”中给予肯定，为大连市环境改造、市政建设作出了贡献。燃料电池国家“九五”攻关项目已经通过国家科委组织的专家评审，科学院也将该项目列为院重大项目和特别支持项目，这些项目均由该所牵头。千瓦级离子膜燃料电池样机已开车成功，最大输出功率达1500瓦。氧碘化学激光9712试验圆满完成任务，获得有关单位的充分肯定，为9810任务的完成打下了良好的基础。10号工程使用的H-70肼分解催化剂的研制圆满完成计划指标，赢得用户的好评。

开发工作取得了长足的进步，凯飞高技术发展中心年总收入8500万元，后勤系统开发收入1208万元，研究室创收1115万元，总创收1.08亿元，利税3000万元，其中纯利润2300万元。1997年农药中间体（甲氰菊酯中间体）的生产和销售均突破了计划指标，全年生产菊酸210吨，当年销售202吨。以氮氢分离膜为主的膜工程部1997年收入达到1700万元，比1996年有所增长。催化材料部全年收入1400万元。色谱仪器部也有较大进展，全年收入755万元。科化公司进出口总额达到80万美元，出口产品总额30万美元，创造了很高的进出口总额人均指标。一批颇有市场前景的产品正在开发并即将进入市场，如纳滤膜已完成中间放大生产，生产出ϕ100×1000mm的卷式组件，并已有应用装置进入到香港市场；丙烯液相脱氧剂已完成工业试验；负压床乙苯脱氢催化剂和CO吸附剂均已完成扩试，即将进行工业试验；大流量细分布高压恒流泵和外联式色谱工作站已推出样机；生物兼容中压色谱泵已投放市场。

国际合作也取得了大丰收，分别与德国拜耳(Bayer)公司、德国佛朗和费学会界面与生物技术研究所、美国福特汽车公司、美国UCC公司等签订了合作协议，使得该所正在执行的国际合作研究项目增加到16个。

1997年派出进行合作研究和参加国际学术会议等62人次，涉及美国、日本、德国等19个国家。接待来访的国外专家和学者共60批，96人次，涉及美国、英国、法国等13个国家和地区。在这些来访者中，有许多是国际科技界知名度很高的学者，如美国科学委员会主席、俄罗斯卡尔波夫物理化学研究院院长、澳大利亚科学院院士等。

1997年，大连化学物理所作为“第四届国际溢流会议”(The 4th International Comference on spillover)的主办单位，在大连顺利召开了这次由15个国家40多位国外学者和80多位国内学者参加的国际学术会议，并取得圆满成功，获得与会者的好评。

在国际组织中，大连化学物理所有6位专家担任职务：张存浩院士，1994年起，任国际纯粹和应用化学联合会执行局委员；楼南泉院士，1979

年起，任国际分子束学术顾问委员会委员；卢佩章院士，1988 年起，任吐宾根德国东亚科学论坛会董事；郭燮贤院士，1984 年起任任国际催化会议理事，1987 年起任国际歧化会议顾问委员，1987 年起任国际沸石会议顾问委员，1982 年起任中日美三国催化会议负责人，1993 年起任国际《催化通讯》杂志编委；李文钊研究员，1993 年起任国际天然气转化会议顾问委员会委员，1990 年起任国际先进催化科学与工艺会议顾问委员会委员，1994 年起任国际《反应动力学与催化通讯》杂志编委；谭志诚研究员，1993 年起，任国际《热化学学报》编委会委员。

所内的学术活动日趋活跃，在一批青年科学家的倡议下，全国化学口杰出青年基金获得者大连学术报告会已成制度，每年 8 月在大连召开。

大连化物所是中国化学会的会员单位。负责编辑出版学术期刊《催化学报》和《色谱》。

金属研究所

名誉所长：师昌绪

所　　长：李依依

地　　址：沈阳市沈河区文化路 72 号

邮政编码：110015

电　　话：024-23843531（总机）

024-23843605（所办）

图文传真：024-23843605

E-mail：imr@imr.an.cn

中国科学院金属研究所，创建于 1953 年 1 月。第一任所长是已故学部委员、原中国科学院副院长、技术科学部主任李薰研究员。

至 1997 年底有职工 982 人，在 718 名科技人员中，中国科学院院士 4 人，中国工程院院士 1 人，研究员 84 人，副研究员、高级工程师 153 人。中级科技人员 390 人。其余为初级科技人员。经国家批准设有材料物理、金属材料及热处理、腐蚀与防护和焊接 4 个专业博士学位授予权，无机金属材料、金属塑性加工等 6 个专业硕士学位授予权，设有博士后流动站。1997 年在学硕士研究生 82 人，博士研究生 110 人。另有在站的博士后 14 人。

金属所的战略定位为我国材料科学与工程领域以为高技术创新应用研究为主，重视与之相关基础研究，发展科技先导产业的国家级综合类科研基地型研究所。坚持“一主两翼”的办所模式。

学科发展方向是“材料科学与工程”，包括材料科学基础、新材料研究和材料的制备与加工三个方面，并根据所内的优势与当前材料研究中结构功能一体化、计算化、工程化、环境协调化等发展趋势，提出了新增的学科方向，即计算材料学、材料制备工艺的计算模拟、管材生产及复合薄膜等新学科及新工艺。

发展目标是到 2000 年将所建成为材料科学与工程领域国内外知名的一流研究所，和我国高级科技人才培养的基地，实现 1550 跨世纪人才培养计划。科技开发和产业化工作实现销售额 2～3 亿以上。技术转移使相关企业新增产值 10 亿以上。为达到上述目标，深化改革，加强结构调整力度，将原有的 18 个研究室简并为 13 个，对开放实验室、研究室主任及职能部门负责人做了年轻化调整。同年被中科院首批认定为高技术研究与发展基地型研究所试点单位。

据中科院政策局情报室发布的 1996 年度中科院研究所评估结果，金属所以基础研究、应用研究、开发三项全优的评分获绩效评价 A 类，名列综合类研究所第二名。

金属所设有材料物理、晶体结构与缺陷等 13 个研究室。无损检测、结构分析、仪器仪表室、商检室等 4 个公共实验室，高性能均质合金国家工程研究中心，北方新材料研究与发展中心。设有快速凝固非平衡合金、材料疲劳与断裂 2 个国家重点实验室、中科院固体原子像开放研究实验室、中科院国际材料物理研究中心、辽宁省材料与氢重点实验室、沈阳市磁性与磁性材料青年实验室。1997 年国家计委、科委对材料科学与工程领域 27 个重点实验室进行了评估，金属所的快速凝固非平衡合金、固体原子像、疲劳与断裂实验室分别名列第二、第五和第六。

1997 年全所共承担科研课题 201 项，承担国家攻关、“863”计划、国家自然科学基金等项目 129 项，其中国家攻关项目“微波催化工程技术研究”取得了阶段性进展。激光制备硅基纳米粉技术，转让给东北超细粉制造公司后，建成国内首家年产 2 吨级硅基纳米粉生产线，产品性能达到国际先进水平，9 月初在北京钓鱼台举行了产品投产发布会，在国内引起较大反响。

1997 年获得国家和部级奖励 11 项，其中国家级奖 3 项，院、部级奖 7 项。鉴定成果 17 项，其中已推广应用 10 项。另据北京国家科委情报中心的统计，金属所 1996 年在国际刊物发表论文数、引用数分别居全国科研院所的第四位和第五位。国内论文数居第二十一位。申请受理发明专利 27 项，实用新性专利 19 项，获权专利 19 项。荣获中科院专利管理和成果管理先进单位称号。

在科技咨询开发方面取得显著成果，被辽宁省经贸委授予产学研先进单位。科金新材料总公司制订了“转换机制、扩大规模、提高效益、竞创名牌”的发展方针，初步提出了改多角经营为主线经营的 2000 年发展规划思路，在不断改善内部关系，改善管理的同时，逐步进行结构、资产、产品和人员重组，并寻找股份制改造和融资引资的机会，以谋求更大的发展。

1997 年接待 108 名外国专家、学者来所合作、参观讲学等，同时派出长期合作和留学人员、短期合作研究、考察、参加国际会议等共 95 人次。与日本、俄罗斯、意大利、比利时、韩国、香港等国家和地区签订了 7 项合作研究协议或备忘录。同年 6 月和 9 月由金属所负责组织的“亚太地区高级材料学会理事会”和以“最佳性能材料及工艺的计算机模拟”为主题的第八十一次香山科学研讨会分别在沈阳和北京召开，获得圆满成功。同年还两次负责组团赴日本分别参加钛合金和薄板成形技术双边讨论会。

受中国金属学会、中国材料研究学会、国际材料物理中心及国家自然科学基金委员会的委托，编辑出版《金属学报》（中、英文版）、《材料科学与技术》（英文版）、《材料研究学报》（中文版）等 3 种学术刊物。其中《金属学报》被评为第二届全国优秀科技期刊及中国科学院优秀期刊一等奖，《材料科学与技术》被评为第二届全国优秀科技期刊（英文版）及中国科学院优秀学术期刊三等奖。

沈阳自动化研究所

所　　长：王天然
地　　址：沈阳市和平区三好街 90 号（西区）
沈阳市东陵区南塔街 114 号（东区）
邮政编码：110003（西区）110015（东区）
电　　话：024-23891979（西）
024-23893201（东）
图文传真：024-23890557
E-mail：sia@ms. sia. ac. cn

中国科学院沈阳自动化研究所 1958 年 8 月建立。当时为辽宁省贯彻中央关于“尖端科学研究实行中央和地方同时并举”方针而建立的辽宁电子技术研究所。后经 1962 年国家调整、巩固、充实、提高，其实力得以充实和加强，并确认为中国科学院东北工业自动化研究所。1965 年启用现名。截止 1997 年年底共有职工总人数 679 人，其中科技人员总数 493 人，研究员（包括正研级高级工程师 37 人），副研究员及高级工程师 156 人，中级科技人员 207 人。现有在学研修生 64 人，其中博士生 12 人，硕士生 52 人。

沈阳自动化所是国家正式批准的机电控制及自动化专业博士点。硕士研究生培养点分为：模式识别与自动控制、机电控制及自动化 2 个专业。目前主要从事先进制造技术、机器人及人工智能技术、光电跟踪与测量技术等研究及工程开发和应用研究。设有测量与控制研究开发工程部、机器人研究开发工程部、自动控制系统研究开发工程部、光电信息研究开发工程部、应用电视研究开发工程部、水下机器人研究开发工程部、CIMS 研究开发工程部和自动控制装备研究开发工程部。支持科研、开发工作的有向世界和国内开放的中国科学院机器人学开放实验室和机器人技术国家工程研究中心。配合科研、开发工作设有网络计算机中心、文献信息中心。日本安川电机公司、OTC 公司、德国 REIS 公司等分别设有培训中心在这里。

1997 年，全所承担课题 166 项，其中国家攻关项目、院重大项目、“863”项目、国家自然科学基金项目等共63项，地方攻关和基金项目28项，企业委托43项，自选13项，其他19项。

在1997年内，新签订合同119项。其中“新一代全分布式控制系统研究与开发”是国家“九五”攻关一级课题，经费2113万元。按要求研究和开发出第五代控制系统，将广泛应用于工厂自动化、商业自动化等领域中。

“工业机器人关键技术及其工程化研究”是中科院重大和特别支持项目，经费为1060万元，将解决工业机器人产业化的关键技术。

完成课题60项，其中鉴定4项，验收36项，获奖6项，其中“CR-01”6000米自治水下机器人获“中科院科技进步特等奖”、“院综合重大成果奖”，并被两院院士评选为1997年中国十大科技进展之一。“YQ2型无人遥控潜器”、“大型铝厂分散型控制系统及计算机集成系统的研究与应用”获中科院科技进步二等奖。

“HR-100轻型无人遥控潜水器”及“智能机器人体系结构”分别获辽宁省科技进步二等奖及三等奖。

科技开发方面的工作主要是在工业机器人、烟机控制器、点焊控制器、工业电视监控系统及大型自动化工程。如沈阳市大二环自动收费系统、沈阳消防指挥系统和CIMS（计算机集成制造系统）的应用推广等。产值6000万元，效益500万元。其中工业机器人产值3000多万元。主要应用于汽车、摩托车及工程机械行业。在国内市场占有率达30%。

1997年，沈阳自动化所与俄罗斯科学院远东分院的科学家及国内兄弟单位一起共同完成了“CR-01”6000米自治水下机器人在太平洋海底5700多米深处的工程化、实用化试验，使我国进入该领域具有这种重大科学研究手段的少数国家之一。该成果被列为’97中国十大科技进展之一。与日本OTC公司等密切合作，继续在工业机器人在企业中的应用保持良好的形势。香港回归前后，机器人学开放研究实验室和先进制造技术等应用基础研究工作也与城市大学等对应机构开展了密切合作与交流，二名客座研究人员在对方做合作研究工作。同时为了加大对外开放，还先后派遣11人赴加拿大、澳大利亚、日本、德国等培训、进修或合作研究。在生产管理及工厂自动化方面的研究工作已经与德国FRAUNHOFER学会的IFF研究所建立正式长期合作关系，1997年对方也派人来所短期工作。先后激请美国学者分二次来所做自动化工程方面的学术交流活动。

沈阳自动化所是中国自动化学会机器人专业委员会和辽宁省自动化学会的挂靠单位。编辑出版的重要刊物有向国内外发行的《信息与控制》和《机器人》。

沈阳计算技术研究所

常务副所长：林　浒（主持工作）
地　　址：沈阳市和平区三好街100号
邮政编码：110003
电　　话：024-23894766（所办）
图文传真：024-23894766

中国科学院沈阳计算技术研究所创建于1958年8月30日。现有在职职工464人，其中科技人员353人，占职工总数的76%。研究员26人，副研究员等117人，中级职称134人，分别占科技人员总数的7.9%、33.1%和38%。现有在学博士生（联合培养）9人，硕士研究生35人。

沈阳计算技术所以计算机科学及其相关技术为主要研究方向，重点学科是：计算机系统和软件、数控系统与现代制造CAD/CAM技术、计算机网络与通信技术、工业过程自动控制技术。

沈阳计算技术所现有计算机组织与结构、计算机系统软件、计算机应用3个专业硕士点，并与东北大学、大连理工大学合作培养博士生。

沈阳计算技术所设有4个部，包括9个研究室，其名称分别为：计算机与通信部（含计算机系统研究室和计算机通信研究室）、工业控制与自动化部（含计算机自动控制研究室和工业控制系统研究室）、软件发展部（含计算机软件研究室和计算机系统集成研究室）、专用系统部（含RISC技术研究室、专用计算机研究室和专软件研究室）。高档数控国家工程研究中心和中国科学院现代制造CAD/CAM技术开放实验室设在沈阳计算技术所。高档数控国家工程研究中心创建于1993年，于1996年12月通过国家验收。5年来，先后承担并完成了5项国家重点科技攻关项目和2项中科院重大项目，取得了一批重大科技成果，其中获中科院科技进步一等奖2项，三等奖1项，辽宁省科技进步二等奖1项，SS-8530高档数控系统项目获国家“八五”科技攻关重大科技成果奖，并被列入国家级科技成果重点推广计划项目；获得国家专利授权7项，取得我国第一个高档数控软件版权。在取得重大科技成果的同时，为产业部门提供了一批高水平的数控产品和技术，并为多个大中型企业成功地改造了多台(套)大型进口数控设备。

1997年沈阳计算技术所争取并承担国家、中科院、省、市科技攻关或重点项目9项，其中“用于局域网的ATM交换机的研究与开发”是国家“九五”重点科技攻关项目，经济型数控系统和经济型数控产业化项目是中科院的“九五”重点项目。这些项目完成后，将会对高技术创新和促进高新技术成果的产业化、为国民经济建设做出重要贡献。

1997年取得科技成果10项，获奖成果4项，其中中科院科技进步一等奖1项、三等奖1项、辽宁省科技进步二等奖1项，“CNC高技术研究与高档数控机床控制系统”获中科院科技进步一等奖。此外，“DWY-Ⅲ型多功能温氧直测仪”专利产品荣获首届“国际爱因斯坦新发明、新技术（产品）博览会暨国际荣誉评奖会”金奖。

近年来，沈阳计算技术所同德国、俄罗斯、韩国、香港等20多个国家和地区的大学、研究所和公司、工厂开展了广泛的合作研究开发和学术交流活动。例如，同德国FhG-IPK研究所合作研究开发“面向车间的计算机集成制造系统”；同俄罗斯电子机械联合工厂合作开发高性能数控系统等等。

沈阳计算技术所是辽宁省电子计算机学会的挂靠单位。编辑出版的《小型微型计算机系统》期刊（月刊）是国内自然科学重点期刊之一。

金属腐蚀与防护研究所

所　　长：吴维𢇁
常委书记：宋乐毅
地　　址：沈阳市文萃路62号
邮政编码：110015
电　　话：024-23893116
图文传真：024-23894149
E-mail：office (a) icpm. syb. ac. cn

中国科学院金属腐蚀与防护研究所（简称腐蚀所），于1982年10月以金属所和长春应化所有关腐蚀和防护专业的研究室为基础组建而成。是一个腐蚀与防护专业的综合研究、人才培养和高技术应用开发与发展基地。现有职工205人，其中科技人员166人，有中国科学院院士1人，中国工程院院士1人，研究员（包括正研级高级工程师）25人，副研究员、高级工程师41人，中级科技人员79人。现有在学博士研究生30人，硕士生20人。另有博士后5人。

主要学科方向及研究领域包括：研究各种腐蚀过程的规律、破坏特征以及各种材料的腐蚀行为及其与环境条件之间的相互关系，发展腐蚀科学基础理论；测定和积累材料在我国自然或工业环境中的腐蚀数据，研究自然环境介质的腐蚀特征和规律，解决生产和建设中的腐蚀控制问题；发展防蚀技术及其理论，寻求经济而有效的防护措施；承接腐蚀控制工程与腐蚀事故对策和咨询服务。腐蚀所为腐蚀与防护专业博士、硕士授予权单位，并设博士后流动站。

腐蚀所的发展目标是：通过两三代人的努力，把研究所建成一流和在国际上有一定声誉的腐蚀科学和防护技术研究/发展及人才培养的综合基地。目前，按主要研究领域设有环境腐蚀、腐蚀电化学、高温腐蚀与防护和耐蚀合金与环境敏感断裂等6个研究室；附设金属腐蚀与防护国家重点实验室，中国科学院表面工程青年实验室，经国家科委批准正在建设国家腐蚀控制工程技术研究中心。

1997年腐蚀所承担主要科研项目近60项，其中国家任务21项，院项目8项（其中重点任务有6项），中石化总公司项目5项，国际合作项目4项，国家杰出青年基金项目1项。我国首次参加欧洲尤里卡计划的国际合作研究项目“工业装置维护中的腐蚀失效分析方法”，由腐蚀所柯伟院士担任中方技术负责人。

1997年取得鉴定（验收）成果5项，获院科技进步一等奖1项。申报国家专利21项，获授权专利8项。

腐蚀所基础研究以金属腐蚀与防护国家重点实验室为依托，在推动我国腐蚀科学与防护技术发展方面发挥重要作用，并在国家对工程与材料学科重点室年度评估中获得较好成绩，国家计委按照择优支持原则相应给予500万元支持费，进一步增强了实验室竞争能力。

在应用研究与开发方面，所工程中心工作继续显示良好势头，1997年实现总产值4200万元，在院高新技术企业排行榜上仍列前30名。筹建国家级工程中心的工作按计划取得顺利进展。

腐蚀所是中国腐蚀与防护学会高温腐蚀与防护专业委员会和中国石化总公司沈阳设备失效分析及预防研究中心挂靠单位。编辑出版《腐蚀科学与防护技术》学术期刊。

沈阳应用生态研究所

所　　长：孙铁珩

地　　址：沈阳市沈河区文化路72号

邮政编码：110015

电　　话：024-23902096

图文传真：024-23843313

E-mail：wyj@iae.syb.ac.cn

中国科学院沈阳应用生态研究所成立于1954年，原名中国科学院林业土壤研究所。是以森林、土壤、植物、微生物与环境科学为基础的生物地学研究所，1987年改用现名。现已发展成为一个东北资源、环境与农业持续发展的研究基地。具有博士导师资格的自行审批权，生态学、微生物学、土壤学的博士学位及生态学、微生物学、土壤学、植物学的硕士学位授予权，并设有生态学、微生物学博士后流动站。现有职工442人，其中科技人员329人，有研究员36人，副研究员和高级工程师92人，中级人员156人。现有在学研究生108人（博士生68人、硕士生40人）。另有博士后6人。

沈阳应用生态所以应用生态学为主攻学科，主要围绕东北地区持续发展中的可再生资源开发利用、环境保护和区域经济生态建设等问题，开展农业生态与农业生态工程、森林生态与林业生态工程、污染生态与环境生态工程、生物资源与生物技术等领域的研究，重点发展农业生态学、森林生态学和环境生态学。

全所设有生物工程、荒漠化、生态环境工程、区域开发与持续发展、绿色食品发展、新型肥料研制与开发6个研究中心。设有森林生态、林业生态工程、生态气候、植物资源、污染生态、景观生态、土壤与农业生态、微生物生态与工程8个研究室。1个院级开放实验室：陆地生态系统痕量物质生态过程研究实验室，6个野外试验站：长白山森林生态系统定位研究站、沈阳生态试验站、湖南会同森林生态试验站、乌兰敖都草原生态试验站、甘旗卡试验站和新民试验站，其中长白山站和沈阳站为院开放站。

拥有进行有机、无机、生化、环化和生物显微分析的气质联用仪、多通道电感耦合等离子体发射光谱仪等仪器设备4000余台件；设有我国东北最大的植物标本馆、微生物菌种保藏室、土壤标本室和树木园，藏有植物标本400 000余份、昆虫标本40 000份、微生物菌种3000余株、土壤标本20 000份、木材标本1000份。

1997年沈阳应用生态所进一步制定改革发展战略，明确所的学科定位与发展目标，加强管理和宏观调控，推进所的改革与发展，并根据发展需要调整研究室设置，将土壤生态与农业生态研究室合并，微生物生态室与微生物工程、微生物固氮研究室合并，以提高市场经济条件下争取科研任务的能力。1997年到所科研经费增至750万元，总经费达2013万元。在医疗、养老保险和分配制度等方面实施配套改革，与社会接轨。特别加强跨世纪人才的培养，对优秀青年实行倾斜政策，积极吸引国内外优秀人才来所工作，目前45岁以下的研究室正副主任已占65%；具有博士、硕士学位的科技人员达83人，占科技人员总数的25%；职工的平均年龄已降为43岁，队伍的状况有了明显改善。一批中青年学术带头人、科技骨干在重要岗位上已崭露头角，发挥作用。

1997年沈阳应用生态所承担各类课题133项，其中国家攻关项目22项，国家自然科学基金重点项目1项、面上项目18项，国际合作项目6项，中国科学院重大项目5项、重点项目7项，院特别支持项目14项，院留学支持项目6项，辽宁省科委项目32项，沈阳市科委项目14项，其他8项。

全年有7项科研成果获奖，其中院级奖励4项，部省级奖励3项，“新型肥料长效碳酸氢铵的研制与应用”获中国科学院科技进步特等奖。1997年出版专著3部；发表论文141篇，其中国外发表28篇。上报研究成果14项，其中向院登记上报成果12项。1997年申请专利12项，累计申报专利已达66项。

沈阳应用生态所为促进科研成果转化，不断加大开发力度，并取得良好绩效。所设科技开发公司以生物工程为手段，以生物资源产品为对象，进行生物药、保健食品和新型肥料的研制与开发，产品已进入国内外市场，1997年实现产值246万元。研制的新型肥料“长效碳酸氢铵”被国家科委列为“九五”重中之重推广项目，国务院副总理姜春云、国家科委主任宋健等都对此作了重要批示。国家科委、财政部、化工部、农业部和科学院3次联合组织召开推广示范现场会。长效碳酸氢铵技术已转让40余个生产厂家。目前已推广施用1100万亩，增加经济效益达6.64亿元。研制的植物药遗尿停已被批准为国家一类新中药，为规模化生产奠定了基础。

近年来与德国、日本、丹麦、比利时等国开展了20余项合作研究，其中生态学计划(CERP)、污泥处理、施肥技术与温室气体排放等合作研究项目均取得良好进展。目前在国际学术团体中任职的有：肖笃宁研究员任国际景观生态协会第一副主席、曹同研究员为国际苔藓植物学会理事、王庆礼研究员任国际林联理事。沈阳应用生态所1997年出国考察、讲学和参加国际会议35人次，接待外宾来访102人次。组织了“鸭绿江流域水污染控制与资源可持续利用国际研讨会”。

绿色食品中国科学院沈阳环境监测中心和沈阳食品监测中心建在沈阳应用生态所，并是辽宁省生态学会、土壤学会、植物学会、沈阳生物工程中心的挂靠单位。编辑出版《应用生态学报》、《生态学杂志》、《森林生态系统研究》等学术刊物。

沈阳科学仪器研制中心

主　　任：孙宇凌
地　　址：沈阳市和平区三好街96号
邮政编码：110003
电　　话：024-23921191
图文传真：024-23890572
E-mail：lcl@ms.syb.ac.cn

中国科学院沈阳科学仪器研制中心成立于1958年11月，当时命名为中国科学院辽宁分院五一二厂。1991年更名为中国科学院沈阳科学仪器研制中心。

沈阳科学仪器研制中心现有职工422人，其中科技人员186人，有研究员11人，高级工程师40人，中级科技人员98人。在读博士生2人，硕士生2人。

沈阳科学仪器研制中心是超高真空仪器设备的开发研究基地，是院基础研究和应用研究的支撑体系，是以真空技术为基础，以科学研究前沿仪器设备为主体，以发展相关的工业产品和民用产品为两翼，面向科研院所，面向高等院校，面向国家大科学工程，面向工业企业的高技术科研单位。

中心设有7个研究室，1个生产部。

1997年，中心认真贯彻落实党的十五大精神，进一步深化改革，开拓进取，不断优化内部环境。完成了中层领导干部的代际转移工作。在研究室实行了执行主任负责制，机关职能管理部门负责人，年龄均在50岁以下，实现年轻化。对机关和辅助部门进行了调整和精简，机关工作人员由原来的111人精简到43人。实施了“模拟市场、模拟法人”的管理模式。

1997年，中心承担各类科研项目50余项。其中为半导体所集成光电子国家重点联合研究室成功地研制了我国首台UHV/CVD设备；为中科院金属研究所快速凝固非平衡合金国家重点实验室研制了“超高真空多靶磁控溅射仪”；为中科院北京物理磁学国家重点实验室研制了国内首台“多对向靶磁控溅射设备”。1997年中心先后向新加坡、香港等国家和地区出口了4台整机设备。为前沿的科学研究提供了先进的仪器和设备。

中心和沈阳分院与沈阳市科委、沈阳市高科技创业中心共建了沈阳高科技创业城。共同开发和促进国家科学技术的发展。

1997年中心与北京中科院物理所共同研制开发的激光分子束外延设备获中科院科技进步二等奖。由中心研制成功的“多源超高真空纳米材料制备装备”、“JWC-Ⅰ型卷烟滤棒物检综合测试台”获国家级新产品奖。

长 春 分 院

院　　长：黄长泉
地　　址：长春市人民大街 168 号
邮政编码：130022
电　　话：0431-5384068（院办）
图文传真：0431-5384068
E-mail：ccb@ms. ccb. ac. cn

中国科学院长春分院成立于 1978 年 5 月，作为中国科学院的派出机构，代管中国科学院在吉林省和黑龙江省的长春物理研究所、长春应用化学研究所、长春人造卫星观测站、长春地理研究所、黑龙江农业现代化研究所、长春光学精密机械研究所，共有职工 4762 人，其中科技人员 3254 人（高、中、初级科技人员分别为 944、1581、649 人）。吉林、黑龙江两省共有中国科学院院士 20 人，由设在分院的“学部联合办公室长春联络处”负责联络。分院各所、站在学研究生 505 人（其中博士生、硕士生分别为 247、258 人），另有博士后 10 人，设有博士点 8 个，硕士点 17 个，博士后流动站 2 个。长春分院各研究所、站学科领域包括理、化、天、地、生和技术科学，其中以高科技和农业科技的应用研究和发展为主。各研究所、站承担国家级重大计划项目 95 项（其中重大、重点国家自然科学基金项目 18 项，国家攀登计划项目 12 项，“863”项目 28 项，国家攻关计划项目 21 项，“921”工程计划项目 16 项）。1997 年承担课题总数 511 个（其中国家级课题 213 个，中科院课题 93 个，地方课题 98 个，企业委托课题 34 个，自选课题 50 个，国际合作课题 9 个，其他课题 14 个）。全年鉴定科技成果 43 项，获国家级和院、省、部级奖励的科技成果 17 项。申报专利 89 项，获准授权专利 25 项。分院 32 个较大企业及公司 1997 年总产值 2.35 亿元，实现总收入 2.05 亿元，创利税 5400.00 万元。1997 年分院各所申报吉林省科技立项 85 项，获得科技立项 41 项，获取“三项科技费用”385 万元。

根据中国科学院的办院方针，分院发挥派出机构的宏观调控作用，组织进行研究所改革进程评议，全面推进研究所定位工作，以优化结构提高整体实力为中心，促使研究所、站的学科布局趋于合理；“两个面向，三个共建”的实施，更加有效地发挥了中国科学院的综合优势和集成特色。分院重视加强科技队伍建设，培养跨世纪人才，全面完成了五所一站所级领导班子的换届，一批优秀年轻科技骨干进入所级领导班子，总体年龄结构提前达到院党组“九五”末期指标。分院现有国家级突出贡献专家 13 人，院、省级有突出贡献专家 34 人，长春分院跨世纪优秀科技人才 19 人，有 6 人获中国科学院青年科学家奖，有 2 人被选入国家“百千万人才工程”，有 215 位同志获吉林省政府颁发的“吉林英才奖章”，有 301 位同志享受国务院政府特殊津贴。培养选拔人才上的高起点、高层次，增强了研究所、站的活力和发展后劲。

分院农业工作，依靠综合的科技优势，密集的技术和人才，集成投入，重点示范，在吉林省大安、德惠、柳河和黑龙江省的海伦等地方农业科研基地，实施农作物高产综合配套技术及农业产业化开发与示范工程，有力配合了吉林省农业产业化“三大一强”战略和吉、黑两省农村科技致富示范工程的发展。在大安基地，围绕吉林省西部地区盐碱地综合利用与风沙地治理，应用多元技术进行中低产田改造和农业综合开发，推广先进技术 7 项，在大灾之年实现农业产值 1560 万元，在 1997 年国家及院分别组织的检查评议中，大安试区总分列东北各试区榜首，海伦基地从国家“九五”攻关 C 类试区一跃成为 A 类试区。在德惠基地开展玉米大面积高产综合配套技术研究开发与示范，以秸杆转化为主的饲料资源开发和肉牛规模化养殖示范、蔬菜高产栽培技术研究与示范，以高密度的技术集成促进粮食大幅度增产，进而带动畜牧业的发展。柳河基地突出强化了农业产业化建设，畜牧业生产长足发展，基本实现了人均1条牛、1头猪和100只鸡的阶段目标，绿优米产业化系统工程和禽畜规模化饲养示范厂全面起步，1997年社会总产值可达1.38亿元以上，比1996年提高11%，人均收入提高16%。

分院科技兴农工作受到各级领导的充分肯定。在中国科学院编发的《长春分院重视科技兴农工作》简报上，中央和国务院有关同志批示予以表扬（见注1）。

1997年长春分院被省委、省政府评为科教兴农先进单位，至此，分院已连续7年获此殊荣。1997年12月，由长春分院组织实施的松嫩平原低洼易涝盐碱地改造获国家科委、计委、财政部“八五”重大成果奖。分院的农业科技工作正一步一个脚印向前推进延伸，溶入我院农业科技工作重点向东北战略转移的过程中。

高新技术产业方面，在吉林省实施的“百亿工程”中，分院的“北方液晶工程研究中心”、“热缩材料”、“FCIC黄金提取工艺”、“保温防腐材料”、“尼龙11”、“工程塑料”、“特种工程塑料”等项目被列入“百亿工程”计划之中。与长春、吉林二大中心城市及相应国家级开发区的科技合作向产业化进程迈进，市院合作工程创年产值近2亿元，利税5000万元。长春热缩材料股份公司1997年9月经国家证监会批准成为中国科学院首家上市公司，公司的科研开发、生产经营进入了一个全新的发展时期，1997年产值达1.35亿元，利税达3700万元，成为国内辐射高分子材料产业的龙头。“尼龙11”1997年突破了技术难点，宣告了该技术被法国垄断40年的结束。“新型多功能防腐防水材料”产品应用范围有了进一步拓宽，1997年产值1500万元，施工收入400万元。“FCIC黄金提取工艺技术”1997年通过工业化中试鉴定，现已推广应用，已获产值2000万元。省院共建的“北方液晶工程研究中心”坚持技术创新与引进技术的消化吸收，同时研究开发新产品新技术，实现良性循环的运行，培养一支液晶显示专业技术人才，有力促进吉林省液晶产业的建立和发展。“应用化学科学研究中心”1997年获开发项目经费1000余万元，该中心起到了吉化公司技术支撑和技术产品创新基地的作用。与长春市共建的“遥感应用技术基地”，开展了“吉林省玉米产量及减产情况预报”，受到国务院领导以及中国科学院和吉林省的高度重视（见注2）。

此外，长春地区Inter网投入建设并联通；国际科技合作与“双引”工作取得实质性进展；与长春市共同组团参加全国东西部技术交流交易会；长春应化所和长春光机所档案目标管理达到国家一级标准，进入全国档案工作先进行列。

长春分院直属单位有长春分院分析测试中心（与地方共建）、长春分院计量站、长春分院干部进修学院、中国科学院长春专利事务所、《中国科学报》吉林记者站、吉林广播电视大学长春工作站。长春净月潭遥感实验站隶属分院，吉林省遥感协会挂靠分院。

注1：1997年1月18日，国务委员陈俊生在中国科学院编发的《长春分院重视科技兴农工作》简报上批示：中科院长春分院多年来，以振兴吉林农业为己任，做了大量工作，值得表扬。国务委员宋健、书记处书记温家宝、中科院院长周光召也作了重要批示。1997年2月28日，在分院呈报给吉林省政府的报告中，主管科技的副省长刘淑莹、主管农业的副省长杨庆才批示：中央领导的批示充分肯定中科院长春分院在我省农村经济发展中做出的突出贡献，建议并恳请长春分院对加速吉林农业资源的开发进一步予以关心，如有可行性成果盼能提供。

注2：当时的国务院副总理朱镕基、李岚清、姜春云等领导相继对估产报告予以批示。中科院和吉林省领导也相继批示。该预报与1998年初吉林省六届一次人大会和政府工作报告数字相符。

长春应用化学研究所

所　　长：李滨耀
地　　址：长春市人民大街 159 号
邮政编码：130022
电　　话：0431-5682801（总机）
　　　　　0431-5687300（所办）
图文传真：0431-5685653
E-mail：ciac@ns.ciac.ac.cn

中国科学院长春应用化学研究所是 1948 年长春解放后，在伪满大陆科学院的基础上建立的，当时隶属于东北行政委员会工业部，称东北工业研究所。1949 年更名为东北科学研究所。1952 年 8 月归属中国科学院，改称中国科学院长春综合研究所。1952 年 12 月，与从上海迁至长春的中国科学院物理化学研究所合并，于 1954 年 6 月命名为中国科学院长春应用化学研究所。历任所长有武衡、吴学周、王佛松、倪嘉缵、汪尔康。

全所现有职工 1158 人，其中科技人员 835 人，有中国科学院院士 5 人（倪嘉缵、王佛松、黄葆同、汪尔康、苏锵），第三世界科学院院士 1 人（汪尔康），研究员 112 人，副研究员和高级工程师 209 人，中级科技人员 376 人。在学研究生 243 人，博士生 104 人，硕士生 135 人。另有博士后 14 人。

长春应用化学所的学科基础是高分子化学与物理、无机化学、分析化学、物理化学和有机化学，在基础性研究、应用研究、高技术创新和产业化等不同层次开展科技工作，是以高技术创新为主的综合性化学研究所。

长春应用化学所是国务院学位委员会首批授权培养博士、硕士和博士后流动站的单位之一，1996 年被中国科学院批准为首批博士生重点培养基地，享有化学一级学科和 5 个二级学科（高分子化学与物理、无机化学、分析化学、物理化学和有机化学）硕士和博士学位授予权。

长春应用化学所以高分子和稀土新材料等方面的研究成果和学科优势为基础，以提高科学技术水平，向国民经济建设提供新技术新材料为主要目标，重点发展功能材料，加强化学向生命科学的渗透，重视绿色化学研究，建设具有国际一流水准的科学研究中心和高级科技人才培养基地。

现设有 4 个开放实验室，8 个 R&D 研究室，3 个研究中心。研究室的设置以学科和专业为主，并设有高分子、无机化学、物理化学和分析化学 4 个专业学术委员会，中心的设立和重大项目的组织以国家战略目标和市场需求为主，强调学科交叉，支持创新，重视转化。

开放实验室、中心设置情况：

中科院稀土化学与物理开放实验室于 1987 年 10 月成立，主任张洪杰博士、研究员，副主任赵大庆博士、研究员，学委会主任徐如人院士。重点研究方向是稀土固体化学、稀土生物无机化学、稀土分离化学。

中科院电分析化学开放研究实验室成立于 1989 年 4 月，主任杨秀荣博士、研究员，学委会主任俞汝勤院士。重点研究电分析化学的基础问题、生命科学中的电分析化学研究、电分析化学的高科技应用。

中科院高分子物理联合开放实验室 1989 年 4 月建立，主任徐懋研究员（中科院化学所），副主任周恩乐研究员和何天白研究员，学委会主任姜炳政研究员。重点研究方向是高分子凝聚态结构、多组份高分子体系、高分子材料物理和高分子加工中的物理问题。

中科院、中国石化总公司高分子化学联合开放实验室主任王佛松院士，副主任王利祥博士、研究员，学委会主任洪定一高级工程师。主要研究方向为立体控制的合成和聚合、功能高分子、生物相关高分子。

长春应用化学科学研究中心 1994 年 7 月经吉林省政府批准成立，由吉林大学、吉化集团公司、长春应化所联合组建，是具有“产学研”结合与学科交叉渗透特点的科研中心，主任汪尔康院士，学委会主任沈家骢院士。当前主要结合吉化集团公司生产发展的需要，开展“香兰素工艺改造”、“橡塑加工和应用”、“茂金属催化剂”等重大攻关研究。

国家电化学和光谱研究分析中心 1990 年经

国家科委批准建立，是国家级的研究分析测试中心。1991 年和 1996 年分别通过国家技术监督局和国家科委组织的计量认证。主任吴明嘉博士、研究员，副主任陈杭亭博士、副研究员，石威副研究员，总工姚金玉研究员。重点研究领域为超纯和痕量分析、ICP-光/质谱分析等。

长春分析仪器研究和技术开发中心 1996 年 7 月经吉林省科委批准，与吉林大学联合组成。主任朱果逸硕士、研究员，副主任李在雄硕士、工程师，总工钟彩元研究员。当前主要任务是研制和开发高性能电化学综合测试仪及免疫电化学测试仪。

1997 年主要采取的改革措施和效果：

（1）进一步明确了发展方向和战略定位。1997 年长春应化所旗帜鲜明地确定应化所是高技术创新为主的综合性化学研究所，以高分子和稀土新材料为主要研究领域，目标是建设国际一流水平的科学研究中心。这对应化所未来的发展将产生深远的影响。

（2）科研和开发工作成绩显著。在科研工作中，实行立项激励政策和科技成果奖励个人股份等一系列措施，使 1997 年到所科研经费在 1996 年的历史最好水平上又增加 60%，并正在策划若干新的成果转化项目；通过热缩股票的成功上市和对相关企业的股份制改造和资产重组，使应化所在相关企业的权益增至 17 000 万元，是 1986 年的 101 倍。使应化所有可能在稳定的基础上进一步深化改革，主动部署科研和发展新生长点。

（3）实行机构调整，加强管理工作。1997 年成功地将科研计划处和技术条件处合并为科技处，统一科研和技术条件管理，为机关的下一步改革积累经验，明确了以调整功能和提高效率为主，稳步发展和逐渐到位的机关改革思路。

（4）实施开放实验室的规划和调整。

（5）开始实施对研究员按需设岗和按岗聘任制度。

（6）房改工作大幅度展开。

（7）国家档案局于 1997 年批准应化所为“科技事业单位档案管理国家一级单位”，这是科学院系统第一家。

（8）中科院博士生重点培养基地建设现场会在应化所成功召开；研究生教育工作的目标和管理工作进一步明确和加强。

（9）管理机构实行目标责任制，行政管理和后勤服务分离；开始探索物业管理的企业化和社会化模式。

1997 年争取和承担的主要科研任务和项目：

1997 年应化所共承担主要科研任务 83 项，其中国家自然科学基金项目 32 项，国家计委攻关项目 4 项，国家科委攻关项目 10 项，“863”项目 2 项，军工项目 11 项，中科院重大项目 7 项、重点项目 4 项，地方重点攻关项目 13 项。

“聚合物结构和性能的优化与加工制造技术”得到国家自然科学基金委杰出青年基金（1995～1997）资助，由何天白研究员负责。该技术的创新在于：（1）有效地控制了聚合物薄膜中的分子链的排列与取向；（2）利用激光造成聚先亚胺分子链的化学变化，实现了表面导电，得到了微米量级的高空间分辨率的导电区域；（3）建立了微观的分子链反应和形变与聚合物宏观的熔体成型间的关系。

该项目截止 1997 年共发表论文 28 篇（英文），参加学术会议 24 人次，国外专场邀请报告 12 次，获国家发明专利 2 项，省级鉴定 1 项，专著 1 部。

“抗体酶与分子识别”为院基础局重大项目，由赵大庆研究员负责。该课题组 1997 年在抗体酶新设计思想（疏水腔修饰法）的指导下，设计合成出 4 种全抗原，并用单抗技术结合化学修饰方法得到一系列活力达到或超过天然酶的抗体酶，从人源单链抗体基因文库中筛选出两株人抗体，并进行了高效表达工作。

1997 年取得的成果和获奖情况：

1997 年获院部级奖励 8 项，“辐射交联热收缩材料系列制品的研制与应用推广”获 1997 年度中国科学院科技进步一等奖；鉴定成果 15 项；专利申请 20 项，获专利权 15 项。发表论文 580 篇，国内发表论文数连续第九年列国内科研机构之首，国际登录和引用次数也名列前茅。

成果转化项目进展顺利，一些项目成绩突出。“黄金”项目开始实施院重大项目实际运作，已经组建了新的提金公司；“聚先亚胺”项目组织了工程和市场开发力量，明确了新的攻关形式；“手性药物”项目完成了小试及放大工作，并已完成药检，进入到临床实验和申请新药证书阶段；“尼龙-11”项目攻克了溴化反应和20吨/年的中试技术难关，蓖麻油消耗达到3∶1。

科技开发方面的工作情况和效益：

截至1997年底，应化所拥有一批控股、参股、独资或股份合作制企业，如长春热缩材料股份有限公司、长春应化所科鹰防腐保温公司、特种化学功能材料厂、深圳长园新材料有限公司、长春应化实验化工厂等。“长春热缩”目前生产100多个品种的热收缩系列制品，是亚洲热缩产品系列最全的企业，取得ISO-9002质量体系国际、国内双认证，热缩管材获得美国UL和加拿大CSA认证。1997年10月7日，“长春热缩”3000万A股股票在上海证券交易所挂牌上市，“长春热缩”被中国科学院评为双文明建设先进单位。应化所1997年从各企业得到的各种收入超过1000万元。另外，长春应化所进出口贸易公司1997年完成了进口50万美元和出口80万美元的进出口业务。

国际合作和人才培养：

1997年，长春应用化学所承办了第六届国际电分析化学讨论会，与会外宾24人；除继续巩固80年代以来建立的与美、英、德、日等24个国家的37个研究所及高校建立的合作与交流关系外，又向日本佐贺大学、早稻田大学派遣合作研究人员；聘请美国Univ. of Akron程正迪教授为客座教授；接待外宾来访和顺访130人，派出89人次；引进国外人才和智力成果8项，派出3项。

1997年长春应用化学所13个研究室主任（或主持工作的副主任）均由年轻的研究员或副研究员担任，大多数同志表现出较高的学术水平和管理能力。破格晋升7名研究员，并予以聘任。积极开展“百人计划”工作，已获准进入“百人计划”的王利祥研究员在1997年上半年到位工作，另有一名青年学者获准“百人计划”B项目。对重点学科方向的技术骨干坚持向国内外实行择优招聘制度。在按需设岗和按岗聘任的前提下，与不同人员分别签订长期或短期合同，并配备必要的条件，增加博士后和短期工作人员比例。重视研究生教育和培养，保持每年招收硕士生、博士生40～50名，博士后10人，继续用好“应化所研究生教育基金”，实行“研究生助研制度”和“在职申请学位制度”。

长春应用化学所为长春市化学学会、中国化学学会应用化学委员会和分析化学委员会的挂靠单位。受中国化学学会委托，编辑出版《分析化学》（月刊）、《应用化学》（双月刊）两个科技核心期刊。

长春光学精密机械研究所

名誉所长：王大珩
所　　长：王家骐
常务副所长：曹健林（法人代表）
地　　址：长春市人民大街140号
邮政编码：130022
电　　话：0431-5687215（总机）
0431-5686367（所办）
电报挂号：6109
图文传真：0431-5682346

中国科学院长春光学精密机械研究所（简称长春光机所）是1960年由中国科学院光学精密机械仪器研究所（前身为中国科学院仪器馆，建于1952年）和中国科学院机械研究所（原称中国科学院机械电机研究所，建于1953年）合并成立的。至1997年底，全所有职工2511人，其中专业技术人员1533人，有中国科学院院士4人，正研级专业技术人员78人，副研级专业技术人员250人，中级专业技术人员768人。有博士研究生导师37人，有在学研究生131人（其中博士研究生68人、硕士研究生63人）。另有在站博士后7人。

长春光机所是集应用基础研究、工程技术开发和高新技术产业为一体的、充分体现研究与工程之间、研究与产业之间相互支持、良性循环的多学科综合型研究所。

长春光机所以应用光学、空间光学、光电对抗、大型光电设备、非常规光学技术、精密机械、先进制造技术、医用光学、微型系统工程、高档科学仪器等为主要学科方向。

长春光机所以承担国家重大任务，解决国家关键科技问题，在应用光学、大型光电工程、精密机械和微系统工程等领域达到世界先进水平为战略发展目标。

长春光机所是国务院学位委员会批准的首批博士、硕士学位授予单位，有博士点2个，硕士点6个，还是国家首批建立博士后流动站的单位之一，可接受光学专业博士后人员进站工作，并获得了博士生导师自审批权。

1997年，长春光机所为实现发展战略目标，适应市场竞争的需要，对所属机构进行了结构性调整：撤销了第九研究室，对该室人员进行了分流；撤销了第十六和第十七研究室，成立了光电仪器部；取消了产品中试部称谓，启用了科技总公司名称，由所企管会按所直接管理企业管理；为规范管理、理顺关系，不再使用光谱技术研究和开发中心名称，改称光谱技术公司，并将中试部所属激光工程中心划归该公司实行企业管理。经调整后还设有应用光学国家重点实验室和国家光学机械产品质量监督检验中心及光电工程部、机电工程部；还设有测量与跟踪电视工程研究室、光电子器件研究室、光学设计与光学薄膜研究室、光学成像技术研究室、光学晶体研究室、遥感技术研究室、光谱仪器研究室、光栅刻划研究室、太阳模拟器研究室。还另设有按企业机制运行管理的高技术开发及经营服务性的公司、工厂、中心16个，其中合资企业5个。

长春光机所拥有各类仪器设备7763台套，其中价值10万元以上的仪器设备104台套，具有国内领先并达到国际先进水平的仪器装置50多台套；图书馆藏书27万册，其中外文版书籍14万余册。

1997年，长春光机所列入所科研计划的项目共200项，其中新开项目68项，1996年结转132项。在这200个项目中，有国家“863”项目6项，国家自然科学基金项目15项，“攀登计划”项目3项，中科院项目20项，省科委项目7项，所长基金项目7项，军工项目100项，其他横向项目13项。按计划执行174项，计划完成率为87%，比1996年高出一个百分点。全年共签订合同158项，合同款2943万元，分别比上年增长38.6%和35.9%。组织重大项目论证20多项。

1997年，长春光机所申请专利32项，授权专利6项(实施检测非球面的全息干涉装置、一种新型照排机、多光束激光转镜式光学扫描系统、激光转镜式光学扫描系统、激光转镜式光学扫描系统的光学转镜、SL-H升白仪)。获国家科技进步三等奖1项(高分辨率小型激光轴角编码器)。中科院科技进步二等奖4项(JZJ400型激光照排机、500W、1000W快速轴流CO_2激光器研制、消失模铸造技术开发及工业化应用、资源一号卫星多光谱扫描仪铍扫描镜研制)，获中科院三等奖1项(直九型侦察校射直升机电视侦察系统)。全年发表学术论文115篇，其中在国外刊物上发表14篇。

长春光机所在军工产品质量保证体系通过考评获证后，1997年又通过了ISO9001质量体系认证。成为中科院首家，也是目前唯一一家通过ISO9001质量体系认证的单位。

1997年7月，长春光机所的档案管理一次性通过了国家档案局、中科院、吉林省档案局、长春分院联合组成的考评验收组的考评验收，使该所的档案管理进入科技事业单位档案目标管理国家一级行列，成为中科院首批达到国家一级管理水平的单位之一。

1997年3月，应用光学国家重点实验室通过了国家自然科学基金委代表国家计委组织的四年一度的评估。专家们认为，应光室以现代光学中的基础技术问题为研究主线，在短波段光学和空间光学两个应用方向上设定的软X射线光学、非常规光学设计和衍射光学、超精密光学加工与检测、成像光谱技术和颜色视觉研究等4个主要研究领域内均居国内领先地位，做出了一批国内领先并达到国际先进水平的工作。评估结果为信息科学类良好实验室第一名，获得650万元奖励性支持。

1997年，是长春光机所所属企业发展较大的一年。全所产业实现产值10 180万元，年利税471.6万元，上交所里资金753万元，各项指标均好于上一年。如数显工程中心全年销售光栅尺6400只，完成产值600万元，实现利税87万元。该企业抓住机遇，强化管理，开始了光栅尺产业第二次创业。1997年正式挂牌的长春九龙铸造有限责任公司迅速扩大销售市场，完成产值507万元，实现利税43万元，在利用消失模铸造这项新技术改造传统产业上展示出巨大的潜力，成为同行公认的排头企业。长春光机所的合资企业长春新产业光电技术有限公司克服了科研成果向产业化生产转轨中的诸多困难，年生产半导体泵浦小型固体激光器3386台，实现产值578.7万元，利润30.5万元。该公司还积极打自己的品牌，敢于在国际市场上建立和培育营销网络，先后两次派人专访欧美用户，参加世界激光产品展销会。1997年该公司的销售量已占国际市场的1/3，成为世界三大生产厂之一，产品销往31个国家和地区，在高技术产品生产上为中国人争了光。

总之，无论从职工人数上还是从经济规模上看，产业已经支撑起长春光机所的半壁江山。

1997年，长春光机所新招硕士研究生20名，博士研究生24名。长春光机所研究生部继续修订和完善了各类规章制度，使研究生教育工作更加规范化、制度化。1997年，长春光机所有3人获中科院院长奖学金优秀奖(其中1人获特别奖),5人获中科院大恒集团光学奖学金优秀奖，1人获宝钢集团教育基金优秀学生奖。长春光机所为了培养选拔技术尖子，鼓励干一行、爱一行、专一行的敬业精神，在技术工人考工定级的基础上，组织了工人技术比赛，对优胜者给予重奖，有力地激发了工人钻研技术的热情，促进了队伍技术水平的提高。

1997年，长春光机所加强了国际合作和交流，全年接待了36位外宾来所交流与合作；派出42人次到有关国家和地区参加国际会议、技术考察、技术培训和短期工作。1997年3月，受国家科委及中科院的委托，长春光机所与以色列科学部在境外联合组织了“中-以激光电子学会议”，由长春光机所组织的中国科学家代表团一行7人到以色列赴会，并作了学术报告。同时还参加了以色列工业部与科学部同期召开的“第十届以色列光学工程国际会议及技术成果展览会”，与来自各国的数百位科学家进行了学术交流，收获颇丰。

中国空间学会机械分部、吉林省光学学会、吉林省机械工程学会传动分会、吉林省机械工程学会设计分会、长春市仪器仪表学会等挂靠在长春光机所。编辑出版有《光学精密工程》、《光机电信息》、《中国光学文摘》、《国外科技资料目录——光学与应用光学》等学术刊物，其中《光学精密工程》被做为核心期刊收入《中国科学引文数据库》。从而提高了该所在国内的学术地位。并与上海光机所合办《光学学报》。

长春物理研究所

名誉所长：徐叙瑢

所　　长：金亿鑫

地　　址：长春市延安大路1号

邮政编码：130021

电　　话：0431-5953343

图文传真：0431-5955378

E-mail：ccip@ccb.ac.cn

中国科学院长春物理研究所始建于1958年，其前身为中国科学院吉林分院技术物理研究所。

全所现有职工538人，其中研究员36人，副研究员21人，高级工程师72人，中级科技人员204人。在学博士研究生45人，硕士研究生36人。另有博士后2人。

长春物理所根据本所的基础与现状，着眼于未来的科学技术长远发展需要，确定它的发展目标是：在21世纪第一个10年的末期成为中国光子学领域以应用基础和应用研究为主的综合性科学研究基地。为此，长春物理所选择光子学及其应用作为自己的学科发展方向，立足凝聚态物理，发扬发光学和集成光学的优势，开展光子物理、光子材料和光子器件及其应用研究。拓展这一研究领域，既有一定的基础，又有相当的前瞻性。

基础研究工作以中科院激发态物理开放实验室为主体，以时间和能量高分辨激光光谱和导波光学为主要研究手段，以凝聚态物质中光的产生、传递和转换为主要研究方向，拓展和深化对光子学规律性的认识，发展相关的理论与方法，为光子材料与器件的创新性研究提供科学基础。高技术创新研究，以信息技术与新材料技术为主，重点承担对国家科技发展和经济发展具有战略意义的重大科学技术研究项目，包括光电功能材料，光电子器件、集成光学器件、平板显示器件等领域的创新研究，为科技发展和经济发展的新增长点和新兴产业的形成提供知识、技术和人才支持。高技术发展研究，立足于近期内能为国民经济发展做出较大贡献的重点工作领域，发挥研究所30多年积累的发光材料、发光器件和平板显示的优势,面向国民经济、地方和企业,强化科研成果的后续工程化研究和技术集成工作,加快科研成果的转化。工作范围涉及到工业、农业、国防、环保等各个领域,内容包括平板显示、发光材料、电子仪器与部件、工艺与测试设备等多方面。

全所设有激发态物理、发光物理、宽禁带化合物半导体、稀土发光材料、交流粉末电致发光应用、液晶显示、集成光学、发光二极管应用、有机电致发光与聚合物激光材料、光电功能材料、薄膜与直流粉末电致发光及其应用和电子学12个研究室,以及分析测试和图书出版两个辅助系统。激发态物理实验室为中国科学院开放实验室。科技开发总公司和科技发展中心负责全所科技开发的管理工作。

长春物理所具有凝聚态物理专业博士、硕士学位授予权、光学、无线电电子学专业硕士学位授予权。

重要的科研设施及装置有:快速条纹相机、Rorman光谱仪、Spex1430光谱仪、AG-PS锁模脉冲激光器、分子束外延设备、常压和低压金属有机化合物气相沉积系统、L-B膜制备系统、大面积曝光机、高精度丝网印刷机、磁控溅射镀膜机、转靶X光机和扫描电子显微镜等。

1997年,在中国科学院、长春分院的领导下,长春物理所认真贯彻党的十五大精神,努力学习邓小平建设有中国特色的社会主义理论,有计划有目的地办了一些实事,有力地推进了科研、开发、第三产业及管理工作的进展,取得了一些可喜的成绩。

长春物理所遵循科学与经济发展的规律,积极主动地、有组织、有计划地深化科技体制改革,认真做好结构性调整工作。积极投身于国民经济建设的主战场,是研究所结构性调整的必由之路。一年来,所里进一步转变思想观念,树立起了全方位,多渠道加强与地方经济相结合的思想,着重抓了能为国民经济建设做出有显示度贡献的几项工作,主要包括LCD、LED和EL三个工程中心的建设。所里1995年诞生的北方液晶工程研究开发中心,以其雄厚的科技力量和科技成果为依托,积极参与吉林省一号工程——吉林省紫晶股份有限公司的工作,有10多名科技骨干参加该工程设备的引进安装、调试及试运行工作,为工程完成做出了重要贡献。目前,该中心已成为我国液晶显示方面唯一的工程化研究基地与液晶显示科研成果转化基地。为推动长春市光电子技术和产业发展而组建的长春发光材料与器件工程研究中心,较好地发挥了长春市在资金、政策、环境等方面的优势,可望有较好的发展前途。发光二极管工程研究中心,除了在吉林省、长春市科委获得资助经费外,还与南昌7465厂、长春市半导体厂等开展紧密合作,力争在“九五”期间解决LED芯片生产的关键技术,有望为我国LED芯片国产化做出新贡献。

结合研究所实际,长春物理所还从学科结构、队伍结构、组织结构等方面做了深入调查研究,制定和实施了一些结构性调整的措施和方案,收到了一定的成效。

在科研工作中,1997年全所列入科研计划项目共80项,其中上年结转项目54项,新立项目26项。在这80项当中,“863”项目12项,国家自然科学基金项目23项,国家部委及省市项目12项,其他项目10项。

长春物理所按照重点支持、重点保证的原则,认真抓好重大、重点科研项目的研究工作、取得了可喜的成绩。所里的液晶显示研究工作,在“八五”工作的基础上,1997年又继续深入开展了STN-LCD方面的研究工作,并在吉林省重大项目中立项,获得100万元的科研经费支持。结合液晶显示未来发展趋势,所里还进行了CdSe和a-SiTFT的深入研究工作,在材料的制备及特性研究方面又获得了一些新的研究成果。

LED工作是所里重点组织所LED工程研究开发中心争取的课题,在以往工作的基础上,所里多次就总体目标、组织形式、运行机制进行讨论,在“863”重点项目获准的情况下,又积极参加了“863”专家委员会组织的重大项目的论证,也获得好评,已被批准的为“863”新材料领域的“九五”重大项目之一。

固体微腔物理研究,是具有深刻物理内涵、又有广泛重要作用的科学前沿课题,对未来的光电子学科学技术有深远的影响,所里抓住这一机遇,开展了微腔激光器的研究工作,已成功地研制出了10μm的光泵浦的微腔碟型激光器。在此基础上，所里多次向中科院申请立项。最终，由长春物理所作为承担单位之一的院“九五”基础研究重大项目已通过专家论证，可获得50万元的科研经费。

1997年所里争取课题立项工作成绩较为显著，其中获准9项国家自然科学基金课题，经费107万元。

由于全所上下的共同努力，1997年取得7项科研成果，其中“LP/AP MOCVD设备”荣获中科院科技进步三等奖。全所发表学术论文223篇，其中国际刊物30篇，国际会议62篇，国内刊物114篇，国内会议特邀报告2篇。申请专利24项，授权专利3项。

全所的科技开发工作，从实际情况出发，采取了不同的方式，不断拓宽开发工作渠道。1997年各类科技开发实体发展到8个，从事科技开发工作的人员达262人（含部分大集体职工），实现产值1200万元，利润102万元。

长春物理所经过多年努力，积累了许多成熟的科研成果和一些极具开发前景的预研成果，为了使这些成果尽快地转化为生产力，所里充分利用科学院、地方、企业资金，采取优势互补的方式，促进开发工作。1997年利用中科院设立院地合作基金之机，积极组织申报，液晶、发光二极管和GPS全球定位系统得到院地合作基金支持，获得总经费35万元，占长春分院系统之首。同时，所里继续扶持优秀科技开发项目，促进其良性发展，不断取得良好经济效益。如希达公司，仅十几个人就实现销售收入103.8万元，利润63.6万元。起步较晚，发展较快的晨惠公司，也实现销售收入44万元，利润11万元。

长春物理所还大力加强国际合作和人才培养工作，全年有18人次，前往美、英、日等多个国家进行国际学术交流或国际合作研究，接待国外专家、学者来访11人次。这些活动，对全所的科研工作起到了较好的推动作用。所里特别重视跨世纪科技人才的培养工作，按照梯队结构，建立适合研究所科研工作需要的职工队伍，突出重点抓好青年科技人才的提拔、使用及研究生队伍建设。一年来，所里破格提拔一位青年科技人员晋升为研究员，吸收两位在日本工作的博士回所工作，接收了3名具有博士学位的青年人。研究生队伍也在不断发展壮大，博士生的人员比例高于硕士生。有两位同志获院长奖学金，一位同志获亿利达奖学金，一位同志获洪堡基金。

长春物理所是中国物理学会发光分科学会的挂靠单位。编辑出版《发光学报》和《液晶与显示》2种学术刊物。1997年又当选为中国稀土协会发光专业理事长单位。

长春地理研究所

所　　长：何　岩
地　　址：长春市工农大路16号
邮政编码：130021
电　　话：0431-5653052（所办）
图文传真：0431-5652931
E-mail：ccig@ms.ccb.ac.cn

中国科学院长春地理研究所是中国科学院设在东北地区的综合性地理研究机构，成立于1958年8月。1997年底共有职工271人，其中研究员28人，副研究员54人，中级95人，初级45人，博士生19人，硕士生28人。现设4个研究中心、2个研究室和2个野外台站，即湿地研究中心、遥感信息与地理制图中心、环境与评价中心、资源与农业持续发展中心、微波遥感室、经济地理室、净月潭遥感实验站、三江平原沼泽生态实验站。

长春地理所以全国沼泽湿地研究以及东北地区资源、环境和区域发展为主要方向。1997年承担和完成了许多重要的科技任务，为经济和社会发展以及国防建设做出了应有的贡献。

湿地是该所的特色学科，在长春地理所定位上占居重要地位。一年来湿地研究中心在争取“九五”立项方面成绩显著，落实一项长春地理所主持的院重大项目，一项国家自然科学基金项目，参加一项院重大A项目，参加一项国家自然科学基金重点项目，落实经费200余万元。

目前正在争取的项目有全球环境基金（GEF）项目，长春地理所代表中科院湿地研究中心组织有关的研究所积极参与这项工作，并编写了项目建议书，申请有关国际组织资助的工作正在进行。

在中国科学院资源与环境技术局的指导与支持下，承办了中科院湿地中心工作会议，共议湿地研究的现状与未来发展。

湿地研究中心已与奥地利维也纳大学、瑞典农业大学签订了关于开展湿地国际合作研究与研究生联合培养的协议。湿地生态与环境开放实验室已经自费启动，正在申请成为院自费开放实验室。

1997年，长春地理所在湿地基础研究方面取得很大进展，院特别支持的湖沼二期项目、国家自然科学基金重点项目和面上项目，都按计划进行，湖沼一期课题的专著出版工作正在进行，计划1998年所庆之前完成，全书共计约100多万字。编制完成《中国1∶400万沼泽图》及《中国10个典型区沼泽图》。

1997年，长春地理所三个农业基地的科研工作继续深入展开，精心组装各种实用农业新技术，加大攻关与开发力度，在盐碱地综合治理模式等方面又有新的进展，形成了各自的发展特色。通过与吉林省外国专家局合作，三个农业开发示范区联合建立了"引智强农"示范基地，并执行了2项农业引智项目。通过外籍专家指导和合作交流，将推进长春地理所区域农业工作与国际接轨并向高层次发展，对社会产生更大的科技进步作用。最近，长春地理所与松辽委水保局共同申请的农业部技术引进"948"项目已通过预审，并草签了合同，该项目经费为10万美元和7万元人民币。目前农业引智工作正在全面展开。在科研人员的艰苦努力下，三个基地建设都很好地按项目要求推进工作，在院、省农业专家组检查评比中，都得到了好评，使院、地方主管部门的领导对该所农业工作表示满意。

环境科学是长春地理所的主要学科之一，稳定发展这一学科是该所的战略目标，今年在抓好环境影响评价研究基础上，在其他基础研究与应用基础研究和立项工作方面取得了突破性进展，先后确立了6项院级项目。《长江流域水体环境背景值研究图集》是"七五"期间长春地理所主持完成的攻关项目，中科院组织专家鉴定认为具有国际先进水平，由于经费原因一直未能出版，1997年在院长基金和所长基金等多方资助下，已经启动出版。编辑组成员加班加点工作，在原有中文基础上增加中英文对照和电子版，计划在1998年所庆前完成，向所庆40周年献礼。在积极承担研究项目的同时，积极争取地方横向课题，经多方努力，今年共争取地方环境影响评价项目18项，完成16项，已通过鉴定或验收。

1997年长春地理所利用遥感信息系统技术为地方国民经济服务工作，得到了国家领导、中科院及省市领导的高度重视，完成的吉林省玉米遥感估产成果，得到了路甬祥院长的高度重视，得到国务院领导的批示和高度赞扬。估产数据作为吉林省统计产量的主要依据。

3S技术的应用不断拓展研究开发工作的新领域，汽车导航-电子地图的研制，推动了该技术领域的全面发展。目前已争取到院、分院的专项支持，并初步形成了向产业化发展的基本构想。

微波研究室紧紧抓住微波高技术应用发展的良好机遇，加强对外交流与合作，并积极开拓有产业化前景的研究项目，院重大项目"地下成像雷达实用化研究"，以及微波辐射计应用开发都取得了很大进展。目前，贷款30余万元积极推进"烤烟温湿报警器"的产品生产和市场开拓。

1997年，全所获得成果5项，获吉林省级科技进步二等奖1项。在国内外刊物上发表论文65篇，出版专著、论文集3部。申报专利5项，授权的发明专利2项。

长春地理所具有良好的技术支撑系统，分析测试部成为国家技术监督局计量认证合格单位，三江平原沼泽湿地生态试验站已成为院生态研究网络的基本站并获得世界银行资助，地图制印工厂承担各种图件和地图集的印制，长春净月潭实验站为院级开放站。

在人才培养方面，长春地理所从1979年经国家批准设立了自然地理、人文地理、地图学与遥感、环境地理4个学科的硕士学位点。1996年获准设立环境地理学博士学位点，1997年招收博士研究生10名，硕士研究生9名。

在国际学术交流方面，长春地理所和20多个国家的有关科研单位、高等院校建立了密切的学术联系，并和日本、俄罗斯的研究单位开展了有关领域的合作研究。1997年主办了"亚洲汞污染国际学术研讨会"，此外，先后有20人次出国参加国际学术交流、考察、接待外国学者来访及合作研究

9批、18人次。

长春地理所是中国科学院湿地研究中心和吉林省地理学会的挂靠单位。编辑出版《地理科学》、《中国地理科学》(英文版)2种学术刊物。

长春人造卫星观测站

站　　长：崔斗星
地　　址：长春市净月潭西山
邮政编码：130117
电　　话：0431-4513834
图文传真：0431-4513550
E-mail：Zh×h@mail. jlu. edu. en

中国科学院长春人造卫星观测站(简称长春人卫站)始建于1958年2月,1974年迁至长春市净月潭西山。现有职工60人,其中科技人员38名,有研究员1人,副研究员、高级工程师9人,工程师、助理研究员24人。在读博士生1人,硕士生3人。

长春人卫站地处我国东北高纬度地区,主要从事人造天体的精密观测和精密定轨工作。40年来,跟踪观测了上百个目标,为国家各有关应用部门提供了大量的高精度观测资料。"八五"期间,出色地完成了国家"攀登计划"项目——"中国地壳运动和地球动力学应用"项目中的观测任务。"九五"期间,又参加了国家重大科学工程——"中国地壳运动观测网"的任务,并成为国家科学工程的重要基准站。

近年来,长春人卫站的科研工作取得重大进展,各项观测成绩一直名列全系统第一。其中高精度人卫激光测距系统,经过我国和日本、捷克等国家科技人员的共同努力,使系统改造取得重大进展,观测精度从5～7厘米提高到1～2厘米,观测数量也有较大提高,并使系统的设备水平和观测水平进入了国际先进行列。最近两年,为了适应科研工作和国家任务的需要,长春人卫站又成立了以GPS观测为主的无线电观测室,并积极开展观测工作。

长春人卫站在坚持精密观测、精密定轨办站方针的同时,积极开展基础理论研究工作,其中天体力学的研究工作颇具特色,先后在国内外重要刊物上发表了数篇理论研究文章。天文地球动力学是天文学与地学的交叉学科,研究和监测地壳运动、海平面变化,地震、火山爆发等,对解决人类诸多自然灾害的形成,具有特别重要的意义,长春人卫站开展这方面的工作,并积极促进国际间各项联测和合作研究。澳大利亚堪培拉ORRORAL激光站的领导和长春人卫站的领导就双方学术交流与合作事宜进行互访,在访问期间,双方签署了两站结成姊妹站的协议。

为实现长春人卫站长远战略目标,对全站行政和科研机构进行调整,机关定岗定编,力争精干高效,科研工作突出重点。结合年轻科技人才的培养,抓好跨世纪科技队伍的建设,启用年轻科技人员担任课题组或研究室负责人,为他们提供各种国际、国内间学术交流机会。在天文系统内定向培养硕士生、博士生等,加快培养速度。同时,根据站内科技人力不足实际情况,采取边工作、边学习的办法,收到良好效果。

为实施"科教兴国"长远规划,长春人卫站积极投入到长春市净月潭科普教育基地的建设工作中。这项工作受到国家科委,中科院以及地方政府极大重视,长春人卫站将成为该科普基地的支柱单位之一。

黑龙江农业现代化研究所

副 所 长：宋世绵(兼党委副书记)、刘晓冰、胡乃泽
地　　址：黑龙江哈尔滨市南岗区哈平路138号
邮政编码：150040
电　　话：0451-6603742
图文传真：0451-6603736

中国科学院黑龙江农业现代化研究所成立于1978年6月19日,1997年底在职职工146人,其中科技人员109人。有研究员10名,副研究员(含高级工程师)30人,中级科技人员43名。现

有博士生1人，在学博士生1人。

现设有作物科学、动物科学、园艺科学、区域农业和持续农业5个研究室，1个农业生态实验站。主要科研仪器设备有大型蒸散入渗仪(lysimeter)、便携式光合系统、自动气象观测系统、智能原子吸收光谱仪、计算机网络工作站、大型数字化仪、绘图仪及扫描仪等。

黑龙江农业现代化所研究方向是围绕我国农业现代化进程中的重大关键性科学技术课题，进行综合配套技术研究和重点攻关，属于以应用开发研究为主的多学科综合性社会公益型农业研究所。其优势学科研究领域为：

1. 农业生态研究。主要研究农业生态系统结构功能，系统能流物流循环以及土壤养分、水分、环境等应用基础理论及各种应用技术研究。

2. 农业资源及农业综合研究。主要包括农业资源环境评价、资源综合利用等方面的研究和开发。

3. 农作物科学研究。利用该所主体专业——农学专业，研究以大豆的种、肥、管为重点的小麦、玉米等农作物高产高栽培技术及本学科中的重大理论问题。

4. 园艺科学研究。主要开展名、优、特、新品种的蔬菜繁育，保护地和田间栽培技术，浆果培育技术等。

5. 动物科学研究。主要从事牛、羊、猪、禽及野生动物的优化繁育、良种优选及机理等领域的研究及开发。

6. 农业软科学研究。利用系统科学的方法，对农、林、牧、副、渔各业和区域性农业进行规划、设计、评价、预测等研究。

遵照国家提出的“稳住一头，放开一片”和中科院“一院两种运行机制”的方针，结合所里实际情况，为适应市场经济的需要，黑龙江农业现代化所立足于得天独厚的黑土区自然环境和资源，充分发挥多学科综合技术人员优势由一般的应用性农学、畜牧学等学科研究，向农业综合集成组装应用研究与开发研究转变；由传统的粗放型向集约型转变，围绕区域农业综合发展的人口资源、环境、生态、产量等问题进行研究与探索及社会公益性工作。在保持一支精干力量从事应用基础研究和高技术创新的基础上，把主要力量组织到为经济建设和社会发展服务的主战场。面向黑龙江，辐射东北地区。

遵照中科院、长春分院的要求，黑龙江农业现代化所适时地进行了结构性调整，按任务项目和学科重新划分了研究室，机关机构进行了调整，开发系统按现代企业管理，理顺了关系，较好地调动了各方面积极性，经过一年运行证明行之有效。

一年来，在所经济极度危困情况下，黑龙江农业现代化所制定了“开源节流”具体措施，科学理财，盘活资金，职工工资有保障的同时，还偿还各种内债、外债170万元。在党的十五大召开之前，按中科院必须保证离休人员的三项费用要求，为离休人员报销前几年医药费8万元。1997年节约行政费10多万元，创收近30万元。

通过一年的艰苦努力工作，为全所职工解决了很多实际问题，极大调动了全所职工的工作热情，增强了全所职工的凝聚力和向心力。

1997年共完成科研课题5项。国家“九五”攻关项目“松嫩平原黑土区农业综合发展研究”，顺利通过国家科委组织的专家评估，并晋升为一类试区，做为经验介绍在国家区域农业动态简报上刊登；中科院重大农业项目“海伦基地以大豆为主粮食高产与农业综合发展试验示范”，经中科院农业专家组检查，在东北农业试区名列前茅；国家五大作物之一的大豆的攻关项目“大豆重迎茬减产控制和主要病害防治技术”，因工作成绩突出受到省科委的赞扬和好评。国际合作研究项目植物脱落酸ABA在大豆与水稻的应用，超额完成合同内容，得到院国际合作局和外国专家的认可。此外，还有一大批“九五”项目也在实施当中，1997年全所在国内外发表论文58篇，申请专利6项。

从事科技开发的5人，其中从事狐狸养殖1人，微肥生产管理4人。狐狸养殖出售种狐160只，产值8万元；微肥生产销售30吨，产值9万元；共获利约3万元。

出版《农业系统工程与综合研究》。

上 海 分 院

院　　长：汤章城

地　　址：上海市岳阳路 319 号

邮政编码：200031

电　　话：021-64310242（总机）

　　　　　021-64315135（院办）

图文传真：021-64374915

中国科学院上海分院是中国科学院的派出机构。上海分院所在地区现有 15 个院属研究单位，1 个文献情报中心，4 个与上海市共建单位。上海分院现有职工 9219 人，其中科技人员 5258 人，有中国科学院院士 45 人，中国工程院院士 8 人，高级科技人员 1814 人，中级科技人员 2391 人。在学博士、硕士生 1483 人，有博士后 90 人。

上海分院的主要研究领域为：生命科学和生物技术，如分子生物学、细胞生物学、神经生物学、分子遗传学及生物技术；化学和新材料，如有机化学、有机材料、无机非金属材料和金属材料；新兴技术科学，如微电子、激光、红外、核技术等。此外，在天文学方面，以天体测量为主，相应进行天体物理学和天体力学的研究。

1997 年上海分院各所共承担国家和上海市科研项目 1100 多项，其中“八五”续研项目 770 项，1997 年签合同项目 340 项。在研的项目中，国家项目 650 多项，包括国家自然科学基金项目 300 多项，“863”项目约 100 项，国家军工项目 70 多项，这些项目绝大部分完成了预期的进度要求，并取得了一批重要成果。

1997 年，上海分院各所共获科技成果奖 43 项，其中国家科技进步奖 2 项，国家自然科学奖 4 项，中科院自然科学奖 11 项，中科院科技进步奖 6 项，中科院发明奖 5 项，上海市科技进步奖 15 项，成果登记共 95 项，共申请专利 116 项。

1997 年上海分院各单位共有企业 145 个，注册资金额 10.5 亿元，全年“四技”合同额 1.8 亿元，企业销售收入达到 9 亿元，1997 年单项产品产值大于 1 亿元/年有 2 项，大于 5000 万元/年有 1 项，大于 1000 万元/年有 10 项。为了使新企业上层次、上规模、高效益，各所不但重视产业基地的建设和规模产业的建立，而且还注意发挥自己的特色，大力推动信息和现代生物和医药产业的发展。目前沪区各所在生物和医药产业方面，联合中外投资者已投入资金超过 3.2 亿人民币。

1997 年上海分院各所经费总额 4.93 亿元，其中院拨基本事业费 1.04 亿元，纵向经费 1.2 亿元，横向经费 1.39 亿元，事业收入 1.3 亿元，国有资产（设备和房屋）11.57 亿元。

1997 年上海分院积极推动上海生命科学研究中心、国家基因研究中心、上海材料研究中心运转。帮助国家基因中心解决后勤保障问题，组织成果新闻发布。帮助材料中心落实有关项目等。分院还全力支持和帮助上海实验动物中心申请获准建立“国家级实验动物种子中心”（上海分中心），积极推进药物所筹建新药筛选中心。

1997 年上海分院组织沪区各所申报科研项目约 120 多项。经和研究所共同努力，落实 50 多项，获科研经费 2000 多万元。对研究所自行上报给主管部门的 500 多个项目，分院提供信息和建议。在各方面的协同努力下，在落实科研项目 280 多项，获计划合同项目经费 9000 多万元。

上海分院积极协助各所参与“上海市重点基础性研究规划”制订，争取得到上海市经费的支持。在进入立项论证的10个项目中，有6个项目是中科院单位牵头，取得较为理想的结果。

上海分院积极配合市政府组织研究所与国有大中型企业交流，组织研究所参加上海市难题攻关招标和成果转让洽谈会，参加张家港市和宜兴市有关技术合作与技术的洽谈会，组织与大型国有企业梅山集团和久远集团等开展交流合作。在上海分院的推动下，上海梅山集团与上海细胞所签定了“药用放射性肝癌单克隆抗体”合作产业化的项目。目前，中试生产车间竣工，项目药全部通过鉴定，正申请上临床。在取得第一个合作项目成功后，上海分院又促成梅山集团与化学所杰事杰新材料公司的合作，推进工程塑料产业化。

1997年上海分院组织院士、专家进行长江三角洲可持续发展战略咨询，完成了5份综合性咨询报告；组织院士到漕河泾开发区、空军政治学院作科普报告，受到有关方面好评。

1997年上海分院共接待了来自23个国家和地区的学者303名。为支持和加强基础性研究，促进国际交流与合作，资助了第三届亚太地区植物生理学大会和亚太地区国际分子生物学网络会议。组织了洪堡奖学金者聚会，以及组织参与研究所召开的“中国生命科学研讨会”、“ '97水环境研究新对策国际学术会议”。组织了跨研究所的科技合作项目，如香港大学生物医学代表团来沪寻找合作伙伴，通过访问座谈，确定了8项意向性项目。

1997年对上海分院15个单位、17个党政领导班子进行了换届，届中考核与调整充实工作，使上海分院各所领导班子的总体结构有了明显改善。一是文化层次提高了，研究生毕业的人数占43.9%；二是专业技术职务层次提高了，具有研究员职称的占48.78%，副研究员等职称的占31.71%；三是年轻化程度提高了，45岁以下干部有17人，占20.73%，具有45岁以下年轻干部的领导班子有12个，占71.58%；现领导干部的平均年龄为51.49岁，党政领导班子平均年龄在50岁以下的有6个单位，占35.29%。

1997年上海分院系统共有第九届全国人大代表2人（其中1名常委)，第九届上海市人大代表16人；第九届全国政协委员8人（其中1名常委)，第九届上海市政协委员26人。

1997年上海分院系统被评为上海市文明单位共6个（冶金所、药物所、有机所、技物所、生化所、光机所)，被评为上海市科技系统文明单位1个（植生所)。

1997年上海分院系统共获省市级先进集体9个，获各类国家级先进个人17人，获省市级先进个人40人。

1997年上海分院系统共有中共党员3608人，其中新党员发展总数97人。参加上海市第七次党代会代表共11人，参加中共第十五次党代会代表1人，当选上海市委候补委员1人。

上海分院代管的机构有：中科院声学所东海研究站、科学出版社上海办事处、东方科学仪器上海进出口公司、中科集团上海中科股份有限公司。分院直属单位和所属公司有：测试计算中心、实验动物中心、干部进修学院、学术活动中心、后勤服务中心、专利事务所、设计事务所、基建住宅管理所、科苑房产经营开发公司、双向科技发展总公司、希科新技术公司、嘉莱斯通电子有限公司、04单位华东办事处、上海分院印刷所。

上海有机化学研究所

所　　长：林国强

地　　址：上海市枫林路354号

邮政编码：200032

电　　话：021-64163300（总机）

021-64169166（所办）

图文传真：021-64166128

E-mail：sioc@pub.sioc.ac.cn

1950年5月，在前中央研究院化学研究所

（建于 1928 年）和前北平研究院化学研究所与药物研究所合并的基础上，成立中国科学院有机化学研究所。1970 年改为现名。现有职工 961 人，先后有 11 位中国科学院院士，其中 3 位已故；研究员 50 人，副研究员、高级工程师 88 人，中级科技人员 170 人。目前在学研究生 187 人，其中博士生 75 人，硕士生 112 人，另有在站的博士后 21 人。

上海有机所主要研究天然动植物中具有生理活性物质的天然有机化学与生物有机化学，研究含氟、砷、硼等的有机化合物的元素有机化学，研究主族元素、稀土与过渡金属的有机化合物及其在有机合成反应中应用的金属有机化学，研究自由基反应、微环境效应、脂质体化学以及结构与性能关系的物理有机化学，研究具有重要生理功能的有机化合物在生物体内的动态过程、模拟创制新的类似物的生命有机化学，研究有机新材料和功能材料为主的材料化学，研究化学数据库、分子设计与模型和计算机辅助反应设计的计算机化学，研究与开发精细化工产品和医药农药中间体；此外，还有有机分析化学与谱学等。

经国务院批准，上海有机所是有机化学、分析化学和高分子化学硕士点，有机化学的博士点和博士后流动站。目前正在争取开发公司设立企业博士后流动站。

经过结构调整和课题调整后，将原先 15 个研究室调整为 10 个研究室，即生命有机化学国家重点开放室、金属有机化学开放实验室、有机氟化学开放实验室、计算机化学和化学信息中心、分析测试中心、天然产物化学研究室、高分子材料研究室、物理有机化学研究室、生物有机化学研究室、元素有机化学研究室。此外，与国内外大中型企业联合成立的“三维药物研究中心”和“联合利华研究室”。目前，正在积极筹备“沪港合成化学实验室”。

1997 年上海有机所承担国家自然科学基金项目 17 项，杰出青年基金项目 1 项，“九五”军工任务 8 项，“九五”攻关项目 1 项，中科院基础研究重点项目 1 项。

1997 年全所有 5 项科研项目通过鉴定，获得科研成果奖 10 项，获得专利 6 项。发表论文 215 篇，其中在国外期刊杂志上发表的 149 篇。授予博士学位 20 人，授予硕士学位 31 人，出站博士后 7 人。

1997 年上海有机所在中科院研究所评估中又获双 A，并通过分类定位评审，成为中科院第一批的基地型研究所。上海有机所的党政领导班子被评为中科院优秀领导集体。

已故的汪猷院士获得了“求是科技基金杰出科技成就集体奖”。黄耀曾院士荣获“何梁何利基金奖”。陆熙炎院士领导的课题组研究的“以炔烃衍生物为原料的合成方法学研究”项目荣获中科院科技进步一等奖，“免疫调节剂——牛膝多糖”项目荣获中科院发明一等奖，“非天然分子化学”项目荣获国家自然科学二等奖。

上海有机所下属开发公司通过面向国外市场，在精细化工产品和医药中间体的研制开发方面取得了快速发展。产值比 1996 年翻一番，达到 4500 万元，为开发公司下一步的转制和经济发展腾飞打下了良好基础。

目前，拥有 600MHz 系列仪器和分辨色质联用仪等国际先进的仪器设备；拥有先进的计算机管理的科技图书情报信息。

受中国化学会委托，负责编辑出版《化学学报》《有机化学》和“Chinese Journal of Chemisery”。

上海生物化学研究所

名誉所长：王应睐
所　　长：李伯良
地　　址：上海市岳阳路 320 号
邮政编码：200031
电　　话：021-64374430
图文传真：021-64338357

中国科学院上海生物化学研究所成立于 1958 年，前身是中国科学院上海生理生化所的生物化学部分。全所编制 448 人，其中科技人员 275 人；有中国科学院院士 6 人，中国工程院院士 1 人，研究员 43 人，副研究员、高级工程师 63 人，中级科技人员 114 人。现有在学博士生 96 人，硕博连读生 67 人，硕士生 1 人。另有博士后 7 人。

上海生物化学所是国家教委和国务院学位委员会首批确定的硕、博士学位授予单位之一，是中科院首先批准的博士生重点培养基地，具有博士生指导老师的自行审批权。现设有生物化学和分子生物学招生专业和硕士、博士学位授予点。

上海生物化学所主要研究方向着重于生物大分子的结构与功能，分子遗传和基因工程以及生物膜的结构与功能等方面基础性研究。全所共有36个课题组。分子生物学国家重点实验室设立在所内。分子生物学国家重点实验室是生化所的一个有机组成部分和优化的群体，实行联合、开放、流动的运行机制，在上海生物化学所的科研和发展中发挥了非常重要的作用。实验室的研究方向包括三个方面：生物大分子（蛋白质、核酸、酶）的结构与功能、分子遗传和生物膜。目前在7个领域开展工作。

近年来，根据生命科学国际前沿领域的发展、科研体制改革的深化和上海生物化学所的基础，为调整好学科方向，精干课题，使基础研究水平在世界前沿领域占有一席之地，上海生化所领导班子依靠所学术委员会、专家委员会和全体高研的作用，全力进行了上海生化所的科研方向和结构调整等一系列工作。从1995年开始，上海生化所确定调整过渡时期的总思路，对本所进行了自我诊断，1996年制定并提出上海生化所所长任期目标和上海生化所科研方向以及结构调整的意见，1997年部署上海生物化学所科研方向和结构调整工作。通过大量的工作，确定上海生物化学所定位于以基础研究为主的研究所。同时，确定6个重点研究领域。1997年通过科学院的评估，被认定为基础研究基地型研究所。6个重点领域为：(1) 活性多肽和蛋白质的结构功能、分子设计和作用机理；(2) 分子酶学和蛋白域结构；(3) RNA和RNA与蛋白质的相互作用；(4) 基因表达及其调控机理；(5) 生命过程中的信号转导机理；(6) 基因的新功能及新基因的发现。

1997年上海生物化学所承担“863”项目14项，“攀登计划”项目2项，国家自然科学基金项目35项，国家杰出青年基金项目4项，国家攻关项目3项，中科院重大项目12项，上海市自然科学基金项目3项，中科院院长择优基金项目1项，分院院长择优基金项目3项，“921”军工项目1项，洛氏基金项目1项。1997年完成论文194篇。“雄激素对大鼠Psbp基因转录调控的研究”获国家自然科学三等奖。

1997年上海生物化学所赴国外短期工作和参加国际会议27批，接待外宾来访15批。并与德国、法国、澳大利亚、美国等国家进行了20项国际合作项目。

1997年10月2日至6日“第一届中日双边生命科学讨论会”在上海召开。本次会议由上海生物化学所和日本理化所共同主办。来自日本理化所筑波生命科学中心和上海生命科学部分研究所的40名科研人员参加了会议。

1997年11月26日至29日，由上海生物化学所主办的“第一届亚太地区分子生物学网络工作”会议在上海召开。来自日本、韩国、新加坡、新西兰、澳大利亚和我国台湾、香港地区等的14名人员参加会议。

上海生物化学所重视吸引培养优秀青年人才，主要从调整人才培养政策着手，采取有效措施。如对较优秀的博士生（包括国内外）确认副研资格，上岗后直接作为副研聘任，积极聘请留学人员回国短期合作研究等等。在职称晋升中，对比较优秀的年轻人采取特殊政策，根据实际经考核给予提前晋升。同时，制定了《上海生化所对优秀青年人才给予倾斜支持若干规定》，规定了青年骨干的认定方法，对优秀青年人才的工作条件、生活待遇包括住房分配给予尽可能倾斜。1995～1997年，吸引在美国、香港留学的宋建国博士、胡红雨博士和吴家睿博士来上海生化所工作，宋建国博士和吴家睿博士分别获得1995年和1997年科学院“百人计划”的资助。

1997年根据中科院有关公司改制文件精神和上海工商局对改制工作的要求，上海生化所对下属的西巴斯和科星公司进行了改制。全所现有1个全资公司：“上海东风生化技术公司”。5个控股和参股公司：“西巴斯生物技术有限责任公司”、“科星综合科技有限责任公司”、中外合资“华新高新技术有限公司”、“丽珠东风生物技术有限公司”和以临床诊断试剂盒为主的“上海阿尔法生物技术有限公司”。

上海生物化学所编辑出版《生物化学和生物物理学报》。

上海技术物理研究所

所　　长：乐秀海

地　　址：上海市中山北一路 420 号
邮政编码：200083
电　　话：021-65420850
图文传真：021-63248028
E-mail：sitp@sunm shnc. ac. cn

中国科学院上海技术物理研究所成立于1958年10月，建所初期从事固体物理和固体电子学研究，1964年调整为以红外物理与红外光电技术应用基础及开发研究为方向。位于上海市虹口区，占地110亩。现有职工820人，其中科技人员544人，高级科技人员175人，中级科技人员263人。上海技术物理所具有博士、硕士学位授予权，设有博士后流动站，是中科院重点培养博士生基地。1997年在学研究生112人。

上海技术物理所主要从事红外物理与光电子学、红外光电器件及材料、光学薄膜技术、微型致冷技术、红外和多光谱遥感技术、光电信息技术等领域的研究。

上海技术物理所设有红外物理国家重点实验室，该实验室1997年已连续第三次被国家评为"A"级实验室；1997年5月由该实验室在沪组织主持召开了第八届国际窄禁带半导体物理会议。

上海技术物理所1997年度全面完成各项重大科技任务，鉴定科研成果21项，获重大科技奖6项；申请专利16项，获准专利权8项；发表科技论文205篇。

上海技术物理所研制的风云二号气象卫星核心有效载荷多通道扫描辐射计，自1997年6月10日发射入轨以来，系统工作稳定。该项重大成果已通过专家鉴定。专家委员会鉴定意见认为，"该仪器达到了90年代初期国际同类仪器的先进水平；获取的3个通道图像已为全国范围气象站接收应用，中央气象台已用于制作天气预报，取得了显著的社会效益。美、日、澳、泰等多个国家已接收利用风云二号卫星图像，大大提高了我国在空间对地观测领域的国际地位"。

上海技术物理所重视推进科技与经济的结合，1997年度12个科技企业的销售总额达2.3亿元，创利税6000万元，利润1500万元。

上海技术物理所与国际同行学术界、企业界有较广泛的交流与合作，互派访问学者、留学生或考察团队，开展了卓有成效的合作。已与美、日、英、德、法、意、俄、加等国的科学学术团体和公司建立合作关系。

上海技术物理所重视培养年轻科技人才，采取多项措施吸引和稳住青年科技骨干，到1997年底，已为每个研究室配备了35岁以下的副主任，科研第一线35岁以下的人员比例已达30%。

上海技术物理所是中国光学学会红外专业委员会、中国空间学会遥感专业委员会和中国宇航学会遥感专业委员会的挂靠单位。受中国光学学会委托，编辑出版《红外与毫米波学报》，国内外公开发行。

上海冶金研究所

所　　长：江绵恒
地　　址：上海市长宁路 865 号
邮政编码：200050
电　　话：021-62511070（总机）
图文传真：021-62513510

中国科学院上海冶金研究所的前身是成立于1928年的国立中央研究院工程研究所。1949年中国科学院成立后，改名为中国科学院工学实验馆。1953年又定名为中国科学院冶金陶瓷研究所。在先后分出组建了长沙矿冶研究院（1959年）、昆明贵金属研究所（1959年）、中国科学院硅酸盐化学与工学研究所（1960年）后，改名为中国科学院冶金研究所。1970年定名为中国科学院上海冶金研究所。

全所现有职工895人，其中中国科学院院士3人，中国工程院院士1人，研究员54人，副研究员、高级工程师等130人，中级科技人员279人。现有在学博士生56人，硕士生54人。另有博士后8人。现有半导体物理与半导体器件物理、材料物理等4个专业博士学位授予权与9个专业硕士学位授予权，还设有博士后流动站。

上海冶金所是以应用研究为主的技术科学综合性研究所。50年代主要从事钢铁冶炼与合金钢等传统冶金的研究。60年代初转向新材料的研究，先后开辟了超纯金属、半导体材料及器件、半导体集成电路、磁性和超导材料、敏感材料和器件、金属腐蚀和防护、离子束技术及其应用等研究领域。目前全所的三个科研领域为：功能材料与器件、微电子学、金属腐蚀与防护。

全所由研究、开发、产业三大部分组成：

1. 研究部分有10个研究实验室，即信息功能材料国家重点实验室、传感技术联合国家重点实验室、院离子束开放研究实验室、冶金所/戴姆勒-奔驰联合研究实验室、半导体材料与器件研究实验室、材料物理研究实验室、材料化学研究实验室、特种金属材料研究实验室、计算机辅助设计及制版实验室、理化测试实验室。

2. 开发部分设有4个中心和2个部，即上海微电子国家工程研究中心，光盘及其应用国家工程研究中心、国家金属薄膜功能材料工程技术研究中心、上海金属腐蚀与防护技术中心和中试部、机电部。

3. 产业部分有2个产业基地，即（1）漕河泾分部：以集成电路芯片制作、精密制版、光电子器件等经济实体组成的以微电子前道工艺技术为主的新技术产业基地。现已有上海新微电子有限公司、上海博克光电子器件公司（中外合资）、上海杜邦光掩模有限公司（中外合资）；（2）嘉定分部：以器件封装、软件复制等经济实体组成的以后道工艺技术为主的新技术产业基地。现已有以下中外合资公司：上海新康电子有限公司、上海新迪磁电有限公司、上海爱立信-新泰电子有限公司。

全所拥有门类齐全的薄膜材料合成及生长设备：VGV80H气态源分子束外延系统、金属有机化学气相沉积（MOCVD）设备、CMS500P双束超高真空薄膜蒸发系统、激光诱导薄膜生长设备、不同能量离子束辅助沉积设备等；拥有器件制备的超净（10级）室及整套工艺线：电子束曝光机、分步重复光刻机、干法刻蚀设备、中束流离子注入机、外延炉、溅射仪等；拥有不同功能的分析测试仪器：S-4100扫描电镜、高电压透射电子显微镜、QS-408M光谱测厚仪、RI-80参数测试系统、ITS9000MX大规模IC测试仪、2MeV串列加速器、X‘Pert-MRD材料研究多功能衍射仪等。

1997年上海冶金所新的所领导班子将所的战略定位作为全局性的大事来抓，主要做了以下工作：（1）所领导班子用了将近2个月的时间深入各处、室、中心、公司调查研究，召开各种类型的座谈会，了解各部门及所的科研、开发、生产、管理情况。（2）组织全所各部门党政一把手、举办“学习十五大文件精神，深化冶金所改革研讨班”，为所的战略定位群策群力理思路、谈想法、出主意。分研究、项目、人才、机制、青年五个专题调研组，通过召开座谈会，专访等，由起草小组草拟了《中国科学院上海冶金研究所战略定位讨论材料》，经所长办公会议多次讨论和几上几下的征求意见，《中国科学院上海冶金研究所战略定位方案》初步定稿。1998年将由所职代会及广大职工继续讨论、完善。

1997年纵向在研项目共95项，其中“九五”项目79项。通过鉴定的成果有9项。获得国家、院、市各种奖励10项，其中“锑化镓、砷化镓和磷化铟基高质量MBE半导体微结构材料”获国家科技进步三等奖。

由上海冶金所主持的国家“攀登计划”B类项目“微电子机械系统”通过了中期评估，其综合评价为A。“GaAs基HBT材料实用化及微波、毫米波器件和电路用异质结构材料的研究”研究了直径2英寸的InGaP/GaAs异质结构材料外延工艺优化、均匀性及特性，为13所提供了60平方厘米的InGaP/GaAsHBT材料，研究了InGaP/InGaAs/GaAsP沟HEFT，μ值＞3000平方厘米/(V·s)，其鉴定评价达到国际领先水平。

依托上海冶金所的“传感技术联合国家重点实验室”、“中科院离子束开放研究实验室”顺利通过了由国家计委、科委组织的评估。光盘及其应用国家工程研究中心的复制生产线已通过了国家新闻署的验收，并成功地复制出CD、VCD、CDROM等盘片。

1997年上海冶金所申请专利7项，获专利权5项。1996年SCI收录文章57篇，居全国科研机构第八位，文章被引用数也为全国科研机构第十位。

1997年上海冶金所完成销售额3亿元。其中新康电子有限公司完成销售额1.8亿美元；信茂公司完成年销售额3200万元。主要的产品为：SOIC表面封装功率器件、电子显示屏、还有NdFeB永磁材料及真空钎焊散热器等。

与20多个国家的学术界进行了科研合作与学术交流。有关科技人员在一些国际学术机构中任职：邹世昌院士任离子注入技术国际会议国际委员会委员、离子束材料改性国际会议国际委员会委员；石声泰研究员任国际腐蚀理事会理事；柳襄怀研究员任金属表面离子束改性国际会议国际委员会委员。

上海冶金所与中国电子工业部于1997年9月在上海共同主办了“电子器件封装中的失效分析——'97电子器件封装企业恳谈会”。来自德国Daimler-Benz集团、美国Siliconix公司、电子工业部天津46所等单位的70多位代表出席了会议。这次会议加强了我所与国内外同行在电子器件封装方面的技术交流，也促进了电子器件封装技术在国内的发展。

上海冶金所是上海市传感器学会的挂靠单位。编辑出版《功能材料与器件学报》、《中国腐蚀与防护学报》和《上海微电子技术和应用》3种学术刊物。

上海光学精密机械研究所

所　　长：徐至展
地　　址：上海市嘉定区嘉定镇清河路390号
邮政编码：201800
电　　话：021-59534890（总机）
021-59528896（所办）
图文传真：021-59528812

中国科学院上海光学精密机械研究所（简称上海光机所）是我国建立最早、规模最大的激光科学技术专业研究所，成立于1964年，是以探索激光科学的基本理论、发展激光技术并开拓它的应用为目的的多学科、综合型研究所。1997年底职工总数1041人，其中科技人员595人，有中国科学院院士4人，中国工程院院士1人，研究员（包括正研级高级工程师）56人，副研究员和高级工程师等210人，中级科技人员262人。现有在学研究生141人，其中博士生85人，硕士生56人。另有博士后7人。

上海光机所是以高技术创新与应用基础研究为主的综合性科研基地型研究所（含基础与应用基础研究、应用研究、高技术产业三部分），主要学科方向为光学（现代光学、激光与光电子学）。在基础与应用基础研究方面，优先发展强光光学、信息光学二大领域，同时继续发展量子光学和激光物理，逐步形成我国乃至国际的现代光学科学研究中心之一。高技术应用与发展研究以激光与光电子技术及应用工程研究为主体，为促进国家有关高新技术产业的形成与发展做出贡献。

上海光机所设有14个研究室，4个国家部委重点和开放实验室及1个试制工厂，主要涉及的研究领域有：激光技术及其应用、强激光物理与技术、激光等离子体与激光核聚变、量子光学、激光光谱学与非线性光学、信息光学、飞秒光学、技术光学、光电子学、光存储技术、晶态与非晶态激光材料等。

上海光机所是国内最早获得硕士、博士学位授予权和设立博士后流动站的单位之一，具有物理学（包括光学和光学仪器）一级学科增列博士生指导教师的自行审批权，是首批中国科学院博士生重点培养基地之一。拥有博士学位点3个，硕士学位点4个。

1997年，上海光机所贯彻党中央科教兴国和可持续发展战略，认真落实中科院关于研究所分类定位的部署，进一步推进以正确定位为主题的结构性调整，狠抓科技立项工作，加强项目启动和组织管理，取得一系列新的成绩。1997年科研计划完成情况普遍良好。1997年共获科研“三大奖”6项；申请专利28项，获授权专利18项，被中国科学院评为“中科院专利工作先进集体”。1997年公布的科技人员1996年国外SCI收录论文、国内期刊论文、论文被国外引用三项指标继续保持全国科研机构前10名。

1997年上海光机所高科技企业在稳定中发展，已办的12个高新技术企业继续保持了较好的发展势头，年营业额7649万元，利税总额1204.3万元，有4家企业被评为1997年上海市高技术企业。1997年，上海光机所又参与创建了2家高技术企业。目前，从事科研开发工作的人数有百余人。

上海光机所科技队伍进一步优化，45岁以下科研人员占整个科技队伍的50%，许多青年科技人员在所、室等科研领导岗位上担任职务。研究生培养工作也进一步发展，已拥有博士生导师33人，其中45岁以下4人。硕士生导师百余人。一大批优秀研究生作为科技队伍的生力军和后续力量迅速成长。

上海光机所扩大开放，继续发展与国外同行的国际合作交流。全年邀请港、澳、台地区和国外来访人员56批共114人次，派往国外参加国际会议和考察、合作研究人员40批共56人次，与国外和香港的研究单位、大学签署了7项合作研究协议。

上海原子核研究所

名誉所长：张家骅
所　　长：杨福家
地　　址：上海市嘉定区嘉罗公路2019号
邮政编码：201800
电　　话：021-59553998（总机）
021-59553630（所办）
图文传真：021-59553021
E-mail：sinr@ms.shb.ac.cn
rchou@fudan.ac.cn

中国科学院上海原子核研究所创建于1958年10月，是以开展基于低能加速器的核科学技术及其在生命科学、材料科学等领域中的交叉学科研究的综合性研究所。主要研究领域有基础核物理和应用核物理、放射化学与放射性药物、辐射化学与辐射技术应用、核电子学与应用核子仪器仪表、加速器工程和核能工程等。全所设有6个研究室，2个中科院开放实验室，2个联建的研究发展中心。现有职工964人，其中科技人员438人，含高级科技人员155人，中级科技人员157人。

上海原子核所是设立博士后科研流动站的单位之一，并获得博士、硕士学位授予权。现有博士生导师22人，硕士生导师36人，1997年在读研究生54人。

1997年，上海原子核所进一步明确了所的战略定位、研究方向、发展目标和模式。按照所整体工作目标，在10年左右的时间内，建成国内一流的科研基地。目标的实施分两个阶段，第一阶段，即到2000年前，完成上海同步辐射装置的预制研究和结构性调整工作；第二阶段，完成同步辐射装置的建设和所总体结构调整，全面达到发展目标。

1997年，在上海同步辐射装置可行性研究基本完成的基础上，中科院和上海市成立了上海同步辐射装置工程指挥部（筹），努力争取预制研究的立项，并积极做好前期各项准备工作。

1997年，上海原子核所在研课题74项，包括基金项目20项，“攀登计划”项目子课题3项，国家项目7项，中科院项目19项，上海市项目14项，企业委托项目5项，国际合作项目6项。“八五”重大项目“扫描核子微探针研究”，旨在改变现有核探针的微束系统和数据获取处理系统，推动核探针技术在我国高科技领域中的应用。中科院“九五”基础性研究重大项目“扫描探针显微学及其在生物大分子结构研究中的应用”，采用崭新的STM/AFM物理学方法，运用物理与生化、生理多学科交叉的策略进行生物学的前沿基础研究，将实现生化反应过程的实时观察，提供定量的生物大分子间的相互作用的独特信息和在纳米尺度上实现单个生物大分子操纵的创新成果。

1997年度，上海原子核所取得科研成果12项，其中国家基金项目5项，上海市基金项目6项，中科院特别支持项目1项。有3项成果获奖。“重离子核反应的集体效应奇异核产生及其性质研究”项目，获中科院自然科学二等奖。该项目通过广泛的国际国内合作，对当前世界上核物理研究的前沿领域——中能核核碰撞动力学和同位旋相关的物理，进行实验和理论研究，发表了一批高水平的学术论文。“DNA和DNA-蛋白质复合物结构的扫描探针显微学研究”项目，应用扫描探针显微镜这一物理学的最新方法，对生命科学领域的DNA和DNA-蛋白质复合物结构进行研究，获得的成果对DNA结构、DNA复制过程和真核基因调控的研究提供了新信息，在学术上具有重大价值，其成果获国家自然科学三等奖。

1997年，上海原子核所科技企业进一步发展，速度和效益同步提高。全所技术开发总产值达1.5亿元，总销售收入1.2亿元，总利润1500万元。科技企业狠抓新产品的开发，保持产品领先优势。模拟火灾报警系统、有线电视供电器等产品达到国际先进水平，寻呼台发射机恒压器、镍氢电池隔膜基材聚丙烯毡已批量投放市场；进一步加强企业的资产管理，按现代企业制度要求，清理、整顿现有企业，为企业的转制创造了条件；加强企业的规范化管理，完善激励机制，并制订、实施了技术开发奖励办法。

1997 年度，上海原子核所开展了广泛的国际学术交流活动，出访人员 28 人次，包括参加第十八届中美高能物理合作会议（成为中美高能物理的合作计划成员单位）及各类专业会议，如隧道显微镜国际会议、中日联合核物理会议等。来访外宾 47 人次，作学术交流和短期访问。9 月，上海原子核所在沪组织召开了第四届中日联合放射药物化学讨论会。

上海原子核所把人才培养工作作为所的长期战略任务，逐步完善、落实各项培养措施，加速培养跨世纪人才，一批优秀青年脱颖而出。1 人获上海市十大科技精英称号，2 人被评为中科院沪区十大优秀青年。

上海原子核所是上海市原子核学会和上海市微量元素学会的挂靠单位。编辑出版《核技术》、《核科学与技术》(英文版)、《辐射研究和辐射工艺学报》。

上海天文台

台　　长：赵君亮
地　　址：上海市南丹路 80 号
邮政编码：200030
电　　话：021-64386191
图文传真：021-64384618
E-mail：office@certer.shao.ac.cn

中国科学院上海天文台成立于 1962 年，它的前身是法国天主教巴黎耶稣会 1872 年建立的徐家汇观象台和 1900 年建立的佘山观象台。全台现有职工人数 314 人，其中科技人员 235 人，有中国科学院院士 2 人，中国工程院院士 1 人，研究员（包括正研级高级工程师）30 人，副研究员、高级工程师 79 人，中级科技人员 102 人。现有在学博士生 21 人，硕士生 14 人。另有博士后 1 人，并为国外（西班牙）培养博士生 1 人。

上海天文台以天文地球动力学和天体物理为主要研究方向，涉及的研究和技术领域有：应用现代空间天文观测技术（VLBI、SLR、GPS 等）研究地球自转及各圈层（大气、海洋、地壳、地球内部）的相互作用、动力学机制及其与环境变化的关系，研究各种人造卫星精密定轨理论及其应用，为环境变化预测、防洪、减灾及我国空间事业服务；疏散星团结构、运动学、动力学、物理特性及其与银河系结构和演化关系的研究，活动星系核的 VLBI 观测与研究，高精度天文参考系的维持和完善，恒星基本参数的测定，恒星物理和星系物理研究；氢原子频标和时频技术研究；VLBI 技术研究，天文望远镜及光学技术研究；天文学史研究。上海天文台是天文学科的硕士和博士学位授予单位，也是全国天文学科博士后流动站之一。设有天文地球动力学研究中心、天体物理研究室、青年实验室、天文仪器研制中心、时频系统研制中心和中央计算机房、图书情报室等机构。是中科院光学天文联合开放研究实验室总部及其佘山观测基地和中科院射电天文联合开放研究实验室 VLBI 分部所在地，以及亚太地区空间地球动力学研究计划（APSG）秘书处所在地。上海天文台在国家大科学工程“中国地壳运动观测网络”中负责组织协调中科院承担的项目。主要的研究设施及装置有：25m 射电望远镜，1.56m 光学望远镜，第三代 60cm 人卫激光测距仪，Reque8100GPS 接收机和氢原子钟等，并组建了具有现代信息互换能力和数据处理能力的网络系统和图书信息服务系统。

1997 年上海天文台在进行结构调整的基础上，制订了《上海天文台九五期间事业发展规划纲要》，成为该台在本世纪末的工作指南。规划突出以发展为主，集中精力出成果，顺利完成人才代际转移。通过一系列的改革措施，理顺了科研、开发、管理之间的相互关系，基本做到精干科研队伍、集中科研力量和发展科研优势，形成良好的科学研究氛围，使调整后的天文地球动力学研究中心和天体物理研究室有效运转。本年度以有关的改革政策方针为原则，结合实际情况重新制订条例 26

件和修订了14件，同时把1991年7月以来制定的科研、外事、开发、财务、党政等方面的规章制度共100件条规汇编成册。

1997年上海天文台承担的主要科研任务有：国家“攀登计划”项目“现代地壳运动和地球动力学研究”和“天体剧烈活动多波段观测和研究”“九五”续项已经启动；国家大科学工程“中国地壳运动观测网络”也已启动；上海天文台主持的“亚太地区空间动力学计划（APSG)”已于10月在西太平洋地区与其他3项国际合作计划——APRGP、GEODYSSEA、WING首次联合进行了GPS、SLR、VLBI联测；中科院天文口主持项目22项，中科院重点项目5项，国家自然科学基金在研项目13项，其中主持国家重点基金项目1项，百人工程已启动。上海天文台还负责协调全国各天文台站对著名海尔-波普彗星进行联测和综合研究，在罕见天象日食与彗星同时出现期间，赵君亮台长应中央电视台邀请参与实况转播。

1997年上海天文台获得科技成果2项，申请专利1项。其中“卫星精密定轨及其在大地测量、地球物理和地球动力学上的应用”获国家科技进步二等奖，“登月探测轨道设计方法研究”获航天部科技成果三等奖。取得主要进展的还有：白天激光测距系统建立并已通过院级鉴定，是国内唯一具有白天激光测距能力的单位；在国际上首次引入小波方法处理分析海尔-波普彗星1996年喷流的图像，其分辨本领可与空间观测相媲美；利用TOPEX卫星测高资料监测到1997年厄尔尼诺事件的发展过程；1.56m光学望远镜和25m射电望远镜观测时间和次数都达到历年最多；激光观测1118圈，比去年翻了一番创历史最好水平。此外，还发挥科技特长，大力加强高新技术开发工作，为地方经济发展和社会进步做出贡献。主要科技开发项目有高精度原子频标，其中157A氢钟在有关基地已运转了多年，受到用户好评。还有先进的光机电技术、计算机网络与多媒体技术、卫星通讯、大楼智能化、弱电工程、LED显示屏、体育场馆记分牌等技术，其中有些技术已在全国第八届全运会上发挥了作用；已完成的上海市政府应急指挥室(多功能会议室)系统工程运行良好而受到好评；已开发研制的新型天文望远镜和各种类型的科普观赏望远镜等正在为各方面提供服务。

1997年上海天文台共接待来自7个国家和地区的外宾51人次，派遣出国、进修学习37人次。新签订合作协议3项，其中参加国家科委与美国NASA的合作项目“中美空间对地观测计划”，叶叔华院士被确定为第六、七研究领域的首席科学家。为培养与选拔跨世纪学科带头人，吸引各类优秀青年人才到上海天文台工作，本年度采取了重要措施，其中：(1)成立优秀人才引进选拔工作领导小组；(2)制订了《上海天文台“九五”期间优秀人才引进与选拔工作暂行规定》；(3)实施《上海天文台实行优秀人才特殊津贴暂行规定》，同时又组织宣讲团赴全国有关高校进行青年人才招聘与研究生招生咨询等活动。

上海天文台是上海市天文学会的挂靠单位。编辑出版《上海天文台年刊》、《天文学进展》、《地球自转参数年报》、《地球自转参数公报》和《原子时公报》等。

上海硅酸盐研究所

名誉所长：严东生
所　　长：施尔畏
地　　址：上海市定西路1295号
邮政编码：200050
电　　话：021-62512990
图文传真：021-62513903
E-mail：siccas@sunm.shcnc.ac.cn

中国科学院上海硅酸盐研究所的前身是源于1928年成立的国立中央研究院工程研究所的中国科学院冶金陶瓷研究所，1959年1月分出独立建所。截止1997年底有职工812人，其中科研技术人员533人，有中国科学院院士3人(其中1人为双院士)，中国工程院院士1人，研究员（含正研级高级工程师等）60人，副研究员、高级工程师159人，中级科技人员230人。

上海硅酸盐所系博士、硕士学位授予单位，设博士后流动站。现有在学博士研究生59人，在学硕士研究生46人。另有在站博士后6人。

上海硅酸盐所兼有应用基础、高技术创新和

应用发展三类研究，是以应用基础研究为先导、以高技术创新和应用发展研究为主体的综合性研究所。其研究学科领域为无机固体化学——无机非金属材料；固体物理；材料科学和工程，包括有高性能陶瓷材料（结构材料、功能材料、复合材料）；晶体材料；特种玻璃及非晶材料；无机涂层材料；生物和环境材料；空间工程材料等。主要从事：材料科学前沿的基础性研究；新型无机材料的探索和传统无机材料升级换代和以工艺为主的创新工程技术研究；新材料、新工艺的应用和产业化研究。

上海硅酸盐所现有涵盖全所各研究领域的研究室11个，还设有“高性能陶瓷和超微结构国家重点实验室”、“无机功能材料开放实验室”、“无机材料测试中心”、“化学新材料（无机）中试基地”，由中科院和上海市合作共建的“上海新材料研究中心”也挂靠在上海硅酸盐所。这些研究组织将分别开展或承担面向材料科学学科发展需求的基础性研究；面向国家及产业战略发展需求的应用发展研究，完成实验室成果向现实生产力转化的关键技术和工艺研究；面向有关与国家安全有关的特种需求和应用发展研究，承担军工预研、军工配套定型产品的批量生产；面向市场需求在所内完成高附加值产品的批量生产等几个主要方面。

1997年，上海硅酸盐所认真贯彻中科院关于研究所分类定位管理的精神，在充分调研和认真讨论的基础上提出了所的定位模式：“以新型无机材料研究为主线，发展材料科学基础和应用基础研究，发展新材料产品和以工艺为主的工程技术研究，形成一个新型的科研—产业—高层次人才培养一体化的国家级科研型基地”。并以此开展所内科研组织结构的整顿调整。完成了快离子导体研究室（十二室）、特种玻璃研究室（三室）、人工晶体研究室（一室）等3个研究室的调整和功能陶瓷研究室（四室、十五室）、功能材料开放实验室调整的准备工作。撤销了原组份分析研究室和结构分析研究室并在此基础上组建了“无机材料测试中心”，该“中心”已通过了国家计量认证的预审和终审。

1997年，上海硅酸盐所继续在国家科研任务的争取立项以及组织实施等方面积极开展工作。一年来较好落实和完成了国家“九五”攻关、“863”计划项目等任务指标。在落实某国家军工科研项目中全力以赴解决了经费、实验用房等关键问题并建立了批量生产线，保证了任务的按期实施完成。在空间工程项目“多工位空间晶体生长炉”、“空间晶体生长实时观察装置”和“BSO晶体的空间生长”等研究方面，均按合同规定要求通过了年度评审或成果鉴定。

1997年，全所共完成和组织科研成果鉴定8项。获科研成果奖3项，其中“复杂氮陶瓷相平衡及组分设计”研究成果获中国科学院自然科学一等奖；“改进后的下降法生长大尺寸碘化铯晶体”研究成果获中国科学院发明二等奖；“新型抗水镁水泥复合材料的研究与开发”获中国科学院科技进步三等奖。

1997年，共完成专利申请8项。至此，累计专利申请122项，累计获准专利54项。

1997年，上海硅酸盐所的化学新材料（无机）中试基地完成和通过了国家验收，使中试基地稳步进入研究、中试、产业开发的良性发展阶段。基地开展的钨酸铅（PWO）晶体、铌镁酸铅-钛酸铅（PMN-PT）晶体、大尺寸BBO晶体、二氧化碲（TeO_2）晶体、NdF_3晶体，以及导电低玻粉和高强低玻粉、锆钛酸铅（PZT）陶瓷等项目的中试研究和生产均取得了理想进展，为1998年的发展打下了良好基础。碘化铯晶体的批量生产完成了约400万美元的合同任务，较好完成了这一国际性合作研制生产任务。

1997年，上海硅酸盐所开展多方位国际学术交流活动，全年派遣出国交流人员计45批70余人次。这一年上海硅酸盐所成功地组织和主持了“’97无机闪烁体及其应用国际讨论会”。来自13个国家和地区的约120余位学者、专家对闪烁晶体的生长、缺陷、性能到晶体的发光机理、辐照损伤等学术专题进行广泛的交流讨论，会议取得很大成功，受到国内外同行的赞扬和高度评价。

1997年上海硅酸盐所还荣获第三世界科学大会颁发的1996年度“技术奖”，表彰上海硅酸盐所在为第三世界的科学与技术进步作出的重要贡献。

此外，1997年由范世骐等5位科研人员发明的“四硼酸锂（LBO）单晶坩埚下降生长”在经中国专利奖评审委员会评审后获得由中国专利局和世界知识产权组织共同签署颁发的“中国专利创造发明金奖”。

上海硅酸盐所编辑出版《无机材料学报》(双月刊)主要学术刊物。1997年该学报被评获上海市优秀科技期刊二等奖。

上海生理研究所

所　　长：杨雄里
地　　址：上海市岳阳路320号
邮政编码：200031
电　　话：021-64370080
**　　　　　021-64748053**
图文传真：021-64332445

中国科学院上海生理研究所是主要从事生理学基础研究的学术机构，其前身是中央研究院医学研究所筹备处，建于1944年。全所现有职工310人，其中科技人员146人，有中国科学院院士1人，研究员12人，副研究员、高级工程师29人，中级科技人员80人。现有研究生中博士生20人，硕士生27人。另有博士后4人。

主要研究方向为神经生物学，兼顾低氧生理学。重点研究领域为：脑活动的基本过程，突触传递和信号转导的细胞和分子机制，脑的发育和再生，脑高级功能的细胞和分子机制，感觉信息处理、调控及机制，生物控制系统的基础和应用研究，低氧下心血管功能的基础和应用研究。设院级开放实验室：“中国科学院上海生理研究所神经生物学开放研究实验室”。另设生理学和神经生物学专业两个博士点和两个硕士点。

1997年共设有14个研究组，即中枢神经发育组、视网膜神经回路组(Ⅰ、Ⅱ)、视觉脑机制组、视觉运动功能神经控制组、细胞信号转导组、生物活性物质和离子通道组、细胞信号转导组、生物活性物质和离子通道组、神经毒素与受体组、心血管生理组、灵长类脑高级功能组、脑与行为组、听觉组、神经活性物质组、视网膜信息加工及其模拟组。

1997年上海生理所列入科研计划项目有35项，其中国家自然科学基金项目18项，6项已结题；“九五”“攀登计划”项目延续获批准，杨雄里院士为项目主持人，设立课题13项其中上海生理所有6项；上海市发展基金项目2项，1项已结题；中科院特别支持项目2项；上海分院择优基金项目4项，1项已结题，自选开发项目3项。各类项目进展情况良好。

1997年上海生理所登记成果6项，申报中科院自然科学和发明奖各1项，其中“鸡慢肌纤维去神经后肥大的发现及其机理研究”获中科院自然科学三等奖；与瑞金医院合作的“帕金森病脑细胞移植及基因治疗的实验研究”获卫生部科技进步三等奖，上海生理所为第二完成单位；1996年申报的2项国家自然科学奖，1997年经专家评审，其中“视觉复杂图像信息的传递和图像特征整合”获国家自然科学二等奖，该项研究提出了感受野“三重结构”的新理论，发现视觉感受野具有动态可变性，揭示视皮层神经元的非线性特性。

1997年上海生理所申请专利3项；申请上海市科委成果鉴定4项，均通过成果鉴定。

上海生理所现有公司5家，共有66名在编人员从事科技开发工作。1996年总产值是2000多万元，税后利润163万元。主要产品有脑力健、乳珍、视力保健仪、假肢等。

1997年上海生理所分别与美国、日本、德国、法国、印度、瑞士、以色列、澳大利亚、俄罗斯和我国香港地区进行20余人次的国际学术交流活动，其中外出参加会议7人次，到国外科研机构进行科技合作、讲学和工作13人次。杨雄里所长任亚太地区生理学联合会第一副主席。

上海生理所主办《生理学报》(双月刊)和“Chinese Journal of Neuroscience”(季刊)两种学术期刊，其中《生理学报》由上海生理所负责编辑出版，“Chinese Journal of Neuroscience”由协办单位上海第二军医大学负责编辑出版。

上海细胞生物学研究所

所　　长：郭礼和
地　　址：上海市岳阳路320号

邮政编码：200031
电　　话：021-64315030
图文传真：021-64331090
E-mail：cellrj@sunm.shcnc.ac.cn

中国科学院上海细胞生物学研究所创建于1950年，原名中国科学院实验生物研究所，1978年改为现名。全所职工总数273人，其中科技人员196人，有中国科学院院士2人，研究员15人，副研究员、高级工程师、高级实验师48人。现有在学硕士生48人，博士生26人。另有博士后11人。上海细胞生物所是博士、硕士授予点，设有博士后流动站。

上海细胞生物所基础理论研究方向为：染色体和染色质的结构和功能，细胞生长、分化和发育的分子机制及其遗传控制，细胞的信号传导，细胞识别，生物技术。

上海细胞生物所设有19个科研项目组。并设有国际合作实验室有德国马普客座实验室及两个青年科学家小组，世界实验室生物技术中心，中法合作血液与血管生物学实验室，美国洛克菲勒生殖调节避孕研究和培训中心。还设有院级开放实验室：分子细胞生物学开放实验室。

上海细胞生物所拥有性能先进的科研仪器设备2005台件，价值2728万元，其中20万元以上的仪器设备27件。大型仪器中细胞传感器、生物传感器、荧光细胞分离器已进入上海科技网，还有高效毛细管电泳仪、高压液相色谱仪、快速蛋白液相色谱系统等大型仪器。建立了与Internet联接的计算机网络。

1997年上海细胞生物所主要采取的改革方案：

为实行全员聘用合同制，已作各方面准备工作，并草拟有关实施细则与规定，对所内的科研、开发、管理、服务不同系列的岗位设置进行调查研究，为实行全员聘用合同制奠定了良好的工作基础。

还根据科研、开发、管理、服务不同岗位，与工作绩效挂钩，采取多渠道、多途径、“分灶吃饭”，各司其责，各尽所能，按劳发放奖金等措施和办法，进一步调动各类工作人员的积极性。

1997年上海细胞生物所承担和争取的重要科研项目有：

“863”项目（负责、参与或中试）5项；国家自然科学基金重点项目2项，面上项目（含合作）16项，杰出青年基金项目1项；院基础局重大项目3项（2项为参与）、重点项目4项，院应发局重大项目5项、重点项目1项，其他院特别支持项目等6项；“攀登计划”项目（参与）1项；上海市新药发展中心项目2项；上海市（博士后、启明星、科发基金、自然基金）项目共10项。其中院基础局重大项目“动物卵子发生和早期发育的分子机制”，负责人为王亚辉，总金额为150万元，为期5年。该项目研究目标为应用分子发生遗传学和实验胚胎学方法，研究和阐明果蝇爪蟾卵子发生中背腹轴决定有关基因，以及它们有躯体图式形成和神经系统区域化中作用的分子机制，对于了解高等动物早期发育的遗传控制和分子机制有重要的理论意义。上海市现代生物与新药产业发展基金项目“抗肝癌新药LBG-101的研制”，负责人为谢弘，总计划金额为100万元，为期3年。该项目的目的在于提供一种新药，一方面使机体在一定程度上获得对恶性组织识别力，从而调动自身免疫力；另一方面提供给患者被动免疫因子复合体，以抗肿瘤。

1997年，上海细胞生物所获奖成果5项，其中“两栖类胚胎表皮细胞的兴奋性及兴奋性的传播”获1997年中科院自然科学奖二等奖（第一排名单位）；“天花粉蛋白对滋养层细胞专一损伤的细胞和分子机制”获1997年中科院自然科学奖三等奖（第一排名单位）；“DNA和DNA-蛋白质复合物结构的扫描探针显微学研究”获1997年国家自然科学奖三等奖（第二排名单位）；“心肌免疫影像研究”获1997年上海科技进步成果奖三等奖（第二排名单位）。“复合鼠源肝癌单抗介导的药用放射性核素”、“抗肿瘤药物筛选的临床化疗效果判断的方法”及“从哺乳类细胞中获得脑型乙酰胆碱酶的方法”等3项成果申请了专利。发表论文、综述93篇，其中论文、简报共84篇。

上海细胞生物所所属公司原有6个，经改制后为5个，从事科技开发工作人数37人。所属公司全年营业额为1094.6万元，年利税总额73.7万元，1997年所属公司上交利润37万元。

1997年上海细胞生物所按《公司法》要求对

实生细胞生物技术公司实行改制，变原来的无限责任公司为现在的有限责任公司，将所属原工贸公司撤销，加强了公司内部管理，在公司改制、改建问题上迈出了可喜的一步。并对所属公司实行全成本核算，对从科研或行政管理等岗位分流出来从事科技经营的人员，按其工资、养老金、公积金、奖金、医疗费、动力费、图书费、绿化费等成本费用反馈上海细胞生物所。

1997年上海细胞生物所加强了对项目组"四技"服务的管理，提高了"四技"服务的销售额，全年为309万元。1997年交所净利60万元，比1996年"四技"服务交所净利27万元，增加33万元。

科研所与大型企业合作，实行"强强"合作，是促进科研成果产业化的重要途径。1997年上海细胞生物所的肝癌单抗科研成果与梅山集团合作，成立了合资企业——上海市梅山生物技术有限公司。梅山集团对该项目投资5千万元，使该项目的产业化有了人力、物力、财力的保证，在上海市有较大影响。上海细胞生物所还与"上海家化"合作，成立了"细胞工程联合实验室"，"上海家化"将为进入该室的研究项目给予一定的支持。

1997年上海细胞生物所先后派出25批30人次出国学习、培训与合作研究，先后接待外宾来访33批89人次，其中有美国科学院院长布鲁斯·阿尔伯茨，英国皇家学会会长，德国马普学会新任主席，德国洪堡基金主席及一些诺贝尔奖获得者。

1997年4月由ICKO-UNESCO资助的"用爪蟾卵细胞研究膜蛋白的结构、功能和调节"国际讲习班在上海细胞生物所举行，为期2周。由中国和德国马普学会的11位专家教授讲课，来自八个不同国家的14名学员参加学习。

1997年10月由中国、德国和英国等7位专家组成的评委对上海细胞生物所马普青年科学家小组组长裴钢博士进行中期评估；对胡庚熙博士进行年度评估，专家对他们的工作状态和工作进展表示满意。

人才培养和人才吸引方面，1997年上海细胞生物所录取硕士生17人，博士生14人。毕业硕士生10人，博士生5人。8名博士后进站，2名博士后出站。

1997年上海细胞生物所争取到中国科学院"百人计划"的免疫学（A）类和发育生物学（B）类名额各1名，在国内外有影响的报刊、杂志上刊登广告，招聘人才，有37名申请者，其中33人属正在海外留学或已学成的青年学者，经所学术委员会2次初筛，选择7人回国面试，经由所内外专家组成的考核组的评审，最后落实2人入选。

1997年上海细胞生物所组织国内外青年学者来所交流，作学术报告10次；结合所基础理论研究方向的调整，按研究方向又组织了9次专题系列讲座，参加人数合计500人次，加强了学术交流，活跃了学术气氛，不仅所内同志踊跃参加，还吸引了外单位科技人员前来参加。

上海细胞生物所是中国科学院细胞库、中国细胞生物学学会、上海细胞生物学学会的挂靠单位。编辑出版《实验生物学报》、《细胞生物学杂志》、"Cell Research"（英文版）。

上海脑研究所

名誉所长：张香桐
所　　长：吴建屏
地　　址：上海市岳阳路320号
邮政编码：200031
电　　话：021-64748700（总机）
021-64746177（所办）
图文传真：021-64333084
E-mail：jtao@iris.shlc.ac.cn

中国科学院上海脑研究所经国务院批准于1980年正式成立，现有职工78人，其中科技人员61人，有中国科学院院士2人，研究员7人（博士生导师5人），副研究员、高级工程师等21人，中级科技人员23人。现有在学博士生24人，硕士生10人。另有博士后6人。上海脑研究所吴建屏院士任国际脑研究组织亚太地区神经科学联合会理事、丹麦奥尔堡大学国际博士生院客座教授，沈锷研究员任国际生理学会自主神经系统学术委员会委员。

上海脑研究所设有神经生物学博士后站，也

是神经生物学博士、硕士学位授予单位和分子生物学硕士学位授予单位。上海脑研究所现有8个研究实验室（不设研究室和研究组）。此外，还有1个综合技术室和1个生物高科技公司。

上海脑研究所学科方向和研究领域是神经生物学。重点研究领域：神经元的整合功能，神经元的分化、发育、生长、损伤和再生，脑的高级功能（行为、学习记忆）和一些相关神经系统疾病的发病机理。

1997年，上海脑研究所共承担国家“攀登计划”项目、中国科学院重点项目、国家自然科学基金重点和面上项目、国家攻关项目等共计22项，其中有10项已完成。全年在国内外杂志上共发表文章42篇，其中研究论文18篇，综述及论文摘要24篇。

1997年上海脑研究所获1项基础理论研究成果，该成果在家兔中脑上丘首次证实了上丘浅层传出到丘脑枕核和外膝体的两类传出神经元都接受视束纤维的直接传入，并发现家兔经上丘的第二视觉通路中缺少前馈抑制回路，只有返回（反馈）抑制回路。家兔第二视觉通路中投射到丘脑枕核和外膝体的两个通道并没有传导速度的差异，上丘投射到外膝体的末梢释放的P物质可易化外膝体的突触传递。扫视眼动和扫视抑制起源于同一组上丘深层神经元，它们主要接受视觉传入，还接受前馈和返回抑制性传入，从而说明了扫视眼动的预先编程和扫视抑制解除的机制。上述结果是前人未报道过的新研究成果，可用以解释视觉信号在第二视觉通路中的加工调控机制和眼球运动的控制机制，有较大的理论意义，所获成果对仿生研究也有重要参考价值。

由上海脑研究所和上海生命科学研究中心共同主办的《分子发育神经生物学》讲习班于1997年9月在上海举行。3名留美的中国神经生物学家为127名学员讲课，讲课分11个专题，专题的内容都是当前在国际上分子发育神经生物学研究领域内的前沿进展。讲习班的学员来自全市各科研单位和大学的科研人员及研究生，还有外地来的教师。

作为院结构调整改革的重大措施之一，上海生命科学研究中心1994年成立并挂靠上海脑研究所，中心采用新的结构体制和运行机制，实行新的管理体制。目前，生命科学研究中心运行良好，在国内外公开招聘了8名年轻的学科带头人，领导各自的研究组开展了科研工作，并取得了较好的进展。共承担国家、院和上海市的科研项目8项，有2名学科带头人获得国家自然科学杰出青年基金项目。目前又有3名学科带头人申请国家自然科学杰出青年基金。生命科学研究中心还在其他科研机构和大学建立了11个联系实验室、成立了青年科学家联谊会、建立中韩生物科学和生物技术合作研究中心，在生命科学研究中心设立“上海—联合利华研究与发展基金”，加强国内外的合作研究。此外，生命科学中心与上海脑研究所共同积极开展学术交流活动，如每周一次的Journal Club、每月一次学术报告、每年一次的专题讨论会及青年学者讨论会等。

上海脑研究所在近几年结构改革的目标：1.继续探索和发挥生命中心在上海市、院内外的协调功能，并使之成为吸引国内外优秀高层次人才的中心、向高校及科研院所输送人才的中心、高级学术培训和学术交流的中心。2.通过研究人员的新老更替，使上海脑研究所的科研方向转向神经科学研究的国际前沿。新的研究组将由上海脑研究所和生命中心共同建立。3.上海脑研究所和生命科学中心为适应改革的要求，从1996年起实行行政管理联合办公，设立3个联合办公室：所办公室（党办、人事）、科研办公室、后勤办公室，将继续加强和提高管理水平，为生命科学中心和上海脑研究所的科研工作服务。

上海脑研究所是中国科学院上海生命科学研究中心、上海生命科学研究中心、中国神经科学学会、上海市神经科学学会的挂靠单位。

上海药物研究所

所　　长：陈凯先
地　　址：上海市太原路294号
邮政编码：200031
电　　话：021-64311833（总机）
图文传真：021-64370269

中国科学院上海药物研究所，前身为国立北平研究院药物研究所，成立于1932年。现有职工400余人，其中科技人员300人，有中国科学院院士3人，中国工程院院士1人，研究员32人，副研究员、高级工程师等67人，中级科技人员127人。现有在学博士生80人，硕士生51人。另有博士后6人。

全所有7个研究室：新药研究国家重点实验室、植物化学室、合成化学室、药理一室、药理二室、生物技术室、分析化学室。另有国家新药筛选中心(筹)、图书情报室、实验动物室、《中国药理学报》编辑部。

上海药物所是国务院学位委员会首批批准的有机化学、药理学的硕士、博士学位授予点和微生物学硕士学位授予点，设有博士后流动站。

1997年上海药物所作为上海科技体制改革试点单位，在推进产业化的进程中，完成了药厂的转制，成立了三欣药业有限公司。

上海药物所与兄弟单位一起申请"攀登计划"项目"创新药物研究的现代理论与方法"获得批准，上海药物所是这个项目的主持单位。年内申请的课题项目和经费都超过往年，其中国家杰出青年基金项目2项。

上海药物所在基础和应用基础研究方面1997年取得了一批新的成果，有的已完成临床前研究，其中一类新药CJ-04、87823和ZT-1等的临床前研究正在进行中。国家"863"高科技项目"基于蛋白质和核酸三维结构知识的合理药物设计"研究，发展和改进了用于研究药物与生物大分子相互作用及进行药物分子设计的理论计算方法，并编制了相应的软件。对一系列具有重要药理作用的药物进行了理论计算、分子设计、化学合成和药理筛选，发现了一批有进一步开发前景的新药先导化合物，从而使我国该领域的研究技术水平接近或跟上国际发展趋势，在某些方面还有重要的改进与创新。其研究成果获1997年中科院自然科学二等奖。与上海有机所合作完成牛膝多糖的研究与开发，发现该天然小分子多糖免疫调节剂，不但能增强机体的免疫功能，抑制肿瘤生长和癌细胞转移，而且有提升白细胞和保护肝脏的作用，牛膝多糖临床应用效果显著。该项研究获1997年中科院发明一等奖。"抗肿瘤药物筛选模型的研究"项目，建立了30多种肿瘤株的模型，其中大部分为人癌的细胞株，如人卵巢癌、乳腺癌、肺癌、口腔癌、白血病、肝癌、结肠癌、子宫癌、食道癌等。动物肿瘤细胞株包括黑色素瘤、淋巴瘤等多种耐药株。建立的肿瘤细胞株及动物模型已供国内数十家单位应用，新的筛选方法在国内也获得推广。其研究成果1997年获院自然科学三等奖。阿尼西坦(三乐喜)是新一代γ-内酰胺类脑功能改善药，是卫生部新药审评通过的第一个严格采用双盲法进行临床试验的国家二类新药，为促智型改善脑功能药物。该药获1997年上海市科技进步二等奖。

在开发工作方面，1997年上海药物所银杏叶提取技术又有新的突破，银杏酸含量控制达国际水平，石杉碱甲胶囊完成了临床前研究并取得上海市卫生局药政处准予上临床的批件。年内"四技"收入达598万元，提出专利申请6项(其中1项为国际专利)。

1997年国际合作呈活跃态势，上海药物所先后与美国、法国、日本、新加坡等9国签订合作协议或合同共14项。

1997年上海药物所被国家科委批准为筹建我国第一个国家筛选中心的依托单位，入选"百人计划"的年轻学术带头人叶其壮回国后已投入各项准备工作，新药筛选工作正逐渐展开。

上海药物所1997年成功地承办了第三届《中国新医药博士论坛》，对培养医药研究带头人，推动我国医药产业的发展有积极意义。

1997年入学博士研究生18人，硕士研究生15人，博士点通过了国家教委的学位质量合格评估，有机化学专业博士点在二省一市的学位质量评估中获第二名，达A级标准。

上海药物所编辑出版的《中国药理学报》1997年先后荣获中国科协颁发的优秀科技期刊一等奖和第二届全国优秀科技期刊评比一等奖。并继续入选包括美国科学引文索引(SCI)在内的10余种国际著名检索系统和国内几乎所有的著名检索和文摘系统。在中国科学引文索引库中，总引次名列第十二位。主编丁光生荣获中国科技编辑学会颁发的"金牛奖"和第五届中国韬奋出版奖，编辑部主任肖宏副编审荣获第五届中国青年科技奖，编辑部还荣获中国科学院命名的10个1997年度双文明建设先进集体之一。

1997年上海药物所池志强研究员入选中国科学院院士，研究所连续3次被上海市政府命名为文明单位，连续五次被评为上海市科技系统文明单位。1997年陈凯先所长被评为上海市第四届十大科技精英。

目前，我国药物研究与生产正处于从仿制为主向创新为主转变的关键时刻。为了适应创新药物研究的需要，逐步实现与国际通行的新药研究与产业规范接轨，上海药物所近年来在学科方向，实验室设置等方面进行了一系列新的改革和调整。确立和强化了优势学科领域，使学科发展方向相对集中。同时，加强了所里部分薄弱环节，如新药制剂、质控和药物代谢等研究；建立了国家新药筛选中心，从国外引进人才主持工作，开展大规模药物筛选；调整抗生素室为生物技术室，拓展了研究范围，加强了生物技术药物的研究与开发。

上海植物生理研究所

所　　长：汤章城
地　　址：上海市徐汇区枫林路300号
邮政编码：200032
电　　话：021-64042090（总机）
图文传真：021-64042385
E-mail：sipp@iris.sipp.ac.cn

中国科学院上海植物生理研究所的前身是原中央研究院植物研究所的植物生理室，1944年5月1日创建于重庆北碚，罗宗洛所长兼任室主持人。1946年8月迁至上海岳阳路，1950年4月，植物生理室改隶实验生物所，罗宗洛先生任室主任。1953年1月23日，中国科学院决定植物生理室独立成所，任命罗宗洛先生为所长。1968年底，所本部迁至与岳阳路相连的枫林路新址，1970年7月1日本所划归上海市，更名为上海植物生理研究所。1977年11月14日，重新划归中国科学院领导，更名为中国科学院上海植物生理研究所。1978年，首任所长罗宗洛先生逝世，同年，殷宏章先生接任所长。

截止1997年底，在职人员总数307人，其中科技人员188人，有中国科学院院士5人，研究员（包括正研级高级工程师）36人，副研究员、高级工程师等28人，中级科技人员88人。在学博士研究生35人，硕士研究生50人。另有博士后6人。

上海植物生理所是一个以植物生理基础和应用基础研究为主的综合型研究所（含基础、应用基础、应用开发、高技术产业），也是一个有较强科研实力，在国内同行中有较好优势、在国际上有一定影响的多学科研究所。其研究领域涉及植物生理学、微生物学、分子遗传学、环境生物学和数量生物学等五大学科。主要承担国家高技术发展计划、国家攀登计划、国家攻关计划、国家载人航天计划、国家自然科学基金重大、重点和面上项目以及地方政府有关科学技术发展计划中的重要项目（常年开展项目有80余项）。

优势学科领域主要有：光合作用、植物和微生物分子遗传学、生物固氮、植物环境生物学、微生物代谢、植物生物技术等。本所在这些领域有深厚的科研积累和较强的科研力量。

学科发展方向是：在光合作用、生物固氮、细胞生物学、植物发育生物学、植物环境生物学、植物与微生物分子遗传学、微生物代谢及相关的生物工程方面有重点地开展有自己的优势和特色的、涉及学科发展前沿的或有明显应用前景、显著经济效益的研究，强化这些研究领域在国内的优势地位，争取在植物次生代谢分子生物学、植物发育生物学、受控农业技术等方面形成新的优势，努力使上述领域在国内、外有一定地位和影响。

上海植物生理所科研内容主要分为植物生理、分子遗传、微生物三大部分。研究所科研结构的模式是：按照“流动、开放、一流”的要求，以重点实验室和开放实验室为龙头，以国家任务为主体，以基础研究和科技开发为双翼带动全所的发展。

上海植物生理所现设有植物分子遗传国家实验室，微生物次生代谢分子调控研究开放实验室，植物次生代谢分子生物学青年实验室和光合作用、植物遗传操作、环境生理、分子遗传、发育生理5个研究室及若干个研究组，1998年还将成立植物环境生物学和受控农业实验室。

上海植物生理所有完整的研究生培养系统，植物生理学、遗传学和微生物学等三门学科都有硕士和博士学位授予权，还有博士后流动站。

全所拥有大量的先进科研设备，现有价值5万元以上的仪器设备150台（套），如透射式电子显微镜、HPLC高效液相层析系统、基因枪、DNA合成仪、全自动DNA序列测定仪、全自动微生物发酵罐、各类工作站等等。此外，还有一座国内唯一的大型人工气候室，一个植物生理和生物工程实验基地，另有技术服务系统。

1997年采取的主要改革措施：为了继续深入推进科技体制改革，改善科研基础支撑条件，上海植生所坚持推进以开放实验室为主体的研究模式，取得了新的进展。行政管理方面着眼点则是队伍的年轻化、人员素质的提高、工作机制的改革及制度化。

首先，抓紧植物环境生物学和受控农业实验室的筹建，争取尽快确立以开放实验室为龙头的科研模式；与日本明治乳业公司在生物技术领域进行合作，探索和国际知名企业结合的新途径；筹集资金完成了电话交换系统的程控化改造，大大提高了上海植生所通讯条件的现代化水平。

第二，扩大研究生招生规模和博士后人员数量。1997年，上海植生所共招收博士生12人、硕士生18人，在学研究生总数达到85人，作为与上海交大联合培养研究生的重要开端，当年招收的硕士生全部在交大接受一年的基础课程教育。此外，全年还接受3名博士后来所，使上海植生所在站博士后人数达到6人。

第三，继续完善职员制和在职职工年终考核实施办法，以加强制度化管理；继续推进办公自动化进程，现机关各部门已基本配备了微机系统，完成了所内局域网一期工程，开始逐步联入中科院网络，在工作中发挥着越来越重要的作用。

第四，推进队伍年轻化。年内新晋升42岁副研究员1人，内聘31岁副研究员1人、41岁高级实验师1人，43岁和30岁中层干部各1人。

第五，在注重抓好科研业务、科技开发、科研管理等工作的同时，始终不忘精神文明建设，通过持续的工作和努力，使上海植物生理所物质文明与精神文明建设同步取得新的进展。1997年初，上海植物生理所连续第三次被评为上海市科技系统文明单位。

1997年全所共承担各类研究项目110项，年内新获准的科研项目35项，如国家自然科学基金重点项目2项、重大项目1项，高技术探索项目1项、面上项目4项；“攀登计划”项目3项（其中1项是以许智宏院士为首席科学家的第一承担单位，该项目目前已进入“973”计划，预计资助强度可达1000余万元）；国家杰出青年基金项目1项；“863”预研项目1项；航天“863”项目2项；中科院重大项目3项、重点项目5项，中科院特别支持项目1项、院长基金项目1项、地方合作基金项目1项；中科院上海分院择优项目3项；上海市科委科技攻关项目2项；生药产业化项目1项；启明星计划项目1项；优秀学科带头人项目2项，共计经费1570.8万元。

1997年上海植物生理所完成科研项目19项，其余各项科研任务均圆满完成预定的计划。获奖成果4项：“水稻蜡质基因的克隆、结构分析与表达调控规律的研究”获中国科学院自然科学一等奖，作为“863”高技术计划首批重点项目之一，该研究在国际上最早报道了水稻蜡质基因的全顺序和结构图谱，首先鉴定出在5′非翻译区存在一个内含子，指出此内含子具有增强基因表达的作用；确定了顺式调控序列及5个胚乳核蛋白的结合区，鉴定出其中一个区的结合靶顺序，分离到4个候选结合蛋白基因；尤其重要的是阐明了蜡质基因的转录后调控对决定蜡质基因的表达的重要作用，即该基因第一内含子的剪接与否及剪接效率决定了不同水稻品种中直链淀粉的含量及其与支链淀粉的比例，该结果不仅在理论上有突出的学术价值，同时对指导水稻农艺性状的改良、培育水稻新品种等实际应用方面都很有意义，具有国际先进水平，被国外专家誉为“植物中在RNA剪接水平上调节基因表达的首批例子之一”。该成果获1997年度中科院自然科学一等奖。

由于该成果为用遗传工程方法提高水稻这一主要谷物产量、进行食用品质改良提供了理论基础，国家已在“九五”期间立项，应用该成果开展对那些产量高而食用品质差的水稻品种进行改良的研究，同时上海植生所也在积极从事更深入的应用基础研究。对我国这样一个人口和农业大国来说，这些进一步的研究工作必将为在“质”的方面解决粮食问题提供强有力的技术支持，从而在社会和经济效益方面做出新的重大贡献。

另3项获奖项目是："光（温）敏核雄性不育水稻的光温反应特性及其发育遗传规律"获中科院自然科学三等奖，"马铃薯抗菌肽基因工程技术体系的建立及抗青枯病新株系的获得"获农业部科技进步一等奖及国家发明三等奖。

此外，在第六届中国专利新技术新产品博览会上，"SP-88"获金奖、"立柱农业"及"丙酮丁醇"获银奖、"纤维素酶"获优秀奖。

上海植生所振生科技实业公司是上海市高新技术企业，1997年在产品销售和开发方面取得了新的进步，除原有的产品开发与技术合作业务外，振生公司与上海市闵行区陈行乡联合建造的纤维素酶生产厂全年销售额达到250余万元，产品覆盖面和质量均有了一定规模。

国家一类新药葡激酶的开发工作进展顺利，已签订了技术转让协议并已与成都金鹏等5家企业共同组建了"玉金药业股份有限公司"，在获得试生产许可证后将该产品推向市场。

上海植物生理所承担的上海市"九五"重中之重项目"现代农业示范工程"中的温室智能化控制系统、立株式无土栽培技术、塑料滴灌薄膜、CO_2施肥技术等项目，在实施过程中不仅接待了多批国家和各省市领导、外宾及科技人员参观，产生了明显的社会效益，而且正在形成专利等自有知识产权，并逐步得到推广应用。如立株式无土栽培技术已经申请了发明专利和实用新型专利，先后在上海闵行区园艺场、河北遵化、江苏张家港、浙江温州等地建立了应用示范点。作为一个基础型研究所，如此全面地投入受控农业这一应用性很强的领域，并很快获得有自主知识产权的发明和技术，形成新的特色和优势，说明上海植生所在贯彻"科教兴国"、"科教兴市"战略方面是切实而有成效的。

此外，上海植物生理所7-ACA基因工程菌成果目前正与浙江海门制药厂合作进行中试放大研究，高密度、高纯高、高活力食品饲料添加剂项目正在寻求转让或合作，自由基清除剂SP88仍然继续生产和销售。1997年上海植生所还与日本明治公司、上海中医大签订了共同进行保健品开发的合作意向书。

1997年上海植物生理所共接待外宾41批133人次，进行学术交流75人次，参加国际会议7人次，赴国外合作研究6人次，考察访问7人次；承担国际合作项目6项，其中有与英国DE-MONFORT大学、日本日绵公司进行的合作研究，并得到洛氏基金和欧共体的资助。1997年米华玲副研究员在日本撰写的研究论文"有关NADCPIH脱氧酶复合体"获得日本植物生理学会颁发的"日本植物生理学会论文奖"。

1997年11月初，上海植物生理所与中国植物生理学会、国际植物生理学会、上海生命科学研究中心和植物分子遗传国家实验室联合举办了"第三届亚太地区植物生理大会"，来自澳大利亚、匈牙利、印度、日本、韩国、马来西亚、墨西哥、新西兰、菲律宾、英国、美国等10余个国家以及内地20多个省市自治区和我国台湾、香港的140余名代表参加会议。不少国际上著名的中外植物生理学和生物学界的专家、学者与会，如中国科学院院士、大会科学委员会主席沈允钢教授，中国科学院院士娄成后、沈善炯、李振声、匡廷云等教授，中国科学院院士、副院长许智宏教授，美国植物生理学会主席、伊利诺斯大学Ort教授，国际著名植物抗逆境研究专家、日本基础生物学研究所所长Murata教授，新西兰草地农业研究所的植物营养学家Dunlop教授，英国谢菲尔德大学光合作用研究所所长Horton教授，第十一届国际光合作用大会主席、匈牙利科学院的Graba教授，香港科技大学副校长孔宪铎教授等。

大会主题是"21世纪的植物生理学与环境和农业"，共收到学术研究论文158篇，安排各类学术报告40余个。与会的中外科学家们围绕气候条件和环境的变化、人类对农业需求量的增加等全球性问题，在植物发育生物学、组织和细胞培养、遗传工程、光合作用、植物与环境的相互作用等领域进行广泛学术交流、探讨植物生理学与农业和环境的关系以及植物生理学研究应采取的新的对策。因此，无论学术水平和人员规模，大会均可以说是亚太地区植物生理学工作者的一次盛会。在新的世纪即将到来之际，通过不断深入的相互交流与探讨，植物生理学一定会为我国乃至人类社会的可持续发展做出新的更大贡献。

上海植物生理所有许多科学家在国际学术机构和组织中担任重要职务。如沈允钢院士任国际光合作用研究委员会提名委员，余叔文研究员在国际植物病理学会大气污染与植物反应委员会及国际生物委员会生物监测委员会中任重要职务，许智宏院士在联合国教科文组织——国际细胞研究组织、生物工程委员会、国际植物组织培养协会中任重要职务，并是第三世界科学院院士。

在加速培养人才方面，主要采取了如下措施：

一是大力创造良好科研环境，增进所的吸引力。上海植生所继续推进科研结构调整，以集中优势力量进军学科前沿，根据国家和上海“九五”科技规划精神，按照本所“九五”科研规划方案确定的方向和措施，积极申请和落实各类科研项目，尤其是重点和重大项目，确保全所科研经费来源；而且尽可能争取国家、院部支持，更新、添置科研所需的关键设备，使硬件水平几乎与国外同类实验室旗鼓相当，尤其是开放实验室的条件在国内更具优越性。

二是继续向国内外公开招聘中青年学术带头人，引进了1名44岁的优秀中青年人才，已获得国家杰出青年基金的支持。截止1997年底，上海植生所已先后引进了9名中青年学术带头人。对于引进的人才，所里尽可能为他们创造必要的科研与生活条件，减少他们的后顾之忧。如在专业职务的评聘上，根据业绩按院人事局聘任专业技术职务的规定，经考核合格聘为研究员或副研究员，并帮助他们申请院长基金、国家教委或上海市教委等基金以落实第一年的启动经费，同时从所长基金中也拿出一部分以增加启动经费强度；在人员配备上，为他们组建相应的实验室班子；在生活条件上，一经聘用首先落实住房，然后通过上海市留学回国人员服务中心解决全家户口，协助落实配偶工作及子女的入托入学等问题。由于各项措施得力，目前，引进的人才绝大部分已成为科研骨干。

三是通过压担子促进各类中青年人员成长，以期早出人才。对引进的人才，除了通过各种渠道为他们创造条件申请经费，支持他们短期出国合作研究、参加学术会议外，还大胆地让他们站到科研管理岗位上锻炼。如许政暟博士回国工作数年来，在所领导和其他同事的支持下，已成长为国家重点实验室主任，主持着全室的科研管理工作，并于1994年10月起担任了分管科研业务的副所长；赵国屏博士则被任命为中科院上海生物工程中心主任；陈晓亚博士、何玉科博士和姜卫红博士也分别担任了研究室主任和副主任等职务；其余几位引进的中青年学术带头人也都在科研、管理等方面担负着重要工作。

四是增收研究生和博士后以扩大人才选择范围。研究生不仅是学生，也是科研队伍中的一支有生力量。为此，上海植生所在计划招生额度之外充分挖掘潜力逐步扩大自费招收人数，并有意识地扩大硕、博联读的试点。另外，扩大招收博士后也是培养、发现中青年学科带头人的极好途径之一，通过2年工作期的双向了解，只要本人愿意，就可使优秀的中青年人才直接留所发挥作用。

五是在与企业合作培养人才上，上海植生所和上海分院共同参与了日本明治乳业株式会社设立的“明治乳业生命科学奖”的有关工作，明治乳业株式会社将在1998年至2002年间每年提供100万日元的奖金，用以奖励中科院上海分院以及上海地区在生命科学研究领域有杰出贡献的青年科学家、教师、在读研究生和管理人员，首届明治科学奖将在1998年适当时候颁发。

1997年，上海植生所许智宏研究员当选为中国科学院院士，李止正研究员被评为中国科协先进工作者，遗传因子研究组被评为上海市1997年度模范集体。

上海植物生理所是中国植物生理学会的挂靠单位。另外，国外著名的仪器公司Beckman公司与上海植生所合作建有离心技术和生物技术两个示范实验室，其他如科尔·帕默公司在上海植生所设有工作点。编辑出版《植物生理学报》和《植物生理学通讯》。根据中国科学引文数据库1996年统计结果，《植物生理学报》和《植物生理学通讯》的被引频次居生物学类刊物的排序分别为第三和第二位；另据中国科技信息研究所主编的1996年《中国科技论文统计与分析》(年度研究报告)报告，在被选为论文统计源的1227种中国科技期刊中，上述二刊的引用次数分别排在前20种的第十四位和第七位。《植物生理学报》在影响因子较大的前50种期刊中排列在第十九位。

上海昆虫研究所

常务副所长：丁德诚（主持工作）

地　　址：上海市重庆南路225号
邮 政 编 码：200025
电　　话：021-63282039
图 文 传 真：021-63284924

中国科学院上海昆虫研究所前身为中国科学院昆虫研究所上海工作站，1959年成立上海应用昆虫研究所，1962年改名为中国科学院华东昆虫研究所，1979年启用现名。现有职工179人，其中科技人员133人，有中科院院士1人，研究员(包括正研级高级工程师等)12人，副研究员、高级工程师等23人，中级科研人员69人。现有在学研究生24人，博士生14人，硕士生10人。

上海昆虫所是博士、硕士点。是以社会公益性研究为主的综合型研究所(含基础、应用基础、应用开发、高新技术产业)。学科方向是以昆虫学为主，与现代进化论、化学生态学、环境毒理学、分子生物学等交叉发展。除设有昆虫系统分类、昆虫生理、昆虫病理、化学生态、生化毒理、生态毒理、协同进化等研究室以外，还建有“农业虫鼠害综合治理国家重点实验室——上海分实验室”和“中德联合毒理学实验室”。

按照中科院的要求，上海昆虫所正在进行学科定位工作，根据其所长期形成的学科优势和地区特色，将重点发展2个优势学科——环境毒理学和昆虫与城市环境。目前研究室和实验室正在作相应的调整，以确保这2个优势学科的发展。

上海昆虫所拥有1个收藏70万号标本的昆虫标本馆。历史最悠久的标本已长达100多年，通过每年的采集、制作和分类，昆虫种类及数量不断增加，昆虫标本的产地覆盖全国各地，已达到了相当的规模，特别是70年代以来，上海昆虫所2位科技人员赴西藏一年多，采集到昆虫标本5万余号，这批珍贵的昆虫标本，是昆虫分类学研究的重要材料。到目前为止，仍有一批珍稀标本等待着描述和命名。上海昆虫所还拥有1个收藏西文期刊46种、中文期刊85种，总藏量达5万多册的专业性图书馆。另外，拥有色谱气谱联用仪、毛细管电泳仪等110台(件)。

1997年，上海昆虫所共有科研项目41项，其中23项为延续课题，18项为新开课题。按学科性质分，基础研究18项，占44%；应用研究19项，占46%；发展研究4项，占10%。41项课题中，国家攻关，“863”计划，“921工程”计划，国家自然科学基金重点项目，院重大、重点课题，上海市科技兴农攻关项目和其他部委委托任务共18项，占44%；国家自然科学基金面上项目和动物志编研9项，占22%；横向合作项目4项，占10%；上海分院择优基金和所长择优基金项目7项，占17%；自选项目3项，占7%。通过全所科技人员的共同努力，41项研究课题均按计划完成，有的还取得良好进展。如国家重点基金“调控昆虫生长发育的脑神经肽结构与功能的研究”，已在5种昆虫中找到了几种调控昆虫生长发育的脑神经肽生物污性，并收集了几种昆虫的脑和粗提物。国家基金“原尾虫分子进化的研究”克服了虫体小，采集时前处理时间长等矛盾，成功地提取原尾虫的总DNA用于PCR反应，成功地完成好几种原尾虫的mt DNA，从Cytb基因片段的PCR扩增，同时对扩增产物进行纯化、测序，已得到2种原尾虫的Cytb基因片段的序列。

1997年上海昆虫所获文化部科技进步三等奖1项，成果登记1项。

上海昆虫所的上海昆虫科技开发公司是一家独立核算的技工贸结合的经济实体，经上海市高新技术企业认定办公室认定为“上海市高新技术企业”。主要将上海昆虫所科研成果转化为科技新产品，并以“市场为导向，实行开发、生产、销售、服务一体化”的经营管理。现该公司主要产品有液体蚊香、灭蟑灵、摩斯必怕防蛀纸、氯丹、灭蚊灵等环境和建筑等害虫的防治药剂，注册商标为“沪昆”牌。因具有专业特色，产品深受广大用户欢迎。产品除在上海地区已形成近400家的销售网点外，在海南、广东、云南、福建、安徽、浙江、江苏、北京、黑龙江等地建立业务代理，市场拓展正向深度和广度发展，并销往俄罗斯、美国和我国香港地区。近几年经外贸部推荐，承接非洲三国援外工程中白蚁、囊虫等建筑物虫害的综合治理工程。在1997年又曾为中科院院外籍院士李政道博士在上海的旧居作了白蚁危害治理，受到李政道博士家属的好评。

现该公司注册资金为130万元。1997年底由上海昆虫所分流到公司的在编人员15人，并实行全成本核算。经1997年度公司财务统计，营业收入为828.6万元，比1996年667.8万元增长了24%；利润总额为108.3万元，比1996年99.9万元增长了8.4%；创利税为163.8万元，比1996年147.4万元增长了11.1%；人均创利税为10.92万元，比1996年9.87万元增长了10.6%；年末净资产为342.3万元，比1996年285.5万元增长了19.9%，即国有资产增值率为19.9%。

上海昆虫所除科技开发公司外，还有所门市部和华昆技贸服务部等。从事科技开发人员总计有21人。均取得了较好的经济效益，并为上海昆虫所体制改革创造了有利条件。

在国际合作方面，先后与澳大利亚、德国、日本、以色列、泰国等国家进行科技合作交流，其中与澳大利亚的科研人员一起进行“棉实夜蛾属的引诱剂研究”，与德国科学家一起进行“环境化合物代谢酶基因型多态性研究”都取得了阶段性成果。

1997年，从国内外（包括上海昆虫所自己培养的）引进5名博士后和博士，其中从日本引进2名博士后，从复旦大学引进1名博士，本所培养的博士2名，对引进年轻人才在生活和工作条件上均给予了较好安排。提升了2名中青年担任研究室主任，3名中青年担任公司副经理、工厂厂长，5名中青年担任研究组长。行政各处室均有1名45岁以下的正职或副职。

上海昆虫所是上海昆虫学会和中国生态学会化学生态专业委员会的挂靠单位。

上海生物工程研究中心

主　　任：赵国屏
地　　址：上海市漕宝路500号
邮政编码：200233
电　　话：021-64700892（总机）
图文传真：021-64700244
E-mail：srch@ms.shb.ac.cn
pluo@sunm.shcnc.ad.cn

中国科学院上海生物工程研究中心的前身为中国科学院上海生物工程实验基筹备处，成立于1983年8月。1997年底职工总数204人，其中科技人员115人，有中国工程院院士1人，研究员7人，副研究员、高级工程师22人，中级科技人员57人。现有在学博士生16人，硕士生16人。

上海生物工程中心于1993年底被批准为硕士授予点，1997年已上报申请博士授予点。中心逐步建成集“研究、开发、产业化”于一体的以技术创新为主，综合发展的生物工程研究中心。其研究方向是：以基因工程为主导，微生物工程为基础，同时发展细胞工程和酶工程，重视中间试验和生物工程中下游技术的研究和开发。

1997年2月，上海生物工程中心新一届领导班子上任后，认真回顾前几年工作，提出了上海生物工程中心近几年工作发展方向的设想；把中心逐步建成集“研究、开发、经营、产业化”四位一体的以技术创新为主导的综合发展的生物工程研究中心；以面向社会，面向市场，改善多层次与外部联系的条件；以创建良好运行机制，提高工作效率，优化内部条件，创造良好的工作氛围；加强思想教育和培养锻炼工作，健全人事制度和分配奖惩机制，不断提高职工素质和知识技能，适应中心发展的方向的要求。为进一步推动中心的结构性改革，上海生物工程中心领导决定，从加强综合服务中心（1996年由行政处、技术条件处、动力车间和基建组合并成立的）的班子建设着手，继而调整组织管理机构，明确岗位设置，建立岗位聘用制度，强化岗位职责，通过双向选择签订岗位聘用责任书，实施新的考核奖励办法。通过一年的实践，增强了职工工作责任心，调动了职工积极性，提高了工作效率和服务质量，不仅为今后强化内部服务工作，面向社会增收节支打下了良好基础，亦为中心实施全员聘用合同制和全面结构性改革提供了有益的经验。

上海生物工程中心1997年在研项目共21项，其中“863”计划项目6项，“九五”攻关项目1项，国家自然科学基金项目1项，中科院重点项目4项、重大项目4项。这些项目到年底按计划进度完成，其中有5项为最终完成。验收成果2项，申报成果1项，申请发明专利3项，获国家发明三等奖1项，发表论文16篇。另外，还组织申请课题32项，已落实10项，全年共落实纵向科研经费150万元。

上海生物工程中心的科技开发工作，主要是积极组织新药申报，在有关课题组和部门、公司的通力合作下，从及时解决申报中的困难和问题，到合格样品的制备及送检，一期临床计划的编制，所需资金的筹措等，使TNF（抗肿瘤坏死因子）的新药申报进入最后阶段。同时，还根据市场需求研究开发寡聚糖（如亚油酸络合物、茶叶蛋白等）、治疗用系列的抗体、海洋生物产品等，有些项目已做好报批样品，准备报批药证。另外，还对有些成果进行市场调研。

上海生物工程中心还根据事业发展、科技交流工作的需要，在加强职能部门工作，提高工作效率的总体思路指导下，认真做好基础性工作，如遵照中科院开展档案工作目标管理的要求，有步骤有计划边检查边整改，从档案基础工作着手，完善制度，创造条件，经过评审和复核，达到中国科学院一级。同时，还根据中科院和上海分院的布置，积极进行计算机联网工作，建立了中心内部的局域网并接通了中国科技网，进入正常运转。通过基础工作的加强，对科技信息的收集、保存和利用，对各类管理工作的文字载体的积累、管理和开发利用，为上海生物工程中心科研、开发、产业化的发展服务打下了坚实的基础。

上海文献情报中心

主　　任：徐如涓
地　　址：上海市岳阳路319号
邮政编码：200031
电　　话：021-64336650（总机）
图文传真：021-64375762
E-mail：sdic@peony.slas.ac.cn

中国科学院上海文献情报中心是中国科学院上海地区文献情报中心及中国科学院生物科学文献情报中心。现有人员93人，其中研究员1人，副研究员13人，中级科技人员35人，初级科技人员34人。业务机构设有文献加工部、读者服务部、情报室、数据库研究室、计算机室、科文信息咨询服务公司及科技期刊编辑培训部。

上海文献情报中心主要从事生物、医学、化学、农学等学科文献的收集、加工、开发和服务。围绕中国科学院生物科学的发展，提供国内外生物学研究动态，为科研工作提供开题咨询、信息调研、课题追踪、定题信息服务。经中国科学院批准，确认上海文献情报中心是中国科学院上海地区科技查询检索单位，承担为科研和企事业单位的课题投标、成果登记和报请各级成果奖励等，提供客观、公正、准确的国内外信息服务。

为进一步提高《中国生物学文摘》的质量，加强文摘数据的加工和质量管理，新增文摘9021条。中国生物学文献数据库文献量已达11万条（其中英文摘要已占60%以上），中国生物学文献数据库光盘年内发行30盘，取得了一定社会和经济效益。

上海文献情报中心努力开发生物学信息，促进科研信息的交流，与国家自然科学基金委员会生命科学部、中国科学院生物学部合作主办、公开出版的《生命科学》杂志（双月刊），发行量达1300份。与中国科学院文献情报中心、中国科学院生物学文献情报网合作主办的《中国生物学文摘》（月刊），发行量达1450份。

1997年订购外文期刊796种，外文图书1008种，并订购了生物学文摘等6种国外光盘数据库；订购中文期刊1260种，中文图书1409种。全年接待读者54 453人次，文献流通量112 072册，复印各类文献70万页。为实现全院系统的文献资源共享，提高文献的保障率，向成都文献情报中心调拨一批外文期刊290种2万余册。截止1997年末，馆藏中外文图书27.2万种，中外文期刊1.5万种，馆藏文献累计达320万册，并收集B.A、LSC等6种光盘数据库。

上海文献情报中心积极为浦东新区的开发、开放服务，与浦东新区经贸局合作，编辑、报道国内外各类高新技术信息，出版《高新技术动向》，全年报道24期。

南　京　分　院

常务副院长：严寿宁（主持工作）

地　　址：江苏省南京市北京东路 39 号

邮 政 编 码：210008

电　　话：025-7713709

图 文 传 真：025-3362239

E-mail：njbas@issas ac. cn

中国科学院南京分院是中国科学院的派出机构。1950 年，中国科学院接管原中央研究院在南京的科研单位，成立中国科学院华东办事处；1969 年撤销，全部业务交江苏省科技主管部门管理。1978 年 11 月，经批准建立中国科学院南京分院，下辖紫金山天文台、南京地质古生物研究所、南京土壤研究所、南京地理与湖泊研究所、南京天文仪器研制中心。1993 年接收江苏省植物研究所为江苏省人民政府和中国科学院双重领导，以地方领导为主。至 1997 年末，分院系统在职人员 1809 人，离退休人员 732 人；分院机关在职职工 51 人。

中国科学院在宁单位侧重于基础研究和应用研究，在我国地学和天文学研究领域占有重要地位。

1997 年，南京分院完成 6 项成果登记，上报 50 项科技成果，下达择优支持课题 12 项，对在研的 19 项课题进行了跟踪检查。分院协调各所落实省级科研项目 7 项，获得经费支持 57 万元。

1997 年中科院在宁各所“九五”重大项目已得到全面落实，并正在按计划组织实施。被列为我国首批重大科学工程项目的 LAMOST 工程，于年内成功地召开了科研进展报告会。浙江黄泥塘剖面于 97 年 1 月经国际地科联批准，成为我国第一个“金钉子剖面”。辽宁的中华龙鸟化石和被子植物化石研究也取得令人瞩目的进展。其他重要项目也都按计划顺利推进。

南京分院归口管理在江苏省的中国科学院院士的联络服务和院士咨询、评议、科普及学术性活动的组织工作，并努力为在苏院士工作和生活创造条件，提供服务。1997 年，南京地区又有 3 人当选为新的中科院院士。现江苏共有中国科学院院士 45 名，居全国第三位，分布于南京 12 个单位，主要集中在中科院南京分院系统（16 人）、南京大学（19 人）、东南大学（3 人）、河海大学（2 人）、水利部南京水利科学研究院（2 人）等部属研究院所和大学。其专业涉及近 30 个学科领域，如自动控制、计算机科学、新材料、纳米技术、化学工程、岩土工程、大型水坝与河海港口建设，大面积土壤改良与施肥技术、城市规划与建筑设计，以及区域开发与环境保护等，在国内外占有重要地位。他们是实施“科教兴国”、“科教兴省”战略的重要力量。1997 年 3 月，南京分院因组织院士科技系列报告成绩显著在北京受到中国科协、中国科学院和中国工程院的表彰。

南京分院、上海分院和中科院学部联合组织的引起社会广泛关注的中科院院士开展的关于长江三角洲经济与社会可持续发展若干重大问题的咨询项目年底完成。30 多位院士、专家经过一年半时间深入调研，重点就交通基础设施、产业布局、农业发展和城乡建设与生态环境等四大方面提出一些真知灼见。一些建议已被地方政府及时采纳。1997 年 12 月，在苏州召开的“长江三角洲经济与社会可持续发展咨询调研汇报会议”上，得到江浙沪两省一市及国家计委等有关方面的领导的高度评价。为实施可持续发展战略和区域共同发展战略拓宽了思路，指出了方向。

南京分院面对下世纪知识经济时代的到来，依托中科院在宁单位和中科院 120 多个研究所在电子、信息、新材料、生物技术、自动控制等高技术方面具有的优势，在资源环境研究方面的实力，加强院省合作，组织中科院院士为江苏经济社会发展进行重要咨询，推动科技成果转化，促进高新技术产业化，积极组织中科院科技力量参与星火、火炬、科技攻关、产学研等项目为江苏省企业发展服务。并在水土资源、国土规划、农业开发、环境治理和可持续发展等方面为“科教兴省”作贡献。

院省合作取得可喜进展，科技成果转化得到加强。据统计，1996～1997 年江苏省 12 家企业利用中科院系统的技术实施“火炬”、“星火”项目，并得到江苏省专项经费支持，同时得到科技贷款 4100 万元。

南京分院与省科委共同推进“设施农业工程技术研究中心”筹建已得到良好进展。中科院南京土壤研究所与常熟市初步达成协议，并提出合作共建该中心的可行性报告，于 1997 年 9 月通过省科委组织的专家论证。落实了院地合作基金的项目“宜兴观光生态农业园区建设技术研究与示范”。

加速科技成果转化，取得明显的规模经济效益和良好的社会效益。组织 5 个分院 15 个研究所的 1000 项成果，参与了“张家港高新技术成果暨转让洽谈会”，签订意向性协议 29 项。与江苏宜兴市建立了科技合作关系，初步签订 102 项正式协议，其中 37 项为重点跟踪项目，有 5 项已开始实施。组织宁区各所的 19 个项目参加了 '97 南京金秋恳谈会科技展览，以及 '97 扬州科技成果洽谈会。

推进院省在科技信息产业方面的合作。组织中科院南京土壤所“土地肥料应用技术数据库”、“土地专家数据库”及中科院紫金山天文台的“全国天文知识数据库”等的建设，得到省委科技工委的专项经费支持。这些数据将在江苏省科技信息网络上运行，发挥应有作用。

南京分院系统科研后备力量得到充实和加强。这几年，分院协助各所采取各种优化培养措施，加速年轻科技人才的成长。目前，宁区各所科技队伍的梯队结构已有较大改善，其中 49 岁以下的科技人员约占全体科技人员总数的 50%，主持国家攻关和重大基金项目、担任课题组长、学术委员会成员、研究室正副主任的年轻科研人员已占半数以上。1997 年又有 25 人进入江苏省“三三三”人才工程加以强化培养。分院系统完成招收 51 名研究生。

整个系统全年发表科技论文 766 篇，其中在国外学术刊物发表有 202 篇；出版科技专著 23 种计 628 万字。1997 年获院省级以上奖励共 112 项，其中获国家级三等奖 2 项，部级特等奖 1 项，部级一等奖 5 项。据中科院绩效评价，宁区各所的排序都有较大幅度提升，显示了强劲的上升趋势。

国际科技合作与交流推动了学科发展，加速了年轻科技人才的成长。1997 年，分院系统共接待来自欧、亚、美等 30 多个国家和地区的科技人员计 300 余人次；举办了土壤-人类-环境相互影响国际学术会议，'97 水环境研究新对策国际会议等 8 个国际学术会议，一批国际著名科学家到会，有力地扩大了有关研究所的学术影响，提高了其学术地位；1997 年，宁区院属研究所与国外研究机构签定 4 项院级国际合作项目，获得 2 项国家智力引进计划的资助，与美国 ESSCO 合作研制成功的 13.7 米毫米波射电望远镜获院科技进步一等奖。南京分院大力开拓与发展中国家的国际合作与交流渠道，并积极开展吸引境外资金支持内地科技研究的工作，均取得了显著的经济效益和良好的社会效益。1997 年，分院系统有 100 多位科技人员跨出国门开展国际科技合作与交流，并有 30 多位科学家在国际学术组织中任职。

南京分院继续深化改革。积极推进研究所以分类定位为重点的结构性调整，协助各所完成了学科定位方案和有关评价。并对分院内部机构本着“精干、统一、效能”的原则进行了局部调整和优化重组。调整后，现设办公室、科技处、人事教育保卫处、党纪监审室和三个二级部门：财务室、行政基建资产室、开发经营部。从总体上加强了机关开发工作以及国有资产和财务管理。实践证明，这一调整有利于机关整体的有序运作，有利于机关更好地为研究所的改革和发展提供支撑和服务。

年初，在院党组和江苏省委关心下，南京分院领导班子调整到位。新老班子成员和衷共济、相互支持，于短期内顺利完成交接。新的领导班子成员很快进入角色，整个班子团结协调，作风民主，工作有序，在机关和系统内力求率先垂范，班子的凝聚力和影响力有所增强，工作增强了力度。

党的建设和精神文明建设取得新的进展。1997年，围绕香港回归和党的十五大召开这二件大事，在系统内组织了一系列形式生动、富有创意的学习和庆祝活动，对振奋精神、开拓思路、凝聚力量、深入改革发挥了重要作用。在系统双文明建设先进集体考核评比中，天仪中心、土壤研究所和地质古生物所受到表彰。举办了思想政治工作研究会南京分会第四次年会，60多位党政领导、政工战线和科研行政管理部门的骨干参加了会议，17篇文章参与交流。

东部资源环境与持续发展研究中心挂靠南京分院。该中心由南京分院、南京大学、河海大学、南京农业大学联合组建，旨在加强地区性科技合作和交流，形成集团优势，共同开辟任务渠道。

紫金山天文台

台　　长：陆本魁
地　　址：南京市北京西路2号
邮政编码：210008
电　　话：025-3303921
图文传真：025-3301459

中国科学院紫金山天文台的前身是国立中央研究院天文研究所，成立于1928年2月。截止1997年底，紫金山天文台有职工376人，其中科技人员299人，有中科院院士2人，研究员27人，副研究员、高级工程师126人，中级科技人员107人。现有在学研究生26人，其中博士生20人，硕士生6人。另有博士后1人。

紫金山天文台是国务院学位委员会授权的天体物理、天体测量和天体力学、天文仪器和方法三个学科的博士、硕士学位点，并设有博士后流动站。

紫金山天文台的学科方向及研究领域是：太阳系天体研究、太阳活动区物理，恒星内部结构和演化、分子云与恒星形成，毫米波、亚毫米波天文及毫米波技术，天体高能物理及相关的空间探测技术，等离子体天体物理、人造卫星动力学、历书天文学、天文参考系研究等。

其主要研究方向为：毫米波射电天文和技术以及密切相关的星际分子云与恒星形成研究领域，天体物理前沿和基本理论研究，人造卫星动力学。

根据学科发展及科研工作开展的需要，紫金山天文台现设置有：射电天文实验室（含射电天文联合开放实验室部分）、空间天文实验室、天体物理研究部、天体力学研究部、技术研究中心、天文信息中心。并由青年科学家担任上述单位主要领导。

紫金山天文台装备了具有国际先进水平的13.7米毫米波射电望远镜。有藏书6万多册（卷）的东亚地区最大、最全的天文图书馆。

1997年主要采取的改革措施为：

1. 根据学科发展需要，经反复讨论，征求意见，将原有的14个研究室组调整、合并，重组为2个实验室、2个研究部、两个中心，使其更具合力。

2. 改选了学术委员会与学位委员会，充实了一批青年科学家，使两个委员会更具活力。

3. 将经营与管理、服务，经营与科研分开，山上天文科普部统一管理，撤销没有效益的公司，创收能力大增。

科研工作有新的进展，特别是一代青年科学家已完全处于唱主角的地位，带来一片新气象。1997年度课题总数48个。其中国家“攀登计划”项目1个，“863”项目1个，国家自然科学基金重点项目2个，国家杰出青年基金项目2个，中科院重点项目3个，重大国防军工任务项目3个。

国家“攀登计划”项目“天体剧烈活动的多波段观测和研究”旨在研究发生在天体中的各种剧烈活动现象，探索活动的起因和规律。以活动星系核，星暴星系，超新星和超新星遗迹，变星与不稳定星，致密天体的吸积爆发与辐射，以及太阳恒星的活动为其研究对象。

中科院重大项目“SIS超导接收机”，该项目一旦装上紫金山天文台13.7米毫米波射电望远镜，其灵敏度将提高数倍，望远镜能观测到更弱源和更多的谱线信号，可得到更精确的观测资料。SIS技术的应用，对我国毫米波天文学将起重要作用，是超导技术在弱信号接收应用的突破口。

1997年经台学术委员会评议审核，通过了7项重要科技成果，1项一般成果，其中基础研究重要成果3项，应用基础研究重要成果2项，应用研究重要成果2项，1项一般成果。

“13.7米毫米波射电望远镜”获中科院科技进步一等奖。该望远镜由天线、接收机和计算机等系统构成，工作波段是22和80-115GHZ，主要用途是接收宇宙分子谱线信号。它是一台大型现代化科研设备，研制工作以赶超国际先进水平为目标，采用引进国外先进技术、独立研制的方针。研制中攻克精密天线、高精度指向和跟踪、低噪声毫米波锁相、声光式声表面波式和多通道滤波器组式瞬时测频以及计算机自动控制、数据采集和处理等高新技术，达到国际同类设备先进水平，望远镜运行后已取得有显示度的天文成果，如在22GHZ发现了100多个新的水脉泽源，它们占已发现源总数的1/8；在110和115GHZ分别获得一批$C^{12}O$和$C^{13}O$分子谱线资料；开展了高层大气中臭氧含量和变化等观测，为大气环保研究提供资料。研究工作取得的多项技术成果也已在国防和国民经济领域得到推广应用，取得明显的社会效益和经济效益。

1997年度已申报发明专利2项，申报实用新型专利7项，已获专利授权1项。

1997年度全年发表论文计120篇，SCI收录35篇。

1997年度紫金山天文台营业收入超过1000万元，返还台上房屋占用、水电、人员工资等72万元，净上交台上165万元。值得一提的是紫金山天文台高新技术产业——星河公司依靠雄厚的综合科技实力，过硬的产品质量，热情周到的售后服务，严格的内部管理，在全国铁路系统树立了良好的信誉和形象。公司开发的集中报警系统已被铁路系统列为主要生产单位之一。轴报电脑测试台供不应求。比1996年利润增长达23%，利税增长达35%，年终净资产增长28%。

紫金山天文台是中国天文学会的挂靠单位。编辑出版《中国天文学报》和《紫金山天文台》台刊。

主要下属单位有：青海射电天文观测站和青岛观象台。

南京地理与湖泊研究所

名誉所长：周立三
所　　长：虞孝感
地　　址：南京市北京东路73号
邮政编码：210008
电　　话：025-3616936
图文传真：025-7714759

中国科学院南京地理与湖泊研究所的前身是中国地理研究所，于1940年8月在四川重庆北碚正式成立。1947年6月迁到南京。1949年中国科学院成立后，正式接管该所，1953年命名为中国科学院地理研究所。1958年10月该所大部分人员迁往北京，留下部分骨干组建中国科学院南京地理研究所。于1987年10月改名为中国科学院南京地理与湖泊研究所。现有职工258人，其中科技人员215人，有中科院院士2人，研究员24人（45岁以下6人，占25%），副研究员和高级工程师84人（45岁以下51人，占60%），中级科技人员52人。现有在学博士生30人，硕士生15人。

南京地理与湖泊所以湖泊（水库）综合研究为重点发展方向，同时大力开展国土整治和区域开发研究，设有湖泊沉积与环境开放实验室、湖泊水文水资源研究室、湖泊生物与生态研究室、区域环境与资源研究室、区域经济与城市研究室、遥感地理信息与地图研究室、图书情报研究室和太湖湖泊生态系统研究站、东太湖水体农业试验站、天目山景观生态野外实验观测站。系地理学博士学位和人文地理学、自然地理学硕士学位授予点。通过以上研究室（站）的设置，在湖泊方面建成为我国具有国际先进水平的现代化的湖泊综合研究中心和湖泊科学高级人才的培养基地，并成为亚洲和世界上的重要湖泊研究中心之一；在国土整治和区域地理方面建成为我国长江流域和东南部区域综合开发和国土整治的现代化研究中心及区域地理专门人才的培养基地，并积极创造条件，成为环太平洋区域地理的研究基地之一。

南京地理与湖泊所拥有能进行地学、湖泊学、地理遥感信息系统方面研究的大型仪器。有用于沉积物测年的回路α谱议、γ射线分析系统、低本底液相门闪烁计数仪、旋转磁力仪,用于湖泊沉积研究的细颗粒分布测定仪,用于湖泊物理学研究的遥测气象仪、野外辐射仪、水下照度仪、测流自动仪,用于水化研究的等离子辐射光谱(ICP)、总有机碳分析仪、高效液色相色谱仪、紫外可见光分光光度计、元素分析仪,用于水生生物研究的倒置显微镜、高级生物显微镜、萤光显微镜、BOD自动测定仪、热卡仪,用于景观生态研究的采集、记录系统(五个台套),用于数据采集、处理的读图仪及图形记录仪、可变焦距立体转绘仪、Sun计算机工作站(两套)及其输入、输出设备与软件。

南京地理与湖泊所设有地理和湖泊专业图书馆,馆舍面积为1400m^2,阅览座位为40个,微型机为6台,藏书40 363种、187 952册(其中图书34 868种,49 864册,期刊1106种、93 360册,古籍4389种、44 728册)。古籍孤本有近10种,其中康熙二十六年浙江瑞安县志、广东顺德县志、湖南新宁乡土志等。

1997年南京地理与湖泊所列入科研计划的项目有100多项,其中新立项目74项,到所经费400万元,比1996年增加了50%。25个课题按期结题,报院登记的成果有14项,有重要成果10项。周立三院士牵头的“中国国情分析研究”荣获中国科学院科技进步一等奖,“水稻遥感估产”荣获国家科技进步二等奖。出版专著有《中国历史气候变化》、《中国海面变化》、《全国气候变暖》、《鄱阳湖》、《长江三角洲水土资源与区域发展》、《江苏省城市化问题对策研究》、《东亚都市行》等7部,在国内外各类杂志中发表论文220篇,其中在一、二级学报上发表了100余篇,在《中国科学》等SIC收录的杂志上发表了7篇。专利工作大有起色,有2项专利获批准,并又申报了6项新专利。

1997年南京地理与湖泊所接待了来自日本、俄罗斯、德国和奥地利等20多个国家和地区的学者23批143人次;有26批、29人次出国考察、访问和学习。7月成功地组织召开了“'97水环境研究新对策国际会议”,参加会议的中外代表130余人,其中有16个国家和地区的86位国外专家。会议上收到论文103篇、有49人在大会上发言,江苏省副省长金忠青教授到会并讲了话,会议最后还发表了《太湖宣言》。

1997年南京地理与湖泊所科技开发工作又上了一个新台阶,建立了螺旋藻生产基地,扩建了生产、包装车间,基本完成申报“卫生部保健食品”批号工作,初步建立了销售体系。新开发了“中科”灵芝精粉胶囊和灵芝破壁孢子胶囊2个产品。

南京地理与湖泊所是江苏省地理学会、江苏省海洋湖沼学会、江苏省遥感学会和遥感中心、中国科学院减灾中心南京分中心、江苏省科技咨询协会自然资源和区域发展专业委员会和中国地理学会长江研究会的挂靠单位。编辑出版《湖泊科学》、《中国科学院南京地理与湖泊研究所集刊》、《中国地理文摘》(英文版)。《湖泊科学》获江苏省优秀期刊奖,并列入被引频次最高的500名中国期刊。

南京地质古生物研究所

所　　长:穆西南
地　　址:南京市北京东路39号
邮政编码:210008
电　　话:025-7711556
图文传真:025-3357026

中国科学院南京地质古生物研究所于1951年5月7日在南京正式成立,其前身为1920年建立的前中央地质调查所和1928年成立的前中央研究院地质研究所等机构的古生物室。

1997年底在职职工268人,离退休职工129人,各类科技人员220人,有中国科学院院士6人,博士生导师29人,研究员级科技人员52人,副研究员级科技人员77人,中级科技人员66人。现有在学博士生18人,硕士生4人。另有博士后6人。

南京地质古生物所主要进行无脊椎古动物学、古植物学、孢粉学、分子古生物学、地层学和沉积学的研究。研究地球历史进程中生命的起源,植物和无脊椎动物以及微体生物系统分类;生物的发生、繁衍、绝灭、分布和复苏的规律;从事古生态系统演替和古生态学、古气候学、古地理学的综合研究，探索生物与环境的关系。地质年代的确定；各纪地层的划分与对比；全球地层界线层型剖面的综合研究；沉积学与沉积矿产的研究。

今后将着重于古生物学及地层学的基础理论研究，开拓新学科领域和新的学科生长点，争取在本学科前沿领域作出若干独创性、突破性、有重大国际影响的科研成果。加强学科领域的积累性基础研究，以地质历史时期的生物及遗迹的分类、生物区系、门类古生物系统总结等为基础，探讨地球历史进程中全球生物与环境的关系和生物演化的规律；开展高精度地层学研究；建立与完善古生物学与地层资料数据库。发挥学科优势，积极采取多种形式为国民经济和社会发展服务，为国家能源、矿产资源的勘探开发、远景评估和环境保护服务，积极普及古生物学知识。在本世纪末至21世纪初建成一个面向世界、富有特色、具有国际先进水平的古生物学研究中心（科研中心、信息资料中心、标本收藏中心）。

全所科研工作分为6大块：古无脊椎动物学、古植物学、微体古生物学、分子古生物学及化石生物学、地层学、沉积学。现设有7个研究室和1个开放实验室。第一研究室（孢粉学）、第二研究室（古植物学）、第三研究室（以早古生代古无脊椎动物学、地层学为主）、第四研究室（以晚古生代古无脊椎动物学、地层学为主）、第五研究室（以中、新生代古无脊椎动物学、地层学为主）、第六研究室（沉积学）、第七研究室（低等古植物学）。现代古生物学与地层学开放研究实验室（Lab. of Palaeobiology & Stratigraphy）以理论古生物学、早期生命演化、全球地层界线层型、生物的绝灭与复苏、分子古生物学等为主要研究方向。南京地质古生物所为博士、硕士学位授予点，建有博士后科研工作流动站。

所内建有亚洲最大的古生物学、地层学专业图书馆，收藏26万余卷（册）专业图书、期刊，中外文期刊杂志2000余种，与54个国家（或地区）300多个研究或出版机构有出版物交换关系。设有供研究工作需要的实验室，大型仪器有JSM 6300扫描电镜、Devex X射线能谱仪、MRC-1000激光扫瞄显微镜、HP 5890全自动氨基酸分析仪、CDS-1000热裂解分析仪、PCR及DNA测序设备等。标本室收藏有15万件模式标本，建有面向社会公众开发的化石陈列馆，为南京市中小学生科技教育基地之一。

1997年南京地质古生物所召开职工代表大会通过了新的机构调整举措，加强管理工作，新建与完善各项规章制度，推动改革与发展。在科研工作方面，一是继续争取“九五”期间的科研项目的立项与落实，二是在研项目取得了重要成果或进展。1997年落实的“九五”项目有国家“攀登计划”项目1项，国家杰出青年科技人才基金项目1项，国家自然科学基金面上项目5项，中科院重大、重点项目7项，中国石油天然公司重大工程项目2项，部门委托项目4项。落实近千万元的科研经费。“攀登计划”项目“地球早期生命演化与寒武纪大爆发”已取得有国际影响的成果，并将在此基础上深入探讨地球早期生命的起源、演化、环境等重大科学问题，以期取得更系统的科研成果。国家杰出青年科技人才基金项目“分子进化与化石记录综合研究”将运用现代技术手段，通过学科的交叉与渗透，从分子水平上开展古生物学研究。

1997年全所在国内外发表学术论文197篇（册），出版科学专著3部。

在基础研究领域，陈旭研究员（国际奥陶纪地层分会副主席）领导的课题组多年来研究的浙江省常山县二都桥乡黄泥塘的奥陶纪地层剖面，被国际地质科学联合会（IU GS）批准为奥陶系达瑞威尔阶全球界线层型剖面（1997年1月），这是我国科学家在全球各纪地层界线研究取得的第一个界线层型剖面点，在国际同类研究中处于领先水平。《香港古生物与地层》（上册）在7月1日之前出版发行，为迎接香港回归祖国献上一份厚礼。该书是100多年来香港地区第一部古生物地层的系统性研究成果，根据采集的2000余件标本，建立了6个断代的14个组（群）的生物地层序列，纠正了外国学者根据零星资料得出的错误结论。澄江化石群的研究在以往取得重大成就的基础上，1997年野外工作采集收集了大量新的标本资料，为“攀登计划”项目的实施奠定了良好基础。在古植物学研究领域，全球最早期被子植物的研究又有新的进展，在辽宁西部的北票组发现了迄今已知世界最早的似豆科双子叶植物果序化石，说明被子植物的起源可能为晚侏罗世或更早；贵州凤岗早志世孢子的研究可确认早志留世 Landoverian 晚期有维管植物存在，可能有多种维管束植物。

1997 年南京地质古生物所承担的国家科技攻关项目“塔里木盆地石油天然气勘探”的 3 个二级专题在项目办公室的评估中被评为 A 级；石油天然气总公司重大工程项目“中国北方侏罗系研究”有 16 人参加了辽西、华北、西北等地区的野外调查工作，收集了大量第一手资料，年底拿出了新的侏罗系划分对比方案。东海石油公司委托项目“东海陆架盆地中新生代地层划分对比”已结题验收，受到好评。吐（鲁番）哈（密）盆地、藏北羌塘盆地的地层古生物工作、潮水-雅布赖盆地白垩系等项目已分别结束或通过委托方期中评估，各委托部门对取得的成果深感满意。

注重社会效益，普及科学知识。1997 年南京地质古生物所先后在河北秦皇岛、江苏仪征、盐城、淮阴等城市举办了“古生物化石精品展”。

1997 年南京地质古生物所获中科院自然科学奖 2 项：“澄江化石生物群与寒武纪大爆发”获特等奖，“中国地质历史的植物群”获二等奖；“地球早期生命演化与寒武纪大爆发”获香港求是基金会科技进步集体奖“1：500 万南极洲地质图”获地质矿产部成果奖二等奖；另获国家教委科技成果奖三等奖 1 项。编辑出版的《古生物学报》获江苏省科技“十佳期刊”称号及华东区“优秀期刊”称号，《微体古生物学报》获江苏省科技“优秀期刊”称号。在江苏省第九届科普周活动中被评为“科普先进单位”。现代古生物学与地层学开放研究实验室获院“双文明建设先进单位”称号，行政处被评为院后勤工作先进集体。文世宣研究员获“全国优秀科技工作者”称号，沙金庚研究员被评为院野外工作先进个人。

1997 年南京地质古生物所国际合作与交流以推动学科发展和加速培养新一代人才为目标，先后有 39 人次出国合作研究，参加国际学术会议，有 40 余外国学者来所合作与交流。关注 21 世纪古生物的发展与深入，争取到第一届国际天体古生物学会议的主办权。

现有 30 余位科学家在国际古生物协会(IPA)、国际地层委员会等国际学术组织中担任职务。

南京地质古生物所是中国古生物学会及下属 20 个专业委员会、专业组和江苏省古生物学会的挂靠单位。编辑出版《古生物学报》，《地层学杂志》，《微体古生物学报》，中国科学院南京地质古生物研究所《集刊》、《丛刊》，“Palaeontologica Cathayana”，“Palaeoworld”，《古生物学文摘》等刊物。

南京地质古生物所设有科技开发部及科技开发咨询公司、东方化石标本中心、雅石公司等，主要从事石油天然气等沉积矿产中古生物学、地层学、沉积相等领域的咨询服务以及化石展览、化石工艺品的开发等业务。

南京天文仪器研制中心

常务副主任：王　永（主持工作）
地　　址：南京市玄武区板仓街 188 号
邮政编码：210042
电　　话：025-5411776
图文传真：025-5411872
E-mail：nairc@issas.ac.cn

中国科学院南京天文仪器研制中心前身为中国科学院南京天文仪器厂，于 1958 年 12 月 11 日开始筹建，1959 年 5 月 7 日正式建成，1991 年 12 月 1 日更名为中国科学院南京天文仪器研制中心，是中国乃至世界唯一研制天文仪器的专业单位。1997 年底有在职职工 498 人，其中科技人员 183 人，占职工总数的 36.7%；技术工人 273 人，占职工总数的 54.8%；管理人员 42 人，占职工总数的 8.4%；有中科院院士 1 人，研究员 13 人，副研究员、高级工程师等 56 人，中级专业技术人员 74 人。有在读博士生 3 人，硕士生 9 人。南京天文仪器研制中心具有硕士学位授予权。

南京天文仪器研制中心以天文学、天文仪器与方法研究为学科方向，涉及的领域有：望远镜主动光学技术研究、天文光干涉技术研究、外差全息分光术在天文学中的应用研究、大口径高精度天文镜面磨制技术研究、毫米波天线面板技术研究、精密机械结构分析与优化设计技术研究、图像处理技术研究、计算机自动控制技术研究、空间仪器轻型结构设计与研制以及仪器概念性设计与工程总体技术研究等。

目前，南京天文仪器研制中心通过结构性调整已经形成清晰的三大体系，即以天文技术与方法研究所冠名的研究（研制实验）体系，以各实业部为主体的技术开发体系，以后勤服务中心为条件保障的支承体系。天文技术与方法研究所将继续沿着天文学发展的方向、围绕天文仪器技术与方法开展学科研究，并不断拓展其研究领域，使之成为天文学研究中不可替代的重要组成部分，同时将积极开展“863”、“921”等项目中与之相关领域的课题进行研究。天文技术与方法研究所设有主动光学实验室、光干涉实验室、高技术镜面实验室和天文技术与方法青年实验室、毫米波面板实验室。技术开发体系主要从事市场适销对路的高科技产品开发与生产，在为社会作贡献的同时，为中心本身发展所需的物质条件提供保障。1997年设置的技术开发实业部有：精密机械实业部、科普仪器与设备实业部、光栅编码器实业部、电子显示屏实业部，以及调速电机项目组。后勤服务中心作为支承体系主要是履行国有资产管理与物业管理，以及技术条件后勤和生活后勤等提供有偿服务，它包括食堂、招待所、汽车运输、土建维修、物资供应、供电、供暖、供气、供水、通信、医疗等。

1997年，南京天文仪器研制中心国家重点科学工程项目LAMOST经过工程技术负责人崔向群研究员及其同事们的共同努力，8月国家计委批复了该项目的可行性报告，批准预算2.35亿元，项目正式启动。该项目由北京天文台研究员王绶琯院士和天仪中心研究员苏定强院士共同发起并提出方案。该项目建成后将成为世界上最大口径的施米特望远镜，届时可将4000根光纤同时接到多台光谱仪上，每夜能观测到数以万计的天体光谱，覆盖天区的范围大于2万平方度，全天球一半以上可进入它的视野。

2.16m光学天文望远镜1996年12月通过院级鉴定后1997年获得了中科院科技进步一等奖。该项目由南京天文仪器研制中心、北京天文台和北京自动化所合作研制，被誉为中国天文界的“航空母舰”，建成投入观测以来，已经取得了丰硕的天体物理研究成果。

由紫金山天文台、南京天文仪器研制中心与美国ESSCO合作研制成功的13.7m毫米波射电望远镜1997年获中科院科技进步一等奖。1997年，南京天文仪器研制中心有国家自然科学基金重点项目2项：“拼接镜面主动光学技术的预研”和“大口径高精度天文镜面磨制技术的研究”，均进展顺利。有国家自然科学基金面上项目1项：“外差全息分光术在天文学中的应用研究”，已完成结题。接受委托研制的项目“三维球面扫描天线测试系统”、“六轴天线/天线罩智能测试系统”、“电视望远镜”等通过了验收。

1997年，南京天文仪器研制中心接待外宾5批66人次，派出6批12人次，签订出口项目2项。苏定强院士被选为国际天文学联合会第九专业委员会副主席。

南京天文仪器研制中心是中国天文学会天文仪器与方法专业委员会的挂靠单位。编辑出版的学术刊物有《天文仪器与技术》。

南京土壤研究所

名誉所长：李庆逵
所　　长：曹志洪
地　　址：江苏省南京市北京东路71号
邮政编码：210008
电　　话：025-3610462
图文传真：025-3353590
E-mail：iss@issas.ac.cn

中国科学院南京土壤研究所成立于1953年，当时定名为中国科学院土壤研究所，其前身是1930年创立的中央地质调查所土壤研究室。1970年曾改名为江苏省土壤研究所，1973年5月复名为中国科学院南京土壤研究所。现有职工376人，其中专业技术人员316人，有中国科学院院士5人，研究员44人，副研究员、高级工程师等135人，中级科技人员113人。现有在学博士研究生25人，硕士研究生17人。另有在站博士后10人。

南京土壤所的主要学科方向为土壤学和环境科学，主要研究领域为土壤圈物质循环及其与农业和环境的相互关系、土壤和土地资源管理与3S技术应用、土壤肥力与植物营养及施肥的理论与技术体系、生态农业与区域农业持续发展、土壤与环境退化的理论及技术、溶质移动与土壤盐渍化及地下水污染的机理与调控技术、土壤与环境动态监测与预警技术体系研究、专用复合肥配方的理论与产品开发等。南京土壤所具有土壤学博士学位授予权和土壤学、生态学、水土保持及荒漠化防治硕士学位授予权，并设有博士后流动站。

目前南京土壤所按学科分支设有10个研究室和实验站，分别为土壤圈物质循环开放研究实验室、土壤资源与遥感应用研究室、土壤-植物营养研究室、土壤物理及盐渍地球化学研究室、土壤化学研究室、土壤微生物与生化研究室、土壤环境与生态工程研究室、封丘农业生态实验站、鹰潭红壤生态实验站、常熟农业生态实验站，其中开放实验室、封丘站、鹰潭站为中国科学院开放研究室、站。中国科学院生态网络系统土壤分中心也设在南京土壤所。此外，南京土壤所图书馆是联合国粮农组织的特约藏书图书馆；土壤标本陈列馆陈列有全国不同类型及部分国家和地区的土壤标本；土壤与环境分析测试中心是国家技术监督局认定的国家计量认证合格单位，拥有十多台大型分析仪器。南京土壤所还是中国科技网南京端口所在地。

1997年南京土壤所结合中国科学院研究所定位与结构调整工作，确立了今后的发展战略和定位目标，并制定了相应的结构调整方案。其发展战略是瞄准国际土壤科学前沿，着重研究土壤圈与其他圈层之间的物质迁移、能量流动与平衡关系以及对全球变化、生存环境和资源合理利用的影响，土壤的发生分类和发展规律、土壤肥力与植物营养等基础理论，发展土壤学科，在国际土壤学科领域中争一席之地；关注社会经济发展，为国家自然资源的持续利用和环境建设积累资料和决策服务；面向国民经济主战场，承担国家攻关和地方开发研究任务，解决国家和地方经济建设中的重大关键性技术问题。南京土壤所的定位目标是强化作为土壤科学研究国家队的地位与作用，建成国际土壤科学综合性研究中心之一和我国高层次土壤科学人才培养的重要基地。

1997年南京土壤所共有在研项目213项，其中“九五”国家科技攻关项目13项，国家自然科学基金项目36项，中科院项目41项，部委项目9项，国际合作项目21项，其他项目93项。经过全所上下的努力工作，各项在研课题均较好地完成了当年计划。与此同时，南京土壤所继续争取落实了一批“九五”科研任务，其中具代表性的是国家自然科学基金项目10项，中国科学院重点项目7项和重大项目二级课题1.5项，国务院三峡建设委员会重大项目2项，由南京土壤所牵头主持的中科院、江苏省合作项目“设施农业工程技术研究中心”也已通过论证开始启动。南京土壤所1997年共到位科研经费1400万元，创历史最高记录。

1997年南京土壤所有10项重要科技成果申报登记；有5项科研成果获得不同级别的科技奖励，其中王遵亲等编写的《中国盐渍土》获国家自然科学三等奖，曹志洪等完成的“钾素和微量元素对烤烟香气(质)影响的研究”获国家科技进步三等奖，席承藩等完成的“长江流域生态环境建设”获中科院自然科学二等奖，林心雄等完成的“中国土壤中有机质的转化与保持”获中科院科技进步三等奖，马毅杰等完成的“三峡工程对沿江湿地和河口盐渍化土地的影响及防治对策”获中科院科技进步三等奖。由于近年来强化了知识产权的保护意识和专利申请的组织工作，1997年南京土壤所专利申请数量呈现了较快的增长，共向国家专利局提出专利申请9项，有1项1996年申请的专利获得授权。

1997年是南京土壤所近年来国际合作与交流活动最为频繁的一年，先后主持召开了“污染物在包气带中的迁移与地下水污染国际学术讨论会”、“中国农业中的硫素研究进展及发展战略国际学术讨论会”、“土壤-人类-环境相互影响国际学术讨论会”、“人类活动对亚洲氮素循环影响国际学术讨论会”、“国际香根草研讨会”等5次不同规模的国际学术讨论会，其中5月在南京土壤所举办的“土壤-人类-环境相互影响国际学术讨论会”规模最大，参加会议的国外代表有49人，国内代表有90人，现任国际土壤学会主席A.Ruellan、秘书长W.E.H.Blum等一批国际知名的土壤学家应邀出席了会议，与会代表就如何协调好土壤-人类-环境之间的关系，确保持续发展等问题展开了热烈的讨论。频繁的国际会议一方面增进了我国土壤科学工作者与国际同行之间的学术交流和友谊，同时提高了南京土壤所在国内外土壤学界的地位，扩大了知名度。此外，南京土壤所 1997 年又与国外有关科研机构和国际组织签定了一批国际合作研究项目，其中院级合作项目 4 项和所级合作项目 11 项。1997 年南京土壤所还首次获得了 2 项国家智力引进计划的资助，用于引进美国优质耐盐牧草和土地污水处理系统技术在我国推广应用。

1997 年南京土壤所的科技开发工作有了新的起色，初步改变了以往开发规模小、散、低的状况，逐步走上统一领导、统一规划、协调进行、突出效益的轨道。科技开发总公司以专用复合肥生产技术转让为龙头，技术转让费收入比上一年度翻番。南京土壤所还利用自身技术优势和市场需求，开发研制了一批测试仪器，预计市场前景良好。

1997 年南京土壤所继续加强了人才培养工作，经过严格的考核和评定特批晋升 3 位 45 岁以下的研究员，使得全所 45 岁以下的研究员已达 10 人。为了使这 10 位年轻的研究员选准各自的学术发展方向，所学术委员会根据学科布局和学科发展的需要以及各自的学术发展设想，对他们进行了定位，增加了年轻学术带头人进一步发展的压力和动力。与此同时，南京土壤所进一步加大了研究生和博士后培养工作的力度，在不断提高培养质量的同时，积极扩大招生规模，当年研究生招生数量创历史最高记录。目前，研究生及博士后已成为南京土壤所科研工作的一支重要生力军。

南京土壤所是中国土壤学会和江苏省土壤学会的挂靠单位。编辑出版《Pedosphere》、《土壤学报》、《土壤》等学术期刊。

合肥分院

院　　长：王绍虎

地　　址：合肥市蜀山湖路 350 号

邮政编码：230031

电　　话：0551-5591236

图文传真：0551-5591270

E-mail：hfb@ms.hfcas.ac.cn

中国科学院合肥分院 1978 年 11 月成立。分院所属 4 个研究所，即安徽光学精密机械研究所，等离子体物理研究所，固体物理研究所和智能机械研究所。1997 年底分院本部人员总数 396 人，其中管理人员 62 人，高工以上 48 人，中级技术人员 111 人。

1997 年合肥分院及各所认真贯彻十五大精神，深入学习邓小平理论、特别是邓小平科技思想，结合中国科学院党组务虚会议精神，联系实际，深入思考了合肥科研基地的发展规划和各所未来发展蓝图，提出进一步改革措施，推动了结构调整和科技发展，使结构性调整和研究所分类定位工作取得重要进展。等离子体研究所以基础研究为主，主要方向为强磁场约束核聚变研究，其次为：离子束生物工程技术、强磁场、低温液氦。固体物理研究所以基础研究为主，主攻方向为纳米科学（包括纳米材料的制备及其应用）和内耗研究。安光所以应用基础研究和开发研究为主，主攻方向为大气光学，激光技术和环境监测技术，瞄准国际前沿开展研究，同时进行高新技术创新和成果转化，为经济建设服务。智能研究所以开发研究为主，主攻先进的制造技术和先进的农业自动化信息技术，重点发展有优势、有特色的技术和产品，大力开拓市场，积极解决经济建设中的关键技术问题。合肥分院是中国科学院目前最完整、最集中的科学园区，尚需国家和中科院进一步支持。建议在合肥董铺创办“科研特区”，建设以新能源大科学工程研究、大气环境监测、国防军工、新型材料、激光与光电子应用研究、信息科学与技术、先进农业信息技术、先进制造技术以及新兴交叉学科为主要内容的科研基地。“特区”以全新的面貌出现，全新的机制运行，以作为中科院实施“三个基地”建设方针以至于全国科技体制改革的重要试验区。合肥分院重视为地方经济服务，了解市场需求，探索为地方经济服务新路子，继续抓好等离子体氧化锌非线性电阻过压保护装置和离子束育种技术、智能所农业专家系统的推广应用；继续加强安光所、智能所与合肥荣事达集团合肥叉车厂的合作，不断拓展为地方经济服务的范围。1997 年合肥分院及各所科技开发收入达 5700 万元左右。

从科学事业的发展和合肥科研基地长远建设出发，合肥分院十分注意对青年人才的培养，抓了“百人计划”人才的入选和后备干部工作，组织年轻处级干部理论研讨班，学习十五大文件精神和路甬祥院长在党组务虚会上的讲话，实地考察了研究所改革工作，使一批年轻干部受到教育。

合肥科研基地基础设施进一步改善，1997 年分院网络全部进入百所联网，内外网络全面开通。在科学院支持下，污水处理年底投入运行，对净化合肥市民饮用水源起到重要作用。对岛内 60 年代铺设的供电线路进行了大规模改造，保证了供电质量，降低了损耗。巩固医疗改革成果，圆满完成了对全员职工体格检查。中小学教育发展稳中有进，科技学校加快了建设步伐。技术后勤、生活后勤保证了科研、生产和职工生活需要。1997 年合肥分院再次被安徽省评为花园式单位。

合肥分院机关在合肥科研基地建设中担负着协调、服务、监督责任，过去的一年机关进一步转变观念，深化改革完善人事有关制度，在人员分流上作了积极尝试，加强了对财会人员、机关工作人员业务培训和工人考核定级。对国有资产清理、科技成果、档案、统计的管理进一步制度化、规范化，坚持对干部群众进行廉政教育。加大了财务管理力度，努力开源节流，圆满完成了1997年合肥分院本部计划会议制定的各项指标，职工收入较上年度有所增加。

精神文明建设迈出新步伐，党的建设进一步加强。1997年是中国历史上不平凡的一年，分院围绕香港回归，十五大召开开展了丰富多彩的庆祝活动，在群众中进行爱国主义教育，政策法规教育，提高了党员的思想觉悟和组织观念，增强了反腐倡廉的能力。结合合肥市创建工作，开展讲文明，树新风活动；首次评选了合肥分院“十佳”人物。在党内开展了二年一次的党员民主评议和评选优秀党支部、优秀党员的工作，发展了一批优秀青年入党。广大党员在科研、开发、管理服务各项工作中，发挥了先锋模范作用。

1997年合肥分院政治思想工作研究会召开了第四次年会。

分院还迎接了李锡铭副委员长等来分院视察、考察。

等离子体物理研究所

所　　长：万元熙
地　　址：合肥市西郊董铺
邮政编码：230031
电　　话：0551-5591309　5591307
图文传真：0551-5591310
E-mail：asipp@ipncl.hfcas.ac.cn

中国科学院等离子体物理研究所成立于1978年9月。前身是于1973年成立的中国科学院安徽光机所受控热核实验站。1997年底职工总数574人，其中科技人员404人，有中国工程院院士1人，研究员33人，副研究员、高级工程师118人，中级科技人员136人。现有在学研究生110人，其中博士生46人，硕士生64人。另有博士后5人。

等离子体物理所主要学科方向及研究领域是：核聚变科学研究，包括核聚变工程技术和高温等离子体物理研究两个方面。其中有等离子体物理、核能科学与工程、等离子体物理理论3个硕士点和等离子体物理、核能科学与技术2个博士点；离子束生物工程研究，其中有辐射技术与应用、生物物理2个硕士点；强磁场科学和技术，其中有凝聚态物理硕士点；等离子体应用研究。

等离子体物理所现有托卡马克实验研究、理论和混合堆研究、装置总体设计研究、电源工程研究、强磁场科学与技术、离子束生物工程研究等8个研究室，有低温工程等3个中心，有1个图书情报室和所属科聚高技术有限责任公司。

等离子体物理所拥有我国第一台超导托卡马克聚变实验装置和全国最大的低温液氦系统，有全国最大的脉冲电源系统，有全国磁场最高的20万高斯混合磁体和10MW高稳定度直流电源系统，有国内外第一台200keV离子束生物育种专用装置。

1997年等离子体物理所将研制中心和汽车队从事业单位管理模式转变为独立核算，自负盈亏，自收自支的运行模式。经过近一年的努力，汽车队安全行车里程和营运收入分别比1996年提高10%和38.9%，所里和司机都增加了收入，成绩是显著的。研制中心也迈出了可喜的一步。

1997年度取得的主要科研成绩：HT-7实验取得重要进展，放电时间达到2.97秒，等离子体电流达到200kA，超导磁体励磁电流达到5307A，磁场达到2.5T，超过原俄罗斯T-7运行的最高值。该装置于1997年11月顺利通过工程鉴定。工程鉴定专家委员会给予很高的评价，认为“HT-7装置整体性能在超导托卡马克领域进入国际先进水平，为我国核聚变研究进入世界前沿做出了新的贡献”；HT-6M装置上进行的低杂波实验和多波联合实验取得了显著成绩，实现了长时间的H模，达到40～60毫秒，是能量约束时间的10～15倍，得到准稳态的H模；国家“九五”重大科技攻关项目“离子束应用技术研究”通过了中期评估。经过二年的努力，该项目育成四个新品种，累计推广1100万亩，增产粮食9.5亿公斤，创社会经济效益13.6亿元。

1997年等离子体物理所提出建设的HT-7U大型非圆截面超导托卡马克装置被国家批准立项建设，该装置是一项跨世纪的大科学工程。它的建设和投入运行，将使我国的核聚变研究在下世纪初进入世界前沿，使我国对世界核聚变研究作出更直接的贡献。

1997年等离子体物理所争取科研基金国内项目6项，国外项目5项，总经费达130万元。全年获成果13项，获科学院科技进步二等奖2项，获科学院自然科学三等奖1项，获授权专利3件，发表论文132篇。

1997年等离子体物理所成功地举办了HT-7U工程设计国际研讨会议和中日环形小装置改善约束国际研讨会议。等离子体物理所和美国、日本、俄罗斯、韩国、欧盟各国都有很好的国际合作关系，全年派遣出国人员61人次，接待外宾59人次。

1997年等离子体物理所荣获安徽省先进集体称号，低温中心荣获科学院双文明建设先进集体称号等。

固体物理研究所

名誉所长：葛庭燧
所　　长：张立德
地　　址：合肥市西效董铺岛
邮政编码：230031
电　　话：0551-5591415
图文传真：0551-5591434
E-mail：office@ issp. hfcas. ac. cn

中国科学院固体物理研究所于1982年3月正式成立。现有职工157人，其中科技人员128人，有中国科学院院士1人，研究员16人，副研究员和高级工程师37人，中级科技人员48人。现有在学博士生41人，硕士生31人。另有博士后4人。

固体物理所主要从事凝聚态物理和新材料的制备与物理的实验和理论及计算凝聚态物理的研究。设有凝聚态物理的硕士点、博士点和博士后流动站。现有4个研究室和1个固体微结构分析实验室。内耗与固体缺陷学科，在“点缺陷与位错交互作用所引起的非线性弛豫”和“竹节晶界内耗峰的发现及其机理研究”于1993年分别获得了中国科学院自然科学奖一等奖和二等奖后，目前正在探索和建立非线性滞弹性新理论框架；进一步开展过程内耗微观机理的研究，深入进行用内耗方法探测材料微结构变化过程的研究，注意扩大内耗研究和应用的范围，开拓了铝基泡沫金属研究、明胶弛豫谱研究和液-固转变过程的研究等新领域。纳米材料学科在纳米粉体制备科学、非致密纳米固体的合成、介孔组装，特种纳米管、纳米丝的制备和物性、谱学特征和微结构的研究等方面获得了比较系统的研究成果。在对纳米Ag电子结构和输运特性的研究中，发现了负电阻温度系数的尺寸效应，观察到了纳米氧化物低频下的介电现象，发现了尺寸效应。在计算物理和计算材料方面我所具有良好的基础，并在理论计算方法、材料设计及稀土过渡族新材料的电子结构等研究方向做出了高水平的工作。氧化物巨磁电阻获得了院重大项目的支持，在降低饱和磁场，高磁电阻极大值工作温度方面做出了卓有成效的工作，在机理方面也有较大的突破。通过纳米掺杂在Bi银包套带材内引入磁通钉扎中心取得了较大进展，使Bi带材的Jc在磁场下有较明显地提高。

固体物理所经过10多年的发展，已在凝聚态物理和纳米材料科学若干前沿热点领域形成了特色，拥有一系列特殊材料的制备装置和一批用于材料的力学、电学和热学的物性测试及固体微结构分析的大型仪器设备，有国际一流的频谱齐全、温度范围宽的内耗测量装置。1995年底固体物理所用院设备专项资金购买了3台世界上先进的仪器设备(Cary-5E分光光度仪、Omnisorp 100cx比表面与孔隙分析仪、扫描探针显微镜Spm cp)以及现有的pw1700型X射线衍射仪等，都为固体物理所在纳米材料的研究中发挥了巨大的作用。

1997年固体物理所根据国家提出的有所为和有所不为的精神，进一步明确了科研方向，突出了固体物理所的研究特色和优势。未来的几年，固体物理所将把力量主要集中在内耗与固体缺陷、纳米材料科学、计算材料物理的主要研究领域之中，同时在氧化物的巨磁电阻和电子输运及有关前沿材料物理与领域发展新的学科生长点。

1997年全所共争取和承担的主要科研项目共40个，其中3项国家“攀登计划”预选项目，特别是国家“攀登计划”中纳米材料科学，固体物理所是“九五”预研项目的三个主持单位之一。除此之外，有国家自然科学基金面上项目11项，中科院重大项目2项、重点项目2项，“863”超导攻关项目1项，安徽省“九五”科技攻关项目1项，安徽省基金项目1项，院仪器设备升级改造项目4项，大型仪器功能开发项目1项等。

1997年固体物理所在正式出版物上发表论文110篇，其中被SCI收录的论文有52篇。根据1996年中国科技论文统计与分析，1997年固体物理所在全国科研机构中，被SCI收录论文排名为22位，论文引证排名为19位。有1项成果获得了中科院自然科学奖三等奖，有6项成果向院申报，1项成果向安徽省科委申报。在应用研究方面，建立了纳米材料研究制备中心，从横向争取到一定量的科研经费，全所申请专利共13项，其中发明专利6项，已授权3项。

1997年固体物理所的科技开发工作也有新的起色，于当年3月份成立了公司管委会。所办公司的当年营业额总计达1200多万元，利润近百万元。

1997年固体物理所国际交流合作取得了可喜的成绩，获院批准3项，院级协议1项，共办理出访项目12项，外宾的来访明显增加，共8次，10人，其中包括吉尔吉斯坦科学院院士安德列夫斯基来访等。

固体物理所是中国物理学会内耗与超声衰减委员会的挂靠单位。

安徽光学精密机械研究所

所　　长：胡欢陵
地　　址：合肥市西郊董铺（1125信箱）
邮政编码：230031
电　　话：0551-5591539
图文传真：0551-5591572
E-mial：aio@aiofm. hfcas. ac. cn

中国科学院安徽光学精密机械研究所（简称安徽光机所）成立于1970年9月20日。地处合肥市西郊风景秀丽的蜀山湖畔，是中科院从事大气光学、激光技术及其应用、环境监测技术等应用基础研究为主的科研基地型研究所。现有职工901人，其中技术人员558人，研究员37人，副研究员、高级工程师133人，中级科技人员255人。现有在读研究生126人，其中硕士生67人，博士生59人。另有博士后2人。安徽光机所是国家光学专业和大气物理专业的硕士和光学专业的博士学位授予单位，设有国家光学专业的博士后流动站。

主要学科方向：大气光学、激光技术、环境监测技术。以激光大气传输和环境监测原理和技术的研究为主攻方向，大力加强环境监测中的光谱学新原理新方法、激光雷达大气探测、激光光谱学、新晶体材料、环境遥感和辐射校正、激光医疗应用以及相应的激光新技术研究。

安徽光机所根据国家需求，学科发展趋势和市场需要认真进行了学科调整、所的定位和内部结构调整，以应用基础研究为主体，重视应用发展研究，推动高技术企业的发展，初步形成应用基础研究，应用发展研究和高技术企业三层次的组织结构和发展模式。

第一层次的基础和应用基础研究，在大气光学、激光技术和环境监测技术研究中，以知识创新为重点，瞄准国际前沿开展研究，推动这些学科的发展，提高我国这些领域在国际上的学术地位，主要办好3个实验室和1个研究中心。

国家“863”计划大气光学重点实验室，拥有一个一流的激光大气传输实验场和先进的高分辨高灵敏度分子吸收光谱大型实验系统等。

另2个重点实验室和1个中心是：中科院激光光谱学开放实验室、环境遥感辐射定标和校正实验室、环境监测技术研究中心。

第二层次的应用发展研究，以技术创新为重点，努力发展激光技术、新激光晶体材料、光电子技术，推动它们在医疗仪器、工业和环境监测中的应用，主要办好4个研究中心，即激光工程研究中心、激光晶体材料研究中心、高档激光医疗仪器工程研究中心、光电子技术研究发展中心（筹建）。

第三层次的高技术企业，以市场为导向，以经济效益为中心，适时将应用研究成果和高技术成果转化为产品，进行以产品开发为核心的高新技术创新，为我国激光和光电子技术产业、环保产业的发展作贡献。近期主要办好合资的“合肥安光大恒医疗仪器有限公司”、“合肥科晶材料技术有限公司”和“科瑞电子技术公司”等。抓好“激光合成氮化硅超细粉末”产学研中试基地。

1997年安徽光机所加大了年轻人才的培养力度，特批晋升6名年轻研究员，完成了大气光学学科的中科院“百人计划”的招聘工作。制定了加强人才队伍建设的政策、措施和“按需设岗、按岗聘任”等文件。在竞争上岗，干部招聘的用人新机制方面进行了有益尝试。

1997年度落实“九五”科研项目又有了进展，落实的较大项目有5项。“中国遥感卫星辐射场”重大项目已正式启动。到1997年底安徽光机所已落实纵向课题经费与“八五”相比提高近1倍。本年度全所在研纵向研究项目共57项，执行情况良好，较好地完成了年度计划。

1997年有8项科研成果通过鉴定，2项科技成果获中科院科技进步奖，其中安徽光机所研制成功的我国首台紫外差分吸收激光雷达系统获中科院科技进步二等奖。有3项成果与其他单位合作完成（非第一完成单位）获国家科技进步二等奖。本年度申请专利12项，获授权5项，发表论文122篇。高分辨高灵敏度分子吸收光谱大型实验系统通过了中科院主持的专家鉴定，该系统的研制成功将为激光大气传输、环境监测研究所需要的分子吸收光谱数据提供强有力的测量手段；新型激光晶体材料的研究取得较大进展，Er：YAG晶体实现激光输出；发明了一种新型激光晶体（LYK01）实现了蓝绿波段的激光输出。

1997年安徽光机所高技术创新和开发工作又有了进一步发展，一年来开发新产品近10种：目视观察和CCD成像两用望远镜系统、JQ-1和JQ-2型烟端空松实验机、JMZ-1型烟支含末率测试仪、SWK-1型多功能室内温度检测单元、强光消毒器光源系统、中远红外非线性光学晶体硒镓银等。现有所办公司4个和2个生产实体（本年度与美国合资创办了合肥科晶材料技术有限公司）。全年开发收入超过2300万元，利润率10%左右。

1997年安徽光机所进一步扩大了国际交流，全年开展国际交流57人次。加强了国际合作研究工作，本年度签订所级国际及港澳合作研究项目3项。

安徽光机所是安徽省遥感学会、安徽省光学学会的挂靠单位。编辑出版《量子电子学报》（中国光学学会基础光学专业委员会会刊）（双月刊）、《光电子技术与信息》（安徽光机所与安徽省光学学会合办）（双月刊）2种学术期刊。

合肥智能机械研究所

所　　长：方廷健

地　　址：合肥市董铺

邮政编码：230031

电　　话：0551-5591136

图文传真：0551-5591100

中国科学院合肥智能机械研究所建于1979年。1997年，合肥智能机械所在册职工167人，其中具有高级专业技术职务的科学家50人，工程师70人。合肥智能机械所重视研究生教育，1997年招收博士生和硕士生8人。

合肥智能机械所主要从事自动化领域内的传感技术和智能技术研究。重点研究领域包括：敏感元件，力敏、气敏传感器，机器人传感器，航天传感器，自动化检测仪表，计算机应用，人工智能，图像分析与处理，专家系统等。国家传感技术开放实验室厚膜网点和“863”机器人非视觉传感器实验室设在合肥智能机械所，面向全国开放。

合肥智能机械所努力跟踪国际最新科技发展潮流，不断深化科技体制改革和结构性调整。近年来主要研究方向调整为传感技术与微电子机械系统研究、农业智能信息系统研究、信息技术与工业自动化研究等方面。研究机构分为传感系统工程研究中心、农业知识工程研究室、信息与工业自动化研究室三大部分，其中新近成立的传感系统工程研究中心凝聚全所传感技术力量，按照新的组织办法来运作，争取在传感技术研究领域起到国家队的作用。

通过近20年的努力，合肥智能机械所已初步形成了一支能够承担国家重大科研任务、善于打硬仗的科研队伍。建所以来，承担了一大批国家科技攻关、“863”高技术、国家基金、中科院和安徽省的重大科技项目，共取得80多项科研成果，在科学技术转化为现实生产力方面做了大量工作，为国家、社会贡献了自己的力量。1997年，共鉴定、验收科技成果9项，其中“智能产前监护仪”荣获中科院科技进步三等奖，授权专利9项，专利工作受到中科院表扬。

合肥智能机械所是以应用开发研究为主的科研所，特别重视科学研究与国民经济的结合。“蓝岛智能技术有限责任公司”以所总公司的形式管理所办企业，1997年，全所技术开发收入达到1400万元。目前，全所主要力量已投入到应用研究和产品开发上，先后开发了智能测漏仪、心血管功能测试仪、火灾报警控制系统、测长仪、IC卡煤气抄报表系统、电梯加速度测试仪、电梯限速器、图像处理系统、六维腕力传感器、智能油耗仪、智能化胎儿检测仪等，这些产品由于其质量可靠、服务周到而广受用户欢迎，它们在国防、科教、化工、机械、医疗、农业、轻工等行业得到广泛应用，不少企事业单位特别是一些大中型企业竞相与合肥智能机械所洽谈合作。

合肥智能机械所有一支训练有素、责任心强、廉政高效的管理队伍。具有“模式识别与智能系统”、“自动化仪表及装置”2个硕士学位授权点。合肥智能机械所不断加强国际间科技合作，与美国、日本、俄罗斯等国家及我国台湾地区建立了科技合作关系。合肥智能机械所编辑出版中国自动化学会《模式识别与人工智能》学术杂志。

中国科学技术大学

校　　长：汤洪高
地　　址：安徽省合肥市金寨路 96 号
邮政编码：230026
电　　话：0551-3602184　3602000
图文传真：0551-3631760
E-mail：president@ustc.edu.cn

中国科学技术大学是中国科学院所属的理工结合、兼有管理和人文学科的综合性全国重点大学。1958 年 9 月 20 日创办于北京，1970 年初迁至安徽省合肥市。是国家“七五”、“八五”期间重点建设的高校之一，“九五”期间，被批准为国家首批进行“211 工程”建设的高校之一。

1997 年共有教职工 3350 人，其中教师 1650 人，中国科学院院士 10 人，中国工程院院士 1 人，教授 321 人(其中博士生导师 219 人)，副教授 763 人，中青年教师占教师总数的 80%以上。在校学生 7760 人，其中博士生 457 人，硕士生 1144 人，本科生 5366 人，专科生 793 人。此外，还有博士后 43 人，各类成人高等学历教育在学学生 4500 余人。

学校设有研究生院（北京、合肥)、理学院、化学与材料科学学院、高技术学院、商学院、生命科学学院、联想计算机学院、管理学院（北京)、高等研究院（合肥)、成人教育学院等 10 个学院，22 个系和少年班，4 个公共教学部，56 个本科专业及其方向，46 个硕士学位授予点，26 个博士学位授予点，并在 8 个学科 20 个专业建有博士后流动站。有基础数学、计算数学、凝聚态物理、固体力学等 4 个国家重点学科，概率论与数理统计等 10 个中国科学院重点学科，数学、力学、物理学等 3 个学科为国家理科基础科学研究和教学人才培养基地。有同步辐射、火灾科学 2 个国家重点实验室和结构分析、选键化学、结构生物学、认知科学、内耗与固体缺陷 5 个中国科学院开放研究实验室等一批重点科研机构。

校园总面积 113 公顷（1692 亩)，现有建筑面积 40 多万平方米，拥有一大批先进的教学、科研仪器设备，仪器设备固定资产总值达 2.7 亿元。图书馆藏书 110 万册。

最近几年，在宏观上，学校采取了进一步巩固理科优势、大力加强工科建设、积极发展管理和人文学科的方针；在微观上，结合贯彻国家教委的学科专业调整计划，精简专业，改造传统专业，适当增设急需发展的新专业，拓宽专业面。本科专业由“八五”初期的 46 个精简至 38 个，新增专业 5 个。学校还根据紧跟国际前沿和适应社会需要的原则，遴选出有优势，有特色、有前景的 6 个“211 工程”重点学科建设项目和 10 个中科院重点学科，进行重点支持、重点建设、重点发展。学校在建设和利用好现有国家重点实验室和中科院开放研究实验室的基础上，结合“211 工程”规划，以人才和项目的结合为依托，按照择优原则，引入竞争机制，遴选科研基地进行重点建设。先后有选键化学和结构生物学 2 个实验室成为中科院开放研究实验室，原有的国家重点和院级开放研究实验室也有很大发展。5 年来，全校共新增了 23 个校级科研机构。

1997 年，学校继续推行和完善校院系三级管理运行机制，积极稳妥地加快院系和学科结构调整的步伐，成立了生命科学学院，完成了联想计算机学院的筹建工作，工程技术学科的结构性调整也已开始启动。在外部结构调整方面，高等研究院启动运行，与合肥分院的合作进一步加强；与深圳华为公司联合成立了信息技术研究所，进一步拓宽了结构调整的范围和领域。

1997年，学校积极推动教学改革的深化和教育质量的提高，组织力量在新兴、前沿和交叉学科领域开设新课程，编写新教材，共有4项教学成果荣获国家二等奖。在1996年研讨“全面素质培养”的基础上，进一步以“创新精神培养”为主题召开了素质教育研讨会，继续深入探讨具有我校特色的教育教学改革发展战略。学校还采取诸如增设“名著名篇导读”和“科技名著导读”选修课等措施，拓宽学生视野，深受欢迎和好评。

学校进一步调整和优化学生层次结构，加大研究生招生和培养工作的力度，加强本科生教育和研究生教育的衔接工作，继续推行并不断完善“四二三分流培养制”和硕博连读制，建立了学位与研究生教育的质量保证体系和监控机制，成立了“学位与研究生教育评估中心”，在国务院学位办开展的学位点合格评估中，中国科技大学前4批6个博士点和16个硕士点全部顺利通过评估。中国科技大学还被国家教委评为成人教育优秀学校。

1997年全校科研经费到款达4280万元，其中纵向科研经费2411万元，横向科研经费1869万元；另外，还有加速器运行费758万元和同步辐射实验室二期工程建设费2000万元。申请国家自然科学基金工作在前几年连创佳绩的基础上，创历史最高水平，资助金额达1138万元，其中重点项目6项，经费403万元；专项5项，经费84.5万元；面上项目56项，经费达650万元，居全国高校前列。“863”高技术项目签订合同12项，合同金额877万元，1997年到款604万元。

1997年度学校获国家自然科学三等奖1项，获中科院自然科学奖5项（一等奖1项），中科院科技进步奖3项（特等奖1项），获国家教委科技进步二等奖1项。1996年发表科技论文及被引用情况继续居全国高校前列，被SCI收录270篇，居全国高校第四位，被引证235篇、453次，居第五位；被EI收录156篇，居第八位。范洪义教授的论文被SCI收录15篇，在全国排名个人第一；李健民教授的论文被收录9篇，排名第七。

1997年学校大力加强科研基地建设。国家同步辐射实验室二期工程作为国家“九五”首批大科学工程项目已正式立项，建设总投资12 500万元；火灾科学国家重点实验室与香港理工大学合作兴建的大空间火灾实验厅竣工并交付使用。学校实行“科研基地建设择优支持”制度，每年投入百万元经费，滚动支持新的学科生长点以及有良好基础和发展前景的实验室和科研基地，首批有6个实验室得到择优支持。根据国家实施可持续发展战略的需要，学校积极组织力量，进行学科综合和交叉，开展可持续技术开发和研究。1997年5月和10月，分别以“可持续发展对科学的挑战——绿色化学”和“火灾科学的理论及洁净、智能防治技术”为主题，主持召开了2次香山科学会议，引起学术界和国家有关部门的关注和重视。

1997年，学校重视组织综合力量，以各种方式与大中型企业开展产学研合作，使需求导向和技术推动相结合，增强承接大工程项目和解决国民经济建设重大关键技术问题的能力。先后承接了多项百万元以上的大型横向项目，如云南昭通卷烟厂的动力测控系统、新疆邮电管理局计费系统、宝钢集团的穿孔机组监控与故障诊断系统等，进一步巩固和发展了与安徽大中型企业的合作，为地方经济的发展作出了积极贡献。

学校在合肥高新技术产业开发区建设了中国科大科技产业园，首批已有辐化等3家企业在园中落户。全校科技产业销售收入达7000万元。

全年共聘请了150多人次外国科技和文教专家学者来校访问讲学，开展合作研究项目82个；接待了日本东京大学等10多个大型代表团的来访；派出4个校级代表团分别访问了日本、俄罗斯、韩国等国家和我国香港特别行政区；与德国卡尔斯鲁厄大学、日本工业大学和俄罗斯莫斯科大学物理学院等8所高校及研究机构建立了合作关系。在中日据点式大学群交流项目中派出专家学者15人，接待来访学者98人次。全年共派出230余人次赴美国、欧洲、日本、香港等国家和地区作短期访问、进修或开展合作研究；招收有关国家和地区短期留学生40名。主办或承办了中日先进能源与交通工程、中日先进讯息技术、国际计算机科学与工程研讨会、全国高分子学术论文报告会等国内外大型学术会议；举办了

3个骨干教师进修班和3个高级研讨班；聘请客座或兼职教授15名。

中国科技大学是中国科技考古学会的挂靠单位。编辑出版的重要刊物有：《中国科学技术大学学报》、《教育与现代化》、《化学物理学报》、《低温物理学报》、《实验力学》、《火灾科学》等。

武 汉 分 院

院　　长：许厚泽
地　　址：武汉市武昌小洪山
邮政编码：430071
电　　话：027-87883733
图文传真：027-87881080

中国科学院武汉分院现有独立机构11个，分布在武汉、长沙两个地区。武汉地区有分院机关、武汉物理与数学所、武汉病毒所、水生生物所、武汉植物所、武汉岩土力学所、测地所、武汉文献情报中心、武汉科仪厂，长沙地区有长沙大地构造所、长沙农业现代化所。另外，代管水利部、中国科学院水库渔业研究所。共有职工（含合同工）2269人（不含水库渔业所），其中专业技术人员1544人，有中国科学院院士8人，中国工程院院士1人，高级专业技术人员503人，中级专业技术人员670人。现有在读博士生124人，硕士生147人。另有在站博士后13人。

1997年全分院共承担各类科研课题410个，其中本年度新开课题157个，结题130个，共投入课题经费5913.95万元。共取得科技成果17项（第一完成单位）；有10项成果获奖（第一完成单位），其中国家级奖2项，省、部级奖7项，地市级奖1项。全年共发表论文691篇，其中国外203篇，专著13部。受理专利30项，授权4项。

武汉分院积极组织科技力量，为地方经济建设服务。由分院承担的中科院"九五"重点科技项目——"江汉平原四湖地区涝洼地高效生态农业技术开发示范"和湖北省"九五"重点科技攻关项目——"四湖地区持续高效农业发展技术研究与开发"正式启动。为了搞好这项工作，分院注重抓好项目的组织机构、人员、任务落实，成立了分院农业项目管理办公室；组织农化所、水生生物所、测地所、武汉植物所、水库所、武汉病毒所、物理与数学所、武汉文献情报中心等单位53名科研人员参加了该项目的工作；并将项目分解成8个子课题，选定38个辐射示范点，示范面积3万亩，辐射推广高效农业发展技术面积5万亩。经过努力，试验示范项目取得了较大进展。由科研人员引进和选育的"1037"（湘早籼19号）、"96早17"和"黄选1号"、"黄选2号"等优质早稻品种（品系），种植面积11 460亩，亩产量均在500公斤以上，由于产量高、米质好深受当地广大干部和农户的欢迎。水产品的养殖示范也获得较好效果，鱼、虾、蟹及莲藕的育种、繁殖、混养有了较大发展。此外，由分院组织承担的"八五"项目"四湖地区湿地农业持续发展研究"通过了由湖北省科委主持的成果鉴定，专家们对这项工作给予了很高评价。

武汉分院不断拓宽与地方的科技合作工作领域，经过协商，分院与湖北洪湖蓝田公司签订了"洪湖蓝田水产品开发有限公司水产品原料基地建设规划协议书"，分院组织有关专家经过辛勤劳动，完成了《可行性研究报告》，并通过了蓝田公司组织的专家论证。随后正式成立了"中科院武汉分院、洪湖蓝田公司水产品开发有限公司农业产业化科技试验示范基地"。周光召院长及院农办、省科委、武汉分院、蓝田公司负责人参加了挂牌仪式。

分院领导组织水生生物所、武汉植物所、水库所有关领导和专家赴北京通州区、顺义县、官厅水库、密云水库、西郊农场等地进行实地考察，洽谈农业科技开发合作项目。经协商双方决定在水库水面开发利用、观赏鱼及名优水产品养殖、水生经济植物开发、风景区莲花园建设等方面开展合作，现已签订6

项科技合作协议，部分工作已经起步。

分院承担的湖北黄石市“城郊设施蔬菜种养技术开发与示范”项目，是省科委“九五”科技攻关重点项目。在该项目的实施过程中，科技人员针对城市菜蓝子工程，开展了集约化工厂养殖、设施蔬菜等工作。在蔬菜设施栽培方面开展了设施蔬菜工厂化育苗，无土栽培、高效栽培、无公害栽培等技术示范；在水产设施养殖方面，对现有养鳖设施进行改造，以及健康养殖技术示范和鲫鱼、大口鲶、沼虾等工厂化养殖的工艺流程与养殖技术试验。

武汉分院十分重视科技成果推广工作，先后邀请了湖北省、武汉市经贸委、科委负责人到分院各研究所考察，交流科技信息，座谈合作意向。同时组织有关研究所参加了“武汉市50强企业交流会”、“’97宁波科技成果交易会”、“中科院’97张家港高新技术成果发布会”、“宜兴市环保项目洽谈会”等活动，分别签订了一批意向合作协议。1997年度分院系统科技成果中，已推广应用8项。

武汉物理与数学研究所

所　　长：叶朝辉
地　　址：武汉市武昌区小洪山
邮政编码：430071
电　　话：027-87882543
图文传真：027-87872238
E-mail：wipm@wipm.whcnc.ac.cn

中国科学院武汉物理与数学研究所于1996年3月由中国科学院武汉物理研究所（成立于1958年）和中国科学院武汉数学物理研究所（成立于1979年，前身是1956年成立的中科院武汉数学研究室及1959年成立的中国科学院数学计算技术研究所）合并而成。全所现有职工406人，其中科技人员320人，研究员28人，副研究员、高级工程师91人，中级科技人员150人。现有在学研究生69人，其中博士生30人，硕士生39人。另有博士后8人。

武汉物理与数学所主要从事核磁共振波谱学、原子分子物理、电离层空间物理、数学物理、声学与原子频标等领域的研究。无线电物理（波谱与量子电子学）和空间物理学专业具有博士、硕士学位授予权；原子分子物理、应用数学、基础数学、系统科学和管理工程、声学等专业具有硕士学位授予权，并建有1个物理学博士后流动站，1个“波谱与原子分子物理国家重点实验室”和电离层物理、数学物理2个院青年实验室。今后的发展方向：基础研究以“磁共振方法及其应用，原子分子结构和动力学过程，电离层与电波传播基础理论以及低电离层、中高层大气观测，数学物理”为主，积极开展在物理与数学以及化学、生命科学相结合上的新思想、新概念、新方法的研究，探索新的学科生长点。应用研究（含高技术跟踪）：大力加强原子频标、波谱技术、超声无损检测研究，争取更多地承担并圆满完成国防建设和工业生产建设中的重大课题任务。高新技术产业：以市场为导向，依托学科优势，发展工业无损检测技术，波谱技术、IC卡应用技术、电子与计算机应用技术，开发一批高技术产品。武汉物理与数学所已形成了以“国家重点实验室”和“院青年实验室”为主体的基础研究、高技术跟踪与开发、管理与“三产”实体的三大块格局。科研机构设置为：磁共振波谱学、原子分子物理、电离层物理、声学和技术、原子频标、数学物理方程、近代分析与系统科学、计算机网络中心等8个研究室，另设1个“数学物理学报”和“波谱学杂志”编辑室，7个高技术产业公司。

武汉物理与数学所国家重点实验室、中科院青年实验室拥有200MHz、400MHz和500MHz核磁共振谱仪，活体波谱成像仪，核与电子双共振谱仪，多台脉冲和连续波激光器，光谱测试和谱分析仪，美国SCI、DEC和SUN公司多台先进图形数据处理工作站等先进设备和实验条件。中科院武汉分院计算机网络中心设在武汉物理与数学所。

武汉物理与数学所1997年主要采取的改革措施是：明确基础性研究所的发展方向，积极推进研究所的分类定位试点工作，并取得较好效果。经中科院评议，被认定为首批科研基地型研究所试点单位之一。1997年武汉物理与数学所双文明创建活动被中科院提名表扬。

武汉物理与数学所1997年争取到的科研项目有23项，获总经费超过500万元；其中国家项目4项，国家自然科学基金项目11项，军工项目2项，院重大、重点项目4项，其他项目2项。在研项目122项，其中国家项目7项（“攀登计划”子课题4项，“863”子课题1项，国家科委特别支持项目2项），国家自然科学基金（含重大、重点）26项，院级项目（含重大、重点）15项，军工项目7项，国际合作项目1项，横向项目17项，其他项目49项。

武汉物理与数学所1997年“核自旋体系的非平衡态过程及局域行为的磁共振研究”获中科院自然科学二等奖，“催化剂及其载体和吸附剂等多孔介质的NMR研究”获湖北省科技进步二等奖，与吉林大学合作的“固体电解质的温和水热合成化学”获国家教委科技进步二等奖。1997年武汉物理与数学所发表论文143篇，其中在国外发表60篇，在国内发表83篇，据资料显示，武汉物理与数学所96年在SCI发表论文39篇，被引用论文74篇，在全国研究机构中分别排名第十六名和第九名。电离层青年实验室被人事部、中科院授予先进集体。毛希安博士获国家杰出青年基金，张顺荣博士获第五届中国青年科技奖、中科院第二届优秀青年，宁百齐、张顺荣博士获湖北省有突出贡献中青年专家。

武汉物理与数学所具有7个高技术开发公司，共有210余人的规模。1997年科技开发取得总营业额为3000万元，纯利润总额为160万元。当年开发的新产品有：“高点料位仪”，获得较好经济效益；“KW-4型数字化超声探伤仪”和“KK-30型智能超声波探伤仪”，其中KW-4型已通过铁道部的评审，产品已进入行业；“HS-400型数字化超声探伤仪”经湖北省计量局和技术监督局审定获得产品定型批准证书；“无极灯”研制工作由武汉市国际信托公司投资130万元进行合作开发，当年取得新的进展。

武汉物理与数学所已与美国、英国、德国、日本、芬兰和澳大利亚等20余个国家的著名大学和科研机构建立了良好的国际合作与人才培养关系。其中同英国帝国理工大学和女王大学合作研究的“原子的外场效应”，研究结果在J. Phys. B和Phys. Rev. A上发表，得到国内外同行的关注和好评；与芬兰数学家的合作研究，在A-调和测度的稳定性研究方面取得了重要进展，证明一定条件下A-调和测度的稳定性。武汉物理与数学所1997年国际合作交流共计27项，出访20项、22人次，来访7项、11人次。通过国际学术交流和合作研究、合作培养博士研究生，为促进科研工作和加速青年科研人员的培养起到了良好作用。

武汉物理与数学所是湖北省声学学会、中国物理学会波谱专业委员会的挂靠单位。编辑出版的刊物有：《数学物理学报》和《波谱学杂志》，均为中国自然科学核心刊物。

武汉物理与数学所下属的重要机构有：波谱与原子分子物理国家重点实验室、中科院电离层青年实验室、中科院数学物理青年实验室、武汉波谱公司、武汉汉理新产业股份有限公司、武汉科声技术公司、武汉汉威技术公司、武汉科理技术公司、武汉数理科技开发公司。

武汉岩土力学研究所

所　　长：白世伟
地　　址：武汉市武昌区小洪山
邮政编码：430071
电　　话：027-87869251（所办）
图文传真：027-87863386
E-mail：irsm@dell. whrsm. ac. cn

中国科学院武汉岩土力学研究所成立于1958年10月，建所时从事空气动力学研究，1962年 改为从事岩土力学研究。现有职工267人，其中科技人员195人，有中国工程院院士1人，研究员21人，副研究员、高级工程师62人，中级科技人员68人。现有在读研究生57人，其中博士研究生39人，硕士研究生18人。武汉岩土力学所学科方向为岩土力学和岩土工程，研究领域是应用基础研究、工程应用研究和工程测试技术研究。是岩土力学博士学位、岩土力学和岩土工程硕士学位授予点。今后发展方向将在基础研究方面，重点研究断续介质的岩体基本力学性质、岩土流变学、岩土渗流力学、岩土动力学、岩土热物理、岩土力学数值模拟和计算方法、岩土力学物理模拟与地力学模型等,建立岩土介质强度理论、本构方程;在应用研究方面,重点研究并解决边坡稳定性,地下工程稳定性,高层建筑基础稳定性对山体滑坡、泥石流、地面沉陷等地质灾害的治理及岩土工程加固,核电基础和核废料贮存安全性,海洋资源开发,国防工程等国家经济建设和社会发展中带共性的重大岩土工程典型疑难问题;在岩土工程高新测试技术研究方面,重点研究新的岩土工程测试原理,创造新方法、新技术。主要开展岩土工程测试仪器与设备研制、岩土工程安全性监测预测、地层状态超前探测等高新技术的研究。

1997年共取得科研成果3项,其中"岩体动态施工力学研究"获中科院自然科学二等奖。另外2项成果为与兄弟单位合作共同完成,分别获中国科学院科技进步一等奖、水利部科技进步三等奖。1997年向中国科学院申报登记成果2项,申报专利7项,有3项专利已获得批准,1项软件成果获国家版权证书。

1997年全所共有在研项目58项,其中应用基础类38项,岩土工程类20项,另有所长择优支持项目2项。以上项目共有科研经费412万元。上述项目含国家"攀登计划"项目1项,国家攻关项目4项,国家自然科学基金项目5项,国家重点项目5项,中国科学院基金项目、重点课题、装备课题26项,省市项目7项,与新加坡等国家和我国台湾省、香港特别行政区开展的合作项目5项。

1997年全所科技人员共撰写各类科技论文94篇,其中国际会议及发表在核心刊物上的共有51篇。

在中国科学院结构调整的思想指导下,确立了武汉岩土力学所战略定位:以国民经济建设中重大岩土工程为背景,解决具有超前性、关键性和战略性的岩土力学课题为宗旨,在岩土计算力学、边坡工程、地下工程、岩土工程测试技术等领域保持国际先进水平。坚持岩土力学应用基础研究、重大岩土工程应用研究、岩土测试高新技术三大支柱协调发展的发展模式,把武汉岩土力学所建设成具有国际先进水平的综合性岩土力学、岩土工程研究重要基地。

1997年进行以下二个方面的调整和改革:第一,完成了中国岩土工程研究中心总结调整工作。依据国家科委、中国科学院领导及主管部门指示精神,召开了第二届中国岩土工程研究中心管理委员会,确定了中心新时期的发展方向和任务,修改了章程,选举产生了新一届中心组织领导机构,使中心步入健康发展的轨道。第二,加快开放实验室建设和调整。中科院"八五"基建项目,岩土工程模型楼经自筹经费200万元于10月份峻工,以该楼作为基础研究基地,将部分从事基础研究的课题组人员及科研课题统一纳入开放实验管理,并在年底前建成高水平、高质量模型齐全的土力学实验室。所投入经费购置了全新的办公设备,绿化了大楼周边的环境。

1997年在全所科技人员的共同努力下,科技开发和创收取得稳步发展。全年共签订合同377项,合同额1784万元。由桩基检测、桩基检测仪研制开发销售和岩土工程任务三大部分组成,另有少部分工程施工任务。今年注重抓测桩队伍的管理建设,在取得经济效益的同时获得较好的社会效益,被武汉市基础工程协会、武汉市建筑质量检测协会评为先进单位受到表彰。

人才培养方面,1997年取得了显著的成绩:(1)积极创造条件实施"百人计划",专家委员会对提出申请的国内外8名学者进行了审议、答辩,经中科院人事局批准东北大学冯夏庭博士最后入选。(2)1997年度共招收研究生16人,其中博士11人,硕士5人,毕业博士4人,硕士3人。(3)引进了几名学有所长、经验丰富的科技骨干,在科研开发工作中发挥了重要的作用。1997年全所有8位科技人员晋升高级职务,7位晋升中级职务。

在国际交流与合作方面,1997年成功举办了"第九届国际岩土力学计算机方法与进展国际会议",大会共收录论文400余篇。我国专家学者发表论文占45%,其中武汉岩土力学所科技人员发表论文24篇。来自世界31个国家和地区的代表300余人,其中境外174人;岩土力学方面像这样大规模的国际会议在武汉举行尚属首次。这次大会的成功举行进一步加深和扩大了我国岩土工程界与国际间的合作渠道。

中国岩土工程研究中心挂靠在武汉岩土力学

所，并是国家一级学会“中国岩石力学与工程学会”的挂靠单位之一。编辑出版《岩石力学与工程学报》、《岩土工程学报》、《岩土力学》等重要学术刊物。

测量与地球物理研究所

名誉所长：方　俊

所　　长：朱耀仲

地　　址：武汉市武昌区徐东路54号

邮政编码：430077

电　　话：027-86783855（所办）

027-86783962（业务处）

图文传真：027-86783841

E-mail：cdsb@asch.whigg.ac.cn

中国科学院测量与地球物理研究所（简称测地所）的前身为南京中国地理研究所的大地测量组(1950年)。1958年迁武汉成立中国科学院测量制图研究所，1961年调整为中国科学院测量与地球物理研究所，1970年划归国家地震局，1978年重建测地所。截止1997年底职工总数145人，其中科技人员100人，有中国科学院院士2人，研究员（包括正研级高级工程师等）13人，副研究员、高级工程师21人，中级科技人员54人。现有在学研究生36人，其中博士生23人，硕士生13人。

测地所是一个从事大地测量学、地球物理学与环境科学的基础性研究所。主要研究地球整体与局部运动、地球自转、地球重力场及其动力学机制；湿地系统的结构功能及其开发与保护；为资源环境及减灾防灾提供高科技服务。测地所是国务院批准的首批博士和硕士学位授予单位之一，现有博士生导师8名，博士点招生专业为：固体地球物理专业、大地测量学专业；硕士点招生专业为：固体地球物理专业、大地测量学专业、自然地理专业。现设有：中国科学院动力大地测量学开放研究实验室、环境与国土研究室、动力大地测量中心实验站、中国科学院江汉平原小港湿地生态站，湖北省计委、中国科学院武汉分院环境与国土研究中心，湖北省21世纪议程管理中心等。

1997年进一步明确了测地所的战略定位与发展方向，根据测地所的学科优势、良好的国际合作及人才培养优势，确定以研究大地测量学、地球物理学和天体测量学交叉派生出的前沿学科——动力大地测量学为主的研究所，立足国际前沿，力争在动力大地测量领域中发现新现象，新原理和新规律。主要研究地球的整体、局部和内部运动以及它们的地球物理解释和动力学机制，大力加强和积极发展动力大地测量和实验观测技术，为航天和空间科学技术提供测绘保障，为环境变迁、资源勘探、防灾减灾、社会经济持续发展服务。把测地所建成国家动力大地测量基础研究中心，国际一流的实验观测基地和我国高层次的动力大地测量学人才培养基地，并为动力大地测量学的发展和我国长江中游湿地系统的研究作出应有的贡献。遵循一主两辅的发展模式：一主是指动力大地测量学基础性研究，立足国际前沿，解决动力大地测量中的最需要迫切解决的，最具有认识性和理论性突破的问题，加强大地测量学与地球物理学及天体测量学的交叉研究，推动动力大地测量学的发展，提高我国在国际上的竞争力和学术地位。一辅是指发挥区域优势，开展湿地系统生态学和环境遥感与地球信息系统研究，为区域农业的发展和湿地资源合理开发服务；另一辅是指GPS技术的应用研究和技术开发工作，旨在促进基础研究成果的转化，为我国GPS产业化做出贡献。

拥有国内唯一一台FG5型绝对重力仪、国内唯一一台TT-70超导重力仪、第三代人卫激光测距仪、全球定位系统接收机（Rogue GPS，ASHTECH GPS等）、拉柯斯特重力仪（LCR-ET型、LCR-G型等）；原子频标系统、遥感图像处理与地理信息系统、计算机工作站、海洋重力仪等国际先进设备。

1997年是抓“九五”项目落实、启动的关键一年，国家大型科学工程重大项目“中国地壳运动观测网络”启动，国家“攀登计划”项目“现代地壳运动和地球动力学研究”继续滚动。1997年争取的项目主要是国家自然科学基金项目，海洋“863”项目，国家有关部委项目，地方项目及中科院重大、重点项目等。

1997年在研的主要科研任务63项，分别为“攀登计划”项目2项和6个专题，国家攻关项目

2项，国家基金项目14项，院重大项目2项、重点项目4项，“921”项目1项，三峡建设总公司项目1项，院长基金项目2项，院特别支持项目2项及分院、省科委重点、院开放实验室基金、所长基金、常规观测、地方委托项目等等。其中院重点项目“青藏地区现代地壳运动及动力学机制的研究”取得可喜的成果，顺利通过了院资环局组织的验收，专家们一致认为项目总体上达到国际先进水平，部分工作达到国际领先水平。

1997年测地所主持项目获院科技进步三等奖1项，中科院自然科学三等奖1项；作为主要参加单位成果获国家科技进步二等奖1项，获中科院科技进步特等奖1项，国家测绘局科技进步一等奖1项。共有5项成果报院。正式出版专著4部，即《天文地球动力学原理》、《三峡工程与沿江湿地及河口盐渍化土地》、《抗差最小二乘法》、《江汉流域资源合理开发利用与经济发展》。完成论文102篇，在各类刊物上正式发表60余篇。

科技开发工作：1997年测地所作为组建单位之一，申报组建的“国家卫星定位系统工程技术研究中心”，国家科委已同意将其列入1997年国家工程技术研究中心组建项目计划（项目编号：959703）。

测地所积极开展国际学术交流，参加全球超导重力仪用于地球动力学研究计划（GGP计划）、国际岩石圈计划（Ⅱ-4）、西太平洋人卫激光观测网计划（WPLTN）、NASA的固体地球研究计划（DOSE）、地球的理论模拟和观测计划、全球重力变化监测网计划（G-gramophone）、亚太地区空间地球动力学计划（APSG）、与英国、美国的四家院校开展了湿地系统研究。作为主持单位之一，成功举办了“东亚和东南亚地区现代地壳运动和减灾国际学术讨论会”，全年派出进行国际合作研究及参加国际会议9人次，接待来访外国科学家23人次，派往南极考察1人。许厚泽院士任国际大地测量刊物编委。通过了国家教委、国务院学位办组织的全国博士点评比工作，测地所2个博士点顺利通过评审。1997年招收博士生5名，硕士生3名，毕业博士生3人，硕士生2人。通过开展专业课讲授及专题学术报告会专业英语讲演比赛、职工微机培训和国际交流各种学术活动，培养了人才，取得显著效果。

测地所是湖北省地球物理学会、湖北省天文学会、湖北省自然资源研究会的挂靠单位。

水生生物研究所

名誉所长：刘建康
所　　长：朱作言
地　　址：武汉市武昌区珞珈山
邮政编码：430072
电　　话：027-87883482
图文传真：027-87875132
E-mail：ihb@liy. whihb. ac. cn

中国科学院水生生物研究所的前身是1930年1月在南京成立的国立中央研究院自然历史博物馆，1934年7月改名为中央研究院动植物研究所，1944年5月又分建成动物研究所和植物研究所。中国科学院成立以后，于1950年2月正式成立中国科学院水生生物研究所（上海），1954年9月由上海迁至武汉。1997年底，全所共有职工385人，其中科技人员286人，有中国科学院院士5人，博士导师18人，研究员28人，副研究员、高级工程师70人，中级科技人员121人。现有在学博士生为37人，硕士生28人。另有博士后4人。

学科方向及研究领域：主攻方向是内陆水体生态学，并重点进行水生生物分类及资源，水环境、生物技术和水生生物基础生物学等相关领域的研究，为掌握淡水水体中生命活动规律，合理开发利用水生生物资源，发展新型渔业和改善水环境质量提供科学依据及相应技术措施。

目前设有7个研究室和中国科学院东湖湖泊生态系统开放试验站，并拥有淡水生态与生物技术国家重点实验室和淡水综合养殖工程技术开发研究中心（武汉赛思养殖工程中心）。

此外，设有中国科学院生态系统研究网络水体分中心，中国生物多样性水生生物分中心；有亚洲最大的鱼类博物馆，藻类标本室；中国淡水藻种库；淡水无脊椎动物标本室；鱼类寄生虫标本室等通过长期积累形成了国内无可替代的基础研究支撑设施。

1997 年采取的主要改革措施及其效果：

1. 根据社会公益型研究所的性质和特点，基本明确水生所的总体发展战略。即以国家和社会需求为导向，以科学化，民主化的管理为保障，以应用基础研究为主体，以基础研究和科技产业为两翼，围绕淡水资源的可持续利用这一中心议题，在资源、生态与渔业，水环境保护及生物技术等领域解决国民经济发展中具有战略意义的重大问题，攀登世界科学技术的高峰，把水生所建成具有较高学术地位和独特功能的国家级重点研究所。

2. 继续加大力度吸纳和培养优秀青年人才，优化科技队伍梯次结构；以注重个人工作绩效和将来发展前景为重点，改进职称（级）评聘方法；规范按需设岗、按岗聘用、签约上岗和分类管理办法，逐步完善内部人事管理制度。将人才培养，人才使用和人才绩效有机地结合，从而进一步发挥科技队伍和管理队伍整体竞争优势。

3. 成立了以市场为导向，以技术开发，创新和科技成果转化，扩散为宗旨的“武汉赛思淡水综合养殖工程技术开发研究中心”，并积极创造条件，争取使其成为国家级淡水综合养殖工程技术开发研究中心，建立科研成果进入国民经济主战场的渠道。

4. 在教育工作中，通过改进和采取有效的研究生招生宣传措施，大幅度地扩大了生源，使报考和招生比例由原来的 3：1 达到了 10：1，生源质量也大幅度上升，现重点大学推荐的免试生由于名额所限只能择优部分接收。研究生培养质量继续稳步上升，1997 年 6 人获得博士学位（含在职申请博士学位 1 人），3 人获硕士学位，3 人考取在职博士研究生。1997 年获中科院院长奖学金特别奖，优秀奖各 1 人，中科院地奥奖 5 人。

5. 根据水生生物所《“九五”精神文明建设规划》和《中国科学院水生生物研究所文明单位建设管理办法》，文明小区管理办法加大创建力度，在连续五届被评为“省级文明单位”的基础上，争取 2000 年实现“省级最佳文明单位”的目标。

1997 年水生生物所承担国家“九五”科技攻关项目 10 项，“863”项目 2 项，“921 工程”项目 1 项，国家自然科学基金重大项目 2 个子课题、重点基金项目 2 项、优秀和杰出青年人才基金项目 2 项、面上基金项目 31 项，国家三峡项目 2 项，中科院重大项目 6 项、重点项目 7 项，国际合作项目 6 项，其他各类项目 55 项，共计 130 项。其中国家攻关项目涉及鱼类遗传育种、内陆大型水体生态渔业、鱼类病害防治、水环境治理等，“863”项目涉及鱼类基因工程育种与藻类生物学。

1997 年新争取国家自然科学基金面上项目 6 项，重点基金项目 2 项，还有其他在争取中的“海洋 863”项目多项。

1997 年完成的“‘全鱼’生长激素基因构建与快速生长转基因鲤鱼培育”获国家自然科学三等奖。“小型草型湖的渔业综合高产技术研究”获国家科技进步二等奖。“淡水养殖鱼类暴发性传染病病原生物学及控制对策”获中国科学院科技进步三等奖。

水生生物所科技开发内容主要包括水生动物品种、养殖、饲料、病害防治技术及其药品，微藻工厂化生产与加工，水环境综合治理、监测及工业废水处理技术等 4 个方面。

技术产品主要有（1）养殖系列品种：高体型异育银鲫、白花鲫、胭脂鱼、全雌鲤、全雌鳖、抗病草鱼、河鲶、月鳢、黄颡鱼、鳜及观赏鱼类新品种。（2）饲料系列：鱼、虾、蟹、鳖及观赏鱼系列商品饲料。（3）防治药品系列：淡水与海水养殖鱼类、虾、蟹类以及蛙、鳖的免疫疫苗和防治药物。（4）螺旋藻系列产品：藻粉、片剂、胶囊及饮品。（5）光合细菌制剂。（6）环境监测产品：水质净化剂，快速测氧胶囊等。

高技术企业两家，即武汉赛思淡水养殖工程技术开发研究中心和武汉科水生物科技开发公司。年销售额约 1000 万元。此外，还开展相关领域的技术服务、技术转让、技术咨询、技术培训等工作，直接从事科技开发人员 20 余人。

1997 年水生生物所有下列国际科技合作项目：（1）中德合作项目“中国典型地区多氯化二苯并二恶英及呋喃类化合物的来源、归宿及沉淀规律研究”；（2）欧洲联盟第四个总结规划（1994～1998）中与发展中国家科技合作项目“热带亚热带区域水质改善、回用与水生态重建的生物工艺学对策研究”；（3）中法合作项目“微藻生理生态与生物技术研究”；（4）中日合作项目“亚洲微生物研究网络”；（5）中日合作项目“江豚、白暨豚的声能力比较研究”；（6）中日合作项目“关于富营养化湖泊群生态系统管理的研究”。

人才培养方面：1997年经中国科学院特批破格晋升研究员2人（含1996年“百人计划”入选者）；入选中科院1997年度“百人计划”1人；获院青年科学家奖1人；获各级政府有突出贡献专家称号及特殊津贴共4人；新增院士2人。

水生生物所是中国海洋湖沼（动物）学会鱼类学分会、中国动物学会原生动物学会、中国水产学会鱼病研究会、湖北省海洋湖沼学会、湖北省动物学会、武汉动物学会、中国环境科学学会环境生物学专业委员会的挂靠单位。编辑出版学术刊物《水生生物学报》。

武汉植物研究所

常务副所长：黄宏文（主持工作）
地　　址：武汉市武昌区磨山
邮政编码：430074
电　　话：027-87801126
图文传真：027-87801251

中国科学院武汉植物研究所前身为中国科学院武汉植物园，成立于1956年。1997年底在职职工总数为218人，其中科技人员总数为144人，研究员16人，副研究员、高级工程师24人，博士6人，中级科技人员61人。具有植物学专业和生态学专业硕士学位授予权，现有在学硕士18人，与兄弟单位合作培养在学博士生5人。

武汉植物所地处华中地区，是以社会公益型为主的综合性研究所，以华中地区植物资源和“两湖湿地”水生植物应用基础研究和植物园种质资源保存研究为主体，以植物化学资源研究开发和植物园的绿化、工程苗木开发为两翼，紧紧围绕亚热带植物资源多样性与可持续利用的主题，在资源、环境和农业等领域面向国家和社会发展的需求，解决国民经济建设中具有战略意义的重大问题。武汉植物所的学科发展方向为：水生植物生物学，植物多样性及保护生物学，资源植物学。设有4个研究室和2个开发中心，即植物分类生态研究室、水生植物研究室、资源植物研究室、经济微藻研究室和植物化学资源研究开发中心、猕猴桃研究开发中心，并设有图书情报编辑室。

武汉植物所主要面向华中地区，针对这一区域特殊的地理气候条件及丰富的植物资源进行植物分类学、地植物学、植物生态学研究，特别是神农架及三峡地区植物的长期综合研究。1997年武汉植物所承担和开展了37个课题的研究，基础研究9个，应用基础研究16个，应用研究5个，横向开发课题7个。其中国家攻关项目3项，欧共体项目1项、国家自然科学基金项目3项、中科院重点、重大项目5项，全年鉴定科研成果4项，申请专利5项。在国内外学术刊物上发表论文90余篇，“云南螺旋藻的研究与开发”获1996年度云南省18生物资源开发工程科技成果产业化特种奖；“猕猴桃属植物遗传资源评价，种质基因库建立及育种研究”收集了51个物种，80余个栽培品种和株系、55份原生质体、培育再生植株材料9000余份种间杂交材料，并发现2个新种、收集8个濒危种，建成了世界上种质资源保存涵量最大、遗传资源最为丰富的种质基因库，成果被专家评为国际先进水平。

“藻蓝色素的提取和综合利用技术”在国内外首次突破了螺旋藻藻蓝色素多糖和藻渣的综合利用难题，筛选培育了高藻蓝色素含量的优食品系正在生产中推广应用，申请了三项发明专利。1997年在国家科委主持的成果鉴定会上被专家评为国内领先水平。

“桅子蓝色素的研制”，首次研究了用桅子果同时制备桅子黄色素、桅子蓝色素和果胶的综合利用生产工艺，被专家评为国内领先水平。

1997年武汉植物所下属植物园兴建3200平方米药园温室和800米长腊梅园水泥道路、铺设供水管道1000多米，扩建珍稀植物展示区，猕猴桃种质资源圃、草花园等10多亩园地、种植草坪1万多平方米，移植各种花卉树木竹子5000余株，全年共引种栽培植物2000多种，其中新增约100种（品种）。1997年完成了1000平方米水生植物实验温室和4000平方米水生观赏植物展区的筹建工作。

1997年武汉植物所积极开展国际合作，邀请接待了来自美国、新西兰、俄罗斯、澳大利亚、日本的专家学者来所参观访问、讲学和洽谈科技合作。

武汉植物所是湖北省暨武汉市植物学会的挂靠单位。编辑出版的学术刊物有《武汉植物学研究》。

武汉病毒研究所

所　　长：何添福
地　　址：武汉市武昌区小洪山中区44号
邮政编码：430071
电　　话：027-87869117
图文传真：027-87641072

中国科学院武汉病毒研究所始建于1956年，当时称中国科学院武汉微生物研究室，1961年更名为中国科学院武汉微生物研究所，1979年改为现名。

全所现有职工228人，其中各类专业技术人员172人，研究员13人，副研究员、高级工程师49人，中级科技人员69人，在读硕士生38人，博士生2人。

武汉病毒所的学科方向是：开展以重要动物、植物、昆虫、细菌病毒和微生物病原的性质、诊断及防治技术研究为先导，以生物技术为后盾开展多学科、交叉学科的综合研究。研究领域涉及病毒的分类与保藏、昆虫病毒、植物病毒、动物病毒、分子病毒、水生生物病毒、生物传感器和蛋白质工程、生物杀虫剂、环境微生物、微生物固氮，以及微生物代谢产物和发酵微生物育种、微生物肥料等。主要致力通过发现、利用、改造微生物为人类的生存与发展做出更大的贡献。

根据科技形势的发展和研究所的实际，逐渐探索出"一主二辅"的发展模式，即以病毒学和微生物学基础研究和应用基础研究为主，跟踪世界前沿，在理论上创新，在学科上发展；一辅即高技术研究与发展应用，有应用前景的科研成果进入中试，然后进入社会，对国民经济建设产生经济效益和社会效益，推动社会发展与进步；二辅是生物技术产业化，迈出科研与企业相结合的步子，找出科技与经济结合的最佳结合点，形成生物技术规模化产业，提高产品的科技含量。

为有效组织完成科研目标，科研机构设置4个研究室，即病毒分类与保藏室、病毒研究室、微生物研究室和生物技术研究室；科研服务机构有：中心实验室、实验动物养殖室、编辑文献情报室。

亚洲最大的病毒库"中国普通病毒保藏中心"设在所内，已保藏多种病毒660余株，1997年实现了对毒株的微机化管理，并准备与国际联网。建有200m^2的"中国病毒标本馆"，以其科普性、专业性和特色性受到院、省、市领导的重视，接待国内外参观人员500余人次，并逐步对外开放。

1997年围绕武汉病毒所的定位、学科调整，采取了相应的改革措施。在课题调整方面制定一系列管理办法，引导研究方向相同或相近的课题组进行重组和合并，有利于科技人员共同合作承担国家大的项目。机关通过定岗定编、转岗分流，机构由原二办三处调整为三个联合办公室，人员由34人减为24人，体现了一人多岗、一专多能、人无闲职、工作量饱满的格局。

武汉病毒所重视研究生教育，自1978年以来，病毒学和微生物学专业两个硕士点，共培养出研究生192人。1997年录取硕士生13名。同时鼓励青年科技人员在职攻读硕士和博士学位，近年来在经费困难的情况下，拨专款10万元作为人才培养基金，目前在国内外攻读博士学位的青年科研人员有8人。在对青年科技人员培养方面，注重把优秀青年人才选拔到研究室领导岗位上锻炼，调整后年龄由52.8岁降至40.1岁；高级专业技术职务向年轻科技骨干倾斜，1997年有2名40岁以下的科研人员晋升为研究员；所设置青年奖励基金，奖励在科研工作上做出成就的青年人；所长基金的80%向35岁以下青年科技人员倾斜，加强青年人的科研力度。为吸引国内外优秀科技人才，该所预留出一定数量的住房面积，并提高生活待遇和科研条件，以吸引高水平的博士或博士后。

1997年该所积极争取国家、部委、院、地方等科研任务50余项，其中基础研究项目27项，应用基础项目19项，开发研究项目4项，完成率为98%，到位科研经费239.8万元，人均2万元。1997年度新争取到的项目有院重大B类项目1项，院区系项目1项、院特别支持项目1项，国家自然科学基金项目3项。完成院下达专利5项，其中发明3项、实用新型2项。发表有学术价值的论文58篇,在公开正式刊物上发表41篇,国外刊物7篇,国内34篇,会议收录论文17篇,其中国际会议11篇,国内6篇。

一批科研工作取得较大进展。武汉病毒所与荷兰农业大学间的长期合作项目,双方互派科技人员促进了科研水平的提高,研究一直处于国际先进水平。国家"九五"攻关课题"重组病毒杀虫剂"研究,有关生物技术开发重组病毒杀虫剂的研究进展顺利,完成了缺失 egt 基因的重组 HaSNPV的构建,生物测定具有明显的改良效果,并广泛开展了 HaSNPV 的分子生物学的相关研究。植物病毒组分离了枣疯病病原 MLO 异戊烯基酶基因,试用克隆酶切片段,筛选出两个阳性克隆子,由于课题任务完成出色,获国家基金支持。杀蚊幼虫的生物防治课题取得较大进展,我们首次在国内发现抗性蚊幼品系,其抗性水平高达27 000倍,这一蚊幼虫生物防治新课题受到 WHO 和其他研究机构的重视,该课题组在超额完成院重点项目"苏云金杆菌新制剂研制"的基础上,围绕蚊虫抗性问题作了深入研究,具有较高的水平。

在有关生物技术的研制与创新上,完成了1997年度生物化学需氧量微生物传感器的国家"九五"攻关,建立了流动式生物化学需氧量微生物传感器,各项指标达到规定范围,为完成样机打下了良好的基础。武汉市科委攻关任务"温度补偿型便携式血糖测定仪",完成了产品样机的企业标准,将于近期申请产品鉴定。武汉病毒所开展的中科院-英皇家学会合作项目"蛋白质工程在分析生物技术中的应用",进展良好,并获国家自然科学基金支持。

1997年有2项成果进行了鉴定。"利用赤眼蜂防治害虫"成果属国内首创,达世界先进水平;"EB病毒基因诊断试剂盒研制与临床应用"成果达国内领先水平,该试剂盒的研制受到了国家科委与市科委的大力支持,在社会上产生了一定影响。有2项成果获奖:"中国苏云金杆菌杀虫剂的商品生产质量标准化及应用",获1996年国家科技攻关重大成果奖(1997年通知);"耐高温酿酒活性干酵母应用技术的开发与推广",获1997年国家科技进步三等奖、湖北省科技进步二等奖。

1997年技术转化与企业结合新产品研制费用全年签定合同额93万元,3个课题组利用本组技术参股组成3个合资公司,为武汉病毒所新产品开发拓宽了市场。武汉中敏公司研制的基因探针试剂盒被武汉市经委列为武汉市支柱产品之一。武汉星辰现代生物工程公司的β-胡萝卜素的开发被国家科委列为1998年国家"星火计划"。武汉科元生物电子技术公司主要研制各种生物传感器和医疗器械产品,1998年将有产品上市。武汉病毒所目前共有公司5个,有53人进入科技开发公司。

武汉病毒所是湖北省暨武汉微生物学会的挂靠单位。该学会连续6年被省、市科协评为先进学会。编辑出版并向国内外公开发行核心专业刊物《中国病毒学》。

武汉文献情报中心

主任(馆长):张万萍
地　　址:武汉市武昌区小洪山西区25号
邮政编码:430071
电　　话:027-87876657
**　　　　　027-87881202**
图文传真:027-87881202

中国科学院武汉文献情报中心成立于1956年6月,除离退休45人外,现有在职职工86人,其中高级专业技术人员14人(含正高1人,副高13人),中级专业技术人员34人,初级专业技术人员19人。

武汉文献情报中心是中国科学院直属的地区性文献情报服务机构和科技查新咨询检索定点单位。经过最近几年的改革,业务发展方向与机构设置得到了进一步的调整与完善,初步开创了以计算机网络环境下的文献信息服务为特色的现代文献情报工作的新局面。目前设有信息发展部、计算机应用室、编辑出版部、期刊部、采编部、典藏流通部、数据库组等7个业务工作机构和武汉科光高技术发展公司、科生公司等科技开发机构,其主要研究与服务领域是:网络环境新与咨询,国内外联机检索,网络与数据库建设及服务等。1997年度收藏中外文期刊3374种，购进中外文图书2686种，4866册，引进中外文光盘数据库15种。截至1997年底止，累计馆藏中外文文献148 117种，1 757 218册，其中中外文图书138 931种，198 198册，中外文期刊9 186种，1 559 020册。收藏重点主要是基础科学、应用科学和高新技术领域的文献，并根据中国科学院关于“长江一线”科研基地建设及其科研课题的需要，缜密地调整文献收藏结构，开始形成以长江流域资源与生态环境为主体学科内容的文献收藏特色。全年办证单位135个，共接待读者（用户）31 852人（次），读者利用文献达114 740册（次）。

在作好传统服务工作的同时，充分利用现代化的服务手段，竭诚为院内外用户提供信息咨询、文献检索和成果鉴定、课题立项的查新论证服务。全年共完成查新项目47项，光盘检索550项，联机检索148项。与国外公司合作，联合开展国际信息咨询、信息中介服务，收到较好效果。编辑出版了《馆藏工具书目录（西文部分）》，为读者提供了重要的检索工具。

课题研究与情报服务取得了新的成绩。开展了“持续高效农业发展技术情报调研与服务”课题研究，为武汉分院“持续高效农业发展研究”各子课题组提供信息400多项。中国科学院文献信息系统工程部下达的“武汉文献情报中心自动化网络系统的运行与完善”课题进展顺利，既解决了一批硬件设备，又解决了一些软件问题，进一步保证了网上硬件与软件的正常运行。首次批准立项的8个“主任基金”课题已圆满完成，并全部通过验收，对推动数据库开发和人才培养起了很好作用。与中国科学院资环局联合主办的《长江流域资源与环境》杂志质量不断提高，于1997年交科学出版社出版，并由邮局向国内外公开发行，已被世界最权威的检索系统之一、美国的《工程索引》(EI)及国内外其他10多种检索刊收录。

自动化技术的应用和网络服务有了新的发展。以MOTOROLA小型机为硬件主体、TOTALS图书馆管理系统为软件主体的文献信息自动化系统，联接着30多台微机终端及中外文工作站，对内全面实现了信息采集、加工、存贮、检索以及人事、财务、外事、计划等工作的计算机管理，对外已经与北京、上海、兰州、成都等地联网，并进入INTERNET网，可向用户提供信息咨询和数据库查询等全方位服务。MIS系统已正式开通，为武汉文献情报中心信息管理系统的建立与运行奠定了基础。现刊阅览室和目录厅都安装了检索终端，可供读者机检使用。加强了馆藏中文文献的回朔建库工作，录入数据19 938条。目前网上已有6万多条中文图书数据和3000多条西文图书数据，还有1万多条中外文期刊数据，都可提供读者查询检索。建成独具学科特色的“长江流域资源与环境科学文献数据库”，录入数据1万多条，很受科学家们的欢迎。

进一步重视了国际国内学术交流。1997年继续执行由院批准的与美国俄亥俄大学图书馆的国际合作协议，有2人出访，接待来访2人。专业技术人员全年发表论文42篇。

科技开发工作在探索中发展。面对日益激烈的竞争态势，研究完成了公司的结构性调整，缩小了公司规模，公司的业务领域、经济效益和生存能力都有了进一步的拓展。

长沙大地构造研究所

名誉所长：陈国达
所　　长：刘顺生
地　　址：湖南长沙市河西桐梓坡
邮政编码：410013
电　　话：0731-8912702
图文传真：0731-8912637
E-mail：Csig@ms. csig. ac. cn

中国科学院长沙大地构造研究所的前身为中国科学院中南大地构造与地球化学研究室，成立于1961年。现有在职职工104人，在近80人的科技队伍中，有中科院院士1人，研究员13人，副研究员、高级工程师23人，中级科技人员29人。在读研究生16人，其中博士生13人，硕士生3人。

长沙大地构造所系国务院首批授予的博士、硕士点之一。设有构造地质学博士点一个，构造地质学、地球化学硕士点各一个。现有博士生导师5

名。

近几年来，为适应我国科技体制改革和结构性调整的形势，根据中科院改革发展的要求，确定了研究所的战略定位。学科方向是大地构造与构造成矿学。在基础研究方面，继承、发展、创新活化（地洼）构造理论，重点对中新生代陆内造山造盆作用，构造热演化、深部岩石圈成分、演化和层圈相互作用、构造活化机制等问题进行研究和探索；应用研究方面，开展构造-流体-成矿体系和开放体系成矿动力学研究；应用技术和面向地方经济发展方面，开展非金属矿物材料和灾害防治的研究。

1997年，在进一步明确长沙大地构造所战略定位的基础上，对内部科研机构体制进行调整，成立了大地构造研究室、成矿构造与构造地球化学研究室和中心实验室。任命了45岁以下的青年学术带头人为正、副室主任，并制订了研究室工作条例。按照深化改革的精神，逐步完善了内部管理制度，形成了合理的竞争机制和规范化管理。如科研课题财务管理若干规定，房屋水电管理暂行规定、出国人员管理条例、综合档案奖惩制度等。1997年，在全院性档案目标管理达标升级工作中，经考评达到了院一级标准的要求。财务工作通过了中央审计署住长沙办事处的财务审计，并得到好评。在精神文明建设工作中，长沙大地构造所陈列馆被列为湖南省青少年科普教育基地。

1997年度长沙大地构造所有在研项目21项，其中国家攻关项目专题4项，国家自然科学基金项目3项，中国科学院重大、重点项目6项、湖南省重点及自然科学基金课题6项、横向课题2项。

1997年新争取研究项目8项，包括国家攻关项目1项，国家自然科学基金项目3项，中国科学院重点项目1项，湖南省及有关部委项目3项。

1997年，长沙大地构造所作为主要参加单位，1项成果获院科技进步特等奖；“阿尔泰南缘大型变形构造及与成矿关系研究”，获院科技进步三等奖。上报院科技成果7项，申请并获得授权的发明专利2项。出版学术专著4部；发表科研论文45篇，其中在国外刊物发表2篇。

1997年，长沙大地构造所选派出国合作研究、进修、考察、参加国际学术会议共6人次，接待来所合作研究、访问的国外学者1人；争取国际合作项目1项。

长沙大地构造所是国际地洼构造与成矿研究中心、湖南省地质学会构造专业委员会、湖南省地质学会非金属专业委员会和地洼学说奖励基金管理委员会的挂靠单位。编辑出版《大地构造与成矿学》学术刊物（中、英文版）。

长沙农业现代化研究所

副 所 长：李文祥（主持工作）
地　　址：湖南省长沙市东郊马坡岭
邮政编码：410125
电　　话：0731-4615204
图文传真：0731-4612685

中国科学院长沙农业现代化所创建于1978年6月，原名中国科学院桃源农业现代化研究所，1979年启用现名，所址从桃源县迁入长沙市。现有职工141人，其中专业技术人员98人（42人具有高级专业技术职称，41人具有中级专业技术职称，8人具有初级专业技术职称）。有在读硕士生5人，在读博士生4人。

长沙农业现代化所是一个立足湘、鄂、桂，面向长江中游平原湖区和江南丘陵山区，以应用研究为主的公益型农业综合性研究所。研究所以农业生态学为牵头学科，以区域农业开发与持续发展为研究方向，重点研究不同类型区农业资源利用与优化模式、农业发展障碍因子与整治途径、“两高一优”农业生产技术的集成与示范、农业高新技术产品开发等重大关键技术，为我国南方地区区域农业开发与持续发展提供技术支撑和科学依据。

经过近20年的研究积累，现已形成“区域农业开发与可持续发展研究”、“农业生态系统研究”、“主要农作物品种选育和栽培研究”、“动物营养（畜禽鱼）与饲料开发研究”、“农业害鼠防治研究”和“农业生态环境恢复与重建研究”等优势。

科研机构设置为4室1站：农业区域开发研究室、农业动物生态与动物营养研究室、作物生态与生物技术研究室、林果生态研究室与桃源农业生态系统综合观测试验站。

1997年全所在研课题47项，其中国家攻关项目6项，国家自然科学基金项目1项，国家人事部项目1项，中科院重大项目9项、重点项目5项、院其他项目6项，湖南省项目11项，湖北省项目2项，辽宁省项目1项，国际合作项目1项，全年实到科研经费209.5万元。

“桂西北喀斯特区域异地扶贫开发与持续发展研究”项目研究工作进展良好，并实行公司＋科技＋基地＋农户的新的运营机制，全面开展产业开发。示范区移民户均纯收入6100元，人均纯收入1220元，人均粮食250公斤，基本解决了温饱问题。广西区、中科院、国务院扶贫办、国家科委扶贫办对项目进展工作给予了高度评价，认为此项目对广西区实施异地扶贫开发以及广东帮扶广西的异地安置扶贫开发项目起了很好的示范作用。

“湘北红壤低丘岗地农林牧渔综合发展研究”项目，年初进行了招标与课题分解，签订了合同，年中进行了检查与评估。在“八五”工作的基础上，查明了渍潜田磷及磷的五种形态与地下水位变化的关系，查明了渍潜田有效硫、有效硼含量，初步得出了红壤允许侵蚀模数的降水径流系数。在果树结构调整与优质高产、烟叶优质适产、资源集约型种养等方面取得了显著进展。试区已被湖南省政府作为湖南省丘岗地产业化开发的试验基点。

“江汉平原四湖地区涝洼地生态农业技术开发与示范”项目，年初分别与湖北省科委、院农办签订了合同，并召开了有150人参加的动员会，年中进行了检查与评估，组织召开了水稻新品种推广现场会，建立了黄歇口良种繁育基地，初步查明了土壤硫、硼的含量，建立了适合平原湖区特点的节能型日光温室，研制了高效猪、鸡预混料，初步建立了监利县农业信息库。湖北省科委、院农办有关领导两次到现场指导并检查工作，对该项目进展情况给予了高度评价。

“水稻抗涝减灾技术研究与示范”、“湖南现代农业试验示范研究”、“农田重大害鼠成灾规律及综合防治技术研究”、“玉米新品种湘玉六号、湘玉七号推广”等一批项目均取得了显著进展，完成了年度计划的研究工作任务，受到任务下达单位的好评，产生了良好的社会影响。

1997年度共有6项成果获奖，其中“^{15}N绿肥稻草氮碳磷钾在土壤—作物—家畜系统的转化循环”，获中科院自然科学二等奖；“农区高效节粮型畜牧业生产模式研究”，获中科院科技进步三等奖；“玉米新品种湘玉7号”、“湘北丘岗区农业开发的水土资源动态与发展模式研究”、“湖南农业技术市场发展机理与调控途径研究”，获湖南省科技进步三等奖。另外，长沙农业现代化所为第四完成单位的“猪、鸡营养参数及配方新技术”，获国家科技进步二等奖。

1997年全所共发表科研论文72篇，出版科研专著2部。

国际合作研究取得新进展。与日本合作开展的ABA项目取得良好结果，与意大利合作开展的ICSC世界实验室鼠类控制研究项目执行良好，并得到“世界实验室总部”的认可，成立了ICSC世界实验室鼠类控制长沙研究中心。

长沙农业现代化所是湖南省生态学会、湖南省农业系统工程学会的挂靠单位。与中国科学院农业研究委员会联合主办双月刊《农业现代化研究》。

广　州　分　院

院　　长：耿安松
地　　址：广州市先烈中路100号
邮政编码：510070
电　　话：020-87775600
图文传真：020-87775791
E-mail：gzb@ms.gzb.ac.cn

中国科学院广州分院于1956年筹建，1958年正式成立，1961年与武汉分院合并成立中南分院，1969年撤销中南分院，1978年5月复建广州分院。管理华南植物研究所、南海海洋研究所、广州化学研究所、广州人造卫星观测站、广州电子技术研究所、广州能源研究所、广州地球化学研究所等6所1站。1997年底职工总数2265人，科技人员总数1777人，有中国科学院院士1人（原2人，孙大中院士不幸去世），俄罗斯科学院外籍院士1人，研究员（包括正研究员级高级工程师）138人（其中45岁以下28人），副研究员、高级工程师427人（其中45岁以下149人），中级科技人员753人。现有在学博士生55人，硕士生98人。另有在站博士后14人。

广州分院研究领域涉及华南热带亚热带植物资源、热带海洋环境资源、有机地球化学、矿物学、纤维素化学、高分子化学、电子技术、新能源和节能技术、人造卫星观测等，在生物学、地学领域形成了多学科综合优势。有博士点4个，硕士点16个。有国家重点实验室1个，中国科学院开放实验室1个，中国科学院开放试验站1个，中科院与广东省共建重点实验室和研究开发中心各2个。

1997年度广州分院开展科研课题共563项，其中国家基金项目104项，“863”计划项目2项，“攀登计划”项目5项，国家攻关项目38项，成果推广项目2项，国家其他任务13项，中科院重大、重点项目40项、其他计划项目60项，地方任务147项，企业委托38项，国际合作11项，自选项目97项，其他12项。按计划执行课题556项，占98.8%。发表论文871篇，其中国外68篇；专著13种，455万字；专利申请受理32项，授权8项；取得成果52项，其中国际领先4项、国际先进23项、国内领先15项、国内先进4项；科技成果获中科院奖8项、广东省奖7项，广州市奖2项。

1997年度，广州分院认真贯彻我国科技工作基本方针，继续协调区域内科技力量，发挥分院和广东省科学院（简称两院）的整体综合优势，抓好重大项目、科技扶贫和区域合作为区域经济发展做贡献，积极推进院、省共建广州分院。

两院组织承担各类国家项目和省重大、重点项目9项，总经费1064万元；“海平面上升对广东经济建设的影响及对策研究”、“广东赤红壤区现代化创汇农业试验区”、“珠江三角洲经济可持续发展重大问题研究”、“广东沿海地质环境与地质灾害防治研究”、“广东金科资源环境信息系统及应用研究”、“广东省资源环境遥感信息提取与动态监测”、“广东省水土流失区生态高效农业试验研究”、“惠州市白盆珠水库库区水土保持研究”、“革命老区农业综合开发试验研究”，均取得较好进展。

广州分院注意组织协调各所申报国家和地方“九五”重大项目。分院择优支持经费30万元，共支持23项课题，主要用于孵化和匹配支持国家和地方重大科研课题。到1997年，广州分院争取到“九五”科研项目455项，经费1.16亿元。分院除组织跨所项目外，协助所属各所申报重大项目，如获广东省自然科学重点基金项目2项，经费120万元；广东省首批高新技术成果孵化项目2项，经费480万元，其中无偿资金250万元；中科院地方合作基金项目2项，经费20万元。

1997年度，两院与韶关市、梅州市的科技合作继续进行。科韶合作逐步转向工业领域，以国营大中型企业技术改造为重点。1997年度科韶合作项目18项，其中广州能源所承担4项、广州地化所承担5项、华南植物所承担3项。科梅合作，1997年度主要是农业方面的项目，其中4项是共同承担的省农业科技攻关项目，下一步拟搞科技进步示范企业。

广州分院信息网络已通达各单位，24小时提供Imternet服务，各用户已上网开展E-mail、ftp、telnet等应用，已与美国、英国、法国、德国、澳大利亚、巴基斯坦、奥地利、加拿大和我国香港、台湾等多个国家和地区互通邮件。

1997年度，广州分院科技开发、生产、经营、贸易合同总额达1亿元，广州电子所、广州化学所分别超过3000万元。

广州分院1997年度执行国际合作研究和开发项目24项；接待26个国家和地区科技人士170批514人次。分院机关接待12批50人次；向25个国家派遣临时出访科技人员99批、142人次，其中分院机关14批18人次。注意将国际合作与交流和两院的学科建设、人才队伍建设紧密结合：广州地化所结合国家和省自然科学基金项目，与美国加州大学伯克利分校国家实验室开展珠江三角洲有机污染物迁移和治理合作研究，获广东省科委国际合作基金支持；分院院长、党组书记谢先德、党组副书记黄建冲亲自带队往美国联络留学人员，动员他们以不同方式回国或为国、为两院服务。

1997年度，广州分院开展档案达标考评活动，南海海洋所通过国家二级、广州能源所、广州电子所、广州地化所、广州化学所通过院一级、华南植物所和广州人造卫星观测站通过院二级标准。

广州分院1997年度被评为广东省十年扶贫先进单位、中国科学院科技成果管理工作先进单位、政务与宣传工作先进集体；广州专利事务所被广东省专利局和省人事厅评为广东省专利工作先进单位；广州分院保密委员会被评为中国科学院保密工作先进集体；华南植物所鹤山丘陵综合试验站被评为中国科学院野外工作先进集体，并通过开放站论证；两院体协被评为全国群众体育先进集体；杜少昆获全国群众体育先进个人奖；广州地化所耿安松、南海海洋所施平获广东省优秀青年科学家奖；广州地化所李献华、华南植物所彭少麟获广东省优秀青年科学家提名奖；南海海洋所陈清潮获广东省劳动模范称号；广州电子所田清重获广东省“五一”劳动奖章；华南植物所周国逸当选第二届中国科学院十大杰出青年；李献华、南海海洋所田汝成入选中科院1997年度“百人计划”；彭少麟被评为中国科学院双文明建设标兵。

广州分院是中国科学院科技政策与管理研究会广州分会及中国科学院广州分院、广东省科学院科研管理研究会的挂靠单位。主要编辑出版《科技管理研究》(双月刊)。

广州化学研究所

常务副所长：陈鸣才（主持工作）
地　　址：广州市天河乐意居
邮政编码：510650
电　　话：020-85231230
图文传真：020-85231119

中国科学院广州化学研究所成立于1958年，建所时名为中国科学院广州应用化学研究所，几经变迁，于1978年改为现名。全所现有职工395人，其中科技人员312人，研究员19人，副研究员、高级工程师77人，中级科技人员112人。现有在学博士生6人（与外单位联合培养)，硕士生33人。

广州化学所的科研方向是：天然与合成高分子及其材料、天然产物有机化学。主要研究内容有：纤维素、木质素、多糖、淀粉的物理、化学及其功能材料、微生物制浆技术；高分子灌浆材料及工程技术、功能高分子等合成高分子化学与物理及材料科学；二氧化碳化学及应用；海洋生物有机化学、天然香料和合成香料有机化学等。1979年广州化学所首批被国务院学位委员会批准为有机化学、高分子化学与物理(理学)专业硕士学位授权单位,从此每年(1980年除外)招收研究生,1996年我所被批准增设应用化学(工学)专业硕士点。

广州化学所是一个多学科综合性化学研究所,根据广州化学所实际情况,于1996年对原有科研机构设置进行了调整,即将原来的高分子一室、二室合并成高分子研究室,纤维素一室划归到纤维素开放室,纤维素二室改称为纤维素研究室,编辑出版室与图书情报室合并称为图书情报中心。此外,在原化灌研究中心的基础上,于1995年正式成立了广东省化学灌浆工程技术中心;而天然产物有机化学研究室、分析测试研究中心保留不变。其中纤维素化学开放研究实验室成立于1989年,为院开放实验室,是我所与国内外进行合作研究、开展学术交流的一个重要窗口,每年都聘请国内外知名专家学者为客座研究员,并吸引一批优秀中青年科研骨干来室承担科研项目,多年来,培养了一批年轻的学术骨干力量,取得了一定数量具有较高水平的科研成果、专利,发表了较多有代表性的学术论文,成功主办了国际、国内学术会议多次,成绩斐然。

全所现有20台10万元以上科研仪器设备,其中13台属院管大型仪器设备,具体主要有400MHz超导高分辨核磁共振谱仪、JMS-D300色谱质谱联用仪、X射线衍射仪、差示扫描量热仪、扫描和透射电子显微镜、waters991液相色谱仪、红外和紫外分光光度计、元素分析仪、液相凝胶色谱仪、平面光栅光谱仪、小型机图形工作站系统等。所分析测试中心为省科委认定的法定检测单位,1996年共分析所内外样品6793个,创收59.89万元,比上年有大幅度增长。13台大型仪器平均利用率为60%,其中质谱仪高达98%,红外光谱95%,液相色谱83%。

1997年广州化学所进一步深化改革,取得了一定的成效。首先围绕所的总体目标,优化学科方向,强化择优支持,不搞“扶贫”,特别是重点支持成果转化,并取得显著效果;同时调整了所的科技人员考核体系,通过量化指标,使职称晋升,年底考核,津贴分配等均在坚持水平的同时与效益挂钩,通过加大任务津贴和奖励津贴,拉开档次,充分调动了科技人员积极性。此外,为增强科研实力,采取了优惠政策,通过向外招聘的形式吸引高精尖人才,同时注重所现有科技人才的培养,通过向青年人压担子、给位子,鼓励优秀青年读在职博士,今年所里45岁以下的中青年组长已达9人,科技队伍结构也渐趋优化。为进一步搞好开发工作,增强企业活力,今年又进一步完善董事会制度,及时制订了各公司经营目标和公司负责人考核目标及分配方案(年薪方案),并加强宏观管理和财务管理,扩大经理的经营权力,从根本上促进公司的正常运转,取得了明显的经济效益。还有服务系统也进行了改革调整,有8个部门实行二级核算,根据不同情况,制定相应核算方法和实施细则进行不同管理。

1997年广州化学所共承担科研课题88项,其中国家攻关、“攀登计划”、国家基金等国家级项目23项,部委院级项目9项,省市级地方项目26项,企业委托项目3项,所长基金项目11项,开放室项目25项,争取到位纵向总经费219万元;横向收入190万元,签定技术合同34个,合同额218万元,当年合同到位款104.7万元,均超过年初所内下达指标。值得一提的是由杨映松研究员主持研究的省重点“新型汽车空调器冷冻机油”应用研究项目今年到位经费30万,其承担并已鉴定的国家“八五”攻关项目“环保型冷冻机油合成”已完成工业性试验,可生产出符合技术指标的冰箱压缩机用与HFC-134A相匹配的润滑油,并与广州溶剂厂签定了63万的技术转让合同。

1997年广州化学所鉴定成果4项,验收1项,鉴定的4项成果均达国际先进水平;申报发明专利13项,专利授权5项;获省部级科技进步二等奖2项;非主报获省部级科技进步二等奖2项、三等奖1项,广州市科技进步一等奖1项、三等奖2项;获省科委推荐我所组织申报国家级科技进步奖1项(为若干年来首次)。其中由王兴凤高级实验师主持研究的国际先进水平成果“低粘度高耐候性热熔型松香改性道路涂料的研制”以其独特的先进性、创造性已被多次转让,并实现工业化生产,取得了显著的经济、社会效益,由此该项目今年获广东省科技进步二等奖。此外,由张镜澄研究员主持与南方面粉厂合作的“八五”国家科技攻关项目成果“超临界CO_2萃取技术研究与开发项目”已应用于萃取小麦胚芽油和青蒿素，此技术与传统生产方法相比具有缩短周期，降低成本，提高收率等优点，在今年也多次获得各级奖励。

1997年全所从事科技开发工作人员115人，所属公司有：中科院广州化学灌浆工程总公司，中科院广西柳州化学灌浆工程有限公司，广州万隆化学有限公司，中科院广州化学研究所高新技术开发总公司，广州化学所技术劳动服务公司。主要产品有：系列防水材料、厌氧胶、磁头胶、香茅醇、造纸增强剂、水晶漆等。1997年度所属企业共完成产值2500万元，共上缴国家税款100万元，共上交所177万元。其中化灌总公司年产值1917万元，上交所145万元；广西柳州化灌公司产值804万元，上交所19万元；高新技术总公司交所10万元；技术劳动服务公司交所3.6万元。

1997年广州化学所学术交流活跃，先后派出参加国际学术会议、合作研究、学习培训等6批，6人次；接待来访学者7批，15人次。1997年全所在国内外期刊和国内外会议发表论文197篇，其中国外14篇。

广州化学所下属中科院广州化学灌浆工程总公司，是广东省岩石力学与工程学会岩土工程专业委员会的挂靠单位。广州化学所编辑出版《纤维素科学与技术》、《广州化学》2种刊物。

南海海洋研究所

所　　长：潘金培
地　　址：广州市新港西路164号
邮政编码：510301
电　　话：020-84451335（总机）
020-84452227（所办）
图文传真：020-84451672
E-mail：scsio@ms.gzb.ac.cn

中国科学院南海海洋研究所成立于1959年1月。全所现有职工535人，其中科技人员369人，研究员（包括正研级高级工程师等）30人，副研究员、高级工程师等114人，中级科技人员163人。具有博士和硕士授予权。现有在学博士生23人，硕士生20人。另有博士后4人。

南海海洋所紧密结合国家经济建设和海洋科学发展的需要，坚持以研究热带海洋环境、生态、资源和海洋开发中的重大科学技术问题为主攻方向。着重开展热带海洋环境过程、边缘海地质演化、生物技术与生物资源持续利用等研究。同时，积极开展近海工程环境和工程地质调查与灾害评估，海洋养殖技术与水产病害防治，海洋保健食品与药物等应用研究和科技开发服务工作。

全所设有物理海洋、海洋物理、海洋化学、海洋环境科学、海洋构造地球物理、海洋沉积、海岸河口、海洋生物、海洋实验生物、海洋生物病害中心、测试与计算中心11个研究室，4个临海实验站（分别）位于湛江、汕头、大亚湾和海南三亚），其中大亚湾海洋生物综合实验站分别于1990年和1993年由中国科学院批准为开放实验站和中国生态研究网络重点实验站。

重要的科研设施及装置有：配置设备先进的1000吨级“实验2”号地球物理考察船和3000吨级“实验3”号海洋科学综合考察船，MX-1102舰船导航设备；EPM-810Q型电子探针，SeaBat 8111型多波束测深系统，ARL-3580型等离子发射光谱仪（ICP），KSS-30型重力仪（海洋），GEOCHIRP中/浅地层剖面仪，SRPP10-PC型水下辐谱仪，DX-10Dionex型离子色谱仪，HP5890II型气相色谱仪，PE24000II型元素分析仪，San-PLUS微量连续流动分析系统，2700海洋气象仪，CTD温盐深仪，WLR7自动记录水位仪，S4ADW方向浪潮仪，1156波浪仪，DSM-1数字旋转磁力仪，Aquacheck多功能水质分析仪，Fidd Pro-V全球定位系统，SUN20工作站（遥感数据处理系统）和SUN S20/71 SX计算机工作站系统等近百台（部）具国际国内领先水平的物理海洋、海洋生物和地球物理勘探等学科的仪器设备。

1997年南海海洋所主要进行内部管理的改革：积极开展ISO9002的认证准备工作，争取横向科技开发工作的质量管理与国际标准化接轨；积极开展档案工作目标管理活动，争取综合档案室达到国家二级标准；抓好规章制度的建设，对“横向开发工作质量活动”、“对港台及国际交流与联系”、“因私出境审批事项”、“综合档案室工作细则”、“离退休人员接受外单位聘用的规定”、“公费医疗统筹医疗管理制度”、“加强精神文明建设”等方面制订和修订完善了各项规章制度。使南海所的科技开发、内部管理工作逐步走向规范化、制度化，大大地调动了科技人员和管理人员的积极性，促进了所的各项工作。

1997年，南海海洋所争取和承担科研项目列入年度计划的课题128项，其中基础研究64项，应用研究63项，发展工作1项。国家“九五”重点科技专项“南沙群岛及其邻近海区综合科学考察”项目，在中科院等有关领导、管理部门和科技人员的共同努力下，顺利通过论证和立项，并圆满完成了“九五”首个航次的海上综合考察。该航次共完成大面观测站66个、72小时连续观测站1个和登岛礁测量1个，涉及物理海洋、大气物理、海洋物理、海洋化学、海洋环境、海洋生物、海洋生态、海洋地质、海洋工程等9个学科，观测和采样项目40余个，取得了大量的高质量的现场观测数据和丰富的样品、标本，其特点是采用目前国际上先进的调查研究设备，新开展了一批研究项目，考察项目较为全面，学科相互交叉和渗透，为“九五”全面完成南沙考察目标打下了良好的基础。1997年，该项目被评为中国科学院科技进步一等奖。国家863项目“珠母贝多倍体育种和养殖的研究”，已筛选出高效低毒的多倍体诱导剂——6DMAP。从第一和第二极体三倍体处理组成贝中各鉴定出300个和500个三倍体，这些三倍体将作为四倍体诱导和三倍体抗逆性等研究的实验材料。开展了人工诱导四倍体的预备性实验，培育出少量的四倍体处理组贝苗。四倍体人工诱导的成功是项目技术关键的一个重大突破，在国内外贝类多倍体育种上都具有重大意义，并得到项目主管部门的表扬和鼓励。

1997年，南海海洋所取得成果16项，获奖成果9项，其中中国科学院科技进步一、二、三等奖各1项；广东省自然科学二、三等奖各1项（同时兼获广州分院科技进步一、二等奖各1项）；广州分院科技进步一、二等奖各1项。

1997年，南海海洋所动员全所科技力量，积极开拓科技开发市场，取得近几年来合同总经费和到所经费最高一年的优秀成绩。全年在科技服务、技术咨询方面共签订合同54项，总经费1120万元。这些项目包括近海、港湾、航道工程建设、海洋油气资源开发工程环境、工程地质调查、工程建设环境质量评价、海洋生物病害防治和养殖技术、海洋生物保健食品和药物以及海洋探测技术等方面，取得了较好的社会、经济效益。其中“广东阳江核电站工程可行性研究——海洋水文气象观测”项目（合同金额202万元人民币），技术要求严格，南海所根据对方要求按刚建立起来的HAF0400国家核电安全法规质量保证体系严格要求运行，该项目的完成，促进了南海所的ISO9002国际质量体系的认证工作，为该所的科技服务、技术咨询开创了新局面，并取得纯收入近50万元。

南海海洋所积极开展国际合作与学术交流活动，目前南海所已与世界38个国家和地区建立了学术联系和技术合作。1997年共接待国外及港澳台学者、专家和科技人员21批48人次，派出国外及港澳台进行合作研究、访问及学术活动的31批51人次。为促进海南、三亚地区的海洋环境科研活动，香港科技大学、南海所及海南实验站三方决定设立的“海南三亚海洋研究基金”已运行，用以资助三方科研人员在三亚地区开展有关海洋环境的科研工作。

南海海洋所重视人才培养工作，1997年招收硕士研究生9人，博士研究生1人；同时培养毕业的硕士生5人，在国外留学人员2人，已回国1人。为加快研究生培养工作，南海所物理海洋、海洋地质、海洋生物学硕士点全国评估通过；海洋生物学博士点，环境海洋学、环境生物学硕士点广东省备案通过；南海所还自行审批增列海洋化学硕士点；中国科学院批准增列4名博士生导师；申请增列物理海洋学、海洋地质2个博士点。南海所还重视青年学术交流活动，通过各种不同的形式，积极引导和组织青年科技人员进行各种形式的学术交流活动。通过所“青年海洋科学研究会”组织青年海洋科学学术报告会暨论文评奖会。

南海海洋所是广东省海洋湖沼学会和广东海洋学会、中国海洋学会海洋物理学会、中国第四纪研究委员会珊瑚礁分委员会、广州欧美同学会留苏分会的挂靠单位。编辑出版《热带海洋》（学报级）、《南海海洋科学集刊》（学报级），《南海研究与开发》等学术刊物。

华南植物研究所

所　　长：梁承邺
地　　址：广州市乐意居
邮政编码：510650
电　　话：020-87705626（总机）
图文传真：020-87701031
E-mail：scib@ms.gzb.ac.cn

中国科学院华南植物研究所的前身是国立中山大学农林植物研究所，建于1929年。1954年隶属中国科学院，易为现名。现有职工433人，其中科技人员255人，研究员21人，副研究员、高级工程师41人，中级科技人员104人。现有在学博士生19人，硕士生21人。

华南植物是以华南热带、亚热带植物学和植物生态学基础性研究为主的科研基地型研究所，承担国家和地方经济建设和社会发展所提出的基础性、关键性、综合性和战略性的植物科学和生态科学重大研究课题。根据当前国家和区域的需求和学科发展的趋势，华南植物所确立的研究方向是以植物系统演化，生态系统结构、功能、动态与恢复生态学为优势发展学科；加强以细胞工程为重点的植物生物技术及育种新技术，植物代谢及调控为中心的植物分子生理学；促进植物学各分支学科及与其他学科的交叉与综合研究，争取学科理论突破，同时为国家的经济建设和可持续发展做出贡献。华南植物所是博士、硕士学位授权单位。

华南植物所下设有6个研究室（植物分类室、植物生态室、植物形态室、植物生理室、植物遗传室、植物资源室）及2个园（华南植物园、鼎湖山树木园）、3个台站（鹤山丘陵综合试验站、鼎湖山森林生态系统定位站、电白小良定位站）、1个中心（华南珍稀濒危植物繁殖中心）。植物标本馆有70年历史，收藏植物腊叶标本86万份，其中保存了几千份极为珍贵的植物模式标本。

华南植物所认真审视面临的形势，结合本所的实际情况，制定了结构性调整的初步方案，确定了研究所的战略定位、研究方向、发展目标和发展模式。在管理工作方面，建立健全各项规章制度10多种，使各项工作纳入制度化管理，进一步提高了工作效率。制定并实施《开发工作管理条例》，规范与加强了开发管理工作，调动了开发人员工作的积极性。1997年科技开发收入800万元。通过制定并实施《水电管理暂行办法》，进一步加强了水电管理，水电费基本做到收支平衡，比1996年减少开支45万元。此外，有效地控制和减少了不合理的医疗费开支。

1997年，华南植物所获批准受资助的科研经费达1100万元。科研项目的申请，在重大、重点项目争取方面有重大突破，获中科院资环局重点项目4项，总经费85万元；中科院资环局重大项目1项，经费100万元；中科院高技术局重大项目B1项专题，经费27万元；获植物园建园费130万元；落实穗港合作项目1个，经费300万元港币。本年度研究课题90项，其中基础研究35项，应用研究44项，试验发展等11项。通过鉴定的科研成果3项；获奖科研成果5项，其中广东省自然科学奖3项，中科院自然科学奖2项。发表论文共147篇，出版专著6卷（册）。接待外宾共56批300多人次。派出人员14批13人次，分别出访美国、瑞士、荷兰、新西兰、菲律宾、越南和我国香港等国家和地区。

国家自然科学基金重点项目“亚热带退化生态系统恢复研究”用实验生态学方法和生态工程手段，全面探讨了中国亚热带不同类型退化生态系统恢复的过程和机理，取得重大的科研成果，研究成果在不少方面已达到国际领先水平。

华南植物所育成的杂交水稻优质高产抗病新组合“博优210”已被国家科委列为国家重点推广品种，1997年在华南地区种植近200万亩，近3年累计面积已达400多万亩，已成为华南地区晚季杂交水稻的主栽组合之一。

鹤山丘陵综合试验站通过了中科院的开放论证，经中科院批准已成为华南植物所第一个开放试验站。经过努力，华南植物所申报的“恢复生态学”已被列为1997年度“百人计划”点招聘计划，这是该所首次获得“百人计划”点。华南植物所生态室副主任、研究员周国逸博士被评为“中国科学院第二届十大杰出青年”，这是中科院广州分院系统第一位获此殊荣的年轻人。此外,周国逸研究员还获得中科院青年科学家基础性研究二等奖。

附属两园在科研、科普、开发和管理等方面有了很大的进步。例如,华南植物园在管理上有了一系列的新举措,实行全员聘任制;加强管理,奖勤罚懒,用经济手段来调动全园职工的积极性;严格考勤制度,并与聘任制度、岗位津贴和奖金发放制度等相配套,在实践中收到了较好的效果。在科研、科普方面,筹措了200万元建立科研基金,明显促进了植物园的科研发展;华南植物所与广东省科协在华南植物园共建"植物学科学普及基地"等,扩大了华南植物园的影响。开发工作亦显示出新的活力。

在人才培养方面,晋升35岁以下的高级职称人员11人;派出3名年轻科技人员分别到菲律宾、香港攻读博士学位。在政务信息与宣传工作方面,紧密配合所的中心工作、香港回归祖国、党的十五大的召开等,通过《简报》、《简讯》、《通讯》和黑板报等形式积极开展政务信息与宣传工作,并主动与新闻媒介联系,不断扩大社会影响。被10多种报刊采用信息稿件100多条(次)。在开展档案达标工作方面,建立健全了档案工作管理网络和各项规章制度,对档案达标工作进行了全面部署、落实和检查,在人力、物力和财力方面给予了大力支持,华南植物所的档案目标管理工作最终通过了考评,达到中科院二级标准。

1997年上半年,华南植物所党委换届。新一届的所党委组织全所党员、职工认真学习十五大文件,华南植物所参加十五大的代表彭少麟同志从北京回所后及时向全所职工传达了十五大的主要精神。所党委要求全所上下要把贯彻十五大的精神与学习邓小平理论、研究所的深化改革、分类定位、加强研究所的精神文明建设等结合起来。通过组织学习,广大党员职工进一步领会了十五大文件的基本精神,加深了对十五大提出的高举邓小平理论的伟大旗帜,把建设有中国特色的社会主义事业全面推向21世纪的重要意义的认识,推动了全所各项工作的开展。

华南植物所是广东省植物学会、广东省植物生理学会、南方棕榈协会的挂靠单位。编辑出版《热带亚热带植物学报》,该刊物为BIOSLS、CAS、CAB、《中国科学引文数据库》、《中国生物学文摘》等文摘和数据库来源期刊。

附属两园:华南植物园,地址:广州龙洞,电话:020-87705693,邮政编码:510520;鼎湖山树木园(国家级自然保护区),地址:广东省肇庆市鼎湖区,电话:0758-2621116,邮政编码:526070。

广州地球化学研究所

名誉所长:涂光炽
所　　长:赵振华
地　　址:广州市天河区五山
邮政编码:510640
电　　话:020-85519755(总机)
020-85513702(所办)
图文传真:020-85514130

中国科学院广州地球化学研究所(原名广州地质新技术研究所)成立于1977年,在中科院的结构性调整中,以原广州地质新技术研究所为基础,从贵阳地球化学研究所整建制地搬迁部分研究室、学科和学科带头人合并而成。1994年改用现名。现有职工287人,其中科技人员232人,占全所总人数的82%。有中国科学院院士1人,俄罗斯院士1人,研究员53人,博士生导师15人。45岁以下的研究员14人,占全所科技人员总数的26%。副研究员、高级工程师67人,高级科研人员共占科技人员的38.7%。中级科技人员115人。1997年度在读博士研究生33人,硕士研究生10人。另有博士后11人。有机地球化学"百人计划"已经开始实施,中国科学院同位素地球化学"百人计划"的招聘工作已经完成,进入了准备实施阶段。

广州地球化学所以近代地球化学和矿物学为主要学科研究方向,优先发展有机地球化学、同位素地球化学,积极开拓可持续发展和海洋地球化学研究。经国家批准,设有地质学博士后科研流动站,地球化学、矿物学博士学位授予单位,以及岩石学、矿床学、环境科学专业硕士点。拥有有机地球化学国家重点实验室、广东省环境资源利用与保护重点实验室、广东省矿物物理与材料研究开发重点实验室、中国科学院同位素地球化学青年实验室。除国家、省级的重点实验室和院的青年实验室以外，还设置有：同位素地球化学研究室、天体化学研究室、有机地球化学研究室、岩石与矿床研究室、元素地球化学研究室、区域可持续发展研究室、第四纪地球化学研究室、矿物物理与材料研究室、理化分析测试技术研究室、遥感应用技术研究室、地球物理研究室、极地研究室等12个研究室和1个图书出版室。

拥有色谱质谱仪、固体质谱仪（VG-354）、气体质谱仪（MM-1200）、等离子体质谱仪ICP-SM、GC-IRMS同位素质谱仪、液体闪烁仪、共聚焦激光扫描显微镜、顺磁共振仪、红外光谱仪、色谱-质谱GC/MS、裂解气相色谱-质谱PY-GC/MS、高级液相色谱HP1100、色谱HP5890，6890、超临界CO_2萃取仪SFE、色谱-原子发射光谱GC/AED、TOC分析仪、扫描电镜日立-3200N、纯谱仪、比表面面积分析仪等一批在国内地学界中先进的仪器，以及国内地学界最大、最先进的超纯实验室。

1997年广州地球化学所确定优先发展有机地球化学和同位素地球化学学科，并按照基础科研基地型研究所的标准，优化所内科研结构和资源配置，基地建设以抓国家、广东省的重点实验室和中科院同位素地球化学青年实验室的建设为重点，带动全所的战略发展方向的定位。科研和科技开发着重于解决国家和地方经济建设中难点问题，傅家谟院士领导的广东省环境资源利用与保护重点实验室把科研重点瞄向珠江三角洲水质污染的治理，并适时地把科研的成果导向饮用水净化工业化处理方面，已经初步取得成果，受到广东省的重点资助，开始了产业化的进程。“卡林型金矿吸聚浮选新方法”的专利技术获得了广东省高新技术产业化孵化基金的重点支持，目前正在开展实施前的各项准备工作。

对全所的分配制度进行了改革，适当拉开了科研人员之间的收入差距，对研究员的职称评定和岗位聘任实行了评聘分开。初步建立了激励措施，调动了科技人员的积极性。

1997年列入科研计划的科研项目184项，其中基础研究项目99项，应用基础项目73项，试验发展研究等项目12项，全部按计划完成。共争取国家“九五”科研项目215项，其中国家自然科学基金委员会资助的第一批“九五”重点项目之一的“珠江三角洲地表系统中优控有机物迁移转化机制与调控”开创了我国水资源污染的研究和治理的新领域。1997年国家基金委组织对该项目期中评估结果认为，执行情况优良，圆满并超额完成合同计划，获得追加经费20万元的鼓励。

全年共发表论文280篇，在国际性刊物上发表论文8篇，出版专著3部（约147.6万字）。据《中国科学报》12月10日登载的国家科委发布的全国论文发表情况统计，广州地球化学所在全国发表论文的前20名单位中排名第十七位。

1997年科研成果获中科院科技进步奖特等奖1项、三等奖1项，广东省自然科学二等奖1项。其中“我国金矿成矿模式找矿方向及选矿技术研究”获中国科学院科技进步特等奖。

以“卡林型金矿吸聚浮选新方法”的专利技术争取广东省高新技术产业化孵化基金的重点支持，从解决广东省低品位难选金矿入手，以此为依托，逐步形成广州地球化学所高新技术产业化的龙头企业，为国民经济建设服务，为广州地球化学所创造丰厚的经济、社会效益。以中国科学院地理信息产业化发展中心广州分中心挂靠广州地球化学所为契机，与企业联合，利用企业的资金与市场结合及我所人员、技术的优势，联手建立广东省地理信息3S系统，为广东省的经济发展服务。全所共有地质工程勘察公司、建设工程部和华达珠宝经营部等3个骨干企业。科技开发从业人员9人，1997年创产值120万元，完成利税20万元。

与美、加、澳、英、法、德、日、俄、新西兰以及我国台湾、香港等国家和地区开展了广泛的科技合作与交流以及人才培养。

广州地球化学所是广东省矿物岩石地球化学学会、广东省可持续发展研究会的挂靠单位。编辑出版学术刊物《地球化学》。

广州电子技术研究所

所　　长：陈衍仪

地　　址：广州市先烈中路100号

邮政编码：510070
电　　话：020-87775947
图文传真：020-87753247

中国科学院广州电子技术研究所前身是广东省七〇一研究所，建于1970年，1978年归属中国科学院，是研究与开发型的电子技术研究所。学科方向为通讯与计算机。现有职工总数311人，其中科技人员258人，占职工总数85%；有研究员13人，副研究员、高级工程师共65人，中级科技人员114人。

广州电子技术所的主要研究领域是计算机网络与通信、信息系统等系统集成关键技术。一般研究开发领域包括以ASIC为中心的电子产品，以数字像元全息图为中心的激光全息防伪标志及新材料，还有金刚石工具系统的开发、推广应用。今后发展方向是：加强以通信与计算机科学技术为基础的信息基础设施和监控系统数字化、智能化及系统集成的研究开发，同时努力开展激光科学和晶体材料科学方面的应用研究开发。

全所设有7个研究室：通信、电子系统、计算机系统集成、计算机应用、无线电技术、光学与新材料、电子产品开发等。并设有“科学技术委员会”。

此外，广州电子技术所独资科技企业“广州晶体材料科技开发公司”在金刚石工具的开发方面取得2项专利技术，金刚石工具系统系列产品有较高知名度，远销海内外市场。该企业评为优秀科技企业，该企业经理田清重同志曾评为广东省第二届优秀科技企业家。

1997年广州电子技术所是“改革探索，初见成效”的一年，大家极为关注的经济情况有所改善，全年总收入达3670万元，比1996年的3140万元增长16%；青年科技人员发挥了积极作用，逐渐成为科技开发的主力；所里加强了与大的高新技术企业集团的联系，逐步形成了与肇庆风华集团，东莞福地集团的技术协作关系；多数公司实体效益超过历史的最高水平。1997年所里恢复了职称评议工作，全所工作由乱到治，由无序逐渐走向有序，科技开发，资源利用，后勤服务等各项工作也大有起色。

1997年广州电子技术所列入科研计划的项目36项，其中应用研究项目4项，试验发展项目等32项。全部已按计划完成，完成率100%。

1997年鉴定成果5项：“广州城市信息系统建设规划实施方案研究”和“南海北村综合自动化系统”，达到国内领先水平；“佛山彩色显像管总厂自动低压测试系统”，达到国际先进水平；“21‘兼容25’技术改造”，水平一般；“ISDN网络仿真器”，达到国内先进水平。

1997年申报专利4项（发明专利2项，实用新型2项），已获授权实用新型1项。申请并受理专利4项。

1997年全所发表论文23篇（国外2篇，国内21篇），出版专著（《图像压缩的分形理论和方法》，作者：陈衍仪，国防工业出版社出版）1部。

广州电子技术所现有独资企业一家，与地方联营企业一家。独资企业“广州晶体材料科技开发公司”在去年市场经济普遍困难的情况下，积极进取，总收入2309万，比去年1821万增长26.79%。联营企业的上级主管单位不是广州电子技术所，其经营情况良好，完成了协议上交广州电子技术所的各项指标。广州电子技术所非法人的开发部门4个，有3个部营业总收入突破了长期徘徊于几十万元的局面，一举跃过百万元大关，超额完成了上交任务。广州电子技术所与兴华科仪（香港）有限公司合作，设立“广州兴华维修服务中心”，还与“美国容错电脑（香港）有限公司”合作，设立“STRATUS容错计算机维修站”。

1997年广州电子技术所科技开发项目“封离型氮激光自体荧光肿瘤诊断仪研制及应用”（负责人：郑用武），获广东省医药科技进步三等奖。所办企业“广州晶体材料科技开发公司”，获1996年度广州分院与广东省科学院的两院“优秀科技企业”奖。全所保卫安全工作获“两院”先进集体；获地方（东山区公安分局）“先进集体”称号。综合档案考评，获“院一级”，超出原定“院二级”指标。另外，还获中科院“国有资产管理年报年检先进单位”。

1997年，广州电子技术所深化改革，逐步过渡以室为核算单元，扩大室自主权，以团队方式实行政策引导，促进科技人员进入市场。试行以室为核算单元，初步形成团队作战，抓了一室、二室、六室、七室，这4个点已初见成效，室留成少量经费。发挥所里学科技术优势，大力加强和大中型企业合作，千方百计开辟了和肇庆风华集团、东莞福地集团、珠海通信集团、深圳赛格日立集团以及鹤山市企业的合作道路，已初见成效，同时加强了和地方政府部门的联系，为今后的发展打下了基础。

自筹资金30万元，建立了2个实验室（网络和数字化），追踪技术前沿，探索新学科转为生产力的可行性。公布了室、开发部、服务部和待岗人员等管理暂行条例，按条例考核。开发部和服务部各单位则按合同或年度任务书考核，本年度各部已全部完成任务。

注重年轻科技人员培养，大力提拔德才兼备的好苗子。提拔了6位年轻科技人员当室负责人，到职后已发挥了重要作用，取得不少横向项目和收入。1997年又接受了大学生和研究生10人，并作了恰当工作分配，反映情况良好。

调整分配政策，严格考核制度，执行“效绩优先，兼公平”原则，拉开差距，调动积极性。调整了企业系统的奖励政策，极大调动了开发实体积极性，几个实体一举突破长期徘徊局面，跃上百万元大关。对40%津贴已作调整，拉开差距，奖勤减懒，效果较显著。

优化资源利用，加强物业和物耗管理，增收节支。调整了办公生产用房，合理利用资源，增加收入上百万，查改水电管理，节约几十万元。并注意做好基础工作，为管理现代化打下基础。组建了“综合档案室”；加强治安综合治理力度，全年无责任事故；调整“保密委”；开展宣教检查工作，达到分院“优秀标准”。

广州电子技术所地处广州，是繁荣的珠江三角洲中心，毗邻港、澳，水陆交通便利，科技与经济发展前景广阔。与省内和香港、澳门地区，以及与东南亚等世界10多个国家有着学术和技术的广泛联系，不断促进国际合作和科技交流。

广州电子技术所编辑出版由原国家科委批准公开发行的科技季刊《电路与系统学报》。

广州能源研究所

所　　长：陈国粱

地　　址：广州市先烈中路81号大院

邮政编码：510050

电　　话：020-87778642

图文传真：020-87779767

E-mail：chengj@ms.giec.ac.cn

中国科学院广州能源研究所前身是广东省地下热能研究室，始建于1972年，1978年归属中国科学院并改为现名。1997年底全所职工183人，其中科技人员164人，研究员12人，副研究员、高级工程师50人，中级科技人员55人。现有在学博士生2人，硕士研究生14人。

广州能源所长期从事新能源与节能高新技术的研究与开发，研究领域包括新能源（太阳能、生物能、地热能和海洋能等可再生能源）的开发和利用，节能高新技术（包括传热传质、热泵、热管、储能、节能材料等），环保技术（洁净燃烧、固体废弃物处理、废水处理、脱硫和除尘等）。是热能学科和流体动力学及流体机械硕士研究生点。今后的研究目标主要是开发新能源和洁净燃烧、加强能源的有效利用、降低能源消耗、消除燃料和废弃物带来的环境污染。

广州能源所以能源学科为重点，是集研究、开发、高技术产品为一体的综合性研究所。设有太阳能、热能、生物质能、海洋能、洁净燃料研究室以及文献情报室和太阳能开发研究中心，并成立了经国家技术监督局批准的广州耗能产品测试中心。此外，还建有热泵中心实验室、海洋能实验室、洁净燃料实验室及太阳能热水器铜铝复合板芯生产线。1997年广州能源所获院正式批准成立“中国科学院科技产品销售网络广州分部”，并获国家环保局正式批准的“国家环保专项工程乙级设计资格”证。

1997年广州能源所在以突出新能源、节能和环保方面富有特色的、以应用研究为依托的技术开发型研究所的方向指导下，继续深化内部改革、进行结构性调整。进一步落实“九五”各攻关项目的缺口资金匹配争取工作，目前各攻关项目工作进展顺利；为促进科研工作，加大了基础建设，建成了全所计算机网络中心，并于10月份并入国际互联网，现正承担着国家科委“中国新能源和可再生能源技术与产品信息网”建设；加快实验室改造工程;拨出专款建设综合档案室,档案达标获中科院一级标准，使档案管理走上规范化。

1997年广州能源所承担国家自然科学基金项目5项，国家科委“九五”重点攻关项目3项，院“百人计划”项目1项，国家计委“九五”重点攻关项目2项,院重点攻关项目2项,广东省自然科学基金项目8项，广东省科委科学基金和青年科学基金7项,国际合作科研项目4项。其中国家科委“九五”攻关项目“100kW太阳能空调及供热综合示范系统”进展快,分两期完成了全部安装工程，1998年初已进行调试；“1MW循环流化床气化发电系统”进展顺利，1998年3月进入全面安装阶段；国家计委“九五”攻关项目“热反射船壳涂料”已提出了数10个配方并制成样品，其中最好的样品优于标准样品，红外反射率大于80%、温差低20～25℃，优于攻关指标红外反射率70%、温差低15℃的要求。院“百人计划”煤洁净技术及废弃物利用技术，已获国家科委、院、省在该领域重大项目的支持，已完成烟气脱硫和正在研建垃圾焚烧示范装置，取得广东省科委支持,正在与企业筹建“广东省固体废弃物利用工程研究中心”。

1997年广州能源所取得3项应用研究成果，1项应用基础研究成果。广东省自然科学基金项目“高效蒸汽发生器降压蒸发和汽水分离的研究”，其成果对降压蒸发机理作了较全面的阐述，发现了汽水进行重力分离的特殊规律，在研究基础上设计的立式蒸汽发生器在广东和福建的电厂中实际使用,效果良好;获广州分院科技进步二等奖。广州市科委重点科技攻关项目“智能型农副产品热泵干燥机研制”，首次提出可编程智能控制、机电一体以及物料通用性新概念进行研究和开发,样机测试表明,该机比电耗处于国内外较低水平,可编程微机控制又可减少劳动强度、节省劳力和提高工作效率。该成果将有广阔推广应用前景。

科技开发方面，1997年技术开发合同金额630.5万元，到位金额498万元，创收提成134万元。其中太阳能热水器开发工程额为376万元，XCD多管除尘器合同额达132万元，热管金额为59万元，生物质气化炉金额为45万元。“循环流化床生物质气化炉”被评为省级新产品，“大型游泳池水质净化系统及相关产品的研制”被评为国家级新产品。为促进技术成果转化成产品，广州能源所投入一笔经费，启动“孵化基金”来支持“热泵干燥”、“悬胶燃料”、“紧凑式相变蓄热器”等技术产品化，与中山宝鼎公司建立产品监制合作关系，寻找产品销售途径。

1997年广州能源所进行合作与交流的外宾共计32批73人次，分别来自日本、法国、英国、越南等国家和香港地区。派出访问、考察、技术培训的科技人员共计14批14人次。联合培养在读博士生2人，吸引博士后、博士各1人，成功举办了“97能源与环保研究生学术讨论会”，3位院士和包括香港科技大学专家在内的多位专家及来自全国各地的研究生与会研讨，成绩显著;组织所内青年参加计算机网页设计比赛和“工藤基金”评选颁奖活动。

广州能源所是中国海洋工程学会海洋能专业委员会的挂靠单位。编辑出版《能量转换利用研究动态》、《能量转换利用研究动态剪报资料》。

广州人造卫星观测站

站　　长：黎清晖

地　　址：广东省广州市五山

邮政编码：510640

电　　话：020-87707002

E-mail：gzsos@ms.gzb.ac.cn

中国科学院广州人造卫星观测站始建于1958年，是科学院系统中纬度最低的观测站。

全站现有人员56人,其中科技人员32人,高级科技人员8人，中级科技人员17人。

广州人造卫星观测站目前主要从事人造天体的观测,人造地球卫星运动理论的研究;并进行电子仪器研制和工业生产自动化等方面的技术开发。

建站以来，和其他台站一起对国内外一系列卫星、火箭进行了长期跟踪和测轨预报及对即将陨落的人造天体进行拦截观测。特别是近年为国家“863”计划多项任务进行了观测和预报。目前，站内工作以技术开发为主，但仍然保持一支精干的观测和研究队伍，进行日常的观测和卫星精密定轨方面的理论研究工作。

在应用基础研究方面也作出了较有特色的贡献。如“人卫预报系统软件”、“快速自动选星检测经纬仪系统差”和近年所进行的“供白天观测用的近地激光卫星高精度快速预报”、“广州地区大气层对GPS定位和定时的影响”、“天文因素对广东省及沿海气象灾害影响的研究”、“高精度卫星轨道及其应用”等项目。

在科技开发和科技服务方面，研制和生产了“T203智能化电铃控制器”、“T309木材干燥窑自动控制系统及干燥窑成套设备”和近年开展的“中波广播发射机微机自动控制系统”及“木材干燥测控过程的计算机多媒体及专家系统”等一系列产品和新开发的研究项目。

以上这些理论研究和开发项目有些已获得中科院广州分院、广东省和中国科学院科技进步奖、开发奖。特别是广州人造卫星观测站开发的重点项目“T309木材干燥窑自动控制成套设备”，1997年完成销售额200多万元，实现利润近30万元，取得了显著的经济效益和社会效益。

成 都 分 院

院　　长：林祥棣
地　　址：四川省成都市人民南路4段9号
邮政编码：610041
电　　话：028-5223719（所办）
　　　　　028-5229896（党办）
图文传真：028-5220846
E-mail：cdb@ntr.cdb.ac.cn

中国科学院成都分院成立于1978年3月，前身系1958年11月成立的中国科学院四川分院。成都分院系统现有5个研究所：光电技术研究所、成都生物研究所、成都有机化学研究所、成都山地灾害与环境研究所、成都计算机应用研究所，2个中心：成都科学仪器研制中心、成都文献情报中心。共有在职职工4000余人，其中科技人员2300余人，有中国科学院院士1人，中国工程院院士2人，研究员（包括正研级高级工程师等）131人，副研究员、高级工程师等520余人，中级科技人员950余人。在读博士生50人，在读硕士生184人。另有博士后7人。

成都分院系统拥有一批具有国内先进水平的国家级、院级及联合创办、自办的重点实验室、工程中心、野外台站和科研设施。研究的学科范围包括数学、化学、生物学、地学、力学、光学、电子学、机械学、材料科学、计算机科学、文献情报学等，在自适应光学、微电子、强激光、光机电一体化、天然药物研制、遗传育种、皮革化工材料、天然气转化、山地生态环境及灾害防治研究、计算机应用系统、智能教学软件、科学仪器研制、科技信息服务等方面具有较大优势。

1997年成都分院系统共承担各类科研项目427项，其中国家攻关和国家基金项目70项，“863”项目19项，中科院、部委项目90项，军工项目15项，国际合作项目11项，省、市下达项目54项。争取科研经费近9000万元。共取得科研成果42项，获各类成果奖14项，其中获国家自然科学二等奖1项，国家科技进步二等奖2项，中科院科技进步特等奖1项、一等奖1项、二等奖3项、三等奖4项，中科院自然科学二等奖、三等奖各1项。发表论文504篇，出版专著14部。申请国家专利34项，获授权专利13项。

1997年度，成都分院系统科技开发和第三产业稳步跨上新台阶，销售总额11亿元，其中科技开发销售额8亿元，商贸及第三产业销售额3亿元，共实现利税2.9亿元，向国家纳税9000多万元，纳税额达到国家拨给成都分院系统基本事业费的3倍。成都地奥制药公司1997年创产值7.5亿元，实现利税2.7亿元，再次荣获中科院优秀科技企业奖，并被评为四川省工业企业500强、最佳效益20强，已列入四川省37家扩张型企业之一。

1997年，成都分院认真履行派出机构职能，切实抓好成都地区各所、中心领导班子建设和考核工作，完成了对光电所、生物所、计算所、山地所4个所级领导班子的届中考核和对科仪中心领导班子的换届考核及换届离任审计，同时按院的要求完成了对成都有机所领导班子部分成员的及时调整。组织完成了院布置的研究所改革进程调研任务，撰写了成都地区研究所改革进程的综合汇报材料和对5个研究所的综合评价意见供院参考，协助完成了对光电所的分类定位试点评议工作。组织召开了第十三次院所（中心）联席会议，在深入调研分院系统10余年科技开发工作情况的基础上，结合国家和中科院关于企业改革的部署和要求，参考省市企业改革的成功经验，提出了以转换机制、明晰产权、强化管理、择优扶重为核心内容的实施科技开发第二次创业的指导性意见，对于推动分院系统的科技开发工作再上新台阶起了积极作用。大力推进分院系统人才队伍建设，督促检查各单位落实中科院"九五"期间科技队伍建设9项指标的情况；完成了首次成都分院地奥青年科研基金的评审和分院院长奖学金、十佳青年优秀论文的评选工作；"西部之光"人才计划首次入选3个项目，"百人计划"争取到6个指标，已获准3项。院士申报工作有新突破，林祥棣同志当选为中国工程院院士。组织对分院系统高层次青年人才发挥作用的现状、问题及对策进行了全面深入调研，此选题作为中央国家机关党建研究会暨政工研究会'97立项课题，已通过专家组鉴定，对于指导分院系统人才队伍建设具有重要意义。

积极组织、协调、推动成都地区各院属单位为地方经济建设和社会发展服务，圆满完成四川省委、省政府交给的科技兴农、科技扶贫、定点帮县和下派任务，1997年成都分院被评为四川省科技副县长先进派员单位。通过下派干部和科技人员大力推广近年选育的优良品种，直接为农业生产服务，取得良好效益。积极组织开展对四川及西藏生态环境和自然资源的研究开发，在生态环境保护、山地灾害防治等方面取得明显进展。

进一步加强了党的建设、党风廉政建设和精神文明建设，结合香港回归、十五大召开等重大事件积极开展宣传教育活动，增强了院属单位的凝聚力；在十大窗口部门开展承诺服务活动，工作面貌明显改观。统战、群团工作取得成效，分院系统有2人当选为四川省人大常委。

较好地保障了成都科研基地后勤系统的正常运转，在院支持下对部分老化落后的基础设施进行了改造。1997年完成了华西坝院区电话网改造，启动了供电系统改造等工作。完成了离退休职工活动中心和27号两幢住宅楼的建设。院区环境建设和大院综合治理取得新的进展，1997年分院被辖区评为"安全文明单位"和社会治安综合治理模范单位。进一步完善了分院系统医疗统筹的管理，较好地抑制了医疗费上升势头。幼儿园荣获1997年中科院后勤工作先进单位。积极稳妥地推进分院机关改革，清理完善了近几年的规章制度，改进了机关目标管理办法，在固定编制人员的合理调配和分流安置上有新的进展。

努力沟通与省市的联系，争取省市领导和有关部门的支持。2月由成都分院主办了'97科教兴川文艺迎春联谊会，邀请省市领导、在川院士和科技界、文艺界专家共600余人出席，受到好评；"西部之光"项目评审及其他重大活动也特邀省市领导参加。充分发挥《中国科学报》四川记者站和《科成报》的作用，分院系统全年在各种报刊及电视台发稿170余篇，《科成报》全年编发24期，约45万字，较好地展示了院属单位的形象。政务信息工作进一步加强，成都分院1997年被评为院政务信息工作先进单位。

成都分院机关现设10个职能处室，6个附属机构，3个代管单位，共有在职职工203人。

光电技术研究所

所　　长：马佳光
地　　址：四川省成都市人民南路4段9号
邮政编码：610041
南郊科研开发基地：四川成都市双流350信箱
邮政编码：610209
电　　话：028-5180032　　5180043
028-5882846
传　　真：028-5180070　　5223143
E-mail：yxbsuo@mail.ioe.ac.cn

中国科学院光电技术研究所始建于1970年，是中国科学院在西南地区规模最大的研究所。前身是由国防科委1969年筹建、从长春光机所分迁的三线科研单位，1975年划归中国科学院。光电所分市内和南郊两部分，市内部分与高新技术开发区、多所大学和研究所毗邻；南郊科研开发基地占地400余亩，环境十分优美。全所现有职工

1578人，其中科技人员700人，有中国工程院院士2人，研究员36人，副研究员、高级工程师等173人，中级科技人员274人。

光电技术所由科研部、科技开发部、质量控制部以及光电公司(光电部)等高新技术开发公司组成，具有光机电技术的综合优势和配套齐全的生产制造、开发能力。科研部主要由从事国家科研项目的研究室组成，有微细加工光学技术国家重点实验室、国家“863”高技术计划自适应光学重点实验室及光电工程、应用光学、电视技术、光电测量等10个研究室。科开部、光电公司等主要从事科研项目试制和新产品开发工作，拥有光电传感中心、激光加工中心等5个开发中心和光学仪器部等9个产品开发生产部。挂靠在光电所的“中国科学院成都几何量及光电精密机械测试实验室”，1996年正式成立并通过国家计量认证，可向社会提供具有法律效力的公证数据。光电所与中国工程物理研究院联合建立有成都精密光学工程研究中心。

光电技术所现有光学工程博士学位授权点、光学工程、物理电子学、检测技术与自动化装置、测试计量技术与仪器四个硕士学位授权点。现有在学博士生、硕士生近百人。1997年光电所进行了自适应光学等专业科学院百人计划招聘。

光电所主要方向是从事工程光学和光电系统的应用研究与开发。其主要领域是：应用光学、自适应光学、微细光学技术与设备、光电跟踪测量技术与系统、激光光束技术、精密测试技术等，涉及图像处理、自动控制、光电技术、电子技术等若干相关的高新技术，在国内都有很强的学科和技术优势。

1997年光电技术所安排科研试制任务109项，其中高技术领域4个主题7个专题，24个课题。各类国家科研项目52项，各类科学基金项目19项，其他项目14项。

光电技术所本着为国民经济、国防建设和科技进步作出重大贡献的原则，充分发挥全所的整体优势，坚持以重大项目牵头，科研开发并举的办所方针。1997年光电所在主要优势领域取得显著进展：(1)在微细光学技术与装备研究领域主要从事亚微米线条的形成与传递、光电自动对准与精密定位、深紫外光刻和同步辐射X射线光刻、相移掩膜及衍射光学元件等技术研究。该领域成果显著，“八五”国家攻关项目“0.8～1微米分步重复投影光刻机已在生产线上通过了工艺考核，成功套刻出0.5微米的线条，通过国家鉴定。对发展我国微电子工业具有重要意义。1997年微细加工光学技术国家重点实验室在研究工作、人才培养和实验室建设等方面都取得很大进展，引进一批进口装置发挥了很大作用。衍射光学元件研究与应用在国内已有很大影响。(2)在国内开创了自适应光学领域研究工作，主要研究动态波前的实时测量、波前复原和波前误差校正，并用于天文望远镜、激光光束诊断系统。1997年在2.16米天文望远镜与北京天文台和日本东京天文台合作开展了红外自适应光学系统实验，并取得天文图像。“863”重点项目61单元自适应光学系统在国内首次进行了上行大气传输的补偿实验，并取得国际先进水平的成果。(3)在光电捕获跟踪测量技术研究和光电工程研制领域有很强的综合技术实力，1997年承担了空间目标观测系统及中型光电经纬仪等多台测量设备研制任务，在弱小目标的探测成像、信号实时处理、多目标识别、高精度快速跟踪测量方面取得很大的进展，研制出具有国际先进水平的冷光学系统和国内领先的光电测量稳定系统等。(4)在激光光束技术领域主要研究激光稳定净化、变换发射、诊断补偿及光束方向控制等技术问题。1997年进行了多项室内外技术综合实验，不仅填补了国内空白，并使我国在此领域迈入世界先进行列。

建所28年来，光电所已获得包括国家科技进步特等奖在内的300余项科研成果。1997年是光电所建所以来获奖最多、获奖等级最高的一年，其中包括国家科技进步二等奖1项(37单元自适应光学系统)，中科院科技进步特等奖1项(845光束定向器)，一等奖1项(G线和I线投影光刻物镜)，三等奖二项(25位编码器等)，自然科学奖三等奖1项(相移掩模研究)。作为参加单位我所还获得国家科技进步二等奖2项，科工委一等奖1项。

光电技术所坚持科研与开发并举的方针，加快科技成果转化与科技体制改革，已成立了10余个科技开发实体和科技公司，装备有光学仪器及光学玻璃连熔线等生产线，开发生产多种适应市场需要的高新技术产品，如长光栅与数显表、光电轴角编码器、激光标记机、手术显微镜和观靶镜、各种棱镜、透镜等光学元件、空调制冷设备等。

近几年来，国际交往和学术、科技交流不断扩大。1997 年光电技术所派出参加国际技术讨论会、考察、培训和学术活动 15 批 26 人次；接待国外学者讲学、访问、技贸洽谈等活动 6 批 12 人次。目前同美国、日本、德国、法国、加拿大、俄罗斯、荷兰等国家及香港地区建立有交流与合作关系。

1997 年光电技术所作为中国科学院首批分类定位试点研究所参加由院组织的定位试点评审会，评审会专家的领导们一致认为光电所学科特色明显，优势突出，是一个技术水平很高、工程能力很强的研究所，组织管理出色，有一支能打硬仗的队伍。有一个能团结协作、艰苦奋斗、凝聚力较强的党政密切配合的领导班子。相信光电技术所在今后可以成为我国相关领域的重要科研机构。

编辑出版的主要刊物《光电工程》已被美国国际工程索引(EI)收录，成为国内外有影响的刊物。

成都有机化学研究所

常务副所长：彭宇行（主持工作）
地　　址：成都市人民南路 4 段 9 号
邮 政 编 码：610041
电　　话：028-5222143
图 文 传 真：028-5223978
E-mail：yjk@ntr.cdb.ac.cn

中国科学院成都有机化学研究所创建于 1958 年 11 月，曾先后定名为中国科学院四川分院化学化工研究所、中国科学院西南有机化学研究所、四川省化学研究所，1978 年重新划归中国科学院领导，并启用现名。现有职工 405 人，其中高级科技人员 122 人，中级科技人员 161 人，初级科技人员 60 人。现有博士 12 人，硕士 96 人。

成都有机化学所是以有机化学应用和应用基础为主的综合性化学研究所，主要学科方向为天然气化学、有机合成、高分子化学和分析化学。设有有机化学博士点，有机化学、物理化学、分析化学、应用化学、高分子化学与物理等 5 个硕士点。研究机构有天然气转化国家工程研究中心、天然气转化开放实验室、不对称联合开放实验室、高分子研究室、分析研究室、皮革化工材料研究中心。

根据成都有机化学所的发展规划和原则，为了集中力量向重点领域发展，提高竞争力和整体科研水平。1997 年，对科研组织结构进行了部分调整，人员亦作了相应的流动。此外，对一些力量较弱的重点项目，在人力和物力上也进行了调整和充实，以保证科研任务的完成和发展的需要。在中层干部的调整中，大胆选拔了 5 名 35 岁以下的青年担任处、室的主要领导，为他们创造条件，使之在工作实践中尽快锻炼成长。在专业职称评聘中，继续实行特批政策，全年共有 8 名青年科技人才获特批晋升职称，其中研究员 3 人，副研究员 5 人。

1997 年，成都有机化学所全面完成了 50 多项科研计划。全年鉴定科研成果 4 项，登记成果 6 项，验收成果 7 项，获国家“八五”攻关重大成果奖 1 项、四川省科技进步三等奖（合作）2 项；申请专利 14 项，授权专利 5 项；在国内外发表论文 113 篇（其中，核心刊物 74 篇），参加国际国内学术会议 96 篇、专著 3 部。

“硝基苯催化加氢制对氨基苯酚”、“低压液相合成甲酸甲酯催化剂开发”、“醋酸丁酸纤维素酯白色革光亮剂研究”、“高遮盖力、高分散聚合物白膏的研究”通过鉴定；“动物营养重新分配剂研制”、“高性能丙烯酸树脂涂饰剂”、“低成雾性防水加脂复鞣剂”、“造纸助剂乳化剂及松香乳液中间试验”等通过验收。

国家攻关项目“甲醇氧化羰化制碳酸二甲酯研究”完成了实验室小试工作和 50 吨/年概念设计；院重大项目“甲烷氧化偶联反应分离一体化制环氧乙烷工艺研究”完成了条件试验和 500 小时寿命试验，达到攻关指标；“天然气、炼厂气催化直接氧化制合成气研究”完成了 210 立方米/日实验流程安装，并进行了多种条件试验。国家自然科学基金项目“新型手性配体和催化剂及用于手性药物的催化合成”设计和合成了有应用前景的催化氢化 α、β 去氢氨基酸反应的配合物，申请了发明专利；“新型手性螺环催化剂及其不对称催化反应研究”的手性螺环氧膦配体有重大进展，在美国化学会志上进行了报道，并申请了美国专利；“猪革形态及性能的研究”完成实验，形成3篇论文在全国高分子会议上宣读；“手性分子选择性透过膜的研究”进展可喜，已可用于DL-色氨酸、DL-酪氨酸的透析拆分，已申请国家发明专利。“863”项目“超高分子量聚DL-乳酸及其骨内固定系统”超计划一年完成阶段任务，科学院已纳入重点支持项目；“锂离子电池电极材料”已经过评议。

天然气转化国家工程研究中心完成了4套生产装置和公用工程的初步设计；根据上级要求，调整了中心规划、试验规模和项目；完成上报了第一批设备采购标书，与日本大阪煤气公司签订了纳米炭素材料研究第二期合作协议。

1997年，成都有机化学所企业销售收入2065万元，完成税金170万元，利润199万元，上交所财务120万元。

1997年，成都有机化学所开展了广泛的国际科技交流，共接待外宾来访23人次，出访和学习15人次，签订国际合作项目5项，成功地承办了第五届中日碳资源有效利用研讨会和全国第一届有机化学学术会议。

成都有机化学所是中国化学会、四川省化学化工学会、四川省色谱学会、中国化学会煤化工利用学会的挂靠单位。编辑出版《天然气化学》(英文版)和《合成化学》2种学术刊物。

成都生物研究所

所　　长：李伯刚
地　　址：四川省成都市人民南路4段9号
邮政编码：610041
电　　话：028-5220920　　5210501
传　　真：028-5222753
E-mail：casicd@public.sc.cninfo.net
biosy@ntr.cdb.ac.cn

中国科学院成都生物研究所的前身为1958年成立的中国科学院四川分院农业生物研究所。1997年底在编人员402人，其中科技人员327人，研究员(包括正研级高级工程师等)26人，副研究员、高级工程师等69人，中级科技人员115人。现有在学研究生46人，其中博士生12人，硕士生34人。另有博士后2人。

根据“集中实力，发挥优势，突出特色，突出显示度，有所为有所不为”的指导思想，进一步明确了该所是以应用基础、应用研究为主的兼有基础研究、社会公益研究及高新技术产业的综合型研究所，重点学科发展方向定位于资源生物学、环境生物学和遗传育种学，主要围绕天然产物的研究与开发、环境保护与治理的产业化以及农业育种和新材料选育等三个科研领域开展工作。

为了深入进行天然药物的研究，加大天然药物开发工作的力度，突出成都生物所的特色，发挥地奥制药公司雄厚的名牌、资金、人才、资产等优势，地奥制药公司与成都生物所共同组建的“国家天然药物工程技术研究中心”在通过了国家科委组织的专家论证后，正式批准并于1997年4月正式挂牌运行。

该中心具有工程技术研究开发能力和水平；能够培训出既有研究能力，又有工程开发能力，既能解决天然药物工程开发问题，又具有创新开拓思维的研究工程技术人才；具有运行管理和自我发展能力；具有开展药物工程技术研究的支撑条件和后勤保障。发挥成都生物所和制药公司各自的优势，把天然药物的基础研究和应用开发有机结合起来，通过该“中心”，形成科研—中试—生产一条龙的天然药物研究开发的新模式，在国内同行业中起示范作用。

1998年初通过“百人计划”招聘工作，成都生物所张国林博士后人选，被聘为该中心主任。

成都生物所现有微生物学、植物学、动物学、环境生物学四个硕士点。

成都生物所设有植物、植化、植物细胞、植物遗传育种、植物细胞非载体遗传操作、微生物、特殊微生物、环境微生物、生物能源、生物化学、两栖爬行动物等11个研究室。

标本馆共收集了近25万号维管植物标本和10万号两栖爬行动物标本。植物标本采集的地区面广、属种的数量大是成都生物所标本馆在四川省内标本馆中所具有的一个特点和优势，已列入世界标本馆名录。两栖爬行动物标本馆在国内外有一定的影响，一直是国内研究中国两栖爬行动物的中心。

成都生物所有液闪计数器、毛细管电泳仪、液光共聚焦图像系统、300MHz超导核磁共振仪、万能研究显微镜等大型仪器。

1997年，成都生物所围绕所重点发展三个学科的调整，提出了根本改变目前所内设11个研究室这样庞大而松散的格局，集中科研实力、重构学科优势，实现研究体系新格局的构想，为下一步深入进行组织、人员结构调整及运行机制的改革奠定了基础。

成都生物所重视科技队伍的建设，本着“精干、流动、开放”的原则，继续做好职工再教育，吸引留学人员回所服务，扩大招收研究生，广泛开展国内外学术交流等工作。出台一些新举措，在科研经费、职称评审、住房分配、出国进修等方面向优秀青年人才倾斜，青年科技骨干、拔尖人才得到重点和高强度支持，得到所长基金资助的青年科技人才占50%；1997年，晋升35岁以下副研究员7人，一批德才兼备的年轻科技人员提前得到晋升。在成都生物所承担的“九五”科研项目中，大多数为40岁以下的年轻科技人员担当课题负责人，承担起跨世纪的科研重任，较好地实现科技骨干的代际转移。

人事配套改革工作迈出新步伐，在专业技术职务评聘上强化“按需设岗、按岗聘任”，改变了过去评聘不分的状态。建立并完善正常的职工考核和晋升制度，重新修订《中国科学院成都生物所职工年度考核办法》，职工考核和晋升工作日趋规范，操作性更强。对新进所职工实行聘用制，打破“铁饭碗”，对管理人员全面推进职员制，纳入了正常管理。

1997年，成都生物所充分调动科技人员和科技管理人员的积极性，紧紧围绕所重点发展学科继续争取“九五”任务。年初，争取国家“九五”攻关项目的大批立项工作基本结束。1997年重点进行中科院“九五”重大项目、重大课题的立项和国家科委、四川省科委等下达项目的立项工作。列入1997年科研计划的共有96项。“九五”期间已争取科研经费1740万元，其中承担生物资源的研究与开发的科研项目21项，获得经费360万元；承担环境治理与退化生态的恢复与重建的科研项目22项，获得经费582万元；承担常规技术与新技术育种的科研项目24项，获得经费554万元；承担基础研究项目17项，获得经费162万元。“九五”项目的落实与研究所重点发展学科及三大研究领域紧密结合，实现了以任务带动学科发展，并为重点学科提供了课题支撑。

“九五”攻关项目“生物处理石油废水中试”和“生物处理味精废水中试”分别在洛阳石化总厂和桂林味精厂实施；城市生活垃圾处理已选好绵阳垃圾场作为依托工程，设计规模为日处理400吨，目前已完成可行性论证；生物农药宁南霉素、植物激素脱落酸、低聚糖农药均已顺利开展中试，完成年度计划指标；水稻品种选育有2个新组合通过四川省品种审定，有8个新组合上省区试；小麦川育12号累计推广面积达1000多万亩。

1997年成都生物所共取得6项科研成果。“微生物净化回收电镀污泥及废液中的铬和其他金属示范研究”获中科院科技进步二等奖。该成果成功地研究出应用微生物法治理电镀废水新工艺，经四家生产厂家生产性试验，效果很好，可治理单一的或混合的pH值为2～14的多种废水。在由科学院和国家环保局共同主持的成果鉴定会上，专家们确认“该工艺新颖，是微生物治理电镀废水的重大突破，具有很高的学术价值和实用价值”，“该技术具有创造性，先进性和实用性，达到了国际领先水平”，建议在全国推广应用。该技术具有广泛的市场前景。

为实现科技成果的转化，成都生物所共兴办独资公司7家，从事科技开发工作的人员数共57人。地奥制药公司面对党的十五大提供的机遇，努力参与国内国际市场的大竞争，营运资本，形成高科技产业群，以现代化管理、技术创新、规模经济创最佳经济效益，实现资本增值。1997年创下产值7.5亿元，实现利税2.7亿元，人均产值60多万元，人均利税20多万元的佳绩。公司被四川省人民政府列入扩张型企业行列；被评为1997年四川工业企业最大规模500强，最佳效益20强，最大市场占有份额50强及四川医学制造业工业企业最佳效益第一强；成都市利税排行第三名；全国人大常委会副委员长费孝通，四川省省长宋宝瑞，中科院副院长严义埙、白春礼等先后视察了公司；公司以新挂牌的“国家天然药物工程技术研究中心”为依托，利用自然资源优势、高科技人才优势和雄厚的资金优势，开发具有国际先进水平的天然药物。公司一方面进行拳头产品“地奥心血康”技改工程，使其继续创造高效益，另一方面加大新产品的开发力度，不断有高科技含量高附加值的新药问世。目前，已开发出7种居国际领先或国内领先水平的新药，将于1998年、1999年投入生产；公司在香港设立香港地奥制药公司，把资本经营引向新天地，拓展国际市场；公司建立健全销售政策，制定了一系列销售管理办法和制度，注重销售队伍建设，有效地促使销售上新台阶；加大宣传力度，形成广告网络战略；加强生产管理，保证质量，实现高速安全运行；地奥大厦已破土动工。

此外，加强所属其他公司规范化管理力度，确保国有资产的保值和增值。

1997年，成都生物所执行中的国际合作项目5项，新签署国际合作研究协议4项，分别与日本、美国、英国等国的研究机构以及香港科技大学就中国产健康食品及化妆品的原材料开发、四川西部和西藏东部地区的植物多样性进行联合考察、开发成都生物所研制的强力生发剂及以生物技术和中医药合作研究开发为起点拓展更广泛的技术合作、信息交流、人才培养等领域签署合作研究协议或合作意向书。

1997年成都生物所共派出21批30人次赴日本、美国、尼泊尔、英国、德国及港台地区进行合作研究、联合考察、履行协议、学术交流、出席国际会议、参加培训等。接待来访外宾和港台客人27批88人次，来自英国、日本、德国、比利时、法国、美国、澳大利亚、瑞典、俄罗斯、菲律宾等国的专家学者就开发生发育发药物、培育水稻新品种研究以及环保技术开发等方面与该所开展合作交流与研究、作学术报告及考察等。

赵尔宓研究员从1988～1996年，任亚洲两栖爬行动物学会副秘书长兼中国联络员，至今仍担任中国联络员；1991～1993年、1994～1996年、1997～2000年连续三届任世界自然保护联盟物种生存委员会中国爬行与两栖动物专家组主席；1987年至今任《亚洲两栖爬行动物研究》杂志主编；1988年被选为美国加州科学院荣誉院士。

青年研究员唐亚从1995年7月至今任国际山地中心助理项目官员。

吕荣森副研究员任国际沙棘研究培训中心成员。

成都生物所是四川省动物学会的挂靠单位。编辑出版《应用与环境生物学报》。

下属单位有：中科院成都地奥制药公司、成都科进技术开发公司、中科院成都生物所生物技术开发公司、中科院成都生物所劳动服务公司、成都成生技术服务部、成都科生装饰服务公司、成都科成物资供销公司。

成都山地灾害与环境研究所

所　　长：钟祥浩
地　　址：四川省成都市人民南路4段9号
邮政编码：610041
电　　话：028-5228816　　5214188
图文传真：028-5222258　　5214188
E-mail：sdb@ntr.cdb.ac.cn

中国科学院、水利部成都山地灾害与环境研究所（简称成都山地所）创建于1966年5月。前身是中国科学院西南地理分所，1971年属四川省，更名为四川省地理研究所；1978年重归中国科学院，命名为中国科学院成都地理研究所；1987年为突出山地研究特色，改名为中国科学院成都山地灾害与环境研究所；1989年实行中国科学院与水利部双重领导，并采用现名。全所现有在职职工323人，其中科技人员236人，研究员（含正研级高级工程师）30人，副研究员、高级工程师65人，中级科技人员103人。设有自然地理学和土壤学2个硕士点，目前在读硕士生12人。另有博士后2人。

成都山地所是以山地灾害（泥石流、滑坡、土壤侵蚀等）和山地环境应用基础为主，并大力加强山区发展和“3S”应用开发研究的综合性研究机构。经过30多年的工作，已在山地灾害与山地环境研究方面形成了独有的学科特色，特别在山地灾害与防治、山地环境退化、环境评价与山地生态建设、山地可持续发展及遥感、地图与GIS应用开发等方面具有较强优势。按其主要研究领域下设有泥石流、滑坡、生态环境、遥感与地图、国土开发、土壤、水土保持7个研究室，并建立有7个野外台站：云南东川泥石流观测研究站、贡嘎山高山生态系统试验站、盐亭紫色土农业生态观测试验站以及金龙山滑坡观测试验站、九寨沟自然景观生态观测站、云南元谋干热河谷水土保持生态试验站、三峡生态环境站。其中贡嘎山站、盐亭站列入中国科学院生态环境站。其中贡嘎山站、盐亭站列入中国科学院生态网络台站。此外，设有泥石流和滑坡2个模拟试验室，GIS（地理信息系统研究与应用）中心，山地灾害防治设计中心。

成都山地所1997年承担科研项目106项，其中"九五"攻关项目2项，院重点项目3项，国家自然科学基金项目10项，院专项基金项目15项，长办及其他基金30项，国际合作项目5项，承担地方科研开发项目及各类横向项目41项。

成都山地所1997年已完成科研成果和技术成果10项，其中科研成果8项，职务发明专项2项。《贡嘎山高山生态环境研究》和《九寨沟自然保护区环境保护及系列图研究》2项成果获省科技进步奖。全所出版专著3部、论文集2部，发表论文109篇，国内95篇，国际14篇。1997年全所在争取多渠道改善、更新野外台站和研究的科研设备有较大进展。已获得泥石流、滑坡信息系统成套设备、农业和生态系统观测试验技术系统、地理信息系统、野外站观测仪器和野外车辆装备总值达80多万元。全所当年进所科研经费691万元，达历史最高水平，科技人员年人均经费达5.2万元。

1997年成都山地所继续与国际山地综合发展中心开展合作，争取到"山地危险工程综合培训"项目的经费104万元。同时与德国、瑞士、英国等国家进行重大的科技合作。积极开展国际学术交流，今年邀请接待来自日本、瑞士、意大利、印度、巴基斯坦、缅甸、尼泊尔等8个国家40人次来成都山地所进行学术交流合作研究和项目培训。先后有11人次派往法国、英国、澳大利亚、希腊、尼泊尔及我国台湾等7个国家和地区进行合作与交流。

成都山地所1997年认真贯彻国家科委关于科技体制改革、结构性调整，人才分流转换机制的精神，按照科学院有关"分类定位"的部置，组织全所干部、群众就成都山地所的定位问题进行了反复讨论，进一步明确了成都山地所研究方向、发展目标、发展模式和重点发展的优势领域。成都山地所战略定位是建成以山地灾害和山地环境研究为重点，并大力加强山区发展和"3S"应用开发研究的国际一流水平的山地科学研究基地。

成都山地所重视选拔、培养青年学术带头人和业务骨干工作，吸引和稳定青年科技人员，从工作条件、科研经费及个人生活等方面为优秀青年科技人才提供良好的条件。为科技人员出好成果，高水平论文制定了一系列激励保障措施。今年启动了新进所人员聘用合同制，成立了人才交流中心，加强人才流动，促进人才成长。

成都山地所是四川省地理学会的挂靠单位。编辑出版刊物《山地研究》、《地理》和《中国地理科学文摘》。

成都计算机应用研究所

名誉所长：张景中
所　　长：张海盛
地　　址：四川省成都市人民南路4段9号
邮政编码：610041
电　　话：028-5217501
传　　真：028-5229357
E-mail：jss2@ntr.cdb.ac.cn

中国科学院成都计算机应用研究所（简称成都计算所）成立于1958年11月。建所之初为中国科学院四川省分院数学研究所，1960年更名为中国科学院四川省分院计算技术研究所，1981年启用现名。1997年全所职工352人，其中科技人员287人，有中国科学院院士1人，研究员（包括正研级高级工程师）14人，副研究员、高级工程师60人，中级科技人员129人。

成都计算所主要从事计算机应用系统集成技术，智能化软件的研究和开发，同时开展数学与计算机科学理论的应用基础研究。

研究开发设有4个系统工程部和2个研究中心。即计算机会议系统工程部、烟草计算机应用研究开发中心、综合应用研究开发部、CIMS实验室和数学与计算机科学理论研究中心、计算中心等。

有与联合国大学软件所联建的“自动推理与程序生存实验室”。分别从事信息系统集成，网络与通讯，智能软件，办公自动化，工业控制与检测，数学与计算机科学理论，自动推理等方面的研究与开发。

所办公司面向市场开展产品销售、技术服务等工作；计算机培训学校（中心）面向社会培养计算机应用人才。

成都计算所设有计算机应用、计算机软件和应用数学3个硕士学位点，并与四川联合大学联合培养博士生。所先后向国外派遣访问学者约60人，与世界20多个国家和地区的科研机构、大专院校有学术交流、合作关系，所拥有包括IBM3081大型计算机在内的各种科研设备。

1997年全所在研项目65项，其中国家“攀登计划”、“863”、自然科学基金等纵向项目17项，横向合同项目48项。上述项目中新开项目44项，延续项目21项。全年结题、鉴定、验收项目15项，获得科技成果15项。获奖项目2项，“几何定理机器证明理论与算法的新进展”获国家自然科学二等奖。

中国科学院院士张景中和杨路研究员共同完成的“几何定理机器证明理论与算法”课题，创立了计算机生成几何定理可读证明的原理和算法，推出了世界上第一个能够自动产生几何定理可读证明的算法和程序，被国际机器证明专家视为自动推理领域30年来最重要的工作，是计算机发展处理几何问题能力道路上的里程碑。在此成果的基础上1997年研究开发了智能教育软件，得到国家教委和著名专家的高度评价，称之为国内最高水平的教育软件。

1997年成都计算所承担了中共中央办公厅下达的研制新型选举系统的工作，新型选举系统在党的第十五次全国代表大会上使用获得圆满成功，受到了中央办公厅和中国科学院的表彰。系统成套设备在上海、青岛、浙江、云南推广的基础上，1997年又推广到深圳，为我国会议自动化建设做出了贡献。

面向烟草行业的CIMS技术，继续保持国内领先的优势。涪陵卷烟厂CIMS应用工程顺利完成，卷烟生产过程自动控制技术的研究开发取得新的进展。数据采集、加香控制、发酵温度控制、在线计量检测等项技术设备实现了更新换代；多媒体电视监控技术进一步完善和提高。应用范围已遍及国内10多个省市的上百家烟草企业，社会经济效益显著，是成都计算所经费的主要来源之一。

1997年成都计算所结构性调整迈出了新的步伐。在以往组织机构调整的基础上，重点进行了内部运行机制的改革与调整。

按照中科院的统一部署，对成都计算所的发展定位进行了自我评估和调整，将成都计算所的定位确定为“以典型行业生产自动化、办公现代化为对象，提供整体解决方案、集成化应用系统及相关产品，以教育和工程设计智能化为对象，开发系列化智能软件和知识产权的以基础研究、高技术创新为支撑的技术开发基地型研究所”。科技实体不断完善内部运行机制，逐步引进企业管理制度，在分配制度、激励制度、奖惩制度等方面向市场经济的要求靠拢。依据十五大的精神，作了所有制结构调整的探索，对科技骨干创造的知识产权，在组建股份制科技企业时，按照国家有关政策进行了划分，确定了个人占有份额，突破了国有事业单位知识产权只能属于国有的传统模式，调动了科技人员科技创新的积极性。推行了以人事制度改革为中心的综合配套改革，实行了按需设岗、按岗聘任制度，建立了绩效评价体系，实行了资源配置与工作绩效挂钩的办法，继续执行了医疗统筹、养老保险储备金、住房制度改革等社会保障制度。

成都计算所是中国计算机学会西南学会、四川省计算机学会的挂靠单位。中国科技网（CST-NET）成都网管中心设在成都计算所。编辑出版《计算机应用》，该刊为中国计算机学会会刊和我国科技核心期刊，1997年荣获全国第二届优秀科技期刊一等奖。

成都文献情报中心

党委书记、副主任：任鸿德（法人代表）
地　　址：四川省成都市人民南路4段9号
邮政编码：610041
电　　话：028-5220439　　5224282

图文传真：028-5220439
E-mail：clcas@rose.cnc.ac.cn
clae@ntr.cdb.ac.cn

中国科学院成都文献情报中心（又名：中国科学院成都图书馆）是中国科学院设在西南地区的文献情报中心，始建于1958年。至1997年底有职工80人，其中研究员和研究馆员2人，副高级科技人员11人，中级科技人员32人。现有藏书200万册（件），其中中外文图书23.5万册，期刊1万余种119万册（件），专利文献45万件，科技报告8.5万件。已初步形成以资源（天然产物、药物）、生物学、化学、环境科学、光学、计算机科学等学科为中心的馆藏结构。1997年，成都文献情报中心提出以现代化信息技术为手段，不断提高文献信息资源的共建共享水平，提高情报研究和信息服务水平，建立多功能的、现代化的、开放的地区科技文献信息服务体系。重点发展有学科和地域特色的天然产物信息研究与开发服务及其相关领域。

成都文献情报中心设有中外文科技图书阅览室、社会科学综合阅览室（期刊、图书、报纸）、检索室、专利阅览室、中文期刊阅览室、外文期刊阅览室。所有阅览室均实行开架管理。成都文献情报中心建有"中国专利数据库"（收录1985年以来的全部发明和实用新型专利，书本型共四卷）、"中国科学院成都地区西文期刊联合目录数据库"、"馆藏中文图书数据库"等9个数据库。1992年开通与德国STN、瑞士Data-Star、美国DIALOG系统的国际联机检索终端，1994年开通电子信箱。1997年成都文献情报中心开通了TOTALS图书馆自动化集成系统的编目、检索、流通三大系统，使成都文献情报中心的文献情报基础工作走上了自动化之路。1997年成都文献情报中心新引进光盘8种，并已成为第一批开通专项咨询服务的中国学术期刊文献检索咨询一级站。1997年成都文献情报中心接收了四川省科技情报所赠与的一批外文期刊和专利文献（约30万册件），以及上海文献情报中心赠与的一批书刊，从而使成都文献情报中心的馆藏文献达200余万册。

成都文献情报中心是四川省科委批准的"四川省科技成果查新咨询中心科分院分中心"和科学院确定的"中国科学院成都科技查新咨询中心"。

成都文献情报中心重视文献情报研究工作，开展的"书本型《中国专利数据库》及伪联机检索服务网"成果曾获1995年国家科技进步三等奖。1997年，成都文献情报中心新开课题5项，其中包括：中国科学院留学经费择优支持回国工作项目——"Internet与图书情报机构的信息服务及发展研究"和中国科学院成都分院地奥青年科研基金项目——"成都分院文献信息网络的研究及实现"。

成都文献情报中心被评为1996年度四川省先进科研院所。

1997年成都文献情报中心在读研究生2人。

成都文献情报中心下属单位有："成都高新技术产业开发区信息中心"（内部称开发总公司）。

成都文献情报中心是中国科学院科技情报研究会成都地区工作委员会、四川省图书馆学会成都地区科学院系统工作委员会、四川省情报学会理论方法委员会的挂靠单位。

成都文献情报中心负责的文献情报协作网有：中国科学院成都地区文献情报协作网和中国科学院西南地区文献情报协作网。

成都文献情报中心编辑出版公开发行刊物2种：《天然产物研究与开发》（与中国科学院地奥制药公司、国家天然药物工程技术中心合办）；《世界科技研究与发展》（与中国科学院学部联合办公室、中国工程院学部工作部、中国科学院计划财务局合办）。

成都科学仪器研制中心

主　　任：孙宏敏（法人代表）
地　　址：成都市锦绣路33号（成都421信箱）
邮政编码：610041
电　　话：028-5211071
传　　真：028-5211071

中国科学院成都科学仪器研制中心（简称成

都科仪中心)成立于1959年9月，其前身为中国科学院西南分院金工厂，曾多次易名，1977年更名为中国科学院成都科仪厂，1991年起使用现名。

成都科仪中心现有职工398人，其中科技人员116人，研究员2人，副研究员、高级工程师17人，工程师53人，初级科技人员44人。

成都科仪中心是一个以光电引导技术、数字采集技术、精密模具加工技术和非均匀测试技术为基础导向，以光、机、电及其一体化综合技术能力为依托的科学仪器和大型设备研制、生产基地。

成都科仪中心下设军工所、精密模具制造部2个由中心统一核算的实体及由中心投资成立的应用技术开发公司、成都科星物资装备公司、成都棕北生活服务部、四川万达光电仪器有限公司、数采部、劳动服务公司6个独立核算，自主经营，自负盈亏的经济实体。并与香港协励行合资成立了成都麦克奥迪光电仪器有限公司，以成都科仪中心可利用的土地与成都三业投资开发股份有限公司签定了联合修建科技综合大楼的协议书。

成都科仪中心拥有各类先进的进口电子测量仪器及精密机加设备，其中有从日本、美国进口的G18座标磨床，GM-3数控铣床加工中心，SG-52F深切磨床，H-DS02N电火花加工机床等高精设备。

成都科仪中心从80年代起一直从事体视显微镜、瞬态波形存储器，电子数字毫秒表及烟支测量仪等系列产品的生产和开发，设计加工各种电子器件塑封模具和其他精密模具。取得了良好的经济效益和社会效益。90年代初又成功地研制了含光、机、电一体化技术的“886”工程项目，及JSX-1精密砂轮修整器，GYQA精密液压平口钳等产品。

1997年成都科仪中心不仅完成了数套“886”工程设备任务，20多套电子器件塑封模具，1万多台各类体视显微镜，争取到了成都分院地奥青年科研基金项目——“谐振式力传感器的研制”。这种传感器稳定性好、噪音小、漂移和滞后小，其输出为脉冲数，其相移或脉宽易于测量，重复性好，制造成本低。适用范围广，可用于各种测量的前置敏感元件，一旦获得成功，将具有明显的经济效益和社会效益。目前成都科仪中心已用恒弹性合金，采用厚度伸缩模式制造出双端音叉谐振力传感器的样品，1999年将进入成果鉴定和批量投产阶段。

1998年是“九五”计划的关键年，也是改革开放向深层发展的关键时刻，成都科仪中心将高举邓小平理论伟大旗帜按照党的十五大精神，加大改革步伐，着力做好产品结构和人员结构的调整，盘活存量资产，搞活资本经营。对具有生命力的产品和实体，中心将从资金，人力、物力上给予最大的支持，对于没有生命力的产品将坚决予以限制和砍掉，对于长期亏损的实体将坚决予以调整，实行内部破产兼并和重组，开辟新的经济增长点。最大限度地开发利用中心的人力和物力，使中心的生产、科研和经济效益再上新台阶。

昆 明 分 院

院　　长：张壮鑫
地　　址：昆明市护国路 22 号
邮政编码：650021
电　　话：0871-3324055
图文传真：0871-3324834
E-mail：kmb@ms.kmb.ac.cn

中国科学院昆明分院作为中国科学院在云南的派出机构，根据中科院“三片一线”基地建设的战略布署及结构性调整规划，现代院管理 5 个研究单位：昆明植物研究所、昆明动物研究所、云南天文台、西双版纳热带植物园（含原昆明生态所）、贵阳地球化学所。现有的单位分属生物、天文、地学三大基础学科。

昆明分院机关职工总数 86 人，各类专业技术人员 74 人，其中高级科技人员 12 人，中级科技人员 29 人，初级科技人员 24 人。

云南地处中国西南，由于复杂多样的地理环境，使其境内繁衍着从热带、亚热带、温带、寒温带到寒带的丰富多采的生物种类，成为举世瞩目的生物资源宝库，为进行生物学研究提供了优越的环境及条件。由于它特殊的地理位置，它还是理想的天文测试地区。同时，它还具有丰富的矿产资源，随着国家开发矿产资源的战略布局，已向西南三江（金沙江、怒江、澜沧江）地区转移，为国家和云南乃至西南地区的矿产资源开发提供优良条件。

1997 年是昆明分院和云南省合作项目启动的第二年，在 1996 年实施项目的基础上，1997 年在总量控制、突出重点、确保已上项目取得进展的前提下，新上项目 4 项。主要有：“利用生殖技术建立肉牛和奶牛杂交优势持续利用系统”，“滇池凤眼莲、蓝藻资源化和水生生物净化技术半工业性试验中重要资源参数与资源优化配置研究”，“蒙自县万亩吨良田配套技术开发研究”，“水稻、小麦、转基因蕃茄良种引进试验示范”，“魔芋甘露糖工业化生产的关键技术”，“云南程海地区螺旋藻大规模养殖技术化研究”等。这些项目主要围绕着云南省的生态环境、现代化农业、生物资源开发展开。

1997 年昆明分院继续抓好热区联合开发工作，在农业种子工程、扶贫攻坚、冬季农业开发等方面都取得较好的经济和社会效益。并在抓好原有基地（实体）管理的同时，抓好新基地的建设。科技扶贫示范工作，不仅为澜沧县的谦迈乡、新城乡制定出脱贫计划，并在此基础上组织实施了科技成果的应用推广，使两乡获得了增产增收。

昆明分院通过与云南省合作、热区资源开发、横向联系等一系列手段，1997 年全系统共争取各类科技项目 53 项，经费 2031 万元。

在机构改革方面，分院领导班子进行了换届，并对处室进行了适当调整，现有：办公室、科技处、财务处、人事处、党办、外事教育处、基建处、后勤服务中心、开发总体部。

1997 年昆明分院系统共招收硕士生 37 人，博士生 30 人。

云南天文台

台　　长：谭徽松

地　　址：昆明市东郊凤凰山

邮政编码：650011

电　　话：0871-3347087

图文传真：0871-3358437

E-mail：ynao@Public.km.yn.cn

抗日战争开始后，原中央研究院天文研究所于1938年从南京撤至昆明现台址。1945年抗战胜利后，天文研究所迁回南京，在昆明原址处留下一个附属的工作站。1947～1952年曾交由云南大学数学系代管，1952年重新成立紫金山天文台昆明工作站。1972年经国家计委批准正式成立中国科学院云南天文台。全台现有职工310人，其中科技人员261人，研究员(含正研级高工)20人，副研究员、高级工程师70人，中级科技人员118人。现有在学博士生26人，硕士生11人。另有博士后4人。

云南天文台是以天体物理为主的天文台，是理科天体物理专业博士点。还设有3个硕士点(天体物理、天体测量与天体力学、天文仪器与方法)。现分为4个分支学科。在恒星演化理论，活动星系核，地面高精度天体位置测量，人造天体高精度跟踪定位等方面在国内外有较大影响。

1997年云南天文台承担着国家“863”计划项目，国家“攀登计划”项目，国家自然科学基金重大、重点及面上项目，中国科学院基础研究重点项目，中国科学院天文口项目，云南省自然科学基金项目等共计38项，100多个子课题。1997年科研成果获得云南省自然科学二等奖和三等奖各1次。

另外，由云南天文台牵头、纪树臣研究员主持的“太阳射电辐射机制的几项研究”入选《中国“八五”科技成果选》，并被联合国技术促进系统中国国家分部授予“发明创新科技之星奖”。

云南天文台1997年共发表论文约110篇，其中在国内外核心刊物上发表的占一半以上。有20多篇论文被SCI收录。1997年申报成果5项。

云南天文台是云南省天文学会的挂靠单位。编辑出版《云南天文台台刊》。

昆明动物研究所

所　　长：季维智

地　　址：昆明市教场东路32号

邮政编码：650223

电　　话：0871-5140390(总机)

图文传真：0871-5151823

中国科学院昆明动物研究所始建于1959年，是由北京的中国科学院动物研究所分出一支扩建而成。1963年改名为中国科学院西南动物研究所，1970年下放云南省，改名为云南省动物研究所，1978年重新收归中国科学院，恢复原所名。全所现有职工275人，其中科技人员219人，研究员20人，副研究员、高级工程师46人，中级科技人员62人。设有1个博士和3个硕士专业的学位授予点，现有博士生20人，硕士生26人。1996年批准建立博士后工作站，1997年度有3人进站工作。

依据昆明动物所多年的工作积累和资源特点，并结合现代动物学研究的特点和要求，昆明动物所以“以东喜马拉雅地区动物为主要研究对象，以保护生物学、进化生物学、灵长类生物学为重点学科，开展动物资源的保护和可持续利用的基础与应用研究。根据热带、亚热带动物资源的保护、持续利用和相关的生物学基础研究的需要，继续重视和加强学科战略储备工作”的学科方向及研究领域。并拟通过各项结构性调整，争取在5～15年内将昆明动物所建成我国和东喜马拉雅地区保护生物学研究中心，亚洲进化生物学研究中心、国际灵长类生物学研究中心之一、我国乃至面向东南亚高层次动物科学人才培养的重要基地。

现设立了系统动物学研究室、遗传与进化研究室、灵长类生物学研究室、动物毒素研究室、保护生物学中心、昆虫学实验室、中国科学院典型培养物保藏委员会昆明细胞库等7个研究室和中心。另设有院"细胞与分子进化开放研究实验室"1个，所自费开放实验室1个——1996年与美国威斯康星大学联合建立的"灵长类生物学联合实验室"。昆明动物所动物标本馆珍藏各类动物标本50余万号，模式标本300余种，是我国西南地区最大的动物标本馆，与世界13个国家和地区建立了标本交换关系。同时还设立了专供对外开放的"动物标本陈列馆"，展出我国或云南省特有的1900种珍稀动物的姿态标本及其生境。

1997年昆明动物所新一届领导班子上任后，从所里的实际情况和处境出发，切实进行各项改革与调整，其主要的改革，一是在多次调研和论证的基础上，确立了昆明动物所的学科方向、战略定位、发展模式及发展战略等，并在此基础上合并或重组研究机构，为进一步深化学科调整及昆明动物所定位作好准备工作。二是理顺管理与服务二者之间不同的职能关系，合并和精简机构、压缩编制，将原有的8个管理部门合并为5个，将管理人员由80余人精简为30余人。三是加大后勤改革社会化服务的力度，通过有偿服务的实施及对外经营渠道的开拓，1997年度除所拨给的3个全额工资外，全处不仅自理了28人的工资及其他补贴、津贴的30%（约9万元），车辆的一切费用（23万元），还向所上交5万元。四是加强人才培养和人才储备：(1)建立了以招收硕士和博士生、博士后及选拔优秀科技人员出国留学为主，以参加各类研讨班、培训班、国内外学术会议及多形式、多渠道、多层次的职工培训和再教育为辅的人才培养体系；(2)每年选拔一批优秀科研骨干和科技人员到国外学习3～6个月；(3)在住房、职称等方面向青年科技人员倾斜，并拟将院下达的高级专业技术职务控制总数的20%用于青年科技人员。

1997年昆明动物所共承担各类科研项目109项，其中基础研究项目61项，应用基础研究项目34项，开发研究项目14项。按课题来源分，国际基金及国际合作项目9项，国家项目34项，中科院项目32项，云南省项目40项，云南省企事业单位委托项目7项，其他项目18项。全年实际到位经费737.54万元。

1997年度全所共发表各类科技论文113篇，其中国外杂志23篇，国内学报53篇；出版学术专著1部——《结构分子生物学》(刘次全等)，合作专著1部——《横断山区两栖爬行动物》(赵尔宓、杨大同)；鉴定科技成果3项，登记4项，推荐国家级科技成果奖励1项，上报院部级成果4项，获准4项。其中施立明等同志的"中国特有珍稀若干动物类群的细胞与分子进化"获国家自然科学三等奖；熊郁良等同志的"蛇伤急救盒及蛇伤综合治疗研究"获云南省科技进步一等奖；刘爱华等同志的"云南主要畜、禽和野生近缘种遗传多样性及种质资源的保存利用"，杨君兴等同志的"抚仙湖鱼类生物学和资源利用研究"，林世英等同志参加的"云南不同民族基因组的保存"获云南省自然科学二等奖。

近年来昆明动物所国际交流与合作日益加强，现已与20多个国家建立了长期、稳定、高层次的合作关系，并取得了较大成效。1997年昆明动物所成功地承办了美国麦克阿瑟基金会环境资源项目——"东喜马拉雅和南亚地区受资助者大会"，并与云南省有关单位联合聘请美国和泰国的专家来昆明举办了"生殖技术研究培训班"。

昆明动物所是云南省动物学会、云南省昆虫学会、云南省细胞生物学会、云南省免疫学会的挂靠单位。编辑出版学术刊物《动物学研究》。

昆明植物研究所

名誉所长：吴征镒
所　　长：郝小江
地　　址：昆明市北郊黑龙潭
邮政编码：650204
电　　话：0871-5150660
图文传真：0871-5150227

中国科学院昆明植物研究所成立于1938年，前身是云南省农林植物研究所，曾更名为中国科学院植物分类研究所昆明工作站、中国科学院植物研究所昆明分所、云南省植物研究所，1978年启用现名。现有职工316人，其中科技人员225人，有中国科学院院士1人，高级科技人员73人，中级科技人员74人。

昆明植物所的发展方向是:立足云南,背靠西南,面向东南亚,以植物学基础研究为后盾,以植物资源的合理开发利用和保护为方向任务,逐步建成我国重要的宏观植物学研究基地。

昆明植物所具有植物分类和植物地理、植物化学学科的博士授予权和硕士授予权。设有植物学博士后流动站。

全所设有植物分类和植物地理、植物化学、植物生理、民族植物学4个研究室和昆明植物园。植物化学研究室于1987年被批准为中国科学院植物化学开放研究实验室。1993年,以植物分类和植物地理研究室为基础,自费成立"生物多样性和生物地理开放研究实验室"。

昆明植物所1997年有7项科技成果通过鉴定,有4项成果获奖。"三白草科植物系统演化及地理分布的研究"获云南省自然科学二等奖。有8项技术申请专利。在国内外学术刊物上发表论文84篇。出版学术专著8部。

1997年,昆明植物所10件科技大事是:深化改革定位试点方案,通过中国科学院组织的论证,成为中科院第一批改革定位试点单位;新一届所领导班子组成,勤政务实的作风给群众留下了较深印象;植物化学开放研究实验室开放10年成绩显著,在国内外学术地位显著提高;"分子植物地理学""百人计划"在昆明公开招聘;植物配糖体化学国际学术会议在昆明举行;第四届青年学术讨论会在河口召开;云南省人民政府正式命名昆明植物园为"云南省科学教育普及基地";昆明植物所青年科技人才迅速成长,1997年获国家杰出青年基金1人,获云南省中青年学术带头人后备人才6人;落实了一批科研项目,1997年共获科研经费1300万元;取得了一批成果和申请了一批专利。

昆明植物所拥有植物标本馆,收藏高、低等植物标本120万份。图书馆馆藏图书25万册。还设有仪器测试中心、音像室等科研服务部门。

西双版纳热带植物园

主　　任:许再富

地　　址:云南省西双版纳州勐腊县勐仑镇

邮政编码:666303

电　　话:0691-8715071

图文传真:0691-8715070

E-mail:xishuangbanna tropical botanical garden@office.cashq.ac.cn

中国科学院西双版纳热带植物园(简称版纳植物园)成立于1959年,前身是昆明植物研究所西双版纳热带植物园,1996年为落实中科院"建设中国西南生物学研究基地"的战略决策,将版纳植物园从昆明植物所划出,与昆明生态所合并组建中国科学院西双版纳热带植物园。并于1997年2月23日正式挂牌。1997年底,全园在职职工363人,其中科技人员195人,研究员11人,副研究员、高级工程师37人,中级科技人员64人。目前已具有生态学硕士学位授予权,博士生培养挂靠在昆明植物所。

版纳植物园是一个以科研为主,集科学研究、植物种质保存、科普教育和科技开发等为一体的多功能、综合性研究机构。它立足于云南、面向我国西南和邻近的东南亚地区,其研究具有区域特色,设有植物学、生态学、园艺学、气象学和土壤学等多学科,并以生物物种(主要是植物)和生物群落为基础,围绕着生物多样性(主要是热带地区)有效保护和可持续发展的科学问题,开展基础和应用研究,为地方社会经济可持续发展和发展保护生物学作出贡献。

版纳植物园科研机构设置为5个研究室。即森林生态研究室(含哀牢山森林生态定位站)、濒危植物迁地保护研究室、热带雨林生态定位监测站、热带混农林系统研究室、热带园林园艺研究室。

1997年在研项目97项,其中新增42项,到位科研经费近400万元,达到历史上最高水平,也开创了主持院重大项目的历史。在新增的项目中,有许再富研究员、昆明动物所季维智研究员主持的院"九五"重大基础研究项目"人文因素对澜沧江流域生物多样性影响机制的研究"。还有获得美国麦克阿瑟基金会支持的"中老跨国境生物多样性有效管理"等研究项目。1997年版纳植物园争取到国家基金项目2项和省基金项目3项。全年出版专著3部，发表研究论文91篇，其中在核心刊物发表36篇，被SCI收录2篇。

1997年版纳植物园国际学术交流频繁，共接待了来自美国、英国、法国、日本、新加坡、泰国、老挝等30多个国家的外宾20批、128人次。与日本三菱化学公司签订了合作进行“花卉新品种的繁殖和栽培技术研究”的协议，延续了与老挝的合作项目，并与新加坡国家公园、泰国清迈皇后植物园加强了合作和联系。

版纳植物园在以科研为主的前提下，把科普教育作为自己的重要任务之一。在植物园的13 500亩土地上，已引种栽培了约4000种热带珍贵植物，并结合园林景观建设，把它们分布在约20个专类植物园区中，向公众展示植物学的有关科学知识。1997年有40万游客到植物园游览观光和接受科普教育。版纳植物园早在1991年被国家旅游局确定为国家级风景旅游观光区；1996年被云南省政府确定为科普教育基地和爱国主义教育基地，1997年正式授牌。据初步估计，由于植物园科普教育和旅游的发展，每年可以为地方带来2～3亿元的经济效益。

版纳植物园还创建有4个科技开发经济实体，分流人员96人，年产值近1000万元。在科技开发中，注重名、优、特产品的开发。

版纳植物园的发展，同注重人才培养分不开，科技队伍年轻化，目前，正高职科技人员平均年龄42岁；副高职科技人员平均年龄43岁；课题组长中45岁以下的科技人员占63%。在结构性调整中，逐步贯彻科技队伍少而精的原则。

版纳植物园是院省共建的“生物多样性研究中心”的挂靠单位。

西 安 分 院

院　　长：安芷生
地　　址：西安市小寨东路3号
邮政编码：710061
电　　话：029-5522688
图文传真：029-5244651

中国科学院西安分院与陕西省科学院合署办公，一个机构，两块牌子。两院有研究单位九个，现共有在职职工2521人。1997年底，西安地区院属单位的西安光机所、水土保持所、陕西天文台、西安黄土与第四纪地质研究室和分院机关在职职工1831人，其中各类专业技术人员969人：中科院院士12人（其中在分院单位的3人），工程院院士3人，研究员75人，副研究员、高级工程师250人，中级科技人员442人。现有在学博士研究生106人，硕士研究生104人，博士后2人。有博士学位授予点、硕士学位授予点18个。

1997年，西安分院认真贯彻党中央、国务院科技工作方针，积极支持研究所的改革与发展，联合院地科技力量，深入实施"科技兴国"战略，为促进国家区域经济和社会可持续发展做出了积极贡献。

一、积极主动地推进研究所的改革进程，促进研究所的战略定位和结构性调整。

过去的一年中，分院对研究所改革进程作了全面的调研，并按照中科院发的《分院进一步深化改革，加强建设的意见》文件精神，强化分院各职能部门的服务意识，尽力帮助研究所解决改革与发展中的实际问题，确保研究所改革顺利实施。1997年分院各所通过进一步调整，使学科方向更加明确，"九五"科研项目落实取得了预期效果，人才培养有了实质的进展，有四人入选中科院"百人计划"；一人入围陕西省"三五"人才第一层次，九人入围第二层次，职工生活条件和待遇都比上年有了很大的改善和提高，在1997年中科院研究所评价中，各所总的排位和状态保持了过去年度较好排次，呈现稳步发展势头。尤其是西安光机所、水土保持所学科方向定位明确、优势突出，为进入中科院基础性研究所序列奠定了良好基础。

对省院各所的改革也有了明显进展，全面实施了第二次力度较大的改革。组织了院所两级主要领导参观考察了山东，河南省科学院，着重学习他们改革、发展科技产业的经验，并就考察成果，展开充分讨论，联系实际，针对存在的改革观念滞后，成果转化、科技开发落后于形势发展等问题，全院形成了共识，认识到省科学院主要方向必须转到为国民经济建设服务的轨道上，在社会主义市场经济中，通过竞争，增强实力，站稳脚跟，开辟出新的发展道路。在1997年陕西省科学院工作会议上，出台了人事管理、经费宏观调控，企业公司制改造，科研发展计划与管理等七项综合配套改革措施。省科学院系统面向经济建设，深化改革，由此进入了新的发展阶段。

二、认真做好科技服务工作。

深化改革，加强研究所建设，有力地推进了科技事业的进步和发展。1997年度，我院组织评定两院科技成果一等奖5项，二等奖4项、向陕西省推荐科技进步奖8项、农业科技成果奖4项、国家科技进步奖5项、鉴定研究成果34项。两院获得部省级科技成果奖13项，其中获中科院自然科学奖一等奖1项；中科院、陕西省科技进步奖二等奖3项，三等奖8项。共代理专利申请54项，院内28项，其中发明专利14项。

为推进科技事业的发展，积极组织申报的国家重大项目，“秦巴山区生物资源的开发利用与保持”已经国家科委批准立项，项目总经费95万元，首批经费50万元，省上匹配20万元。通过自身力量争取到国家科委大型项目的立项这是第一次，显示了分院、省科院组织协调所属研究所相近学科和研究队伍承担国家重大综合性课题的能力有了实质性提高，能够结合地方区域性经济、科技的发展，自然资源的开发、利用提出独到的、成熟的科学思路，并得到国家的肯定。“西北植物化学工程中心”、“陕西省水土保持中心”以及7项陕西省重大农业产业化项目的论证申报，均获得国家计委以及陕西省有关部门批准立项和经费的支持。其中西北植化中心将得到国家计委2000万元的投入。

由于在落实“院地共建”方针的过程中，投入了相当的力量，扩大了地方工作的范围和领域，经常地向陕西省委、省政府汇报工作，得到了省委、省政府主要领导同志的理解和支持。同时，与省上有关部门建立起各种工作渠道，取得陕西省对科学院工作的重视和支持，从去年起今后省财政每年增加200万元作为陕西省科学院的科技发展资金，如此强度的资金支持是前所未有的。

三、面向经济建设，为科教兴国做贡献。

1997年，国务院批准在陕西杨凌建立“国家杨凌农业高新技术产业示范区”。示范区的兴建，是陕西的科技、经济和社会发展的重大契机，我院抓住有利时机，选派得力干部参与示范区的筹建，积极组织分院、省科院科技力量投入杨凌示范区建设。经过充分论证提出的建设“中国科学院西安分院和陕西省科学院产业园区”的可行性报告和立项申请，已获示范区管委会批准。园区规划了930亩土地，分为产业园和种植养殖园两大部分，现已进入具体实施阶段，两院科技成果开发和产业化项目将陆续进入。

为贯彻落实江泽民、李鹏、朱镕基等中央领导同志关于治理水土流失、建设生态农业，“再造一个山川秀美的黄土高原”的重要批示精神，我院于同年12月组织发起了有全国知名专家共40多人、5位院士参加的“中国黄土高原综合治理与生态农业可持续发展战略研讨会”，这是一次动员科技界黄土高原研究各方面力量，为陕西乃至西北地区社会经济发展，促进大范围环境保护工作的重要会议，会议形成了致姜春云副总理的一封信。提出治理发展黄土高原经济的战略性意见，得到了国家有关部门和陕西省政府的高度重视以及社会各方面的关注。会议的成功举办，充分揭示了科学院治理开发黄土高原、服务地方经济的工作前景。

1997年为加强技术开发工作，召开了分院、省科院技术开发与企业管理经验交流会，总结近年来科技开发与企业管理工作中的得与失，为今后的开发与所办企业的发展提供借鉴。分、省两院厂长（经理）联谊会也同时成立。分院系统现有公司企业向现代企业制度过渡的步伐明显加快，西北植物所饮料厂股份制改造顺利完成；帮助、参与水保所按股份制建立了“润丰喷灌工程中心”和“绿茵草业工程中心”；指导植物所化工厂完成了对宝鸡卫东实业总公司的兼并，以固定资产不足2000万元的西植化工厂兼并了固定资产4000多万元，亏损近2000万元的卫东实业总公司，此举在省市政府和科研院所中引起了较大反响；在促使“产学研”与地方合作的工作中，进一步促进西安光机所与西安福泰光电仪器公司“X射线影像增强器”项目的合作，取得了1400万元的银行贷款；完成了青海盐湖所“淬取法生产硫酸钾”项目经费投资990万元的评估工作，并被国家经贸委确立为向中西部倾斜的重点支持项目；酶工程所承担的国家计委“纺织品专用酶国家重点工业性试验”项目，第一批120万元经费已经到位，实施进展情况良好。

由西安分院主持的“中日黄土高原生物生产持续发展合作研究”进展顺利。日方去年提供了300万日元科研补助费，提供各类农作物种子429个，草种107个，树种树苗30个以及部分仪器设备。根据研究工作的进展需要，这个项目新增了三个研究子课题，补充了十多名青年科技人员。

西安光学精密机械研究所

所　　长：赵葆常
地　　址：西安市友谊西路234号
邮政编码：710068
电　　话：029-8498706　　8484376
图文传真：029-8484473

中国科学院西安光学精密机械研究所（简称西安光机所）于1962年3月由原中国科学院原子能研究所大部、原中国科学院陕西分院化学研究所大部、机械研究所的全部及自动化所的部分合并组建而成立。截止1997年底，全所在职职工823人，其中科技人员417人，有中国科学院院士1人，中国工程院院士2人，研究员40人，副研究员、高级工程师140人，中级科技人员207人。现有博士生9人，在职博士生15人，硕士生61人。另有博士后3人。

西安光机所以瞬态光学、空间光学、微小光学、精密机械、电子光学、光电子学、自动控制、特种光学材料、光纤传感技术、计算机应用及数字图像处理为主要学科方向，并开展了高速摄影现代国防军工靶场光电测试技术的综合性研究，研制光、机、电、计一体的高速探测装置。在光学，电子、离子与真空物理专业可授予博士学位。在光学，光学仪器，电子、离子与真空物理，无线电电子学，自动控制理论及应用专业可授予硕士学位。在学研究生100人，博士、硕士各占一半。还设立了物理学博士后流动站。

西安光机所设有瞬态光学技术国家重点实验室和光电子学研究部、光学工程研究部、光学材料研究部、开发部、研究生部、多孔径光学青年实验室、空间光学研究室、微小光学研究室、光纤传感技术室、半导体光电子器件研究室、自控与图像处理研究室、光学研究室、图书情报资料研究室共14个研究部、室和所属研制工厂及完整配套的科研保障与技术服务系统，瞬态光学技术国家重点实验室主要从事超短激光脉冲、超快过程诊断技术及超快现象的研究工作。成立以博士后、硕士生为主要研究力量的青年实验室，开展了多孔径光学的研究，为培养跨世纪科技人才使其成为基础及应用基础研究领域的人才培养基地。空间光学是"八五"后期迅速崛起的一个学科，空间光学是空间科学技术的主要组成部分，空间光学室人员整体水平高，勇于拼搏，敢于创新，在国内具有很强的竞争力，现已承担国家很多重大任务。西安光机所将在空间技术领域作出不可估量的贡献。

西安光机所不断深化改革的力度，在人事制度改革方面，对1996年元月1日后进所人员实行了合同聘任制，设立了全所专业技术岗位，实施了按需设岗、按岗聘任，理顺了科技人员、管理干部及工人三支队伍，进人了正常考核与晋升的轨道。在院和主管局领导下，认真地进行了研究所定位的自评估工作。从学科优势、"九五"承担国家重大任务、未来学科带头人与新的学科生长点四个备件出发，明确了在现代光学和光电子学领域里以瞬态光学和光电子学、空间光学、军用光电工程和信息光学为重点优先发展学科方向，并强调知识与技术创新为研究所之本。结合研究所定位，在明确所重点优先发展学科方向的基础上，着手研究室的调整工作。1997年成立了光电工程一室、光电技术二室。并准备对其他若干研究室进行调整，按业务性质改建为研究实验室及工程研究中心。

在理顺学科方向的同时，加强了高技术创新与开发工作。确定了以高速摄影机、固体飞秒激光器与变象管相机相结合、超高速诊断装置、光纤传感系列产品、X射线增强系统、医疗光电设备仪器为主导产品。积极开拓市场，每年投入一定的开发经费，由开发委员会对项目进行审议，经审议同意的开发项目所里重点支持。办好1～2个具有一定规模的现代高技术企业。1997年已上报的陕西省光纤传感技术工程中心已在筹建之中。

瞬态光学和光电子学研究方面，以侯洵院士为首席专家，主要依托西安光机所"瞬态光学技术"国家重点实验室和国家"攀登计划"项目"飞秒激光技术和超快过程研究"在"八五"期间获得6项国际领先水平的成果，结题时综合评价为A。1997年已顺利地通过了攀登计划项目的"九五"接转，名称为"强场物理与超快过程研究"。侯洵院士为首席专家，同时积极争取"973"立项。"低增益区红外掺钛蓝宝石飞秒激光器"于1997年10月研制成功顺利通过鉴定，达到90年代国际先进水平。"九五"继续深化在生物学、化学与信息科学领域的重要超快过程的研究研制更先进的研究手段。

此外，1997年争取到国家自然科学基金项目、省科技攻关项目共4项。

在空间光学领域争取国家重大项目方面取得了显著成绩，目前承担的"863"-2结合型相机及关键技术预研项目是我国"863"-2领域中重大科研项目之一。自1996年6月正式立项开展预研，1997年10月已通过"863"-2专家委员会组织的转阶段评审，转入原型样机和关键技术攻关阶段。两种小卫星用CCD相机的研究将为我国小卫星遥感探测技术提供重要设备，其中"地球环境监视用CCD多光谱相机"按计划已进入整机联试阶段，准备在1998年上半年进行评审鉴定。"轻型高分辨宽覆盖CCD相机"1997年争取到30万元预研经费。干涉成像光谱技术的研究工作已做出实验室装置，在国内已居领先地位。

光电工程是集应用光学、精密机械、电子学、计算机等多学科为一体的系统工程，涉及到高速摄影、高速电视、图像增强、CCD、红外、激光、自控与伺服、通讯、信息传输、图像处理等多项高新技术，西安光机所承担的光电工程任务形成了自己的特点与优势。GS-222高速摄影测量仪、CCD立靶、判读仪等已形成产品系列。1997年收入超过1000万元。1996年和1997年两年新签合同经费达2324万元。

在信息光学方面，微小光学、光纤传感光学及光信息获取和处理研究方面具有自己的特色。自聚焦透镜成像理论、自聚焦光学阵列理论和器件制作居国内领先。光纤传感技术发展迅速，它涉及材料科学、纤维光学、波导光学、精密机械及电子学。西安光机所光纤传感技术研究室已开发30多种光纤传感器。以市场为导向，目前已开发出市场前景良好的高新科技产品。X射线影像增强器在1997年9月通过国家验收，16项指标达到或超过国家标准，国家已批发了试产证书。这些高科技产品将为西安福泰公司的新产品产业化做出贡献。位于山东威海市高新技术开发区的中科院西安光机所威海光电子基地，从事X射线像增强器、微通道板（MCP）、光电器件和电光源等方面的高技术研究与开发，1997年收入达124万元。

1997年西安光机所总收入为4665万元，而且行政事业费还有一定结余，总的经济情况是好的。

1997年7月中科院对西安光机所领导班子进行了届中考核，考核领导小组认为：本届班子在严重缺员的情况下，带动全所职工开拓进取，强化扩大学科领域，取得了好的成绩。

1996年和1997年度西安光机所在中科院各研究所绩效与状态评价中均被评为双A类研究所。

1997年西安光机所获国家科技进步三等奖1项，中科院科技进步二等奖1项、三等奖2项，陕西省科技进步三等奖1项，国家文化文物局二等奖1项，为加强国际学术交流与合作共接待外宾22批次50多人。派出出国考察进修人员9人。

西安光机所是中国光学学会所属高速摄影与光子学专业委员会、纤维光学和集成光学专业委员会、陕西省光学学会以及陕西省物理学会的挂靠单位。编辑出版《光子学报》（月刊）。

水土保持研究所

名誉所长：朱显谟
所　　长：田均良
地　　址：咸阳市杨陵区西农路26号
邮政编码：712100
电　　话：0910-7012411
图文传真：0910-7012210
E-mail：office@ms.iswc.ac.cn

中国科学院、水利部水土保持研究所前身为1956年2月成立的中国科学院西北农业生物研究所。现有职工321人，其中科技人员190人，有中国科学院院士1人，中国工程院院士1人，研究员22人，副研究员、高级工程师59人，中级科技人员78人。设有土壤学博士点和土壤学、生态学、水土保持学硕士点。1997年，在学研究生54人，其中博士生27人。另招收土壤学博士后1人。

水土保持所面向全国，以黄土高原为重点，解决水土流失区综合治理和开发中的关键科学技术问题。研究方向为：以水土保持为中心任务，开展水土流失规律预测预报和防治途径，区域自然资源的评价与合理利用，退化生态系统环境演变机制与恢复重建技术，旱作农业增产体系及水土保持规划、工程技术等方面的研究。发展以土壤学和生态学有关领域为支撑的水土保持科学体系，为我国水土流失区综合治理，生态环境保护，实现可持续发展服务。根据学科定位和深层次科技改革的要求，1997年对研究机构进行了调整，将原有13个研究室重新组合为7个研究单元：即黄土高原土壤侵蚀与旱地农业国家重点实验室、黄土高原生态研究网络部、土地资源环境研究部、生态研究部、水土保持与节水技术工程部、遥感信息工程部、情报期刊室，使全所战略定位、结构性调整格局进一步明确。建有专家公寓、研究生公寓。所内及野外试验站配备的先进研究设施与仪器有：800平方米人工模拟降雨大厅、植物生长箱、土壤非饱和水分运动模拟系统、计算机工作站、遥感图像处理系统及电感耦合等离子体光谱仪、原子吸收光谱仪等土壤化学、物理分析设备，野外试验站建有径流观测场、蒸渗仪、人工自动气象观测场等。

1997年，国家成立“杨凌农业高新技术产业示范区”，水土保持所抓住这一大好机遇，积极投入示范区建设之中。参加了示范区中以项目建议书的编写任务，对进入示范区的“国家水土保持研究开发中心”论证书进行了反复论证，组织了“节水灌溉设备制造”、“杨凌示范区辐照中心”等首批进区项目的申报。继续加强与地方政府的合作共建，经陕西省科委批准，以水土保持所为依托组建“陕西省节水农业研究中心”，并将水土保持所礼泉果园定名为“陕西省星火科技示范基地”。水土保持所以自身优势组建的“润丰喷灌微灌工程公司”开始启动。

1997年全所列入计划的科研项目有93项，其中“区域水土流失防治与农业持续发展中重大共性关键问题研究”、“黄土高原中部丘陵区中尺度生态农业建设综合研究”、“陕北丘陵沟壑区(安塞)水土保持型生态农业持续发展研究”、“长武高原沟壑区高产高效农业持续发展研究”、“宁南宽谷丘陵(固原)集水型农牧开发与生态建设研究”、“人工汇集水利用研究”等国家及地方科技攻关项目17项，国家及地方科学基金项目21项，中科院“百人计划”资助项目“土壤侵蚀与节水农业”1项，国家杰出青年基金1项，国际合作项目4项，中科院重大、重点项目5项，中科院和西安分院择优支持项目14项，其他项目30项。获奖成果2项：“渭北旱塬小麦管理专家系统”获陕西省科技进步二等奖，“辐谷4号新品种选育”获中国科学院科技进步三等奖。1997年共有32个课题结题，按计划顺利完成。“安塞丘陵沟壑区提高水土保持型生态农业系统总体功能的研究”、“神木水蚀风蚀交错带生态环境整治技术及试验示范研究”、“黄土高原区域与农业发展综合研究”等6个课题通过了中国科学院成果鉴定。全年在国内外学术刊物上发表的论文或报告145篇，出版专著5部。与有关单位联合举办了高层次的“黄土高原生态环境和农业可持续发展战略研讨会”。

水土保持所近年来国际合作交流日趋活跃，与美国农业部土壤侵蚀国家实验室、澳大利亚科工组织水资源与土壤研究所、日本东京大学等国外机构长期保持密切的合作交流关系。正在进行中的“中日黄土高原农业持续发展研究”和与日本JICA集团合作的“安塞山区农业综合开发调查”已进入实质工作阶段。1997年中澳国际合作项目“持续农业发展的区域水土资源评价”和中欧国际合作项目“黄土高原土地资源持续利用与侵蚀模型建立”也已正式启动。9月份，水土保持所与美国国家土壤侵蚀研究实验室合作，成功地举办了“土壤侵蚀与旱地农业国际学术研讨会”，参加这次大会的有来自美国、澳大利亚、德国、以色列、俄罗斯、日本等20多个国家地区的70多名外国代表和国内17个省市（区）的100余名专家学者，充分展示了我国在该领域所取得的科研成绩及实力水平。全年共接待国外来访学者16批75人次，选派出国进修、考察、参加国际会议17人次。

水土保持所是中国土壤学会土壤侵蚀专业委员会、陕西省土壤学会、陕西省核农学会、陕西省水土保持学会土壤侵蚀专业委员会、陕西省地理学会杨陵分会的挂靠单位。编辑出版《土壤侵蚀与水土保持学报》、《水土保持通报》、《水土保持研究》3种学术刊物。

陕西天文台

名誉台长：苗永瑞

台　　长：吴贵臣
地　　址：西安市临潼区书院东路
邮政编码：710600
电　　话：029-3890326
图文传真：029-3890196

中国科学院陕西天文台始建于1966年，初创时期以授时和天体测量学观测研究为主，台址位于陕西省蒲城县。随着授时和天文学的扩展，台本部于80年代初迁至西安市临潼区骊山北麓，天文观测站迁建于骊山之巅，蒲城部分改制为陕西天文台授时部，下辖长波和短波两个专用授时电台。

1997年底全台有职工616人，其中科技人员291人，有中科院院士1人，研究员12人，副研究员、高级工程师47人，中级科技人员188人。现有在学博士生5人，硕士生7人。另有博士后1人。

陕西天文台以时间频率为主要学科发展方向，相应开展有特色的天文学研究。是我国唯一的国家授时中心。研究领域包括：时间频率——时间理论，守时技术与方法，精密时频测量，时间传递与同步，授时技术与方法，国防、国民经济建设和科学研究中的时间应用问题等；天文学——基本天体测量，子午天文，地球自转，太阳系天体的运动理论及近地小天体的观测研究，应用历史天文学，太阳物理及日地关系等。

陕西天文台具有天体测量与天体力学专业博士学位和硕士学位授予权，天文仪器与方法专业的硕士学位授予权。

陕西天文台主要分为时频基准授时保障、天文研究和高技术开发等四大部分。现设有天文研究室、时频基准研究室、时频新技术研究室、信息工程研究室、时频信号处理青年实验室、时频应用研究室、BPM短波授时台、BPL长波授时台、天文观测站和科学实验工厂。

陕西天文台重要的科研设施及装置：骊山天文观测站设有Ⅰ型光电等高仪，水平子午环，1.05米望远镜、原子时基准钟房主要有铯原子钟18台，氢原子钟3台。具有国际水平的时间比对系统。授时系统主要有长、短波发射机、接收机，时间基准及附属部分。呼号为BPM的短波授时台，每天24小时连续不断地以2.5、5.0、10.0和15.0兆赫兹4个频率交替发播标准时间频率信号，覆盖半径3000公里，授时精度为毫秒量级。BPL长波授时台每天定时发播载频为100kHz的高精度长波时间频率信号，其作用距离覆盖我国陆地和近海海域，定时精度为微秒量级。

陕西天文台1997年完成了国家授时任务，长波授时台全年共计发播27 000小时。完成国防科工委正式下达的卫星、火箭、国防等重大授时任务15次，其中国内国外卫星发射任务6次，包括东方红3号卫星、风云2号气象卫星、菲律宾马步海通信卫星、亚太2号通信卫星、美国依星均获得国防科工委贺电表彰。全年争取和承担纵横向科研任务有33项。

陕西天文台科研开发结合时频应用工作，今年共完成横向委托技术开发项目12项，合计金额近60万元。研制的主要设备有定时标频接收机，GPS相位测量终端，电网用GPS时统，GPS控制石英频标。生产经营全年实现商品总销售额299.4万元，上交国家税金14.4万元。实现了67名职工自收自支。

全年共发表论文36篇，报中科院登记成果7项，申报专利1项，国家重大项目“夏商周断代工程子项目”（懿王元年天再旦）研究取得突破性进展，证明了历史记录的“天再旦”事件发生于公元前899年4月21日，使我国确切的纪年向前推进了近60年。

在国际合作方面，与日本邮政省通信综合研究所合作的“卫星双向时间传递（TWSTT）”项目正进入实质性阶段。利用等高仪“扩展北天参考系”研究计划已被列入中、俄两国政府间科技合作分委会项目。全年共有8人次4个出访项目及参加国际会议。邀请来陕台访问进行相关学术研究和参加讨论会的外宾8批76人次。

陕西天文台是陕西省天文学会的挂靠单位。编辑出版的刊物有《陕西天文台台刊》和《时间频率公报》。

主要下属单位有：陕西天文台二部、西安市高新技术开发区天琴技术发展总公司、中国科学院临潼休养所。

兰 州 分 院

院　　长：魏宝文
地　　址：兰州市天水路340号
邮政编码：730000
电　　话：0931-8825318
图文传真：0931-8849855

1997年是我国历史发展进程中具有划时代意义的一年。在这一年里，香港顺利回归，党的十五次代表大会胜利召开。兰州分院在党的十五大精神鼓舞下，高举邓小平理论的伟大旗帜，把中科院的大政方针和兰州分院的工作思路紧密地结合起来，面向21世纪的发展方向和目标，认真审视自我，调整自身结构，确立自身在我国科技发展整体格局中的定位，加快院地、院校、所企共建步伐，取得了新的进展。冰川所在希夏邦玛峰海拔7000米钻取480米冰芯，创造了科学考察海拔最高、获取冰芯样品最多的世界记录，入选1997年中国十大科技进展。近物所新核素合成方面的最新进展被评为1997年甘肃十大新闻之一。化物所固体润滑实验室在国家重点实验室、部门开放实验室统一评估中获得优秀，且在工程与材料学科中名列第一。“新核素合成与研究”重大项目组、化物所固体润滑开放实验室、沙漠所塔干防沙队被国家人事部和中科院授予“中国科学院先进集体”荣誉称号。沙坡头、天山冰川、海北高寒草甸、青海察尔汗盐湖等4个站（组）被评为中科院野外工作先进集体，周荣福等9人荣获野外工作先进个人称号。以刘志民为组长的8位年轻同志组成的课题组被中国科学院授予“青藏高原模范治沙队”称号。

受中科院委托，兰州分院在完成1996年“西部之光”人才培养计划课题评审工作的基础上，1997年又组织并圆满完成了兰州片“西部之光”人才培养计划课题评审工作。兰州分院各所9个项目获得82万元资助，有两名硕士生获得攻读博士学位4万元资助，选拔、培养了一批为西部地区经济发展施展才华的年轻学术带头人与科研团队。中科院“百人计划”工作在兰州分院进展顺利，1997年，化物、冰川、沙漠、地质4所5个学科公开招聘“百人计划”人才，国外留学人员、国内沿海优秀人才积极应聘，一改往日“孔雀东南飞”，出现了“家有梧桐招凤凰”的可喜局面，共有6名青年学者入选了“百人计划”。

1997年，兰州分院在与地方科技合作中，组织协调各所努力争取、积极承担地方科技任务。一年来，兰州分院先后组织各所申请了院地合作基金、甘肃省自然科学基金和兰州市攻关计划项目共30多项，获得资助14项160万元。对各所在以往工作中取得的与地方经济、社会发展有关的成果，兰州分院及时推荐申报了甘肃省科技进步奖。共推荐5项，其中有2项获二等奖、2项获三等奖。为了使更多的成果转化，在地方经济建设中发挥效益，兰州分院印发了《“八五”科技成果汇编》、《兰州分院推广成果选编》，组织各所参加省市组织的’97甘肃兰州交易会和“产学研联合经贸会”，在’97兰交会上，兰州分院展团获大会颁发“优秀布展设计奖”，金桥公司研制的“气浮滤池设备”为最受欢迎的产品。同时与兰州市经贸委、科委对口开展“产学研”交流活动。这不仅促进了院地交流合作，使各所一些有应用前景的成果及时得到转化，也使地方部分科技问题得到了解决。同时，还为地方、为院内代理专利申请93件。

院地共建工作进一步拓展。在前两年兰州分院与兰州大学、甘肃省各部委共建西部资源环境科学研究中心，兰州化物所与兰化公司共建精细石油化工中间体国家工程研究中心的基础上，1997年近物所在甘肃省科委的支持下，与地方共建了甘肃省电子束辐射工程技术研究中心。这一年，兰州分院与地方合作共建的重点是与科技意识和需求较强的张掖地区开展科技合作。经过双方互相往来，多次接触洽谈，形成了共识，分两批确定了“长效碳酸氢铵”制备方法、“沙荒地独龙棚架葡萄栽培技术推广”等11项合作项目，双方匹配经费37.5万元。至1997年底，已按期完成2个项目，即“长效碳酸氢铵”项目投产、兰州文献情报中心张掖工作站建立。另外，兰州分院还为甘肃的皋兰县、八盘峡水电站等地建成了黄河水处理工程，解决了当地的工业与居民用水问题。分院与地方还在“西部之光”人才培养计划上实行了共建，甘肃省各部委对兰州地区1996年批准的3个项目，按院拨经费的20%匹配，青海省各部委给生物、盐湖两所的2个项目匹配了23万元。青海两所还将在1998年为青海省定向培养5～10名研究生。

1997年，兰州分院各所共上报成果48项，获奖成果19项，其中有3项获国家奖，12项获中科院自然科学奖、中科院科技进步奖，4项获省科技进步奖。

1997年，兰州分院系统有3位研究员当选为中国科学院院士，有1位中年研究员当选为中国工程院院士。招收研究生146人，有17个品学兼优的研究生分别获得中科院院长奖学金和亿利达、地奥奖学金。

近代物理研究所

所　　长：罗亦孝
地　　址：兰州市南昌路363号
邮政编码：730000
电　　话：0931-8854834（所办）
图文传真：0931-8881100

中国科学院近代物理研究所1956年成立于北京，1957年迁至兰州。1997年底职工总数757人，其中科技人员624人，有中国科学院院士1人，研究员49人、副研究员、高级工程师170人，中级科技人员181人。在学博士生52人，硕士生72人。另有博士后2人。

近代物理所以原子核物理基础和应用研究为主，是世界上中、低能重离子物理研究中心之一，在世界上享有较高的知名度。主要研究领域是：远离稳定线新核素合成及其衰变性质和核结构研究，低、中能重离子碰撞和热核性质研究，重离子束应用包括辐射材料科学和生物学效应研究，原子、分子物理研究和核技术开发研究及加速器物理和技术研究，放射性核束物理研究。设有原子核物理专业博士、硕士学位授予点，博士后流动站和重离子加速器物理与技术、核电子学及核探测技术工学专业硕士学位授予点。

今后发展方向是：首先在已建成的放射性核束装置上较系统地开展放射性核束物理这一最具活力的前沿领域之一的研究工作，并深入开展远离核合成和热核性质研究及放射性束应用研究，取得一批具有国际先进水平的成果；第二步，于下世纪初在兰州重离子加速器（HIRFL）上建成重离子冷却储存环（CSR），以满足未来一二十年我国重离子物理和相关交叉学科国际前沿高水平、多学科的实验研究需要，成为世界上具有更高知名度的中、低能重离子物理研究中心。

近代物理所分为重离子物理及其应用研究、加速器技术和技术开发三大部分，共有19个研究室和1个技术开发总公司。经国家计委批准成立的“兰州重离子加速器国家实验室”向国内外开放；该实验室设有青年物理实验室。

近代物理所现有大型实验设备：兰州重离子研究装置（HIRFL）、兰州放射性束流线（RIBLL）、2×2兆伏串列静电加速器、200千伏重离子注入机、600千伏高压倍加器和ECR离子源等。

1997年近代物理所主要采取的改革措施如下：

（1）完成了研究所的分类定位，并经过中科院基础局组织的专家组的考察评议，在评议中得到高度评价，认为近代物理所已具备成为中国科学院基础型研究基地的条件。

(2)结构性调整迈出了新的步伐，撤销了原享有法人资格的7个公司、成立了总公司，下设重新整合后的5个工程部；实行了研究所对开发财务的宏观管理。

1997年近代物理所在研的国家自然科学基金项目25项(含重点项目1项)，中科院重大项目1项，国家“攀登计划”B类项目1项，“863”项目1项。

争取到的科研项目有：国家自然科学基金面上项目8项、重点项目1项，甘肃省科学基金项目2项，中科院重点项目3项、“西部之光”项目1项、“百人计划”项目1项，国家教委留学回国人员科研启动基金项目1项，横向项目3项。

承担的“新核素合成和研究”这一中科院重大项目1997年又首次成功地合成质子滴线区新核素^{121}Ce,并初步研究了它的奇异衰变性质，建立了其部分衰变纲图。还成功地首次合成和研究了重丰中子新核素^{186}Hf,^{135}Gd的合成通过了兰州分院组织的鉴定。

对质子滴线附近的奇异核^{87}Mo、^{85}Mo、^{81}Zr进行的研究，第一次确定了$^{87}Mo\beta$延迟发射质子到子核各激发态的分支比，并测得了^{81}Zr和^{85}Mo的半衰期。同时利用统计模型进行了理论计算并与实验数据拟合，第一次给出它们的自旋、宇称、质子发射分支比和质量剩余。

热核性质及衰变研究通过对实验结果的分析，对高激发热核的性质及衰变过程中发射时标、次序、温度、机制、时空演化等进行了深入研究；对发射时标的研究，填补了国际上较低能区中等质量对碎片发射时间测量的空白。

核理论研究方面有关混沌的研究论文“八极形变轴对称势中混沌的评论”在“Phys. Rev. Lett”上发表，这是近代物理所首次在核物理领域最高级刊物上发表论文。

重离子束应用研究通过分析经^{32}S离子辐照的^{60}Co叠层，获得了辐照引起^{60}Co晶态到非晶态的转变过程与电子能损的相关性；在重离子治癌技术的研究中，获得了对正常小鼠与荷癌小鼠辐照后的致死、半致死剂量与肿癌生长延迟和生长抑制率；独立观测到了重离子辐照引起DNA断裂非随机分布现象并提出了自己的解释，在国际会议上引起了关注。

1997年，近代物理所获中科院自然科学二等奖1项，获吴有训物理奖1项，获中科院科技进步三等奖2项。上报科技成果18项。申报专利9项。发表论文337篇，其中在国外核心期刊发表57篇。出版科技著作2部。所属各部门有9项(次)工作，被上级单位和地方政府评为先进集体，19人被评为先进个人。

组建了甘肃省电子束辐射工程研究中心，该中心以电子加速器及其工业应用为目标，以辐照交联电线电缆和热收缩材料，辐射固化等技术为支柱，研究与推广适应市场需求的产品，目前省科委已向该中心拨款60万元。完成了兰溪电缆厂辐照交联电缆生产线的调试并生产线缆200多公里。电缆料化学配方与有关研究所联合申请“九五”国家攻关项目已获批准，喷淋式高压静电沥青烟气净化装置获中科院科技进步三等奖。

1997年，近代物理所科技开发完成产值1185.8万元，利税112.6万元。从事科技开发的人数约153人。完成了JDG-90、JDG-75、JDG-10、JDG-7等型号的冻干食品生产线的设计，形成了系列产品。开发的RGH-III型自动含水分析仪获得成功，油田原油集输站分布控制及计量网络系统已在大庆、长庆、胜利等油田推广成功。RGH-I型自动含水分析仪获中科院1997年科技进步三等及联合国科技之星奖。DHS型低含水自动分析仪由国家科委认定为国家级重点新产品。完成了兰州市自来水公司计算机管理三期工程、省保险公司和青年物理室的计算机网络工程。

1997年近代物理所共接待来访、工作和参加会议的外宾39批96人；派出38人(次)。成功地举办了“放射性束物理研究国际学术讨论会”。

在人才培养方面，近代物理所被批准为全院10个博士生培养基地之一；较大范围地调整和充实了博士生指导教师队伍，使在岗博士生导师达22人。

举办各种学术研讨会和各类职工再教育培训班10期，培训人数218人。派出参加各类业务学习62人。

近代物理所是甘肃省物理学会、甘肃省核学会的挂靠单位。编辑出版《原子核物理评论》、《高能物理与核物理》的核物理部分、《中国科学院近代物理研究所和兰州重离子加速器国家实验室年报》英文版。

兰州化学物理研究所

所　　长：李树本
地　　址：兰州市天水路 342 号
邮政编码：730000
电　　话：0931-8827971
图文传真：0931-8417088

中国科学院兰州化学物理研究所始建于1958年，其前身是中国科学院石油研究所兰州分所，1962年后启用现名。兰州化物所是一个以应用研究和应用基础研究为主，同时大力开展开发工作的综合性研究所。主要学科方向有催化、固体润滑材料、有机合成、分析化学与结构化学。兰州化物所在国内率先开展了多相催化选择氧化、匀相催化羰基合成、酶催化以及固体润滑材料的研究，这些领域的科研工作不仅形成了特色，而且在国内处于领先和主导地位。兰州化物所的有机合成和分析化学学科，在有机功能材料合成和色谱特别是毛细管气相色谱领域形成了优势和特色，目前设有1个国家工程研究中心，1个国家重点实验室，1个院开放实验室，另有2个基础性的实验室和6个研究开发中心，以及3个后勤服务（包括三产）公司。

兰州化学物理所现有职工504人，其中专业技术人员348人，有中国科学院院士2人，研究员39人，其他高级研究技术人员105人，中级人员153人，初级人员48人。全所拥有万元以上仪器设备685台，藏书10万余册。兰州化物所是物理化学、分析化学博士学位和物理化学、分析化学、有机化学硕士学位授权单位以及化学博士后流动站。1997年招收博士生25人，招收硕士生22人，毕业博士生29人，毕业硕士生12人。1997年进站博士后1人，出站博士后2人。

建所以来，已取得重要科技成果300项，其中获国家、省部级以上奖的成果130项。1997年申请专利10件，获授权专利10件，成果鉴定共10项；获奖6项，其中中科院科技进步二等奖1项、自然科学二等奖1项，甘肃省科技进步二等奖2项、三等奖2项。发表论文338篇，其中在国外发表论文80篇。出版专著1部。

1997年兰州化学物理所承担的主要科研任务和项目共92项，其中国家攻关项目、“攀登计划”项目3项，中科院下达的重大攻关项目、重点基础研究项目、创新基金项目、“西部之光”项目共17项，国家自然科学基金重大、重点、面上项目共12项，国家有关部门下达的国防科研、攻关项目15项，国际合作项目6项。

国家“九五”重点科技攻关项目“强化采油中廉价驱油剂的检测方法研究”，1997年按计划要求全面完成了任务，取得了阶段性成果。注采液中的石油酸，聚合物的检测，达到了国内领先水平。国家计委攻关项目“耐高温纤维物自润滑材料的研究”，研制的新材料性能全面达到合同规定指标，其中有2项重要技术指标分别达到合同规定的840%和320%，已通过联合验收，受到委托单位和主管部门的好评，作为高温高性能自润滑材料的新品种，具有良好的市场前景。

今年是实行“九五”计划的第二年，以羰基合成选择氧化国家重点实验室和固体润滑开放实验室为基地的基础研究有了新的进展，取得了令人满意的成绩，国家自然科学基金课题中，“开拓一类新型负载型均相络合催化剂”已制备出了三种新型手性化合物，圆满完成了任务。由羰基合成与选择氧化国家重点实验室承担的“甲烷单加氧酶的催化活化中心和反应机理研究”已完成。研究结果阐明了甲烷单加氧酶的催化性能和反应机理。由固体润滑开放实验室承担的课题“稀土化合物摩擦化学”进展喜人，合成了多种油溶性含稀土配合物和有机物修饰的纳米稀土化合物等。由润滑中心承担的“纳米结构梯度复合多层润滑薄膜的合成及摩擦学机理”取得了新的研究成果。青年基金课题：“润滑材料的摩擦化学研究”进展顺利，对油脂添加剂及聚合物复合材料的有关摩擦化学问题进行了考察，完成研究论文14篇。值得欣喜的是固体润滑开放实验室在1997年国家科委和基金委组织的评审中，名列全国材料与工程学部27个实验室之首。评估专家一致认为，该实验室在许多研究领域具有国际水平。

应用研究项目进展顺利。以精细石油化工中间体国家工程研究中心和6个具有学科特色的研究开发中心为基础,形成了应用研究与发展的主体。比较突出的工作有:院重大课题“乙烷氧化脱氢制乙烯”经过课题组的努力,圆满地完成了年度计划。院应用重点项目“包夹聚合手性高效液相色谱固定相的研究”进展很好。精细石油化工中间体国家工程研究中心1997年共承担“合成气一步法生产二甲醚技术开发”等各级各类科研项目8项。另外,分别为北陆医药公司、独山子炼油厂、玉门石油管理局等单位提供技术咨询和技术服务等业务,全年总共签订上百万元的科研及技术服务合同。

1997年军工科研任务也取得了良好进展,其中10A航空发动机空气导管组件用耐高温MoS_2干膜润滑剂等7项军工重点型号配套材料研制任务,于1997年9月通过了中科院组织的专家鉴定,其中风云2号卫星星箭分离防冷焊润滑涂层在1997年6月的卫星成功发射中起到了关键作用。兰州化物所主编的两项部级标准于1997年获得批准,还有一项国家军用标准1997年通过专家评审后已获批准颁发。

1997年兰州化学物理所开发工作有很大进展,突出的优势为:催化剂及其技术、保鲜材料、特种润滑材料和精细石油化工产品及技术,兰州化物所有三家科技企业已进入兰州市高新技术产业开发区,本年实现销售收入886.8万元,实现利税207万元,上缴所93.8万元。

兰州化学物理所是甘肃省化学会和中国科学院兰州分院分析测试技术服务中心挂靠单位。编辑出版《分子催化》、《摩擦学学报》和《分析测试技术与仪器》3种学术刊物。

兰州地质研究所

所　　长:王先彬
地　　址:兰州市东岗西路324号
邮政编码:730000
电　　话:0931-8414435　　8820380
图文传真:0931-8418667
E-mail:xbwang@ns.lzb.ac.cn

中国科学院兰州地质研究所正式成立于1960年2月18日,其前身是1956年7月建立的中国科学院地质研究所下属的兰州地质研究室。1970年与原中科院兰州地球物理研究所等单位合并组成兰州地震大队,转搞地震科学研究,1976年以其中石油连为主的部分科技人员从兰州地震大队分出,成立甘肃省石油地质研究所,划归甘肃省燃化局,至1978年中国科学院将甘肃省石油地质所收回,恢复并重新组建了兰州地质研究所。兰州地质所位于我国古丝绸之路重镇——兰州市的科研文化和高新技术产业开发区内。1997年底全所共有职工135人,其中科技人员97人,研究员(包括正研级高级工程师)15人,副研究员和高级工程师31人,中级科技人员36人,初级科技人员13人。

兰州地质所的主要研究方向是:探索沉积岩石圈的形成演化规律及其矿产资源(特别是石油天然气等)的形成机理和分布规律;研究地质历史过程中地球各圈层气体的赋存状态、地质地球化学行为和动力学过程以及全球气候和环境演变、地质灾害等领域的基础和应用基础问题。主要学科领域有:石油及天然气地质学、气体地球化学、有机地球化学、同位素地球化学、沉积学、层序地层学、构造地质学、磁性地层学以及环境地质地球化学等。现设五个学科研究室(气体地球化学国家重点实验室,沉积-古生学研究室、有机地球化学研究室、构造地质学研究室、科技情报信息室)。随着科研体制和结构调整的进一步深化,兰州地质所未来的学科发展方向将确定为:发展石油天然气地质地球化学和气体地球化学,探索石油及天然气成因新理论,开拓勘探新领域和新技术;发挥气体地球化学,有机地球化学、沉积学和构造地质学的综合学科优势,开展全球环境变化和环境治理的研究;探索地壳流体(特别是气体)地质作用基础理论问题及其与资源、环境、灾害问题的相关性;研究沉积盆地内流体(油、气、水)与岩石的相互作用和动力学过程。将优先发展石油天然气勘探开发基础理论,地壳内部流体作用动力学过程及全球环境变化与环境治理等学科领域的研究。为此,兰州地质所将继续遵循“开放、流动、联合”的原则，进一步办好气体地球化学国家重点实验室，组建地壳流体资源研究室，以集中学科积累，充分发挥综合科研的优势和实力。

兰州地质所的气体地球化学国家重点实验室是在中国科学院1985年首批批准的开放室之一的“生物、气体地球化学开放室”的基础上，于1991年5月经国家计委批准成立的。国家重点实验室的研究方向是：发展气体地球化学，探索地史过程和各圈层中气体的赋存状态、地球化学行为和动力学过程；深入开展天然气资源、环境和全球变化、地球各圈层的演化和地质-地震灾害等领域的气体地球化学基础研究与应用基础研究。实验室自成立以来，始终瞄准国际学科发展前沿，结合我国资源、环境、灾害领域，开展了卓有成效的研究工作，取得了一系列重要成果。1996年4月，该实验室通过了国家计委组织的评估，评估意见中指出该 实验室所取得的科研成果“完善和发展了天然气成因理论，达到国际先进水平。其中生物-热催化过渡带天然气的研究，导致扩大了辽河油田、苏北油田天然气的勘探领域和开采范围，达到国际领先水平。”“该实验室稀有气体同位素地球化学研究以及沉积圈中工业储集幔源氦的首次发现，具有国际先进水平。在环境、全球变化、地质灾害等领域的开拓性研究，促进了学科的发展。”1997年12月该实验室顺利完成了学术委员会的换届工作，成立了以涂光炽院士为名誉主任、王先彬研究员为主任的新的一届学术委员会，并结合学术委员的换届召开了学术委员工作会议及学术研讨会，会议在总结和肯定上一届学术委员会取得成绩的基础上，讨论和布署了新一届学术委员会期限内学科发展的方向和任务，开始了该实验室发展的新阶段。

兰州地质所不但有一支实力强大的研究队伍，还有一支技术精湛的实验技术队伍。经过多年的努力，各学科研究室均有本学科相应的实验室，组成了十个分析测试系列。尤其是气体地球化学国家重点实验室，在国家计委和中科院的支持下，配备了具有90年代先进水平的完整的气体分析设备，如稳定和稀有气体同位素、微量气体组分等方面的分析仪器及其测试技术在国内外均可居前列。由兰州地质所18个机组组成的兰州分院分析测试中心地球化学分析测试部，经过国家技术监督局全面严格的考核，符合计量认证条件，通过了计量认证。

兰州地质所是经国家学位委员会批准的博士和硕士学位授予单位，现有地球化学专业博士学位和矿物学、岩石学、矿床学专业，地球化学专业及构造地质学专业等3个硕士学位授权点，并都于1997年通过了国务院学位委员会的基本条件合格评估。至1997年底已招收博士生26人，硕士生106人，现有在读博士生11人、硕士生13人。毕业的研究生均已成为所在单位的科研、教学或生产上的骨干力量。

1997年兰州地质所有在研项目68项，其中来自国家攻关项目、自然科学基金项目、中科院重点及国际合作的基础和应用基础研究项目共60项，占88%；其他类型项目8项，占12%。项目进展顺利，其中28项已按计划完成，其余项目将于1998年继续执行。

“九五”国家重点攻关项目“中国大中型气日勘探开发研究”中由兰州地质所牵头的二个三级课题和与其他单位共同负责的另外二个三级课题仍然是兰州地质所1997年科研工作的重点，一年来承担这些项目的科技人员紧张努力的工作，完成了大量野外考察和实验分析任务，在此基础上经过综合研究均取得了重要的阶段性科研成果。

1997年兰州地质所在国内外各种学术刊物上发表论文75篇，出版专著2部，获准专利4项，另有3项专利已被受理待批。

兰州地质所承担的“八五”国家攻关课题“塔里木盆地油气形成的地质地球化学条件”，1997年获中国科学院科技进步奖三等奖。该项目在密切结合塔里木盆地勘探、生产和科研的基础上，利用多学科和多手段从不同方面确认了油源问题，再结合地质背景及油藏产状等因素，深入地研究了盆地中（尤其是海相）油气形成的地质地化条件、环境及各类判识、评价指标，阐述了油气形成、运移、演化和成藏的机制和规律，并预测了盆地的有利勘探区，为塔里木盆地油气勘探提供了重要的科学依据，为盆地新增油气储量作出了重要的贡献，取得了可观的经济效益。

由中国石油天然气总公司牵头、兰州地质所参加的国家攻关项目“大中型天然气田形成条件、分布规律和勘探技术研究”，获国家科技进步奖一等奖,兰州地质所排名第四。在该项目中兰州地质所在天然气成因理论及大中型气田形成的地学基础的研究方面作出重要的贡献,取得了具有国际领先或先进水平的成果。

1997年兰州地质所在优化学科方向、深化和加速结构性调整、研究所分类定位等方面做了大量的工作,并取得了重要的进展。召开了第二次“上天、入地、下海、登极”学术研讨会,来自国家自然科学基金委员会、高等院校、石油天然气总公司及中科院有关单位的专家学者90多人出席了研讨会,会议从不同角度反映了近几年来地球科学及其他相关学科在科研和实验技术方面的新成果、新动态。

兰州地质所在承担国内众多研究课题的同时,还积极开展国际学术交流与合作,先后与澳大利亚、新西兰、日本、美国、英国、德国、意大利、法国、朝鲜、独联体及捷克等20多个国家和地区的研究机构和大学开展了国际合作研究或互派学者等学术交流活动,为兰州地质所科研工作的国际交流开辟了广阔的道路。

兰州地质所是中国矿物岩石地球化学学会甘肃省分会、甘肃省地质学会石油地质专业委员会及青年地学工作委员会的挂靠单位。编辑出版的学术刊物有《沉积学报》及《气体地球化学国家重点实验室年报》,还与外单位合作并主办《天然气地球科学》。

兰州高原大气物理研究所

名誉所长:高由禧
所　　长:刘欣生
地　　址:兰州市城关区东岗西路316号
邮政编码:730000
电　　话:0931-8831812
图文传真:0931-8821158

中国科学院兰州高原大气物理研究所成立于1974年1月。现有职工217人,其中科技人员163人,有中国科学院院士1人,研究员19人,副研究员、高级工程师和高级实验师33人,中级科技人员60人。

兰州高原大气物理所根据中科院关于研究所战略定位的要求,进行了科研机构的结构性调整,将原有的8个研究室和1个环境评价组改建成:“高原气候”、“西北干旱与环境”、“大气雷电和雹暴”3个研究中心,并结合20余年的学科积累和优势,确定主要研究大气科学及其相关的重大基础理论和应用问题。在基础研究方面,在高原气候动力学、干旱环境学和大气电学为主攻方向,并强化天气动力学、气候动力学和大气物理学的相关基础理论研究以及大气探测研究手段和技术;在应用研究方面加强具有我国西部地域特色的各类时空尺度上天气气候的演化规律及其相关的自然灾害形成原因、预测方法和防治技术的研究以及高原气候和西北环境资源的合理开发和利用研究。目前,兰州高原大气物理所除设有上述3个研究中心外,还设有1个“信息与计算技术部”等机构。兰州高原大气物理所是大气物理学博士学位及天气动力、大气物理及气候学硕士学位授予点。拥有双线偏振天气雷达、高性能ALPHA工作站、多通道高速数据采集记录系统、高速摄像机、三站雷电定位系统、自动化气象站系统等先进的大型仪器设备。

1997年兰州高原大气物理所主要采取了两方面的改革措施:一是确定了研究所的自我战略定位、研究方向、发展目标和运行模式,在已经建成“3个研究中心”的基础上组建了“信息与计算技术部”,建成了“五道梁高原能量收支观测实验站”,开放了“平凉雷电和雹暴实验站”。二是建立健全“三中心一部”运行机制,注重完善过渡方式及管理办法,积极稳妥地搞好科研工作、业务范围、科技人员的划分及归属,慎重处理好各种相关问题。特别注意了科研队伍的年轻化建设,采取了创造条件、提高待遇、压担子,督促搞好传、帮、带等有效措施,鼓励优秀青年科技人员挑重担,为优秀青年学术带头人的成长,为兰州高原大气物理所在新形势下的顺利发展奠定了坚实的基础。

1997年全所承担科研项目54项,其中国家“攀登计划”项目1项,国家自然科学基金重点项目1项、面上项目12项。

“雷电物理与人工引发雷电研究”及中日合作项目“中国内陆高原雷电的综合观测”在平凉雷电

和雹暴实验站进行了人工引发雷电和多点雷电综合观测，获得了2次人工引发雷电和大量自然雷电的综合同步观测资料，还首次获得了亚微秒时间分辨率的人工引发雷电流和电场变化同步观测资料，利用高速数字化摄像系统研究了人工引发雷电通道的发光特征，在国际上首次直接观测和证实了人工闪电通道发展过程中的双向先导传输现象的存在。

“沙尘暴触发机制的研究”和“我国西北地区特强沙暴的成因分析和数值模拟研究”已分别结题。通过事实分析、理论研究和数值模拟等手段系统研究了我国西北强沙尘暴的局地触发机制、形成和演变规律，并总结出我国强沙尘暴的概念模型，为沙尘暴的预测、防治提供了科学指导。

兰州高原大气物理所主持完成的“大气边界层相似理论和湍流通量观测方法的研究”获得中科院自然科学三等奖；向院上报登记重要成果2项（中国沙尘暴研究，青藏高原近代气候变化及其对环境影响）；申请专利1项（球型空中电场仪）。

1997年全所有11批17人次分别到5个国家和地区进行工作和学术交流，接待54人次到所学术交流及合作研究，取得了较理想的收获。与日本合作的“青藏高原地气相互作用研究”（GAME/Tibet）项目，已在西藏那曲和安多地区进行预实验研究，为正式观测（IOP）打下了良好的基础。

兰州高原大气物理所在人才培养方面采取了一些行之有效的措施，选配了1名年仅31岁的博士由院任命担任副所长职务，加强了所领导班子建设；特批副研究员3人。目前已有40岁以下副高级以上职称的20人，与“三中心一部”的发展相适应的人才梯队结构基本形成。1997年又招收博士生5人，硕士生7人；现有在读博士生19人（其中在职12人），硕士生13人。

兰州高原大气物理所是中国科学院减灾中心西北分中心、中国气象学会大气物理专业委员会雷电物理监测与防护分会和甘肃省气象学会大气物理专业委员会的挂靠单位。编辑出版《高原气象》。

资源环境科学信息中心

常务副主任：孙成权（主持工作）

地　　址：兰州市天水路342号
邮政编码：730000
电　　话：0931-8823628
图文传真：0931-8825743
E-mail：lcgi@ms. lyb. ac. cn
www　http：//llas. lyb. ac. cn

中国科学院资源环境科学信息中心成立于1955年10月，前身是中国科学院图书馆兰州分馆，后曾改名为中国科学院兰州分院图书馆，中国科学院兰州文献情报中心等，1997年9月13日经中央机构编制委员会办公室批准使用现名，对外保留使用中国科学院兰州图书馆的名称。资源环境信息中心系中国科学院地学情报网网长单位。现有职工111人，其中科技人员77人，有研究员（研究馆员）4人，副研究员（副研究馆员）和高级工程师14人，中级科技人员33人。挂靠中科院文献情报中心（学位授予点）招收科技情报研究生，已培养6人。

资源环境信息中心是中科院一个主要面向资源环境科学与技术领域的公益性文献情报信息支撑机构，是立足西北、面向全院、服务全国、对外开放的资源环境科学信息搜集、开发、研究与交流中心，同时也是负责兰州分院各所科技文献保障的地区性图书馆。

资源环境信息中心设有采访编目部、典藏流通部、网络建设与信息开发部、情报研究室等文献保障服务机构和研究机构，还有信达科技信息开发部、印刷厂、装订厂。

目前，资源环境信息中心书刊馆藏150.9万册（件），其中有科技图书28万册，科技期刊12 440种（现刊2529种），110.2万册，其他文献12.7万册。引进经济、商务、科技成果、科技文献等数据库（光盘）20个，自建“中国地学家数据库”等数据库10个。

资源环境信息中心于1996年联通中国科技网和国际互联网络，既可对中科院系统书刊目录及科学数据库进行访问，也可以查询浏览国外情报源，与国际联机检索系统联接，为用户提供联机检索与光盘检索服务。目前共有20台微机和6台工作站上网，实现了网上用户直接阅览资源环境信息中心主页，查询书刊目录和各种研究报告。新建立的电子阅览室已向读者开放。

1997 年，资源环境信息中心建立了中国学术期刊文献检索咨询站一级站，同时建立了中科院兰州查新咨询中心酒泉地区工作站和中科院兰州文献情报中心张掖工作站。

在情报研究工作方面，1997 年资源环境信息中心编译出版了《世界环境与生态系统监测和研究网络》文集（56 万字），完成了《中国全球变化研究能力评价》、《中国全球变化研究的主要科学问题及研究战略》、《国际全球变化研究的数据管理政策》、《中国地球科学的发展现状》、《天然气——21 世纪的能源》等 7 篇研究报告，和“美国西部与中国西北地区开发与发展模式比较研究”课题工作；对“中国地学家数据库”进行了维护，派生出一套 690 人的“中国海洋科学家数据库”。1997 年，争取重大课题 2 项，一是国家科委“九五”科技攻关项目“全球变化与可持续发展决策咨询研究”，二是院“九五”重点项目“资源环境科学信息网络与可持续发展问题研究”。

资源环境信息中心编辑出版《地球科学进展》（双月刊）、《黄金科学技术》（双月刊）、《遥感技术与应用》（季刊）、《天然气地球科学》（双月刊）、《资源生态环境网络研究动态》（季刊）、《中国科学院地球科学学位论文目录通报》（年刊）。

青海盐湖研究所

所　　长：刘德江
地　　址：西宁市新宁路 18 号
邮政编码：810008
电　　话：0971-6155400
图文传真：0971-6146002
E-mail：isl@ms. isl. ac. cn

中国科学院青海盐湖所于 1965 年 3 月在西宁建立。是以中科院西北化学所为基础，与北京化学所、兰州地质所等单位的盐湖专业组合并搬迁组建而成。1996 年 6 月，经国家科委批准与在西宁毗邻刚组建的化工部盐湖化工综合利用研究所合并，隶属中国科学院。

全所现有职工总数 320 人，其中科技人员 220 人，有中国科学院院士 2 人，研究员 17 人，副研究员、高级工程师 72 人，中级科技人员 92 人。在科研队伍中，有硕士学位的 25 人，博士学位的 3 人，现有在学博士研究生 3 人，硕士研究生 17 人，博士后 1 人，在国外攻博的 6 人。

青海盐湖所是为了研究和开发我国盐湖资源组建的唯一专业研究机构，是一个以应用和发展为主，兼有基础研究，社会公益性研究的综合性研究所。青海盐湖所的学科发展方向概括为“一二一”，即坚持一个重点研究领域——盐湖资源的开发与综合利用，主要开展盐湖丰产的钾、镁、锂、硼元素无机盐的分离提取和综合利用，以及产品精细化、高值化研究，推进盐湖资源的开发利用步伐，为大规模开发和合理利用盐湖资源提供科学依据；发展二个主要分支学科：即盐湖成盐元素无机化学和盐湖地球化学，为盐湖资源的开发利用提供应用基础性的成果，积累我国盐湖自然基本资料，建立和发展我国盐湖科学理论，跻身于国际先进行列；建立一个科研实验基地，在青海东台吉乃尔锂矿盐湖区建立科研生产基地，重点解决盐湖卤水日晒富集锂与提锂过程的主要科技问题，开展锂的高值化合物与信息产品研究，近期建立年产 200 吨锂盐厂，为最终建成千吨级锂盐生产企业提供科学技术依据。

青海盐湖所根据学科特点和发展方向，在结构调整中将原有的 6 个研究室进行重新分类定位，改设为 3 个研究室，即盐湖地球化学研究室、盐湖资源开发利用研究室、无机材料与应用技术研究室。在青海察尔汗盐湖设有野外试验工作站，在西宁建有盐湖化工中试车间。

青海盐湖所具有无机化学、分析化学和地球化学硕士授予权，与兰州大学联合招收无机化学博士生及与北京中国地质大学联合招收博士生，有博士生导师 2 人。1983 年以来共招收硕士研究生 88 人，培养博士研究生 4 人。

青海盐湖所大型仪器设备具有国内外领先水平的有：VG-354 同位素质谱，GBC-908 原子吸收光谱，MTA-251 同位素质谱，TG TDA/92 DSC-111 热分析仪系统。

1997 年青海盐湖所进行了初步定位，在研究对象具体，方向任务明确的基础上，确定青海盐湖所的发展目标。措施为：全所编制控制在300人左右，二线人员压缩到30%，机关实行定编定员；以任务带动学科和技术领域，调整布局，研究室结构由6个研究室调整为3个研究室，选准带头人；精干基础，70%以上的科技人员要集中到应用开发和经济实体上来；加大课题成本核算，对课题实行分类管理；理清公司与所里的关系，办好现有技术开发公司和经济实体，确保国有资产保值和增值；加速培养青年骨干，多招研究生；推行按需设岗，按岗聘任的用人制度；坚持按劳分配，绩效优先，兼顾公平的分配制度；积极推进社会保险，于1997年全员实行商业医疗保险；发展国际合作；加强横向联系和合作，创造有利的外部环境；积极贯彻院省科技合作协议，为开发青海盐湖资源和振兴青海经济作贡献。

1997年青海盐湖所共有科研项目41项，其中国家自然科学基金项目5项，国家科委下达“九五”攻关项目4项，中科院其他项目9项，省级地方项目10项，企业委托项目6项，自选项目6项，国际合作项目1项。国家攻关项目3项：“制取硫酸钾新工艺工程化试验研究”、“盐湖老卤提锂试验研究”和“盐湖水氯镁石制取镁电解用无水氯化镁试验研究”均属盐湖资源开发综合利用项目，对青海国民经济发展有重要意义。

1997年青海盐湖所获得重要成果2项，一般成果2项。“元素同位素质谱测定新方法及其应用研究”成果获得1997年度国家自然科学二等奖，该项成果在肖应凯研究员组织带领下所建立的世界领先水平的硼氯溴等元素同位素质谱测定新方法，在世界范围内获得了广泛地应用；并在国内率先开展了盐湖硼锂氯同位素地球化学的研究，为盐湖的形成演化及古气候环境的研究提供了新的研究手段。

青海盐湖所是青海化学会的挂靠单位。编辑出版公开发行刊物《盐湖研究》。

西北高原生物研究所

所　　长：张宝琛
地　　址：西宁市西关大街59号
邮政编码：810001
电　　话：0971-6143282
传　　真：0971-6143282
E-mail：nwipb@ms.nwipb.ac.cn

中国科学院西北高原生物研究所建立于1962年，其前身为中国科学院青海分院生物所。1970年隶属关系变动，更名为青海省生物研究所，1979年重新收归中国科学院，恢复原名：中国科学院西北高原生物研究所。

全所现有在职职工195人，其中各类专业技术人员132人，有中国科学院院士1人，研究员11人，副研究员、高级工程师等41人，中级科技人员51人。现有在学博士生12人，硕士生12人。另有博士后2人。

西北高原生物所现为国务院学位委员会批准的动物学博士学位授予权单位，动物学、植物学、生态学硕士学位授予权单位；设有国家人事部和国家博士后管委会批准的生物学博士后流动站。西北高原生物所目前主要立足于青藏高原，重点开展：(1)青藏高原生态学研究；(2)青藏高原区域可持续发展研究；(3)青藏高原生物资源的研究与开发。全所共设有研究室、台站、中心8个：动物与动物生态研究室，植物与植物生态研究室，作物育种与生态农业研究室，高原生物资源研究与开发研究室，中科院海北高寒草甸生态系统定位站，中科院兰州分院、西北高原生物研究所皋兰农业生态试验站，测试中心，图书编辑室。其中海北高寒草甸生态系统定位站为中国科学院重点开放台站和重点网络台站。

西北高原生物所现有以收藏青藏高原动植物标本为主的动物标本室、植物标本室各一座，目前收藏有动物标本15.7万号，植物标本21万号，在国际、国内均有一定影响。

围绕西北高原生物所的学科定位与深化改革工作，1997年主要抓了以下几项工作：(1)修订和完善了一系列规章制度；(2)对原有的部门设置进行了调整，由原来的7个研究室、1个定位站调整为现在的4个研究室、2个台站，职能管理部门由原来的5个调整为现在的4个；(3)对中层领导班子进行了调整，把优秀的年轻同志提拔到主要领导岗位上，实现了部门主要负责人的年轻化；

(4)在专业技术职务评聘工作中，将一批学术思想活跃、在科研工作中做出了较为突出成绩的中、青年科研骨干选拔到研究员和副研究员岗位，改变了西北高原生物所没有55岁以下研究员的状况，对稳定西北高原生物所的科研队伍和年轻人才起到了积极作用，为培养跨世纪人才奠定了良好的基础；(5)调整和加强开发工作，将原后勤服务工作中的管理职能与服务创收工作进行分离，成立了后勤服务中心，并计划在两年之内使其逐步进入企业化管理，为研究所的开发创收和人员分流工作创造更为有利的条件。

1997年度，西北高原生物所在科研立项及经费争取方面成绩突出，当年获准新科研项目44项，年内合计到位科研经费262.1万元（1997年度新开课题到位数占89.20%），这一指标达到西北高原生物所年内科研经费到位数的最高记录。当年新落实课题中，基础、应用和发展类课题的项目数比为9：11.5：1，到位经费比为2.0：4.4：1.0。以应用性研究课题和基础性研究课题占据明显优势。本年度获准项目的规模和等级也有较大提高。当年新落实的科研项目中，国家攻关项目1项、子专题4项，国家自然科学基金项目2项，“攀登计划”项目专题2项，中科院重大项目6项、重点项目2项，青海省科技攻关项目1项。较高等级项目约占获准项目总数的43%。并成为国家攻关项目“柴达木盆地可持续发展重大问题研究”的主要负责单位之一和2项专题的独立主持单位，落实总经费达137万元。这些均在一定程度上显示出西北高原生物所的科研实力和竞争能力。

1997年，西北高原生物所有3项科研成果获奖。《化肥精——叶得灵的研究与应用》获青海省科技进步二等奖、《青海湖地区生态环境保护与可持续发展可行性研究》获青海省科技进步四等奖、《世界蝗虫及其近缘种类分布目录》(英文版)被国家新闻出版署评为全国优秀科技图书一等奖。据不完全统计，1997年共发表科研论文101篇，其中的多数论文发表在国内核心学术刊物上，部分论文发表在国际核心学术刊物上；合作完成科研专著4部；完成专利申报4项。

1997年西北高原生物所人才培养工作也取得较好成绩。博士后已按计划进站并顺利开展工作。5名博士和7名硕士顺利通过学位论文答辩并获得学位，使西北高原生物所第一次有了自己培养出来的博士。1997年，国务院学位委员会对西北高原生物所动物学专业博士学位授予情况首次进行了全面的评估检查，已达到合格要求且顺利通过评估。1997年，西北高原生物所共接待来访外宾8批19人次，其中由西北高原生物所正式出面邀请来访的有3批9人次；派遣出国访问的有2批2人次。

西北高原生物所是青海省动物学会、青海省植物学会、青海省昆虫学会、青海省微生物学会、青海省生态学会的挂靠单位。编辑出版的刊物主要有《兽类学报》和《高原生物学集刊》。

兰州冰川冻土研究所

名誉所长：施雅风
所　　长：程国栋
地　　址：兰州市东岗西路260号
邮政编码：730000
电　　话：0931-8826725（综合办公室）
图文传真：0931-8821894（C）

中国科学院兰州冰川冻土研究所成立于1978年5月，前身是1958年组建的中国科学院高山冰雪利用研究队，后为中国科学院地理研究所冰川研究室，1965年与由京迁兰的中国科学院治沙队合并建立中国科学院兰州冰川冻土沙漠研究所，1978年冰川冻土和沙漠学科分别独立建立研究所。

全所现有职工338人，其中科技人员234人，有中国科学院院士2人，研究员（包括正研级高级工程师）22人，副研究员、高级工程师59人，中级科技人员118人。现有在学研究生42人，其中博士生30人，硕士生12人。另有进站博士后5人。

兰州冰川冻土所主要是研究冰川学和冻土学的科学研究机构。从事中国高山、高原、北方及南北极地区的冰川、积雪和多年冻土为主要对象的研究工作，另外，对冰川泥石流和西北水资源研究也是重要方面。主要学科方向为研究冰冻圈及其与大气圈、水圈、岩石圈和生物圈的相互作用，揭示全球变化对我国西部气候环境的影响和机理，解决寒区、干旱区国土整治、资源开发、环境保护、减灾防灾方面的重大关键科学技术问题。学科发展的重点领域是：(1) 冰冻圈与全球变化；(2) 冰雪、冻土的基本性质与过程及其控制；(3) 寒区工程与减灾防灾；(4) 干旱、寒冷地区水资源；(5)"3S"技术在寒区、干旱区研究中的应用。同时积极拓展的研究领域有低温生态学、低温应用技术与应用工程、干旱寒冷地区人地关系与可持续发展等。学科发展形成了以中国中、低纬度高山、高原区域冰川学、极地冰川学、寒区环境学、冻土学和冻土工程科学，寒区、干旱区水文学的研究中心，也是国际上冰川冻土学科中心之一。

兰州冰川冻土所是国家自然地理学博士、硕士学位授予点，并设有博士后流动站。

兰州冰川冻土所已诞生40年了，面对知识经济时代的兴起和21世纪我国经济建设重心向西部的拓展，兰州冰川冻土所将通过今后3年的艰苦奋斗、改革创新、重组改造，在21世纪初建成国际上有权威的冰川冻土、寒区、干旱区水文科学体系与支撑设施，并成为解决中国寒区、干旱区经济建设问题的工程研究中心之一。

兰州冰川冻土所现有11个研究、技术室(站)，其中有冻土工程国家重点实验室、冰芯与寒区环境开放研究实验室，天山冰川观测实验开放站，青藏高原综合观测研究站，WDC-D中国冰雪冻土学科分中心，正在筹建的寒区、干旱区水资源研究中心。具有完备的大型低温实验装置和国内最先进的环境因子分析仪器，如：MTS动三轴实验机、CT断层扫描仪、电感耦合等离子气体质谱仪，WAT-252气体质谱仪等。

1997年兰州冰川冻土所围绕中科院工作会议确定的改革任务和全面启动与深入开展"九五"重大项目任务两条主线，抓住机遇，深化改革，在狠抓两个转变上下功夫，加快结构调整步伐，突出机关按效能原则实行"三定"和青年科技队伍的建设；突出提高科研工作的质量和课题清理与集成，基本上完成了兰州冰川冻土所转向新的运行机制的改革。

1997年兰州冰川冻土所安排科研项目85项，落实"九五"国家攻关项目、国家"攀登计划"项目、国家基金和中科院重大项目、国际合作项目、地方及国家部委委托项目经费1435万元。上报科技成果6项。1997年兰州冰川冻土所承担的国家攻关项目"西北水资源合理开发利用与生态环境保护研究"的2个专题进展顺利。通过对天山乌鲁木齐河流域冰川系统的典型试验研究，获得冰川变化、物质平衡和径流变化及其趋势，研究表明大陆性冰川对气候变化的敏感性小于海洋性冰川，冰川后退具有明显的区域性特征，天山冰川后退量大，祁连山冰川相对稳定，建立西北地区SMMR雪深反演公式，编绘1∶1000万西北地区冬季积雪鼎盛期平均雪深分布图和雪深变幅图，完成积雪水储量估算，初步建立了基于高山冰雪冻土带山区植被带径流形成特征，以气候变化情景为初始输入，以出山口径流变化输出的模型结构。对黑河流域水资源考察研究，分析了流域近30年的生态环境变化，研究了额济纳旗绿洲生态地下水位，完成了地理信息系统规范和数据库设计，提出水资源转化及有关概念和计算方法，绘制了水资源系统模拟模型流程图等，该项目1998年初在水利部主持的项目中期评估会上，兰州冰川冻土所将研究的阶段成果汇报后，得到高度赞誉和好评；中国希夏邦玛峰达索普冰川冰芯考察研究，经过全队人员奋力拼搏，克服重重困难，战胜死神，在海拔7000米处钻取深孔冰芯3根，穿透冰川底部，总长达490米，重50吨，可获得喜马拉雅山过去冬夏季风演化、大气成分变迁及温室气体与气候变化关系等多方面成果，首次获得7000米处地面气象观测资料，深孔冰芯确认了中国山地冰川重结晶带的存在，发展了冰川成冰带理论，该项目在国内外引起轰动，被评为我国1997年国内十大科技进展之一；兰州冰川冻土所天山冰川观测实验开放站通过评审，获A类第二名。

1997年兰州冰川冻土所获得国家和院成果奖3项，其中以秦大河研究员为首的"横穿南极科学考察冰川学研究"获得国家自然科学三等奖；以米德生研究员为主的"中国雪山地图"获得国家科技进步三等奖；姚檀栋研究员牵头的《青藏高原浅冰芯与环境研究》获得中国科学院自然科学一等奖。另外，由北京地理所牵头，兰州冰川冻土所参加的"重大自然灾害遥感监测评价"获得院科技进步一等奖（兰州冰川冻土所排序为四）；由北京大气所牵头、兰州冰川冻土所参加的“我国灾害性气候预测方法及其应用研究”获得院科技进步二等奖（兰州冰川冻土所排序第五）。1997年兰州冰川冻土所科技人员在各类刊物上发表论文140多篇，其中国外刊物发表36篇；出版专著2部。并成功地主办了“冰冻圈动态变化基础研究”年度总结会，主办了首次南极内陆考察学术报告会。

1997年，兰州冰川冻土所国际合作交流工作，以青藏高原冰芯与气候环境研究为重点进行，同时加强了实验室的联合实验研究工作，执行计划项目18项。接待合作交流访问7项28人次，派出研究访问17人次。主要合作研究项目有：“中美联合珠峰东绒布冰川冰芯研究”、“中日青藏高原能水循环试验研究”、“中美希夏邦马峰达索普冰川冰芯考察研究”，俄罗斯冻土专家Kontvotchev教授参加兰州冰川冻土所寒区道路工程进行合作研究，通过为期二周的野外考察，俄罗斯专家对我国寒区道路工程建设中冻胀防治提出许多有益的建议和行之有效的措施。兰州冰川冻土所派出科学家参加了各类国际学术会议6个，向1998年在加拿大召开的第七届国际冻土大会提交26篇英文论文等；施雅风院士是英国皇家地质学会国外名誉会员，程国栋院士是国际冻土学会主席，秦大河研究员是国际南极科学委员会冰川学常设工作组副主席。

兰州冰川冻土所是中国冰川冻土学会、甘肃省遥感学会的挂靠单位。编辑出版《冰川冻土》（核心学术期刊）、《冰冻圈》（英文版）。

兰州沙漠研究所

所　　长：刘新民
地　　址：兰州市东岗西路260号
邮政编码：730000
电　　话：0931-8847604
图文传真：0931-8883209
E-mail：lidr@ns.lzb.ac.cn

中国科学院兰州沙漠研究所的前身是1959年成立的中国科学院治沙队，于1978年由中国科学院兰州冰川冻土沙漠研究所分出扩建而成。1997年6月1日，兰州沙漠所实施中科院与林业部双重领导。现有职工246人，其中科技人员178人，研究员20人，副研究员、高级工程师64人，中级科技人员71人。设有自然地理学硕士、博士学位授予点和博士后流动站。现有在学博士生16人，硕士生19人。另有博士后5人。

兰州沙漠所的学科方向是以沙漠和沙质荒漠化区域作为研究对象，以风沙物理与沙漠环境、沙漠化形成机制及其生物学基础、沙漠化防治技术以及沙区农业系统工程为主要研究领域，为沙区资源合理开发利用、沙漠化防治与环境综合整治和可持续发展服务。充分发挥该研究领域在世界沙漠科学综合研究中心的作用，为国际社会，特别是发展中国家在沙漠科学与环境科学重大问题的研究与实践中提供理论与技术指导。

1997年，兰州沙漠所为实现发展战略目标，对科研机构实行了结构调整，成立了风沙物理与沙漠环境、沙区资源与可持续发展、恢复生态学、沙漠化地理信息系统、沙区工程生态学和荒漠绿洲等研究室，并继续加强奈曼和沙坡头等生态网络站的建设。同时创造条件，让更多的35岁左右具有一定实力、吃苦耐劳、崭露头角的青年学科带头人挑重担，为沙漠化防治与经济发展做出贡献。

1997年，兰州沙漠所在重新审定研究方向的基础上，对各个研究单元进行了课题清理和人员定编，对管理岗位实行定编、定员、定职责，对部分人员进行分流。建立了住房公积金和养老保险储备金制度。

1997年兰州沙漠所承担国家攻关项目7项，国家自然科学基金重大与重点项目10项，中科院“西部之光”项目2项，国际合作项目4项，其他各类项目22项，共计55项。“科尔沁农牧交错带生态环境综合整治途径、模式和技术”获中科院科技进步二等奖。由兰州沙漠所参加的“重大自然灾害遥感监测评价系统”获院科技进步一等奖。另外，1997年兰州沙漠所申报并受理专利2项。圆满完成了院“百人计划”资助对象的招聘工作，增选了博士生导师，申报特批了4名研究员，7名副研究员。有3名中青年科技骨干分别获院野外工作先进个人和青年科学家高新技术开发一等奖。

“西藏日喀则江当沙漠化综合整治技术”课题组被评为院“青藏高原先进治沙队”称号，课题负责人刘志民受到中央领导的亲切接见。沙坡头站荣获1997年度中科院“双文明建设先进集体”光荣称号，还同时被评为“野外工作先进集体”。塔克拉玛沙漠综合防沙队获人事部、中科院“先进集体奖”。1997年兰州沙漠所在国内外刊物上发表论文107篇，其中在国外杂志和国际会议上发表的11篇，出版科研专著4部。

1997年是兰州沙漠所开展学术交流与合作研究较为活跃和持续稳定发展的一年。除与日本、瑞典、美国、欧盟继续进行合作研究以外，2个生态网络站获得国际资助，并获得一批仪器设备的援助。1997年兰州沙漠所接待外宾来访20批162人次，派出12批15人次。

兰州沙漠所是中国地理学会沙漠分会的挂靠单位。编辑出版《中国沙漠》（季刊）和《中国科学院沙坡头开放试验站年报》。

新 疆 分 院

院　　长：周俊林

地　　址：乌鲁木齐市北京南路 40 号

邮政编码：830011

电　　话：0991-3835430（院办）

图文传真：0991-3835229

E-mail：zhouzlams. xjb. ac. cn

中国科学院新疆分院于 1957 年由全国人大批准成立，“文革”时期下放地方，1978 年由邓小平同志亲自批准恢复，所属研究机构也一并回到中科院。

经过 40 年的学科建设，现已建成具有一定规模，以自然科学为主，功能齐全的基地型分院。研究机构有：中国科学院新疆生物土壤沙漠研究所、中国科学院新疆地理所、中国科学院新疆物理研究所、中国科学院新疆化学研究所，中国科学院乌鲁木齐天文站。新疆分院下属图书馆、科仪厂 2 个科研支撑单位，并拥有 8 个野外观测试验站。阜康荒漠生态站已通过中科院开放站论证，南山甚长基线站（VIBL）与上海、北京站同时进入国家射电天文开放试验室。截止 1997 年底，新疆分院职工 1153 人（14 个民族），其中科技人员 840 人，占职工总数的 73%；副高级职称科技人员 234 人，占 27.8%；中级以上职称科技人员 383 人，占 45.6%。在学博士生 16 人，硕士生 34 人。另有博士后 1 人。拥有 11 个硕士学位授予点。

1997 年，新疆分院按照中科院改革的总体部署，积极稳妥地推进以研究所定位为核心的结构性调整改革，根据“三片一线”、“西北片基地建设”的框架结构，帮助所、站认真分析自己的学科结构和优势，是否符合社会主义市场经济体制下的发展需要，以及充分体现自身的社会价值，引导各所、站，在认真审视自我，基本明确了各所、站的战略定位、研究方向、发展模式、重点学科，提出了近期发展目标和远景设想。研究所正在按照结构性调整的新模式加强研究所多方面的建设。

充分发挥分院的职能、推进院地科技合作的发展，为了形成综合的科技优势，在地方经济和社会发展中体现科技的显示度，对已与阿克苏地区、伊犁地区、阿勒泰地区签订的合作项目，新疆分院院长、书记亲自到地方，帮助解决执行中的具体困难，协调工作关系，保证了科研项目的正常进展。

1997 年新疆分院执行科研计划项目 138 项，其中国家“九五”科技攻关项目、“攀登计划”项目、“863”计划项目 31 项，国家自然科学基金项目 13 项，中科院重大、重点项目 25 项，横向（部、委、地方）69 项，全分院共引入科研经费 1259 万元。1997 年新疆分院获奖成果 5 项，其中自治区科技进步二等奖 2 项，自治区科技进步三等奖 1 项、科技进步四等奖 2 项。获准专利 28 项、出版科学专著 4 部，发表论文 100 多篇，3 篇论文获自治区优秀科技论文二等奖。全分院鉴定成果 19 项，成果登记 35 项。在自治区举办的“计算机信息化电视大奖赛”上新疆分院代表队勇夺一等奖。

科技开发工作发展仍不均衡，新疆分院 1997 年底各类公司 23 个，从业人员 200 人左右，据不完全统计销售收入 1700 万元，利润 250 万元，与 1996 年底相比微显上升趋势。新疆物理所依托技术成果转化的优势，创收额占全分院 46.7%，利润占全分院 71.8%，而且向现代企业迈出了步伐。

国际科技合作与交流在保持稳定中有所发展，1997 年新疆分院出国学习、进修、参加学术会议 63 人，新疆生土所、地理所与日本建立了长期合作关系，天文站与欧洲、亚洲天文组织的合作交流尤其活跃，国外提供仪器设备折合美元近100万元。1997年新疆分院举办了2个国际学术会议。

新疆物理研究所

所　　长：周俊林
地　　址：乌鲁木齐市北京南路40号附1号
邮政编码：830011
电　　话：0991-3835823
图文传真：0991-3835823
E-mail：xjwls@ms.xjb.ac.cn

中国科学院新疆物理研究所成立于1961年11月，前身为中国科学院新疆分院物理室。现有专业技术人员175人，是由维、汉、蒙、哈萨克、锡伯、回、僮、满等9个民族组成。其中研究员、正研级高工7人，副研究员、高级工程师43人，中级科技人员84人。是微电子学与固体电子学和计算机应用技术两个专业的硕士学位授予点。现有在学硕士研究生13人，委培或代培博士生4人。

经过学科调整优化，新疆物理所现主要有三个学科专业方向，各学科方向定位明确，已在相关行业和地方经济中发挥了重要作用。

固体辐射物理主要面向航天和国防、军工行业，重点开展半导体材料与电子器件的辐射效应、损伤机理研究。通过观测和研究各类射线粒子与材料相互作用中的物理效应、发现和阐明新的效应机制，为电子器件的抗辐射加固提出新方法、新技术、新型介质材料，为航天和军工领域与新型器件的应用开发奠定科学理论基础。建立起的“固体辐射物理研究实验室”在半导体材料辐射损伤和抗辐射加固研究方面成为国内有领先水平的研究中心，实行面向行业开放、流动管理机制，已聘请2名院士和美籍教授做为名誉主任和实验室学术委员会主任，培养了一批优秀青年科技人才，并争取成为院属开放实验室。

材料物理和敏感材料技术研究，主要面向国内家电行业，重点开展功能陶瓷材料的微结构和特性研究。通过对纳米功能材料和纳米薄膜制备技术的研究、开发出新型传感器材料，为我所高新技术产业发展提供技术支撑。与新疆大学联合创办的“新疆功能材料研究开发中心”，在纳米敏感功能新材料研究方面成为国内有特长的研究基地，并成为工业性实验新一代技术储备的源头，实行面向社会开放、流动的管理机制，为我所和新疆大学培养高级科研、教学人才已成为新疆地区应用基础和高新技术开发的主要力量，目前正争取进入自治区重点开放实验室。

计算机信息与控制工程技术，主要面向新疆地区国民经济建设，为石油、建材、交通、金融等行业服务，重点开展大型管理信息系统与控制工程设计，运用新型控制方法与综合自动化技术，为新疆经济腾飞作出贡献。

1997年，新疆物理所紧紧围绕突出重点、优化队伍、提高水平、精选内容并选择多种渠道抓好“九五”项目的立项申请开展工作。从国家科委、机电部、国家基金委、国防科工委、航天部、中国科学院及新疆科委争取课题项目经费216.3万元，是近10年来，科研项目经费到位最多的一年。列入科研计划的30项科研课题，90%按计划完成。“半导体器件及航天材料界面剂量增强效应”、“用于星体抗高电离辐射总剂量的半导体器件和集成电路”、“热缩管气压扩张装置及扩张技术”等11项科技成果通过专家鉴定，比1996年增加2项。其中列入成果鉴定计划的5项，“深冷片体铁线圈电阻温度补偿”项目获得新疆维吾尔自治区科技成果二等奖。申请获准国家专利6项。

新疆物理所的科技开发企业通过创造一批优质产品、优质工程和优质服务，来强化企业的生命力和地位。开展的第三个“质量与市场年”取得新的成效，在科技企业中广泛进行了按国际ISO9000质量体系的20个要素分解的专题讲座，传感器仪表公司完成了ISO9000程序文件。热缩材料有限公司改变了产品生产工艺，研制生产出3种符合国家电力行业标准要求的热缩管，公司产品进入了塔里木、吐哈等大油田及库尔勒、独山子等大型石化企业，在新疆的市场占有率达到80%，并完成了由长春热缩材料股份有限公司的控股，实现了资产重组。计算机工程控制公司完成了乌鲁木齐国际机场安全、消防监控监测系统，承担的“新疆医学院计算机信息管理系统”进展顺利。大通电子高技术公司研制的“商业财务软件”,已在新疆10多个县市投入运行。与乌鲁木齐新市区联营生产的“RSW-3K型锅炉温度巡检仪”已生产160台投入使用。全所科技企业完成销售、工程收入合计1260.9万元。实现利税179.5万元,比上年度增长16%。

新疆物理所继续推行深化专业技术职务评聘和其他人事制度配套改革。实行因事设岗、按岗聘任,把“事”与学科,任务相结合,把“岗”与任务和责任相联系。对副高级以上专业技术人员全面实行了“聘任责任书”制度,作为聘任和考核的必备程序;在津贴设置和发放上大幅度地向一线科技人员倾斜;职工代表直接参与对所领导、职能处室领导的评议、考核打分;在年度业绩考核上严格了组织领导程序、考评、内容、评分标准;严格了水、电、暖的成本核算;通过了国家教委对硕士学位授予点的合格评估;档案工作做为院试点单位,通过了院档案目标管理一级单位的评审。

1997年新疆物理所有6人次出国访问。出席了在美国召开的国际会议,与美国耶鲁大学合作进行的美国自然科学基金项目进展顺利,按期完成当年研究任务。

新疆物理所是新疆物理学会、自动化学会、核学会的挂靠单位。

新疆生物土壤沙漠研究所

所　　长:李崇舜
地　　址:乌鲁木齐市北京南路40号附3号
邮政编码:830011
电　　话:0991-3835453
图文传真:0991-3835459
E-mail:bsdr@ms.xjb.ac.cn

中国科学院新疆生物土壤沙漠研究所成立于1961年4月,前身为1957年成立的中国科学院新疆分院直属的生物室、土壤室、地理室。曾名为新疆水土生物资源综合研究所,1965年改称新疆生物土壤研究所,1978年启用现名。现有职工265人,其中科技人员205人,研究员14人,副研究员、高级工程师等68人,中级科技人员79人。现有在学博士生7人,硕士生10人。

新疆生物土壤沙漠所跨生物学、地学两大领域,研究方向为:系统研究以新疆为代表的中国内陆干旱区生物、土壤、沙漠等自然资源的形成特征、演变趋势及综合评价,开展重大生态、环境问题的定位观测和过程研究,为干旱区自然资源的合理开发利用、生态环境保护与治理、绿洲农业持续发展做出贡献。设有植物学、动物学、土壤学和环境科学等4个硕士点。建有植物、动物、微生物、土地资源和遥感应用、土壤改良、同位素、沙漠等7个研究室和阜康、策勒、吐鲁番、莫索湾、巴音布鲁克等5个野外站,其中阜康生态站为院开放试验站和生态网络重点站。与新疆维吾尔自治区供销社合建有新疆农业生产资料研究所。

新疆生物土壤沙漠所与新疆地理研究所合建有占地4500平方米的标本馆,在干旱地区生物、土壤标本收藏中具有典型代表性。

1997年,全所纳入科研计划的项目为49项,包括国家计划项目12项,自然科学基金项目3项,中国科学院项目11项,部委和地方项目10项,横向合同项目10项,国际合作项目3项。其中国家攻关项目9项,来自7个项目,主持和参与主持专题达到7个,创了历史纪录。国家攻关计划专题“塔里木河流域整治与生态环境保护研究”通过大量调查和观测,已初步建立水资源变化与生态环境演变模型和流域生态脆弱性评价方法与指标体系,分析确定了合理生态水位及塔里木河生态保护范围和原则,编制完成有关图件,为优质进入中评估奠定坚实基础。国家攻关年度计划“新疆策勒沙漠-绿洲过渡带综合治理示范研究”在风沙地产业化开发中取得突出成绩,皮棉平均亩产120公斤。

1997年新疆生物土壤沙漠所科研成果获奖1项,即“新疆巴音布鲁克湿地大天鹅繁殖生态和种群动态的研究”获新疆科技进步四等奖。

新疆生物土壤沙漠所下属公司4个,职工50余人,1997年总营业额约700万元,比上一年度有较大增长。所技术开发公司总产值达600万元,比1996年增长200万元左右,获高新开发局和工商局颁发的“重合同守信用企业”铜牌和证书。后勤服务公司经3年运转，已基本趋向正常，公司资产和积累也逐年增加，职工收入有所提高。PG制剂、专用肥和复混肥、葡萄保鲜纸等新产品生产和销售均大幅度提高。

新疆生物土壤沙漠所1997年与12个国家进行了科技外事交流，共计达25批93人次。1997年8月26日至29日，承办了国际植物园协会亚洲分会第三届学术研讨会，到会有8国155名学者，国内26个省、市、自治区90个单位，包括约50个植物园代表出席会议，交流论文110篇，是近年来，国际植物园系统较大规模的一次聚会。1997年，主持的中日合作JICA小专项“草炭绿化荒漠研究”正式启动，取得积极进展。在俄罗斯联邦卡尔梅克共和国支持下，引进赛加羚羊项目初获成功，为大规模引入奠定良好基础。与日本早稻田大学探险部合作，成功进行了对塔克拉玛干沙漠东纬39°区域的徒步探险，取得积极影响。

新疆生物土壤沙漠所是新疆植物学会和新疆土壤肥料学会的挂靠单位。编辑出版《干旱区研究》学术季刊（汉文、维吾尔文版）。

新疆化学研究所

所　　长：李维琪
地　　址：乌鲁木齐市北京南路40号
邮政编码：830011
电　　话：0991-3838819
图文传真：0991-3838957

1959～1961年为中国科学院新疆分院化学实验室。1961年正式成立中国科学院新疆化学研究所。“文革”期间曾改名为新疆维吾尔自治区化学研究所。1978年恢复中国科学院新疆分院建制，新疆化学研究所复归中国科学院，并定名为中国科学院新疆化学研究所。

1997年底职工总数130人，其中科技人员104人，研究员5人，副研究员、高级工程师23人，中级科技人员52人，初级科技人员21人。有在学博士生6人，硕士生10人。

1997年在党的十五大精神及邓小平同志“解放思想，实事求是”等方针指引下，新疆化学所贯彻中科院“研究所定位和结构调整”的部署，并根据新疆自治区党委就发展新疆经济提出的“一黑一白”为主导发展石油和农业的战略方针，为发挥新疆化学所的专业优势，进入国民经济主战场，新疆化学所确定定位在“为地方经济服务的国家队”和“技术开发型研究所”。并将所内的5个研究室合并成3个，确立了面向石油天然气及生物资源开发利用两大主要领域，以表面化学、生物化学（植物化学）为主要的优势学科支撑，把新疆化学所多年来在石油天然气化学及生物化学（植物化学）里的研究积累迅速转化为生产力，同时根据行业在本领域的关键技术问题进行深入研究及不断技术创新。

1997年新疆化学所进一步加大了改革力度，强化激励机制，健全科研管理，进行机制创新。出台了《关于课题分类管理》、《关于人员流动的暂行办法》、《关于职工的退休管理》3个新的改革文件，这样做是为了适应社会主义市场经济的要求，进一步推进全成本核算，利用经济杠杆，传递改革压力，改变人们的价值观念。经过走向市场的种种努力，所班子积极组织项目，人才大量向相对强的课题组集中，课题组数减少了一半，达到了优化学科资源、优化配置的目的。调整后的科研一线有9个较强的课题组及几个技术服务小组，管理系统也向精干方向调整，一部分兼有经营职能的人员组织成“多种经营中心”进行经营创收。在1996年工作基础上，加强了全成本核算，给每个课题组提出了明确的创收任务。到年底核算，占人数83%以上的课题组已达到了指标，另17%的课题组达到所里规定的额定指标的60%，实施效果基本满意。在进一步加大改革力度的同时，新疆化学所在专业技术职务的评定、年度绩效考核等工作中，进行了改革，并取得了很好的效果。这给新疆化学所这种以生产和经营知识产权为主要特色的研究所在职称评定上注入了新的活力。改革的结果使1997年全所经济情况运行良好，总收入469万元，在事业费开工资87人，达到人均创收入5万元，一线职工个人年收入1.5万元左右，比往年有明显增加。

1997年共承担各类科研项目近30项（包括1996年的延续工作），其中有国家“攀登计划”项目、国家“九五”重点工业性实验项目、国家“九五”重点科技攻关项目、国家自然科学基金项目、自治区科技成果推广计划项目等9项；另有一批技术服务、技术转让、企业委托项目。这些项目按年度计划均已圆满完成任务。经过所里发展优势学科和结构调整，课题组由32个集中为19个，“九五”期间应用发展项目所占比例也由“八五”的78.4%上升到92.3%，并将科研人员的78.6%组织到开发等项目中，从各个渠道争取到的科研经费已突破200万元。1997年度鉴定成果1项，验收成果2项，登记成果12项，申请专利25项，并被中科院评为专利工作先进单位。在各类刊物上发表学术论文16篇，毕业研究生5名。1997年的开发工作有了很大进展，特别是：(1)高档变色人发项目在1996年的基础上，10项评价指标已达到国际市场上的高档标准，已有100种颜色产品形成批量规模，1997年第一笔技术使用费12.4万元已于6月10日到达新疆化学所账户。(2)“BW90型遇水膨胀防渗止水条”推广项目，截止1997年底，已进账8.9万元，并参加了中科院科技产品销售网络中心与北京化学所召开的产品介绍会，拟争取创更大的效益，1997年新疆化学所公司工作也取得了新的进展，康迪实业有限公司在自治区各大油田特种气体供应中取得了良好的效益；生化试剂厂在稳定生产生化试剂的基础上根据市场需要引进了塑料包装生产线，设备安装一个月产品投放市场；雪莲公司与港商联营后又开发出一代新产品进行试销。

1997年新疆化学所与美国神农药业公司签定了1.6万元的“从孕马尿中提取雌激素粗品”的协议，其中0.8万元已进所。该公司的詹维康先生于9月到新疆化学所进行该项目的业务洽谈，该公司有意向与新疆化学所、昭苏军马场合作，建立一定规格的天然雌激素提取的生产基地，以创造较大的社会效益和经济效益。

新疆化学所是新疆化学会、新疆生物化学会、新疆生理学会的挂靠单位。

新疆地理研究所

常务副所长：韩德麟（主持工作）

地　　址：乌鲁木齐市北京南路40号附3号

邮政编码：830011

联系电话：0991-3837420

图文传真：0991-3837482

E-mail：xjgi@ms.xjb.ac.cn

中国科学院新疆地理研究所其前身是创立于1959年的中国科学院新疆分院地理研究室，1961年归并新疆水土生物资源综合研究所，1965年发展成为新疆地质地理研究所，1978年恢复成立中国科学院新疆地理研究所。1997年年底在职人员143人，其中科技人员115人，研究员2人，副研究员、高级工程师37人，中级科技人员60人。现有在学硕士生11人，博士生10人。

新疆地理所以“干旱区资源环境与绿洲持续发展”为基本研究方向，以干旱区地理学为主攻学科，以区域水文水资源、人文地理、环境灾害为重点发展学科，以“3S”为技术依托，以新疆地区为代表的干旱区人地系统协调发展为目标，创立干旱区地理学、绿洲学。在新疆地区资源环境和生产发展与布局应用基础与应用研究中承担新疆并涉及西北干旱区经济建设、社会发展、环境保护与治理的前瞻性、战略性、综合性地理科学研究。是自然地理与人文地理学硕士学位授予单位。今年拓展了GIS青年实验室，得到院特别支持经费30万元（其中新疆分院3万元），购进工作站，彩色喷墨绘图仪、扫描仪及相应软件，使实验室的整体实力又有所增强，在新疆形成了一支有地方特色，目标明确，具产业化、工程化功能的RS与GIS研究应用队伍。

措施及其效果：已明确通过改革和结构性调整，将目前6个研究室、2个野外台站调整为4个研究室2个野外台站。4个研究室为：水资源，经济地理，环境与灾害，遥感、地理信息系统与电子制图室。2个野外台站是：阿克苏水平衡试验站，天山积雪雪崩研究站。为推进改革，稳定青年科技骨干队伍，今年制定并推行了“科研课题管理补充办法”、“优秀论文作者奖励办法和管理人员考核奖励的试行条例”等新的规章制度，完善了新疆地理所的运行机制。

承担的任务：1997年承担科研项目36项，其中18项为延续项目，18项为新开课题。其中属国家攻关项目5项，“863”项目1项，国家自然科学基金项目5项，中科院重点项目1项、特别支持冰冻圈研究项目4项，泥石流项目1项，区域前期可持续发展项目3项，地方委托项目11项，院地合作项目3项，国际合作项目1项，“西部之光”项目1项。其中国家基金项目“亚洲中部山地夷平面研究”已按计划完成，首次对亚洲中部诸大山系，尤其是天山山系的夷平面进行了专题研究，其成果专著已由科学出版社出版。1997年新疆地理所首次争取和承担了国家“863”高科技项目“新疆典型流域多卫星积雪遥感动态监测信息系统”，使“3S”技术直接应用于监测与预报工作。

1997年新疆地理所完成鉴定验收成果5项，其中院卢嘉锡基金和院南南基金支持和资助的与哈萨克斯坦科学院地理所合作项目“亚洲中部地区人类活动对资源与环境影响”成果达到国内领先水平，并出版一本专著和一本论文集。1997年新疆地理所以第二完成单位完成的“新疆头屯河流域山地侵蚀与减沙治理研究”获自治区科技进步二等奖。1997年新疆地理所获得国家乙级测绘资格证书。

国际合作与学术交流：1997年新疆地理所共派出7批8人次参加国际学术交流，接待来访学者5批29人次。

1997年8月11日至13日“塔里木河流域水资源、环境与管理学术讨论会”由新疆维吾尔自治区人民政府和中国人民政治协商会议新疆维吾尔自治区委员会主持，中国科学院新疆地理研究所与塔里木河流域管理局主办。参加会议的代表有来自国内100余位专家、学者，提交论文75篇，其中选用66篇编辑出版论文集。并经自治区人民政府批准，从全国各地邀请10位知名专家包括中国科学院院士吴传钧等特邀专家赴会指导，自治区党政领导前来参加会议并作重要讲话。这是一次社会影响很大，高水平、高层次的学术会议。大会还形成通过了“合理开发，加强治理与保护，实现塔里木河流域可持续发展”的致自治区政府和国务院建议书。新疆电视台、新疆日报、中国科学报等近10家新闻媒体对大会作了全面报道。这次会议与成果推动了1997年12月11日新疆自治区第八届人民代表大会常务委员会第三十次会议通过的“新疆维吾尔自治区塔里木流域水资源管理条例”的颁布实施。

这一年送培在职博士生2名，招收硕士生5名，硕、博士毕业生4位，选拔了20名青年学术带头人与科研骨干。

新疆地理所是新疆地理学会、新疆遥感专业委员会的挂靠单位。编辑出版《干旱区地理》(汉、维文版)。

乌鲁木齐天文站

站　　长：张　晋
地　　址：新疆乌鲁木齐市北京南路40号附5号
邮政编码：830011
电　　话：0991-3838007
图文传真：0991-3838628
E-mail：uao@public.wl.xj.cn

中国科学院乌鲁木齐天文站始建于1957年11月，前身是中国科学院乌鲁木齐人造卫星观测站；1987年10月改名为中国科学院乌鲁木齐天文站。1997年底全站职工91人，其中科技人员74人，有高级专业技术人员11人，中级专业技术人员36人。

随着改革和结构性调整的不断深入，乌鲁木齐天文站继续坚持以发展射电天文学为主攻方向，建设和完善25米VLBI系统，使之成为我国射电天文学的重要实测和研究基地。继续支持卫星动力学的观测研究工作。建立起色球与白光耀斑观测系统，实现巡视观测。

在射电天体物理方面已取得重要成果的基础上，加强国内和国际合作，多出成果，并争取在活动星系核、星际分子、脉冲星等研究方面形成有活力的科研群体。

在VLBI射电天体测量和测地工作中，争取取得科学成果，形成方向。

完成1.3、3.6、6厘米等致冷接收机系统，在18厘米波段争取完成双极化致冷接收机系统，并投入工作。力争13厘米及其他频段都实现致冷和双极化。

1997年乌鲁木齐天文站继续参加了DOSE(固体地球动力学计划)、APSG(亚太地区空间地球动力学计划)、CORE(地球自转连续观测计划)、VSOP(空间VLBI计划)、IRIS-P(亚洲环太平洋地球自转联测计划)等国际合作和国家2个"攀登计划"项目"现代地壳运动和天文地球动力学研究"、"剧烈活动天体多波段观测与研究",以及国家大科学工程"中国大陆地壳运动观测网络"的科研观测工作。由于乌鲁木齐天文站独特的地理优势及科研人员的不懈努力,使乌鲁木齐VLBI系统在VLBI天体物理、VLBI测地方面成为一个具有国际水准的、在国际VLBI联测中不可缺少和替代的VLBI站,受到国际VLBI界的重视。

1997年乌鲁木齐天文站与南京大学合作并在有关单位的配合下,在25米系统常温的1.3厘米波段上建立起了射电频谱观测系统,首次成功地观测到5颗水脉泽源,这是乌鲁木齐天文站在单天线观测工作中的又一次突破,使之成为我国在该领域中的重要科研观测基地。此外,成功地安装了1.3厘米致冷接收机,并进行了4次试观测,取得了11颗水脉泽源的频谱,表明该站可成为星际分子谱线观测研究的重要基地。为此已受到国际天文学界的关注,并提出利用乌鲁木齐天文站25米射电望远镜在18厘米波段上进行脉冲星脉冲到达时间的国际合作研究。在VLBI观测方面,1997年乌鲁木齐天文站与EVN、日本和美国等在5个波段上进行了59次675小时的国际联测,成功率达94%,并且进行了系统改造。安装了新的GPS系统等,建立了星际分子谱线观测的终端设备,并配合院射电联合开放实验室和欧洲"Team China"计划专家组对南山VLBI系统进行了全面检测。另外,在3.6厘米波段上的观测资料的处理结果表明,观测达到了国际水平。

人卫目视观测,在1997年跟踪目标40余个,取得资料数据23 690个,创历史最高记录。太阳色球的观测,完成了对仪器设备的维修,8月投入常规观测。

乌鲁木齐天文站在北台兴隆站学习的年轻科技人员与北台天文小组的同志一起发现了6颗超新星,4颗激变变星和1颗河外星系NGC205中的新星。

1997年,乌鲁木齐天文站接待来访工作的国内外专家学者6批16人次,派出访问学者5批6人次。张晋站长年初首次出席了在英国曼彻斯特大学召开的欧洲VLBI网台站长会议,顺访了英、荷、德3个国家的有关天文台,并在此间与欧洲网负责人商讨了人才培养、设备改进、技术进步等计划。1997年乌鲁木齐天文站共发表论文8篇,其中1篇参加国际会议交流。

1997年乌鲁木齐天文站根据中科院"分类定位",深化改革的精神,新一届领导班子认真学习院发有关文件,重新审视了近几年来乌鲁木齐天文站改革的经验和教训,提出了新一届《站长任期目标责任书》,经职代会讨论通过后上报中科院,经中科院审定后,基础局、政策局联合复函批准执行。

中国科学院工作会议后,乌鲁木齐天文站又根据中科院把天文口8个单位作为一个整体进行调整、重组的改革精神,向院基础局天文委员会提报了乌鲁木齐天文站对下步改革的意见,目前这项工作仍在进行中。

根据中国科学院"按需设岗"的改革精神,乌鲁木齐天文站多次组织有关同志学习研究领会其精神,并对乌鲁木齐天文站情况进行了认真的分析研究,提出了"九五"期间"按需设岗"的实施办法并报中科院人事局,得到人事局的批准,为乌鲁木齐天文站建立新的用人制度和激励机制提供了政策依据。

乌鲁木齐天文站是新疆天文学会的挂靠单位。编辑出版中科院人造卫星系统应用研究中心主办的《人造卫星观测与研究》。

无分院地区单位

福建物质结构研究所

名誉所长：卢嘉锡
所　　长：黄锦顺
地　　址：福州市鼓楼区西河山头角 123 号
邮政编码：350002
电　　话：0591-3714517
图文传真：0591-3714946
E-mail：fjirsm@ms.fjirsm.ac.cn

中国科学院福建物质结构研究所由我国著名科学家卢嘉锡院士创建于 1960 年。它的前身是中国科学院福建分院筹建的技术物理所、应用化学所、电子学所、数学力学所、自动化所、稀有金属所和生物物理研究室，1961 年调整合并为理化研究所，1962 年改名为华东物质结构研究所，隶属于中国科学院华东分院。1973 年定名为中国科学院福建物质结构研究所。

福建物质构造所现有职工 396 人，其中研究员 28 人，副研究员 76 人，中级科技人员 118 人。名誉所长卢嘉锡、所学术委员会主任张乾二为中国科学院院士。福建物质构造所是首批被国家批准建立博士后科研流动站的单位之一，并且是国务院学位委员会批准有权授予博士、硕士学位的单位，同时也是有权认定博士生导师资格的单位。现有博士生导师 10 人，博士研究生 15 人，硕士研究生 36 人，博士后 3 人。

福建物质构造所是以基础研究为主的研究机构。主要从事结构化学的基础研究，探讨新型化合物的晶体和分子结构及其与宏观性能（即化学性能、物理性能和生物活性）之间的相互关系，并重视研究其可能的潜在应用。以无机化学、金属有机化学和物理化学前沿领域的金属簇化学及新技术晶体材料为主攻方向，进行系统的基础研究和应用研究。同时适当开展生物大分子（包括金属酶）的晶体结构和分子结构研究，紧密结合国家经济建设和社会发展的需要，开展新技术晶体材料、催化剂、金属腐蚀与防护的应用与发展的研究。在科研方法上，重视实验与理论、化学与物理、结构与性能、静态与动态、基础与应用的“五重”双结合，形成综合研究优势。

福建物质构造所是我国主要的结构化学综合研究机构之一，设有结构化学研究室、晶体材料研究室、应用化学研究室及金属腐蚀与防护研究室（即厦门二部）。并建有中国科学院第一批对国内外开放的研究室——福州结构化学开放实验室（1994 年通过国家验收晋升为结构化学国家重点实验室）。1993 年首批被国家授予自营进出口权的福建晶体技术开发公司（简称福晶公司），是福建物构所全资创办的企业。

福建物质构造所共有设备 2880 台，总价值 3545 万元，50 万元以上的仪器设备有 13 台，其中结构化学国家重点实验室拥有 3 台 X 射线四衍射仪，1 台 X 射线面探测仪，1 台 PPMS 物理性能测试系统，1 台 500 兆超导核磁共振谱仪和红外喇曼谱仪及计算机工作站等，是目前国内结构测试手段比较完善的单位。

1997 年福建物质构造所通过清理课题和加强课题管理，积极鼓励科技人员面向社会、面向市场，发挥学科优势，多渠道争取课题，尤其是争取国家科技任务，取得较好效果，提高整体实力。1997 年在研的项目共计 142 项，其中国家级项目包括国家自然科学基金项目、“攀登计划”项目、“863”项目、中科院重大、重点项目共 18 项。1997 年下半年先后又争取到了国家自然科学基金重大、重点项目，国家“863”项目，中科院重大、重点项目等 11 项，全面超额完成科研任务。其中“八五”国家自然科学基金重点项目“过渡金属原子簇化学”于 1997 年 5 月 6 日组织结题验收，该项目发表学术论文168篇，其中发表在国际期刊88篇，被SCI收录论文83篇。专家们认为，“项目全面高质量地完成，并形成自己的特点和影响，对原子簇化学学科的发展具有重要意义。本项目成果达到国际先进水平，某些方面处于国际领先地位，在国际上占有一席之地。”专家们最后综合评价为特优。

1997年福建物质构造所共有3项科技成果奖：“钼（钨）-铜（银）-硫三元簇合物系的合成与结构化学”获国家自然科学奖四等奖，“多波长光参量激光器”获中科院发明奖一等奖（与北京物理所合作），“近海石油平台阴极保护监测系统”获中科院科技进步奖三等奖（与南海所合作）。专利授权2项，专利申请受理12项，其中发明专利10项，实用新型专利2项。1997年全所在国内外期刊发表学术论文155篇，其中国外期刊77篇。根据国家科委科技信息研究所最新统计，1996年福建物构所科技论文被SCI收录45篇，居全国科研机构第十三位，论文被引用数97篇173次，居全国科研机构第8位，继续保持了科技论文被SCI收录和引用居全国科研机构前列的地位。

福建物质构造所还积极组织科研人员面向国民经济建设的主战场，为地方经济做了大量的科研开发和技术服务，先后与10多个企业建立密切合作关系，并签定开发合同40项，总金额达191万元。1997年实际横向开发课题到款数达212万元。

福晶公司具有雄厚的成果转化和产品开发的基础，承担了福建物构所晶体材料与器件科研成果向产品和市场转化的任务，已形成了在国际上享有一定声望的具有竞争实力的高技术晶体材料企业。目前在美、英、德、法、日、意大利等国和台湾地区设有代理机构，建立了广泛的营销渠道，基本形成了国际性的销售网络。该公司现有职工64人，1997年共创汇达310万美元。

在国际交流方面，福建物构所和世界30多个国家和地区的科研机构、高等学校和技术公司建立了广泛学术交流、科技合作和商务联系。1997年福建物构所出国参加学术会议有7人次，商务考察技术培训共12人次，合作研究2人，出国讲学3人次，出国留学5人，来访学者有8批13人次。

福建物质构造所编辑出版的刊物有《结构化学》（中、英文版，双月刊，其中英文版4期，中文版2期）。

地球化学研究所

名誉所长：涂光炽
常务副所长：刘丛强（主持工作）
地　　址：贵阳市观水路73号
邮政编码：550002
电　　话：0851-5814757（总机）
图文传真：0851-5822982
E-mail：zzg@ms. gyig. ac. cn

中国科学院地球化学研究所成立于1966年2月。它是根据国家计委、经委、中科院党组联合批准，由中科院北京地质所地球化学部分迁往贵阳与贵阳化学所合并而成。1997年底全所在职职工376人，其中科技人员268人，有中国科学院院士2人，研究员43人，副研究员76人，中级科技人员104人，初级科技人员45人。在学硕士生28人，博士生37人。另有博士后18人。

地球化学所以矿床地球化学、环境地球化学、地质流体作用地球化学和行星地球物质演化地球化学为主攻方向，主要研究地球物质循环的地球化学过程及其与矿产资源的形式分布和人类生存环境变化的内在联系以及这一过程在地球历史中的演化实质。现有地球化学、矿物学博士点，应用地球化学、地球化学、矿物学硕士点。

研究机构设置：矿床地球化学院开放实验室，环境地球化学国家重点实验室，国土资源整治和灾害预测遥感开放中心，流体作用地球化学研究部，地球与行星物质演化研究部。

重要的科研设施及装置：X-荧光光谱实验室，电子探针实验室，等离子体质谱实验室，分析电镜实验室，包裹体成分实验室，岩矿鉴定实验室，稳定同位素实验室，放射性核素实验室，同位素质谱实验室，元素分析实验室，分子光谱实验室，原子吸收光谱实验室，化学分析实验室，微生物检测室，X-衍射实验室，红外光谱实验室，构造地球化学高温高压实验室，深部地质高温高压实验室。

1997年地球化学所共有在研项目132项，其中国家、院、省、部委项目85项。1997年度原计划结题27项，申请延期2项，结题25项。1997年新增项目45项，其中国家攻关项目1项，国家自然科学基金项目18项(含1个重点项目)，中科院重大、重点项目11项，省、部委级项目10项，部门委托项目5项。1997年取得科技成果29项。获中科院、贵州省及所级奖励28项。

科技开发：地球化学所现有3个公司和3个中心，即贵州天然矿泉饮料公司、新技术开发公司、科技发展公司和矿泉饮料研究开发中心、非金属材料研究开发中心、超临界CO_2萃取研究开发中心。

国际合作与人才培养：1997年地球化学所开展国际合作和学术交流共派往加拿大等9个国家和地区15批20人次。合作项目有：

中-美合作：(1)水环境中^{210}Pb年代学的迁移性研究；(2)中国煤中微量元素环境地球化学研究；(3)驱砷药物DMPS疗效观察研究。

中-英合作：云贵湖泊沉积记录反映的青藏高原隆起环境变化研究。

中-奥合作：湖泊沉积物记录研究。

中-加合作：CIDA项目。

1997年地球化学所招收硕士研究生11人，博士研究生9人。硕士研究生毕业11人，博士研究生毕业9人。获院长奖学金优秀奖1人，获亿利达奖1人，获方树泉奖学金9人。进行一年一度的研究生考核和奖学金评审工作，评出一等奖4人，二等奖7人。

地球化学所是中国矿物岩石地球化学学会的挂靠单位。编辑出版《矿物岩石地球化学通报》。学会下设有22个专业委员会和“侯德封奖”。

海洋研究所

名誉所长：曾呈奎
所　　长：周名江
地　　址：青岛市南海路7号
邮政编码：266071
电　　话：0532-2879062（总机）
图文传真：0532-2870882
E-mail：iocas@ms.qdio.ac.cn
域　　名：http：//www.qdio.ac.cn

中国科学院海洋研究所始建于1950年8月，是我国最大的多学科综合性海洋科学研究机构。现有职工757人，其中各类专业科技人员536人，有中国科学院院士3人，第三世界科学院院士1人，研究员89人(45岁以下21人)，副高级人员157人(45岁以下66人)，中科院“百人计划”入选者2人，博士生导师44人，硕士生导师89人。设有博士学位点3个，硕士学位点7个和海洋科学博士后流动站。现有在读博士生71人，硕士生72人。另有在站博士后17人。

海洋所按物理海洋学、海洋地质学、海洋生物学、海洋化学以及海洋环境科学五大分支学科设有：物理海洋、海洋地质与地球物理、海洋生物分类与系统演化、海洋增养殖生物学、海洋实验动物、海洋生态、海洋化学、海藻化学、海洋金属腐蚀与防护、海洋环境科学以及海洋技术与仪器等11个研究室，3个院属重点实验室(站)——实验海洋生物学开放研究实验室、现代海底热液活动研究青年实验室和胶州湾生态系统网络研究站，3个所属重点实验室——海洋环流与海气相互作用研究实验室、海洋生态毒理实验室和遥感海洋学实验室。另设有文献资料信息中心、分析测试实验室以及海洋生物培育楼、图书馆和海洋生物标本馆等支撑系统，拥有一支包括“科学1号”、“金星2号”在内的综合海洋科学考察船队；并拥有MRC-1000型激光共聚焦显微镜系统、P-E 4100ZL原子吸收光谱系统，毛细管电泳仪、DNA合成仪、电子显微镜、色谱仪、多波束测深系统、涌浪滤波系统、剖面海流计、旁侧声纳及浅地层剖面系统、CTD系统等仪器装备。海洋所为适应国家经济建设的需要，组织相关专业科技人员组成了多学科交叉的海洋生物技术发展中心、海洋生态研究中心、海洋环境保护研究中心和海洋油气开发工程环境研究中心，并与国内大型企业海尔集团联合创办了青岛中科海尔海洋生物技术开发有限公司。

海洋所在我国海洋科学领域做出了许多开创性和奠基性的工作，在海洋生物分类与区系、海洋生态学、实验海洋生物学、海洋增养殖生物学，海洋环流、海气相互作用、潮汐、海浪、风暴潮，海洋沉积学、海洋地球化学、海洋地球物理、海洋岩石圈结构，化学海洋学、海藻化学和海洋资源化学，海洋工程环境、赤潮与海洋环境保护、海洋腐蚀及防护以及海洋观测与传感技术等方面的研究上，取得400余项具有很高学术水平和应用价值的成果，其中获国家二等奖以上、中国科学院一等奖以上的重大成果计60余项。

海洋所1997年的主要事项有：经中国科学院正式批准，成为中国科学院首批定位认定试点的基地型研究所；经中国科学院专家组的严格评审，被确定为博士生重点培养基地；刘瑞玉研究员当选中国科学院院士；中国科学院院士、名誉所长曾呈奎研究员荣获1997年度“何梁何利科学基金会”颁发的科技进步奖；高抒研究员获得1997年度国家杰出青年科学基金资助；年内又有10位博士后进站工作。据中国科学引文数据库(CSCI)统计，海洋所论文发表数列全国科研机构第六名，论文被引频次列全国科研机构第十四名。科研项目《中国南部棘皮动物》获中国科学院自然科学奖二等奖、《虎皮礁邻近海域地质构造分析》获中国科学院科技进步奖三等奖。由海洋所承办的中日国际海藻基因工程学术讨论会在青岛召开；由海洋所科研人员撰写的《海藻化学》、《中国近海沉积物-海水界面化学》、《海洋生物技术原理及其应用》等学术专著出版。1997年度海洋所争取到国家自然科学基金604万元，使近两年基金总额突破了1000万元。

海洋所图书馆现有中外文藏书16.5万册、期刊4600种，与世界44个国家和地区的270个机构和国内420个单位建立了期刊、文献资料交换关系。海洋生物标本馆藏有海洋生物标本67万号，其中900多新种是海洋所研究人员所定名。

海洋所是中国海洋湖沼学会的挂靠单位。编辑出版《海洋与湖沼》、《海洋科学集刊》、《海洋科学》、“Chinese Journal of Oceanology and Limnology”(英文版)等学术期刊。

山西煤炭化学研究所

名誉所长：彭少逸

所　　长：钟　炳

地　　址：太原市桃园南路27号

邮政编码：030001

电　　话：0351-4040491

图文传真：0351-4041153

E-mail：sxicc@ms.sxicc.ac.cn

中国科学院山西煤炭化学研究所于1954年在大连创建，命名为中国科学院煤炭研究室。1961年迁至太原，1963年扩建为中国科学院煤炭化学研究所。1965年至1978年间曾改名为燃料化学研究所，1979年复名为中国科学院山西煤炭化学研究所。

现有职工654人，其中科技人员432人，有中科院院士1人，研究员(含正研级高工)44人，副研究员和高级工程师111人，中级科技人员185人，初级科技人员92人。现有在学研究生116人，其中博士生73人，硕士生43人。另有博士后1人。

山西煤炭化学所主要从事煤炭能源高技术研究与发展工作。1997年山西煤炭化学所明确了自身跨世纪的发展目标和方向、确定了在我国科技发展整体目标格局中的定位，即从事煤炭能源转化应用与发展研究，解决我国煤炭能源高效洁净利用及其相关领域的关键性、综合性和战略性的重大科技问题，同时重视精细化工和新型炭材料技术与产品的研究与开发。三者统筹兼顾，相辅相成，协调发展，“发展高科技，实现产业化”，尽快将科技成果转化为现实的生产力。

山西煤炭化学所理工兼备，学科配套，已形成从基础研究、应用研究到发展研究较为完备的结构体系。煤转化国家重点实验室，由年轻科技工作者担任室领导，已形成年富力强、业务水平高的科研群体，在“863”能源主题、煤基合成气和天然气优化利用、煤化学、环保技术等方面开展多项前沿课题研究。煤炭转化中试基地已逐步过渡成为煤炭能源化工工程研究中心，进行的灰熔聚煤气化技术的研究开发中间试验，可用于联合循环发电过程，可以制成中低热值的燃料气；开发的煤制合成气技术，可改变现行的合成氨造气用块煤的工艺路线。在煤基合成液体燃料方面，进行煤基合成油-蜡联产、油-烯烃联产、高效浆态床FT合成与高油收催化剂及其工艺等开发工作。这些项目的应用前景广阔，将为国家的能源发展作出贡献。

山西煤炭化学所继续推进煤转化两大项目的工程化。在江苏镇江大港进行的灰熔聚煤气化炉2.4米工业示范试验，1997年已完成土建和部分装置的制造和安装。煤基合成液体燃料技术开发，在“八五”期间完成2000吨/年工业示范试验基础上，承担了院“九五”重大项目，如解决煤基合成油关键技术的研究开发问题，完成了50万吨/年煤基合成油厂预可行性研究，为煤基合成油工业化提供设计依据。

山西煤炭化学所以石化产品加氢精制催化剂和超临界萃取为代表的精细化工技术，在国内推广应用近20个厂家，每年为国家创直接经济效益上亿元。山西煤炭化学所开发的聚丙烯腈炭纤维和沥青炭纤维生产技术在国内居领先水平，为10多个厂家所应用。其中，连续化生产活性炭纤维织物高新技术，首先转让给本省地方企业，受到山西省主要领导的称赞。

山西科林化工新材料厂作为山西煤炭化学所的高新科技产业实体，1997年通过国家高新技术企业资格认定，成为太原市高新技术产业开发区企业。目前超临界CO_2萃取沙棘油年产值1500万元，通过技术转让，蛋黄卵磷脂年产60吨的生产装置1997年底投产试运行，产值可达近亿元。

为顺利实施科技人才代际转移，所领导班子人员中45岁以下的占40%；在研究室和课题组负责人中，年轻科技工作者分别占1/2、2/3，他们在实际工作中发挥着重要作用。

山西煤炭化学所重视研究生培养。现有物理化学和有机化工学科博士点2个，有物理化学、有机化工、化学工程和有机化学学科硕士点4个，有物理化学博士后流动站1个，目前有博士生导师12名，培养的研究生357人中，有15人分获中科院院长特别奖和优秀奖（其中院长特别奖2人），3人获宝钢教育基金优秀学生奖，2人获亿利达奖学金一等奖，1人获二等奖，研究生和他们的导师所发表的论文占全所发表论文总数的60%以上。

国际合作日益活跃，开展了实质性合作。完成了与日本大阪煤气公司合作生产短切炭纤维的可行性研究，进入实施阶段；与荷兰Shell公司正式在签订关于在山西建设煤基合成中间馏分液体油品工业示范厂可行性研究合作协议的基础上已顺利完成工作。1997年9月在太原市举办了第十四届匹兹堡国际煤炭会议。与英国、美国、俄罗斯、日本等十多个国家专家进行了学术交流。

图书馆藏书2.96万种，4.8万册，各种期刊25万余册，为科技人员提供了良好的学习条件。

山西煤炭化学所编辑《燃料化学学报》和《新型炭材料》学术刊物。其中《燃料化学学报》分获国家和中科院的优秀期刊三等奖和二等奖。

石家庄农业现代化研究所

所　　长：刘昌明
地　　址：河北省石家庄市槐中中路176号
邮政编码：050021
电　　话：0311-5814521
图文传真：0311-5815093
E-mail：mwm@ms.sjziam.ac.cn

中国科学院石家庄农业现代化研究所于1978年6月19日由中国科学院、河北省政府共同组建。原名为中国科学院栾城农业现代化研究所；1979年7月更名为中国科学院石家庄农业现代化研究所。

现全所共有职工153人，其中科技人员123人，有中科院院士1人，研究员（包括正研级高工）16人，副研究员、高级工程师等59人，中级科技人员38人，初级科技人员9人。现有在学在职博士生3人，硕士研究生9人。

石家庄农业现代化所以可持续农业和区域经济发展为对象，发展以水为中心的农业资源高效利用管理，以生态农业为主的生态工程两个优势学科，开展现代农业应用基础和实用技术的综合研究。1994年国务院学位办批准为生态学硕士学位授予点。

石家庄农业现代化所今后将以可持续发展农业和北方区域农业经济发展为对象，发展以水为中心的农业资源管理、生态农业为中心的农业生态工程两个优势学科；用信息手段武装农业，发展信息农业；以节水农业技术为核心、北纬38°带农业综合开发(黄骅港海岸带开发)为重点，当好中国科学院农业科技成果的中试基地和显示窗口，推进农业研究成果转化，为地方农业经济发展做贡献；以科技体制改革和结构性调整为动力，抓紧实用技术开发研究，增强自我发展的活力，促进研究所的发展。

1997年石家庄农业现代化所下设4个研究室、7个实验室、4个试验站及开发集团。它们是：农业资源与环境管理研究室、生态工程研究室、农业信息工程研究室、文献情报研究室，染色体工程实验室、组培实验室、能源实验室、食品实验室、饲料实验室、饮料实验室、中心实验室，太行山山地生态试验站(元氏县)、栾城农业生态系统试验站(栾城县)、南皮生态试验站(南皮县)、海岸带综合开发试验站(海兴县)，以及中石农业技术推广与开发集团。

1997年主要采取的改革措施及其效果：结合石家庄农业现代化所的定位、结构性调整及人才代际交替的具体情况，其主要措施如下：

(1)为了树立面向华北、瞄准重大经济问题的思想，经过院批准专门设立了“河北省泛38度带资源与经济发展研究”课题，组织年轻科技人员进行了东起渤海海岸，西到太行山的系统考察，并应用3S等新技术进行了分析，在全所范围内普遍认识到山、原、海的相互联系、资源与经济密不可分的事实，提高了科技人员的整体意识、宏观意识与系统思想。

(2)按中科院的要求，积极组织了华北粮食问题的讨论，提交了研究报告，明确了石家庄农业现代化所在华北粮食增长中的科技地位、作用和研究目标，为石家庄农业现代化所研究领域的调整做了思想开拓。

(3) 1997年年底在所里开展了研究领域设置讨论，有41位研究员、副研究员在全所大会上作报告，展示了石家庄农业现代化所研究实力与学术积累，为“有所为有所不为”的研究领域设置亮明了人才基础和技术优势。

在机制转换方面进行了积极尝试，通过双向选择基础上的岗位合同签订工作，大多数同志明确了岗位任务和工作目标；在此基础上，实行了岗位浮动津贴，以求得到责、权、利统一的效果。为全面实行合同聘任制和绩效工资打下了良好的基础。

1997年全所共落实科研项目64项，其中国家“九五”科技攻关项目8项，国家自然科学基金项目6项(含重大项目1项)，国家农业开发项目1项，中科院重大、重点项目6项等。项目数量与经费强度均为建所以来最高。

1997年石家庄农业现代化所共取得科研成果3项：“红鳍东方豚育苗技术与人工养殖技术研究”和“冬枣高产栽培及保鲜技术研究”，均达国内领先水平；“河北省森林生态经济效益在国民经济中地位和作用的调查研究”，总体属国内领先、部分达国际先进水平。

通过主管部门验收的项目3项：“珠美海棠组培苗工厂化生产技术的研究及示范推广”，通过了国家科委的验收；“盐碱地珠美海棠栽培试验示范”与“蔬菜高优新特品种的引进繁育与推广”，2个项目分别通过了河北省政府农业开发办组织的验收。

获奖成果3项：“八倍体小偃麦与普通小麦杂交育种及其遗传规律的研究”，获中科院自然科学三等奖；“高效强化换热管加工技术及设备”，获中科院科技进步三等奖；“金丝小枣篱壁型早果优质高产技术研究”，获林业部科技进步三等奖。

以钟冠昌、穆素梅为首的染色体工程实验室，在“八倍体小偃麦与普通小麦杂交育种及其遗传规律的研究”方面，取得突破性进展，并培育出了多个有突出优良性状，具有发展潜力的小麦新品种或新品系，其中高优503小麦，蛋白质含量高达16.5%，较一般小麦品种高3～4个百分点。现已推广50多万亩，为河北省的柏乡、新乐等县优质小麦产业化做出了贡献。

科技开发是研究所成果转化、为经济建设服务的重要内容。1997年石家庄农业现代化所在科技开发方面积极探索农业科研领域开发体制、建立健全的组织，并对现有6个经济开发实体进行了整顿和清理，各开发实体逐步走向健康发展的轨道。

组织科技人员开拓新开发项目，在薯类脱毒与信息工程开发方面，作了积极探索。

技术转让是研究所科技开发的重要方面。食品实验室研制的胡萝卜鲜榨汁，取得了国家卫生部颁发的保健食品证书(首批)，年转让收入55.7

万元。该实验室主动联合不同研究领域里的专家，组成社会化的研究集合体，围绕胡萝卜保健食品研究与系列开发，形成了规模与产业，实现了“实验室研究—工业化开发—经济社会效益—实验室再研究”的技术创新之路。

在国际学术交流方面，石家庄农业现代化所1997年接待了8批40名日本和澳大利亚的科学家来所访问，开展学术交流活动。派出4批12人次到日本参加了4个国际学术交流会议。与澳大利亚、日本签定了2项新合作研究协议，即将开展节水技术与理论的合作研究；受日本东丽公司委托的ABA（脱落酸）应用实验，取得良好效果，受到有关管理部门的好评。自1990年起中日合作进行的“盐碱地农业持续发展与提高生物生产力技术的开发研究”，又取得新进展。其中引种筛选的抗逆、高产、优质小麦品种A115、A132等已推广到数千亩。

1997年石家庄农业现代化所晋升研究员5人，其中45岁以下的3人，打破了原来所里没有青年研究员的局面。提拔年轻人担任各级课题主持人，在科研第一线增长才干，在专题级以上主持人中，年轻人占60%。通过多种形式，组织专业培训，开展基本技能训练，如举办“怎样当好课题主持人”培训班、科技摄影比赛等。

加强研究生教育培养，在读硕士研究生达9人。同时，鼓励支持科技人员在职攻读学位，有3人考取了中国和国外的在职博士生。创造条件，积极派遣人员出国进修，有4名同志分别到美国、日本、澳大利亚做访问学者，现在国外进修和攻读学位的人数达到12人。

石家庄农业现代化所是河北省农业系统工程学会及其二级学会——农业信息工程研究会的挂靠单位。编辑出版《生态农业研究》（季刊），该刊获1997年河北省优秀科技期刊奖。

新乡科学仪器研制中心

主　　任：郭其文
地　　址：新乡市北干道西段
邮政编码：453002
电　　话：0373-2021415
图文传真：0373-2021418

中国科学院新乡科学仪器研制中心成立于1970年3月，1977年以前称中国科学院新乡半导体器件厂，1978年改名为中国科学院713厂，1991年启用现名。现有职工453人（含离、退休65人），其中专业技术人员80人，高级科技人员15人，中级科技人员39人。

新乡科仪中心主要以电子应用技术为基础，以液晶技术、红外技术为研究发展方向，目前研制生产的主要产品有：

1. YN系列液晶显示器。是国内最早从美国引进液晶生产线的专业厂家，拥有先进的技术、工艺，设备和多名留学人员，目前LED品种已达200余种，该产品具有微功耗、显示清、寿命长，适合于IC驱动等特点。1989年被机电部推荐为替代进口产品。

2. YHW系列远红外辐射元件。是国家重点推广的节能产品，由于红外线具有很强的穿透力，因而广泛应用于食品烤制、工业烤漆、干燥等行业。由于它与人体辐射波长匹配，因而又广泛应用于医疗、保健行业。

3. LN·2F系列空调用热交换器。广泛应用于空调、制冷行业，具有换热片为二次翻边带斜条缝，管与片之间机械胀结等特点，因而热交换效率高，接触热阻小，产品质量在国内同行业居领先水平。

4. LLQ型远红外宽频带治疗器。该仪器产生的远红外线能很好地被生物细胞吸收，从而活化组织细胞，促进血液循环，因而对各种软组织损伤、烧伤、伤口愈合、关节炎、肩周炎、四肢麻木、骨质增生及多种神经痛等都有明显疗效。

近年来，先后荣获省级文明单位，省高技术企业，质量信得过企业等荣誉，产品销售国内外20多个省市和地区。

1997年，新乡科仪中心采取了一系列的改革措施，首先对中层干部进行了调整。车间实行车间主任公开招聘，公开答辩，公开选拔，机关充实年轻人，通过调整，使一批德才兼备、年富力强的年轻人走上领导岗位，为中心的各项任务完成打下了基础。其次，对机构进行了较大幅度调整，对部分职能部门进行了撤、合、并、转，在一定程度上起到了“消肿”作用。

在精减机构、调整干部的同时，新乡科仪中心还出台一系列新的管理办法，如《科仪中心干部管理办法》、《副科级以上干部行为道德准则》、《机关人员管理办法》等。这些新的管理办法对加强干部管理，提高工作质量和办事效率都起到了很好的作用。

1997年新乡科仪中心在抓好各项改革的同时，重点对产品销售工作进行了改革，首先是充实销售人员队伍，面向内外招聘销售人员，并加强对业务人员培训；其次是组织有关人员走访取经，互相学习，取长补短，并结合中心实际制定既能提高销售人员积极性，又能保证销售额增长的销售政策。这些做法在一定程度上促进了销售工作的开展。

改革的深入为中心带来了较好的经济效益。并为今后的工作打下了坚实的基础。

开封印刷厂

厂　　长：李金平
地　　址：开封市苹果园北路
邮政编码：475002
电　　话：0378-2854868

中国科学院开封印刷厂是中国科学院下属的综合性印刷企业，前身为开封日报印刷厂。1956年由6个私营印刷厂合并而成，1978年7月归属中国科学院领导，全厂在职职工701人，其中中级职称人员12人，初级职称人员25人。

开封印刷厂始终坚持为科研出版服务的办厂方针，承担科学出版社期刊、图书印刷工作，胶彩印生产线拥有激光照排系统和四色、双色胶印机、复膜生产线，特别是装订实力和精装水平闻名全省，形成了一定的综合生产能力。

1997年我们不断更新设备，争取资金购四色胶印机1台，在短期内（3个月）投入生产，创造效益，1997年内共印刷纸张8万色令，产值240万元。

自筹资金，动员职工自愿集资20万元，对老四色机进行大修；对胶印车间全面实行计件工资制，收到良好的效果。

开封印刷厂近几年在全省质量评比中仍居先进行列，1996年28种书刊被评为国优，1997年41种书刊被评为省优，并在1997年被定为市一级信用企业。

院直属企业

中科实业集团（控股）公司

董 事 长：张云岗
地　　址：北京市海淀区海淀路 80 号
邮政编码：100080
电　　话：010-62628258
图文传真：010-62628078

1997 年是中科实业集团（控股）公司（原中科实业集团公司）在管理水平和经营业绩上都有很大提高的一年。至 1997 年底，集团技工贸总收入近 16 亿元，比 1996 年增长了 20%，实现利润 8000 多万元，出口创汇 1 亿多美元。

1997 年，集团在成员企业、分公司中全面推行了目标管理责任制，通过目标管理，激发了全体职工特别是各级领导班子的责任感和主观能动性。为了进一步对成员企业进行规范管理，集团实行了成员企业董事派出制，通过派出董事参与企业管理，加强了管理部门与成员企业间的联系。1997 年底，经中国科学院党组批准，中科集团改制为中科实业集团（控股）公司，第一届董事会也同时建立，这为中科 1998～2001 四年规划的完成奠定了基础。

中科控股公司以中国大恒公司、北京希望电脑公司、北京三环新材料高技术公司为骨干企业，现有全资企业 12 家，控股企业 7 家，参股企业 9 家，员工 2700 多人，其中专业技术人员占 86.6%。

中科控股公司在高科技领域主要从事电子信息、计算机及其软件、医疗设备以及新材料、新能源、生物医药等方面的研制、开发、生产与销售。1997 年，中科继续以“打名牌产品，创名星企业”为产业发展战略。中国大恒公司机电产品有了进一步的发展，“双歧因子”倍生系列保健产品开发成功，该产品是新一代微生态制剂，填补了国内空白。北京三环新材料高技术公司的磁性功能材料国家工程研究中心已竣工，中心以研究、开发、生产中高档钕铁硼为主。它的建成，将对中国稀土钕铁硼行业的整体技术有着强有力的推动作用。同时，它为三环公司开创了一个崭新的局面，跻身于国际同行的领先地位。北京希望电脑公司的 Hopepaging 无线寻呼系统 6.0 版，连续三年被评为中国优秀软件产品；电子出版物的月销售额突破 100 万元。北京中科大洋公司制作片头、字幕、动画和特技的大型文献纪录片《邓小平》、《周恩来》等，在全国播出后引起极大反响。此外，中科医电、中科多媒体、中科物业、上海中科公司等等，也都以其高科技产品、优质的服务逐步被人们认识。

企业发展以人为本，中科的企业文化常抓不懈，干部的培养重在实效。1997 年中科管理干部学校举办了多期培训班。为了丰富员工的业余生活，集团工会、团委等举办了乒乓球比赛、卡拉 OK 大奖赛等丰富多彩的活动，增强了企业凝聚力。

中科控股公司将抓住经济体制改革带来的机遇，加强资产经营，确定有限目标，创中科品牌，迎接知识经济的到来。

联想集团公司

总　　裁：柳传志
地　　址：北京市海淀区科学院南路 10 号
邮政编码：100080
电　　话：010-62572080
图文传真：010-62572090

联想集团是一家以研究开发、生产和销售计算机设备及其相关产品为主，技工贸一体，多元化发展的大型信息产业集团。目前,联想集团在国内拥有19家分公司,近千个经销服务网点;在海外设有21家分支机构,净资产16亿人民币,职工6000余人。13年来,联想集团累计销售收入超过375亿人民币,出口创汇11亿多美元,实现利税10.5亿人民币,1997年实现销售收入125亿人民币。在全国电子百强企业中排名第二,在全国高新技术百强企业排名第一,1997年成为国家120家试点大型企业集团之一。

联想集团以中国科学院和计算所为强大技术后盾,始终坚持以市场为导向、产品为龙头、用户需求第一的企业原则,不断促进科研成果转化为生产力,积极参与我国国民经济信息化建设。目前,联想集团开发、生产和销售的各项产品和技术已经广泛应用于国民经济的各个领域,为推动我国信息产业的发展作出了突出的贡献。

联想集团现已形成了包括自有品牌的联想电脑、电脑主板、系统集成、代理销售以及工业投资和科技园区在内的六大支柱产业,构造了在信息产业领域内多元化发展的新格局。其中,自行研制开发的联想电脑1997年销售量达到44万台,位居中国计算机市场份额第一位,并以3.1%的市场份额在亚太区(不包括日本)PC市场中排名第六。自行生产制造的计算机主板,行销世界40多个国家和地区,年销售量列世界前五名。联想系统集成业务已经在银行、税务、教育、能源等国家重点领域取得突破性进展,多次夺得"国家经济信息系统"工程招标项目,被电子部金系列办公室推荐为全国10家内资优秀系统集成企业之一。

联想集团推行科技全球化策略,积极寻求国际合作,广泛开展科技交流。目前,联想集团已经和IBM、微软、惠普、日立和东芝等20多家外国公司签署了不同层面的合作协议,成为10余种国外信息产品的总代理,以良好的信誉,较大的市场占有率,出色的服务成为许多国际知名电脑厂商的重要战略伙伴。

为了拓宽公司的业务范围,联想集团以大亚湾联想科技园为依托,进军工业项目投资领域。不断引进消化国外的资金、产品、技术和管理经验,筹建、投资和管理合作企业,通过联合生产和研究开发,最终推出具有自有品牌的高技术产品,为扩大产业规模,参与国际竞争奠定基础。

在广东惠阳的联想科技园是联想集团的产业基地,肩负对外招商引资的重大使命。目前园区拥有亚洲一流的电脑板卡生产基地,是中国最大的电脑生产基地之一,形成了年产电脑主板300万块,PCB板300万平方英尺,电脑100万台的生产能力。预计到2000年,联想科技园将建成为总面积80万平方米,环境优雅,以计算机信息产业为主,对国际知名企业极具吸引力的国际科技城。

联想集团在发展过程中,凭借灵活的运行机制,成功地探索和实施了以国际化带动产业化,积极拓展国际市场,不断提高自主开发能力,立足中国市场,振兴民族计算机工业的发展战略。1994年,香港联想控股有限公司在香港成功上市,标志着联想集团采取"外向型和产业化,两步并作一步走"的海外战略取得了阶段性的胜利;1997年,联想集团成功地实现了结构重组,标志着公司向着正规化和国际化迈出了坚实的一步。

展望未来,联想集团已经制定了总体发展战略,即到2000年实现年营业额30亿美元,2005年实现年营业额100美元。为实现这一目标,联想集团制定了坚持在信息产业领域内多元化发展;以中国市场为主;在奠定大工业生产的基础上发展研发工作;推进子公司中研发的作用,利用优势互补策略开展科研开发工作以及充分利用股市作为融资手段五条战略路线。公司领导层将致力于贯彻联想的管理思想,进一步解放生产力,在正确的发展战略指导下,锐意进取,勇于开拓,为把联想集团建设成为一个长久的、有规模的高科技企业而努力奋斗。为推进国民经济信息化建设,加速中国计算机产业的发展,为中华民族跻身世界先进民族之林做出无愧于时代的贡献。

中国科技国际信托投资公司

董事长、总裁:张 钢

地　　址:北京市朝阳区北辰东路8号北京国际会议中心4层
邮政编码:100101
电　　话:010-64933341
010-64933330-366

图文传真：010-64933341

中国科技国际信托投资公司(简称科信公司)系全国性非银行金融机构，由中国科学院等17家股东组成。它的前身是中国科技财务公司，于1989年4月成立。1993年12月31日经中国人民银行批准，更名为国际信托投资公司，1997年改制为有限责任公司。注册资本：人民币41246.9万元，美元1550万元。1997年底资产总额为人民币100.3亿元，上缴利税6107.4万元。

1997年，科信公司坚持稳健经营，稳步发展传统业务。通过压缩信贷规模，盘活存量，优化增量，使资产结构得到有效改善。科信公司努力拓展新的融资渠道，开发新的融资品种，积极发展委托代理和资产管理等新型业务。到1997年底，科信公司人民币存款余额为22.5亿元，拆入资金余额为9亿元，总计融资余额31.5亿元。科信公司稳步发展国际业务，加强与世行国际金融公司和亚洲开发银行等世界知名金融机构的业务往来。到1997年末，科信公司外汇存款余额为2118.8万美元，拆入资金余额为4526万美元；签定2项银团贷款协议，并实现当年提款2000万美元。

科信公司始终坚持把“科技与金融相结合”作为发展宗旨，致力于促进科技事业的发展。到1997年支持科技项目30多项，共计发放贷款7000余万元。

科信公司积极挖掘信托内涵，大力发展金融中介业务。1997年成立中科院中关村结算中心，为中科院各类机构服务。同时受托管理“中科院教育培训基金”、“中科院院士荣誉基金”等多项基金，开办财产保管箱等其他业务。

1997年科信公司证券业务迅猛发展。在二级市场上，科信公司证券拥有22个证券营业网点，广泛分布在北京、上海、深圳、武汉、成都、沈阳等中心城市。全年自营及代理累计交易额超过415亿元，已成功地跻身于国内一流券商的行列。在一级市场上，科信公司证券以主承销和上市推荐人身份，组织中科院高科技企业“长春热缩”的上市工作。此外，还承担其他A股新股的上市推荐人3家，副主承销1家，分销26家；配股主承销1家，副主承销1家，分销5家；B股分销1家，承销总额超过14亿元。科信公司还以一级自营商资格，承销3期国债，总计金额近14亿元。科信公司并成功发行2亿元中科信人民币特种金融债，为科信公司持续快速发展打下良好基础。同时科信公司积极探索企业兼并重组业务，担当了多家上市公司和非上市公司的财务顾问。

1997年科信公司成立了研究发展中心，围绕金融市场、高科技产业发展和高科技上市公司展开研究工作。中心依托中科院的科技优势，加强与各院所的交流，精心培育中科信的科技品牌。

科信公司不断完善目标管理责任制，建立健全财务监控制度、计算机管理体系、融资管理体系、授权授信制度等，加强对科信公司和附属机构的统一规范管理，为科信公司向投资银行化、集团化、国际化发展打下坚实的基础。

东方科学仪器进出口集团公司

总　　裁：王　津
地　　址：北京市西城区三里河路52号
邮政编码：100864
电　　话：010-62614989
图文传真：010-62614399

1980年3月经国务院批准成立东方科学仪器进出口公司；1995年10月经国家经贸委批准成立东方科工贸集团，作为其核心企业，东方科学仪器进出口公司正式更名为东方科学仪器进出口集团公司(简称东方科仪集团公司)。东方科工贸集团共有员工430人，340人有专业技术职称。东方科仪集团公司有职工98人，其中高级职称28人，中级职称26人，初级职称21人。

东方科仪集团公司下设总裁办公室、综合计划部，企业管理部，财务部，计财审计部，第一、二、三、四、五、六、七业务部，储运部及房产处等部门。东方科仪集团公司下属企业有美国斯凯泰公司、泰国东方科技开发有限公司、香港豪赛克仪器有限公司、东方国际招标有限公司、东方科学仪器上海进出口公司、东方科工贸广州进出口公司、东方科学仪器大连进出口公司、浙江东方科学仪器进出口公司、青岛东方科学仪器进出口公司、北京三高科技公司、北京海淀东星计算机公司、北京伊斯特现代仪器装备公司、北京东方科技公司、北京东方集成机电装备有限公司、北京欧赛克技术服务有限公司、北京东颐东方科技有限公司、东方科仪集团公司成都、新疆、昆明办事处。

东方科仪集团公司依托中国科学院雄厚的技术力量，开展进出口贸易和技术合作与技术交流，按照"功能多元化、服务社会化、经营国际化"方向深化改革，为办好以进出口为龙头、技工贸结合、内外贸结合的集团公司而努力奋斗。东方科仪集团公司自营和代理各类商品及技术的进出口业务，国家规定的专营进出口商品和国家禁止进出口等特殊商品除外。经营进料加工和"三来一补"业务，开展对销贸易和转口贸易。

1997年是东方科仪集团公司深化改革、以崭新姿态迈向新世纪的关键一年。在这一年里，东方科仪集团公司顺利实现了集团领导班子的新老交替，完成了总公司、下属贸易、实业及境外公司中层领导班子的换届工作。随着新一届领导班子各级成员对自己新工作岗位的逐步适应、调整、磨合，集团深化改革、强化管理的各项工作已逐步展开。在过去的一年里，经过全体员工的共同努力，东方科仪集团公司在许多方面都取得了令人鼓舞的成绩。进出口总额为11 868万美元，比1996年增长20%，是东方科仪集团公司成立以来完成进出口总额最多的一年。其中进口成交额为7 388万美元，比上年增长22%；实际出口为4 480万美元，比上一年增长24%。实业销售收入为13 575万元，比上一年增长26%。

1997年东方科仪集团公司已将自己置身于激烈的市场竞争之中，步入以国际化、多元化、实业化、集团化发展为特征，以商品经营、资本经营为手段，以实现国有资产保值增值、追求资本利润最大化，提高企业竞争能力为目的的第二次创业阶段。从1998年开始，东方科仪集团公司将加快自身发展壮大的步伐，力争经过4～6年的努力，使运营和管理达到现代企业规范水准，经营业绩在中国科学院所属企业中居于举足轻重的地位，整体实力在国内外都有一定的影响力，并且在所从事的业务领域里成为市场竞争的主体。要积极引导企业走联合之路。通过联合、兼并、合资、参股等经济手段，形成以东方科仪集团公司为核心，以公有制为主体，以资产联结为纽带，以中小型专业化公司为支撑的船队化格局；建立以贸易、金融、实业、信息和服务等业务为一体的综合性的跨国集团。

深圳科健集团有限公司

总　　裁：侯自强
地　　址：深圳市蛇口沿山路43号
邮政编码：518067
电　　话：0755-6692740
图文传真：0755-6676959
E-mail：szkjjt@public.szptt.net.cn

深圳科健集团有限公司（简称科健集团）于1992年11月7日在深圳市工商局正式注册成立。科健集团所属11家成员公司现有员工1038人，其中高级职称62人，中级职称239人。深圳市在科健集团安科公司设立了博士后工作站。

科健集团近几年的产业结构调整初见成效，在过去多年从事医疗电子设备单一产业的基础上，初步形成医疗电子、数字式消费电子、计算机通信三大产业方向。

科健集团主力企业中国科健股份有限公司1995年下半年在国内领先推出VCD影碟机，经过近两年业务调整，已经成为主要从事数字式消费电子产品的企业，1998年起将陆续推出DVD、数字电视卫星接收机、数字电视机顶盒等一系列产品。1997年中国科健公司通过资产重组，吸收深圳市智雄电子公司作为新股东。这一措施使中国科健资金实力、销售能力大大提高。1997年公司本部完成销售收入1.5亿元，实际利润2000万元，实现了扭亏为盈的目标，并为公司今后发展奠定了坚实基础。

科健集团另一骨干企业深圳安科高技术有限公司是集团发展医疗电子产业的主力公司。1997年安科公司制订了"1997年扭亏为盈，1998年开发出一批有较强市场竞争力的产品，1999年创安科历史新高峰"的三年奋斗目标。在全公司员工上下一心共同奋斗下，1997年经营收入超过1亿元，比 1996 年增长 113%，已接近历史最高水平。

1997 年科健集团整合分散在各公司的技术力量，开展系统集成业务，作为进入信息化建设领域的新起点。科健集团利用这一优势承接了深圳市人才大市场管理信息系统、深圳市统计信息局办公自动化系统、深圳市统计业务无纸化系统、深圳市远程医疗系统、深圳市远程教育系统等多项系统集成项目，实现了系统集成营业收入超过 5000 万元。1998 年，科健集团将与美国数据集团（IDG）合资成立深圳科健信息技术有限公司，使其与已在北京成立的广通联公司形成南北呼应之势，成为科健集团发展信息产业的主力公司。

科健集团编辑出版刊物有《中国医学影像技术》。

中国科技促进经济投资公司

董 事 长：李致洁
总　　裁：曹桂发
地　　址：北京市海淀区中关村路乙 12 号（北京 2706 信箱）
邮政编码：100080
电　　话：010-62571292　62561233　010-62546290（总机）
图文传真：010-62561689
E-mail：cicstd@public. fhnet. cn. net

中国科技促进经济投资公司的前身是中国科技促进经济发展基金会。该基金会于 1987 年由国家计委、国家经贸委、中国科学院共同出资创办，于 1993 年在工商登记上更名为中国科技促进经济投资公司，同时以科技促进经济基金委员会的名称报中编委申请纳入事业编制并于 1994 年得到中编委批准。

1997 年调整与重组中国科技促进经济投资公司和科技促进经济基金委员会，使之成为中科院院属两个独立的分支机构。中科院为中国科技促进经济投资公司的上级主管单位。

截止 1997 年底，中国科技促进经济投资公司人员总数 17 名，其中研究员 3 人，副研究员 1 人，中级职称人员 9 人。

中国科技促进经济投资公司宗旨：加快科技成果的产业化，推动国有大中型企业的技术创新，投资资产的保值增值，更好地发挥科技第一生产力的作用。

经营范围：科技成果产业化投资，投资资产的管理与经营，受托进行企业管理、投资咨询与评估、企业诊断与企业技术创新服务、企业经营与管理人才的培训等。

资本：注册资本为 8000 万元人民币，到 1997 年 10 月底公司总资产为 1.42 亿元人民币。

1997 年中国科技促进经济投资公司完成营业收入 978.6 万元，实现利税 807 万元，税后利润 692 万元。

华建集团公司

总　　裁：陈肇雄
地　　址：北京市海淀区学院路 30 号科群大厦西楼 2 层
邮政编码：100083
电　　话：010-62312200
图文传真：010-62312212

华建集团公司于 1997 年 6 月在国家工商局正式注册，是中国科学院直属的高科技企业集团之一。华建集团公司由华建电子有限责任公司、科智语言信息处理有限公司、健雄电子有限公司以及设在北京、深圳、南京等地的 10 个分、子公司组成。现有员工 200 多人，研究开发人员约占 90%，其中具有博士和硕士学位的约占 30%。

华建集团公司主要业务包括：机器翻译系统，计算机应用软件、系统集成以及相关产品的研究、开发、生产和销售等几个方面，同时还开展国外名牌电脑及软件产品的代理业务、接受软件委托开发和对外资料翻译服务等。华建集团公司自主开发的主要产品有：网络英汉全文实时浏览翻译系统，网络汉英全文实时浏览翻译系统，语音输入英汉翻译系统，语音输入汉英翻译系统，OCR 扫描输入英汉翻译系统，OCR 扫描输入汉英翻译系统，英汉科技多专业翻译系统，袖珍电译机，袖珍学生机，教学软件，通用双向电子词典，多专业双向电子词典，语音办公信息管理系统，智能型俄汉、德汉、英日多语种机器翻译系统等。

华建集团公司也是中国科学院计算机语言信息工程研究中心的依托单位和中国中文信息学会自然语言处理专业委员会和中国软件行业学会人工智能分会的挂靠单位。华建集团公司与计算机语言信息工程中心在研究、开发、生产、销售和人才培养方面形成良性循环。计算机语言信息工程中心在以机器翻译技术为核心的计算机语言信息处理领域和大型软件开发方面进行了长期的研究开发工作，已在科研和产业发展等方面取得了一系列具有国际领先水平的成果，获得了10多项国家专利和包括国家科技进步一等奖在内的10多项部级以上重要奖励。计算机语言信息工程中心还承担了国家自然科学基金、国家“九五”攻关等国家级科研项目，发表了数十篇学术论文，同时每年为国家培养10多名博士和硕士研究生。

(Z-0292.1101)

责任编辑:刘兴民　高　锋

ISBN 7-03-007090-9

9 787030 070906 >